P. CORNELI TACITI ANNALIUM LIBRI XV—XVI

FRANZ RÖMER

WIENER STUDIEN
Zeitschrift für klassische Philologie und Patristik
Herausgegeben von
R. Hanslik, W. Kraus, A. Primmer, H. Schwabl, H. Strohm
BEIHEFT 6

# P. CORNELI TACITI ANNALIUM LIBRI XV—XVI

Einleitung, Text
und
vollständiger kritischer Apparat
aller bekannten Handschriften

herausgegeben von

FRANZ RÖMER

1976
HERMANN BÖHLAUS NACHF. WIEN-KÖLN-GRAZ

Gedruckt mit Unterstützung des Fonds
zur Förderung der wissenschaftlichen Forschung

ISBN 3-205-07024-0

In der Garmond Garamond gedruckt bei R. Spies & Co., Wien

# INHALTSVERZEICHNIS

# VORWORT

Das „Leidensis-Problem“ der Tacitusforschung hat sich in den letzten Jahren zu der Frage nach Entstehung und Wert der gesamten Humanistenüberlieferung der Annalen, Buch 11—16, und der Historien erweitert. Die Notwendigkeit einer solchen Gesamtbetrachtung wurde bald erkannt[1]), doch fehlte bis zum Erscheinen der mit vollständigem Apparat aller bekannten Handschriften ausgestatteten Studienausgaben von Hist. 2[2]) und Ann. 11—12[3]) dazu die Grundlage. Diese Ausgaben wurden in Wien unter der Leitung von Rudolf Hanslik erarbeitet und von ihm selbst mit Vorworten versehen, in denen er einerseits den Codex Leidensis als Produkt der Humanistenarbeit erwies, anderseits die Gruppe der sogenannten Genueser Handschriften hervorhob. Dem Bearbeiter des vorliegenden Bandes fiel die Aufgabe zu, die Reihe der Studienausgaben mit Ann. 15—16 fortzusetzen und aus dem Material dieser beiden Bücher eine möglichst selbständige Wertung der Humanistenhandschriften zu versuchen.

Die Ausgabe von Ann. 15—16 unterscheidet sich von ihren beiden Vorgängern dadurch, daß zum Zweck der leichteren Überschaubarkeit im Apparat Gruppensigel eingeführt, die Reihenfolge der Handschriften entsprechend den Ergebnissen der Einleitung abgeändert und neben den Textvarianten auch Marginalien[4]) berücksichtigt wurden, da gerade hier die Zusammenhänge zwischen den einzelnen Handschriften oft besonders deutlich werden. Zu den bisher verwerteten 33 Textzeugen konnten zwei neue Handschriften hinzugefügt werden: Madrid, Bibl. Nacional 8401 (E) und London, British Library Add. 8904 (Or). Im Anhang sind die Lesarten dieser beiden Codices zu Hist. 2 und Ann. 11—12 nachgetragen. Die Handschriften im Vatikan, in Neapel, London, Oxford und Wien wurden im Original kollationiert, der Mediceus II und der Leidensis nach den fotomechanischen Ausgaben, alle anderen nach Mikrofilmen. Weiters konnte der Verfasser einen Großteil des Apparats an Hand der Dissertation von E. Friedlaender[5]) überprüfen. Der Text wurde

---

[1]) Koestermann glaubte noch im Vorwort seiner Annalenausgabe von 1960, S. XVII (geschrieben Jan. 1959), darauf verzichten zu können, äußerte sich aber schon in der Historienausgabe von 1961, Vorwort S. XVII (geschrieben Sept. 1959) und Rh M 103 (1960), 114 wesentlich vorsichtiger.

[2]) P. Corneli Taciti Historiarum lib. II, adnotationibus criticis ex omnibus codicibus qui exstant haustis instruxit I. Schinzel, praefationem scripsit R. Hanslik, WS Beiheft 3, Wien 1971.

[3]) P. Corneli Taciti Annalium libri XI—XII, adnotationibus criticis ex omnibus codicibus qui exstant haustis instruxit H. Weiskopf, praefationem scripsit R. Hanslik, WS Beiheft 4, Wien 1973.

[4]) Die Marginalien bzw. Interlinearnotizen sind getrennt vom textkritischen Apparat am Ende jedes Kapitels in Kleindruck angeführt.

[5]) E. Friedlaender, Tacitus Annalen XV und XVI mit kritischem Apparat sämtlicher Handschriften, Diss. Wien 1969 (enthält Kollationen mit dem Text der Teubneriana von 1960).

selbständig, an umstrittenen Stellen aber bewußt konservativ gestaltet, da dies den Zwecken einer Studienausgabe am besten zu entsprechen schien.

Für eine Untersuchung der Humanistentradition sind möglichst genaue Datierungen und Lokalisierungen der einzelnen Handschriften selbstverständlich von größter Bedeutung. Hier konnten zum Teil aus neuerer Fachliteratur[6]), vor allem aber durch die großzügige Hilfe der Oxforder Spezialistin auf dem Gebiet italienischer Humanistenhandschriften, Albinia de la Mare, genauere Daten als bisher gewonnen werden.

Miss de la Mare und Herrn Professor Hanslik als dem Initiator der vorliegenden Arbeit sei an dieser Stelle besonderer Dank ausgesprochen.

Wien, im Frühjahr 1975 *Franz Römer*

[6]) Die entsprechenden Publikationen sind im ersten Teil der Einleitung bei den einzelnen Handschriften angeführt. Auf ein vollständiges Literaturverzeichnis konnte im Rahmen dieser Ausgabe verzichtet werden, da die gesamte Tacitus-Literatur von 1939 bis 1972 im Forschungsbericht von R. Hanslik, Lustrum 16 (1971—1972, erschienen 1974), 143 bis 304 und Lustrum 17 (1973—1974, erschienen 1976), 71—226 zu finden ist.

## Conspectus Codicum Siglorumque

*I) Codices qui desinunt Hist. V 26, 3: „Flavianus in Pannonia"*

| | |
|---|---|
| 1) Laurentianus 68,2 (= Mediceus II) . . . . . . . . . | M |
| 2) Laurentianus 68,5 . . . . . . . . . . . . . . . . . | B |
| 3) Holkhamicus 359 . . . . . . . . . . . . . . . . . | Hol |
| 4) Laurentianus 63,24 . . . . . . . . . . . . . . . . | L 24 |
| 5) Caesaraugustensis (Zaragoza) 9439 . . . . . . . . . . | Z |
| *consensus codicum 2—5* . . . . . . . . . . . . . . . . | α |
| 6) Vaticanus Latinus 1958 . . . . . . . . . . . . . | V 58 |
| 7) Bodleianus Auct. F. 2. 24 (S. C. 27605) . . . . . . . . | B 05 |
| 8) Guelferbytanus Gudianus 118 . . . . . . . . . . . . | G |
| 9) Matritensis 8401 . . . . . . . . . . . . . . . . . | E |
| 10) Harleianus 2764 . . . . . . . . . . . . . . . . . | H |
| 11) Malatestianus Caesenas II. 13. 5 . . . . . . . . . . . | Mal |
| 12) Parmensis 861 . . . . . . . . . . . . . . . . . | Prm |
| 13) Jesu Collegii Oxoniensis 109 . . . . . . . . . . . | J |
| *consensus codicum 8—13 Ferrariae scriptorum* . . . . . . . | *Fer* |
| 14) Bodleianus Lat. class. d. 16 (S. C. 34472) . . . . . . . | B 72 |
| *consensus codicum 6—14 „Genuensium"* . . . . . . . . | *Gen* |
| 15) Yalensis I . . . . . . . . . . . . . . . . . . . | Y 01 |
| 16) Yalensis II . . . . . . . . . . . . . . . . . . . | Y 02 |
| 17) Urbinas Latinus 412 . . . . . . . . . . . . . . . | U |
| 18) Yalensis III . . . . . . . . . . . . . . . . . . | Y 03 |

*II) Codices qui desinunt Hist. V 23,2: „potiorem"*

| | |
|---|---|
| 19) Vaticanus Latinus 1863 . . . . . . . . . . . . . | V 63 |
| 20) Neapolitanus IV. C. 23 . . . . . . . . . . . . . | N 23 |
| 21) Venetus 381 . . . . . . . . . . . . . . . . . . | Ven |
| 22) Parisinus Regius 6118 . . . . . . . . . . . . . . | P |
| 23) Vindobonensis 49 . . . . . . . . . . . . . . . . | Vin |
| 24) Editionis Spirensis exemplar Stuttgartiense . . . . . . | *Stuttg* |
| *consensus codicum 19—24* . . . . . . . . . . . . . | β |
| 25) Leidensis BPL 16 B . . . . . . . . . . . . . . . | L |
| 26) Neapolitanus IV. C. 22 . . . . . . . . . . . . . | N 22 |
| 27) Budensis 9 . . . . . . . . . . . . . . . . . . . | C |

*III) Codices qui desinunt Hist. V 13, 1: „evenerant“*

| | |
|---|---|
| 28) Vaticanus Latinus 1864 . . . . . . . . . . . . . . | V 64 |
| 29) Laurentianus 68,4 . . . . . . . . . . . . . . . . . . | A |
| 30) Vaticanus Latinus 2965 . . . . . . . . . . . . . . | V 65 |
| 31) Londiniensis BL Add. 8904 (ex Oratorio Jesu) . . . . | Or |
| 32) Neapolitanus IV. C. 21 . . . . . . . . . . . . . . | N 21 |
| 33) Ottobonianus 1748 . . . . . . . . . . . . . . . . | O 48 |
| 34) Ottobonianus 1422 . . . . . . . . . . . . . . . . | O 22 |
| *consensus codicum 29—34* . . . . . . . . . . . . . . | ϒ |
| 35) Hauniensis (Kopenhagen) Gl. kgl. S. 496 fol . . . . . | K |

## Conspectus Codicum Siglorumque

*I) Codices qui desinunt Hist. V 26, 3: „Flavianus in Pannonia“*

| | |
|---|---|
| 1) Laurentianus 68,2 (= Mediceus II) | M |
| 2) Laurentianus 68,5 | B |
| 3) Holkhamicus 359 | Hol |
| 4) Laurentianus 63,24 | L 24 |
| 5) Caesaraugustensis (Zaragoza) 9439 | Z |
| *consensus codicum 2—5* | α |
| 6) Vaticanus Latinus 1958 | V 58 |
| 7) Bodleianus Auct. F. 2. 24 (S. C. 27605) | B 05 |
| 8) Guelferbytanus Gudianus 118 | G |
| 9) Matritensis 8401 | E |
| 10) Harleianus 2764 | H |
| 11) Malatestianus Caesenas II. 13. 5 | Mal |
| 12) Parmensis 861 | Prm |
| 13) Jesu Collegii Oxoniensis 109 | J |
| *consensus codicum 8—13 Ferrariae scriptorum* | *Fer* |
| 14) Bodleianus Lat. class. d. 16 (S. C. 34472) | B 72 |
| *consensus codicum 6—14 „Genuensium“* | *Gen* |
| 15) Yalensis I | Y 01 |
| 16) Yalensis II | Y 02 |
| 17) Urbinas Latinus 412 | U |
| 18) Yalensis III | Y 03 |

*II) Codices qui desinunt Hist. V 23,2: „potiorem“*

| | |
|---|---|
| 19) Vaticanus Latinus 1863 | V 63 |
| 20) Neapolitanus IV. C. 23 | N 23 |
| 21) Venetus 381 | Ven |
| 22) Parisinus Regius 6118 | P |
| 23) Vindobonensis 49 | Vin |
| 24) Editionis Spirensis exemplar Stuttgartiense | *Stuttg* |
| *consensus codicum 19—24* | β |
| 25) Leidensis BPL 16 B | L |
| 26) Neapolitanus IV. C. 22 | N 22 |
| 27) Budensis 9 | C |

*III) Codices qui desinunt Hist. V 13, 1: „evenerant"*

# EINLEITUNG

## I. Beschreibung der Handschriften

Die folgende Übersicht beschränkt sich auf Angaben, die für das Verständnis der Tacitusüberlieferung von Bedeutung sind, d. h. Alter und Herkunft der einzelnen Handschriften und — soweit feststellbar — Besitzer, Leser und Korrektoren im 15. Jh.[7]) Wenn der Verfasser dabei über bisher Bekanntes hinauskam, so verdankt er das nicht zuletzt dem umfassenden Wissen von Albinia de la Mare auf dem Gebiet der Humanistenüberlieferung[8]).

1) **M** (Firenze, Bibl. Laurenziana 68, 2)
Monte Cassino, Mitte 11. Jh., beneventanische Schrift. Die früheste nachweisbare Benützung ist die durch Paulinus Venetus († 1344), der den Codex wahrscheinlich nach 1331 noch in Monte Cassino sah. Boccaccio († 1375) hatte Kenntnis vom Tacitustext, ob er den Mediceus II je selbst in Besitz hatte, ist fraglich. Sicher besaß ihn im frühen 15. Jh. Poggios Freund Niccolo de Niccoli, durch dessen testamentarische Verfügung er 1437 in die Bibliothek des Klosters San Marco in Florenz kam[9]).

2) **B** (Firenze, Bibl. Laurenziana 68, 5)
Florenz, 1450—1460 (*M*). Marginalien und Korrekturen in zwei Händen, von denen die wichtigere mit der Originalhand identisch sein könnte.

3) **Hol** (Holkham Hall, Library of the Earl of Leicester, 359)
Florenz, 1470—1480, wahrscheinlich 1475—1480 (*M*); ca. 1710—1720 in Neapel gekauft[10]).

4) **L 24** (Firenze, Bibl. Laurenziana 63, 24)
Florenz, 1460—1465 (*M*).

5) **Z** (Zaragoza, Seminario Sacerdotal de San Carlos 9439)
Florenz, 1450—1470; geschrieben von Piero Strozzi (*M*).

6) **V 58** (Vaticano, Vat. lat. 1958)

---

[7]) Für katalogmäßige Beschreibungen der einzelnen Codices vgl. C. W. Mendell, Tacitus, New Haven 1957, 295—322, sowie die Bibliothekskataloge.

[8]) Von Miss de la Mare stammende Datierungen und Lokalisierungen sind mit (*M*) gekennzeichnet.

[9]) H. Rostagno, Codices Graeci et Latini photographice depicti, tom. VII 2, Lugduni Batavorum 1902, praef.; E. A. Lowe, The Beneventan Script, Oxford 1914, 71; *id.*, CQ 14 (1920), 150—151; *id.*, Casinensia 1 (1929), 257—272; H. Heilig, Ein Beitrag zur Geschichte des Mediceus II des Tacitus, WS 53 (1935), 95—110 (mit weiterer Literatur).

[10]) S. de Ricci, A Handlist of Mss. ... at Holkham Hall, Oxford 1932, 31 (vgl. S. IX). R. Förster, Philologus 42 (1884), 159 u. 166.

Datiert Genua 1449 (90v)[11]). Dasselbe Datum ergibt die vielen Genuesern gemeinsame „Cremona-Notiz" (78r) zu Hist. 3, 34[12]). V 58 ist eine sehr eng und unter extremer Anwendung von Kürzungen geschriebene Miszellanhandschrift (Ann. 11—16 und Hist. 1—5 umfassen nur ff. 41r—90v), deren Inhalt die vielfältigen Interessen eines Humanisten zeigt. An erster Stelle enthält sie Auszüge aus der Naturalis historia des Älteren Plinius (B. 8 und 9), an zweiter Leonardo Bruni (1369—1444) über den ersten Punischen Krieg, an dritter Tacitus, dann die Rhetorik des Georgios von Trapezus (1395 bis 1484)[13]) und anderes. Die einzelnen Texte sind deutlich voneinander abgesetzt und scheinen auch im Schriftbild etwas zu variieren, allerdings nicht so stark, daß sie nicht doch von derselben Hand stammen könnten. H. Quentin[14]) versuchte zu beweisen, daß der erste Besitzer der Handschrift, Johannes Andreas de Bussi aus Vigevano (1417—1475), den Tacitustext selbst geschrieben hat. Bussi hat nämlich einige Anmerkungen zu Georgios eigenhändig signiert, und Quentin ist der Ansicht, daß der Tacitus- und der Georgiostext von derselben Hand stammen wie die signierten Anmerkungen. Neuere Untersuchungen haben dieses Ergebnis bestätigt oder wenigstens nicht widerlegt[15]). Bussi, der in Paris und Mantua (bei Vittorino da Feltre) studiert hatte, war 1449—1452 und 1464 in Genua tätig, 1458 wurde er Sekretär des Kardinals Nikolaus von Kues, 1461 Bischof von Acci, 1466 Bischof von Aleria auf Korsika, und Sixtus IV. (1471—1484) machte ihn zum ersten Bibliothekar der neu eingerichteten Vatikanischen Bibliothek[16]). Gefördert von Paul II., arbeitete er seit 1468 mit den ersten Buchdruckern Italiens, Sweynheym und Pannartz, zusammen, für die er mehr als zwanzig Erstausgaben besorgte, darunter 1470 den Älteren Plinius (Hain 13088)[17]), bei der Textgestaltung allerdings sehr frei vorging. — Es passen also nicht nur die äußeren Merkmale — wie Schrift und Datierung — von V 58, sondern auch die vielfältigen Interessen, die der Inhalt der Handschrift zum Ausdruck bringt, bestens zur Person des Bischofs von Aleria. V 58 kam sicher noch zu Lebzeiten Bussis nach Rom und schließlich aus seiner Bibliothek in die Vaticana, obwohl sich auch Genua um das Erbe seiner Bücher bemüht hatte[18]).

---

[11]) Voller Text der subscriptio bei Mendell, op. cit., 316.

[12]) Cremona condita est annis abhinc MDCC.XL ... hodie autem ab ortu creatoris sunt anni MCCCC XLVIIII ...

[13]) Der gebürtige Grieche kam 1428 nach Italien, entfaltete hier eine reiche literarische Tätigkeit, und gehörte unter anderen zu den Lehrern des späteren Papstes Paul II. Vgl. LThK 4, 706; zu den *Rhetoricorum libri V* PG 160, 753/4.

[14]) Dom H. Quentin, Essais de critique textuelle, Paris 1926, 167—169.

[15]) Mendell, op. cit., 317; Marucchi (vgl. Anm. 17), 176, Anm. 1.

[16]) Dizionario biografico degli Italiani, 15, Roma 1972, 565—572 (M. Miglio).

[17]) Zur Pliniusausgabe vgl. A. Marucchi, Note sul manoscritto [Vat. lat. 5991] di cui s'e servito Giovanni Andrea Bussi per l'edizione di Plinio del 1470, Institut de recherche et d'histoire des textes: Bulletin n. 15 (1967—1968), 175—182.

[18]) Quentin, op. cit., 169.

7) **B 05** (Oxford, Bodleian Library Auct. F. 2. 24 = S. C. 27605)

Datiert Genua 1463 (p. 343). Die *subscriptio* ist im Wortlaut der von V 58 sehr ähnlich und bis auf die Datierung offensichtlich von dort abgeschrieben, doch stammt die Handschrift tatsächlich aus Genua, wie eine Marginalnotiz zeigt, die in den anderen Genueser Handschriften fehlt: Zum Wiederaufbau Roms nach der Brandkatastrophe (15, 43, 5) wird bemerkt: *Genua igitur salubris hoc argumento*. Schon im 17. Jh. war die Handschrift in englischem Besitz[19]).

8) **G** (Wolfenbüttel, Herzog August Bibliothek, Cod. Guelf. 118 Gud. lat.)

Ferrara, nicht lange vor 1461 (*M*)[20]). Im Einband finden sich folgende Vermerke: *Est P. Candidi ab eodem recognitus et emendatus. Emptus Ferrarie MccccLxi.* Die Handschrift befand sich also im Besitz von Pier Candido Decembrio, der mit Rudolf Agricola bekannt war. — G enthält (abgesehen von M) die meisten Marginalien, wobei erste und zweite Hand kaum zu unterscheiden sind[21]).

9) **E** (Madrid, Bibl. Nacional 8401)[22])

Ferrara (*M*), nach der „Cremona-Notiz" (136$^r$) 1462.

10) **H** (London, British Library Harl. 2764)

wahrscheinlich Ferrara (*M*), nach der „Cremona-Notiz" 1452; Marginalien von der Originalhand in roter Tinte; weitere Marginalien von dem Humanisten Lodovico Carbone aus Ferrara.

11) **Mal** (Cesena, Bibl. Malatestiana II. 13. 5)

wahrscheinlich Ferrara (*M*), nach der „Cremona-Notiz" 1452.

12) **Prm** (Parma, Bibl. Palatina 861)

wahrscheinlich Ferrara (*M*), nach der „Cremona-Notiz" 1452.

13) **J** (Oxford, Jesus College 109)

wahrscheinlich Ferrara (*M*), nach der „Cremona-Notiz" 1458. Die Handschrift war vermutlich im Besitz von John Tiptoft, der sich 1459—1461 in Padua aufhielt, und von dessen Hand einige Marginalien stammen könnten[23]). J wurde von J. F. Gronovius für seine Ausgabe von 1692 benützt.

---

[19]) Cat. lib. ms. Angliae et Hiberniae, Oxford 1697, II 1, 3582.

[20]) Nach einer freundlichen Mitteilung des Leiters der Handschriftensammlung, Dr. W. Milde, ist die „Cremona-Notiz" in dieser Handschrift nicht vorhanden.

[21]) Während einige Marginalien deutlich von erster Hand geschrieben sind (so vor allem die, die G mit den anderen Genueser Codices gemeinsam hat), gehen die übrigen eher auf einen Annotator ($G^2$) zurück, der sich bemühte, die erste Hand nachzuahmen. Im Apparat sind daher nur die charakteristischen „Genueser-Marginalien" mit $G^1$ bezeichnet. Freilich ist nicht auszuschließen, daß der Schreiber, der den Text zusammen mit den Marginalien seiner Vorlage kopierte, dann selbst noch weitere hinzugefügt hat.

[22]) F. S. Boncompte, Tacito en España, Barcelona 1951, 19—20.

[23]) De la Mare — Hunt, Duke Humfrey and English Humanism in the Fifteenth Century. Catalogue of an Exhibition held in the Bodleian Library, Oxford 1970, 41—43, 48 (n. 80); tb. XXb.

Die Handschriften H, Mal, Prm, J sind vom selben Schreiber geschrieben. Über ihn ist weiter nichts bekannt, als daß er auch sonst für Lodovico Carbone arbeitete. Die gleiche Datierung von H, Mal und Prm könnte die Vermutung nahelegen, daß die Jahreszahl 1452 zusammen mit der ganzen „Cremona-Notiz" aus einer gemeinsamen Vorlage abgeschrieben wurde, doch ist auch in diesem Fall mit einer Entstehung bald nach 1452 zu rechnen.

14) **B 72** (Oxford, Bodleian Library Lat. class. d. 16 = S. C. 34472; früher Phillipps 3347)

165v *Explicit Anno Domini MCCCCX*. Diese Datierung ist völlig unglaubwürdig, denn erstens weist der Schrifttyp die Handschrift eher dem Ende des 15. Jh. zu und zweitens ist B 72 textlich der schlechteste Genueser Codex, der deutlich von der in den fünfziger Jahren entstandenen Ferrara-Gruppe abhängt. Aus diesem Grund ist auch die im Summary Catalogue versuchte Erklärung von MCCCCX als Irrtum für MCCCCXL verfehlt. Mendell[24]) verweist auf eine Schlußnotiz von zweiter Hand *est autem in libris impressis defectus plus quam hic* und will daraus ersehen, daß diese Notiz zwischen dem Erscheinen der editio princeps, die ja den vorzeitigen Schluß der zweiten Gruppe hat, und der vollständigen Ausgabe des Puteolanus von 1475 geschrieben sein muß. Dieses Argument ist aber nicht zwingend, da die spätere Ausgabe dem Annotator ja noch länger unbekannt geblieben sein kann. Somit scheint es besser, die Datierung als Irrtum für MCCCCXC zu erklären. Freilich ist auch nicht völlig auszuschließen, daß der Schreiber sein Werk absichtlich früher datiert und das genaue Entstehungsjahr somit überhaupt nicht feststellbar ist. Auf keinen Fall aber ist B 72 vor 1460 zu datieren.

Die Genueser Codices (nr. 6—14) haben öfter gleichlautende Marginalien von erster Hand (meist mit Ausnahme von B 05 und B 72).

15) **Y 01** (New Haven, Yale Univ. Lib. 145)[25])

wahrscheinlich Mailand, vor 1470 (*M*). Die Handschrift wurde für Matthias Corvinus geschrieben, befand sich aber schon 1518 im Besitz des Beatus Rhenanus, der sie als Grundlage für seine Ausgabe verwendete[26]). Nach mehrfachem Besitzwechsel war sie Anfang des 19. Jh. wieder in Ungarn und wurde schließlich 1934 nach Amerika gebracht.

16) **Y 02** (New Haven, Yale Univ. Lib. 144)[27])

vielleicht Neapel (*M*), saec. XV$^2$; fast keine Marginalien.

---

[24]) Mendell, op. cit., 299.

[25]) W. H. Bond — C. U. Faye, Supplement to the Census of Medieval and Renaissance Manuscripts in the United States and Canada, New York 1962, 34—35 (nr. 145); C. Csapodi, Bibliotheca Corviniana, Budapest 1969, 57, n. 96, und Tafel XLIX; I. Borzsák, Die Tacitus-Handschriften der Bibliotheca Corviniana, Az Egyetemi Könyvtár Évkönyvei I (1962), 141—142.

[26]) W. Allen, Jr., Beatus Rhenanus, Editor of Tacitus and Livy, Speculum 12 (1937), 382 - 385.

[27]) Bond - Faye, op. cit., 34 (nr. 144).

17) **U** (Vaticano, Urb. lat. 412)

Florenz, 1470—1480; etwa gleichzeitig mit Hol, aber nicht vom selben Künstler illuminiert (*M*).

18) **Y 03** (New Haven, Yale Univ. Lib. 143)[28])

Illumination: Neapel, 1470—1480 oder noch später (*M*). Die Arbeit wurde Nicola Rapicano zugeschrieben, der bis 1488 am Hof Ferdinand I. in Neapel arbeitete[29]). Schreiberwechsel an derselben Stelle wie in A, d. h. Hist. 2, 69. Bond und Faye datieren den ersten Schreiber saec. XV[1], den zweiten saec. XV[2]. Die Handschrift dürfte demnach in ihrem ersten Teil nicht viel jünger sein als A, mit dem sie auch textlich sehr nahe verwandt ist. Die spätere Ergänzung und die Illuminierung stehen wohl in engem Zusammenhang.

19) **V 63** (Vaticano, Vat. lat. 1863)

Florenz, saec. XV[1]. Die erste Seite zeigt das Wappen des Kardinals Pietro Barbo, des späteren Papstes Paul II. (1464—1471)[30]). Da er die Kardinalswürde im Jahre 1440 erhielt, wäre es denkbar, daß er die Handschrift während seines Aufenthaltes in Florenz anläßlich des Konzils (1439—1443) schreiben ließ. Die Schrift scheint allerdings etwas älter zu sein, so daß der Text vielleicht schon um 1430 geschrieben und das Barbo-Wappen erst später hinzugefügt wurde (*M*). Korrekturen und Marginalien finden sich gelegentlich von der Hand des Schreibers, viel häufiger von einer zweiten Hand. Im Text ist öfters Platz für Worte freigelassen, die der Schreiber in seiner Vorlage offenbar nicht entziffern konnte, die aber fast immer von zweiter Hand nachgetragen wurden. — V 63 ist der Codex *Optimus Vaticanus*, den Lipsius für seine Ausgaben und Kommentare benützte[31]).

20) **N 23** (Napoli, Bibl. Nazionale IV. C. 23)

Die Schrift weist keine charakteristischen Züge auf, doch dürfte sie zeitlich zwischen V 63 und Ven anzusetzen sein. Für die Lokalisierung kommt Rom in Frage, kaum Florenz (*M*). Die Korrekturen und Marginalien scheinen meist von erster Hand geschrieben zu sein (z. T. allerdings so klein, daß sie kaum noch lesbar sind), doch kommt vor allem in den Marginalien auch eine deutlich zweite Hand vor.

21) **Ven** (Venezia, Bibl. Nazionale Marciana MS Lat. Fondo Antico 381)

vielleicht Ferrara, Mitte 15. Jh. (*M*), und nach dem Besitzvermerk am Ende der Handschrift spätestens 1453. Derselbe Vermerk gibt Bologna als Herkunft

---

28) Bond - Faye, op. cit., 34 (nr. 143).

29) Vgl. Mendell, op. cit., 321.

30) Die Angabe von Mendell, op. cit., 314, es handle sich um „the arms of Paulus II", ist insofern ungenau, als das Wappen nicht mit den Insignien eines Papstes versehen ist, sondern mit denen eines Kardinals.

31) J. Ruysschaert, Juste Lipse et les Annales de Tacite, Recueil de travaux d'Histoire et de Philosophie, 3e série, fasc. 34, Louvain 1949, 26—30.

an: *Hic liber est mei b. Car.¹ Tusculani bōn Legati scriptus bōn constitit ducatis quatuordecim decem. Oct. 1453.* Die Handschrift war also im Besitz des Kardinals Bessarion (1450—1455 als päpstlicher Legat in Bologna), der sie 1468 dem Kloster S. Marco in Venedig schenkte. Die Korrekturen und (seltenen) Marginalien scheinen fast alle von der ersten Hand zu stammen.

22) **P** (Paris, Bibliothèque National Reg. 6118)

Rom (?), nicht vor 1470 (*M*).

23) **Vin** (Wien, Österreichische Nationalbibliothek 49)[32])

Neapel, um 1485; vielleicht von Gian Rainaldo Mennio geschrieben; mit hervorragenden neapolitanischen Miniaturen. 1563 wurde Vin von dem Humanisten Johannes Sambucus (János Zsámboki, † 1584 in Wien) erworben, dessen Bibliothek nach seinem Tod in die Hofbibliothek kam. (Besitzvermerke 2ʳ)

24) *Stuttg* (Exemplar der Editio princeps in Stuttgart, Württembergische Landesbibliothek Inc. 2° 15218)

Die Editio princeps (Hain 15218) wurde von Vindelinus de Spira während der ersten Periode seines Schaffens in Venedig (1470 — Sommer 1473) gedruckt, und zwar nach einer Vorlage der Handschriftenklasse β. Der Druck ist undatiert und wird infolge einer mißverständlichen Interpretation des Kolophons[33]) durch Hain meist ins Jahr 1470 gesetzt. Drucktechnische Gründe verlangen jedoch eine Datierung am Ende der ersten Schaffensperiode, also 1472/73[34]). — Das Stuttgarter Exemplar enthält Korrekturen von mehreren Händen. Darunter befindet sich auch die des Rudolf Agricola, was unter anderem aus einem Vermerk am Ende des Textes hervorgeht: *Rhodolphus Agricola recognouit*[35]).

---

[32]) H. J. Hermann, Beschreibendes Verzeichnis der illuminierten Handschriften in Österreich, N. F. VI: Die Handschriften und Inkunabeln der italienischen Renaissance, 4. Unteritalien, Leipzig 1933, 38—40 u. Taf. XIII, XV 1.2; T. de Marinis, La biblioteca Napoletana dei re d'Aragona, Milano 1947, tom. II, 154—157; tom. IV, tab. 234.

[33]) . . . pressit Spira premens: artis gloria prima sue. „prima" bezieht sich hier nicht auf den Zeitpunkt, sondern auf die Qualität des Druckes.

[34]) Nur der Tacitus und ein weiterer undatierter Druck der Periode 1470—1473 enthalten Kustoden. Sie dürften überhaupt die ersten gedruckten Bücher sein, die mit Kustoden versehen sind. Vgl. Catalogue of the Books Printed in the XVᵗʰ Century now in the British Museum, Part V: Venice, London 1924 (repr. 1963), p. 165, IB 19592—93.

[35]) Nach einer freundlichen Mitteilung von Herrn Dr. Wolfgang Irtenkauf, Stuttgart, ist unter den korrigierenden Händen auch die des Dietrich von Plieningen festzustellen, z. B. 3ʳ, Ann. XI 7, 4 (14) statuit *Stuttg²mg.* (Schwieriger ist die Identifizierung der Schrift bei der genannten Schlußnotiz über die Durchsicht des Textes durch Agricola, aber auch hier handelt es sich nach Dr. Irtenkauf höchstwahrscheinlich um Plieningen. Sicher nicht von dessen Hand ist die Korrektur der sogenannten dritten Umstellung 138ᵛ, Hist. IV 46, für die Agricola in Frage kommt.) Plieningen war ein Freund Agricolas und hatte *Stuttg*

25) **L** (Leiden, Bibl. der Rijksuniversiteit BPL 16 B)[36])

Ferrara, 1475—1479; geschrieben von Rudolf Agricola. — Die Frage, ob L von Agricola selbst geschrieben ist, wurde von Mendell[37]) zunächst verneint, später offen gelassen[38]). Dann brachte E. Hulshoff-Pol im Vorwort der fotomechanischen Ausgabe (s. Anm. 36) überzeugende Gründe für die Identität Agricolas mit dem Schreiber des Leidensis vor, die schließlich von A. Seel[39]) gesichert wurden: Die Schrift des Leidensis gleicht ganz dem Plinius-Codex Leiden, Voss. Lat. 4° 80, der höchstwahrscheinlich von Agricola geschrieben wurde, und den Korrekturen sowie der Subscriptio eines weiteren Plinius-Codex (Stuttgart, Cod. poet. et philol. 4° 30), die sicher von ihm stammen[40]). Da das Papier Wasserzeichen[41]) aufweist, die zwischen 1475 und 1481 in Norditalien begegnen und Agricola 1479 Ferrara verließ, bleiben für die Niederschrift des Leidensis nur die Jahre 1475—1479. Agricola nahm die Handschrift aus Italien mit. Später dürfte sie von Heinsius benützt worden sein, geriet aber dann in Vergessenheit — woran sich auch nichts änderte, als sie 1806 nach Leiden kam —, bis schließlich Mendell wieder auf sie aufmerksam machte[42]).

26) **N 22** (Napoli, Bibl. Nazionale IV. C. 22)

saec. XV$^2$ (nach 1452). Das Schriftbild bietet keine Anhaltspunkte für eine genauere Datierung, der terminus post quem folgt aus der Abhängigkeit der Handschrift von der Ferrara-Gruppe. Daß Text und Korrekturen bzw. Varian-

---

in seinem Besitz. (*Vorsatzblatt*: Theoderici Plinii ll. doctoris; 1r Ex bibliotheca ecclesiae collegiatae S. Nicolai Chomburgensis.) Vgl. Ulrich Sieber: Untersuchungen zur Geschichte der Komburger Stiftsbibliothek, Köln 1969 (Bibliothekars-Lehrinstitut des Landes Nordrhein-Westfalen, Hausarbeit). — Wenn die in der folgenden Beschreibung des Leidensis (nach Hulshoff-Pol und A. Seel) vertretenen Identifizierungen der Hand Agricolas richtig sind, gibt es sowohl zu Tacitus als auch zum jüngeren Plinius je ein oder zwei Exemplare, die Plieningen gehörten, von Agricola überarbeitet wurden und heute in Stuttgart liegen, und eines, das von Agricola selbst geschrieben ist und nach Leiden kam. Für Plinius steht die zeitliche Reihenfolge weitgehend fest (Stuttgart, Cod. poet. 4°30: Februar 1478 und Inc. 2° 13110, 2. ex.: Venedig 1471, korrigiert 1478; Leiden, Cod. Voss. Lat. 4°80: Dezember 1478), für Tacitus (*Stuttg*, L) muß sie aus dem Text erschlossen werden.

36) Tacitus, Codex Leidensis. Codices Graeci et Latini, tom. XX, Lugduni Batavorum 1966. (IX—XVII Vorwort von C. W. Mendell, XVIII—XXIV Vorwort von E. Hulshoff - Pol.)

37) C. W. Mendell, Leidensis BPL. 16. B. Tacitus, XI—XXI, AJPh 75 (1954), 255.

38) In seinem Tacitus-Buch, S. 307—308, geht er auf die Frage des Schreibers nicht ein.

39) A. Seel, Zum Überlieferungswert des Tacitus-Codex Leid. BPL 16 B, Studii Clasice XIV (1972), 101—103.

40) Miss de la Mare bestätigt, daß das Schriftbild des Leidensis in allen wesentlichen Zügen mit den von Hulshoff - Pol gebotenen Schriftproben Agricolas übereinstimmt.

41) C. M. Briquet, Les Filigranes, XI, p. 374, n. 6599.

42) C. W. Mendell & S. A. Ives, Ryck's Manuscript of Tacitus, AJPh 72 (1951), 337—345. Vgl. E. Koestermann, RhM 103 (1960), 92—94.

ten von derselben Hand stammen, scheint nicht nur aus dem Schriftbild, sondern auch aus dem besonderen Charakter der Varianten (vgl. dazu S. LVI) hervorzugehen.

27) **C** (Budapest, Egyetemi Könyvtár-Universitätsbibliothek Cod. Lat. 9)[43])

Florenz, 1453 oder knapp davor (*M*). 131$^{v}$ *Io. Ar. legi transcurrendo 1467 sed mansit inemendatus.* Nach dieser Notiz datierte Csapodi die Handschrift „vor 1467", doch läßt sich der Illuminator mit Gioacchino de Gigantibus aus Rotemburg identifizieren, der 1453 von Florenz nach Rom ging. Da die Schrift aber eindeutig florentinisch ist, ergibt sich die obige genauere Datierung. *Io. Ar.* wollte Mendell[44]) mit „Iohannes Arretinus" (als florentinischer Schreiber bekannt) erklären, doch paßt die Schrift der Notiz nicht zu dieser Deutung. Richtig ist vielmehr Io(hannes) Ar(chiepiscopus Strigoniensis), d. h. János Vitéz, aus dessen Bibliothek die Handschrift in den Besitz des Königs Matthias Corvinus kam[45]). — Borzsák[46]) wendet sich gegen die Behauptung Mendells, der erste Schreiber habe nur den Text im Umfang der Gruppe I (γ) geschrieben, während die Ergänzung auf Gruppe II (β) von einer späteren Hand stamme. Nach Inspektion des Originals erklärt Borzsák jedoch mit Entschiedenheit, die ganze Handschrift sei durchgehend von einer Hand geschrieben. Textlich steht C der Gruppe γ wesentlich näher als β und ist engstens verwandt mit V 64. Diese beiden Handschriften haben auch eine große Lücke in Buch 16 (capp. 18—26) gemeinsam.

28) **V 64** (Vaticano, Vat. lat. 1864)

Florenz, etwa 1450—1460 (*M*). Der Codex ist der *Alter Vaticanus* des Lipsius[47]).

29) **A** (Firenze, Bibl. Laurenziana 68, 4)

Florenz, sicher saec. XV$^{1}$, kaum viel später als 1430, möglicherweise sogar früher (*M*) [48]).Der von erster Hand geschriebene Text bricht 96$^{v}$ in Hist. 2, 69 am Ende einer Seite (= der 12. Lage?) ab, ff. 97—106 sind eine Ergänzung aus dem 16.—17. Jh. bis zum Ende des zweiten Historienbuches.

30) **V 65** (Vaticano, Vat. Lat. 2965)

Manche Züge der unregelmäßigen und nicht sehr sorgfältig ausgeführten Schrift deuten auf einen französischen Schreiber hin, der in Italien gearbeitet

---

43) Csapodi, op. cit., S. 41, n. 12; I. Borzsák, op. cit., 143—156.

44) C. W. Mendell, Manuscripts of Tacitus XI—XXI, Yale Classical Studies 6 (1939), 69.

45) Borzsák, op. cit., 151 u. 153; B. L. Ullmann, The Origin and Development of Humanistic Script, Roma 1960 (Storia e letteratura, Raccolta di Studi e Testi, 79), 95, n. 6.

46) Borzsák, op. cit., 143—144 u. 153.

47) Ruysschaert, loc. cit. (*ad V 63*).

48) Miss de la Mare begründet die frühe Datierung dieser Handschrift unter anderem damit, daß die Schrift gegen Ende immer stärker humanistische Züge annimmt, so als ob der Schreiber einen neuen Schrifttyp eben erst lernte.

haben könnte. Eher aber liegt eine Variante der italienischen gotischen Schrift vor, die wahrscheinlich noch in die erste Hälfte des 15. Jh. gehört (*M*).

31) **Or** (London, British Library Add. 8904)

wahrscheinlich Neapel (eventuell Genua), 1460—1480 (*M*). 1r *Institutionis Parisiensis Oratorii D. Jesu.* Dieser Besitzvermerk zeigt, daß es sich um die von Dotteville und Brotier benützte Handschrift handelt, von der Mendell noch meinte, sie sei „zweifellos" während der Französischen Revolution zerstört worden[49]). Wie sie nach London kam, ist unbekannt, doch befand sie sich bereits 1818 im Besitz von H. Drury (Signatur C. 6. 8 auf dem Deckblatt).

32) **N 21** (Napoli, Bibl. Nazionale IV. C. 21)

Rom, etwa 1460—1470. Der Schreiber ist Petrus Honestus, der Illuminator Giuliano Amedei, von dem man weiß, daß er für Papst Pius II. arbeitete (*M*). Der Codex ist der *Farnesianus* des Lipsius[50]).

33) **O 48** (Vaticano, Ottob. lat. 1748)

Rom (eventuell Florenz), 3. Viertel 15. Jh. (*M*). Die Handschrift enthält Marginalien sowohl von erster Hand als auch von mehreren anderen Händen. Eine davon fällt in die Zeit nach 1476, denn 60r vermerkt sie zu dem geplanten Anschlag auf Nero: *hoc exemplo usus est qui galeam ducem meli occidit ·io· andreas lampugnancus.* Diese Notiz bezieht sich auf die Ermordung des Galeazzo-Maria Sforza, Herzog von Mailand, der am 26. Dezember 1476 beim Betreten einer Kirche von drei Männern namens Lampugnani, Visconti und Oligati überfallen wurde[51]).

34) **O 22** (Vaticano, Ottob. lat. 1422)

Rom, 1470—1480 (*M*). Der Schreiber könnte ein Schüler des Bartolomeo San Vito gewesen sein, die Rubriken stammen von San Vito selbst[52]).

35) **K** (København, Kongelige Bibliotek Gl. kgl. S. 496 fol)

wahrscheinlich Rom, vor 1488, geschrieben von Bartolomeo San Vito oder einem seiner Schüler (*M*). Marginalien von Ludovicus Regius aus Imola (196r *Hic liber visus et ut accuratius ex incuria temporum fieri potuit emendatus est per me Ludovicum Regium Imolensem anno salutis 1488*)[53]).

---

49) Mendell, op. cit., 323. Dagegen K. Wellesley, AJPh 89 (1968), 304, Anm. 3.

50) Ruysschaert, loc. cit. (*ad V 63*).

51) Nouvelle Biographie Générale, Paris 1864, vol. 43, 861; J. Burckhardt, Die Kultur der Renaissance in Italien, Nachdruck Stuttgart 1966, 55 f.

52) J. Ruysschaert, Miniaturistes „Romains" à Naples. Appendix zu T. de Marinis, La biblioteca Napoletana dei re d'Aragona, Supplemento, Verona 1969, tom. I, 270; tom. II, tab. 190.

53) Vgl. J. Ruysschaert, Recherche des deux bibliothèques romaines Maffei des XVe et XVIe siècles, La Bibliofilia 60 (1958), 333—334.

# II. Klassifizierung und Wertung der Handschriften

## A. Der Codex Mediceus II

### 1. Paläographisches

M enthält eine Reihe von Maiuskelfehlern, unter denen falsche Worttrennung besonders häufig vorkommt: **15**, 2, 1 (6) certamina] certam in; 3, 2 (7) tumultuariam] tum multi uaria (zunächst durch Diplographie und fehlendes Schluß-m entstellt; *corr. Gen*)[54]); 7, 2 (7) hostiaque quae] ostia queque (*corr. Gen*); 9, 1 (4) auctas agit] aucta sagit (*corr.* M[1]); 13, 2 (6) Caudinae Numantinaeque] caudi nenum antineque (*corr.* α β γ); 15, 3 (12) vi equorum] uie quorum (*corr.* α β *Gen*); 16, 1 (2) contraque] contra que (*corr.* β *Gen*); 17, 3 (12) dirutaque quae] diruta queque; 19, 2 (5) adoptionis enumerant] adoptioni senumerant (*corr. Gen*); 23, 3 (10) quae fluxa] qua efluxa (*corr. Gen*); 23, 4 (15) qua reconciliatum] quare conciliatu (*corr.* α *Gen*); 24, 1 (1) inter quae] interque (*corr. Gen*); 25, 3 (12) praefectisque] prefectis que (*corr.* α β γ *Gen*);[55]) 40, 1 (5) dicatae latius] dicata elatius (*corr.* α γ *Gen*); 42, 1 (4) Severo] se uero (*corr.* β γ *Gen*); 46, 1 (3) mala rumoribus] malarum moribus (*corr.* β γ); 49, 9 (12) contumeliam ultum] contumelias (-s *del.*) multum (contumelias ultum *Gen*); 52, 2 (10) qui a] quia (*corr. Gen*); 52, 3 (12) consulis acre] consuli sacre (*corr.* α β γ *Gen*); 52, 3(13) ad libertatem oreretur] ad libertate moreretur; 59, 5 (19) degenerem et] degenere met (*corr.* α β γ *Gen*); 59, 5 (20) mulieri Satria] mulieris atria; 60, 1 (3) manu Statii] manus tatii (*corr. Gen*); 64, 3 (12) quo damnati] quod anti (mit Buchstabenausfall; *corr. Gen*); 66, 2 (7) equite R⟨omano⟩] equiter; 70, 1 (1) exim Annaei] ex immane (e *del.*) na et (Diplographie, I/T Verwechslung); 71, 5 (22) sine absolutione sine supplicio] sine absolutiones in supplicio (*corr. Stuttg*[2], L[2]); **16**, 1, 1 (3) dubiae rei traxit] dubie retraxit; 5, 1 (2) lascivia inexperti] lasciuiam experti (mit Minuskelfehler in/m; *corr. Stuttg*[2], lasciuie inexperti L); 10, 2 (6) a Vetere] auertere (*corr.* α *Gen*); 14, 1 (7) a P. Anteio] a panteio (*corr. Gen*); 14, 3 (19) supremas tabulas] -ma stabulas (*corr.* M[2]); 22, 4 (19) secta Tuberones] sectatur (-r *del.*) berones (*corr.* α β γ *Gen*); 23, 1 (5) picturas evehere] picturas se uehere (mit Diplographie); 24, 2 (6) quod ubi non evenit] quo dubie non uenit (*corr.* B[2], Hol); 28, 1 (1) maiore vi] maior eui (*corr.* B, Hol; *Gen*); 29, 1 (1) ut erat] uteret; 30, 1 (4) alendo seditiones] alendos editiones (*corr.* β *Gen*); 31, 2 (9) mentio nisi] mentioni si (*corr.* M[2]). Von den 39 hier aufgezählten Stellen mit falscher Worttrennung sind drei schon in M selbst korrigiert, 26 in den *recentiores*, zehn bleiben in allen Handschriften unverbessert. An den richtigen Lesarten der *recentiores* haben die Genueser mit 17 Stellen den Hauptanteil (davon allerdings nur 9 allein, je 2 zusammen mit α

---

[54]) Bei dieser und den folgenden Korrekturangaben sind nur die Hauptgruppen berücksichtigt. Für einzelne Handschriften vgl. den kritischen Apparat.

[55]) Stellen mit falsch abgetrenntem oder angefügtem qu(a)e, die sehr häufig sind, werden von hier an nicht mehr berücksichtigt.

und β, je eine zusammen mit α β, α γ, β γ und B Hol), vier Stellen sind in allen Hauptgruppen der *recentiores* verbessert, je eine in α β γ, β γ und B² Hol, zweimal hat *Stuttg*² das Richtige. Schon daraus zeigt sich einerseits die hohe Qualität der Genueser, anderseits darf man nicht übersehen, daß auch die übrigen *recentiores* manchmal den richtigen Text bieten, wo M (bzw. M + *Gen*) versagt.

Weitere Maiuskelfehler in M sind die folgenden Buchstabenverwechslungen: C/G: **15**, 35, 2 (4) prodigum] prodicum; 50, 1 (3) Vulcacium] uulgacium; **16**, 18, 3 (12) adgreditur] adcreditur; 28, 1 (4) Paconium] ragonium (*corr.* M²). I/L: **15**, 56, 4 (11) Aciliam] atillam. I/T: **15**, 52, 3 (12) ingenium] ingentum; 68, 3 (11) intima] inima (T > I und Haplographie; intima *Gen*, nimia α β γ). P/C: **15**, 35, 3 (7) abreptique] abrectique; 54, 3 (12) suspicionibus] suscipionibus (*corr.* α *Gen*, scipionibus β γ!) Es ist also mit Sicherheit anzunehmen, daß sich unter den Vorstufen von M ein Maiuskelexemplar befand.

Typisch für die beneventanische Schrift sind b/v und s/x-Verwechslungen sowie Unregelmäßigkeiten in der Verwendung des Schluß-m: b/v: **15**, 15, 3 (11) expleberat; 23, 2 (8) iobis; 23, 2 (9) Bovillas] uobillas; 24, 2 (6) adprouatam; 52, 1 (2) uaias; 52, 1 (3) ualneasque; 56, 3 (8) imbecillitate] inueccillitate (b M¹ *s. l.*); 57, 1 (2) iubet] iuuet; 69, 2 (10) ualneo; **16**, 22, 4 (19) fabonios; 23, 1 (1) und 30, 1 (1) sauinus; 35, 1 (6) iobi. s(s)/x, x/cx: **15**, 6, 3 (13) milex (*corr.* M¹); 32, 1 (4) sancxit; 40, 1 (1) exquilias; 44, 5 (20) permistus (*corr.* M²); 57, 2 (8) exprexit; 73, 1 (2) adiuncxit; 73, 1 (4) extincxisset; **16**, 25, 1 (3) disserunt] dixerunt. Fehlendes Schluß-m: **15**, 10, 1 (1) fama; 13, 3 (13) utile; 17, 2 (9) cappadocia; 20, 1 (3) contumelia; 21, 1 (4) nutu; 26, 1 (2) syria; 27, 2 (9) immota; 38, 7 (22) auctore (*corr.* M²); 44, 4 (19) usu; 50, 3 (13) metu; 53, 4 (15) inane[56]); 60, 3 (10) amicitia; 64, 2 (5) fama; **16**, 19, 3 (11) nouitate; 25, 1 (3) gloria; 26, 2 (5) infamia. Falsch hinzugesetztes Schluß-m: **15**, 1, 1 (3) und 4, 2 (4) magnitudinem (-m *del.*); 1, 2 (10) ducem (-m *del.*); 7, 1 (5) tristi omine] tristionem (-m *del.*); 10, 3 (10) fiducia] finduciam (-m *del.*); 30, 1 (3) auguralem; 38, 7 (22) iussum; 57, 2 (11) carissimam (-m *del.*); 60, 3 (10) aditum (-m *del.*); 62, 2 (7) imminentiam (-m *del.*); 66, 2 (8) iussum; 73, 3 (11) compositam aut obliteratam mansuetudinem; **16**, 14, 1 (8) caritatem (-m *del.*); 16, 2 (8) captiuitatem (-m *del.*); 17, 3 (6) petitionem (-m *del.*); 17, 6 (21) minorem; 18, 3 (14) defensionem (-m *del.*); 22, 1 (1) sollemnem (-m *del.*); 32, 3 (11) pecuniam (-m *del.*) Hierher scheint auch ein öfter zu beobachtender Wechsel zwischen Schluß-m (n) und Schluß-s zu gehören. -s statt -m: **15**, 5, 1 (4) obsidionem] -es (*corr.* M¹); 6, 1 (4) exercitum] -us (*corr.* M¹); 13, 3 (10) Vologaesen] uologeses (*corr.* M¹); 15, 2 (4) iugum] iugus (*corr.* M¹); 27, 2 (7) Vologaesen] -es; 57, 1 (1) Epicharin] apicharis (-s *del.*); 64, 2 (4) promptum (*sc.* vulgus)] promptus (*corr.* M¹). -m statt -s: **15**, 45, 3 (11) egressus] -um (*corr.* M¹); 56, 2 (6) internuntius]

[56]) Nach dieser Verschreibung versuchte M¹ offenbar, durch Änderung des folgenden *ad* zu *aut* der Stelle wieder einen Sinn zu geben, notierte das *ad* aber doch am Rande.

-um (*corr.* $M^1$); **16**, 34, 1 (2) frequentes] frequenter $M^1$ *ante corr.*, frequentem $M^1$ *post corr.*[57]); 34, 1 (3) intentus] -um. Die Ursache für diese Erscheinung ist fraglich: M hat für Schluß-m ¯ und (häufiger) ∽, stellt auch Schluß-s oft über die Zeile, scheint aber nirgends die in der Beneventana seit dem Beginn des 11. Jh. zu beobachtende -s Kürzung ꝰ zu verwenden[58]). (An den zitierten Stellen ist -s immer ausgeschrieben.) Vielleicht hatte die unmittelbare Vorlage von M die leicht zu verwechselnden Abkürzungen ∽ und ꝰ. Allerdings ist auch zu beobachten, daß in M Schluß-s allein in derselben Weise schwankt wie Schluß-m. Fehlendes -s: **15**, 6, 4 (17) expugnatione; 9, 1 (4) conexa; 9, 1 (5) quos] quo (vor *saxa*, also auch als Haplographie erklärbar); 19, 1 (3) patre (vor s-); 36, 2 (6) cuncto (*corr.* $M^2$); 44, 3 (12) exitiabili (vor s-; *corr.* $M^2$); 50, 2 (6) periculi; 54, 4 (17) seruo; 57, 1 (2) tormenti (*corr.* $M^2$); **16**, 16, 1 (3) continuo. Falsch hinzugesetztes Schluß -s: **15**, 3, 1 (5) uologeses (-s *del.*); 13, 3 (14) regnis (-s *del.*); 17, 3 (9) Vologaesi] uologeses (-s *del.*); 27, 2 (9) imperatoris (vor *suo*: Diplographie? -s *del.*); 28, 3 (11) etates (-s *del.*); 35, 2 (4) iussis (-s *del.*); 38, 5 (15) ignis; 46, 2 (7) seuientes (-s *del.*); 51, 2 (6) Neroni inter ministros] -nis; 53, 2 (10) operis (vor s-); 57, 2 (11) intactis (auch als falsche Beziehung auf das folgende *tormentis* erklärbar; α β = M; *corr.* γ, *Stuttg*², L; in tantis *Gen*); 63, 3 (11) effugias (vor s-; -s *del.*); **16**, 1, 1 (1) neronis (-s *del.*); 1, 1 (4) in agro suo specum: agros suos (*corr.*); 2, 2 (10) minores; 7, 2 (7) publicas (-s *del.*); 22, 4 (18) institutas (vor *si*; -s *del.*); 23, 1 (7) tempus damnationi] -nis (-s *del.*); 32, 1 (5) interiectis (-s *del.*); 35, 1 (4) brachiis (-s *del.*)

In den Bereich der Minuskelfehler fallen Stellen wie **15**, 17, 3 (12) communierat] comminiuerat; 26, 3 (10) adversa in] aduersam; 36, 3 (9) civium] eiuium; 48, 3 (12) perseverum] preseuerum; **16**, 27, 2 (7) verterentur] uterentur. Nicht sicher nachweisbar sind hingegen Fehler, die auf karolingisches cc-a zurückgehen: **16**, 9, 1 (2) senectus] senatus ist das einzige deutliche Beispiel, doch kann hier auch *aberratio oculorum* infolge des knapp davor stehenden *senatus* vorliegen. **15**, 37, 1 (3) exemplum] exemplam dürfte durch das folgende *referam* verursacht sein[59]). **15**, 14, 1 (1) Pacorum] paucorum (u *pr. del.*) geht wohl nicht

---

[57]) Koestermanns Apparat „frequentes *corr.* $M^1$ *ex* frequentem" ist schon insofern falsch, als von einem *-s* nichts zu sehen ist. Im Kommentar S. 406 ändert er seine Deutung der nicht leicht zu lesenden Korrektur: „Anscheinend änderte $M^1$ *frequenter* zu *frequentes*". Tatsächlich war *-ter* als *t* mit darübergesetztem waagrechtem Strich abgekürzt, dann wurde der Kürzungsstrich getilgt, ein schmales *e* in den Zwischenraum zum nächsten Wort und das für M typische *-m*-Häkchen darübergesetzt.

[58]) Vgl. Lowe, Benev. Script, 213—217.

[59]) Rostagno (vgl. Anm. 9), praef. p. XIII hat darauf hingewiesen, daß in M viele Fehler einfach durch ähnliche Anfangs- oder Endsilben benachbarter Wörter entstanden sind, und dazu **15**, 2, 2 (8) exitium] absitium (wegen abrumpunt) zitiert. Vgl. **15**, 17, 1 (1) conquerente] conquerentium (wegen inritum); 29, 3 (11) sublatum] sublati (wegen capiti); **16**, 2, 2 (6) ac vatibus] auaratoribus (wegen oratoribusque; von vielen Herausgebern als eine Art Diplographie gestrichen); 14, 3 (19) monito] monitus (wegen prius); 22, 1 (5) consultis] consultum (wegen patrum; *corr.* $M^1$).

auf eine Diplographie des offenen a, sondern auf die Ähnlichkeit des Namens mit dem Wort pauci zurück.

Charakter und Frequenz der in Ann. 15—16 beobachteten Fehler lassen Zweifel an der verbreiteten Meinung aufkommen, die unmittelbare Vorlage des Mediceus II sei ein in Deutschland in karolingischer Minuskel geschriebenes Exemplar gewesen. Vielmehr gewinnt die Ansicht von M. Zelzer[60]) an Wahrscheinlichkeit, daß die Vorlage von M schwer zu lesen war und daher „niemals ein in der doch bewußt deutlich ausgebildeten karolingischen Minuskel geschriebener Codex gewesen sein" kann. Zelzer schließt daraus weiter, der Text von Ann. 11 ff. sei nicht (wie die übrigen erhaltenen Schriften des Tacitus) aus dem deutschen Raum gekommen, sondern seit der Antike immer in Süditalien gelegen[61]). — Welche Schwierigkeiten M mit seiner Vorlage hatte, zeigen die häufigen Korrekturen von erster Hand, freigelassene Stellen, wo die Vorlage also überhaupt nicht mehr zu entziffern war, und viele paläographisch schwer erklärbare Korruptelen, wie z. B. **15**, 13, 2 (7) ac Parthis] aut penis; 22, 2 (6) effigiesque] effigies usque; 43, 4 (12) largior] largitior; 53, 2 (9) ut alii] utilia; 54, 3 (10) parare] partiebatque; 63, 3 (11) parco victu] parciuo ictu; 64, 2 (5) sociatae] societatem; **16**, 21, 1 (5) parum spectabilem] parum et expectabilem; 26, 2 (4) ausuri ⟨sint⟩] augusti; 32, 3 (9) honesti exercitus] honesti et exerciti.

An vielen Stellen sind Eintragungen von zweiter Hand in M nicht als Korrekturen, sondern als eine Art Kommentar zu verstehen. Solche Anmerkungen stehen meist nicht am Rand, sondern zwischen den Zeilen, und treten in unregelmäßigen Abständen bei „ausgewählten" Passagen auf. Die wichtigste davon ist **15**, capp. 38—48: z. B. zu **38**, 1 (1) clades] urbis, 2 (4) contigua] iuncta, 3 (9) populando] deuastando, 5 (15) circumueniebantur] ab igne, 7 (22) auctorem] neronem; **44**, 1 (2) Volcano] uulcano deo ignis, 2 (8) iussum] a nerone, 2 (9) reos] christianos, 4 (15) fatebantur] christum[62]); **47**, 2

---

60) M. Zelzer, Zur Frage der Vorlage des Tacitus-Codex Mediceus 68,2, WS 86 (1973), 189.

61) Schwierigkeiten bereitet dabei eine Beobachtung von H. Quentin, der Ess. crit. text. 176 bis 177 auf Grund der Blattvertauschungen in Hist. 3 für den Med. II eine Vorlage errechnete, die genau gleich viel Text pro Seite enthielt wie der karolingische Med. I. Vielleicht ist für die Vorgeschichte des Med. II mit zwei Minuskelexemplaren zu rechnen, einem karolingischen und einem jüngeren, beneventanischen als unmittelbarer Vorlage des Med. II. Vgl. S. XXII zum Wechsel zwischen Schluß-m und Schluß-s. (Zwei mittelalterliche Schichten nimmt — in anderem Zusammenhang — auch Brunhölzl an: vgl. Zelzer, op. cit. 190.) Allerdings erheben sich gegen diese Annahme wieder chronologische Bedenken, da der schwierige und sonst wenig beachtete Tacitustext innerhalb weniger Jahrzehnte gleich zweimal kopiert worden wäre. (Mit der Besiedlung Monte Cassinos durch deutsche Mönche ist nicht vor der Jahrtausendwende zu rechnen, M aber schon um die Mitte des 11. Jahrhunderts geschrieben.)

62) Wie man sieht, beschäftigte die umstrittene Stelle schon die Humanisten. Im Gegensatz zu $M^2$ notiert $P^2$ zum selben Wort: *incendium*.

(5) propter] iuxta. Diese „Kommentare" hören nach cap. 48 nicht abrupt auf, sondern werden allmählich seltener.

2. Zum Text

In Ann. 15—16 weist M — Orthographisches nicht mitgerechnet — weit über 200 weder von erster noch von zweiter Hand korrigierte Fehler auf, von denen nur die offensichtlichsten in allen *recentiores* richtiggestellt sind[63]: **15**, 2, 3 (9) maioribus] *codd. praeter* moioribus M; 7, 1 (5) tristi omine] *codd. praeter* tristionem (-m *del.*) M; 9, 1 (2) impedimentum] *codd. praeter* impedimentuum M; 12, 3 (8) simul] *codd. praeter* sumul M; 19, 1 (3) patres] *codd.* (partes Vin, V 65) *praeter* patre M; 40, 2 (9) quarum] *codd. praeter* quorum M; 52, 3 (12) consulis acre ingenium] *codd.* (sacre V 63 acri B 72) *praeter* consuli sacre ingentum M; 60, 3 (12) Pisonis] *codd. praeter* posonis M; 74, 1 (1) decernuntur] *codd.* (diseinige γ-Hss.) *praeter* decernentur M; **16**, 25, 1 (1) an sperneret] *codd.* (an asperneret Y 01, Y 02) *praeter* asperneret M; 34, 1 (5) natura] *codd. praeter* nature M. Zu etwa 60 der in M fehlerhaften Stellen findet man den richtigen Text nur in den Genuesern, knapp 30 hat nur (*Stuttg*²) L korrigiert und je fünf bis zehn α (B², Hol), γ und *Gen* + γ. (Diese Stellen werden bei der Besprechung der Handschriftengruppen angegeben, in denen die Korrektur durchgeführt ist.)

Über hundert Lesarten wurden erst von den Editoren richtiggestellt, soweit sie nicht bis heute umstritten sind[64]: **15**, 1, 4 (15) aut] B 72; P; *Beroaldus*[65]) haud M; *cett.*; 2, 1 (6) certamina] Y 01² *s. l.*; *Rhenanus*[66]) certam in M¹ (mi

[63]) In ähnlicher Weise hat M nur dort allein die richtige Lesart, wo eine falsche Änderung sehr verlockend ist: z. B. **15**, 44, 2 (10) Chrestianos] M¹ *ante corr.* christianos M¹ *post corr.*; *cett.*; 45, 1 (2) civitatium] M ciuitatum *cett.* (ebenso 16, 30, 1/4); 45, 3 (13) persimplici] M pro simplici *cett.* (simplici Y 01, Y 02).

[64]) In der folgenden Liste werden neben den Lesarten von M nur die interessantesten Verbesserungsversuche angeführt. Einzelheiten bietet der kritische Apparat.

[65]) Verschreibungen von *aut* und *haud* sind häufig — z. B. in umgekehrter Richtung *haud*] *aut M* in 15, 68, 3 (15) —, die Änderung von Beroaldus daher leicht. Dennoch wurde die von den meisten Herausgebern akzeptierte Lesart *aut modice querendo* von Wölfflin, Philologus 27 (1868), 146 mit der Begründung abgelehnt, die folgenden Beschwerden des Tiridates seien keineswegs als mäßig zu bezeichnen. Wölfflin entschied sich daher für eine Konjektur Sirkers ⟨*modo*⟩ *haud modice querendo*. Die Erklärung der Stelle ist aber eher in der Bedeutung von *modice* zu suchen: Es heißt hier nicht „maßvoll", sondern „kurz, knapp, ein wenig" („stoßweise" paraphrasierend Koestermann, Komm. S. 162; *paucis verbis* Gerber - Greef, Lexicon Taciteum, Leipzig 1903, 854). Es liegt also die Bedeutung des Wortes vor, die Thes. VIII 1236—1237 unter II „respicitur magis exiguitas, defectus, i. q. parvo modo adhibitum, paulum, parum" ausweist, während die vorliegende Tacitusstelle *ib.* 1236, 38 unter I „respicitur magis continentia, i. q. aequo modo servato, moderate, modeste" eingereiht ist.

[66]) Da Rhenanus Y 01 spätestens seit 1518 in seinem Besitz hatte und seiner Ausgabe von 1533 zugrunde legte, ist es nicht undenkbar, daß die Korrektur in Y 01 selbst erst von Rhenanus stammt.

M²*mg*) certamen *Gen*, L certamen in α, γ; 2, 4 (14) exturbandum dum] *Becher* exturba·dum M exturbandum α, L[67]) exturbat dum β exturbari dum *Gen*; 10, 3 (10) delecti peditis] *Pichena* delecti pedites M delectorum *Gen*; 13, 2 (6) Caudinae Numantinaeque pacis neque] *Madvig* caudi nenum | antineque M. Die Passage ist durch falsche Worttrennung und Ausfall entstellt. Vgl. S. XLIV. 13, 2 (7) ac Parthis] *Halm* aut penis M; 14, 1 (4) ut] *Vertranius* et M; 14, 2 (6) si qua Caesares] *Pichena* si qua cesa (*sequ. spat. 3 litt.*) M si qui duces *Gen* scipiones (!) γ; 15, 3 (9) aggeratis] *Heinsius* aggregatis M; 17, 3 (12) dirutaque quae] *Puteolanus* diruta queque M; 19, 2 (4) adeunt. ibi ius] adeuntibus M adeunt ubi *Gen* adeunt qui L adeunt ius *Rhenanus* adeunt qui ius *Koestermann* Die hier vorgeschlagene Korrektur ist paläographisch sehr leicht (-ibiius> -ibus) und *magna cum invidia senatum adeunt. ibi* ... gleicht Liv. 42, 22, 5: *ingenti cum invidia in senatum venit. ibi* ... (Für *ibi* in bezug auf Personen vgl. Gerber - Greef 543.) 20, 4 (12) provincialium] L 24; *Faërnus* prouinciarium M prouinciarum, prouinciam *cett.*; 21, 4 (13) cohibebitur] *Lipsius* cohibetur M; 25, 2 (5) inhonesta] *Victorius* inhosta M in hoste *Gen* in hostes *cett.*; 25, 3 (10) Cestio] *Pighius* citio M; 26, 3 (10) adversa in] *Victorius* aduersam M Da *aduersam inscitiam Paeti declinans* oberflächlich betrachtet einen Sinn ergibt, ist kein Humanistenschreiber (bis auf aduersus U, -sum K²) auf den Gedanken gekommen, daß hier etwas zu ändern sei. 28, 2 (5) cum *alt.*] M; *cett. del. Doederlein* Koestermann behält *cum* bei und setzt mit L vor *Corbuloni* ein korrespondierendes *tum*, doch widerspricht diese Lösung dem Aufbau der ganzen Passage, in der durch kurze, asyndetisch aneinandergereihte Sätze der schnelle Fortgang der Ereignisse hervorgehoben wird. Weiters findet sich *cum - tum* (Gerber - Greef 248) bei Tacitus nur dreimal (Dial. 5, 2. 14, 3; Ann. 15, 48, 1) und verbindet an diesen Stellen Worte, nicht Sätze. *Gen* faßte *cum* als Konjunktion auf und änderte dementsprechend nicht nur *delectus est* zu *delectus esset*, was Halm aufnahm, sondern auch *Corbuloni non vitatus* zu *non est a Corbulone vitatus*. 28, 3 (10) Vinicianus] *Ryckius* uinianus M; 28, 3 (12) honori] *Lipsius* honor M; 29, 3 (13) iturum] *Rhenanus* iterum M; *cett.*; 34, 1 (1) arbitrabantur] *Rhenanus* arbitrantur M; *cett.*; 35, 1 (3) abavum] *Ruperti* atauum M; 35, 2 (5) quin habere] *Koestermann* (nach *Lipsius*: quin eum habere) qui ne innobiles habere M (in den Text gedrungene Glosse); 36, 1 (3) edicto] *Rhenanus* dicto M; *cett.*; 36, 1 (4) in re publica perinde] *Pichena* in rep | periende M in re publica exinde *Gen*; 36, 3 (9) tantum itineris aditurus esset] *Nipperdey* tantum auditurus esset M tantum iter aditurus esset *Gen*, γ; 37, 4 (15) missi] *Lipsius* misit M; 38, 4 (12) fessa aetate aut rudis pueritiae] *Jac. Gronovius* fessa etate aut rudis pueritie etas M (etate *del. Lipsius*). Von den zahlreichen Verbesserungen und Erklärungen dieser Stelle scheint die von H. Heubner[68]) am überzeugendsten, der unter Streichung von *aetas* zu zeigen versucht, daß Tacitus hier den auch bei Livius nach-

[67]) Koestermanns Apparat erweckt den Eindruck, als wäre L hier vollkommen richtig.

[68]) H. Heubner, Fessa aetate, Rh M 110 (1967), 225—229.

weisbaren Genetivus qualitatis ohne Beziehungswort[69]) „in einem doppelten, Ablativus und Genetivus qualitatis umspannenden Ausdruck steigerte". Die schwierige Konstruktion sei schon von einem antiken Leser nicht mehr verstanden worden, der *aetate* durch *aetas* ersetzen wollte, doch dann kam beides in den Text. 38, 5 (16) reperiebant] *J. F. Gronovius* repperiebantur M; 40, 1 (1) prorutis] *J. F. Gronovius* proruptis M; 40, 1 (3) necdum positus metus aut redierat plebi spes, cum rursum grassatus ignis] necdum post metus aut rediebat lebis (*spat. ca. 5 litt.*) rursum grassatus ignis M Von den auch hier sehr zahlreichen Verbesserungsvorschlägen (vgl. den Apparat) scheint eine Kombination von Koestermann und Madvig mit zusätzlichem Einschub eines *cum* am günstigsten[70]): Erstens ist damit die Lücke in M besser ausgefüllt, und zweitens läßt sich die Verbindung von *necdum* (= nondum) mit einem *cum* inuersum in ähnlichem Zusammenhang belegen: Ann. 4, 64, 1 *Nondum ea clades exoleverat, cum ignis violentia urbem ultra solitum adfecit.* Vgl. 6, 25, 1. 41, 1 (7) ut] *Halm om.* M; *cett.*; 41, 2 (9) quo et] *Rhenanus* et quo M; 44, 4 (18) aut crucibus affixi [aut flammandi atque], ubi: Die nicht sicher rekonstruierbare Stelle — H. Fuchs lieferte allein vier Verbesserungsvorschläge! — wurde hier in der textkritisch vorsichtigen Version von Andresen, Heubner, Hanslik u. a. wiedergegeben. Fast scheint es, als ob sich Tacitus gerade an manchen Höhepunkten seiner Erzählung zu solcher sprachlicher Kühnheit gesteigert hätte, daß er schon in der Antike nicht mehr verstanden und der Text daher entstellt wurde. 45, 2 (7) Carrinate] *Nipperdey* caprinate M; 49, 2 (3) Flavum] *Bekker* flauium M; *cett.*; 49, 3 (5) Lateranus] *add.* consul designatus M; *cett.* (*del. Bekker*); 50, 1 (3) Claudium] *Ritter* tullium M; *cett.*; 50, 4 (17) Flavus] flaus M (*cf.* 49, 2/3); 50, 4 (20) pulcherrima] *Urlichs* pulcherrimum M; 51, 2 (6) Neroni] *Heinsius* neronis M; 51, 3 (13) quidquam] *Madvig* quod M; 52, 3 (13) oreretur] *Pichena* moreretur M Der einfache Fall von falscher Worttrennung *ne ad libertate moreretur* in M wurde von *Gen* zu *a libertate moueretur* umgestaltet, während *Stuttg*², L² und Jac. Gronovius *ad libertatem moueretur* schrieben. 53, 2 (5) accidens] *Rhenanus* accedens M; *cett.*; 53, 2 (9) in Etruria] M; *cett. del. Ernesti*; 53, 2 (10) magno operi] *Chifflet* magno operis M magni operis *Gen* (nach ciceronianischem Gebrauch); 53, 4 (15) inanem ad spem] *Pichena* inane aut spem M (ad M¹ *mg*) inani spei *Stuttg*², L inane aut ipsi (Antoniam nomen commodavisse) *Gen*; 54, 3 (12) de consequentibus] M; *cett. del. Heinsius*; 55, 3 (11) struxisse] *add.* diffideret enimuero M (*del.* Furneaux) Die zwei Worte sind ganz offensichtlich eine irrtümliche Wiederholung aus der vorhergehenden Zeile und in M durch Unterstreichung von zweiter Hand als solche gekennzeichnet. Dennoch hat sie keine einzige Humanistenhandschrift ganz weggelassen: α = M diffideret enim β, γ et *Gen* und ältere Ausgaben, egisse enim *Stuttg*², L und Koestermann; 55, 3 (14) cuius se] *Acidalius* I. sisse M¹ *in ras.* (Ius M¹ *mg*) ut sese *Stuttg*², L uisum se *Gen* (mit entsprechender Änderung des

---

69) Liv. 39, 8, 6 *aetatis tenerae* „junge Leute".

70) ... *cum leuis rursum* ... lautet eine der beiden Versionen in V 58.

folgenden faceret zu facere); 56, 4 (11) Aciliam] *Puteolanus* atillam M; 58, 3 (8) non studia tantum] *Fuchs* latatum M In M liegt wohl ein Ausfall vor, denn mit Nipperdey und anderen Herausgebern nach einigen Handschriften (Y 01, Y 02; β) nur zu *laetatum* zu ändern, ergibt eine selbst Tacitus kaum mehr zuzutrauende sprachliche Härte[71]. 58, 3 (12) et] *Acidalius* sed M; *cett.*; 59, 4 (17) tamquam] *Rhenanus* quamquam M; *cett.*; 59, 5 (20) mulieri Satria] *Andresen* mulieris atria M; *cett*; 60, 4 (13) Gavius] *Bekker* grauius M; 64, 1 (2) iubet] *add. Heinsius* Weniger überzeugende Versuche, das fehlende Prädikat wieder herzustellen, sind Pichenas Änderung von *inhiberi* zu *inhibet* und die Einfügung von *imperat* nach *mortem* in *Gen*; 65, 1 (1) Flavum] *Bekker* flauium M; *cett.*; 65, 1 (4) insonti et] *Acidalius* insontibus M insonti *Gen*; 66, 1 (1) quoque] *del. Lipsius*; 67, 4 (13) quam] *Pichena* quamuis M; 69, 3 (12) ex mensa] *Fr. Medices* et mense M; 70, 1 (1) exim Annaei] *Ritter* ex immane (e *del.*) na et M; 71, 2 (9) Die Lücke nach *Pompeius* wurde erst von Ritter erkannt. 71, 4 (16) Verginium ⟨Flavum et Musonium⟩ Rufum: wurde von Walther wiederhergestellt, nachdem schon Lipsius ⟨et Musonium⟩ ergänzt hatte. 72, 2 (8) Nymphidio ⟨Sabino data. de Nymphidio⟩ Diese Ergänzung der Lücke, die schon in den meisten Handschriften erkannt wurde (*lac.* M, α de quo *Gen* quem β, L, γ), ist eine Kombination der Vorschläge von Ritter ⟨Sabino. De Nymphidio⟩ und Koestermann ⟨data. de quo⟩. Erstens fehlt ein Prädikat, da man kaum noch tribuit aus Zeile 6 ergänzen kann (Furneaux ad loc.), und zweitens pflegt Tacitus bei der ersten Vorstellung wichtiger Persönlichkeiten nicht nur einen Namen zu nennen[72]. Koestermann, Komm. S. 327, lehnte den Vorschlag von Ritter, der auf 15, 34, 1 *a Vatinio celebre edebatur. Vatinius* ... verwiesen hatte, wegen der unmittelbaren Aufeinanderfolge des gleichen Namens ab. Mit der zusätzlichen Ergänzung von *data* ist auch diese Schwierigkeit beseitigt und beiden Erfordernissen der Stelle Rechnung getragen. 72, 2 (13) Wurm sah, daß am Ende dieses Kapitels ein größerer Ausfall vorliegen muß. 73, 3 (8) demissis] *Puteolanus* dimissis M; *cett.*; 73, 3 (11) composita aut obliterata mansuetudine] *Lipsius* compositam aut obliteratam mansuetudinem M; 74, 1 (1) decreta] *del. J. F. Gronovius*; 74, 1 (5) Hier stellte Nipperdey eine Lücke fest. 74, 3 (12—13) ... ueneratio item hominum merito quorundam ad omnia dolum sui exitus uerteretur M. Am Ende von Buch 15 ist der Text so verdorben, daß er nicht mehr mit Sicherheit herzustellen ist. Auch die Humanistenhandschriften bieten hier wenig Hilfe (L radikal glättend: uenerationem item hominum merito, quod ad omen futurum sui exitus uertebatur). Halms Text *venerationem hominum merito, ⟨sed ipse prohibuit, ne interpretatione⟩ quorundam ad omen malum sui exitus verteretur* bringt den erforderlichen Sinn noch am besten mit dem Überlieferten in Einklang. Koestermann, Komm. S. 333, bezeichnet *ad omen malum sui exitus*, das er selbst noch in seiner Ausgabe von 1952 hatte, als „wenig glücklich“ und schreibt mit Nipperdey *ad omen maturi exitus*. Vgl. jedoch Hist. 4, 24, 2 ...

[71]) Koestermann, Komm. S. 292.

[72]) Vgl. Townend, Hermes 89 (1961), 227.

*malo omine exsolverent.* **16**, 1, 1 (3) rei traxit] *Doederlein* retraxit M; 2, 1 (3) paratam] *Acidalius* partam M; 2, 1 (4) remigium] *Boxhorn* nauigium M; 2, 1 (5) prudentes] *Boxhorn* prodentis M; 2, 1 (6) ac vatibus] *Lipsius* auaratoribus M *del. Bekker* Die Streichung des entstellten Wortes als Diplographie ist naheliegend, aber die Parallele von 14, 21, 3 *oratorum ac vatum victorias*, wo *vates* ebenfalls ironisch gebraucht ist, empfiehlt die Konjektur von Lipsius. Koestermann liest *a vatibus* (und führt diesen Text auf Lipsius zurück), doch dürfte dem Dativus auctoris der Vorzug zu geben sein. 4, 4 (13) incuriam] *Acidalius* iniuriam M; *cett.*; 5, 1 (4) labori] *Rhenanus* labore M; *cett.*; 8, 2 (4) inducti] *Ferrettus* inducit M; *cett.*; 9, 1 (3) Ostiam] *Lipsius* ostia M; 10, 1 (1) Pollitta] *Nipperdey* polutia M; 11, 2 (12) proxima] *Acidalius* prima M; 12, 2 (4) menses ... sequebantur] *Chifflet* mensis ... sequebatur M; *cett.*; 14, 1 (1) Luccio] *Ruperti* L. M; *cett.*; 14, 1 (5) innexum] *Lipsius* innixum M; 14, 3 (19) monito] *Acidalius* monitus M; *cett.*; 17, 1 (2) Rufrius] *Halm* rufus M; 18, 1 (1) C.] *del. Nipperdey*; 19, 2 (7) epulas] *Menagius* et uias M; *cett.*; 19, 3 (11) novitatem] *Neue* nouitate M; *cett.*; 20, 2 (4) Minucium] *Ryckius* municium M; 20, 2 (7) luere] *Acidalius* lueret M; *cett.*; 22, 3 (13) sine ⟨cura⟩, artes] *Lipsius* sine artes M$^1$ (-s *del.*, arte M$^2$ *s. l.*) sine arte *cett.*; 22, 3 (14) prospera ... respuit] *Fisher* prospera ... respernit M prosperas ... res spernit *Gen*, L; 23, 1 (1) sibi Ostorius] *Lipsius* sibi torius M subitorius *Gen*, β, γ; 23, 1 (2) quo] *Nipperdey* qua M; *cett.*; 23, 1 (5) evehere] *Victorius* se uehere M auehere *Gen*; 24, 1 (2) demisit] *Rhenanus* dimisit M; 25, 1 (3) disserunt] *Haase* dixerunt M; *cett.*; 26, 2 (4) ausuri ⟨*sint*⟩] *Acidalius* augusti M ingererent *Stuttg*$^2$ *mg*, L$^1$ *mg*; 26, 3 (8) filiam] *Nipperdey* familiam M; *cett.*; 27, 2 (8) haud veniri] *Lipsius* had ueniri M adueniri (-re) *cett.*; 29, 1 (1) ut erat] *Pichena* uteret M; 29, 1 (2) crebritate] *Rhenanus* celebritate M; *cett.*; 30, 2 (4) et quo] *Jac. Gronovius* et quot M.

An manchen Stellen wurde der in M überlieferte Text von einigen oder allen modernen Ausgaben zu Unrecht geändert: **15**, 21, 2 maneat provincialibus (*add.* ius *Schmidt*) potentiam suam tali modo ostentandi: Löfstedt[73]) zeigte unter Hinweis auf ähnliche Gen. Gerundii in Ann. 13, 26, 3 (retinendi) und 15, 5, 3 (vitandi), wo man ebenfalls konjizieren wollte, daß diese schwierige Konstruktion einer syntaktischen Gliederungsverschiebung entspringt und nicht auf Tacitus beschränkt ist, so daß sich die von vielen Editoren vorgenommenen Zusätze erübrigen. 36, 3 ut in privatis necessitudinibus proxima pignora praevalerent, ita (*add.* in re publica *Wurm*, *Koestermann*, publice *Ritter*, apud se *Halm*) populum Romanum vim plurimam habere: Von den neueren Herausgebern war nur Furneaux der Ansicht, daß der überlieferte Text nicht über den Rahmen taciteischer *brevitas* hinausgehe. Tatsächlich ist das Gegenstück zu *in privatis necessitudinibus* gedanklich leicht zu ergänzen, was auch *Eriksson*[74]) mit Nachdruck hervorhob. 41, 1 Die von Koestermann nach L vorgenom-

---

[73]) E. Löfstedt, Zum Stil des Tacitus, Dragma M. P. Nilsson, Lund 1939, 297—298.

[74]) N. Eriksson, Einige textkritisch untersuchte Tacitusstellen, Rh M 88 (1939), 26—27.

mene Änderung des überlieferten *Lunae* zu *Lucinae* ist bei weitem nicht so überzeugend, wie sie zunächst schien[75]). 53, 2 Scaevino, qui pugionem templo ... Fortunae Frentano in oppido detraxerat: frentano M (ferentano α, *Gen*, L)[76]) wurde seit Cluverius allgemein zu *Ferentino* geändert, und die Diskussion ging nur noch um die Frage, ob damit das heutige Ferentino in Latium oder Ferento bei Viterbo in Etrurien, der Geburtsort Othos, gemeint ist. Wiseman[77]) wies jedoch mit Recht darauf hin, daß die Heimat des Scaevinus nicht bekannt und Frentanus das Adjektiv zu Frentani[78]) ist, einem Stamm an der adriatischen Küste zwischen den Marrucini und Dauni. Der Hauptort der Frentani ist Histonium, wo sich die Namen Scaeva und Scaevinus inschriftlich nachweisen lassen. Da der Verschwörer Scaevinus also wahrscheinlich aus einem *Frentanum oppidum* stammt und 55, 2 selbst sagt, er habe den Dolch *olim religione patria cultum*, ist an der Lesart des Mediceus nichts zu ändern. 63, 1 las Koestermann noch 1960 mit L adversus praesentem formidinem molitus, nahm aber 1965 die Lesart des Mediceus auf: adversus (= im Widerspruch mit; vgl. Gerber - Greef 52) praesentem fortitudinem mollitus. **16**, 5, 1 qui remotis e municipiis severamque adhuc et antiqui moris retinentes Italiam (... advenerant) M; *Orelli* Die neueren Ausgaben lesen nach Freinsheim ... severaque ... retinente Italia, Koestermann außerdem noch mit L et adhuc. Plin. ep. 1, 14, 4 *ex illa nostra Italia, quae multum adhuc ... rusticitatis antiquae retinet* spricht für die Änderung, doch läßt sich auch der Text von M konstruieren. (Furneaux bemerkt zu der Stelle: the correction, though not necessary, is supported by the use of „retinens" with genitive elsewhere.)[79]) Im Text von M ist *antiqui moris retinentes Italiam* gleichbedeutend mit „antiquum morem retinentes Italiae" (vgl. *retinere morem* Hist. 4, 8, 5), und außerdem gewinnt die Stelle an Anschaulichkeit, wenn von Leuten die Rede ist, die aktiv an der alten italischen Sittenstrenge festhalten, als wenn es nur heißt, sie kämen aus Teilen Italiens, wo man dies tut. — Somit ist auch hier eine letztlich auf den Leidensis zurückgehende Änderung des vom Mediceus überlieferten Textes keineswegs so zwingend, wie sie auf den ersten Blick scheinen mag.

## B. Die Humanistenhandschriften

Dieser Abschnitt ist im wesentlichen chronologisch aufgebaut: An der Spitze steht die spätestens in den zwanziger Jahren des 15. Jh. einsetzende

---

[75]) Die Stelle wird bei den Lesarten des Leidensis S. LXII genauer besprochen.

[76]) Bei Koestermann, Rh M 103 (1960), 97 eine der Stellen, wo in L bei Eigennamen „eine größere Annäherung an die ursprüngliche Taciteische Lesart als im Mediceus sichtbar wird".

[77]) T. P. Wiseman, Tacitus, Ann. XV. 53.2, CR 17 (1967), 264—265.

[78]) Liv. 27, 43, 10 *per agrum ... Frentanum*, Plin. n. h. 3, 104 *regio Frentana*.

[79]) Abgesehen von der vorliegenden Stelle findet sich die Konstruktion bei Tacitus Ann. 2, 38, 5; 5, 11, 1 und 6, 42, 1, also durchwegs in der ersten Hexade. Vgl. Gerber - Greef 1402.

Arbeit der Florentiner Humanisten, aus der die Klassen α, β und γ (Γ)[80]) hervorgingen, dann folgt die in den vierziger Jahren in Genua entstandene, hauptsächlich aber in Ferrara verbreitete „Genueser" Gruppe, und schließlich die in den siebziger Jahren wohl auch in Ferrara durchgeführte Bearbeitung des Textes durch *Stuttg*$^2$ und L.

Die folgende Statistik gibt einen groben Überblick über die einzelnen Gruppen der Humanistenhandschriften und ihr Verhältnis zueinander. Sie enthält die ungefähre Zahl[81]) der Stellen, an denen α, β, γ und *Gen* allein oder zusammen mit M oder zusammen mit einer anderen Gruppe selbständige Lesarten bieten.

| | | | | | |
|---|---|---|---|---|---|
| α | 91 | M α | 15 | α β | 0 |
| β | 120 | M β | 5 | α γ | 12 |
| γ | 264 (davon 102 Γ) | M γ | 0 | β γ | 94 (+23 β < V $63^1$, γ) |
| *Gen* | 214 | M *Gen* | 12 | α *Gen* | 10 |
| (*Stuttg*$^2$, L | 87) | | | β *Gen* | 6 |
| (L | 96) | | | γ *Gen* | 22 |

Die vier Hauptgruppen, vor allem γ und *Gen*, heben sich ebenso deutlich durch eine hohe Zahl selbständiger Lesarten ab, wie der enge Zusammenhang zwischen β und γ deutlich wird. Weitere Schlüsse müssen einer Untersuchung der Textstellen vorbehalten bleiben, doch sei soviel vorweggenommen, daß *Gen* keinesfalls vom selben Subarchetypus stammt wie α β γ, während α und die gemeinsame Vorlage von β γ höchstwahrscheinlich auf denselben Subarchetypus zurückgehen.

1. Die Klasse α

Diese Klasse entstand ebenso wie β und γ in Florenz, ja es stammen sogar alle erhaltenen α-Codices von dort. Doch während wir bei β und γ Handschriften besitzen, die kaum später als in den dreißiger Jahren geschrieben wurden, stammt der älteste α-Codex (B) erst aus den fünfziger Jahren. Dennoch darf man wohl annehmen, daß der Archetypus α schon einige Zeit vor der Mitte des 15. Jh. existierte.

An etwa 90 Stellen steht α geschlossen gegen die sonstige Überlieferung, nicht selten infolge von Auslassungen[82]): z. B. **15**, 2, 2 (8) ibo] *om.* α (Vielleicht hielt α das folgende *infitias* für eine Verbalform.); 10, 2 (7) duxit — certaturus]

80) Das im kritischen Apparat nicht verwendete Sigel Γ bezeichnet hier den *consensus* von γ mit U, Y 03, C, V 64.

81) Orthographische Varianten wurden nicht berücksichtigt. Die Zahlen sind als ungefähre Werte zu verstehen, weil beim statistischen Durcharbeiten des Apparats Auslassungen fast unvermeidbar sind und die Relevanz einzelner Stellen bestritten werden kann.

82) Bei α, β und γ ist die Auswahl der Beispiele wesentlich knapper gehalten als bei M und den ebenso interessanten wie umstrittenen Überlieferungszweigen der Genueser Handschriften und des Codex Leidensis.

*om.* α; 40, 1 (3) caelum] *om.* α; **16**, 1, 2 (9) nimia] *om.* α; 17, 1 (1) quippe] *om.* α. Allein richtig ist α nur **16**, 5, 1 (2) longinquas] α longas $M^1$; *cett.* lonquas $M^1$ *corr. in textu* (offenbar eine nicht voll durchgeführte Korrektur zu *longinquas*); 13, 3 (15) urbis casibus] B, Hol, L 24 turbis casibus M (Diplographie); $Z^1$ turbidis casibus $Z^3$*mg*, *Gen*, Γ. Auf α beschränkte Fehler sind z. B. **15**, 13, 1 (3) mos Parthis] mos parthus; 21, 3 (9) gratiam] gloriam; 26, 1 (3) translatis] transiectis; 42, 2 (9) occurrit] accurrit; 44, 1 (2) Cereri] cesari; 53, 4 (16) alii] tali; 58, 4 (14) destringeret] restringeret; 60, 1 (2) complecti] amplecti; 63, 1 (3) dolori ne] dolorem; 73, 1 (2) libros] liberos; 74, 2 (7) inscripsitque Iovi Vindici] inscripsit ioui uinci; **16**, 8, 1 (3) intentior] interior (wohl wegen intetior M, das alle Handschriften außer α richtig korrigiert haben); 13, 2 (8) assident] assiderent; 30, 1 (3) claritate] claritudine; 32, 2 (5) testibus] hostibus α (*corr. s. l.* $B^2$).

Etwa 15 Lesarten hat α nur mit M gemeinsam: **15**, 5, 2 (5) legationem] legionem $M^1$, α (trotz der Korrektur durch $M^2$*mg*); 23, 2 (7) Actiacae] actierce M, α; 34, 2 (9) malos] M, α malis, in aliis *cett.*; 53, 2 (8) habuisset] habuissent M, α; 54, 3 (10) parare] partiebatque M, α; **16**, 24, 1 (5) spe] M, α sepe *cett.* In einigen Fällen kommt noch V 63 ($^1$) hinzu: **15**, 21, 2 (6) ostentandi] optentandi M, α (ob- B, Hol, Z), V $63^1$; 50, 3 (9) Gavius] M, α, V $63^1$ gaius (C.) *cett.*; 67, 1 (1) Flavus] M, α, V 63 flauius *cett.*; **16**, 17, 4 (13) quas] quasi M, α, V $63^1$. Nach $M^2$ richtete sich α **16**, 14, 1 (7) a P. Anteio] a pantelo $M^2$ *s. l.*, α. **15**, 71, 1 (3) osculis] hatte $M^1$ oculis oculis. $M^2$ korrigierte das zweite oculis zu osculis (oculis osculis U), und α machte daraus aulis osculis. Einige Lesarten hat α mit *Gen* (z. T. auch Y 01, Y 02; N 22) gemeinsam, davon richtig **15**, 3, 1 (3) quam festinantius] confestinantius M; *etc.*; 23, 4 (15) qua reconciliatum] quare conciliatu(m) M; *cett.*; **16**, 33, 2 (6) et Paconius] epaconius M; *etc.* (Der volle Name, Paconius Agrippinus, stand cap. 28, 1 (4) richtig in $M^2$ und den meisten Handschriften außer Γ.) Aus diesen nicht allzu schwierigen Korrekturen kann man kaum auf eine direkte Beeinflussung zwischen α und *Gen* schließen. Schwieriger ist das genaue Verhältnis von α zur gemeinsamen Vorlage von β und Γ zu beurteilen. Daß α dieser Vorlage wenigstens näher steht als *Gen* zeigen folgende Stellen: **15**, 6, 3 (11) legiones] M, *Gen* legione α β Γ; 14, 2 (4) Paeto] M, *Gen* (< B 05) a peto α β γ; 17, 3 (9) ad Corbulonem] *Gen* ad corbulone M a corbulone α β Γ; 18, 1 (2) ab senatu] M, *Gen* a senatu α β (< V 63) Γ; *ib.* omissa] $M^1$ (*corr. ex* amissa), *Gen* admissa α β γ; 28, 2 (6) Corbuloni non vitatus] N $23^2$, *Stuttg*$^2$, L corbulo non uitatus M, α β γ non est a corbulone uitatus *Gen*; 37, 4 (16) dos] $M^1$, V $63^1$ d'os $M^2$ duos α β (V $63^2$) Γ deos *Gen*; 49, 4 (10) principium] M, *Gen* principis α β Γ; 51, 2 (9) in] *om.* α (< Z) β Γ; 51, 2 (10) oreretur] M, *Gen* oriretur α β Γ; 52, 3 (13) ad libertatem oreretur] ad libertate moreretur M ad libertatem moreretur α ad libertatem moraretur β Γ a libertate moueretur *Gen*; 71, 3 (13) Egnatia] *Gen* etgnatia M (t *pr. del.*) et gnatia α (< Z) β Γ; 72, 1 (4) Cocceio] M, *Gen* (coceio *Fer*) caceio α β caccio γ; 72, 2 (11) quadam] M, *Gen* quodam α β Γ; **16**, 15, 1 (4) corpore] M *post corr.* (*ex* corporis | corporis), *Gen* (< V $58^1$) corporis robore α β Γ; 20,

1 (2) Silia] M, *Gen* (< G, B 72) filia α β γ. Dazu kommen noch Verschreibungen in *Gen* an Stellen, wo α β Γ richtig sind. (Vgl. S. XLIX) Es ist also sehr wahrscheinlich, daß α und β Γ auf einen gemeinsamen, von *Gen* unabhängigen Archetypus (φ) zurückgehen. Besonders deutlich geht dies aus Hist. 2, 58, 2 (7—8) hervor: inde Cluvio Rufo metus, et decimam legionem . . . iussit: metus et] *Gen* metus. | et M metus quartam et α quartam et β Γ. *metus quartam et* muß schon die Lesart der Vorlage φ gewesen sein, die sich vielleicht durch den Punkt am Zeilenende in M veranlaßt sah, eine andere Legion ins Spiel zu bringen. α übernahm dies unverändert, während χ das falsche Wort strich. Daß schon φ gelegentlich Varianten enthielt, scheint aus **15**, 50, 1 (4) hervorzugehen: Augurinum] M, α tugurinum β iugurinum (ui-) Γ aurinum *Gen*. Der Anfangsbuchstabe des seltenen Namens dürfte für φ nicht sicher lesbar gewesen sein (A und T sind in der Beneventana fast gleich!), so daß es beide Möglichkeiten notierte, wovon α die erste und richtige, χ aber die zweite übernahm. Diese blieb in β unverändert, während sie in Γ weiter verdorben wurde.

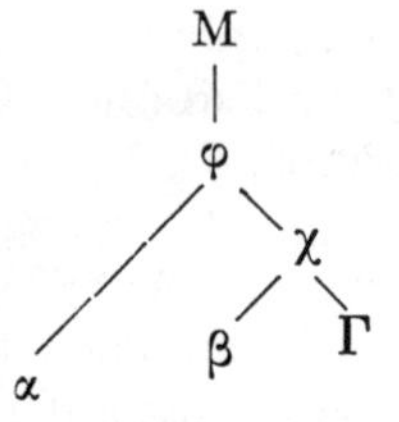


Wenden wir uns dem Verhältnis der Handschriften innerhalb der Gruppe α zu, so ist zunächst festzustellen, daß keine erhaltene Handschrift die Vorlage aller anderen ist. Vielmehr zeichnet sich eine Gruppierung in B, Hol einerseits und L 24, Z anderseits ab, wobei die Verwandtschaft von B und Hol viel enger ist als die von L 24 und Z. Vgl. **15**, 14, 3 (10) obsidio] B, Hol mit M, *Gen*, β obsidione L 24, Z mit Γ; 30, 1 (1) epulasque] B, Hol *cett. praeter* epistolasque L 24, Z; 38, 6 (17) vias] *om.* L 24, Z; 52, 3 (15) adversum] M; L 24, Z aduersus B, Hol; *cett.*; 69, 3 (13) supplicii luisse: Hier stand in α offenbar supplicii isse, das B$^1$ und L 24 bieten. B$^2$, Hol haben den richtigen Text, während Z supplicuisse schrieb.

B und Hol haben gemeinsam viele Sonderlesarten, ebenso Hol allein, nicht dagegen B allein. (*a*) B, Hol: **15**, 1, 1 (3) spretum] spreto; 12, 3 (11) legiones] *add.* in his; 14, 3 (12) fieret] fi (*sequ. spat. ca. 8 litt.*); 17, 1 (3) *om.* cuncta; 20, 1 (3) vox] uoce; 29, 3 (11) magnis] magnus; 31, 1 (3) aut] ac; 35, 3 (9) sontem] insontem; 37, 1 (4) eadem prodigentia] prodigentia eadem; 38, 6 (17—18) *om.* complere — diur |; 41, 1 (6) *om.* artium; 51, 1 (5) illigare] colligare; 55, 1 (2) adferre] ferre; 56, 4 (10—11) *om.* Quintianusque — Lucanus; 66, 2 (9) vinciturque] conuinciturque; 67, 4 (15) *add.* procedere; 74, 1 (2) parabatur] sperabatur; **16**, 8, 3 (10) minores] in mores; 14, 3 (16) propere] prospere; 27, 2 (8) haud veniri] aduenire; 30, 2 (7) *om.* aliud. Nur mit M gemeinsam haben B, Hol: **15**, 1, 1 (2) alienigenam] alienigena; 54, 4 (17) servos] seruo; 61, 2 (9) *richtig* deprensum; **16**, 13, 1 (1) annum] in annum. (*b*) Hol allein: **15**, 3, 2 (6) reliquas] aliquas; 16, 4 (13) temperare] temptare; 19, 2 (5) *om.* artes et; 20, 1 (2) nimiis] nuntiis nimiis; 32, 1 (3) nisi de] inside; 36, 2 (5) *om.* illic — templum; 48, 1 (3) *om.* femine — in; 49, 4 (13) ultum] militum (*über* multum M, B *etc.*); 62, 1 (2) referre] inferre; 63, 2 (7) vitae] ubi te; 71, 1 (5) Milichus] militiis; **16**, 5, 2 (10) *om.* defuissent; 22, 3 (17) curatius] cur a tuis; 32, 1 (5) lictores] labores. (*c*) B allein bietet außer **16**, 28, 1 (2) imperitantis] imperantis kaum nennenswerte Sonderlesarten. **16**, 30, 1 (4) et quo] *Jac. Gronovius* et quot M, B (*punctis del.*) et quod L 24, Z *om.* Hol; *cett.*

B², Hol haben so viele gemeinsame Lesarten, daß man daraus nur auf einen direkten Zusammenhang schließen kann: Allein richtig haben B², Hol: **16**, 9, 1 (2) senectus] senatus M, B¹; *cett.*; 10, 3 (11) impexa] implexa M, B (l *puncto del.*); *cett.*; 20, 2 (5) dedit] deditum M, B (-um *eras.*); *etc.*; 24, 2 (6) quod ubi non evenit] quo dubie non uenit M, B¹; *etc.* Weitere B², Hol-Lesarten sind: **15**, 36, 3 (13) uolentia] ualentiora; **16**, 11, 1 (3) nuncupare] nuncupari; 11, 1 (4) consulere] consuleret; 11, 2 (11) senior] seniores; 11, 3 (13) sine arbitro] eorum arbitro; 16, 2 (6) oderim] oderit; 19, 2 (4) aperire] aperiret; 24, 2 (5) exterritum] *add.* clamitans; 30, 1 (4) seditiones] editiores; 32, 2 (7) irae P.] iniuriarum; 34, 1 (2) frequentes] frequentantem. Wurde nun B nach Hol korrigiert oder ist Hol eine Abschrift von B nach dessen Korrektur? Für die zweite Möglichkeit spricht schon der Umstand, daß Hol etwa 20 Jahre jünger ist als B[83]), wenn auch Korrekturen nach einer jüngeren Handschrift nicht von vornherein unmöglich sind. Den vorliegenden Fall entscheiden jedoch Lesarten, wo B² erst durch Fehler von B¹ mit unzureichender Korrektur zustande gekommen ist und eben dieser unzureichend korrigierte Text in Hol aufscheint: **15**, 12, 3 (9) hortari] orare B¹ (e *puncto del.*, i B² *s. l.*) orari Hol; 59, 2 (7) contra cieret] traiceret B¹ (con- B² *s. l.*) contraiceret Hol; **16**, 20, 2 (7) nece immerita] merita B¹ (i- *add. s. l.* B²; nece *add. s. l. post* merita B²) immerita nece Hol. Gelegentlich hat Hol Korrekturen von B nicht aufgenommen: **15**, 5, 1 (2) expostularent] explorarent B¹ (*corr.* B² *mg*), Hol; 30, 1 (4) moris] amoris B (a *puncto del.*), Hol; 44, 1 (2) libri] liberi B (e *puncto del.*), Hol. Völlig mißverstanden hat Hol eine B²-Korrektur **15**, 37, 3 (10—11) iam gestus motusque obsceni; et postquam tenebrae incedebant, quantum iuxta nemoris . . . consonare cantu: Zu *quantum* . . . notierte B² *mg quacumque iuxta nemus*, und Hol fügte genau diese Worte nach *gestus* (!) in den Text ein.

Sowohl L 24 als auch Z zeigen gelegentlich Sonderfehler: **15**, 9, 2 (9) paratu] apparatu Z; 22, 2 (9) cuius] eiusque L 24; 26, 1 (2) proelio] bello L 24. In L 24 fallen vor allem die zahlreichen Umstellungen auf: **15**, 4, 1 (1) tuendae Syriae parantur] parantur tuende sirie; 9, 2 (10); 20, 1 (2); 22, 1 (4); 39, 3 (8); 66, 1 (3); **16**, 14, 2 (10); 34, 1 (2); 34, 2 (10). Allein richtig ist L 24 **15**, 20, 3 (12) provincialium] L 24 prouinciarium M prouincia(ru)m *cett.*; zusammen mit β 53, 2 (7) audentiae] L 24; β audientie M; B, Hol², Z audacie *Gen*, Γ. **15**, 38, 4 (13) haben nur M; B¹, Z den richtigen Text *mora*, während B², Hol, L 24 und alle anderen Handschriften unter dem Einfluß des folgenden *festinans* zu *morans* änderten.

---

[83]) Wenn ein Großteil der B²-Lesarten zeitgleich mit B¹ ist, wie S. XI vermutet wurde, so steht B von vornherein als die Vorlage fest.

Für die Klasse α ergibt sich somit das nach S. LXVIII ersichtliche Stemma, in dem das Zwischenglied α′ vielleicht nicht unbedingt nötig, auf Grund der S. XXXII genannten Lesarten aber doch wahrscheinlich ist.

2. Die Klasse β

Etwa 120 Sonderlesarten zeigen in B. 15—16 die Eigenständigkeit dieser Klasse, z. B. in dem einzigen Kapitel **15, 42** gleich viermal: 1 (1) in] *om.* β; 1 (5) per artem] partem β; 2 (7) squalenti] sequenti β (mit G$^2$ und N 22$^1$*mg*); 2 (9) arentia] arena β. Allein richtige Lesarten bietet β nicht. (Zu nennen wäre höchstens **15**, 53, 2 (7), wo das richtige audentiae nur in β und L 24 steht.) Sehr nahe verwandt ist β mit γ (Γ), was mehr als 90 gemeinsame Sonderlesarten beweisen, z. B. in **15, 43**, 1 (4) eas porticus Nero] nero eas porticus β, Γ; 4 (12) pluribus] plus β, γ; 5 (15) attulere] attulerunt β, Γ; 5 (17) perrumperentur] prorumperentur β, Γ. Dazu kommen noch über 20 Fälle, in denen V 63$^1$ eine andere Lesart als β, Γ bietet (meist die von M) und erst V 63$^2$ zum Text von β und Γ paßt: z. B. **15**, 13, 3 (12) hostilia] M, V 63$^1$ et hostilia β (V 63$^2$), Γ; 31, 1 (2) et] M, V 63$^1$ etiam et β (V 63$^2$), Γ; 44, 1 (5) sellisternia] M, V 63$^1$ lectisternia β (V 63$^2$), γ; 45, 1 (3) etiam dii cessere] M etiam dii sete V 63$^1$ etiam duces fuere β (V 63$^2$), Γ; 51, 2 (6) nauarchus] α, *Gen* uarchus M liarchus V 63$^1$ chiliarc(h)us β (V 63$^2$), Γ; 55, 1 (3) Epaphroditum] *Gen* et aphroditum M, α, V 63 (et *punctis del.*) aphroditum β (V 63 *post corr.*), Γ; 59, 3 (12) miles] dum miles β (dum *add. s. l.* V 63$^2$), Γ; **16**, 1, 1 (1) et promissa] M ex promissa V 63$^1$ ex promisso β (V 63$^2$), Γ; 4, 2 (5) adsecuturum] M, V 63$^1$ adsecutum β (V 63$^2$), γ; 10, 4 (13) prohibebatur] *add.* ne β (V 63$^2$), Γ; 17, 4 (13) fingitur] V 58$^1$ finguntur M, V 58$^2$; *cett. add.* littere β (V 63$^2$), Γ; 32, 3 (10) perfidiosus] *add.* et β (V 63$^2$), Γ.

Zur Erklärung dieser Erscheinung muß V 63 näher untersucht werden: An die dreißigmal geht V 63($^1$) nur mit M zusammen, wobei es sich allerdings oft um Orthographica handelt: **15**, 1, 3 (14) deditis] dedetis M$^1$, V 63$^1$ (*corr.* M$^2$, V 63$^2$); 4, 2 (6) inerantque] inherantque M, V 63 (h *puncto del.* V 63); 8, 1 (1) ominibus] hominibus M$^1$, V 63$^1$ (h- *del.* M$^2$, V 63$^2$); 15, 3 (12) vi equorum] uie quorum M, V 63 (*corr. in textu* M, V 63); 17, 2 (7) itinerum] itenerum M, V 63; 31, 1 (6) inerat] inherat M, V 63; 35, 2 (4) iussi] iussis M, V 63 (-s *del.* V 63); 35, 3 (7) abreptique] abrectique M, V 63; 37, 5 (16) dos] M$^1$, V 63$^1$ (allein richtig); 40, 1 (3) hat M$^1$ einen Raum von etwa fünf Buchstaben freigelassen, M$^2$ in diesen freien Raum das Zeichen ·*ι*· gesetzt. Dieses Zeichen wurde von V 63$^1$ übernommen, dann getilgt, und von V 63$^2$ durch die Γ-Lesart ersetzt. 43, 1 (1) domui] M, V 63$^1$ (allein richtig); 43, 4 (12) flueret] fluerent M$^1$, V 63 (*corr.* M$^2$, n *del.* V 63); 56, 1 (1) qua] que M, V 63$^1$ (*corr.* V 63$^2$); 58, 2 (4) velut] uelud M, V 63; 59, 1 (2) escendere] M, V 63$^1$ conscendere V 63$^2$; *cett.*; 63, 3 (11) effugia] effugias M, V 63 (-s *del.* M, V 63); 69, 2 (10) balneo] ualneo M, V 63$^1$ (*corr.* V 63$^2$); 71, 4 (20) velut] uelud M, V 63$^1$ (*corr.* V 63$^2$); **16**, 1, 1 (2) Poenus] plenus M, V 63 (l *puncto del.* M, V 63); 2, 2 (7) adsumpta] M, V 63 assumpta *cett.*; 5, 2 (7) constitit] consistit M, V 63$^1$ (*corr.*

V 63$^{2}$); 11, 2 (9) filiam] iliam M, V 63$^{1}$ (*corr.* V 63$^{2}$); 16, 1 (2) satias] M, V 63$^{1}$ satietas V 63$^{2}$; *cett.*; 30, 1 (4) alendo] alendos M, V 63 (-s *del.* V 63); 34, 1 (1) ad] a M, V 63$^{1}$. — V 63 kommt also in vielen Einzelheiten von allen erhaltenen Humanistenhandschriften M am nächsten, steht aber als β-Codex insgesamt M noch immer ferner als die α-Codices. V 63 kann schon deshalb keine direkte Abschrift von M sein, weil es einerseits den über 90 Sonderlesarten von β Γ folgt, anderseits nicht selbst die gemeinsame Vorlage (χ) von β Γ ist, denn es enthält Auslassungen und Umstellungen, die sich nur in β, nicht aber in Γ finden: **15**, 18, 3 (9) priorum principum] principum priorum β; 30, 2 (5) spatium oravit] orauit spatium β; 35, 1 (2) illis] *om.* β, L; 36, 3 (12) populum Romanum vim] populum uim romanum β; **16**, 10, 3 (9) periculum longo dolore] longo dolore periculum β; 14, 1 (9) eius] *om.* β, L; 17, 3 (7) ut — (8) aequaretur] *om.* β, L. Die Vorlage von V 63 hatte offenbar noch viele Eigenheiten von M bewahrt, und V 63 kopierte diese Vorlage äußerst gewissenhaft. Sie muß an vielen Stellen schwer lesbar gewesen sein, weil V 63$^{1}$ immer wieder Worte überspringt und den Platz dafür im Text freiläßt. (Da M an den entsprechenden Stellen nicht schlechter zu lesen ist als sonst, ist dies ein weiterer Beweis dafür, daß V 63 nicht direkt aus M stammt.) Die fehlenden Worte wurden dann von V 63$^{2}$ eingesetzt, z. B. **16**, 2, 1 (3) velut; 4, 2 (3) nihil; 4, 3 (8) -m nisi ea quam; 5, 3 (14) a Phoebo. Daß diese Ergänzungen nach einer Γ-Handschrift vorgenommen wurden[84]), zeigt u. a. **15**, 37, 1 (4) eadem prodigentia] *om.* V 63$^{1}$, eadem pro diligentia *add. in textu* V 63$^{2}$: *eadem pro diligentia* ist die Lesart von Γ. (Sie steht auch in anderen β-Codices, doch kann sie V 63$^{2}$ nicht von dort haben, wie sich aus dem Folgenden ergeben wird.) Die Kombination V 63$^{2}$, N 23, Ven, P, Vin, *Stuttg* findet sich, wie oben gezeigt, hauptsächlich in Übereinstimmung mit Γ, vereinzelt aber auch selbständig: **15**, 12, 1 (1) interritus] intentus V 63$^{2}$, N 23$^{1}$, Ven, P, Vin, *Stuttg*, L$^{2}$; 56, 3 (8) an] et V 63$^{2}$, N 23, Ven, P, Vin, *Stuttg*, L, N 22$^{1}$ *s. l.* Weiters ist V 63 nicht nur ergänzt, sondern auch annotiert worden, und diese Anmerkungen entsprechen in den meisten Fällen wieder Γ-Lesarten[85]), selten sind sie selbständig. Sie

---

[84]) Zeitlich ist dies ohne weiteres möglich, weil die älteste erhaltene Handschrift der Klasse Γ (A) mindestens ebenso alt ist wie V 63.

[85]) Wahrscheinlich gehörte die Γ-Handschrift, nach der sich V 63$^{2}$ richtete, nicht zur Gruppe γ sondern in die Gruppe U, C, V 64, oder sie war der Archetypus Γ selbst: **15**, 1, 4 (17) summa] sua U; V 63$^{2}$ *s. l.*, N 23$^{1}$ *s. l.*, N 22$^{1}$ *s. l.*, C; V 64; 13, 2 (5) aut] haud U; V 63$^{2}$ *in textu*, N 23$^{1}$ (*corr. in textu*), Ven$^{1}$ (*corr. in textu*), N 22$^{1}$ *s. l.*, C; V 64, A; 63, 3 (12) saevisque] eiusque V 63$^{2}$ *s. l.*, C; V 64; **16**, 33, 2 (7) Eprio] torio U; V 63$^{2}$ *mg*, N 23$^{1}$ *s. l.*, C; V 64. Ein weiterer Beweis für die Benützung einer Γ-Handschrift durch V 63$^{2}$ ergibt sich daraus, daß die Korrekturen und Varianten in Hist. V nur bis Kap. 13 reichen, also genau bis zum Ende des Γ-Textes. Ebenso verhält es sich mit den vorher erwähnten Ergänzungen: Hist. V 6, 1 ließ V 63$^{1}$ an der Stelle von *Phoenices* Platz frei, und V 63$^{2}$ setzte das Wort nachträglich ein. Dagegen blieb V 15, 1 der Platz, den V 63$^{1}$ für *ferocissimo* frei ließ, ebenso leer wie sechs weitere Spatien in den Kapiteln 20—23.

finden sich sehr häufig in N 23 und Ven als Anmerkungen von erster Hand wieder, gelegentlich sind sie dort auch in den Text gedrungen. **15**, 7, 2 (7) muniebantur] minuebantur U, Y 03; V 63$^{2}$ *s. l.*, N 23$^{1}$ *s. l.*, Ven$^{1}$ *s. l.*, N 22$^{1}$ *mg*, C; γ; 9, 1 (3) afferrent] inferrent V 63$^{2}$ *s. l.*, N 23$^{1}$ *s. l.*, Ven$^{1}$ *s. l.*, Γ; 30, 1 (3) augurale] augustalem V 63$^{2}$ *s. l.*, N 23$^{1}$ *s. l.*, Ven$^{1}$ *s. l.*, *Stuttg*$^{2}$, L, N 22$^{1}$ *s. l.*; Γ, K; 45, 3 (14) admoneret] admoueretur V 63$^{2}$ *mg*, N 23$^{1}$ *mg*, Ven$^{1}$ *s. l.* (scheint selbständig, ist aber wohl veranlaßt durch:) amoueretur Y 03; C; γ, K; **16**, 2, 1 (2) adferrentur] offerrentur V 63$^{2}$ *s. l.*, N 23$^{1}$ *s. l.*, Ven$^{1}$ *s. l.* (selbständig); 10, 2 (5) adscito] adscitus a Y 03; V 63$^{2}$ *s. l.*, N 23$^{1}$ *s. l.*, Ven$^{1}$ *s. l.*, N 22$^{1}$ *s. l.*, C; V 64, A (abscitus a die übrigen γ-codd. und K); 28, 3 (13) maestum] infestum Y 03; V 63$^{2}$ *mg*, N 23$^{1}$ *s. l.*, Ven$^{1}$ *s. l.*, N 22$^{1}$ *mg*, C; V 64, γ, K. — Wenn mehrere Handschriften zum selben Text dieselben Varianten bieten, so liegt der Schluß nahe, daß sie nicht nur aus derselben Vorlage stammen, sondern daß auch Text und Varianten in einem kopiert wurden. Im vorliegenden Fall sind die Varianten in V 63 deutlich von zweiter Hand, in N 23 und Ven aber von erster[86]), woraus folgt, daß N 23 und Ven aus V 63 nach dessen Korrektur abgeschrieben wurden.[87]) Das zeigen auch Stellen wie **15**, 59, 5 (17) abruptis] obrutis V 63$^{1}$ abrutis V 63$^{2}$ *in textu*, N 23, Ven (Die unvollständige Korrektur durch V 63$^{2}$ findet sich als die einzige Lesart in N 23 und Ven wieder.) und **16**, 20, 2 (5) functum, wo ein von V 63$^{1}$ ausgelassenes Wort einmal nicht von V 63$^{2}$ eingesetzt wurde und daher auch in N 23 und Ven fehlt. Ja es haben sogar alle drei Codices den Platz für dieses Wort freigelassen. Gelegentlich hat auch nur eine der beiden Abschriften eine Variante von V 63$^{2}$ übernommen: **15**, 2, 2, (7) ipsis prospere] ipsi rupere Y 03; V 63$^{2}$ *mg*, N 23$^{1}$ *mg*, C; V 64, γ, K; 14, 3 (10) obsidio] obsidione L 24, Z; V 63$^{2}$ *s. l.*, Ven$^{1}$ *s. l.*; Γ, K; 47, 1 (5) reperti et] repperi V 63$^{2}$ *s. l.*, N 23$^{1}$ *s. l.* (selbständig). N 23 und Ven sind voneinander unabhängig, wie eine Reihe von Sonderfehlern zeigt: **15**, 3, 2 (8) praesidiis] *om.* N 23; 26, 1 (2) habiles] hostiles N 23; 72, 1 (6) imagines] *om.* Ven; **16**, 12, 1 (1) quod Faenio Rufo] fenio rufo quod Ven; 19, 2 (7) indulsit] inclusit N 23.

V 63 ist nicht nur die Vorlage von N 23 und Ven, sondern der Archetypus der gesamten Gruppe β, was aus Mißverständnissen bei der Abschrift hervorgeht: **15**, 38, 6 (17) hat V 63 das Wort complere unkorrekt in der Form *cople* abgekürzt. N 23, Ven, Vin, *Stuttg*$^{1}$ schreiben copule, P läßt das Wort aus. 43, 3 (10) solidarentur reicht in V 63 über das Zeilenende: soli | darentur. Die übrigen β-Codices machen daraus zwei Worte: soli darentur. V 63$^{2}$ ver-

---

86) Bei N 23 ist dies vom Schriftbild her nicht ganz sicher zu entscheiden, weil die Varianten sehr klein geschrieben sind.

87) Ein anderes Abhängigkeitsverhältnis kommt schon auf Grund des Alters dieser Handschriften nicht in Frage, und wollte man alle drei unabhängig voneinander aus derselben Vorlage ableiten, mußte man zwischen ihr und V 63 auch noch ein von M beeinflußtes Zwischenexemplar einschalten.

wendete eine Vielfalt von Korrekturzeichen, wie z. B. ·⊖· ·Φ· ·*p*· ·*6*·, die ebenfalls zu Irrtümern Anlaß gaben. **12**, 58, 2 (6) eodem oratore Bononiensi coloniae . . . subventum: Bononiensi *om.* V 63$^{1}$. V 63$^{2}$ setzte zwischen *oratore* und *colonie* das Korrekturzeichen ·*6*· und schrieb das ausgefallene Wort an den Rand. N 23, Ven, P, Vin, *Stuttg*$^{1}$ machen daraus: oratore G. colonie! **15**, 2, 1 (6) certamina (certam in M$^{1}$) hat V 63$^{1}$ c̄ta in. V 63$^{2}$ schrieb darüber das Korrekturzeichen ·*p*· und am Rand: ał certamen. Daraus wurde in N 23 cerptam in (certamen N 23$^{1}$ *mg*), in Ven certam in (certamen Ven$^{1}$ *s. l.*), in P coepta in, und Vin, *Stuttg*$^{1}$ schreiben (wie α, γ) certamen in. N 23, Ven und die Vorlage von P, Vin, *Stuttg* dürften nicht direkt aus V 63$^{2}$ stammen, sondern scheinen über ein Zwischenglied darauf zurückzugehen, denn erstens ist es unwahrscheinlich, daß Irrtümer wie in 12, 58, 2 dreimal unabhängig voneinander vorkommen, und zweitens haben N 23, Ven, P, Vin, *Stuttg* gemeinsame Sonderfehler, wie z. B. **15**, 3, 1 (3) compositius] compositus; 6, 3 (10) adventare] aduentante; 10, 3 (14) sustentavisset] *add.* ut; 17, 2 (4) *om.* habere; 21, 4 (12) regentur] regerentur; 24, 2 (6) *om.* datum; 34, 2 (7) *om.* tabernae; 37, 3 (12) *om.* clarescere; 44, 1 (2) *om.* libri; 49, 3 (8) *om.* nulla iniuria; **16**, 3, 2 (5) *om.* promissi specus; 26, 2 (7) fuerint] fuerunt; 30, 3 (12) desolataque] *add.* est.

Die engere Zusammengehörigkeit von V 63, N 23, Ven innerhalb der Klasse β zeigt sich auch an einigen Stellen, wo diese drei Handschriften allein mit M übereinstimmen: **15**, 18, 1 (1) tropaea] M$^{1}$; V 63, N 23$^{1}$, Ven trophea M$^{2}$; N 23$^{2}$; *cett.*; 23, 1 (3) colonia] colinia M$^{1}$ (*corr. s. l.* M$^{2}$); V 63, N 23, Ven; 57, 2 (11) carissima] carissimam M (-m *del.*); V 63, N 23$^{1}$ (*corr.* N 23$^{2}$), Ven.

P geht gelegentlich zusammen mit V 63, N 23, Ven, öfter aber mit Vin, *Stuttg*, und hat sehr viele Sonderfehler. (*a*) V 63, N 23, Ven, P: **15**, 20, 1 (1) agitur] agri; 20, 2 (5) bonum] donum; **16**, 8, 3 (8) Fabatus] sabatus; 9, 1 (4) *om.* cui nomen; 13, 2 (8) cremabantur] cremantur. (*b*) P, Vin, *Stuttg*$^{1}$: **15**, 6, 1 (1) *om.* ac magnifica; 20, 4 (13) derogetur] derogaretur; 32, 1 (6) *om.* per arenam; 43, 2 (5) *om.* purgatasque — traditurum; 51, 3 (14) poenas eversae] euerse penas; **16**, 30, 1 (2) Plauti] plautique[88]); 30, 3 (9) steteruntque] sternuntque. (*c*) P allein: **15**, 13, 1 (3) eliceret] diceret; 38, 2 (6) vento citus] uentosus; 44, 2 (8) abolendo rumori] abolendo uero rumori[89]); 61, 4 (16) centurionibus] contubernalibus; 69, 2 (5—6) *om.* cuncta — nihil; 70, 1 (5) vox] uxor.

Sehr nahe verwandt sind Vin und *Stuttg*: **15**, 2, 2 (7) numquam ipsis] ipsis numquam; 14, 1 (4) legionibus Romanis] romanis legionibus; 20, 1 (1) agitur] agni; 38, 1 (2) ignium acciderunt] acciderunt ignium; 54, 1 (4) regressus] ingressus; 57, 1 (1) attineri] teneri; **16**, 11, 1 (5) servitio] *add.* actam; 21, 1 (5) spectabilem] inexpectabilem. Die *editio princeps* kann nicht aus Vin abgedruckt

---

[88]) Diese Lesart haben P, Vin, *Stuttg* gemeinsam mit V 63$^{2}$*mg*, N 23$^{1}$*mg*, Ven$^{1}$*mg*. Während N 23 und Ven meist V 63$^{1}$ ebenso wie V 63$^{2}$ getreu der Vorlage notierten, entschied sich die Vorlage von P, Vin, *Stuttg* für eine der beiden Varianten.

[89]) Diese Lesart ist wohl ein bewußter Eingriff des Schreibers.

sein, was (neben Auslassungen wie **16**, 9, 2 (9) iubet] *om.* Vin; 17, 1 (2) ac — Crispinus] *om.* Vin) schon das höhere Alter der *editio princeps* beweist[90]).

Das Stemma nach S. LXVIII veranschaulicht die Klasse β und ihr Verhältnis zu Γ. Beide Klassen sind ebenso wie α in Florenz entstanden, denn dort wurden der Archetypus von β (V 63), der älteste erhaltene γ-Codex (A) und die gesamte Gruppe U, C, V 64 geschrieben.

3. Die Klasse γ einschließlich U, Y 03, C, V 64 (Γ) und K

Diese elf Handschriften gehören eng zusammen, bieten aber kein so einheitliches Bild wie α und β. Sie stammen von demselben Subarchetypus (χ) wie β, dessen Text sie noch viel öfter verändert haben als β: A, V 65, Or, N 21, O 48, O 22 (= γ) und Y 03[91]) enthalten mehr Sonderlesarten als irgendeine andere Gruppe der Humanistenhandschriften, in Ann. 15—16 über 260. U, C, V 64 stammen von einer Zwischenstufe (Γ), die in B. 15—16 nur knapp über 100 der γ-Sonderlesarten aufweist. K hängt von γ (O 22) ab, ist aber immer wieder von *Gen* beeinflußt. Den für die Gruppe typischen, vorzeitigen Schluß in Hist. 5, 13, 1 haben nur V 64; V 65, Or, N 21, O 48, O 22 und K. A endet — wohl durch mechanischen Verlust — schon in Hist. 2; U und Y 03 wurden auf den vollen Umfang des erhaltenen Historientextes ergänzt, wie ihn M, α, *Gen* bieten; C wurde ebenfalls ergänzt, jedoch nur bis zum Ende von β[92]).

Die Klasse γ hat sich über eine Zwischenstufe Γ aus dem Subarchetypus χ entwickelt, der selbst schon deutlich von M entfernt ist. Daher gibt es in B. 15—16 keine einzige nennenswerte Lesart, die γ allein mit M gemeinsam hätte. Die Sonderlesarten von γ bzw. Γ sind natürlich oft durch Abschreibfehler entstanden, zeigen daneben aber immer wieder — jedenfalls viel deutlicher als β und α — Versuche bewußter Textgestaltung: **15**, 3, 2 (8) egena] egens Γ, L, K (Ersatz des vorwiegend poetischen, aber auch bei Liv. 9, 6, 4 belegten Adjektivs durch das gebräuchlichere Partizip); 6, 1 (1) patrata] pacta Y 03, C, γ (< O 22); 6, 4 (15) ad gloriam erat] erat ad gloriam Γ, L; 12, 3 (9) priorum admonere] priorem admouere U¹, Y 03, C, γ (Die gemeinsame Vorlage von α β γ (φ) dürfte *priorum admouere* gehabt haben, denn das steht auch in B, Hol, L 24 und V 63¹. Z, V 63², U² und V 64 korrigierten

---

90) Die umgekehrte Annahme, daß Vin aus einem Exemplar der *editio princeps* stammt, läßt sich aus B. 15—16 kaum widerlegen, hätte aber auch keine besondere Bedeutung. **15**, 74, 3 (10) maturrime] materrime *ed. pr.* acerrime Vin (a *in ras.*) könnte so interpretiert werden, daß der Fehler der *ed. pr.* erst die Lesart von Vin bewirkt hat, doch läßt er sich ebensogut auf eine gemeinsame Vorlage zurückführen.

91) Y 03 gehört den Lesarten nach zu γ, wurde aber nicht in das Gruppensigel aufgenommen, weil der Text in Hist. 5 über den Umfang von γ hinausgeht.

92) Da Borzsák versichert, C sei durchgehend von einer Hand geschrieben (vgl. S. XVIII), könnte die Ergänzung schon auf eine Vorlage zurückgehen.

richtig, während sich U¹, Y 03, C, γ mit einer sehr oberflächlichen „Verbesserung" halfen.) 13, 3 (11) dicionis] dominationis Y 03, γ; 14, 2 (6) si qua Caesa⟨res⟩] scipiones Γ, L, N 22¹ *mg*; 15, 2 (7) raptae etiam vestes] rupte . . . Γ, K; 15, 3 (12) vi equorum perrupere] uiam quoque p. Γ < V 64; 18, 1 (3) conscientia] consciam Y 03, γ, K¹ (falsche Auflösung der Kürzung $\overline{\text{coscia}}$ = conscientia); 26, 1 (3) et crebris ac prosperis] ac prosperis et crebris Γ, K; 28, 3 (14) dexteras miscuere] litteras m. Y 03, γ; 42, 1 (4) aperta spatia et prospectus: spatia] sparta Y 03, A, V 65, Or, N 21¹, O 48¹ (N 21² korrigierte richtig, während O 48² mit der Lesart *prata* den Sinn wiederherzustellen versuchte, was O 22 und K übernahmen.) 48, 2 (6) virtutibus similes] uirtutis s. Y 01, Y 03, L, γ, K; 49, 3 (8) amor] G, H, B 72; Y 01, Y 02; Γ, L, N 22¹ *s. l.*, K amore M; *cett.*; 50, 1 (1) deligendumque qui] Z, Y 02; Γ, *Stuttg*², L, K deligendum quique M; *etc.* (An den beiden letzten Stellen wurden Fehler des Mediceus zuerst von Γ korrigiert, denn die anderen Handschriften, die den richtigen Text bieten, sind jünger.) 51, 1 (5) illigare] alligare Y 03, γ, K; 51, 4 (18) nullis testibus innisum: inuisum Y 03, C, γ; 55, 1 (4) urgens periculum: ingens Y 03, γ, K; 57, 2 (11) intacti tormentis] Γ, *Stuttg*², L, K intactis t. M, α, β in tantis t. *Gen* (Auch diese Stelle wurde zuerst von Γ richtiggestellt, während der Korrekturversuch von *Gen* gänzlich mißlungen ist.) 59, 2 (6) Tigellino . . . cum paelicibus suis comitante: Y 03, γ, K ersetzten *comitante* durch *minitante*! 64, 3 (13—14) frustra, frigidus iam artus et cluso corpore adversum vim veneni] . . . frigidis iam ar(c)tubus . . . Γ, *Stuttg*², L, N 22¹ *s. l.*, K (Der schwierige Accusativus limitationis[93]) wurde von Γ durch Angleichung an den folgenden Ablativ beseitigt, wodurch die taciteische Variatio verloren geht.) **16**, 1, 1 (1) Neroni fortuna] fortuna neroni Γ, L, K; 15, 1 (2) festinandi] maturandi Y 03, γ, K; 15, 2 (7) spectatam] inspectam Y 03, γ, K; 22, 1 (7) certatim] cun(c)tatim Y 03, γ; 30, 3 (12) cuius onerasse pericula videbatur (*sc.* Servilia): Y 03, γ, K haben das Subjekt aus den Augen verloren und schreiben: onerosa . . . uidebantur (-batur Y 03, A).

In der statistischen Übersicht (S. XXX) fällt eine relativ hohe Zahl von Übereinstimmungen zwischen γ und den Genueser Handschriften auf. Sie ist kaum durch direkten Einfluß zu erklären, sondern vielmehr dadurch, daß beide Gruppen in der Textgestaltung sehr frei vorgehen. Tatsächlich handelt es sich bei den Übereinstimmungen von *Gen* und γ meist um naheliegende, wenn auch nicht immer richtige Änderungen des von M überlieferten Textes. Gelegentlich versuchen *Gen* und γ verschiedene Lösungen, wobei *Gen* fast immer besser ist. **15**, 17, 3 (9) at Vologaesi ad Corbulonem missi nuntii: uologeses (-s *del.*) ad corbulone M. Die Stelle wurde nur von G richtig korrigiert, die übrigen Genueser haben *uologesis ad corbulonem*, was wenigstens den Sinn trifft. Γ aber schreibt *uologesi a corbulone*, wodurch der Dativus auctoris zu einem Objektsdativ und der Sinn des Satzes umgekehrt wird. 20, 4 (14) in civium

[93]) Vgl. Koestermann, Komm. S. 308.

iudicio esse: iudicio] *Gen*, Γ iudicia M, α, β (esse] esset Γ!); 26, 2 (7) cohortiumque] *Gen*, Γ cohortium que M, α, β; 28, 3 (12) honori] *Lipsius* honor M, α, β honore *Gen*, Γ; 36, 3 (9) itineris aditurus esset] *Nipperdey* auditurus esset M, α, β iter aditurus esset *Gen*, Γ; 50, 4 (16) sermone] *Gen*, Γ sermonis M, α, β (-ibus P, Vin, *Stuttg*[1]); 53, 2 (7) audentiae] L 24; β audientie M; B, Hol, Z audacie *Gen*, Γ; 54, 1 (6) in mucronem ardescere: in *om*. *Gen*, Γ; 57, 2 (11) An dieser, im vorhergehenden Absatz angeführten Stelle korrigiert Γ richtig, *Gen* falsch. 66, 2 (5) Faenio] *Gen*, Γ fenius M, α, β; **16**, 13, 1 (3) ad vicina urbi] ad uicina urbis Γ ad moenia urbis *Gen*; 13, 3 (15) urbis casibus] B, Hol, L 24 turbis casibus M; Z[1] turbidis casibus *Gen*, Γ.

U, C, V 64 entsprechen der Vorstufe Γ und haben nur wenige selbständige Lesarten bzw. Sonderfehler: **15**, 10, 3 (10) vana] una (auch N 21); 23, 2 (7) Actiacae] anciace (anciate γ); 34, 2 (8) cuiusque] cuiusquam; 38, 1 (3) acciderunt] accidere; **16**, 10, 2 (6) praemium] pretium; 32, 3 (8) sectae] septe; 33, 2 (7) Eprio] torio (danach auch V 63[2] *mg*, N 23[1] *s. l.*) — U steht an mehreren Stellen allein, manchmal gegen den *consensus* der übrigen Γ-Codices, und fällt gelegentlich mit α zusammen: (*a*) U allein: **15**, 2, 1 (5) vetera fratrum] fratrum uetera; 8, 1 (1) Paetus spretis ominibus] spretis petus omnibus; 26, 2 (5) simul] similiter; 27, 1 (4) *om*. adhuc; *ib*. opus] satis; 53, 4 (15) videretur aut inanem] et inane uideretur; 71, 2 (8) *om*. vanitate exitus corrupit; **16**, 3, 2 (6) efficiendo] effodiendo; 29, 1 (3) maestitia] modestia. (*b*) Γ < U: **15**, 1, 1 (5) cunctator] cunctandi; 17, 2 (6) Parthorum conatus] conatus parthorum; 43, 4 (12) publicum] publicis; 53, 2 (9) Scaevino] *add*. tradidere (*add*. tradere U). (*c*) α, U: **16**, 12, 2 (7) Iunium] iunii; 22, 2 (11) contumaciam sententiarum] sententiarum contumaciam B, Hol; U; 26, 5 (15) quae] queque; 27, 2 (9) inservirent] inseruissent; 28, 2 (5) *om*. et. — C, V 64 gehören eng zusammen, wie vor allem die große Lücke in B. 16, capp. 18, 2 (6) — 26, 2 (4) zeigt. Weiters: **15**, 43, 4 (12) largior] largitior M; *etc*. largitiora C, V 64[1]; 63, 2 (10) exsolvunt] dissoluunt C, V 64; **16**, 9, 2 (7) percussori gloriam] gloriam percussori C, V 64; 10, 2 (5) Demiano] demianus C, V 64. Es ist aber keine der beiden Handschriften die Vorlage der anderen: **15**, 8, 2 (4) capta quaedam castella] castella quedam capta C; 20, 3 (8) sic oratorum] siccariorum V 64; 57, 2 (6—7) nam — sellae] *om*. C; 58, 4 (13—14) atrox — patraret] *om*. C; 71, 4 (19) Agrippae — Iulio] *om*. V 64.

Y 03, γ enthalten, wie schon erwähnt, in B. 15—16 allein über 160 Sonderlesarten. (Beispiele wurden am Beginn des Kapitels genannt.) Von diesen sieben Handschriften heben sich Y 03, A einerseits und Or, N 21, O 48 (mit dem davon abhängigen O 22) anderseits deutlich voneinander ab, während V 65 zwischen den beiden Gruppen steht. Das genaue Verhältnis der einzelnen Gruppen und Handschriften zueinander ist hier besonders schwierig festzustellen, da fast alle möglichen Kombinationen vorkommen. Auf jeden Fall ist neben fortschreitender Textverderbnis auch immer wieder mit Korrekturen zu rechnen. Vielleicht ist A selbst der Subarchetypus, aus dem sich eine gemeinsame Vorlage von V 65, Or, N 21, O 48, O 22 und — nach dem Textverlust ab Hist. 2, 69 — der erste Teil von Y 03 herleiten. Dafür spricht das Alter von A (siehe S. XVIII), die unbedeutenden und seltenen Sonderlesarten (z. B. **15**, 74, 1 (5) extrueretur] extruetur A und **16**, 3, 2 (9) ademptis A, was sich leicht aus dem Zusammenhang verbessern läßt), und schließlich Stellen wie **15**, 15, 3 (9) quo cladem nostram testaretur: A verschrieb hier *cladem* zu *claudem*, V 65, Or, N 21, O 48, O 22 machten daraus *laudem*! 55, 4 (16) Milichum] in alicum A in aliquum V 65 in (*cum spat. ca. 8 litt.*) N 21, O 48, O 22 *om.* (*spat. ca. 12 litt.*) Or.

Y 03 schließt sich den — nicht allzu gewichtigen — Sonderfehlern von A meist an: **15**, 13, 2 (4) munimenta] munimen; 30, 1 (1) comitatem] comitantem; 37, 1 (3) famaque] fameque; 43, 5 (16) quoniam] qui quoniam; **16**, 7, 2 (12) ostentaret] ostentare; 10, 2 (9) circumdant] circumdanti; 17, 2 (4) consularibus] consultatoribus (-to- *punctis del.* Y 03); 22, 2 (9) *om.* ut. Allein hat Y 03 folgende Fehler: **15**, 11, 3 (10) *om.* precibus; 15, 3 (13) ingredi ausi sunt] ausi sunt ingredi; 25, 2 (6) hostium] *add.* qui; **16**, 4, 3 (8) *om.* veste detergeret. — V 65 steht zwischen den Hauptgruppen, hat öfter Sonderfehler und eine eigenwillige Orthographie[94]. (*a*) V 65 mit Y 03, A: **15**, 51, 1 (2) quonam] quodam; 51, 4 (20) esse] est; **16**, 18, 3 (11) quasi adversus] aduersus quasi aduersus (aduersus quasi Or, N 21, O 48, O 22, K) (*b*) V 65 mit Or, N 21, O 48, O 22: **15**, 16, 1 (2) inicerent] uincerent; 21, 2 (5) *om.* decernaturque; 28, 1 (2) credebant] credebat; 34, 2 (8) optimi cuiusque] cuiusque optimi; **16**, 15, 1 (5) nuper coniuratione] coniuratione nuper (*c*) V 65 allein: **15**, 2, 1 (2) orditur] creditur; 10, 2 (7) clamitans duxit] clam transduxit; 11, 1 (3—4) *om.* obtrivit — qua; 36, 3 (12) proxima] privata; 43, 3 (8) paludes] post laudes; 73, 2 (6) interitum] intentum.

Or, N 21, O 48 dürften voneinander unabhängig aus demselben Subarchetypus stammen, für den eine größere Zahl von Sonderfehlern sowie Auslassungen charakteristisch sind, bei denen der Platz für das fehlende Wort meist frei bleibt. Solche Lesarten von Or, N 21, O 48 (i. a. mit O 22, K) sind: **15**, 1, 3 (13) trahi] mihi; 15, 1 (3) iusserant] rumpserant (iunserant Y 03, A rimpserant V 65); 34, 1 (2) *om.* numinibus (*spat. ca. 10 litt.*); 40, 1 (1) prorutis] proruptum; 55, 4 (16) *om.* indicium; 56, 2 (5) Annaeum] amicum; 57, 2 (6) *om.* vinclo (*cum spat.*); 60, 3 (8—9) *om.* prompsit — conquerereturque; 74, 3 (10) templum] templo; **16**, 1, 2 (7) *om.* aevi (*spat. ca. 8 litt.*; *om. sine spat.* O 22, K); 8, 1 (3) libellis] bellis; 19, 2 (7) *om.* iniit (*spat. ca. 8 litt.* — Dieses Wort wurde vielleicht deshalb ausgelassen, weil es in der Vorlage verschrieben und daher unverständlich geworden war: iniis Y 03, A unus V 65); 33, 1 (1) honestum] honestos; 35, 1 (2) *om.* generum. Für die gegenseitige Unabhängigkeit von Or, N 21, O 48 spricht, daß alle drei Sonderfehler haben (O 48 mit O 22) und daß auch alle möglichen Kombinationen vorkommen: (*1*) Sonderfehler (*a*) Diese sind besonders häufig in Or: **15**, 10, 2 (8) amisso] omisso; 11, 1 (3) turrim]

---

94) Besonders häufig sind Konsonantenverdoppelungen bzw. -vereinfachungen wie z. B. Pissonem, acerimus. Vgl. auch die Liste der nicht in den Apparat aufgenommenen Schreibgewohnheiten, S. LXIX.

currum; 16, 3 (11) insignium] insignem; 23, 3 (12) maeroris] neronis; 28, 2 (5) delectus] defectus; 49, 1 (2) instinctu] restinctu; 51, 3 (14—15) *om.* poenas — modo; 56, 4 (10) Lucanus Quintianusque] quintilianus lucanusque; **16**, 4, 3 (7) fessus] fixus (*über* fexus A); 10, 2 (6) in praemium] imperium; 13, 1 (3) violentiam] ciuitatem; 16, 1 (5) restringunt] restinguunt (Dies ist auch die Lesart von Madvig!) (*b*) N 21: **15**, 15, 3 (11) expleverat] exsoluerat; 25, 4 (17) sollicitudine] solitudine (*c*) O 48: **16**, 21, 3 (13) interrogant] interogarent (*2*) Kombinationen (*a*) Or, N 21: **15**, 60, 4 (14) Senecam iubetur] iubetur senecam (*b*) Or, O 48: **15**, 8, 1 (1) Paetus spretis ominibus] spretis petus omnibus; 19, 1 (3) provincias] prouincia (*c*) N 21, O 48: **16**, 5, 1 (4) labori] labore illo; 8, 1 (4) patrui *bis*.

O 22 ist höchstwahrscheinlich eine direkte Abschrift von O 48, denn es hat nicht nur dessen Lesarten von erster Hand, sondern auch manche Korrekturen übernommen: **15**, 7, 2 (5) tramittebant] terras mittebant γ (< O 22) transmittebant N $21^2$ *mg*, O $48^2$ *in textu*, O 22, K; 42, 1 (4) spatia] prata O $48^2$ *in textu*, O 22, K; 44, 4 (18) flammandi] flamme ui O $48^2$ *in ras.*, O 22, K; 59, 5 (21) Silus] filius O $48^2$ *s. l.*, O 22, K; **16**, 32, 3 (10) occultans] occultabat O $48^2$ *in textu*, O 22, K. — K hängt in bezug auf seine γ-Lesarten von O 22 ab[95]): **15**, 9, 1 (4) ac turribus] a curribus; 23, 2 (8) Capitolini] capitolinis; 23, 2 (9) genti] gentis; 24, 1 (4) *om.* non; 49, 4 (12) probroso] improbroso; 73, 1 (3) lacerabatur] lacerabantur; **16**, 3, 2 (8) mox] morte; 5, 1 (4) fatiscerent] satisfacerent; 10, 4 (15) sexum] sensim; 16, 2 (9) a] aut; 19, 1 (2) tulit] tum. Sonderfehler von K sind **15**, 52, 3 (15) vetus adversum insontem odium] aduersus insontem uetus odium; **16**, 11, 1 (5) novissimo] proximo.

Für das Stemma der Klasse γ (Γ) auf Grund der besprochenen Stellen vgl. nach S. LXVIII.

4. Die Genueser Handschriften

Diese Gruppe umfaßt neun der erhaltenen Humanistenhandschriften: Die älteste und beste ist V 58 (*an. 1449*), der B 05 am nächsten kommt. Ihnen stehen sechs in Ferrara geschriebene Codices gegenüber (G, E, H, Mal, Prm, J — darunter vier vom selben Schreiber), die viele Sonderfehler aufweisen, und von denen sich B 72 (*an. 1490*?) ableitet, die jüngste und schlechteste Handschrift der Gruppe. Die Zusammengehörigkeit der Genueser zeigt sich schon äußerlich durch die Buchtitel[96]) und auffällige gemeinsame Marginalien, vor allem aber durch zahlreiche Sonderlesarten, von denen fast ein Drittel echte Textverbesserungen darstellen. In Ann. 15—16 haben die Genueser an mehr als 210 Stellen einen eigenen Text, wobei sie ungefähr sechzigmal von späteren Herausgebern durchgeführte Emendationen des Mediceus vorwegnehmen. Daraus ergibt sich die Frage, ob der verbesserte Text der Genueser durch eine

---

[95]) Dazu paßt, daß O 22 und K aus derselben Werkstatt stammen. Vgl. S. XIX.

[96]) Vgl. S. 1 und 118.

von M unabhängige Überlieferung zustande gekommen ist, oder ob man die Verbesserungen auch einem philologisch geschulten Humanisten zutrauen kann[97]).

An den folgenden Stellen bieten die Genueser einen von modernen Ausgaben akzeptierten Text oder kommen ihm wenigstens nahe: **15**, 3, 2 (7) tumultuariam] *Gen*; Y 01, Y 02; U; N 22; V 64 tum multi uaria M tum multo uariam β, γ[98]); 5, 3 (11) exorta vi locustarum aberat] M exorta uis locustarum abederat *Gen*; Y 01, Y 02 (vis] ui Y 01[1], Y 02 *corr.* Y 01[2]); N 22; K exorta vis locustarum ambederat *Lipsius*, *Furneaux*. Der Text von M ist grammatisch einwandfrei und muß daher schon aus methodischen Gründen beibehalten werden. Sörbom[99]) verteidigt ihn (gegen Lipsius) durch Vergleich mit Hist. 3, 71, 1 *Vixdum regresso in Capitolium Martiale furens miles aderat*, wo ebenfalls ein Ablativus absolutus einem Kompositum von esse vorausgeht. Freilich wirkt dieser Text etwas farblos und wurde daher in vielen modernen Ausgaben anders gestaltet. Eine Verstärkung des Ausdrucks auf der Grundlage von M versuchten Fuchs und Koestermann (im Apparat) mit ⟨*ingenti*⟩ bzw. ⟨*immensa*⟩ *vi locustarum*. Am meisten Anklang scheint der Text des Lipsius gefunden zu haben[100]), der im wesentlichen der der Genueser ist. Der einzige Unterschied liegt in *abederat* (*Gen*), ein Wort, das abgesehen von alphabetischen Listen bei Grammatikern[101]) nicht belegt ist, so daß Lipsius' Änderung zu *ambederat* notwendig wird. Der Einwand, daß *ambedere* bei Tacitus sonst nicht vorkommt[102]), wiegt weniger schwer, da sich das Wort bei Vergil, Aen. 3, 257 und 5, 752, u. a. findet und Tacitus viele andere Verba ebenfalls nur einmal verwendet hat[103]). So trat zuletzt N. P. Miller[104]) im Rahmen einer Untersuchung der bei Tacitus nur

97) Diese Fragestellung gleicht dem in der Tacitusforschung älteren Problem des Codex Leidensis, der eine wesentlich geringere Zahl von Verbesserungen enthält als die Genueser, für den aber trotzdem Unabhängigkeit von M beansprucht wurde. Vgl. S. LVIII. Zuletzt wurde dieser Anspruch — wenn überhaupt aufrechterhalten — insofern eingeschränkt, als L zwar von M abhängig, aber nach einer unabhängigen Überlieferung korrigiert sein soll.

98) Der kritische Apparat ist auch hier in verkürzter Form wiedergegeben. Die *Gen* nahestehenden Codices Y 01, Y 02, N 22, K, denen ein eigenes Kapitel gewidmet ist (S. LIV), werden ab dem dritten Beispiel nicht mehr berücksichtigt.

99) G. Sörbom, Variatio sermonis Tacitei, Upsaliae 1935, 168—169. — Sörbom übersetzt: denn nachdem ein Heer von Heuschrecken gekommen war, war alles, Gras oder Laub, hin.

100) Bei Gerber - Greef 70, im Thesaurus I 1836 und im Oxford Latin Dictionary ist die Stelle ohne Vorbehalt mit *ambederat* angegeben!

101) Diom. GLK I 362, 20 sq. *et quae ab eo derivantur, comedo ambedo abedo circumedo*; Char. GLK I 261, 32 *comedo abedo circumedo*. Vgl. Thes. I 63.

102) Sörbom, loc. cit.; Koestermann, Komm. S. 170.

103) z. B. ambulo, amplio, anhelo, animo, antecapio, antefigo.

104) N. P. Miller, An Aspect of Tacitean Style, BICS 17 (1970), 111—119. — S. 115: *ambedo* is an emendation, but most Tacitean and convincing: it is rare, it is poetical, and it vigorously portrays the desolation created by the locusts.

einmal belegten Wörter aus stilistischen Gründen für *ambederat* ein. Wenn *exorta vis locustarum ambederat* die richtige Lesart ist, so ist diese Stelle (trotz *ab-/amb-*) die beste in Ann. 15—16, die man zum Beweis einer Unabhängigkeit der Genueser von M heranziehen könnte. Denn es ist kaum anzunehmen, daß ein Schreiber eine in M durchaus verständliche Stelle nur deshalb änderte, um sie stilistisch zu verbessern. Allerdings verliert dieses Argument gerade hier wieder an Gewicht, weil wenig später eine ganz ähnliche Stelle mit *vis* als Subjekt eines aktiven Prädikats auffällt: Kap. 12, 1 *comitabantur exercitum* . . . *magna vis camelorum*[105]). Diese Stelle könnte ein aufmerksamer Korrektor zur Basis eines *vis* . . . *a(m)bederat* gemacht haben. — Zusammenfassend ist folgendes festzuhalten: Der auf *Gen* beruhende Text des Lipsius ist zwar „ingeniös" (Koestermann), aber keineswegs der einzig mögliche, und selbst wenn er der richtige sein sollte, so ist seine Entstehung in *Gen* durch Konjektur erklärbar und braucht nicht auf selbständige Überlieferung zurückgeführt werden. 6, 4 (17) urbium expugnationes] *Gen* -ne M, α, β -nem Γ. Daß hier ein Akkusativ hergestellt werden muß, ist evident und wurde auch von Γ erkannt, das wohl deshalb den Singular setzt, weil es vorher statt *usurpatas* ‚usurpatum' (*sic*) hat. 7, 2 (7) hostiaque quae] V 58, B 05 ostia queque M; 9, 1 (6) permeabant] V 58, B 05, G, E permanebant M, α, β, γ; 13, 2 (6) ac si vis ingrueret, provisis exemplis Caudinae Numantinaeque pacis; neque eandem vim Samnitibus: si] *Gen*, *Stuttg*², L *om*. M; *cett*. Numantinaeque] ac numantine *Gen* pacis] *Madvig* cladis *Gen* deditionis *Stuttg*², L, *Koestermann om*. M; *cett*. neque] *Gen om*. M; *cett*. Daß in M Worte ausgefallen sind[106]), ist leicht erkennbar, und die Ergänzungen von *Gen* und *Stuttg*², L decken sich wenigstens teilweise mit denen moderner Herausgeber. Am umstrittensten ist *pacis* / *cladis* / *deditionis*: Als Beschönigung im Munde der feigen Soldaten paßt Madvigs *pacis* am besten in den Zusammenhang: Die Ausflüchte der Soldaten werden ab *si vis* . . . in einer langen Periode referiert, und die Verbindung *Caudina pax* ist aus Livius[107]) bekannt, wenn auch Tacitus selbst *pax* nicht mit Adjektiven von Eigennamen verbindet. Madvigs Konjektur wurde von Koestermann 1952 sowie (mit geänderter Wortstellung) von Andresen und Fuchs übernommen. Sachlich zutreffend wäre das von Koestermann im Apparat vorgeschlagene *pactionis* (im militärischen Sinn „Kapitulation"), ähnlich die von ihm zuletzt akzeptierte *Stuttg*², L-Lesart *deditionis*, der aber Koestermann[108]) selbst den Charakter

---

[105]) Für weitere Beispiele vgl. Gerber - Greef 1784 (C, b).

[106]) An der zweiten Stelle liegt *aberratio oculorum* von *-neque* auf *neque* vor, der erste Ausfall umfaßt nur zwei Buchstaben. Wählt man mit Walther die ungewöhnliche Wortstellung *ac vis si*, so ist er durch Haplographie erklärbar. (Für *ac si* vgl. Gerber - Greef 14.) Ähnlich ist die Lage 14, 58, 2 *et clari atque insontes* ⟨*si*⟩ *interficerentur*: *si* fehlt in M, wurde von M¹ am Rand nachgetragen und von Bezzenberger wie angegeben eingefügt, während Ernesti die gewöhnliche Wortstellung *et si* . . . bevorzugte.

[107]) Liv. 9, 1, 1 *Sequitur* . . . *Caudina pax*. 9, 5, 2. 7, 4. 8, 1. 12, 3. 38, 15. Livius hat auch öfter *pax Romana* und *pax Punica*.

[108]) Koestermann, Komm. S. 184.

einer Konjektur nicht absprechen kann. Tacitus verwendet weder *pactio* noch *deditio* mit persönlichem Adjektiv. Die Genueser Lesart *cladis* wirft die Frage auf, ob der zu ergänzende Ausdruck unbedingt im Sinne der Soldaten gesprochen sein muß: Sicher werden deren Äußerungen ab *neque* referiert, während sich der Ablativus absolutus *provisis* . . . auch vom Standpunkt des Autors verstehen ließe: Er wirft den Soldaten gleichsam vor, daß sie sich eine Niederlage zum Vorbild nehmen. (Gerade zuvor hat er von ihrer *ignavia* gesprochen.) In diesem Sinn könnte man das bei Tacitus beliebte Wort *clades* recht gut in den Text einfügen. (*cladis* schrieben Haase und mit anderer Wortstellung Bezzenberger.) Außerdem kommt *clades* bei Tacitus immer wieder mit persönlichem Adjektiv vor, z. B. Hist. 2, 91, 1 *Cremerensi Alliensique cladibus*[109]). Jedenfalls ergibt die Ergänzung der Lücke durch *Gen* einen Text, den auch moderne Editoren akzeptiert haben. Anderseits kann diese Ergänzung durch die Beobachtung taciteischen Sprachgebrauchs erklärt werden und braucht nicht auf unabhängige Überlieferung zurückgeführt werden. Daß *Gen* hier frei konjiziert, zeigt auch die überflüssige Änderung von *Numantinaeque* zu *ac Numantinae* und ein Einschub in den unmittelbar vorhergehenden Worten: alii propria ignavia aut (*add.* metu *Gen*) Corbulonem opperientes. Hier wird im Bestreben nach klassischer Symmetrie eine typisch taciteische Inkonzinnität zerstört. 13, 3 (12) regi] *Gen* rei M; 15, 1 (2) expedientis] V 58², *Fer*, B 72 experientis M, α, β expetendi *Stuttg*², L; 17, 3 (9) ad Corbulonem] *Gen* ad corbulone M a corbulone *cett.*; 18, 1 (3) spreta conscientia] *Gen*; Z; *Stuttg*², L spreto c. M; *etc.*; 18, 2 (7) absumpsisset] *Gen*; Z; L assumpsisset M; *cett.*; 19, 2 (5) adoptionis enumerant] *Gen* adoptioni senumerant M, α, β adoptionis senuerant Γ; 20, 1 (3) contumeliam] *Gen* -ia M -ias *cett.*; 23, 3 (10) quae fluxa] *Gen* qua efluxa M; 24, 1 (3) omittere] *Gen* committere M; *cett*; 27, 2 (6) proinde] *Gen* perinde M; *cett.*; 27, 3 (11) pellit] *Gen* pelluit M (u *del.*) pepulit *cett.*; 31, 1 (1) Pacorum] *Gen* pacorem M; *cett.*; 37, 1 (3) exemplum] *Gen* exemplam M exempla *cett.*; 38, 7 (22) iussu] *Gen* iussum M; *cett*; 42, 1 (6) temptare] *Gen* temperare M; *cett.*; 43, 4 (12) largior] V 58, B 05, G, E, H; Z; *Stuttg*², L largitior M; *etc.*; 53, 2 (8) expostulante] *Gen* expostulanti M; *cett.*; 54, 1 (5) asperari] *Gen*; V 63², Vin, *Stuttg*, L aspernari M; *cett.*; 54, 4 (15) etenim] *Gen* ut enim M, α, β tunc enim γ; 55, 1 (3) Epaphroditum] *Gen* et aphroditum M, α aphroditum β, γ (Der Name kommt in den Annalen sonst nicht vor, ist aber aus Sueton, Nero 49, 3 bekannt.) 60, 1 (4) constantis] *Gen*; Z; L constantiis M; *cett.*; 62, 2 (9) post] *Gen*; *Stuttg*², L quam M, β, γ quam post α; 63, 3 (11) victu] V 58¹ *s. l.*, B 05, G, E, H ictu M; *cett.*; 64, 2 (5) famam sociatae] V 58¹, B 05; *Stuttg*², L famam societate V 58² *s. l.*, *Fer*, B 72 fama societatem M; *cett.*; 64, 3 (12) quo damnati] V 58² *mg*, B 05¹, *Fer*, B 72 quo dante V 58¹, B 05² *mg* quod anti M; α; *etc.*; 68, 3 (11) intima] *Gen* inima M nimia *cett.*; 69, 1 (1) iudicis] *Gen* indiciis M; *etc.*; 69, 1 (3) occupare] V 58¹, B 05 occuparet M; V 58² *s. l.*; *cett.*; 71, 3 (13) Egnatia] *Gen*; Z etgnatia M (t *pr. del.*) et gnatia

[109]) Für weitere Beispiele vgl. Gerber - Greef 174.

*cett.*; 72, 2 (9) ipse] *Gen*; L ipsa M; *cett.*; **16**, 2, 2 (6) celebrabatur] *Gen* celebratur M; *cett.*; 8, 1 (4) exitio] *Gen*; Hol; Vin, *Stuttg*, L etio M; *etc.*; 14, 1 (7) a P. Anteio] *Gen*; U a panteio M; *etc.*; 15, 1 (4) corpore] V 58[2] *s. l.*, B 05[1], *Fer*, B 72 corporis | corporis M[1] (corporis *pr. corr.* M[1] *s. l. et* M[2] *mg*) corporis robore α, β, Γ; 16, 1 (3) continuos] *Gen*; *Stuttg*[2], L continuo M; *cett.*; 17, 4 (13) fingitur] V 58[1] finguntur M; V 58[2]; *etc.*; 17, 6 (18) scripsisse] *Gen* scripsisset M; *cett.*; 21, 1 (4) referretur] *Gen* fer(r)etur M; *cett.*; 22, 1 (1—2) vitare . . . adesse] *Gen*; L uitaret . . . adesset M (-t *del.*); *cett.*; 22, 1 (6) introisse] *Gen* introisset M (-t *del.*); *cett.*; 22, 2 (10) te Nero et] *Gen*; O 48[2], O 22 tenebo M; *etc.*; 22, 3 (16) religiones] V 58[2] *s. l.*, B 05, G, H reliones E legiones M; V 58[1]; *cett.*; 22, 5 (22) amovisti] V 58, B 05, G, E, H; B[2] *mg*; L admouisti, admonuisti M; *cett.*; 25, 2 (6) humanas] *Gen*; *Stuttg*[2], L humanos M; *cett.*; 26, 2 (5) detraheret] *Gen*; *Stuttg*[2], L detrahere M; *cett.*; 27, 1 (2) insedere] *Gen*; *Stuttg*[2], L insidere M; *cett.*; 28, 1 (1) maiore vi] *Gen*; B, Hol; *Stuttg*[2], L maior eui M; *etc.*; 29, 2 (9) agi] *Gen*; *Stuttg*[2], L magi M, β magis α, γ; 30, 1 (1) Sabinus] *Gen* sauinus M; *cett.*; 32, 1 (2) Plauto] *Gen*; *Stuttg*[2], L plautio M; *cett.*; 34, 1 (2) frequentes] *Gen* frequentem M[1]; *cett.*; 34, 1 (3) intentus] *Gen*; L intentum M; *cett.* (Vier weitere Stellen, die *Gen* zusammen mit Γ richtig hat, sind S. XL genannt.)

Den etwa 60 Stellen, an denen die Genueser gegen M den richtigen Text bieten, stehen 150 Sonderlesarten gegenüber, von denen viele den Charakter von Konjekturen haben, wie eine Auswahl zeigt: **15**, 2, 4 (13) sectatur] sectabatur *Gen*; 4, 2 (3) occupaverat] qui occupauerat *Gen* (Die Herstellung eines relativen Anschlusses verrät dieselbe Tendenz zur „Normalisierung" der Sprache wie der oben besprochene Einschub von *metu* in 13, 2/5.) 4, 3 (11) caeduntur] facile ceduntur *Gen* (Wiederholung aus der vorhergehenden Zeile); 5, 3 (11) inopia] inopiam *Gen*; U (Gleichschaltung mit dem vorangehenden *equitem*); 10, 3 (10) delecti peditis] delecti pedites M delectorum *Gen*; 11, 3 (9) iterum] item *Gen*; 13, 1 (2) adpugnare] M oppugnare *Gen* ad pugnam α, β, L, Γ; 13, 3 (9) qua] contra *Gen* (Verwechslung der Abkürzungen q̃ = qua und ꝯ̃ = contra); 14, 2 (7) largiendive] donandiue *Gen*; 15, 1 (1) flumini] fluuio *Gen*; *ib.* praefluebat] perfluebat L 24; *Gen*; P, Vin (Hier dürfte es sich nicht um die häufige Verwechslung von p und p̄ handeln, sondern eher scheint *Gen* ein *praefluere* im Sinne von *praeterfluere*[110]) nicht verständlich gewesen zu sein.) 15, 3 (11) elephanto insidens] in elephanto insidens *Gen*; 15, 3 (14) pontem . . . validum et fidum: firmum *Gen*; 17, 3 (13) sine arbitro] sine (suo V 58[1], B 05; *corr.* V 58[2] *s. l.*) arbitrio *Gen*; 19, 2 (4) adeunt. ibi ius] adeuntibus M, α, β adeunt ubi *Gen* adeuntium Γ; 22, 1 (2) consulibus] *om. Gen*; 25, 2 (6) militum atque hostium tot per annos gnarus] tot per annos militum atque hostium gnarus *Gen*; 28, 2 (5) barbaris delectus] a barbaris d. *Gen* (Ersatz des Dativus auctoris bzw. Abl. instr. bei Personen durch einen Präpositionalausdruck ist in *Gen* öfter zu beobachten, wie auch das nächste Beispiel zeigt.) 28, 2 (6) Corbuloni non vitatus] corbulo non uitatus M, α, β, γ non est a corbulone uitatus

[110]) Cf. Ann. 2, 63, 1 *transgressus Danuvium qua Noricam provinciam praefluit.*

*Gen*; 28, 3 (10) minister bello datus] *om. Gen*; 28, 3 (11) et] sed *Gen* (wohl infolge des vorhergehenden *nondum*); 32, 1 (5) priora] priori *Gen*; *ib.* senatorumque] *add.* filiorum *Gen*; 33, 2 (4) incipere] *add.* scenas *Gen*; 35, 2 (5) rebus novis] nouis rebus *Gen*; 36, 2 (5) veneratus] ueneraturus *Gen*; 37, 1 (1) sibi] *add.* quam *Gen* (als Gegenstück zu *perinde*?); 37, 2 (5) navium] *om. Gen*; 38, 1 (3) gravior atque atrocior] grauius atque atrocius *Gen*; 41, 2 (9) Kal. Sextiles] kal. sextilium *Gen*; 42, 1 (2) proinde] perinde *Gen*; 43, 1 (1) domui] domuum *Gen*; 44, 5 (23) in saevitiam] in seuitia *Gen* (Offenbar wurde der finale Sinn der Konstruktion nicht verstanden.) 45, 3 (8) ferebatur Seneca (. . . oravisse)] ferebatur senecam M² ferebant senecam *Gen* (in beiden Fällen Änderung der Konstruktion nach dem in klassischer Zeit vorwiegenden Gebrauch); 46, 1 (3) mala rumoribus] β, γ malarum moribus M malorum moribus *Gen* (einer der wenigen Fälle, in denen eine Korrektur nicht *Gen*, sondern (β und) γ gelungen ist); 49, 4 (11) mollitia corporis] molli corpore *Gen*; 50, 1 (1) (finem adesse) imperio] γ imperia M imperii *Gen*; 50, 2 (6) pluribus periculis conflictabatur] plus periculis confluebatur *Gen*; 52, 2 (10) daturis (*sc.* imperium)] *add.* operam *Gen*; 52, 3 (13) ad libertatem oreretur] ad libertate moreretur M a libertate moueretur *Gen*; 53, 2 (7) ut quisque audentiae habuisset] ut quisque audacie plus habuisset *Gen*; 54, 1 (1) dites] diuites *Gen*; 55, 1 (4) coniuratos] coniurationes *Gen*; 55, 3 (14) ⟨cu⟩ius se . . . testem faceret] uisum se . . . testem facere *Gen*; 56, 3 (8) an] ante *Gen*; 58, 4 (15) renuit] rennuit M retinuit *Gen* tenuitque γ; 60, 1 (3) manu Statii] manus tatii M manu tatii *Gen*, γ (Richtig korrigiert hat hier nur Z: manus (-s *puncto del.*) statii); 61, 1 (2) seque rationem valetudinis . . . excusavisse: ratione *Gen*; 64, 1 (2) ⟨iubet⟩ inhiberi mortem] mortem inhiberi imperat *Gen*; 68, 3 (10) Neroni odium] neronis o. *Gen*; 71, 3 (12) Artoria] antonia *Gen*; **16**, 2, 2 (5) tulere ac] tulerat *Gen*; 3, 2 (4) hunc vel illum locum promissi specus] hoc uel illo loco promi specus *Gen* (die Ablative V 58² *s. l.*); 7, 2 (10) ne] *Faërnus* ut *Gen om.* M; *cett.*; 8, 3 (7) Tullinus] rullinus *Gen*; 12, 2 (7) Iunium] *Stuttg*², L iunctum M, β iunii tum *Gen*; 13, 1 (3) ad vicina urbi] ad moenia urbis *Gen*; 14, 1 (4) inquies] inquietus *Gen*; 14, 1 (7) consultationes] consolationes; 16, 2 (8) edito] editam *Gen* (fälschlich auf *iram* bezogen)[111]); 19, 2 (4) gloriam constantiae] constantiam glorie *Gen*; 21, 1 (2) Thrasea Paeto et Barea Sorano] barea sorano et thrasea peto *Gen*; 21, 2 (9) deum honores] diuini h. *Gen*; 22, 3 (17) curatius] accuratius Z; *Gen*[112]); 22, 4 (21) libertatem] *om. Gen*; 23, 2 (9) insignium] illustrium *Gen*; 24, 2 (5) scripsisse] sensisse *Gen*; 26, 5 (16) tali in tempore: in *om. Gen*; 29, 1 (3) et altior] ulterior *Gen*; 32, 1 (4) ipse] *om. Gen*; 35, 1 (5) libamus] M; V 58¹; *etc.* libemus V 58² *s. l.*, B 05¹, *Fer*, B 72.

Diese Liste von Sonderlesarten zeigt, daß ein Mann von großer Konjekturfreudigkeit, dem bisweilen auch grobe Irrtümer unterliefen, maßgeblich an

[111]) Vgl. Koestermann, Komm. S. 366.

[112]) Dieselbe Normalisierung des seltenen *curatius* findet sich in der Handschriftenklasse β bei Plin. ep. 1, 1, 1.

der Entstehung des Genueser Textes beteiligt war. Er hat dabei immer wieder gute philologische Arbeit geleistet, denn die Zahl seiner Textverbesserungen übertrifft alle anderen Humanistenhandschriften bei weitem. Beweise für die Verwertung einer von M unabhängigen Tradition liefern Ann. 15—16 allerdings nicht. Zwei „ingeniöse“[113]) Korrekturen am Anfang des 15. Buches (Kap. 5 und 13), die immer noch fraglich bleiben und durch aufmerksame Beobachtung taciteischen Sprachgebrauches entstanden sein können, sowie der Name des Epaphroditos (Kap. 55) sind zuwenig. Bei den guten Genueser Lesarten handelt es sich meist um die Wiederherstellung nicht unbekannter Namen (**15**, 31 Pacorum, 71 Egnatia; **16**, 14 Anteio, 22 te Nero *aus* tenebo, 30 Sabinus, 32 Plauto), um Korrekturen evident falscher Worttrennungen und um die Berichtigung von Fehlern in bezug auf Genus, Casus, Numerus und Tempus. Die lexikalisch etwas anspruchsvolleren Korrekturen (**15**, 3 tumultuariam, 15 expedientis, 24 omittere, 27 proinde, 42 temptare, 54 asperari, 63 victu, 64 sociatae; **16**, 8 exitio, 21 referretur, 22 amovisti) sprechen eher für einen aufmerksamen Korrektor mit guten Sprachkenntnissen als für eine selbständige Überlieferung[114]).

Auch paläographische Argumente reichen allein nicht aus, um eine Unabhängigkeit der Genueser von M zu beweisen[115]). Die Tatsache, daß viele Maiuskelfehler von M in *Gen* nicht aufscheinen, ist allein nicht beweiskräftig: Gehen M und *Gen* unabhängig voneinander auf ein Maiuskelexemplar zurück, so sollten sich auch in *Gen* Maiuskelfehler finden, die M nicht hat, doch wurden solche Fehler bisher nicht beobachtet. Somit ist eine Korrektur der Maiuskelfehler durch den Genueser Redaktor viel wahrscheinlicher und auch an paläographisch schwierigeren Stellen, die zugunsten der Genueser angeführt wurden, durchaus glaubhaft: Hist. 2, 14, 1 (4) universam Trevirorum alam] *Gen*; *Stuttg*², L; O 48, O 22, K uniuersa mire uirorum alam M (T > I und falsche Worttrennung) Die Verbesserung zu *universam* haben alle Humanistenhandschriften außer Y 01, und der Name der Treviri wird wenig später noch einmal genannt: 14, 3 (14) *Trevirorum turmae.* — Hist. 2, 66, 3 (13) Vitellius ...

---

[113]) So Koestermann, Komm. S. 170, zu *vis . . . ambederat.*

[114]) Der manchmal zugunsten des Leidensis erhobene und auch auf die Genueser anwendbare Einwand, es könne nicht ein und derselbe Bearbeiter neben guten Lesarten grobe Fehler stehen gelassen haben, orientiert sich zu sehr an den Prinzipien moderner Editionstechnik. Den Humanisten scheint die Verbesserung einzelner Stellen doch viel eher gelungen zu sein als das konsequente Durcharbeiten ganzer Texte. Wenn etwa Johannes Andreas de Bussi (der im Jahre 1449 V 58 geschrieben haben dürfte) zwischen 1468 und 1473 als Editor für die ersten Drucker Roms mehr als zwanzig Ausgaben einschließlich der Bibel besorgte, so muß er oft der ersten Eingebung gefolgt sein und hat sehr unregelmäßig gearbeitet — was seine Texte ja auch zeigen —, und bei der Korrektur von Handschriften wird man nicht viel anders verfahren sein.

[115]) Einen methodisch sehr aufschlußreichen Versuch in dieser Richtung unternahm M. Zelzer (vgl. Anm. 60), 190—192.

legionem Grais Alpibus traductam eo flexu itineris ire iubet, quo Viennam vitarent: Grais Alpibus] *Gen*; Y 01, Y 02 girat[116]) salpibus M (I > T und wieder falsche Worttrennung). Heubner[117]) bemerkt dazu, daß ein Korrektor den Namen der Graischen Alpen wohl herstellen konnte, zumal wenn Vienna in der Marschrichtung der Legion lag. Tatsächlich beweist der Genueser Korrektor entsprechende geographische Kenntnisse an einer Stelle, an der er die Graischen Alpen unnötiger Weise in den Text hineinkonjiziert. Hist. 1, 70, 2 (Caecina paucos in Helvetiis moratus dies . . .) praemissis . . . Germanorum vexillis cum ala Petriana, ipse paulum cunctatus est: cum ala Petriana] *Savilus* (*cf.* 4, 49, 2) cum alpe triari(n)a *M (Ausfall eines Buchstabens und falsche Worttrennung)[118]) in alpe graia *Gen* (V 58)[119]) Wenn diese Konjektur auch nicht das Richtige trifft, so ist sie doch ein glänzender Einfall, der davon ausgeht, daß Caecina im Gebiet der Helvetier stand. Für Hist. 2, 66 aber beweist die Stelle, das *Grais Alpibus* in *Gen* durchaus durch Konjektur enstanden sein kann.

Mehrere Fehler in Ann. 15—16 zeigen, daß *Gen* auf einer Abschrift von M basiert, die von φ (= α β Γ) unabhängig war. Dazu gehören zwei auf *Gen*; Y 01, Y 02; N 22 beschränkte A/T-Verwechslungen: **15**, 44, 4 (17) et] ea; 50, 1 (3) Araricum] traricum; sowie **15**, 51, 1 (4) primores classiariorum Misenensium labefacere: In M geht *primo|res* über ein Zeilenende und *Gen*; Y 01, Y 02 schreiben *primo res*. **16**, 32, 2 (6) et quantum misericordiae saevitia accusationis permoverat: M kürzt *misericordiae* in der Form $\overline{\textit{mie}}$, woraus durch Minuskelverschreibung in *Gen*; Y 01, Y 02; N 22[120]) *nunc* wurde. Da diese Stellen trotz *primo res* bzw. *nunc* nicht unverständlich werden, ist *Gen* der Irrtum nicht aufgefallen. — Auf Grund solcher deutlicher Kopierfehler ist völlige Unabhängigkeit der Genueser ausgeschlossen, aber auch die Annahme von Korrekturen auf Grund einer heute verlorenen, unabhängigen Überlieferung kann — wie oben ausgeführt — nach Überprüfung der einzelnen Lesarten kaum aufrecht erhalten werden.

Ob der Genueser Text auf einer einzigen Bearbeitung beruht oder stufenweise entstanden ist, kann aus seinen Lesarten allein nicht beurteilt werden. Entscheidend für diese Frage ist das Verhältnis von *Gen* zu Y 01, Y 02, das im nächsten Kapitel genauer behandelt wird. Wenn die dort vertretene Ansicht, daß Y 01, Y 02 nicht direkt von *Gen*, sondern von einer Vorstufe abhängen, richtig ist, so ist der Genueser Text das Ergebnis einer doppelten Bearbeitung. Dem zweiten Bearbeiter (J. A. de Bussi?) fällt dann eine größere Zahl von Konjekturen zu als dem ersten, auf den aber viele echte Emendationen zurück-

---

116) Das *i* ist nicht sicher lesbar.

117) Rezension von I. Schinzel, Hist. II (WS Beiheft 3), Gnomon 45 (1973), 499.

118) Diese Stelle ist in M durch Blattausfall verloren, doch läßt sich die Lesart aus den nächsten Abschriften erschließen: *cum alpe triaria* B, A *cum alpe triarina* V 63.

119) Singular *alpe* bei Dichtern und Flor. 1, 22, 50; *monte Graio* Hist. 4, 68, 4.

120) Unabhängig davon hat auch C denselben Fehler.

gehen. Zusammenfassend kann man den Genueser Text als den ersten Versuch einer Tacitusausgabe bezeichnen, der diesen Namen verdient[121]). Er hat auch dem modernen Herausgeber noch eine Reihe von Anregungen zu bieten, und wenn er auch nicht den Wert eines unabhängigen Textzeugen besitzt, so sollte er (vertreten durch V 58) im Apparat einer wissenschaftlichen Ausgabe schon deshalb nicht fehlen, weil er als erster viele heute allgemein akzeptierte Lesarten bietet.

V 58 ist der Archetypus aller anderen Genueser Handschriften. Das geht am deutlichsten aus Stellen hervor, an denen von V 58¹ oder V 58² angemerkte Varianten[122]) in den anderen Genuesern im Text erscheinen oder sogar mit der ursprünglichen Lesart von V 58 kombiniert sind: (*a*) **15**, 15, 1 (2) expedientis] V 58² *s. l.*, *Fer*, B 72; N 22¹ experientis M; α; V 58¹, B 05; Y 01¹, Y 02; β; 33, 1 (3) Iuvenalibus] M; α; V 58¹, B 05² *s. l.*, H² *s. l.*; Y 01, Y 02; β iuuenilibus V 58² *s. l.*, B 05¹, *Fer*, B 72; *Stuttg*², L, N 22; Γ; 58, 4 (13) adnuentique] M; V 58¹, G (ann-); *etc.* innuentique V 58² *s. l.*, B 05, E, H inuentique Mal, Prm, J, B 72; 64, 3 (12) quo damnati] V 58² *mg*, B 05¹, *Fer*, B 72; N 22¹ quod anti M; α quo dante V 58¹, B 05² *mg* quod ante Y 01, Y 02; β; 69, 2 (7) dissimulando] M; V 58¹; N 22¹ *s. l.*; *cett. praeter* dissimulato V 58² *s. l.*, B 05, *Fer*, B 72;

121) Mit dem Wert der Genueser Handschriften befaßt sich auch R. W. Ulery, Jr., The Contribution of the 'Genoese' Recentiores to the Establishment of a Text of Tacitus, Annals 11 to 16, Diss. Yale 1971. [Zusammenfassung in DA 32 (1971), 3280-A. Der Verfasser der vorliegenden Arbeit konnte erst knapp vor Abschluß des Manuskripts ein Exemplar dieser wichtigen Untersuchung erhalten.] Ulery studiert an Hand des Textes von Ann. 11 bis 16 (mit besonderer Berücksichtigung der Bücher 11 und 13) die Genueser Handschriften einschließlich Madrid, B. N. 8401 (in der vorliegenden Ausgabe E; bei Ulery S. I irrtümlich 4801) sowie B, Hol, L 24, Y 01, Y 02, U, Y 03 und A. Er kommt zu dem Ergebnis, daß de Bussi V 58 geschrieben hat und auch für dessen Text verantwortlich ist. An den Einfluß einer von M unabhängigen Überlieferung glaubt Ulery nicht. V 58 und Y 01, Y 02 stammen unabhängig voneinander aus einer Abschrift von M, die Ulery (S. 22 und 35) mit dem heute verlorenen Codex des Francesco Barbaro in Zusammenhang bringt. Ulerys Stemma (S. 158) der von ihm untersuchten 17 Handschriften steht mit den Ergebnissen der vorliegenden Untersuchung bis auf das Zwischenexemplar nach V 58, das Ulery nicht annimmt, und Y 03, A in Einklang. Ulery leitet Y 03, A (vgl. oben S. XL sg.) von einer gemeinsamen Vorlage ε ab, die im vollständigen Stemma aller Handschriften. (S. LXVIII) von γ — das dann nicht mit A identisch wäre — abhängen müßte. Damit wäre der um 1430 geschriebene Codex A bereits eine sechste Abschrift aus M. (φ - χ - Γ - γ - ε - A: φ und Γ entsprechende Zwischenstufen stehen auch in Ulerys Stemma, χ und γ müssen fehlen, da er sich mit den β- und γ-Handschriften außer A nicht befaßt.) — Als Appendix (S. 138—145) entwirft Ulery eine Biographie de Bussis, in der er bisher ungedrucktes Material verwertet.

122) In einzelnen Fällen ist es infolge der sehr kleinen Schrift schwer zu entscheiden, ob eine Variante von erster oder von zweiter Hand stammt. Im Apparat wurde nur dort V 58¹ angegeben, wo die erste Hand einwandfrei erkennbar scheint. Da aber manche „V 58²"-Varianten in allen anderen Genuesern aufscheinen, müssen sie kurz nach der Entstehung der Handschrift eingetragen worden sein.

N 22$^{1}$; **16**, 3, 2 (4) hunc vel illum locum] M; V 58$^{1}$; N 22$^{1}$ *s. l.*; *cett. praeter* hoc (hec Mal, Prm, J, N 22$^{1}$) uel illo loco V 58$^{2}$ *s. l.*, B 05, *Fer*, B 72; N 22$^{1}$; 4, 4 (11) urbis] uerbis V 58$^{2}$ *s. l.*, B 05, *Fer* (< G), B 72; N 23, N 22$^{1}$; 17, 4 (13) fingitur] V 58$^{1}$ (allein richtig) finguntur M; V 58$^{2}$ *s. l.*, B 05, *Fer*, B 72; *etc.*; 29, 1 (1) ut erat] uteret M uinceret V 58$^{1}$, B 05$^{2}$ *mg*, *Fer*, B 72, N 22 inueheretur uel uerteret V 58$^{1}$ *s. l.* inueheretur B 05$^{1}$ uerteret Y 01, Y 02 (Hier hatte wahrscheinlich schon die Vorlage von V 58 Varianten, darunter *uerteret.*) 35, 1 (5) libamus] M; V 58$^{1}$, B 05$^{2}$ *s. l.* libemus V 58$^{2}$ *s. l.*, B 05$^{1}$, *Fer*, B 72; N 22 (*b*) **15**, 40, 1 (3) necdum positus metus aut redierat plebi spes, cum] necdum posito metu satis credebatur cum leuis V 58$^{1}$, B 05 necdum post metus aut residebat leuis V 58$^{1}$ *mg* necdum post metus aut residebat leuis necdum posito metu satis credebatur cum leuis *Fer*, B 72; N 22; 51, 3 (13) manere] M; V 58$^{1}$ *s. l.*; *etc.* inane esset V 58$^{1}$, B 05 manere esset *Fer*, B 72; N 22; K; **16**, 20, 2 (7) patronus] V 58$^{1}$ *mg*; β, γ; *etc.* atronus M atrocius V 58$^{1}$ patronus atrocius B 05, *Fer*, B 72 (B 05 stimmt nur an der letzten Stelle mit *Fer* darin überein, daß es beide V 58-Varianten in den Text nimmt, ist aber in allen Fällen klar von V 58 abhängig.) — *Fer*, B 72 haben ganz offensichtlich einen eigenen, von B 05 unabhängigen Subarchetypus. Fraglich ist dagegen, ob dieses Exemplar und B 05 direkt auf V 58 zurückgehen und dabei unabhängig voneinander Sonderfehler von V 58 korrigiert haben, oder ob dies in einer Abschrift von V 58 geschehen ist, aus der B 05 und *Fer* stammen. In Ann. 15—16 sind Sonderfehler von V 58 bzw. „*Gen* < V 58"-Lesarten sehr selten: **15**, 44, 3 (12) exitiabilis superstitio] superstitio exitiabilis V 58; 48, 1 (2) quam] qua *Gen* < V 58; 70, 1 (2) cedere] occedere B 05 (oc- *punctis del.*), E ocedere G, H (o- *del.* G, H), Mal, Prm, J edere B 72. Obwohl diese Stellen zum Nachweis eines Zwischenexemplars zwischen V 58 und den übrigen Genuesern kaum ausreichen, ist ein solches doch mit großer Wahrscheinlichkeit anzunehmen, weil sich V 58 in Hist. 2 sehr deutlich von den anderen Genuesern unterscheidet[123]). Dagegen ist eine Vorlage der Genueser, die schon um 1300 existiert hätte[124]), aus den Varianten zu Ann. 11, 8, 1 ⟨*iussuque C.*⟩ *Caesaris vinctum* nicht nachweisbar: M hat statt *iussuque C.* eine Rasur, in die die Worte *et ad presentiam* (= *Gen*!) eingesetzt wurden, und diese Worte passen in *Gen* besser, weil dort auch *vinctum* zu *vectum* geändert ist. Die Schrift des Nachtrags in M erscheint zunächst beneventanisch und müßte dann wenigstens ins späte 13. Jh. gehören. Bei genauer Betrachtung kann man aber erkennen, daß es sich um keine echte Beneventana handelt[125]), sondern um eine nicht allzu geschickte Nachahmung aus dem 15. Jh.: Nur in *et* haben alle Buchstaben beneventanische Formen, während in *presentiam* ein t mit durchkreuzendem Querstrich steht. Auch die

---

[123]) R. Hanslik, Vorwort zu I. Schinzel, Hist. II (WS Beiheft 3), XV.

[124]) R. Hanslik, Versuch einer Wertung der Handschriften von Tacitus, Historien und dem zweiten Teil der Annalen, Antidosis W. Kraus, WS Beiheft 5, 1972, 144.

[125]) Für ein Beispiel der benev. Schrift der spätesten Periode (um 1280) vgl. E. A. Lowe, The Beneventan Script, Oxford 1914, plate V.

typisch beneventanische ti-Ligatur[126]) fehlt, und die beiden a — das erste gleicht einem offenen karolingischen „cc-a" — sind ebenfalls nicht beneventanisch. *et ad presentiam* ist daher entweder eine nachträglich in M eingesetzte Genueser Konjektur oder ein direkt in M vorgenommener Ergänzungsversuch aus der ersten Hälfte des 15. Jh., den die Vorlage der Genueser (bei gleichzeitiger Änderung von *vinctum* zu *uectum*) übernommen hat.

B 05 steht V 58 am nächsten, hat aber Sonderfehler: (*a*) **15**, 2, 1 (1) his] iis V 58, B 05; 7, 2 (7) hostiaque quae] V 58, B 05 (allein richtig); **16**, 2, 1 (5) populus] plus V 58$^{1}$, B 05$^{1}$ (*b*) **15**, 1, 1 (4) rursum Romana] romana rursum B 05; 42, 2 (7) navigabilem fossam usque ad ostia Tiberina] nauigabilem usque ad hostia tyberina fossam B 05; 48, 1 (2) dederant senatores] senatores dederant B 05; 63, 1 (5) sibi quoque destinatam] destinatam sibi quoque B 05; **16**, 26, 5 (13) intercessori] intercessioni B 05.

Auffallende Sonderlesarten der sechs in Ferrara geschriebenen Codices (meist mit B 72 und N 22) sind: **15**, 5, 1 (1) moderandum fortunae] moderande f.; 9, 1 (1) neglectam . . . ripam] neglecta . . . ripa; 21, 3 (7) peccantur] precantur; 22, 2 (9) Cornelia ex familia Cossorum] ex familia cossorum cornelia; 51, 4 (19) innisum] immissum; 58, 2 (6) Germanis] romanis (< H); 69, 1 (4) arcem eius] arcentius[127]); **16**, 14, 1 (4) occasionum] occisionum; 16, 1 (4) patientia] patria; 26, 3 (9) *om.* et studiis. Diese Handschriften zeigen ihre Zusammengehörigkeit auch durch gemeinsame Marginalien[128]) und dadurch, daß sie oft nicht nur den Text, sondern auch die Varianten ihrer Vorlage genau übernehmen. (Nur E läßt die Varianten meist weg, und H tauscht gelegentlich Text und Varianten gegeneinander aus.) **15**, 15, 1 (3) fuit] fuerat *Fer* (fuit H$^{1}$ *mg*, Mal$^{1}$ *mg*, Prm$^{1}$ *s. l.*, J$^{1}$ *s. l.*); 36, 3 (12) plurimam] publicam G$^{1}$, E, H$^{1}$ *mg*, Mal$^{1}$, Prm$^{1}$, J$^{1}$ (plurimam G$^{1}$ *mg*, H$^{1}$, Mal$^{1}$ *mg*, Prm$^{1}$ *mg*, J$^{1}$ *mg*); 37, 2 (8) Oceano abusque] e celo usque *Fer* (*corr.* G$^{1}$ *mg*, E$^{3}$ *mg*, H$^{1}$ *s. l.*, Mal$^{1}$ *mg*, Prm$^{1}$ *mg*, J$^{1}$ *mg*); 38, 4 (11) paventium] parientium G$^{1}$, E, H$^{1}$ (*corr. in textu* G$^{2}$, H$^{2}$), Mal$^{1}$ *s. l.*, Prm$^{1}$ *s. l.*, J$^{1}$ *s. l.*, B 72 perientium Mal$^{1}$, Prm$^{1}$, J$^{1}$; N 22$^{1}$; 53, 3 (11) Cereris] cesaris *Fer* (*corr.* G$^{1}$ *mg*, H$^{1}$ *s. l.*, Mal$^{1}$ *mg*, Prm$^{1}$ *mg*, J$^{1}$ *mg*); 54, 2 (9) vagis] magnis *Fer* (*corr.* G$^{1}$ *mg*, H$^{1}$ *mg*, Mal$^{1}$ *mg*, Prm$^{1}$ *mg*, J$^{1}$ *mg*); **16**, 10, 4 (13) aditu] habitu *Fer* (*corr.* E$^{1}$ *s. l.*, H$^{1}$ *mg*, Mal$^{1}$ *mg*, Prm$^{1}$ *mg*, J$^{1}$ *mg*).

G, E, H stehen der Vorlage der Gruppe *Fer* am nächsten. Ihre gemeinsamen Lesarten beschränken sich auf Orthographisches oder Fehler von *Fer*, die Mal, Prm, J weiter verändert haben: **15**, 58, 4 (13) assistenti] adsistenti G, E, H; **16**, 25, 2 (6) Neronem] ipsum neronem G, E, H; N 22 ipsum Mal, Prm, J, B 72. Im einzelnen sind G, E, H voneinander unabhängig, denn G

---

[126]) Lowe, op. cit., 303 ff.

[127]) Der Annotator G$^{2}$ — der öfter einzelne Worte, die ihm aus irgendeinem Grund interessant erschienen, am Rand notierte (z. B. 72, 1/2 uiritim) — durchschaute den Fehler nicht: *arcentius* G$^{2}$ *mg*!

[128]) z. B. zu **15**, 67, 2 (5) recte dictum G$^{1}$ *mg*, H$^{1}$ *mg*, Mal$^{1}$ *mg*, Prm$^{1}$ *mg*, J$^{1}$ *mg*, B 72$^{1}$ *mg*; N 22$^{1}$ *mg*.

enthält viele Sonderlesarten, E ist die jüngste der drei Handschriften, und H hat Parallelen zu der Gruppe Mal, Prm, J, mit der es ja auch den Schreiber gemeinsam hat. Richtig liest G **15**, 17, 3 (9) *Vologaesi ad Corbulonem*, worin ihm nur N 22[1] *s. l.* folgt. Sonderfehler sind **15**, 31, 1 (6) vis imperii] imperii ius G; 38, 7 (21) prohibentium] prohibitum G; 51, 1 (4) classiariorum] clarissimorum G; 57, 2 (7) pectori] pretori G; **16**, 3, 1 (2) oblatis] *om.* G; 32, 1 (5) utrisque obstitissent] obstitissent utrisque G; 35, 1 (7) constantibus exemplis] *om.* G. Die Varianten von G[2] haben viel mit β gemeinsam: **15**, 42, 2 (7) squalenti] sequenti G[2]; β, N 22[1]; 46, 1 (1) eruptione] *add.* ne G[2]; β, N 22; 68, 3 (12) metuit] *add.* eam G[2]; β, N 22. G und E haben allein **16**, 5, 1 (1) adhuc] ad hec; 35, 1 (4) effudit] effundit. Nur H liest **16**, 32, 1 (5) obstitissent] adstitissent und macht **15**, 58, 2 (6) die Änderung der anderen *Fer*-Codices von *Germanis* zu *Romanis* nicht mit. Der Korrektor H[2] (Lodovico Carbone: vgl. S. XIII) beseitigte viele *Fer*-Sonderlesarten, z. B. **15**, 51, 4 (19) innisum] inuisum *Fer*, *corr. in textu* H[2]. Gemeinsam mit der Gruppe Mal, Prm, J hat H u. a. **15**, 9, 1 (6) permeabant] premebant H, Mal, Prm, J, B7 2; N 22[1]; 19, 2 (8) sollicitudine] sollitudine H[1] (*corr. s. l.* H[2]), Mal, Prm, J, B 72; N 22. Die Mechanik der Abschreibarbeit tritt **16**, 2, 2 (9) besonders deutlich zu Tage: *nova ubertate provenire terram et obvias opes deferre deos.* Die gemeinsame Vorlage von H, Mal, Prm, J muß hier durch *aberratio oculorum* das Wort *deferre* zu *prouenire* verschrieben und dann *deferre* am Rand vermerkt haben. Dementsprechend bieten H[1], Mal[1] *prouenire* statt *deferre* im Text und *deferre* am Rand. Prm, J übersprangen *terram — deferre*, das sie ja als *terram — prouenire* vor sich hatten, schrieben aber trotzdem die Marginalie *deferre*!

An der Gruppe Mal, Prm, J, B 72[129]) fallen die zahlreichen gemeinsamen Auslassungen auf: z. B. **15**, 31, 1 (6) *om.* sueto; 50, 4 (21) — 51, 1 (1) *om.* adversa — cunctantibus; 72, 2 (10) *om.* decorum; **16**, 32, 3 (8) *om.* auctoritatem. Mal, Prm, J bieten allein **16**, 31, 1 (4) nec] ne; 35, 1 (6) specta] spre (*cum spat. vac.*) Ihre Vorlage hatte an dieser Stelle wahrscheinlich das sinnlose *spreta*, das G, E, B 72 bieten, vor sich gehabt und es nicht voll abgeschrieben. *Vgl.* **16**, 10, 2 (3) initium] inici|ium Mal inici uim Prm, J. Eine Reihe von Auslassungen betreffen nur Prm, J, B 72: **15**, 37, 4 (13) *om.* post; *ib.* (15) *om.* denupsisset; 44, 3 (19) *om.* luminis; 55, 1 (3) *om.* Epaphroditum — Neronem; 63, 3 (14) *om.* in aliud. Die unmittelbare Zusammengehörigkeit von Prm und J geht schon aus der oben besprochenen Stelle **16**, 2, 2 (9) hervor. Vgl. **15**, 25, 1 (2) scribebat] stridebat Prm, J; **16**, 18, 1 (6) gratius] gratium Prm, J. Sonderfehler von J zeigen, daß nur Prm die Vorlage sein kann: **15**, 72, 2 (12) scortorum] stoicorum J; **16**, 10, 3 (11) servabat — impexa] *om.* J. B 72 hat viele Sonderfehler und weist einige Parallelen zu γ auf: (*a*) **15**, 10, 3 (13) data in] deinde B 72; *ib.* qui in uno habitus] *om.* B 72; 22, 2 (7) et motu terrae] *om.* B 72; 25, 2 (5) pax] passim B 72; 30, 1 (4) prisci moris] priscis moribus B 72 (priscis

129) Beispiele für Lesarten, die diese Gruppe bzw. einzelne Untergruppen oder Handschriften mit N 22 gemeinsam haben, werden S. LVII angeführt.

moris Prm, J!); 33, 2 (7) studia — (8) fama] *om.* B 72; 46, 2 (9) minora] in mora B 72; **16**, 4, 2 (4) dictitans] dictionis B 72; 34, 1 (5) dissociatione] dissolutione B 72; (*b*) **15**, 21, 2 (5) decernaturque] *om.* B 72; γ (< A), K; 25, 3 (9) oraturum] oratorum B 72; γ (< A), K; 70, 1 (3) carmen a se] a se carmen B 72; N 22; Γ, K; **16**, 14, 1 (2) exilio ut dixi] ut dixi exilio B 72; Γ, K.

Für das Stemma der Genueser Handschriften vgl. nach S. LXVIII.

5. Den Genuesern nahestehende Handschriften

a) Y 01 und Y 02

Diese beiden Handschriften sind mit den Genuesern nahe verwandt, von deren Sonderlesarten sie etwa ein Drittel[130]) enthalten. Daneben bieten sie viele eigene Lesarten, Umstellungen und Auslassungen, so daß ihr Text im Rahmen der Humanistenhandschriften weitgehend selbständig wirkt. Die Grundlage dieses Textes muß entweder ein Exemplar sein, das durch Vergleich einer Genueser mit einer φ-Handschrift entstanden ist, oder er geht auf eine Vorstufe der Genueser zurück.

An den Stellen, die paläographisch die Abhängigkeit der Genueser von M erweisen (vgl. S. XLIX), stimmen Y 01, Y 02 mit *Gen* überein: **15**, 44, 4 (17) et] ea; 50, 1 (3) Araricum] traricum; 51, 1 (4) primores] primo res; **16**, 32, 2 (6) misericordiae] nunc. Weitere Beispiele von *Gen*, Y 01, Y 02-Lesarten sind: **15**, 4, 1 (3) occupaverat] qui occupauerat; 11, 2 (6) circumveniretur] circumuenirentur (auch L); 18, 1 (2) tum] tamen; 20, 1 (3) contumeliam] *Gen*; Y 01, Y 02; N 22$^1$ contumelia M contumelias N 22$^1$ *s. l.*; *cett.*; 22, 1 (2) *om.* consulibus; 23, 3 (10) quae fluxa] *Gen*; Y 01, Y 02 qua efluxa M; *etc.*; 25, 2 (5) inho⟨ne⟩sta] in hoste (inhosta M); 27, 3 (11) pellit] *Gen*; Y 01; N 22 pelli Y 02 pelluit M (u *del.*); *etc.*; 32, 1 (5) senatorumque] *add.* filiorum; 37, 1 (3) exemplum] *Gen*; Y 01, Y 02; N 22 exemplam M exempla *cett.*; 44, 3 (10) Christus] *add.* qui; 49, 4 (11) mollitia corporis] molli corpore. Mit einer bestimmten Genueser Handschrift können Y 01 und Y 02 nicht sicher in Verbindung gebracht werden, doch scheinen sie V 58 am nächsten zu kommen: **15**, 38, 6 (19) nequiverant] nequirant V 58, B 05; Y 01, Y 02; 55, 1 (1) Servilianos] seruianos V 58$^1$ (*corr. s. l.* V 58$^2$); Y 01, Y 02; 64, 2 (5) sociatae] V 58$^1$, B 05; Y 01, Y 02; *Stuttg*$^2$, L societate(m) M; V 58$^2$; *cett.*; **16**, 15, 1 (4) corpore] corporis V 58$^1$, B 05$^2$ *s. l.*; Y 01, Y 02. Eine Parallele zu *Fer* ist **16**, 8, 3 (9) damnationem] dominationem *Fer*, B 72; Y 01, Y 02; N 22.

Nicht selten sind Sonderlesarten von Y 01 und Y 02: **15**, 13, 2 (9) contra daret] contradiceret; 15, 2 (6) excederet] decederet; 16, 4 (13) temperare] temperauere; 17, 3 (10) olim] omnium; 25, 2 (7) *om.* rursum (*add. s. l.* Y 01$^2$); 35, 1 (3) Augustum abavum] octauium augustum; 37, 1 (1) laetum sibi] locum sibi letum; 37, 4 (16) cuncta denique spectata quae etiam in femina nox operit] cuncta etiam spectata (aspectata Y 01) que (*add.* etiam Y 01$^2$ *s. l.*) nox

[130]) In Buch 16 finden sich von 70 *Gen*-Lesarten 23 in Y 01 und Y 02, je eine nur in Y 01 bzw. Y 02.

in femina operit; 39, 2 (7) municipiis] beneficiis (*corr. s. l.* Y 01²); 43, 1 (2) dimensis] diuersis; 45, 2 (8) *om.* ore tenus; 47, 2 (6—7) parari rerum humanarum aliud caput] par (*corr. s. l.* Y 01²) r. h. caput; 53, 2 (7) audentiae habuisset] audiuisset; 57, 1 (1) Proculi] procul; 57, 2 (11) suorum quisque pignorum proderent] quoque suorum pignora proderent (proderent pignora Y 02); 63, 1 (2) rogat oratque] orat rogatque; 63, 1 (5) sibi quoque destinatam] destinatam sibi; 67, 2 (8) extitisti] fuisti; 68, 1 (3) *om.* tot; *ib.* potuisse] posse; 71, 1 (5) praemiis ditatus] primus d.; 72, 1 (5) praefecto] prefecturam; 74, 3 (11) poneretur] uoueretur; **16**, 2, 1 (1) Nero non auctoris] non auctoris nero; 3, 2 (6) vaecordia] secordia; 14, 1 (1) . . . Telesino consulibus Antistius Sosianus] teselino (-ll- Y 02) consul antistius soxianus; 15, 2 (7) saepe adversum hostes] aduersum hostes sepe; 19, 1 (1) Campaniam petiverat] petiuerat campaniam; 26, 5 (12) spiritus] spem; 30, 2 (4) discrimini filiam] discrimen in filiam. Daß diese Sonderlesarten wenigstens zum Teil auf bewußter Textgestaltung beruhen, zeigt **16**, cap. 14: In diesem Kapitel kommt siebenmal der Name des Anteius vor, zum ertsen Mal 1 (7) a P. Anteio] *Gen*; U a panteio M¹; Y 01, Y 02; V 63¹, C; V 64 a pant(h)eio Y 03, γ ab ant(h)eo N 21² *mg*, O 22, K ab anteio β (V 63²), L. An den anderen Stellen (1/8, 2/15, 3/17, 18, 19), an denen der Name in M nicht verschrieben ist, haben nur Y 01, Y 02 die entsprechenden Formen von „Panteius". (2/10 Antei] ante et Y 01, Y 02). Allein richtig sind Y 01, Y 02 **15**, 51, 3 (15) militum] Y 01, Y 02 multum, multos M; *cett.* Manchmal unterscheiden sich Y 01 und Y 02 nicht nur von allen übrigen Codices, sondern auch untereinander: **15**, 2, 4 (15) positis] compositis Y 01 expositis Y 02; 27, 3 (10) adicere] adiacere Y 01 (a *alt. puncto del.*) adiecere Y 02; 64, 4 (17) praedives] precliuis Y 01 procliuis Y 02; **16**, 20, 2 (7) ipse] ipseius Y 01 ipsenis Y 02; 27, 1 (2) globus togatorum] globus senatorum Y 01 senatorum globus Y 02. Die beiden Handschriften gehen also auf eine gemeinsame Vorlage (Y) zurück, aber keine der beiden ist eine Abschrift der anderen: **15**, 36, 1 (4) in re publica perinde] in re publica exinde Y 01 (= *Gen*) intrepide Y 02 (= α, γ); 50, 2 (7—8) Natalis — petebatur] *om.* Y 02; 51, 2 (6) Neroni] maronis Y 01; 52, 1 (6) invisa] in ius Y 01; *ib.* spoliis civium] ciuium spoliis Y 02; 58, 1 (2) magis] *om.* Y 01; **16**, 2, 1 (2) vera] *add.* essent que Y 02; 2, 1 (2—3) auget — adveherent] *om.* Y 02; 5, 1 (5) verberarentur] uulnerarentur Y 02; 5, 2 (9) exitiabili] existimabili Y 01; 9, 3 (10) nudis] validis Y 01; 19, 2 (5) peteret] quereret Y 02; 21, 1 (5—6) eaque — penetrabat] *om.* Y 02; 30, 3 (10) parens] *om.* Y 01; 34, 1 (3) Demetrio] diametrio Y 01; 35, 1 (3) dehinc senatus] *om.* Y 01.

Für die Entstehung von Y durch Vergleich einer Genueser mit einer φ-Handschrift scheinen zunächst Stellen zu sprechen, an denen Y den richtigen Text (M φ) mit einer *Gen*-Sonderlesart kombiniert hat[131]): **16**, 13,

[131]) Auslassungen, die nur in *Gen* vorkommen — z. B. **15**, 28, 3 (10) minister bello datus; **16**, 22, 4 (21) libertatem — wären dann in Y 01, Y 02 nach dieser φ-Handschrift ergänzt.

1 (3) ad uicina urbi] ad moenia urbis *Gen* ad moenia uicina urbi Y 01, Y 02; 25, 2 (4) circumdare] ocium dare V 58[1], B 05[1] otium circumdare Y 01, Y 02. Dagegen sprechen aber Stellen, an denen Y allein Sonderlesarten von M wiedergibt: **15**, 15, 2 (7) adgnoscentes] adnoscentes M; Y 01, Y 02; 23, 1 (1) consulibus] consule M; Y 01[1], Y 02; V 63[1]; 50, 2 (6) periculis] periculi M; B 72; Y 01, Y 02; N 22[1]; 54, 3 (10) Milichum] melicum M; Y 01, Y 02. Dazu kommen Y-Lesarten, die so aussehen, als wären sie aus M und *Gen* zusammengesetzt: **15**, 6, 2 (6) retenti] *Gen*; *etc.* contenti M[1] (*corr. s. l.* M[1]) recontenti Y 01[1], Y 02; **16**, 14, 1 (7) annuam] an|annuam M nimiam *Gen* an nimiam Y 01, Y 02; 25, 1 (1) an sperneret] *Gen*; *etc.* asperneret M an asperneret Y 01, Y 02. Diese Stellen sind insgesamt nur so zu erklären, daß in einer genauen Abschrift aus M (ω) über der Zeile oder am Rande Korrekturen standen, die *Gen* (V 58) in den Text aufnahm, während Y beide Varianten zu einer neuen Lesart kombinierte. **16**, 13, 1 (3) *moenia uicina* entstand dann nicht durch Kombination von *Gen* und φ, sondern aus einem Exemplar ω, das zur M-Lesart *uicina* die Variante *moenia* notiert hatte. — Die Annahme einer gemeinsamen Vorlage von *Gen* und Y erklärt auch den geringen Anteil von Y an den Textverbesserungen der Genueser: Y 01, Y 02 haben nur solche Verbesserungen, die schon in ω standen, denn während *Gen* den Text selbständig weiter verbesserte, hat ihn Y zwar auch immer wieder verändert, aber dabei nur verschlechtert. Vgl. das Stemma nach S. LXVIII.

b) N 22 und K

Anders als Y 01 und Y 02, die sich von einer Vorstufe der Genueser ableiten, scheinen diese beiden Handschriften direkt von *Gen* beeinflußt zu sein. Besonders interessant ist N 22, das dem Schluß nach zur Klasse β gehört. Im Text sind aber *Gen*-Lesarten mindestens ebenso häufig wie β, und zahlreiche Varianten wurden von erster Hand über der Zeile oder am Rand angemerkt. In B. 15 und 16 finden sich sämtliche möglichen Kombinationen zwischen β und *Gen* (nur β — nur *Gen* — $\beta^{\mathrm{Gen}}$ — $Gen^{\beta}$ — β *Gen* kombiniert im Text), zu denen noch Sonderlesarten treten, so daß der Schreiber von N 22 entweder ein überaus reich annotiertes Exemplar vor sich gehabt oder mit zwei Vorlagen gleichzeitig gearbeitet hat. Beispiele: (*a*) N 22 = β: **15**, 37, 2 (5) navium aliarum tractu] aliarum tractu nauium β, L, N 22; 46, 1 (1) eruptione] *add.* ne G[2]; β, N 22; 68, 3 (12) metuit] *add.* eam G[2]; β, N 22; **16**, 18, 1 (2) transigebatur] transigebantur β, L, N 22; 30, 3 (12) desolataque] *add.* est β (< V 63), N 22 (In derselben Zeile lassen *Gen*, Y 01, Y 02 ein *ne* aus, N 22 aber nicht.) (*b*) N 22 = *Gen*: **15**, 13, 2 (5) aut] *add.* metu *Gen*, N 22; 15, 1 (1) flumini] fluuio *Gen*, N 22; 23, 2 (8) locarentur] collocarentur *Gen*, N 22; 25, 2 (6) militum atque hostium tot per annos gnarus] tot per annos militum atque hostium gnarus *Gen*, N 22; 49, 4 (11) mollitia corporis] mol(l)i corpore *Gen*, Y 01, Y 02, N 22; 64, 1 (2) mortem] *add.* imperat *Gen*, N 22; **16**, 1, 2 (8) bonis] *add.* latuerint Z[2]*mg*, *Gen*, N 22; 3, 2 (5) promissi] promi *Gen*, Y 01, Y 02, N 22; 19, 2 (4) gloriam constantiae] constantiam glorie *Gen*, N 22; 22, 4 (21) libertatem] *om. Gen*, N 22; 34, 1 (3) intentus] *Gen*, L, N 22 intentum M; *cett.* Manchmal hat N 22 aus der Genueser Lesart eine eigene entwickelt: **15**, 10, 3 (10) delecti peditis] delectorum *Gen* delectorum peditum N 22; **16**, 20, 2 (7) patronus eius] patronus atrocius eius *Gen* (< V 58) patronus eius atrocius N 22 (*c*) $\beta^{Gen}$: **16**, 34, 2 (7) queritantesque] M; *Gen*, N $22^1$ *mg*; *etc.* querentesque β, L, N $22^1$ (*d*) $Gen^\beta$: **15**, 17, 2 (8): facilitate] M; *Gen*, N $22^1$; *etc.* facilitatem β, N $22^1$ *s. l.*; 50, 1 (4) Augurinum] aurinum *Gen*, N $22^1$ tugurinum β, N $22^1$ *s. l.*; **16**, 21, 2 (9) deum] diuini *Gen*, N $22^1$ deinde β, N $22^1$ *mg*; *etc.* (*e*) β *Gen* kombiniert: **15**, 55, 3 (11) struxisse] *add.* diffideret enim β; *etc. add.* et *Gen add.* et (*puncto del.*) diffideret enim N 22; **16**, 11, 2 (8) et] M; *Gen*; *etc.* in β et in N 22; 23, 1 (5) evehere] se uehere M; β; *etc.* auehere *Gen* se auehere N 22 (*f*) Sonderlesarten (vgl. auch unter *b*): **15**, 21, 2 (5) decernaturque] decertatur N $22^1$ *mg*; 25, 2 (5) bellum anceps] anceps bellum N 22; **16**, 8, 3 (9) summa scelera] scelera summa N 22; 35, 1 (2) cognoverat] agnouerat N 22.

N 22 mit einer bestimmten β-Handschrift in Verbindung zu bringen, ist schwierig, doch kommen vor allem (P), Vin, *Stuttg* in Frage: **15**, 11, 1 (4) eruptione] euictione P, Vin, *Stuttg*$^1$, N $22^1$ *mg*; 20, 1 (1) agitur] agni Vin, *Stuttg*$^1$, N $22^1$ *s. l.*; **16**, 10, 1 (1) haud] *add.* his Vin, *Stuttg add.* is N 22; 32, 1 (3) separarent] sperarent (H *post corr.*), Vin, N $22^1$. Anderseits finden sich unter den N $22^1$ *mg*/*s. l.* — Varianten auch γ-Lesarten, die in V $63^2$ *s. l.*, N $23^1$ *s. l.*, Ven$^1$ *s. l.* wiederkehren: **15**, 7, 2 (7) muniebantur] minuebantur; 14, 2 (6) si qua Caesa⟨res⟩] scipiones; **16**, 28, 3 (13) maestum] infestum; 35, 2 (8) afferente] afferens. Deutlicher läßt sich die Beziehung von N 22 zu *Gen* differenzieren: N 22 gehört auf jeden Fall zu *Fer*, B 72 und hängt wahrscheinlich vom Subarchetypus von Prm, J, B 72 ab. (*a*) *Fer*, B 72, N 22: **15**, 18, 2 (4) plebis] plebi; 69, 3 (13) et inridens Nero] nero et irridens; 73, 3 (9) clemens] demens; **16**, 14, 1 (4) occasionum] occisionum. **15**, 37, 2 (8) Oceano abusque] e caelo usque *Fer* uel oceano abusque e caelo (*sic*) N 22 (*b*) Mal, Prm, J, B 72, N 22: **15**, 12, 4 (15) diu noctuque iter] iter die noctuque; 23, 1 (2) ex Poppaea filiam] filiam ex poppea; 43, 4 (12) largior] longior; 52, 1 (2) *om.* captus; 53, 3 (13) Claudii] claudia; 57, 2 (8) cervicem] ceruici; *ib.* corporis] corpori. *Cf.* **15**, 41, 1 (7) urbis pulchritudine: urbis *om.* Mal, Prm, J, B 72 pulchritudine urbis N 22 (N 22 ging hier von der *Gen*-Vorlage aus und ergänzte das fehlende Wort aus β, wobei es an die falsche Stelle geriet.) (*c*) Prm, J, B 72, N 22: **15**, 7, 1 (3) *om.* quartam; 17, 1 (2) potuisse] petiuisse; 29, 2 (8) legionum] legione; 37, 1 (2) struere] statuere; 64, 4 (16) exanimatus] exanimis; **16**, 4, 2 (5) carmen] certamen; 5, 1 (3) legationum] largitionum; 21, 2 (10) interfuerat] Prm, J, B 72; N 22 interfuerit, interfuit M; *cett.*; 22, 1 (2) votorum] uentorum; 33, 1 (1) Cassii] casu. (*d*) N 22 mit einzelnen Codices aus der Gruppe Prm, J, B 72: **15**, 16, 2 (4) cautum] *add.* iure iurando Prm, J, N 22; 16, 2 (6) paci] pacis Prm, J, N $22^1$; 45, 2 (7) cuicumque] cinctumque J, N $22^1$; 70, 1 (1) exim Annaei] exin mamme et Prm, J, N $22^1$ (exin menenii et G *in ras.*, N $22^1$ *mg*); **16**, 19, 3 (11) et] *om.* J, B 72; N 22. Besonders häufig ist die Verbindung B 72, N 22: **15**, 3, 1 (6) *om.*

in; 17, 1 (3) converterent] conuertere; 31, 1 (6) valet] ualde; 66, 2 (5) vox] mox; 74, 1 (5) eo loci] ei loci; **16**, 22, 2 (12) sectantur] sectatur; 27, 2 (6) desererent] deferrent. Diese Beispiele zeigen, daß sich N 22 in seinen *Gen*-Lesarten zwar an keine bestimmte Handschrift anschließt, aber der Gruppe Prm, J, B 72 am nächsten steht.

K wurde schon im Rahmen der Klasse γ besprochen (S. XLII): Der Codex gehört auf Grund des Schlusses und der meisten Lesarten zu γ (O 22), folgt aber nicht selten den Genuesern: **15**, 2, 4 (14) exturbandum dum] exturbari dum *Gen*; Y 01, Y 02; N 22; K; 15, 3 (11) elephanto] in elephanto *Gen*; Y 01, Y 02; N 22; K (in *del.*); 23, 2 (4) uterum] interim uterum *Gen*; Y 01² *s. l.*; N 22 uterum interim K; 27, 2 (6) proinde] *Gen*; N 22; K perinde M; *cett.*; 31, 1 (5) ei] *om. Gen*; Y 01, Y 02; K; 50, 1 (3) Araricum] traricum *Gen*; Y 01, Y 02; N 22 thraricum K; **16**, 14, 1 (4) inquies] inquietus *Gen*; N 22¹; K² *in textu*; 20, 2 (4) Minucium] numitium *Gen*; Y 01, Y 02; K (-cium V 58, Mal; K); 22, 3 (17) curatius] accuratius Z; *Gen*; N 22; K; 30, 1 (1) Sabinus] *Gen*; Y 01, Y 02; N 22; K sauinus M; *cett.*

6. Der Codex Leidensis

Die Wiederentdeckung dieser Handschrift durch Mendell gab den Anstoß zu einer ausgedehnten wissenschaftlichen Diskussion über ihren Überlieferungswert[132]). Mendell und vor allem Koestermann[133]) versuchten die Unabhängigkeit des Leidensis vom Mediceus nachzuweisen, und Koestermann gestaltete auf Grund dieser These die Teubner-Ausgabe von 1960 völlig neu, indem er L im Apparat durchgehend berücksichtigte und viele seiner Lesarten in den Text aufnahm. Im Vorwort zu der verbesserten Auflage von 1965 (pp. XX—XXII) modifizierte er seine Ansicht insofern, als er in L nunmehr mit größerer Wahrscheinlichkeit eine zwar von M abhängige, aber nach unabhängiger Überlieferung korrigierte Handschrift sah. Die 1960 aufgenommenen L-Lesarten beließ er aber mit ganz wenigen Ausnahmen[134]) im Text. Koestermanns Ansichten wurden sehr verschieden aufgenommen, wobei ablehnende Stellungnahmen überwogen. Die entscheidenden Argumente gegen L lieferte F. R. D. Goodyear, indem er mit Hilfe genauer Einzelinterpretationen zeigte, daß L entweder das taciteische Latein zu normalisieren versucht oder an der Oberfläche bleibt und die eigentlichen Schwierigkeiten ungelöst läßt. Wo L aber tatsächliche Verbesserungen bietet, dort sind diese entweder leicht erkennbar oder nur eine von mehreren ebenso guten Varianten oder nicht auf L be-

[132]) Einen Überblick über die Entwicklung des Problems und die wichtigsten Publikationen geben I. Borzsák, RE Suppl. XI (1968), 506—509; A. Seel (vgl. Anm. 39), 95 f.; R. Hanslik, Tacitus 1939—1972, 2. Teil, Lustrum 17, Kap. 8, 172 ff.

[133]) E. Koestermann, Codex Leidensis BPL 16 B — ein vom Mediceus unabhängiger Textzeuge des Tacitus, Philologus 104 (1960), 92—115.

[134]) z. B. **15**, 63, 1 (2) adversus praesentem formidinem molitus L, *ed. 1960* — adversus praesentem fortitudinem mollitus M, *ed. 1965*.

schränkt. Goodyear betrachtet L daher als eine Humanistenausgabe bzw. als eine Materialsammlung für eine solche Ausgabe[135]).

Ebenso wie die sprachliche und inhaltliche Interpretation ausgewählter Stellen den Wert des Leidensis in Frage stellt, zeigt ein statistischer Überblick über das gesamte Material zweier Bücher seine Verankerung in der Tradition der übrigen Humanistenhandschriften: L ist eine Mischhandschrift auf der Grundlage der Klasse β, was nicht nur aus dem Ende des Textes in Hist. 5, 23, 3, sondern auch aus zahlreichen Lesarten hervorgeht: z. B. **15**, 21, 4 (12) regentur] regerentur β (< V 63), L; 35, 1 (2) illis] *om.* β, L; 37, 2 (5) navium aliarum tractu] aliarum tractu nauium β, L, N 22; 44, 1 (4) apud] in β, L; *ib.* hausta] exhausta β, L; 47, 1 (4) gravidas] grauissimas β, L; 50, 1 (4) Augurinum] tugurinum β, L, N 22[1] *s. l.*; 72, 1 (3) gesta bello] bello gesta β, L; *Koestermann*; *etc.* Innerhalb der β-Handschriften gehört L zu der Gruppe (P), Vin, *Stuttg*[136]): z. B. **16**, 1, 2 (10) et alias] *om.* P, Vin, *Stuttg*, L, N 22; 6, 1 (2) ictu calcis] calcis ictu P, Vin, *Stuttg*, L; 7, 1 (6) praecellebant] -bat Vin, *Stuttg*, L; 7, 2 (10—11) memoria . . . uteretur] memoriam uideretur Vin, *Stuttg*, L; 9, 2 (10) manibus nudis] nudis manibus Vin, *Stuttg*, L; 11, 1 (6) asportari] exportari Vin, *Stuttg*, L; V 65; 18, 1 (1) dies] *add.* quidem P, Vin, *Stuttg*, L; 18, 3 (12) adgreditur] accendit P, Vin, *Stuttg*, L, N 22[1] *mg*; 22, 1 (7) clientium] clientum Vin, *Stuttg*, L; 22, 4 (21) praeferunt — libertatem] *om.* P, Vin, *Stuttg*, L; *etc.*

Vor allem aber fällt auf, daß L an den zahlreichen Stellen, an denen *Stuttg* korrigiert ist, fast immer mit diesen Korrekturen übereinstimmt, so daß mit Sicherheit direkter Einfluß vorliegt. Zum Teil handelt es sich dabei nur um die Verbesserung offensichtlicher Abschreibfehler von *Stuttg* bzw. β, oft aber um Textveränderungen, die über den Rahmen der Gruppe β hinausgehen. In Ann. 15 und 16 finden sich letztere an ungefähr 130 Stellen, wobei *Stuttg*², L an etwa 90 Stellen völlig selbständig ist und je zwanzigmal mit γ bzw. *Gen* übereinstimmt. Von den selbständigen Lesarten stellen 17 den in der vorliegenden Ausgabe gedruckten Text wieder her[137]), von den mit *Gen* gemeinsamen zwölf, von den γ entsprechenden keine. Gemeinsam mit γ (Γ) schreibt *Stuttg*², L: **15**, 3, 1 (3) compositius] compositum; 5, 3 (12) frondosum] floridum (*corr.* L²); 6, 4 (16) usurpatas] usurpatum (auch Y 01¹, Y 02); 12, 2 (5) primum e] primisque; 15, 1 (2) iter] tunc; 17, 1 (2) utrique] utrinque; 30, 1 (3) augurale] augustalem; 35, 2 (6) appellet] appellaret (auch *Fer*); 36, 3 (9) itineris] iter (auch *Gen*); 36, 3 (12) praevalerent] preualent; 37, 3 (9) visebantur] uidebantur

[135]) F. R. D. Goodyear, The Readings of the Leiden Manuscript of Tacitus, CQ N. S. 15 (1965), 299—322 (Ausgabe); *id.*, On the Leidensis of Tacitus, CQ N. S. 20 (1970), 365 bis 370 (Materialsammlung). Die zweite Arbeit ist gleichzeitig eine Widerlegung von K. Wellesley, In Defence of the Leiden Tacitus, Rh M 110 (1967), 210—224.

[136]) Wo L Sonderlesarten von β bzw. (P), Vin, *Stuttg* nicht aufweist, sondern dem *consensus* der übrigen Handschriften folgt, dürfte seine Quelle mit größter Wahrscheinlichkeit eine Handschrift der Klasse γ gewesen sein, deren Einfluß auf L im folgenden besprochen wird.

[137]) Bei den Genuesern waren es etwa 60!

(auch B 72; V 63[1]); 37, 4 (16) genialis torus] genialem t(h)orum; 46, 1 (2) adesset] aderat (auch Koestermann); 52, 2 (10) daturis] dicturos; 54, 1 (3) multo sermone] multum sermonem; 58, 2 (5) et proxima] proximorum; 58, 3 (9) sed] si (auch Y 01, Y 02); 64, 3 (13) frigidus iam artus] frigidis iam ar(c)tubus; 65, 1 (4) et] sub; 69, 3 (12) exitium] exitum. Mit den Genuesern gemeinsam hat *Stuttg*², L neben den in Kap. 4 (S. XLIV—XLVI) aufgezählten Verbesserungen: **15**, 2, 1 (6) certamina] certamen (auch dies eine sinngemäß mögliche Korrektur des von M¹ überlieferten *certam in*); 4, 2 (3) Tigranocertam] -ta; 16, 2 (4) adicit] adiecit; 36, 3 (9) itineris] iter (auch γ); 37, 4 (14) grege] *add.* cui (auch M²; Y 01, Y 02); 52, 2 (13) oreretur] moueretur (L² *s. l.*; auch Y 01, Y 02); 58, 4 (13) adnuentique] innuentique (ohne G); **16**, 10, 1 (2) vivendo] B², Hol; V 58¹, B 05; *Stuttg*², L uincendo M; *cett.*; 14, 1 (3) tamque] B, Hol; *Gen* (< J, B 72); *Stuttg*², L tanquam M; *cett.* Eine bestimmte Genueser Handschrift mit den eben genannten Stellen in Verbindung zu bringen, ist nicht möglich, obwohl sechs „Genueser" aus Ferrara stammen und einer davon (G) sogar Agricolas Freund Decembrio gehörte, aber gerade G fällt 15, 58, 4 aus dem Rahmen und 16, 10, 2 weicht die gesamte Ferrara-Gruppe ab. Bei stärker verdorbenen Stellen (z. B. 15, 13, 2: siehe S. XLIV) decken sich *Gen* und *Stuttg*², L nur in einem Teil ihrer Verbesserungsversuche, andere Korrekturen sind sehr naheliegend — wenn auch nicht immer richtig (z. B. 15, 36, 3 tantum auditurus M tantum iter aditurus *Gen*, Γ und *Stuttg*², L) — und viele der markantesten Genueser Lesarten finden in *Stuttg*², L kein Echo. Ebensowenig ist der vorzeitige Schluß in Hist. V ergänzt. Es muß daher offen bleiben, ob einer der *Stuttg*²-Korrektoren eine Genueser Handschrift vor sich hatte oder von selbst auf die parallelen Textänderungen kam. (Bei 210 Genueser und 130 *Stuttg*², L Konjekturen könnten wohl zwanzig identisch sein.) Die wichtigsten Korrekturen in *Stuttg* scheinen von Agricola bzw. von ihm und seinem Freundeskreis zu stammen, denn bei den selbständigen und bei den *Gen* entsprechenden Lesarten kommt oft eine Hand vor, die L äußerst ähnlich ist und daher mit demselben Grad von Wahrscheinlichkeit Agricola zugeschrieben werden kann. Andere der genannten Lesarten hat Dietrich von Plieningen geschrieben (vgl. Anm. 35), der sich zusammen mit Agricola in Ferrara aufhielt. Die führende Rolle bei der Bearbeitung des Tacitustextes dürfte aber doch Agricola gespielt haben, was für *Stuttg* die Schlußnotiz *Rhodolphus Agricola recognouit* nur umso deutlicher beweist, wenn sie von Plieningen geschrieben ist.

An den folgenden Stellen bietet nur *Stuttg*², L den richtigen Text: **15**, 5, 1 (3) circumsederi] *Stuttg*² *s. l.*, L² *s. l.* circumsedere M; *Stuttg*¹, L¹; *cett.* (Ob die Korrektur in L hier wirklich erst von zweiter Hand stammt, läßt sich nicht mit Sicherheit sagen, da sie ja nur aus einem über die Zeile gesetzten i besteht.) 9, 1 (5) in quos saxa: M hat durch Haplographie *quo*, das nicht nur von *Stuttg*², L, sondern auch von zweiten Händen in B 05, Y 01, C und O 48 korrigiert ist. Bemerkenswert ist hier nur, daß weder *Gen* noch γ auf diese einfache Korrektur gekommen ist. 17, 1 (1) Ducum inter se brevis sermo secutus est, hoc conquerente (*Stuttg*$^{2}$, L) .....; ille ...: M hat hier *conquerentium*, wohl eine irrtümliche Übereinstimmung mit *ducum*. Erst in *Stuttg*$^{2}$, L ist der richtige Zusammenhang wiederhergestellt, denn es hat natürlich nur einer der beiden Heerführer Grund sich zu beschweren, nämlich Corbulo. 22, 2 (6) effigiesque] *Stuttg*$^{2}$, L effigies usque M; *cett.*; 28, 2 (6) laetioris ibi rei] *Stuttg*$^{2}$: M hat durch Diplographie *letioris sibi rei* und dann das erste statt des zweiten *s* getilgt. L konjiziert zunächst frei: *letioris spei sibi*, die Korrektur L$^{2}$ (?) schließt sich dann *Stuttg*$^{2}$ an. Auch die folgenden Worte *Corbuloni non vitatus* hat nur *Stuttg*$^{2}$, L richtig für *corbulo non uitatus* M, α, β, γ, setzt aber vor *Corbuloni* ein *tum* als Responsion zu dem in der vorhergehenden Zeile in M und alle anderen Handschriften eingedrungenen *cum*. (Mißverständnis des Dat. auctoris *barbaris* führte zu der Lesart *cum barbaris*. *Stuttg*$^{2}$, L versteht zwar die Konstruktion richtig, korrigiert aber durch Einführung eines für diese Stelle zu schwerfälligen *cum* ... *tum*, worin ihm Koestermann gefolgt ist. Vgl. S. XXV.) 54, 3 (10) parare] *Stuttg*$^{2}$, L partiebatque M; α; 71, 5 (20) Caedicia] *Stuttg*$^{2}$, L cadicia M; *cett.* Die Korrektur des aus Juv. 13, 197 und 16, 46 in der maskulinen Form bekannten Namens ist nach Goodyear[138]) eine der besten Namenskorrekturen, die in L zu finden sind, doch da es sich hier nur um die Änderung eines einzigen Buchstabens handelt, wird man aus dieser Stelle nicht allzuviel folgern dürfen. 71, 5 (22) sine absolutione sine supplicio] sine absolutiones in supplicio M *corr.* *Stuttg*$^{2}$, L$^{2}$. Alle übrigen Handschriften lesen ... absolutione in ... **16**, 4, 3 (9) viserentur] *Stuttg*$^{2}$, L uiserent M; *cett.*; 5, 1 (2) lascivia inexperti] *Stuttg*$^{2}$, L (lascivie L, *Koestermann*) lasciuiam experti M; *cett.* (falsche Worttrennung und Minuskelfehler in > m; *inexpertus* bei Tacitus mit Abl. Hist. 1, 8, 1; 2, 75; *expertus* mit Gen. Hist. 4, 76, 2); 11, 1 (4) hatte M richtig *libertatem*, das -m ist jedoch getilgt, so daß die anderen Handschriften *libertate* (*-ti* Vin) bieten. Nur *Stuttg*$^{2}$, L stellt die richtige Lesart wieder her. 12, 2 (6) Iunium mensem] *Stuttg*$^{2}$, L; *Lipsius* iunctum mensem M; 19, 2 (8) quamquam] *Stuttg*$^{2}$, L; *Rhenanus* quam M; *cett.*; 22, 2 (12) quo tibi] *Stuttg*$^{2}$, L; *Rhenanus* quod ibi M (qui tibi *Gen*); 26, 1 (2) subtraheret] *Stuttg*$^{2}$, L; K$^{2}$; *Puteolanus* subtrahere M; *cett.*; 28, 2 (9) ageret] *Stuttg*$^{2}$, L agere M; *cett.*; 30, 1 (2) proconsulatum] *Stuttg*$^{2}$ *mg*, L$^{1}$ *s. l.*; V 65 proconsul M; *Stuttg*$^{1}$, L$^{1}$; *cett.* Außerdem hat *Stuttg*$^{2}$ das folgende *Asiae* gestrichen und in L fehlt es. An dieser Stelle scheint L$^{1}$ *s. l.* deutlich als die erste Hand erkennbar, und es ist nicht auszuschließen, daß andere mit *Stuttg*$^{2}$, L$^{2}$ verzeichnete Korrekturen in L ebenso von erster Hand stammen.

Unter den in die vorliegende Ausgabe aufgenommenen *Stuttg*$^{2}$, L-Lesarten befindet sich keine, die nur durch Heranziehung einer von M unabhängigen Überlieferung zu erklären wäre. In der Literatur werden aber auch noch andere Lesarten für L angeführt, von denen zwei besonders charakteristische genauer

---

[138]) Goodyear, CQ N. S. 15 (1965), 307.

besprochen werden sollen: **15**, 2, 2 (7) pacem . . . in exitium suum abrumpunt: in exitium *Gen*, in absitium M, per obsidium *Stuttg*², L. Der Fehler in M ist, wie schon Rostagno[139]) bemerkt hat, durch *aberratio oculorum* auf Grund des folgenden *abrumpunt* entstanden. Mendell[140]) hält ihn aber dennoch für schwer erklärbar und versucht, die Stelle als Beweis für die Qualität des Leidensis heranzuziehen: Eine Verschreibung von *ob* zu *ab* (M) wäre leicht erklärbar, und *obsidium* heißt Ann. 11, 10, 4 *Meherdaten . . . obsidio nobis datum* soviel wie *status obsidis*. An der vorliegenden Stelle müßte *obsidium* aber ganz konkret gleichbedeutend mit *obses* sein, was nicht zu belegen ist[141]), es sei denn, man läßt den Leidensis selbst als Beleg gelten, weil er 15, 1, 2 (11) statt *obsidis* gemeinsam mit der γ-Überlieferung (aber ohne *Stuttg*²) *obsidii* liest. Für Koestermann ist die Stelle zwar „ein interessanter Versuch, die Person des Tigranes ins Spiel zu bringen"[142]), letztlich lehnt aber auch er Mendells Vorschlag ab[143]). Die richtige Konjektur bieten α und *Gen*. — Besonders oft behandelt wurde die Stelle **15**, 41, 1 (3) Lunae (lucine *Stuttg*², L), in der Koestermann[144]) eine Lesart sah, „die den Wert des Leidensis besonders eindringlich hervortreten läßt", und im Zusammenhang mit seiner Meinung nach ähnlichen Erscheinungen wie dem Wechsel zwischen *specie* und *spem*[145]) sogar beweise, „daß der Leidensis nicht auf den Mediceus zurückgeführt werden kann, sondern eine eigenständige Überlieferung darstellt". Selbst wenn Koestermann mit der Lesart *Lucinae*, die von fast allen Rezensenten seiner Ausgabe akzeptiert wird, recht haben sollte, ist seine paläographische Argumentation — er denkt an eine Abkürzung *lu'nae* in der „gemeinsamen Vorlage" von M und L — völlig unzureichend[146]) und durch seine lückenhafte Kenntnis der Überlieferung entwertet[147]). Die Stelle wäre vielmehr durch Silbenausfall in M zu er-

---

[139]) Rostagno (vgl. Anm. 9), praef. p. XIII.

[140]) Mendell, AJPh 75 (1954), 267, und Tacitus, S. 335. An der zweiten Stelle gibt er die Lesart von L überhaupt nur mit *obsidium* an, so daß man den Eindruck gewinnt, er wolle *in obsidium suum* lesen.

[141]) Thes. IX 226—227.

[142]) Kommentar S. 163—164, wo die richtige Lesart irrtümlich der Editio princeps zugeschrieben wird.

[143]) In ähnlicher Weise will Mendell (op. cit. 264 bzw. 336) Ann. 15, 14, 1 die weitgehenden Abweichungen des Leidensis in den Text aufnehmen, während sie Koestermann [Rh M 103 (1960), 109] zu Recht als Interpolation ablehnt.

[144]) Koestermann, Rh M 103 (1960), 98—99; Kommentar S. 243.

[145]) z. B. **15**, 15, 1 (2); 69, 1 (1).

[146]) Vgl. M. Zelzer, Zur Vorlage der Wiener Liviushandschrift, Antidosis W. Kraus, WS Beiheft 5, 1972, 491, Anm. 16.

[147]) So haben **15**, 69, 1 (1) alle Handschriften außer β, L ausgeschrieben richtiges *speciem*. V 63, der Archetypus der Gruppe β, schrieb dies als *spē* (für den Akkusativ wäre *spē* oder *spēm̄* richtig gewesen), was von N 23, Ven, *Stuttg* in dieser Form übernommen, von P, Vin, L aber in *spem* aufgelöst wurde. **15**, 15, 1 (2), wo M *specie* bietet, ist sowohl die Schreibung *spē* als auch die falsche Auflösung *spem* in vielen Handschriften zu finden.

klären, den *Stuttg*², L erkannt und korrigiert hätte. Koestermann begründet seine Lesart folgendermaßen: Lucina stehe für Diana (Gleichsetzung erstmals bei Catull 34, 13), deren Tempel auf dem Aventin als Gründung des Servius Tullius bezeugt ist (z. B. Liv. 1, 45, 2), während der Lunatempel erstmals zum Jahre 182 (Liv. 40, 2, 2) erwähnt wird und nie besondere Bedeutung hatte. Dagegen erhob schon Goodyear[148]), allerdings ohne sich endgültig zu entscheiden, folgende Bedenken: Erstens stand der Lunatempel auch auf dem Aventin, zweitens ist die Identifizierung von Lucina mit Diana dichterisch (Normalerweise ist Lucina gleich Iuno.) und drittens findet sich für Diana viel öfter Luna. — Es ist kaum einzusehen, warum Tacitus den stark irreführenden Namen Lucina verwendet haben sollte, wenn er den Dianatempel meinte. Die Umschreibung mit Lucina läßt sich auch nur für die Göttin selbst, nicht im Zusammenhang mit ihrem Tempel auf dem Aventin belegen[149]). Im Gegenteil, als Diana Lucina hatte sie eine eigene, auf Titus Tatius zurückgeführte und von dem großen Bundesheiligtum auf dem Aventin unabhängige Kultstätte, deren genaue Lage nicht sicher ist[150]). Weiters lag der Lunatempel[151]) auf der Nordspitze des Aventin und befand sich damit nicht nur näher am eigentlichen Brandherd des Circus Maximus, sondern auch näher bei der von Tacitus in unmittelbarer Folge genannten Ara maxima Herculis[152]) als der weiter südlich gelegene Dianatempel. Somit ist es von vornherein wahrscheinlicher, daß es der Lunatempel war, den das Feuer völlig zerstörte. Schwierig bleibt nur die angebliche Gründung durch Servius Tullius, die sich sonst nirgends belegen läßt. Allerdings liegen auch keine anderen Nachrichten über den Ursprung des Lunatempels vor. Vielleicht handelt es sich um eine Verwechslung[153]) mit der Gründungsgeschichte des Dianatempels, vielleicht

---

*Stuttg*² hat aus *spē* durch Tilgung des Kürzungsstriches *spe* gemacht, und eben das steht in L. An der von Koestermann besonders hervorgehobenen Stelle **14**, 24, 3 liest L richtig *specie*, M aber *spē*. Nach Koestermann könne dies in M nur *specie* bedeuten und sei eine aus der gemeinsamen Vorlage unverändert übernommene Abkürzung. Er beruft sich bei seiner Annahme von alten Abkürzungen, die sowohl als bestimmte Casus von *spes* als auch von *species* gelesen werden können, auf Capelli, Dizionario di abbreviature latine, übersieht aber, daß sie ebendort (2. Aufl., rist. 1967, 358) erst ab dem 13. Jh. ausgewiesen werden. *spē* ist also gerade in M durchaus als *spem* zu lesen und 14, 24, 3 daher ein Fehler, der im 15. Jahrhundert wieder korrigiert bzw. durch die inzwischen eingetretene Mehrdeutigkeit von *spē* gar nicht als solcher erkannt wurde.

148) Goodyear, CQ N. S. 15 (1965), 307.

149) S. B. Platner - T. Ashby, A Topographical Dictionary of Ancient Rome, Oxford-London 1929, 149—150; K. Latte, Römische Religionsgeschichte (Handbuch der Altertumswissenschaft V 4), München 1960, 173; G. Radke, Die Götter Altitaliens, Münster 1965, 105—106.

150) Radke, op. cit., 107.

151) Platner - Ashby, op. cit., 320.

152) Platner - Ashby, op. cit., 253—254.

153) So Goodyear, loc. cit.

aber auch um eine Erfindung[154]), die den Lunatempel besser in die Reihe der alten Heiligtümer passen ließ, die nach Tacitus dem Brand zum Opfer gefallen waren. — Die Lesart *Lunae* ist daher zum mindesten wahrscheinlicher als *Lucinae*, keinesfalls aber ist *Lucinae* als Argument für die Unabhängigkeit des Leidensis brauchbar.

Weitere für *Stuttg*², L typische Stellen sind: **15**, 6, 3 (11) quarta et duodecima legiones: legio *Stuttg*², L (falsch aus *legione* β korrigiert); 12, 2 (6) Paccium] pac(c)uuium *Stuttg*², L (Ersatz eines seltenen Namens durch einen geläufigeren); 13, 2 (7) pacis] deditionis *Stuttg*², L *om.* M (vgl. S. XLIV); 18, 2 (5) quo securitatem annonae sustentaret: ostentaret *Stuttg*², L; *Fuchs u. a. Stuttg*², L hat hier eine zunächst sehr einleuchtende Lesart: Nero läßt verdorbenes Getreide in den Tiber werfen, „um die Sicherheit (*securitas* objektiv) der Versorgung zu demonstrieren". In der Fassung von M wird der Gedankengang noch komplizierter: „ . . . um das Vertrauen (*sc.* des Volkes; *securitas* subjektiv) in die Versorgung aufrechtzuerhalten", ist aber einem Tacitus durchaus zuzutrauen[155]). 19, 2 (5) adoptionis enumerant] *Gen* adoptioni senumerant M, α, β adoptionis asseruerant *Stuttg*², L; 20, 1 (2) et opibus nimiis ad iniurias minorum elati: ex[156]) . . . elatis *Stuttg*², L. L stellt außerdem noch um: minorum iniurias; 25, 3 (8) igitur inriti remittuntur] *add.* legati *Stuttg*², L (eine überflüssige Verdeutlichung); 36, 1 (4) in re publica perinde] in re publica exinde *Gen* in rep|periende M inreperiende β intrepida *Stuttg*², L (wohl nach intrepide α, γ); 38, 4 (12) aetate] senum *Stuttg*², L (vgl. S. XXV bis XXVI); 44, 4 (18) *aut crucibus affixi aut flammati* lautet die von Koestermann (bis auf: aut *alt.*] atque) übernommene *Stuttg*², L-Version der textkritisch schwierigsten Stelle des Christenkapitels. 53, 4 (15) inane⟨m⟩ ad spem] inani spei *Stuttg*², L; 54, 1 (3) multo sermone: *Stuttg*², L übernahm die γ-Version *multum sermonem* und fügte noch *habens* hinzu. 55, 3 (12) versucht *Stuttg*², L, den in M irrtümlich aus dem vorhergehenden Satz wiederholten Worten *diffideret enimvero* durch Änderung zu *egisse enim* einen Sinn zu geben, was Koestermann übernimmt. Auch 61, 3 (11) ergänzt er mit *Stuttg*², L: reditum ⟨a tribuno⟩. **16**, 1, 2 (7) quae per tantum aevi (enim *Stuttg*¹) occulta augendis praesentibus bonis] que nihil portant (portent L) uerum occultandis presentibus bonis *Stuttg*², L (mißlungener Versuch, den Satz auf das vorhergehende Wort *columnis* zu beziehen); 2, 2 (6) ac vatibus] *Lipsius* auaratoribus M (*del. Bekker*) ab auctoribus *Stuttg*², L; 5, 1: vgl. S. XXIX; 10, 3 (12) nec ullis alimentis] *add.* usa *Stuttg*², L; 10, 4 (14) audiret insontem] ne occideret insontem *Stuttg*², L; 21, 1 (5) Iuvenalium ludicro] quinquennali ludicro *Stuttg*², L; 34, 1 (1) ad Thraseam in hortis agentem] ad t. consilia mortis agentem *Stuttg*², L. Die

---

[154]) So Radke, op. cit., 190 (s. v. Luna), allerdings ohne nähere Begründung. Radke liest die Tacitusstelle ebenso wie W. Eisenhut, Kl. Pauly 3 (1969), 779 (s. v. Luna) mit *Lunae*, wobei aber nicht klar ist, ob sie Koestermanns Lesart ablehnen oder gar nicht kennen.

[155]) Vgl. Goodyear, CQ N. S. 15 (1965), 320.

[156]) Von Koestermann im Apparat und Komm. S. 199 übersehen.

letzten drei Beispiele sind besonders willkürliche Konjekturen. 34, 1 steht die Änderung außerdem noch in grobem Widerspruch zu dem Bild, das Tacitus von dem ruhig die Ereignisse abwartenden Thrasea zeichnet, doch hat auch diese Konjektur ihre Wurzeln in einer Verschreibung der Vorlage: in(h)ortis] mortis P, Vin, *Stuttg*¹.

Ist damit der Charakter der *Stuttg*², L-Lesarten deutlich geworden, so bleibt noch das genaue Verhältnis zwischen *Stuttg*² und L zu besprechen. Wellesley[157]) versuchte gegen Hulshof - Pol zu beweisen, daß L keine Abschrift von *Stuttg*² sein könne, weil die beiden Texte zu oft voneinander abweichen. Dagegen hat A. Seel[158]) hervorgehoben, daß der Schreiber von L durchaus zu sinngerechten Korrekturen fähig war, und auch auf die Möglichkeit von Querkollationen hingewiesen. (Tatsächlich gibt es solche zwischen L und γ.) Schließlich betont Seel zu Recht, daß L wesentlich mehr Korrekturen aufweist als *Stuttg*², und daß es kaum zu erklären ist, warum *Stuttg*² nur einen Teil davon berücksichtigt haben sollte. Dazu ist noch hinzuzufügen, daß unter der Bezeichnung *Stuttg*² mehr als ein Korrektor zusammengefaßt ist, so daß im Falle einer Abhängigkeit der *Stuttg*²-Korrekturen von L die Übertragung von mehreren Schreibern in Raten und dann noch unvollständig durchgeführt worden wäre. Völlig unmöglich wird eine Priorität von L, wenn die obige Annahme stimmt, daß der Hauptkorrektor von *Stuttg*² Agricola selbst ist.

Betrachten wir die Lesarten des Leidensis, die über die Klasse β hinausgehen und nicht in *Stuttg*² zu finden sind[159]), so ergibt sich ein ähnliches Bild wie bei der Übereinstimmung von *Stuttg*², L: In Ann. 15—16 gibt es ungefähr 130 solche Stellen, davon allerdings kaum noch ein Dutzend überzeugende Korrekturen. Über neunzigmal ist L völlig selbständig, über 20 Stellen stimmen mit γ überein, etwas weniger mit *Gen* (davon 6 Verbesserungen: vgl. Kap. 4, S. XLIV—XLVI). Übereinstimmung von L und γ (Γ) gegen alle übrigen Handschriften einschließlich *Stuttg*¹, und ohne daß eine *Stuttg*²-Korrektur vorhanden wäre, findet sich an folgenden Stellen: **15**, 1, 2 (11) obsidis] obsidii; 1, 3 (13) rogitans] cogitans; 6, 4 (15) ad gloriam erat] erat ad gloriam; 10, 2 (6) tunc relictis hibernis non fossam neque vallum] nunc relictis hibernis nunc neque fossam neque uallum; 13, 3 (12) *om.* quem; 14, 2 (6) si qua Caesa⟨res⟩] scipiones; 14, 3 (11) perpetratis] quippe traditis; 15, 2 (6) excederet] abscederet; 21, 1 (4) alicuius] alicui; 35, 2 (5) habere] haberet; 38, 3 (10) illuc] illic; 40, 2 (10) septem reliquis] reliquis septem; 43, 4 (12) publicum] publicis; 44, 4 (16) in crimine] crimine; 45, 3 (12) ipsius] eius; 51, 3 (15) militum] multos (multum

[157]) K. Wellesley, Was the Leiden MS of Tacitus Copied from the Editio Princeps?, AJPh 89 (1968), 302—320.

[158]) A. Seel (vgl. Anm. 39), 103—109.

[159]) Der umgekehrte Fall, daß *Stuttg*²-Korrekturen in L fehlen, ist sehr selten. Selbstverständlich könnten sie bewußt nicht in L aufgenommen worden sein, doch an einigen Stellen, wie z. B. **15**, 66, 1 (3) renidens] subridens *Stuttg*² *mg*, scheint eine dritte oder vierte Hand vorzuliegen, die vielleicht sogar später als L ist.

M); 53, 2 (8) sibi] igitur; *ib.* (9) Scaevino] *add.* tradidere (*e lin. 10*); 54, 3 (10) quibusque] quibus; 56, 2 (5) sive] *add.* quia; 57, 1 (2) impar dolori] dolori impar; *ib.* dilacerari] lacerari; 59, 4 (17) favore] pauore; 61, 3 (13) fatali] fatalis; 64, 2 (6) mitiore] meliori; 67, 2 (6) tibi fidelior] fidelior tibi; 69, 1 (4) opprimere] opprimeret; **16**, 1, 1 (1) Neroni fortuna] fortuna neroni; 22, 5 (23) *om.* ipse.

Allein richtig ist L **15**, 44, 5 (21) curriculo] L circulo M; *cett.* (eine nicht allzu schwierige Konjektur, die auch Lipsius schon in seiner Ausgabe von 1574 hatte, bevor er von L Kenntnis erhielt)[160]); 72, 1 (4) Turpiliano] L; *Vertranius* turpiano M; *cett.* L hat hier richtig erkannt, daß es sich um den (**14**, 29, 1 und 39, 3 genannten) Konsul des Jahres 61 handelt und entsprechend korrigiert. 73, 1 (3) viros claros et insontes: *claros* fehlt in allen Handschriften außer L. Es wurde auch von Freinsheim auf Grund von 14, 58, 2 *clari atque insontes* ergänzt. Die beiden letzten Stellen gehören zu den besten Leistungen von L. **16**, 21, 1 (5) spectabilem] L (et) expectabilem M; *etc.* (Aber schon beim übernächsten Wort hat L wieder sinnstörend konjiziert: praebuerat] prebuisset L); 32, 3 (9) honesti exercitus] L; *Lipsius* honesti et exerciti M; *cett.*

Zuletzt noch einige für L typische Lesarten[161]): **15**, 2, 1 (5—6) videbarque contra vetera fratrum odia . . . penates rite composuisse: uidebarque cuncta . . . penatesque . . . L; 2, 1 (8) retinere parta maioribus] parta maioribus retinere L; 5, 4 (13) petenda Armenia et] *om.* L; 10, 3 (15) ut instantem (*sc.* hostem, Vologaesen) Corbuloni fateretur: ut instantem cladem . . . L; 23, 1 (3) locus puerperio] locus puerperii L (unzulässige Normalisierung); 26, 1 (3) sextam inde ac tertiam legiones: legionem L (falsche Kongruenz ebenso wie *Stuttg*², L in 15, 6, 3 (11) legio); 38, 2 (7) quid aliud] aliquid L[162]); 39, 3 (9) pervaserat rumor ipso tempore: rumor] rumori M, β rumor in L; *Ernesti* (Kap. 39 beginnt: *Eo* in *tempore*!); 44, 2 (10) appellabat] appellat L; 47, 1 (2) sidus cometes, sanguine illustri semper Neroni expiatum: illustre et semper L; 49, 4 (10) contra famam sui principium tanti facinoris capessivere] M; *Gen* Diese Stelle zeigt deutlich die stufenweise Entstehung des L-Textes: Zunächst hatten α β γ, wohl unter dem Einfluß von *sui*, *principium* zu *principis* verschrieben, dann versuchte *Stuttg*² den Fehler mit einer Änderung zu *participes* zu beseitigen, bis schließlich L mit *participes tanti facinoris fuere* wenigstens wieder einen sinngemäß möglichen Satz zustande brachte. 52, 2 (8) timore occulto ne] nerone occiso L (*ne* fehlt schon in *Stuttg* und den meisten anderen β γ-Handschriften): Koestermann[163]) verurteilt das aus γ stammende *dicturos*[164]) (so *Stuttg*², L in

---

[160]) Lipsius erfuhr frühestens 1584 von einzelnen Lesarten des Leidensis (Ruysschaert, s. Anm. 31, 211; Koestermann, Rh M 103, 92).

[161]) L hat unter seinen Sonderlesarten besonders viele Wortumstellungen, von denen hier nur einige genannt sind.

[162]) Koestermann, Komm. S. 236 schreibt irreführend *quid* (*aliquid* L) *aliud*.

[163]) Koestermann, Komm. S. 277.

[164]) Richtig im Apparat der Ausgabe, im Kommentar dagegen falsch als *dicturis* angegeben.

Zeile 10 für *daturis*) als sinnlos, meint aber, daß *nerone occiso* in L auf eine andere Vorlage als M hindeute. Infolge mangelnder Kollationen konnte er nicht sehen, daß auch diese Lesart durch einen Fehler der Vorlage verursacht wurde. Die gewaltsame Änderung, mit der L der Stelle einen Sinn zu geben versucht, ist ihm nach den vorher genannten Beispielen durchaus zuzutrauen. 56, 4 (13) amicorum praecipuos] precipuos amicorum L; *Koestermann*; 67, 4 (13) ut humilem et angustam increpans] ut humilem increpans et angustam L (Sollte hier mittels Hyperbaton der Stil „verbessert" werden?); *ib.* (17) interfectum a se] a se interfectum L; *Koestermann*[165]); **16**, 1, 1 (5) non in formam pecuniae: L hat die durch das Fehlen eines Partizips schwierige Konstruktion nicht verstanden und zu *forma* geändert. 10, 3 (11) servabat sanguinem et vestes respersas: L beseitigte (ebenso wie N 22[1] *s. l.*) das schwierige Hendiadyoin durch eine Änderung zu *sanguine vestes respersas*. 26, 1 (1) de ipso Thrasea eadem (eadem *om.* β, γ)] nihil de ipso thrasea L: Wieder ist ein Fehler der Vorlage das auslösende Moment für eine falsche Konjektur in L. Solche Beispiele zeigen, daß die Lesarten des Leidensis nicht wirklich unabhängig sind, sondern in seinen Vorstufen und deren (versuchten) Korrekturen wurzeln. Diese Vorstufen aber gehen ebenso wie alle anderen Humanistenhandschriften letztlich auf den Mediceus zurück.

Zusammenfassend kann man L als das Endergebnis einer mehrstufigen Entwicklung bezeichnen[166]): Zunächst wurde *Stuttg* mit Hilfe von γ (und vielleicht auch *Gen*) durch mehrere Bearbeiter korrigiert, von denen der wichtigste höchstwahrscheinlich Agricola selbst war. Auf ihn wird man auch die vielen selbständigen Konjekturen in *Stuttg*[2] zurückführen dürfen. Dann schrieb Agricola aus dem korrigierten Exemplar der Editio princeps den Leidensis ab, fügte aber noch weitere γ-Lesarten und vor allem eigene Konjekturen hinzu. Allerdings sind die brauchbaren Konjekturen in B. 15—16 keineswegs so zahlreich oder inhaltlich so schwierig, daß man annehmen müßte, sie könnten nur mit Hilfe einer von M unabhängigen Handschrift entstanden sein. Da aber letztlich doch eine Reihe von heute allgemein akzeptierten Lesarten aus dem Leidensis stammen und er darüber hinaus einige interessante Vorschläge zu bieten hat, sollten ihn auch zukünftige Tacitusherausgeber nicht völlig unberücksichtigt lassen.

## C. Zusammenfassung und Stemma

Die Untersuchung aller bekannten Handschriften zum 15. und 16. Buch der Annalen brachte folgendes Ergebnis: Echte Überlieferung bietet nur der Codex Mediceus II, der aus einer fehlerhaften und schwer lesbaren Minuskelvorlage stammt. Alle Humanistenhandschriften gehen über Zwischenglieder auf

---

[165]) Wieder richtige Angaben im Apparat, falsche im Kommentar, S. 314.

[166]) Zu derselben Ansicht kam auf Grund sprachlicher Untersuchungen auch Goodyear, CQ N. S. 20 (1970), 370.

M zurück, obwohl einige von ihnen einen sehr selbständigen Text bieten. Dennoch scheint es nicht notwendig, solche selbständige Lesarten durch Einfluß einer von M unabhängigen Tradition zu erklären. Vielmehr ist anzunehmen, daß sie durch die Arbeit von Humanisten entstanden sind, oft auch in mehrstufiger Weiterentwicklung, wie sie sich besonders deutlich am Codex Leidensis beobachten läßt.

Die ältesten erhaltenen Humanistenhandschriften stammen aus Florenz, wo vor den zwanziger oder dreißiger Jahren des 15. Jh.s die Klassen α, β und γ entstanden (α vielleicht etwas später). Während α und β noch weitgehend den Charakter von Abschriften bewahren, sind in γ schon deutliche Ansätze bewußter Textgestaltung festzustellen[167]). Die größte Leistung vollbrachte ein Mann, der (wahrscheinlich von einer schon stark korrigierten und annotierten Vorlage ausgehend) den Text genau durcharbeitete und dabei viele, bis heute allgemein akzeptierte Verbesserungen anbrachte, wenn er auch noch weit öfter mit seinen Vorschlägen in die Irre ging. Dieser Mann schrieb 1449 in Genua den Codex V 58, die Vorlage der „Genueser" Handschriften, und war vermutlich Johannes Andreas de Bussi. Von seinem Exemplar leitet sich auch die geschlossene Gruppe der sechs in Ferrara geschriebenen Handschriften ab. Ebendort bearbeitete Rudolf Agricola ein schon vorkorrigiertes Exemplar der Editio princeps, wobei er neben einem γ-Codex vor allem eigene Ideen verwertete. Dann schrieb er zwischen 1475 und 1479 aus diesem Exemplar den Codex Leidensis ab, in dem er den Tacitustext noch selbständiger gestaltete. — Die wichtigste Arbeit am Text wurde also in Florenz, Genua und Ferrara geleistet, während in Rom und Neapel künstlerisch wertvolle Exemplare (Vin, N 21) entstanden.

Als Grundlage für eine wissenschaftliche Textausgabe wird man nur M anerkennen dürfen, doch bieten V 58 und L so viele Verbesserungen und Beispiele gelehrter Humanistenarbeit, daß man sie schon aus wissenschaftsgeschichtlichem Interesse nicht völlig außer acht lassen sollte. Will man jede einzelne Verbesserung auf ihren ältesten Zeugen zurückführen, so werden gelegentlich auch noch weitere Humanistenhandschriften wie B und G im Apparat Aufnahme finden.

---

[167]) Ganz ohne eigene Konjekturen sind nur wenige Humanistenhandschriften, so z. B. E. Mal, Prm, J, die den Genueser Text ihrer Vorlagen nicht mehr weiter veränderten.

## Zur Anlage des kritischen Apparates

In Übereinstimmung mit dem Programm der vorliegenden Serie wurden sämtliche Textvarianten einschließlich offensichtlicher Irrtümer und individueller Schreibgewohnheiten in den Apparat aufgenommen. Ausnahmen bilden nur der Wechsel von e — ę — ae, e — oe, ti — ci, mq — nq, mv — nv (z. B. tamquam, quamvis), mn — mpn, mpt — mt/nt (z. B. contemno, tempto) und die — in den Humanistenhandschriften meist schon unterschiedenen — Buchstaben u und v (w). Bei Eigennamen wurden auch solche Varianten weitgehend berücksichtigt. Besonders regelmäßig wiederkehrende Schreibgewohnheiten einzelner Handschriften sind in der folgenden Übersicht zusammengestellt, um den Apparat zu entlasten.

| | immer | häufig |
|---|---|---|
| cuntus *statt* cunctus | B 05 | |
| deffendo, deffensor, reffero *etc.* | V 65 | |
| hyem(p)s, hyemare *statt* hiems *ect.* | | *Gen*; P; N 22; K (gelegentlich auch andere, vor allem α) |
| michi, nichil | V 63, N 23; V 65 | M; Hol; Y 01 (c *saepe del.*); Y 03 |
| phama *statt* fama | | *Fer* (< E) |
| sceuus, sceuitia *statt* saevus *etc.* | *Fer*, N 22 | |
| set | V 65 | (gelegentlich V 63) |
| qu *statt* c: | | |
| quum | | B; *Fer* (< E); L |
| quur } B | | *Fer* (< E); L (*Fer* meist quor, quoius, quoi) |
| quuius, quui } B | | |
| sequutus, loquutus *etc.* | B | *Fer*, B 72; N 22 |

Verschiedene Hände sind nach folgenden Gesichtspunkten verzeichnet:

*cod*$^1$ = erste Hand

*cod*$^2$ = alle Korrekturen und Marginalien, die nicht sicher von erster Hand stammen ($^2$ kann also auch für mehr als eine Hand stehen.) mit Ausnahme von

*cod*$^3$ = kursive Anmerkungen, 16. Jh. oder später

Wo das Schriftbild nicht eindeutig erschien, wurden Korrekturen grundsätzlich mit $^2$ bezeichnet. $^1$ steht nur dort, wo entweder die Originalhand einwandfrei erkennbar ist oder wo im Zweifelsfall sachliche Erwägungen dafür sprechen, daß der erste Schreiber die Varianten selbst notiert hat. (Dies gilt für N 22 und zum Teil auch für die Gruppen Mal, Prm, J und N 23, Ven.)

Die Verwendung eines Gruppensigels bedeutet, daß ausnahmslos alle Handschriften der genannten Gruppe die zitierte Lesart bieten, und zwar von erster Hand. Stimmt eine Handschrift nicht mit dem Rest ihrer Gruppe überein, so ist dies mit dem Zeichen < vermerkt. So steht z. B. „β < V 63" für „N 23, Ven, P, Vin, *Stuttg*". Bei mehreren Abweichungen wird kein Gruppensigel verwendet.

Die Lesarten älterer Editionen sind nach den Angaben von Koestermann und Furneaux zitiert (Lipsius auch nach Ruysschaert — vgl. Anm. 31), moderne Ausgaben und Aufsätze nach dem Original. Mit „Koestermann" ist der Text der Teubneriana von 1960 in der leicht überarbeiteten Fassung von 1965 bezeichnet.

## Abweichungen der vorliegenden Ausgabe von den Lesarten der Teubneriana

| | | Koestermann (1965) | Römer |
|---|---|---|---|
| XV | 10,3(12—14) | locat. coniux ... abditi, data in praesidium cohorte ac disperso milite, qui ... sustentavisset. et aegre ... | locat; coniux ... abditi data in praesidium cohorte. ac disperso milite, qui ... sustentavisset, aegre ... (*Fuchs*) |
| | 13,2(7) | deditionis (L) | pacis (*Madvig*) |
| | 19,2(4) | ⟨itaque⟩ magna cum invidia senatum adeunt, qui ius naturae | *** magna cum invidia senatum adeunt. ibi ius naturae |
| | 28,2(5—6) | cum barbaris ... tum Corbuloni (L) | [cum] barbaris ... Corbuloni (*Doederlein*) |
| | 28,3(12) | honore (L) | honori (*Lipsius*) |
| | 36,3(12) | ita ⟨in re publica⟩ | ita (*Eriksson u. a.*) |
| | 38,4(12) | fessa senum aut rudis pueritiae aetas (L) | fessa aetate aut rudis pueritiae [aetas] (*Jac. Gronovius, Heubner*) |
| | 40,1(3) | necdum positus metus aut redierat levis spes: rursum | necdum positus metus aut redierat plebi spes, cum rursum |
| | 41,1(3) | Lucinae (L) | Lunae |
| | 42,2(11) | concupitor (L) | cupitor |
| | 44,2(10) | Christianos | Chrestianos (M[1] *ante corr.*) |
| | 44,4(18) | atque flammati ubi (*Hartke* / L) | [aut flammandi atque], ubi (*Andresen, Hanslik u. a.*) |
| | 46,1(2) | aderat (L) | adesset |
| | 47,2(8) | ac (L) | aut |
| | 49,4(11) | mollitie (L) | mollitia |
| | 53,2(10) | Ferentino | Frentano (M; *Wiseman*) |
| | 55,3(12) | egisse enim vitam (L) | vitam |
| | 56,4(13) | praecipuos amicorum (L) | amicorum praecipuos |
| | 61,3(11) | reditum a tribuno (L) | reditum |

| | | Koestermann (1965) | Römer |
|---|---|---|---|
| XV | 67,4 (17) | a se interfectum (L) | interfectum a se |
| | 72,1 (3) | bello gesta (L) | gesta bello |
| | 72,1 (8) | Nymphidio <data. de quo> | Nymphidio <Sabino data. de Nymphidio,> |
| | 74,3 (12) | venerationem iuste (*nach L*) | venerationem |
| | 74,3 (13) | ad omen maturi exitus | ad omen malum sui exitus (*Halm*) |
| XVI | 2,2 (6) | a vatibus | ac vatibus (*Lipsius*) |
| | 5,1 (1) | remotis e municipiis severaque et adhuc antiqui moris retinente Italia (L; bis auf *et adhuc* auch die meisten neueren Ausgaben) | remotis e municipiis severamque adhuc et antiqui moris retinentes Italiam (M; *Orelli*) |
| | 5,1 (2) | lasciviae (L) | lascivia |
| | 8,1 (3) | metu intentior (L) | intentior metu |
| | 15,1 (4) | corporis robore (L) | corpore |
| | 18,2 (6) | pro consule | proconsul |
| | 26,2 (4) | ingest<ur>i <sint> | ausuri <sint> (*Acidalius*) |
| | 33,2 (5) | ac (*Andresen*) | et |

*Druckfehler:*

| | | | |
|---|---|---|---|
| XV | 1,3 (12) | Monabazus (vgl. Kap. 14!) | Monobazus |
| | 25,3 (14) | postestate | potestate |
| | 43,4 (14) | quaque | quaeque |
| | 55,2 (10) | se | sed |
| | 70,2 (6) | posthoc | posthac |

*Orthographie:*

adficere/afficere, inligare/illigare, exstimulare/extimulare, volgus/vulgus u. ä.: bei Römer genau nach M; bei Koestermann im allgemeinen nach M, doch sind öfter die an erster Stelle genannten Formen gegen M bevorzugt.

# ANNALIUM LIBER XV

Interea rex Parthorum Vologaeses, cognitis Corbulonis rebus regem- 1,1
que alienigenam Tigranen Armeniae impositum, simul fratre Tiridate
pulso spretum Arsacidarum fastigium ire ultum volens, magnitudine
rursum Romana et continui foederis reverentia diversas ad curas trahe-
batur, cunctator ingenio et defectione Hyrcanorum, gentis validae, mul-
tisque ex eo bellis illigatus. atque illum ambiguum novus insuper nun- 1,2

---

*inscriptiones:* Cornelii Taciti liber quartus decimus explicit incipit liber quintus decimus M Cornelii Taciti liber XIIII explicit (finit L 24) incipit XV B, Hol, L 24 finis quartidecimi. incipit quintus decimus V 58 Cornelii Taciti actorum diurnalium historie auguste liber XIIII explicit incipit XV B 05 Cornelii Taciti actorum diurnalium auguste historie liber XIIII explicit incipit XV feliciter G, E (*om.* feliciter) Cornelii Taciti actorum diurnalium auguste historie liber XIIII finit incipit XV feliciter H, Mal, Prm, J incipit quintodecimus feliciter B 72 explicit liber XIIII incipit XV U explicit liber XIIII$^{us}$ Cornelii Taciti incipit XV$^{us}$ eiusdem V 63 Cornelii Taciti historiarum liber quintus decimus incipit Ven C. Taciti liber XV incipit feliciter C Cornelii Taciti liber XIIII explicit incipit XV eiusdem feliciter V 64 Cornilii Taciti ex his qui repperiuntur liber quintus incipit N 21 Cornelii Taciti de rebus gestis imperatorum liber XV O 22, K *om.* Z; Y 01, Y 02; Y 03; N 23, P, Vin, *Stuttg*, L, N 22; A, V 65, Or, O 48

**1** rex] *om.* N 21$^{1}$ (*add. s. l.* N 21$^{2}$) | partorum B 05 | uologestes C | corbulio- 1
nis L 24 | regemque] regem B 05$^{1}$ (*corr. s. l.* B 05$^{2}$) **2** alienigenam] alienigena M; B, Hol | Tigranen] tigranem M; *cett. praeter* tygranem V 58, B 05, *Fer* (< H); U; P, N 22, C; V 64 tigrannem B, Hol; B 72 | inpositum V 64 | Tiridate] tyridate M; B, Hol, L 24; *Gen*; Y 01, Y 02; U; V 63, N 22, C; V 64 tridate Vin thiridate K **3** pulso] *om.* Y 03; γ | spretum] spreto B, Hol spretur U$^{1}$ (spretum U$^{2}$ *mg*) spretam V 64 | arsicadarum V 65 | ire ultum] ne uultum N 22$^{1}$ (*corr. s. l.* N 22$^{1}$) | ultum] ulctum Hol; N 21 cultum E (c *puncto del.*) | volens] nolens V 65 | magnitudinem M (-m *del.*) **4** rursum] rursus L 24; U, Y 03; β, L, C; V 64, γ, K | rursum Romana] romana rursum B 05 | ad] *om.* O 22$^{1}$ (*add. s. l.* O 22$^{2}$) **5** cunctator] contator V 58, E, H$^{1}$ (*corr. in textu* H$^{2}$), Mal, Prm, J; N 22$^{1}$ (-tior N 22$^{1}$ *s. l.*) cuntator B 05; Ven cuntatior G contatur B 72 cunctandi Y 03; C; V 64, γ, K | defectione] disensione Y 01$^{1}$ (defectione Y 01$^{2}$ *mg*) | Hyrcanorum] yrcanorum M hircanorum Z; Y 02; U, Y 03; N 23, Vin, *Stuttg*, L, C; V 65, Or hyrcinorum Ven | gentis – **6** illigatus] *om.* U | multisque] multique N 23, Ven, P multasque V 63$^{1}$ (*corr. s. l.* V 63$^{2}$) **6** bellis] bello V 63$^{1}$ (*corr. s. l.* V 63$^{2}$) | novus] nouis Vin, *Stuttg* (*corr. s. l. Stuttg*$^{2}$) | insuper] et insuper U, Y 03; β; V 64, γ, K etiam insuper L

tius contumeliae extimulat: quippe egressus Armenia Tigranes Adiabe-
nos, conterminam nationem, latius ac diutius quam per latrocinia vasta-
verat, idque primores gentium aegre tolerabant: eo contemptionis
descensum, ut ne duce quidem Romano incursarentur, sed temeritate
1,3 obsidis tot per annos inter mancipia habiti. accendebat dolorem eorum
Monobazus, quem penes Adiabenum regimen, quod praesidium aut
unde peteret rogitans: iam de Armenia concessum, proxima trahi; et
nisi defendant Parthi, levius servitium apud Romanos deditis quam cap-
1,4 tis esse. Tiridates quoque, regni profugus, per silentium aut modice

---

etiam C | nuntius] *om.* B, Hol; U[1] (*add.* U[2] *mg post* contumeliae); V 64 nunctius B 72 morus V 65 (or *in ras.*) **7** contumeliae] contumeliis V 65 | extimulat] extimulabat Hol extimabat V 65 excumulat Or | egressus] gressus Y 01[1] (*corr. s. l.* Y 01[2]) transgressus V 65 | Armenia] armeniam Y 03; β, L, C; V 64, γ, K | Tigranes] tygranes M; B, Hol, L 24; *Gen*; Y 01, Y 02; N 22, C; K tigranos P[1] (*corr. s. l.* P[2]) | Adiabenos] ad iabenos V 58[1] (*corr. in textu* V 58[2]), B 72; Y 02; V 63, Ven; A **8** ac] atque U, Y 03; C; V 64, γ, K | diutus Ven | quam] que V 65 **9** aegre] egere Prm (e *alt. puncto del.*) agere J; U | tollerabant M; L 24; H (l *alt. puncto del.*), B 72; V 63, N 23, Ven, C; V 64, γ (< A), K | contemptionis] contentionis L 24, Z; V 58[1] (*corr. s. l.* V 58[2]), Prm, J, B 72; Y 01[1] (-bus Y 01[2] *s. l.*); U, Y 03; β (*corr. s. l. Stuttg*[2]), C; V 64, γ, K contemptiores N 22[1] (-nis N 22[1] *s. l.*, contentionis N 22[1] *mg*) **10** descensum] discensum N 23; Or | ducem M (m *del.*) | ne duce quidem] nequidem duce B 72 | incursarentur] incusarentur Hol; Y 01[1] (*corr. s. l.* Y 01[2]) incurserentur E[1] (*corr. s. l.* E[2]) **11** obsidis] M; V 63[1], N 23[1], Ven[1]; *cett. praeter* obsidii Y 03; V 63[2] *s. l.*, N 23[1] *s. l.*, L, C; γ, K obsidiis Ven[1] *s. l.* | per tot annos B 72 | acendebat E accedebat Vin | eorum] eius U **12** Monobazus] M; α; U, Y 03; V 63, L, C; V 64, A, O 22 monobacus V 58, B 05; Y 01, Y 02 monobachus G, E, Mal; K monabachus H, Prm, J, B 72; N 22[1] (*corr. s. l.* N 22[1]) monabazus Ven, P, Vin, *Stuttg* nonabazus N 23 monozabus V 65 monobaziis Or, N 21[1] (*corr. in textu* N 21[2]), O 48 | quem] quam Y 01[1] (*corr. s. l.* Y 01[2]) | Adiabenum] ad iabenum L 24; V 58, B 72; Y 01[1] (adl- Y 01[2] *in textu*), Y 02; V 63, Ven[1] (*corr. in textu* Ven[2]); A, O 48 ad labenum Or adyabenum U adiabenem Mal[1] (*corr. s. l.* Mal[2]) adiabanum P | quod] que Prm, J, B 72; N 22[1] (quod N 22[1] *s. l.*) | aut] *codd.* (*Koestermann:* haud M, *falso*) **13** peteret] *om.* Y 02 | rogitans] M; V 63[1]; *cett. praeter* cogitans Y 03; V 63[2] *s. l.*, L, C; γ, K | iam] inde Y 02 | trahi] mihi Or, N 21, O 48, O 22, K | et] *om.* O 22, K **14** Parthi] parti H[1] (*corr. s. l.* H[2]), Mal, Prm, J | levius] lenius V 65 | deditis] dedetis M[1] (*corr. s. l.* M[2]); V 63[1] (*corr. s. l.* V 63[2]) **15** Tiridates] tyridates M; *Gen*; Y 02; P, N 22, C; V 64 tyridathes Y 01 thiridates K tindates U (tiridates U[2] *mg*) | aut] B 72; P; *Beroaldus* querendo gravior erat: non enim ignavia magna imperia contineri; virorum armorumque faciendum certamen; id in summa fortuna aequius quod validius, et sua retinere privatae domus, de alienis certare regiam laudem esse.

Igitur commotus his Vologaeses concilium vocat et proximum sibi Tiridaten constituit atque ita orditur: ‚hunc ego eodem mecum patre genitum, cum mihi per aetatem summo nomine concessisset, in possessionem Armeniae deduxi, qui tertius potentiae gradus habetur (nam Medos Pacorus ante ceperat). videbarque contra vetera fratrum odia et certamin⟨a⟩ familiae nostrae penates rite composuisse. prohibent Romani et pacem numquam ipsis prospere lacessitam nunc quoque in

2,1 (line 1) · 2,2 (line 6)

---

haud M; *cett.* modo haud *Sirker* (*Wölfflin, Philologus 27 (1868), 146*) **16** erat] etas α | imperia] impia B 72 **17** faciendum] *om.* U | summa] M; V 63[1], N 23[1], N 22[1]; *cett. praeter* suma J sua U; V 63[2] *s. l.*, N 23[1] *s. l.*, N 22[1] *s. l.*, C; V 64 | aequius] equitis V 65 **18** quod] quid V 64 quam Mal, Prm, J, B 72; U; N 22, C | alienis] alieno H (-o *ex corr.*) | certare] cunctare V 64

**1** uologeses G[2]*mg* | corbulo G[2]*mg* | partorum res B O5[2]*mg* **2** tigranem M[2]*mg* | tirs̄date M[2]*mg* **4** continui foderis (*sic*) reuerentia Hol[3]*mg* **7** adiabeni V 58[1]*mg* ad Iabeni V 63[2]*mg* **12** monobachus G[2]*mg* **14** apud romanos leuius seruitium deditis quam captis esse P[2]*mg* **15** tyridates G[2]*mg*

2
**1** comotus O 48 | his] iis V 58, B 05 | Vologaeses] uologes A | concilium] concilum *Stuttg* consilium Z; B 72; U; P, L **2** Tiridaten] B, Hol tyridaten M; L 24; Y 01 tyridatem *Gen*; Y 02; P, N 22; V 64 thiridatem K tiridatem *cett.* | ita] *om.* P | orditur] creditur V 65 | hunc] nunc N 23[1] (*corr. s. l.* N 23[1]), Ven, Vin, *Stuttg*[1] (*corr. in textu Stuttg*[2]) | mecum patre] patre mecum U, Y 03; β, L, C; V 64, γ, K **3** concesisset N 22; V 65 **4** deduxit E (t *puncto del.*) | tertius] tertie Or, N 21, O 48, O 22, K **5** nam Medos] nam medus U naniedos Vin | Pacorus] pachorus *Fer*, B 72; N 22 | videbarque] uidebaturque J; V 65 uidebatque Vin, C | contra] cuncta L | vetera] uetra G[1] (*corr. s. l.* G[2]) cetera Mal, Prm, J; N 22[1] (uetera N 22[1] *s. l.*) | vetera fratrum] fratrum uetera U **6** et] *om.* Y 01[1] (*add. s. l.* Y 01[2]), Y 02 | certamina] Y 01[2] *s. l.*; *Rhenanus* certam in M[1] (mi M[2]*mg*); Ven[1] (certamen Ven[1] *s. l.*); V 64 certa in V 63[1] (certamen V 63[2]*mg*) cerptam in N 23[1] (certamen N 23[1]*mg*) coepta in P certamen *Gen*; L certamen in α; U, Y 03; Vin, *Stuttg*[1] (in *del. Stuttg*[2]), N 22, C; γ, K *om.* Y 01[1] (*add. s. l.* Y 01[2]), Y 02 | penates] penatesque L | conposuisse V 64 | prohybent Y 01 **7** Romani] romam P[1] (*corr. s. l.* P[2]) | numquam] nonnunquam N 21[1] (non *punctis del.*) | numquam ipsis] ipsis numquam Vin, *Stuttg* ipsi numquam V 65 | ipsis] M; V 63[1], N 23[1]; *cett.*

2,3 exitium suum abrumpunt. non ibo infitias: aequitate quam sanguine, causa quam armis retinere parta maioribus malueram. si cunctatione deliqui, virtute corrigam. vestra quidem vis et gloria in integro est, addita modestiae fama, quae neque summis mortalium spernenda est et a dis
2,4 aestimatur.‘ simul diademate caput Tiridatis evinxit, promptam equitum manum, quae regem ex more sectatur, Monaesi nobili viro tradidit, adiectis Adiabenorum auxiliis, mandavitque Tigranen Armenia extur-

---

*praeter* ipsi Y 03; V 63$^{2}$*mg*, N 23$^{1}$*mg*, C; V 64, γ, K | prospere] M; V 63$^{1}$, N 23$^{1}$; *cett. praeter* rupere Y 03; V 63$^{2}$*mg*, N 23$^{1}$*mg*, C; V 64, γ, K *add.* sed L (*punctis del.*) | nunc] non V 64 | in exitium] B$^{2}$*mg*, Hol, L 24, Z; *Gen*; Y 01, Y 02; U; N 22; K in absitium M; B$^{1}$; Y 03; β, C; V 64, γ per obsidium *Stuttg*$^{2}$, L **8** abrumpunt] arrumpunt N 21 prorumpunt V 65 | ibo] *om.* α | infitias] infitios C$^{1}$ (*corr. in textu* C$^{2}$) | quam] quem V 63 **9** causa] causam V 65 | retinere parta maioribus] parta maioribus retinere L | partha Y 01; V 64 | maioribus] moioribus M | malueram] retinueram (*punctis del.*) malueram N 22 | cunctatione] contatione V 58, E, H$^{1}$ (*corr. in textu* H$^{2}$), Mal, Prm, J, B 72; N 22 cuntatione B 05, G (u *in ras.*, c *add. s. l.* G$^{2}$); Ven | deliqui] delinqui B 72 **10** corigam V 65 | vestra] nostra α | in] *om.* M; B 72$^{1}$ (*add. s. l.* B 72$^{2}$); Y 01$^{1}$ (*add. s. l.* Y 01$^{2}$), Y 02 | integro] integra Y 02 intera Y 01$^{1}$ (*corr. s. l.* Y 01$^{2}$) | addita] adita V 63 addite Vin **11** summis] summus U$^{1}$ (summis U$^{2}$*mg*) | dis] M; Y 01; V 63$^{1}$ diis V 63$^{1}$ *in textu*; *cett.* **12** aestimatur] extimatur α; *Fer* ($<$ H); Y 03; V 63, N 23, Vin, *Stuttg*$^{1}$, N 22; γ (existimatur Or), K estimata *Stuttg*$^{2}$ *s. l.* | dyademate V 58, B 72; Y 01, Y 02; U; P, C; V 64 | capud G; Y 01 | Tiridatis] V 63$^{1}$, N 23$^{1}$, Ven$^{1}$, *Stuttg*$^{2}$; *cett. praeter* tyridatis M; L 24; *Gen*; Y 01, Y 02; P, N 22, C; V 64 thiridatis K tiridates V 63$^{2}$ *s. l.*, N 23$^{1}$ *s. l.*, Ven$^{1}$ *s. l.*, *Stuttg*$^{1}$ tridates Vin$^{1}$ (i *add. s. l.* Vin$^{2}$) | Tiridatis evinxit] euinxit tiridatis Vin, *Stuttg* | evinxit] eiunxit U cinxit P | promptam] promtam Y 03 prompturam β (prompta V 63$^{2}$ *mg*, ur *punctis del. Stuttg*$^{2}$) **13** ex] *om.* Y 01$^{1}$ (*add. s. l.* Y 01$^{2}$), Y 02 | sectatur] sectabatur *Gen*; Y 01, Y 02; N 22 | Monaesi] monasi M$^{1}$ (*corr. in textu* M$^{1}$; e M$^{2}$*mg*) monensi B 72 monesi *cett.* **14** abiectis B 72 | Adiabenorum] iabenorum L 24; Y 01$^{1}$ (*corr. s. l.* Y 01$^{2}$), Y 02 adlebenorum V 63, N 23, Ven adiebenorum Vin adyabenorum C adiobenorum Or | mandavitque] mandauit B 05, B 72 | Tigranen] V 63 tygranen M; B, Hol, L 24; Y 01 tygranem Z; *Gen*; Y 02; P, N 22, C; K tigranem *cett.* | Armenia] armenie Mal, Prm, J; N 22$^{1}$ (*corr. s. l.* N 22$^{1}$) armeniam B 72 armonia U$^{1}$ (armenia U$^{2}$*mg*) | exturbandum dum] exturba·dum M exturbandum α; *Stuttg*$^{2}$, L; V 64, N 21, O 48 exturba dum Y 03 ex turba dum U$^{1}$ (exturbari U$^{2}$*mg*); C$^{1}$ (-re *add.* C$^{2}$ *s. l.*); A, V 65, Or, O 22 exturbari dum *Gen* (-re B 72); Y 01, Y 02; N 22; K exturbat dum β (-ba- *add.* V 63$^{2}$ *s. l.*, N 23$^{1}$ *s. l.*; exturbandum *corr. Stuttg*$^{2}$ *in textu*) exturbare bandum, dum ipse positis adversus Hyrcanos discordiis vires intimas molemque belli ciet, provinciis Romanis minitans.

Quae ubi Corbuloni certis nuntiis audita sunt, legiones duas cum 3,1
Verulano Severo et Vettio Bolano subsidium Tigrani mittit, occulto praecepto, compositius cuncta quam festinantius agerent. quippe bellum habere quam gerere malebat, scripseratque Caesari proprio duce opus esse, qui Armeniam defenderet: Syriam ingruente Vologaese
acriore in discrimine esse. atque interim reliquas legiones pro ripa Euphra- 3,2
tis locat, tumultuariam provincialium manum armat, hostiles ingressus

---

dum *Ernesti* **15** positis] compositis Y 01; U$^2$*mg* expositis Y 02 positus P | adversus] aduersis Or, N 21$^1$ (*corr. s. l.* N 21$^2$), O 48, O 22 | Hyrcanos] hircanos M; L 24, Z; U, Y 03; V 63, N 23, Vin, *Stuttg*, L, C; V 64, V 65, Or | vires] uiras V 63$^1$, N 23$^1$, Ven$^1$ (*corr. s. l.* V 63$^1$, N 23$^1$, Ven$^1$) iuras P$^1$ (curas P$^2$ *s. l.*) **16** molemque] M; U$^1$; *cett. praeter* mollemque B, Hol; N 23 moremque U$^2$ *s. l.* molem C | molemque belli ciet] *om.* H$^1$ (*add.* H$^2$*mg*) | ciet] eiet N 21$^1$ (ciet N 21$^2$*mg*), O 48, O 22 *om.* Or (*spat. 8 litt.*) | minitans] mitans M$^1$ (-ni- *add. s. l.* M$^1$) īmitans V 65 militans Or

**2** oratio uologesis B 05$^2$*mg*, G$^2$*mg*, H$^2$*mg*; V 63$^2$*mg*, N 23$^1$*mg*, N 22$^1$*mg* loquitur uologeses in concilio ad suos B 72$^2$*mg* uolagesis (*sic*) oratio ad tiridatem fratrem P$^2$*mg* uerba uologesis ad parthos suos *Stuttg*$^2$*mg* loquitur uologeses K$^2$*mg* **5** nomades N 22$^1$*mg* (*ad* nam Medos) **8** ibo inficias V 58$^1$*mg*, B 05$^1$*mg* inficias H$^1$*mg*, Prm$^1$*mg*, J$^1$*mg*; N 22$^1$*mg* **11** modestie fama et a diis estimatur K$^2$*mg* **13** monesi nobili G$^2$*mg* moneses V 63$^2$*mg*, N 22$^1$*mg*

**1** certis] cunctis β (certis V 63$^2$ *s. l.*, N 23$^1$ *s. l.*, Ven$^1$ *s. l.*) | nuntiis] nuntis A$^1$ 3
(*corr. s. l.* A$^2$) | duas] suas H **2** Verulano] merulano P, Vin | Severo] seucio O 22 | Vettio] M; L 24 uectio B, Hol, Z; *Gen*; Y 01, Y 02; N 22; K ueno V 65 uetio *cett.* | bollano Y 02 | Tigrani] tygrani M; B, Hol, L 24; *Gen* (-anni B 72); Y 01, Y 02; P, N 22; V 64, K | occulto] *bis* Z **3** compositius] M; N 22$^1$; *cett. praeter* compositus N 23, Ven, P, Vin, *Stuttg*$^1$, N 22$^1$ *s. l.* compositum Y 03; *Stuttg*$^2$ *in textu*, L, C; γ (< O 22) positum O 22, K | quam festinantius] confestinantius M; V 63, N 23, Ven, L cum festinantius U, Y 03; Vin, *Stuttg*, C; V 64, γ, K tibi festinantius P **4** malebat] G, B 72 mallebat E, H (l *puncto del.*), Mal, Prm, J mallebant N 22 malebant M; V 58$^1$ (-bat V 58$^2$ *s. l.*); Y 01 (n *puncto del.*); *cett.* | scripserantque V 65, Or | Caesari] cesar Y 01$^1$ (*corr. in textu* Y 01$^2$), Y 02 **5** Syriam] siriam V 63, Vin, *Stuttg*; V 64, Or | ingruente] ingrediente U, Y 03; β, L, C; V 64, γ (ingrediendo V 65), K | uologeses M (-s *del.*) **6** acriore] M; N 22$^1$; *cett. praeter* acriori P, Vin, *Stuttg*, N 22$^1$ *s. l.* | in] *om.* B 72; N 22 | esse] *om.* Prm, J, B 72; N 22 | reliquas] aliquas Hol | legiones] regiones P$^1$ (*corr. s. l.* P$^2$) | Euphratis] V 58, B 05, B 72; Y 02; P eufratis M; *cett.* **7** tumultuariam] *Gen*; Y 01, Y 02; U; N 22; V 64 tum multi uaria M tum multo uariam Y 03;

praesidiis intercipit. et quia egena aquarum regio est, castella fontibus imposita; quosdam rivos congestu harenae abdidit.

4,1 Ea dum a Corbulone tuendae Syriae parantur, acto raptim agmine Monaeses, ut famam sui praeiret, non ideo nescium aut incautum Tigra-
4,2 nen offendit. occupaverat Tigranocertam, urbem copia defensorum et magnitudine moenium validam. ad hoc Nicephorius amnis haud sper-

---

β (uarium P; tumultuariam V 63$^{2}$ *s. l.*, N 23$^{1}$ *s. l.*, Ven$^{1}$ *s. l.*), L, C (-to *in ras.*); γ (ualidam N 21$^{2}$*mg*), K tum multifariam α | provincialium] prouinciam Mal, Prm, B 72; N 22$^{1}$ (*corr. s. l.* N 22$^{1}$) potentiam J$^{1}$ (*corr. s. l.* J$^{2}$) | manum] manu B 72 **8** praesidiis] *om.* N 23 | et quia egena aquarum regio est] *om.* V 65$^{1}$ et quia egens aquarum regio est *add.* V 65$^{1}$*mg* | egena] egens U, Y 03; L, C; V 64, γ, K | est] et B 72 | castela N 23 **9** imposita] inposita M; V 64 | quosdam] quodam U$^{1}$ (quosdam U$^{2}$*mg*) | congestu] congestum Y 01 (m *del.*) cum gestum Y 02 congesto N 22$^{1}$ (*corr. in textu* N 22$^{1}$) | harenae] M; Hol; V 63, C; V 64 arene *cett. praeter* abrene P haberent Y 01$^{1}$ (*corr. in textu* Y 01$^{2}$), Y 02 | abdidit] addidit J; Y 03; V 63$^{1}$ (*corr. s. l.* V 63$^{2}$), P; V 65, N 21

**1** corbulo B 05$^{2}$*mg* **2** uerulanus seuerus, uectius bolanus G$^{2}$*mg* **6** pro ripa ante ripam G$^{2}$*mg* **8** egena aquarum regio Hol$^{2}$*mg*

4 **1** dum] *om.* Z$^{1}$ (*add. s. l.* Z$^{2}$) | Corbulone] corbulione C (i *puncto del.*) corbolone Y 01$^{1}$ (*corr. in textu* Y 01$^{2}$) | parantur tuende sirie L 24 | Syriae] sirie L 24; Y 03; V 63, Vin, *Stuttg*; V 65, Or sine (*punctis del.*) sirie N 23 | parantur] parabantur U | acto] apto C; V 64 | raptim] ac (*punctis del.*) raptim J | agmine — **2** incautum] *om.* Y 01$^{1}$ (agmine *ex* tygranem *corr. in textu* Y 01$^{2}$, ///neses ut famam sui preueniret ///deo nescium aut incautum ///ranem *add.* Y 01$^{2}$*mg*) **2** Monaeses] monogeses Y 02 | ut] et P, Ven | fama B 72 | sui] siti β (sui V 63$^{2}$ *s. l.*, N 23$^{1}$ *s. l.*, Ven$^{1}$ *s. l.*; *corr. in textu Stuttg*$^{2}$) | praeiret] preinret M$^{1}$ (*corr. in textu* M$^{1}$) preueniret Y 01$^{2}$*mg* periret Or, N 21$^{1}$ (*corr. s. l.* N 21$^{2}$) *om.* Vin | ideo] M; V 58$^{1}$; *cett. praeter* adeo V 58$^{2}$ *s. l.*, *Fer*, B 72; N 22 | nescium] *om.* B 05$^{1}$ (*add.* B 05$^{2}$*mg*) | aut] ut U | Tigranen] tygranem M; B, Hol, L 24; *Gen*; Y 01, Y 02; U; P, N 22, C; V 64, K tigranem *cett.* **3** occupaverat] qui occupauerat *Gen* (-uera J); Y 01, Y 02; N 22 | Tigranocertam] *Stuttg*$^{1}$ (-m *eras. Stuttg*$^{2}$); O 48 tygranocertam M; *cett. praeter* tygranocerta *Gen*; N 22$^{1}$ (-am N 22$^{1}$ *s. l.*) tigranocerta *Stuttg*$^{2}$, L tigrano certam V 65 tygranertam Hol | et] ut J **4** magnitudinem M (-m *del.*) | ad hoc] adhuc B 72 | Nicephorius] niceforius *Fer* (< J); N 22$^{1}$ (-farius N 22$^{1}$ *s. l.*) nycephorus C; V 64 nyphorus U$^{1}$ (-ce- *add.* U$^{2}$ *s. l.*) micephorius L micephorus Y 03; γ, K micepharius β tucephorius B, Hol | amnis] annis N 23 | spernenda]

nenda latitudine partem murorum ambit, et ducta ingens fossa, qua fluvio diffidebatur. inerantque milites et provisi ante commeatus, quorum subvectu pauci avidius progressi et repentinis hostibus circumventi ira magis quam metu ceteros accenderant. sed Partho ad exequendas ob- 4,3
sidiones nulla comminus audacia: raris sagittis neque clausos exterret et semet frustratur. Adiabeni cum promovere scalas et machinamenta inciperent, facile detrusi, mox erumpentibus nostris caeduntur.

Corbulo tamen, quamvis secundis rebus suis, moderandum fortunae 5,1
ratus misit ad Vologaesen, qui expostularent vim provinciae illatam: socium amicumque regem, cohortes Romanas circumsederi. omitteret

---

spernendam β (-dum P; -m *del.* *Stuttg*$^2$) **5** ambit] L 24; *Gen*; Y 01, Y 02; Vin, *Stuttg* ambiit M; L$^1$; N 21$^1$; *cett.* (i *alt. del.* L$^2$; N 21$^2$) | fossa] *om.* B 05$^1$ (*add.* B 05$^2$*mg*) | qua] que *Fer* (< G), B 72; N 22 quia O 22$^2$ *s. l.* **6** diffidebatur] diffidebat L 24; N 21$^1$ diuidebatur N 21$^2$*mg* | inerantque] inherantque M; V 63 (h *puncto del.*) inerant U, Y 03; C; V 64, γ, K | comeatus Ven, Vin, *Stuttg*; V 65 conmeatus V 64 **7** subvectu] subuentu Mal, Prm, J; N 22 subuentum B 72 | progressi] progressus B$^1$ (*corr. in textu* B$^2$) | et] ex H **8** metu] metus B (s *puncto del.*) | accenderent V 65 | Partho] parcho C par P | exequendas] exsequendas M (s *pr. del.*?) exequandas E **9** comminus] M; H coīs V 65 cominus *cett.* | sagittis] sagictis Hol, Z; Y 03; A sagyptis B 72 sagitis N 23 | clausos] clausis P **10** frustratur] frustatur G; γ frustratus Y 01, Y 02 | Adiabeni] adyabeni U adieni V 63, N 23, Ven, C; V 64 adiabem Vin, *Stuttg*$^1$ (*corr. in textu Stuttg*$^2$) | Adiabeni cum] ad iabenicum L 24; Y 01$^1$ (*corr.* Y 01$^2$), Y 02 adiabenicum P adienicum V 63 | cum promovere] compromouere V 65 (*corr. in textu*) | scalas] schalas V 58, Mal, J; P; N 21, K scallas H$^2$ *s. l.* | inciperent] inceperant P **11** mox] in mox P | errumpentibus Y 01 (r *pr. del.*); V 65 | caeduntur] facile ceduntur *Gen* (cred- B 72); N 22

**2** tygranes U$^2$*mg* **3** trigranocerta B 05$^2$*mg* (r *pr. puncto del.*) urbs tigranocerta V 63$^2$*mg* **4** niceforius G$^2$*mg* nicephorius flumen H$^2$*mg* micepharius flumen N 22$^1$*mg* micephorus amnis K$^2$*mg* **8** partho G$^2$*mg*

**1** corbolo *Stuttg* | tamen] tum Y 02 | tamen quamvis] tanquamuis Y 01$^1$ 5
(*corr. s. l.* Y 01$^2$) | secundis] fecundis B, Hol (*corr. ex* -dus) | suis] *om.* B 05 | moderandum] moderande *Fer*, B 72; N 22 | fortunae] *om.* V 65 **2** Vologaesen] M; B, Hol, L 24; Y 01; β uologesem *cett.* | expostularent] explorarent B$^1$ (*corr.* B$^2$*mg*), Hol | illatam] allatam Vin, *Stuttg* **3** regem] *add.* et *Stuttg*$^2$ *s. l.*, L | cohortes] M; G$^2$ (e *in ras.*); *cett. praeter* cohortis *Fer*; N 22$^1$ (*corr. s. l.* N 22$^1$) | circumsederi] *Stuttg*$^2$ *s. l.*, L$^2$ *s. l.* (circumsideri *Ryckius*) circumsedere M; *Stuttg*$^1$, L$^1$; *cett.* | omitteret] obmitteret U, Y 03; N 21

5,2 potius obsidionem, aut se quoque in agro hostili castra positurum. Casperius centurio in eam legationem delectus apud oppidum Nisibin, septem et triginta milibus passuum a Tigranocerta distantem, adit regem et
5,3 mandata ferociter edidit. Vologaesi vetus et penitus infixum erat arma Romana vitandi, nec praesentia prospere fluebant. irritum obsidium, tutus manu et copiis Tigranes, fugati qui expugnationem sumpserant, missae in Armeniam legiones, et aliae pro Suria paratae ultro irrumpere; sibi imbecillum equitem pabuli inopia: nam exorta vi locustarum aberat
5,4 quicquid herbidum aut frondosum. igitur metu abstruso mitiora obtendens, missurum ad imperatorem Romanum legatos super petenda

---

**4** obsidionem] obsidiones $M^1$ (*corr.* $M^1$) obsidione nenem V 65 | aut] potius aut P | castra] se (*punctis del.*) castra H **5** legationem] legionem $M^1$ (legationem $M^2$*mg*); α; H | oppidum] opidum Hol, Z; U; O 48, O 22 *om.* B $05^1$ (*add.* B $05^2$*mg*) | Nisibin] M; *cett. praeter* nisibim B 72; V 65 nysibin Y 02 nysibim *Gen* (< B 72); N 22 nisibni α insibin P **6** millibus L, N 22; V 65, Or | Tigranocerta] tygranocerta M; B, Hol, L 24; *Gen* (< J); Y $01^2$ (-am Y $01^1$, m *del.*), Y 02; N 22, C; V 64, K tignanocerta Ven tigliocrita P tigrano certa V 65 Tigranocertis *Ritter* | distantem] rūta (*punctis del.*) distantem V 58 | adit] M; $G^1$; *cett. praeter* adiit L 24; $G^2$ (i *add. s. l.*) addit O 22 **7** vetus et penitus] et uetus penitus U, Y 03; β, C; V 64, γ, K ut uetus penitus *Stuttg*$^2$ *s. l.*, L penitus et uetus $H^1$ (*corr. s. l.* $H^2$) | penitus] *om.* B $05^1$ (*add.* B $05^2$*mg*), B $72^1$ (*add. post* infixum B $72^2$*mg*) | infixum] infixus $Prm^1$ (*corr. s. l.* $Prm^2$); Or, O $48^1$ (*corr. s. l.* O $48^2$) fixum B $72^1$ (in *add. s. l.* B $72^2$) | erat] *add.* studium *Fuchs, MH 32 (1975), 61* **8** vitandi] *add.* studium *Ritter* | prospere] prospe Y 01 (s *puncto del.*) | irritum] $M^1$; *cett. praeter* inritum $M^2$ *s. l.* initum C | tutum B 72 **9** manus et copias O 22 | Tigranes] tygranes α; *Gen* (tygrani B 72); Y 02; P, N 22, C; V 64, K | missae] inisse P **10** legiones] legationes J | aliae] alia P, Vin, *Stuttg* | Suria] M; $U^1$; *cett. praeter* syria Hol, Z; *Gen*; Y 01, Y 02; $U^2$*mg*; P, L, N 22; γ (< Or), K siria Y 03; Vin, *Stuttg*; Or | parata P | irrumpere] irrupere Y 03; N 23, Vin; γ erumpere U **11** imbecillum] inbeccillum M; B 72; V 63 (-c-), C (im-; c *pr. puncto del.*); V 64 (-c-) imbecilum N 22 imbecilium N 23 | inopia] inopiam *Gen* (< B 72); U; N 22 | nam] iam N 23 | vi] M; Y $01^1$; *cett. praeter* in P; Or, O $22^1$ (ui O $22^2$ *in textu*) uis *Gen*; Y $01^2$ *s. l.*; N 22; K ⟨ingenti⟩ vi *Fuchs* ⟨immensa⟩ vi *Koestermann in apparatu* | vi locustarum aberat] uis locustarum abederat *Gen* vis locustarum ambederat *Lipsius*, *Furneaux* (*contra G. Sörbom, Variatio sermonis Tacitei, Upsaliae 1935, 168sq.*) | aberat] M; *cett. praeter* abederat *Gen*; Y 01, Y 02; N 22; K **12** quicquid] quidquid V 58 quicquam P | frondosum] M; *Stuttg*$^1$; *cett. praeter* floridum Y 03; *Stuttg*$^2$*mg*, $L^1$ (frondosum $L^2$ *s. l.*); γ | abstruso] M; V $63^1$, N $23^1$, $Ven^1$, *Stuttg*$^1$, N $22^1$; *cett. praeter* obstruso Y 03; V $63^2$ *s. l.*, N $23^1$ *s. l.*, $Ven^1$ *s. l.*, *Stuttg*$^2$ *in textu*, $L^1$ (*corr. in textu* $L^2$), N $22^1$ *s. l.*, C; γ, K obstrusu V 64 obtruso E; U abstrusso Y 01 abstruoso P **13** misurum Ven | lega-

Armenia et firmanda pace respondet; Monaesen omittere Tigranocertam iubet, ipse retro concedit.

Haec plures ut formidine regis et Corbulonis minis patrata ac magni- 6,1
fica extollebant. alii occulte pepigisse interpretabantur, ut omisso
utrimque bello et abeunte Vologaese Tigranes quoque Armenia abscede-
ret. cur enim exercitum Romanum a Tigranocertis deductum? cur de- 6,2
serta per otium quae bello defenderant? an melius hibernavisse in ex-
trema Cappadocia, raptim erectis tuguriis, quam in sede regni modo re-

---

tos] legato Z *om.* Y 03 | petenda Armenia et] *om.* L **14** et — cap. 6,3 Armenia] *om.* B 72 | firmanda] M; H$^2$ *in ras.*; *cett. praeter* syllana *Fer* | respondet] responde Mal, Prm, J (*sequ. spat. 6 litt.*) responderet P | Monaesen] monesem *Gen*; U; N 23, Ven, *Stuttg*, L, N 22 moneson Y 03; A, Or, O 48, O 22 monosen L 24 amonensem P | omittere] obmittere U amittere N 23, Ven, P, Vin, *Stuttg*$^1$ (*corr. s. l. Stuttg*$^2$), N 22, C; V 65, Or, O 22 ammittere Y 03; V 63; O 48 anmittere V 64, A admittere N 21 | Tigranocertam] tygranocertam M; $\alpha$; Y 01, Y 02; N 22, C; V 64, K tignanocertam Ven tygranocritam P tigrano certam V 65 tigranocerta L tygranocerta *Gen* **15** concedit] concedet O 48$^1$ (*corr. in textu* O 48$^2$)

**1** corbulo G$^2$*mg* **4** casperius centurio G$^2$*mg* casperius V 63$^2$*mg*, N 22$^1$*mg* **5** oppidum nysibim G$^2$*mg* nisibis urbs V 63$^2$*mg* nysibim N 22$^1$*mg* **10** sibi imbecillum equitem pabuli inopia Hol$^2$*mg* **11** locustarum uis abederat herbidum et frondosum B 05$^2$*mg* | uis locustarum V 63$^2$*mg*, C$^2$*mg*; K$^2$*mg* locuste H$^2$*mg*; N 22$^1$*mg* **12** herbidum G$^2$*mg*, H$^1$*mg* | miraculum G$^2$*mg*

**1** ut] in Or, O 22 | Corbulonis] combulonis Hol | minis] nimis Y 01$^1$ (*corr.* 6
*in textu* Y 01$^2$); P minus *Fer* (< H) | patrata] M; V 63$^1$, N 23$^1$, *Stuttg*$^1$ (*punctis del.*), N 22$^1$; *cett. praeter* pacta Y 03; V 63$^2$*mg*, N 23$^1$*mg*, N 22$^1$*mg*, C; $\gamma$ (< O 22) peracta *Stuttg*$^2$*mg*, L; O 22 | ac magnifica] *om.* P, Vin, *Stuttg*$^1$ (*add. Stuttg*$^2$ *mg*) magnifice *Puteolanus* **2** extollebant] extolerabant P | occulto U | interpetrabantur C; V 65 | omisso] obmisso U, Y 03; N 21 amisso N 23$^1$ (*corr. s. l.* N 23$^1$), P, Vin, *Stuttg*, N 22$^1$ (*corr. s. l.* N 22$^1$) ammisso V 63$^1$ (*corr. s. l.* V 63$^2$) admisso Ven **3** utrimque] M$^1$ (*corr.* M$^1$ ex utrū-); V 63 utrinque *cett. praeter* utrunque P; O 22, K | Tigranes] tygranes M; B, Hol, L 24; *Gen*; Y 01, Y 02; U, Y 03; Vin, N 22; V 64, A, K tygrannes C | abscederet] absederet Vin$^1$ (*corr. s. l.* Vin$^2$) **4** cur] M; V 63$^1$, N 23$^1$, N 22$^1$; *cett. praeter* cum U$^1$ (cur U$^2$*mg*); V 63$^2$*mg*, N 23$^1$*mg*, N 22$^1$ *s. l.*; V 64 contra P | exercitum] exercitus M$^1$ (*corr. s. l.* M$^1$) | a] *om.* $\beta$ (< V 63) | Tigranocertis] tygranocertis M; B, Hol, L 24; *Gen*; Y 01, Y 02; V 63, N 23, N 22; K tignanocertis Ven tygranocritis P tigranocerta Y 03; $\gamma$ (tigrano certa V 65, Or) tygranocerta U; C; V 64 | deductum] abductum L **5** defenderat O 22, K | in extrema Cappadocia] in cappadocia extrema L$^1$ (*corr. s. l.* L$^2$) **6** Cappado-

tenti? dilata prorsus arma, ut Vologaeses cum alio quam cum Corbulone certaret, Corbulo meritae tot per annos gloriae non ultra periculum facere
6,3 ret. nam, ut rettuli, proprium ducem tuendae Armeniae poposcerat, et adventare Caesennius Paetus audiebatur. iamque aderat, copiis ita divisis, ut quarta et duodecima legiones addita quinta, quae recens e Moesis excita erat, simul Pontica et Galatarum Cappadocumque auxilia Paeto oboedirent, tertia et sexta et decuma legiones priorque Syriae miles apud
6,4 Corbulonem manerent; cetera ex rerum usu sociarent partirenturve. sed neque Corbulo aemuli patiens, et Paetus, cui satis ad gloriam erat, si pro-

---

cia] capadocia L 24; H$^{1}$ (*corr. s. l.* H$^{2}$), B 72; Y 01, Y 02; U; N 22, C; A$^{1}$ (*corr. s. l.* A$^{2}$), O 22, K cappadocie Prm$^{1}$ (*corr. in textu* Prm$^{1}$) | raptim] raptum P | erectis] ereptis Hol; Mal$^{1}$ (*corr. s. l.* Mal$^{2}$), J, B 72; Y 01, Y 02; V 63$^{1}$ (*corr. s. l.* V 63$^{2}$), Ven, P, N 22$^{1}$ (*corr. s. l.* N 22$^{1}$); V 64, $\gamma$ (*corr. s. l.* N 21$^{2}$), K | tuguriis] tauguriis B (a *puncto del.*) tiguriis N 22$^{1}$ (*corr. s. l.* N 22$^{1}$); Or, O 48, O 22 | quam] quoniam Y 01$^{1}$ (*corr. in textu* Y 01$^{2}$), Y 02 | in sede] insidere U, Y 03; C; V 64, $\gamma$ (V 65$^{2}$ *in textu ex* insedere) | retenti] recenti Prm, J, B 72; N 22$^{1}$ (*corr. s. l.* N 22$^{1}$); V 65, O 22 contenti M$^{1}$ (*corr. s. l.* M$^{1}$) recontenti Y 01 (-con- *punctis del.*), Y 02 **7** Vologaeses] uologesese Y 01 (-e *puncto del.*) uologenses N 23 (n *puncto del.*) | quam] insole regni *add. et punctis del.* N 23 **8** meritae] merito B, Hol; U, Y 03; $\beta$ (*corr. s. l. Stuttg*$^{2}$), C; V 64, $\gamma$, K | ultra] *om.* U **9** rettuli] B 05, Mal, Prm, J; Y 03; P, L; A, K retuli M; *cett.* | proprium] *bis* G properum V 65 | poposcerat] proposcerat J poposcebat V 64$^{1}$ (*corr. s. l.* V 64$^{2}$) **10** adventare] aduentante $\beta$ (< V 63), N 22$^{1}$ *s. l.* | Caesennius] cesennius M; *cett. praeter* cesenius E; *Stuttg*, L, N 22; K censennius B, Hol; B 05; Y 01 (n *alt. puncto del.*); Y 03; C; V 64, A, N 21, O 48 censenius Vin; V 65 censemus U$^{1}$ (censenius U$^{2}$*mg*) censensus O 22 cericemus P | Paetus] putus P | divisis] dimissis Or, N 21, O 48, O 22 **11** legiones] M; N 22$^{1}$; *cett. praeter* legione $\alpha$; G (-e *in ras.*); U, Y 03; $\beta$ (-ne *punctis del. Stuttg*$^{2}$), N 22$^{1}$ *s. l.*, C; V 64, $\gamma$ legio L | e] est (*punctis del.*) e H ex L a U; $\beta$ (< V 63) | Moesis] M; G$^{1}$, H$^{1}$; *cett. praeter* moesiis G$^{2}$ *s. l.*, H$^{2}$ *s. l.*; P, Vin, *Stuttg* **12** excita] edita B 72$^{1}$ (*corr. s. l.* B 72$^{2}$, excita B 72$^{2}$*mg*) | sumul N 23 | Pontica] pontita *Stuttg* potentia Vin | Galatarum] galatharum Hol, L 24; *Fer* (h *del.* G); Y 02; Y 03; N 23, Ven, Vin, *Stuttg*, L; A, N 21, O 48, O 22, K gallatharum P gallatarum V 58$^{2}$ *s. l.*, B 05; N 22; V 65 gallicarum B 72 | Cappadocumque] M$^{1}$ (*corr. ex* cappadacumque); *cett. praeter* capadocumque L 24; H$^{1}$ (*corr. s. l.* H$^{2}$), B 72; Y 01, Y 02; V 63$^{1}$ (*corr. s. l.* V 63$^{2}$), N 23, N 22, C; K cappadochumque O 48, O 22 (capa-) capodocumque U **13** decuma] M decima *cett.* | legiones] legione U, Y 03; C; V 64, $\gamma$ | priorque] priorique P | sirie V 63, N 23, Vin, *Stuttg*; Or | miles] milex M$^{1}$ (*corr. in textu* M$^{1}$) **14** manerent] maneret H monerent Or | cetera] ceterum Or, N 21, O 48, O 22 | ex] et O 22 | patirenturue C **15** cui] qui B 72$^{1}$ (cui ximus haberetur, despiciebat gesta, nihil caedis aut praedae, usurpatas nomine tenus urbium expugnationes dictitans: se tributa ac leges et pro umbra regis Romanum ius victis impositurum.

Sub idem tempus legati Vologaesis, quos ad principem missos memo- 7,1
ravi, revertere inriti bellumque propalam sumptum a Parthis. nec Paetus
detrectavit, sed duabus legionibus, quarum quartam Funisulanus Vetto-
nianus eo in tempore, duodecumam Calavius Sabinus regebant, Arme-
niam intrat tristi omine. nam in transgressu Euphratis, quem ponte tra- 7,2

---

B 72$^{2}$ *s. l.*) | ad gloriam erat] erat ad gloriam U, Y 03; L, C; V 64, γ **16** haberetur] *om.* V 65 | caedis] praede (*punctis del.*) caedis U | usurpatas] M; V 63$^{1}$, N 23$^{1}$, Ven$^{1}$, *Stuttg*$^{1}$, N 22$^{1}$; *cett. praeter* usurpatum Y 01$^{1}$ (*corr. in textu* Y 01$^{2}$), Y 02; U, Y 03; V 63$^{2}$ *s. l.*, N 23$^{1}$ *s. l.*, Ven$^{1}$ *s. l.*, *Stuttg*$^{2}$ *s. l.*, L, N 22$^{1}$ *s. l.*, C; V 64, γ usurpata B 72 **17** expugnationes] *Gen*; Y 01, Y 02; N 22 expugnatione M; α; β, L expugnationem U$^{1}$ (-ne U$^{2}$*mg*), Y 03; C; V 64, γ, K | se] sed *Fer* (d *eras.* H), B 72; N 22 **18** regis] reḡ V 63$^{1}$ (*corr.* V 63$^{1}$) regem Or | impositurum] inpositurum V 64 compositurum V 65

**6** tugurium G$^{2}$*mg* **7** corbulo G$^{2}$*mg* **10** cesennius petus G$^{2}$*mg*; V 63$^{2}$*mg*, N 22$^{1}$*mg* cesonius Y 03$^{2}$*mg* **11** moesii G$^{2}$*mg* **15** petus P$^{2}$*mg*

**1** Vologaesis] uologeses B 72; Y 01 uologesi regis U, Y 03; C; V 64, γ (uologesi V 65) | ad] apud α **2** revertere] euertere P | inriti] M irriti *cett.* | bellumque] bellum que P | propalam] propallam N 22$^{1}$ (l *alt. add. s. l.*) | sumptum] sumptu B, Hol | Paetus] pecus Mal **3** detrectavit] detractauit Hol, L 24; H$^{1}$ (*corr. s. l.* H$^{2}$), B 72; Y 01, Y 02; Y 03; β (< *Stuttg*); V 64 | quarum] parum Y 01$^{1}$ (*corr. in textu* Y 01$^{2}$) | quartam] *om.* Prm, J, B 72; N 22 quartum Or | Funisulanus] M; N 22$^{1}$; *cett. praeter* funisolanus β (< V 63), L, N 22$^{1}$ *s. l.* fimisulanus B 05, G, E, Mal; Y 01 fanisulanus C fenisulanus Or | Vettonianus] uectonianus Hol, Z; *Gen*; Y 01, Y 02; Y 03; P, L, C; **V 64**, γ (ne- V 65), K uetonianus *Stuttg* uetoianus *Vin* uectonionanus U (o *alt. puncto del.*) uectomianus N 22$^{1}$ (-ni- N 22$^{1}$ *s. l.*) **4** in] *om.* J; U | duodecumam] M duodecimam *cett.* | Calavius] caluius L 24; H calanius B 72; Y 03; P; A, V 65, K calanus L calamus Or, N 21, O 48, O 22 | regebant] regebat Hol; *Gen*; Vin, N 22; V 64, K regebatur Or, O 22 | Armeniam — **5** tramittebant] *om.* Y 01$^{1}$ //meniam intrat tristi omine //m in transgressu euphratis //em sponte (*sic*) transmittebat *add.* Y 01$^{2}$*mg* **5** intrat] intrant Or, N 21, O 48, O 22, K in tam Y 02 | tristi omine] tristionem M (-m *del.*) | omine] ogmine L 24 omne E; O 22 ommine N 21 (m *pr. puncto del.*) ordine Ven | trasgressu Hol | Euphratis] *Gen* (< E); Y 01$^{2}$*mg*, Y 02; P, Vin eufratis M; E; *cett.* | quem] quoque U quae in V 65 | ponte] pontem E, H (-m *eras.*), Mal, Prm, J, B 72; N 22 ponto C | tramittebant] M; B, L 24 tramittebat Hol transmittebant Z; V 58, B 05, *Fer* (< J); U, Y 03; β, L, N 22, C; V 64, O 22, K trans- 7 mittebant, nulla palam causa turbatus equus, qui consularia insignia gestabat, retro evasit; hostiaque, quae muniebantur hibernaculis adsistens, semifacta opera fuga perrupit seque vallo extulit; et pila militum arsere, magis insigni prodigio, quia Parthus hostis missilibus telis decertat.

8,1 Ceterum Paetus spretis ominibus, necdum satis firmatis hibernaculis, nullo rei frumentariae provisu, rapit exercitum trans montem Taurum re-

---

mittebat J, B 72; Y 01$^2$*mg* transnitebant Y 02 terras mittebant A, V 65, Or, N 21$^1$ (transmittebant N 21$^2$*mg*), O 48$^1$ (transmittebant *corr. in textu* O 48$^2$) **6** nullam N 23 | equus] equs G$^1$, H$^1$ (*corr. s. l.* G$^2$, H$^2$); N 21 | qui] cui Hol quia K per N 23$^1$ (qui N 23$^2$ *s. l.*) | consularia] V 58$^1$; *cett. praeter* consiliaria M; V 58$^2$ *s. l.*; V 63, N 23$^1$ (*corr. s. l.* N 23$^2$), Ven | insignia] insigna H$^1$ (*corr. s. l.* H$^2$) **7** hostiaque quae] V 58, B 05; *Puteolanus* hostiaque *Fer*, B 72; Y 01$^1$ (que *add.* Y 01$^2$ *s. l.*); N 22; K$^1$ (que *add.* K$^2$*mg*) ostia queque M; Z hostia queque B, Hol, L 24 hostia que H$^2$ *in ras.*; Y 02; Ven hostia quam V 63$^1$, N 23$^1$ (hostie V 63$^2$ *s. l.*, N 23$^1$ *s. l.*), P hostiam que Vin, *Stuttg*$^1$ (quoque *Stuttg*$^2$) hostia quoque que L hostie queque Y 03; C; γ (< O 22) hostie quoque U$^1$ (hostia U$^2$*mg*; o *alt. in ras.*); V 64, O 22 | muniebantur] M; V 63$^1$, N 23$^1$, Ven$^1$, N 22$^1$; *cett. praeter* minuebantur U, Y 03; V 63$^2$ *s. l.*, N 23$^1$ *s. l.*, Ven$^1$ *s. l.*, N 22$^1$*mg*, C; γ | hybernaculis B, Hol, L 24; V 58, B 05, *Fer* (< G); Y 01; P; K | adsistens] M; Z; Y 02 asistens Y 01; N 23; V 65 assistens *cett.* **8** semifacta] semifracta α | perrupit] perrumpit β (V 63$^1$ *corr. ex* prorumpit; -m- *punctis del. Stuttg*$^2$) prorupit Y 01$^1$ (*corr. in textu* Y 01$^2$), Y 02; U | seque] sed que Y 01 (d *puncto del.*) | arsere] *om.* Y 01$^1$ (*add. s. l.* Y 01$^2$), Y 02 **9** quia] quam Prm, J, B 72; N 22 | Parthus] partus E, Mal$^1$ (*corr. s. l.* Mal$^2$) *del. Hartmann* | hostis] M; V 63$^1$, N 23$^1$, N 22$^1$; *cett. praeter* hostes U$^1$ (*corr. s. l.* U$^2$), Y 03; V 63$^2$ *s. l.*, N 23$^1$ *s. l.*, Ven$^1$ (*corr. s. l.* Ven$^1$), N 22$^1$ *s. l.*, C$^1$ (*corr. in textu* C$^1$); V 64, γ ho Mal$^1$ (*corr. s. l.* Mal$^2$) | missilibus] misillibus Y 01 misilibus Y 02 missibus N 23 missibilibus V 65, O 48 (-bi- *punctis del.*), O 22 | decertat] deceptat U; O 48

**2** bellum a partis sumptum B 05$^2$*mg* **3** funisulanus uectonianus G$^2$*mg*; N 22$^1$*mg* (-sol-) **5** armeniam intrat tristi omine Hol$^2$*mg* | triste omen G$^2$*mg*; N 22$^1$*mg*; K$^2$*mg* omen dirum V 63$^2$*mg* **9** prodigia B 05$^2$*mg* prodigium V 63$^2$*mg*

8 **1** ceterum] ceterus Prm$^1$ (*corr. s. l.* Prm$^2$) | Paetus spretis ominibus] spretis petus omnibus Or, O 48 (*punctis corr.*?), O 22, K petus omnibus spretis U | spretis] spretus N 21$^1$ (*corr. in textu* N 21$^2$) | ominibus] B, Hol$^2$ *s. l.*, L 24 (ogm-), Z; H$^2$*mg*; Y 03; V 63$^2$*mg*, N 23$^1$*mg*, N 22$^1$ *s. l.*, C$^2$ *s. l.*; V 64 (i *pr. puncto del.*), V 65$^2$ *in textu* hominibus M$^1$; V 63$^1$ (h *del.* M$^2$; V 63$^2$) omnibus Hol$^1$; H$^1$; N 23$^1$, N 22$^1$, C$^1$; V 65$^1$; *cett.* | necdum] nedum G; P, Vin, *Stuttg* | firmatis] formatis P | hibernaculis] *add.* assistens semifacta opera fuga prerupit seque uallo extulit (= *cap. 7,7 sq.*) J$^1$ (*del.* J$^2$) **2** exercitum] excitum

ciperandis, ut ferebat, Tigranocertis vastandisque regionibus, quas Corbulo integras omisisset. et capta quaedam castella, gloriaeque et praedae 8,2
nonnihil partum, si aut gloriam cum modo aut praedam cum cura habuisset. longinquis itineribus percursando quae obtineri nequibant, corrupto qui captus erat commeatu et instante iam hieme, reduxit exercitum composuitque ad Caesarem litteras quasi confecto bello, verbis magnificis, rerum vacuas.

Interim Corbulo numquam neglectam Euphratis ripam crebrioribus 9,1
praesidiis insedit; et ne ponti iniciendo impedimentum hostiles turmae afferrent (iam enim subiectis campis magna specie volitabant), naves

---

Y 02 | Taurum] thaurum L 24; B 72; P taaurum N 23 caurum O 22 | reciperandis] M; Z; V 58$^{1}$; Y 01, Y 02 recipiendis V 58$^{2}$ *s. l.* recuperandis *cett.* **3** Tigranocertis] tygranocertis M; B, Hol, L 24; *Gen*; Y 01, Y 02; N 22 tygranoctis P tignanocertis Ven tigrano certis V 65 tigranocertes Or | quas] quasi B 72 | corpulo E **4** omisisset] obmisisset U, Y 03; N 21 omississet V 63 dimisisset L | castella quedam capta C | et *alt.*] *om.* N 23 | praedae] pre Y 01$^{1}$ (-de *add. s. l.* Y 01$^{2}$) **5** nonnihil] unde nihil *Fer* (< H), B 72; N 22 | si] sit E, B 72; N 22$^{1}$ (si N 22$^{1}$ *mg*) | aut *pr.*] ut Mal, Prm, J, B 72; N 22$^{1}$ (aut N 22$^{1}$ *mg*) ad Vin | cum *pr.*] quo P | cura] curam V 65 **6** longinquis] ⟨set⟩ longinquis *Becher* | itineribus] itineris Y 01$^{1}$ (*corr. s. l.* Y 01$^{2}$) | percursando quae] percursandoque Y 01$^{1}$ (*corr.* Y 01$^{2}$) procursando quae Y 02 | quae] qui B 72 | obtineri] optineri Y 01$^{1}$ (*corr. in textu* Y 01$^{2}$); P, C; A, V 64 | corrupto] consumpto *Hartmann* **7** comeatu Ven, *Stuttg*, C conmeatu V 64 **8** composuitque] conposuitque M; V 64 comsuitque Y 03 composuit N 23 | ad Caesarem] ad litteras (*punctis del.*) cesarem Z | litteras] littera A$^{1}$, Or, N 21$^{1}$, O 48$^{1}$ (*corr. s. l.* A$^{2}$, N 21$^{2}$, O 48$^{2}$) literas O 22 | quasi] *om.* V 58$^{1}$ (*add.* V 58$^{1}$ *s. l.*) quali N 21$^{1}$ (*corr. in textu* N 21$^{1}$) | verbis] urbis N 21$^{1}$ (*corr. s. l.* N 21$^{2}$) rebus (*del.*) uerbis V 65 **9** vacuas] uacans B 72$^{1}$ *in ras.* (uacuas B 72$^{2}$ *mg*)

**1** petus imperator romanus B 05$^{2}$ *mg* **2** mons taurus V 63$^{2}$ *mg* **5** gloriam cum modo predam cum cura N 23$^{2}$ *mg* **8** composuit litteras uerbis magnificis rerum uacuas Hol$^{2}$ *mg*

**1** numquam] nonquam E, Mal nunquam numquam (*bis*) V 63 nunquam quam 9
V 64 nequaquam C | neglectam] neglecta *Fer*, B 72; N 22$^{1}$ (*corr. s. l.* N 22$^{1}$) neglectum Y 02$^{1}$ (*corr. in textu* Y 02$^{2}$) | Euphratis] M; V 58, B 05, G, B 72; Y 01, Y 02; P eufratis *cett.* | ripam] ripa *Fer*, B 72; N 22$^{1}$ (*corr. s. l.* N 22$^{1}$) | crebrionibus E crebioribus Y 03 **2** presidii N 22 | et] ut B 05, *Fer* (< H), B 72; Y 01, Y 02; N 22 | ne] non U$^{1}$ (ne U$^{2}$ *mg*) | iniciendo] iniiciendo Z; V 58, B 05, G, E, H, Mal; Y 02; U; P, Vin, *Stuttg*, L; Or, N 21, K *om.* V 63$^{1}$ (*add.* V 63$^{2}$ *mg*) | impedimentuum M inpedimentum V 64 | hostiles impedimentum Y 03; A | hostilles V 65 **3** afferrent] M; V 63$^{1}$, N 23$^{1}$; *cett. prae-*

magnitudine praestantes et conexas trabibus ac turribus auctas agit per
amnem catapultisque et balistis proturbat barbaros, in quos saxa et
hastae longius permeabant, quam ut contrario sagittarum iactu adaequa-
9,2 rentur. dein pons continuatus collesque adversi per socias cohortes, post
legionum castris occupantur, tanta celeritate et ostentatione virium, ut
Parthi omisso paratu invadendae Syriae spem omnem in Armeniam ver-
terent, ubi Paetus imminentium nescius quintam legionem procul in
Ponto habebat, reliquas promiscuis militum commeatibus infirmaverat,
donec adventare Vologaesen magno et infenso agmine auditum.

---

*ter* inferrent U, Y 03; V 63$^2$ *s. l.*, N 23$^1$ *s. l.*, Ven$^1$ (a- Ven$^1$ *s. l.*), C; V 64, γ, K | subiectis] subactis B 72 | specie] spē V 58, H; Y 01; Ven, P, *Stuttg*$^1$ (*corr. Stuttg*$^2$) spem Vin; V 64 species V 65 (-s *del.*) *om.* B 72 **4** et] *om.* P$^1$ (*add. s. l.* P$^1$) | conexas] conexa M connexa α; J connexas *cett.* | trabibus] tarbibus N 21$^1$ (*corr.* N 21$^2$ *mg*) | ac] et V 58$^1$ (ac V 58$^2$ *s. l.*), H; V 65 a O 22, K | turribus] curribus O 22, K | auctas agit] aucta sagit M$^1$ (*corr. s. l.* M$^1$) **5** amnen B 05 | catapultisque] catapultis U; γ (< A), K (cath-) | et *pr.*] *om.* B 72 | balistis] bali N 23 | proturbat] perturbat *Fer*, B 72; U; L, N 22; γ, K perturbabat Y 03 | quos] B 05$^2$ *s. l.*; Y 01$^2$ *s. l.*; *Stuttg*$^2$ *s. l.*, L, C$^2$ *s. l.*; O 48$^2$ *s. l.*; *Puteolanus* quo M; B 05$^1$; Y 01$^1$; *Stuttg*$^1$, C$^1$; O 48$^1$; *cett.* | haste et saxa L **6** hastae] asta P aste O 22 | longius] *om.* Y 02 | permeabant] V 58, B 05, G, E; Y 02; K permanebant M; α; Y 01$^1$ (*corr. s. l.* Y 01$^2$); U, Y 03; β, C$^1$ (e *alt. puncto del.*, a *s. l.* C$^2$); V 64, γ permanabant L premebant H, Mal, Prm, J, B 72; N 22$^1$ (-ea- *supra* m N 22$^1$) | quam] quoniam Y 01$^1$ (*corr. in textu* Y 01$^2$), Y 02 | contrario] contrarie V 65 | sagitarum Y 01; N 23 sagiptarum B 72 | iactu sagittarum L | iactu] ictu B 05 **7** dein] deinde H, J (-de *punctis del.*), B 72 | continuatus] adequatus continuatus Y 03$^1$ (adequatus *del.* Y 03$^2$) cotinuatus *Stuttg* | post] per N 22 **8** legionem H | occupantur] adequantur (*punctis del.*) occupantur U | celleritate N 23 | et] ut U$^1$ (et U$^2$ *mg*) | obstentatione B 72 ostensione P | virium] uiri (*punctis del.*) uirium V 63 **9** obmisso U, Y 03; N 21 | paratu] M; U$^1$; *cett. praeter* apparatu Z; U$^2$ *mg* | inuadendo V 65 | sirie L 24; Y 03; V 63, Vin, *Stuttg*; Or | omnen U | armenia Y 01, Y 02 | uertebant V 65 **10** ubi] ibi *Gen*; Y 01, Y 02; N 22 | Paetus] pecus V 64 | imminentium] M; *cett. praeter* iminentium B 72; Y 01; Y 03 inminentium N 23 inuentum P | quinta Ven | legionem] *om.* B 72 | in ponto procul L 24 | procul] *om.* G$^1$ (*add.* G$^2$ *mg post* ponto) **11** Ponto] pontum Prm, J, B 72; N 22$^1$ (*corr. s. l.* N 22$^1$) pontho Ven ponte P; V 65 | reliquas] reliquis L$^1$ (*corr. s. l.* L$^2$) | promiscuis] promiscuas Hol$^1$ (*corr. s. l.* Hol$^2$) promissuis P | commeatibus] comeatibus G; Y 02; N 23, Ven, Vin, *Stuttg*; V 65 conmeatibus V 64 comeantibus V 63$^1$ (n *del.* V 63$^2$) **12** aduentaret V 65$^1$ (-t *del.* V 65$^2$) | Vologaesen] uologesem Z; *Gen*; U, Y 03; P, *Stuttg*, N 22, C; V 64, γ, K | infenso] M; N 22$^1$; *cett. praeter* immenso B 72 indefenso U$^1$ (indefesso U$^2$ *mg*), Y 03; V 63$^1$, N 23$^1$ (*corr. s. l.* V 63$^2$,

Accitur legio duodecima, et unde famam aucti exercitus speraverat, 10,1
prodita infrequentia. qua tamen retineri castra et eludi Parthus tractu
belli poterat, si Paeto aut in suis aut in alienis consiliis constantia fuisset:
verum ubi a viris militaribus adversus urgentes casus firmatus erat, rur-
sus, ne alienae sententiae indigens videretur, in diversa ac deteriora trans-
ibat. et tunc relictis hibernis non fossam neque vallum sibi, sed corpora 10,2
et arma in hostem data clamitans, duxit legiones quasi proelio certaturus.
deinde amisso centurione et paucis militibus, quos visendis hostium co-
piis praemiserat, trepidus remeavit. et quia minus acriter Vologaeses in- 10,3
stiterat, vana rursus fiducia tria milia delecti peditis proximo Tauri iugo
imposuit, quo transitum regis arcerent; alares quoque Pannonios, robur

---

N 23$^1$), Ven, P, N 22$^1$*mg*; V 64, γ, K indefesso Vin, *Stuttg*$^1$ (*corr. in textu Stuttg*$^2$) | auditum] inauditum U (in *punctis del.*)

**1** corbulo B 05$^2$*mg* **5** catapultis, balistis G$^2$*mg* | proturbo C$^2$*mg* **10** petus G$^2$*mg*

**1** accitur] at ne V 65 | unde] *bis* O 22 | famam] fama M; α; Y 02; β; V 65 | auctí] *om.* E | exercitus] exercitat P | speraverat] sperabat B 72 **2** qua] quam V 63, N 23, Ven que P | eludi] elludi Y 01 dludi P | partus J; Y 01 | tractu] tracti B 72 **3** consiliis] constantiis (*punctis del.*) consiliis Y 03 *om.* P | constantia] *om.* Y 01$^1$ (*add. s. l.* Y 01$^2$), Y 02 **4** a viris] auris B$^1$ (*corr. s. l.* B$^2$); V 58, B 05, *Fer* (*corr.* H$^2$*mg*); Y 02; N 22$^1$ (*corr. s. l.* N 22$^1$) auribus Y 01$^1$ (*corr. in textu* Y 01$^2$) a armis B 72 (a *del.*; -mis *in ras.*) | urgentes] urgentem J ingentes Vin | firmatus erat rursus] *om.* V 63$^1$ (*add.* V 63$^2$*mg*) **5** ne] M; *cett. praeter* ut Mal, Prm, J, B 72; N 22$^1$ (ne N 22$^1$ *s. l.*) nec U$^1$ (ne U$^2$*mg*) ue C | alienae] alie P; V 64 | indigens] egens indigens U; C$^1$ (egens *del.* C$^2$) | diuersas J (-s *puncto del.*) | ac] et Or, N 21, O 48, O 22, K | deteriora] in deteriora J | transibat] transiebat Mal (e *puncto del.*), Prm, J; N 22 transibit L 24 **6** tunc] M; V 63$^1$; *cett. praeter* nunc U, Y 03; V 63$^2$ *s. l.*, Ven, L, C; γ, K nun V 64 | relictis] *om.* P | non fossam neque vallum] nunc neque fossam neque uallum U, Y 03; L, C; V 64, γ (n. n. uallum n. fossam V 65) | fossam] fossamque J$^1$ (-que *del.* J$^2$) | corpora] corpus B 72 **7** in hostem] in hoste Mal, Prm, J, B 72; N 22 inhoneste E | clamitans duxit] clam transduxit V 65 | duxit — certaturus] *om.* α | duxit] *bis* Mal | certaturos Or **8** deinde] dein β | amisso] ammisso V 63, N 23 omisso B 72 | centurionem M$^1$ (-m *del.* M$^2$) | copii N 22 **9** praemiserat] premisserat H (s *puncto del.*); Y 01 (s *puncto del.*) promiserat V 65 | remeavit] remeauerit P reuocauit V 65 | insteterat Vin **10** vana] una U; C; V 64, N 21 | rursus] rurus A$^1$ (*corr. s. l.* A$^2$) | fiduciam M$^1$ (-m *del.* M$^2$) | millia Vin, L; V 65, Or | delecti] delectorum *Gen* (el- B 72); N 22 delecto Y 01$^1$ (*corr. s. l.* Y 01$^2$) | peditis] *Pichena* pedites M; *cett. praeter* peditum N 22 *om. Gen*; Y 01, Y 02 | proximo] proxima *Fer*, B 72; N 22$^1$ (*corr. s. l.* N 22$^1$) proximi Or | Tauri] thauri L 24; B 72; P, C tauro Or muri V 65 **11** inposuit V 64 | arcerent] arceret H; 10

equitatus, in parte campi locat; coniux ac filius castello, cui Arsamosata nomen est, abditi data in praesidium cohorte. ac disperso milite, qui in uno habitus vagum hostem promptius sustentavisset, aegre compulsum
10,4 ferunt, ut instantem Corbuloni fateretur. nec a Corbulone properatum, quo gliscentibus periculis etiam subsidii laus augeretur. expediri tamen itineri singula milia ex tribus legionibus et alarios octingentos, parem numerum e cohortibus iussit.

11,1 At Vologaeses, quamvis obsessa a Paeto itinera hinc peditatu inde equite accepisset, nihil mutato consilio, sed vi ac minis alares exterruit,

---

L | alacres Y 02 | Pannonios] pannonius Y 03$^{1}$ (*corr. s. l.* Y 03$^{2}$); A **12** equitatus] equitatis N 23$^{1}$ (*corr. s. l.* N 23$^{2}$), Ven; V 65 aequitatis P | locat campi P | coniux] M; Hol, Z; Y 03; V 63; A coniunx *cett.* | ac] et α | filiis J | castelo N 23 | cui] *om.* K$^{1}$ (*add.* K$^{2}$ *mg*) | Arsamosata] asamosata *Gen* (ass- B 72) arsamota C Armosata *Ryckius* **13** nomen est abditi] nomen abditi est L$^{1}$ (*corr. s. l.* L$^{2}$) | abditi] abdita Y 01$^{1}$ (*corr. in textu* Y 01$^{2}$) abdiditi V 64 | data in] deinde B 72 | qui in uno habitus] *om.* B 72 **14** uno] unum V 58, B 05, *Fer* (< G) ymo V 65 | habitus] habitu L 24; G$^{2}$ (*ex* habitus G$^{1}$: -s *eras.*); N 22 *add.* disperso milite Prm (*punctis del.*) | promptus U | sustentavisset] substentauisset Hol, L 24; B 72; Y 01; Y 03; Ven, P; K *add.* e | M *add.* et α; *Gen* (< G$^{1}$), G$^{2}$ *s. l.*; Y 01$^{2}$ *s. l.*, Y 02; U, Y 03; V 63, *Stuttg*$^{2}$ *s. l.*, L, N 22$^{1}$, C; V 64, γ, K; *Koestermann add.* ut β (< V 63), N 22$^{1}$ *s. l. cf. Fuchs, MH 20 (1963), 220—221* | conpulsum V 64 **15** ut] et N 23 *om.* Y 01$^{1}$ (ut periculum *add.* Y 01$^{2}$ *mg*) | instantem] M; U$^{1}$; *cett. praeter* instatem G instanti B 72 instante U$^{2}$ *mg add.* cladem L | Corbuloni] M; U$^{1}$; *cett. praeter* corboloni *Stuttg* curbuloni V 64 corbulone U$^{2}$ *mg* | fateretur] frueretur U$^{2}$ *mg* | corbolone *Stuttg* | proparatum Ven **16** etiam] et *Fer* (*om.* H), B 72; N 22$^{1}$ (*corr. s. l.* N 22$^{1}$) | subsidii] subsidiis M (-s *del.*); *cett. om.* H | augeretur] ageretur Mal$^{1}$, Prm$^{1}$, J$^{1}$ (*corr. s. l.* Mal$^{1}$, Prm$^{1}$, J$^{1}$); P, Vin, *Stuttg*$^{1}$ (*corr. s. l. Stuttg*$^{2}$) augerebat V 65$^{1}$ (*corr.* V 65$^{2}$) **17** itineri] iteneri M itinere L 24 | milia] millia L; V 65, Or multa Z | ex] e B, Hol et E; V 65$^{1}$ (*corr. in textu* V 65$^{2}$) *om.* U$^{1}$ (*add. s. l.* U$^{2}$) | et] *om.* α | alorios Mal, Prm, J; N 22 | parem] parum Or, N 21$^{1}$ (paruum N 21$^{2}$ *s. l.*), O 48, O 22 **18** e] ex U; P et B 72; Y 03; V 63 (t *puncto del.*), N 22; A | cohortibus] cohortes Y 01$^{1}$ (*corr. in textu* Y 01$^{1}$)

**3** si peto aut in suis aut in alienis consiliis constantia fuisset Hol$^{2}$ *mg* inconstantia consilii K$^{2}$ *mg* **5** nota petum hominem nullius precii H$^{2}$ *mg*; N 22$^{1}$ *mg* **11** alares pannonios G$^{2}$ *mg* pannonii C$^{2}$ *mg* **12** asamosata castellum G$^{2}$ *mg* arsamosata V 63$^{2}$ *mg*, N 22$^{1}$ *mg* **13** disperso milite qui in uno habitus Hol$^{2}$ *mg*

11 **1** at] ac P ad N 23$^{1}$ (*corr. s. l.* N 23$^{2}$) | Vologaeses] uologes G uologesus P$^{1}$ (*corr. s. l.* P$^{2}$) | quamvis] quam V 64 | obscessa O 22 | a peto obsessa P | inde] hinc B 72; Y 01, Y 02; N 22$^{1}$ (inde N 22$^{1}$ *s. l.*) **2** equite] equitatu

legionarios obtrivit, uno tantum centurione Tarquitio Crescente turrim,
in qua praesidium agitabat, defendere auso, factaque saepius eruptione
et caesis qui barbarorum propius suggrediebantur, donec ignium iactu
circumveniretur. peditum si quis integer, longinqua et avia, vulnerati 11,2
castra repetivere, virtutem regis, saevitiam et copias gentium, cuncta
metu extollentes, facili credulitate eorum qui eadem pavebant. ne dux 11,3
quidem obniti adversis, sed cuncta militiae munia deseruerat, missis ite-
rum ad Corbulonem precibus, veniret propere, signa et aquilas et nomen
reliquum infelicis exercitus tueretur: se fidem interim, donec vita sup-
peditet, retenturos.

---

Mal$^2$ *s. l.* (equitate Mal$^1$), Prm, J, B 72; N 22 | accepisse Prm$^1$ (t *add.* Prm$^2$ *s. l.*), J, B 72; N 22$^1$ (t *add.* N 22$^1$ *s. l.*) | sed] *del. Faërnus* | vi] in V 64 | minis] minus B 72 nimis Y 01 | alares] alacres Z; B 72; Y 02 | exteruit V 65 **3** obtrivit — **4** qua] *om.* V 65 | obtrivit] obtinuit U obstruit P | uno] immo B 72 | tantum] tamen *Fer* (tantum H$^1$ *s. l.*, Mal$^1$ *s. l.*, Prm$^1$ *s. l.*, J$^1$ *s. l.*) | tarquicio cresente N 23 | turrim] currum Or **4** agitabat] cogitabat α | eruptione] N 22$^1$; *cett. praeter* erruptione M; V 65, O 22 eructione Y 03 euictione P, Vin, *Stuttg*$^1$ (*corr. in textu Stuttg*$^2$), N 22$^1$*mg* **5** propius] proprius B, Hol, L 24; B 72; Y 01$^1$ (r *alt. del.*); L, N 22; V 64 prius β (*corr.* V 63$^2$*mg*, N 23$^1$*mg*, *Stuttg*$^2$ *s. l.*) | suggrediebantur] subgrediebantur Z; Y 03; L, C; V 64, γ, K sugrediebantur G; P subgrediebatur B 72 | ignium] in ignium Vin | iactu] iacto Hol$^1$ (*corr. s. l.* Hol$^2$) *om.* B 72 **6** circumveniretur] circumuenirentur *Gen*; Y 01, Y 02; L | si quis] *om.* P | integer] inter P | longinqua] per longinqua U$^2$*mg* | avia] a uia U **8** metu] uictu P | credulitate] credulitatem Y 03; C$^1$ (-m *eras.*); V 64, γ crudelitate P crudelitatem U$^1$ (cre- U$^2$*mg*) | eandem N 22 | pavebant] auxerant *add.* U$^2$*mg* | ne] nec Y 01, Y 02; Ven, Vin, *Stuttg* **9** obnitti Y 01 | adversis] aduersus Mal$^1$ (*corr. in textu* Mal$^2$), Prm, J; U; P, N 22$^1$ (*corr. s. l.* N 22$^1$) *om.* B 72 | cuncta] *add.* metu extollentes facili credulitate eorum qui eadem pauebant ne dux quidem obniti sed cuncta (*cf. lin. 8*) Prm *add.* metu extollentes facili J (*punctis del.*) | deseruerat] deseruerant J discerneret P | iterum] item *Gen* (*corr. s. l.* B 05$^2$); N 22$^1$ (*corr. s. l.* N 22$^1$) interim Y 02 igitur Or, N 21, O 48, O 22, K **10** precibus] *om.* Y 03 | veniret] uenire G, Mal, Prm, J, B 72; N 22$^1$ (*corr. s. l.* N 22$^1$) **11** infelicis exercitus] exercitus infelicis Y 03; γ (e. i. exercitus V 65), K$^1$ (*corr. s. l.* K$^2$) | se] sed Prm, J, B 72; Y 03; N 22; A | uitam M (-m *del.*) | suppeditet] subpedit et M suppedit et V 63$^1$ (*corr. in textu* V 63$^2$) suppetit et Z suppetet Y 02 supeditet V 65 subpeditet V 64 **12** retenturum L 24; K

**3** uirtus unius centurionis in defensione turris K$^2$*mg* **9** petus temere omnia et imprudenter B 05$^2$*mg* **10** petus subsidium a Cor. petit V 63$^2$*mg* peti preces ad corbulonem K$^2$*mg* | propere G$^2$*mg*

12,1 Ille interritus et parte copiarum apud Suriam relicta, ut munimenta Euphrati imposita retinerentur, qua proximum et commeatibus non egenum, regionem Commagenam, exim Cappadociam, inde Armenios petivit. comitabantur exercitum praeter alia sueta bello magna vis camelo-
12,2 rum onusta frumenti, ut simul hostem famemque depelleret. primum e perculsis Paccium primi pili centurionem obvium habuit, dein plerosque militum; quos diversas fugae causas obtendentes redire ad signa et cle-
12,3 mentiam Paeti experiri monebat: se nisi victoribus immitem esse. simul

---

12 **1** interritus] M; L$^{1}$; *cett. praeter* interitus Hol; Prm, J; U$^{1}$ (*corr. s. l.* U$^{2}$); V 63$^{1}$; V 64, A, V 65, Or, O 48$^{1}$ (*corr. s. l.* O 48$^{2}$) intentus V 63$^{2}$ *in textu*, N 23$^{1}$ (*corr. s. l.* N 23$^{2}$), Ven, P, Vin, *Stuttg*, L$^{2}$ *s. l.* | partem H (m *puncto del.*) | copiarum] capiarum Y 02$^{1}$ (*corr. s. l.* Y 02$^{2}$) | apud] in V 65 | Suriam] M; U$^{1}$; *cett. praeter* syriam Hol; *Gen*; Y 02; U$^{2}$*mg*; L, N 22; A, N 21, O 48, O 22, K siriam Y 01; Y 03; Or syria V 65 | ut] et Prm, J, B 72; U$^{1}$ (ut U$^{2}$ *mg*); Ven, N 22 **2** Euphrati] V 58, B 72; Y 01, Y 02; P ephrati B 05$^{1}$ (u *add.* B 05$^{2}$ *s. l.*) eufrati M; *cett.* | inposita M; V 64 | retinerentur] retinerent U, Y 03; C; V 64, γ, K | qua] quam B 72 quia N 23 | proximum . . . egenum] M; O 48$^{1}$; *cett.* proximam . . . egenam O 48$^{2}$ *in textu* | commeatibus] comeatibus G, Prm, J; Y 01; N 23, Ven, Vin, *Stuttg* comeantibus V 63 (n *puncto del.*) **3** regionem] regionum H$^{1}$ (*corr. s. l.* H$^{2}$) | Commagenam] comagenam L 24; V 58, B 05, H, Mal, Prm, J, B 72; Y 01, Y 02; Vin, N 22, L | exim] M exin *cett. praeter* ex in J; N 22; V 64, A exinde B 72 extra U | Cappadociam] capadociam L 24; H$^{1}$ (*corr. s. l.* H$^{2}$), B 72; Y 01, Y 02; N 23, N 22, C; V 65, O 22, K capodociam U | armenos B 72 | petivit] petunt U$^{1}$ (*corr.* U$^{2}$*mg*) **4** comitabantur] comitabatur Z commitabantur G, E (-tt-), Mal, Prm comittabantur Vin committebantur B, L 24; P comutabantur N 22$^{1}$ (*corr. s. l.* N 22$^{1}$) | exercitum] exercituum B, Hol, L 24 exercitur$^{s}$ P | sueta] assueta V 58$^{1}$ (*corr. s. l.* V 58$^{2}$) | bello] bella U | camelorum] M; H$^{1}$; Y 01$^{1}$; *cett. praeter* camellorum V 58, B 05, G, E, H$^{2}$ *s. l.*, Mal, Prm, J; Y 01$^{2}$ *s. l.*, Y 02; Y 03; N 23, N 22; γ (camm- A), K **5** honusta *Fer* (h *puncto del.* H), B 72; P, L | frumenti] frumento Z; Mal | ut] et Ven | depelleret] depellerent *Fer*, B 72; Y 03; P, Vin (n *puncto del.*), L, N 22; γ, K | primum e] primisque U, Y 03; *Stuttg*$^{2}$ *in textu*, L, C; V 64, γ (-usque V 65) primumque β (< V 63) primum me V 63$^{1}$ (me *punctis del.*, que V 63$^{2}$ *s. l.*) primumque e N 22 (e *puncto del.*) **6** perculsis] periculis Y 01$^{1}$ (*corr. in textu* Y 01$^{2}$) | Paccium] M; *Stuttg*$^{1}$; *cett. praeter* pactium L 24; *Gen*; Y 01, Y 02; N 22; V 65 patium Y 03$^{1}$ (*corr. s. l.* Y 03$^{2}$) pacenum P paccuuium *Stuttg*$^{2}$ *s. l.*, L (-c-) | centurionum E | centurionem — plerosque] *om.* Mal, Prm, J, B 72 **7** quos] quoque V 64 | diversas] *om.* Vin | fugae] fuges Y 01 (s *puncto del.*) fage V 64 fruge Or, N 21 (r *puncto del.*), O 48 (r *puncto del.*) | ad signa redire L **8** se] sed C (d *puncto del.*) *om.* P | nisi] nihil β (*om.* P; *punctis del.*, nisi *in mg Stuttg*$^{2}$) |

suas legiones adire, hortari, priorum admonere, novam gloriam ostendere. non vicos aut oppida Armeniorum, sed castra Romana duasque in iis legiones pretium laboris peti. si singulis manipularibus praecipua servati civis corona imperatoria manu tribueretur, quod illud et quantum decus, ubi par eorum numerus aspiceretur qui adtulissent salutem et qui accepissent! his atque talibus in commune alacres (et erant quos pericula 12,4
fratrum aut propinquorum propriis stimulis incenderent) continuum diu noctuque iter properabant.

Eoque intentius Vologaeses premere obsessos, modo vallum legionum, modo castellum, quo imbellis aetas defendebatur, adpugnare, pro- 13,1

---

inmitem N 23; V 64 immittem V 65 | sumul M **9** adire — **11** legiones] *om.* J | hortari] orari Hol orare B$^{1}$ (e *puncto del.*, i B$^{2}$ *s. l.*) | priorum] M; K (u *in ras.*); *cett. praeter* priorem U$^{1}$ (*corr. s. l.* U$^{2}$), Y 03; C; γ priora L 24 | admonere] admouere B, Hol, L 24; U$^{1}$ (*corr.* U$^{2}$*mg*), Y 03; V 63$^{1}$ (*corr. s. l.* V 63$^{2}$), C; γ | hostendere A **10** vicos] uias U, Y 03; β (*corr. s. l. Stuttg*$^{2}$), L$^{1}$ (*corr. s. l.* L$^{2}$), N 22$^{1}$*mg*, C; V 64, γ | opida Hol, Z; N 23; O 22 | in iis] in his α; *Fer* (< J), B 72; Y 01 (hiis); U, Y 03; L, N 22, C; V 64, γ (hiis O 48, O 22), K ex his β **11** legiones] *add.* in his B, Hol | pretium] premium Hol$^{1}$ (*corr. s. l.* Hol$^{2}$) | labori N 23 | peti] peto Y 01$^{1}$ (*corr. in textu* Y 01$^{2}$) | si singulis manipularibus] sibi singulisque manilaribus U$^{2}$*mg* | praecipua] et precipua U$^{1}$ (propria U$^{2}$*mg*) precipuas β | seruatis H (-s *puncto del.*) **12** civis] ciuitis Hol cuius γ (< A; *corr. in textu* O 48$^{2}$) | tribueretur] traderetur P$^{1}$ (trad- *punctis del.*, tribu- P$^{2}$*mg*) | quod] *add.* esse *Stuttg*$^{2}$*mg*, L | quantum] quam tum V 64 **13** par] per U ꝑ P | numerus] numerum P numerorum U$^{2}$*mg* | aspiceretur] adspiceretur *Lipsius* apisceretur M adipisceretur *cett.* (-rentur P, adhip- N 23) | adtulissent] M attulissent *cett.* | salutem] saltem V 63$^{1}$ (*corr. s. l.* V 63$^{2}$) **14** accepiscent U | hiis G | commune] comune L 24; J; Y 01; U, Y 03; N 23; V 64, V 65, O 48 communibus Hol$^{1}$ (*corr. s. l.* Hol$^{2}$) | alacris P | et] *om.* L **15** fratrum] fratum H$^{1}$ (*corr. s. l.* H$^{2}$); A | aut] atque U et Vin; V 65 | incenderent] intenderent α; Vin incederent E, Mal, Prm$^{1}$ (*corr. s. l.* Prm$^{2}$), J; K incenderant L accenderent Y 02 | continum V 65 | diu] die Z; V 58, B 05; U; L$^{1}$ (*corr. s. l.* L$^{2}$) diem H (m *puncto del.*) *om.* P | diu noctuque iter] iter die noctuque Mal, Prm, J, B 72; N 22 iter die noctuque iter G, E **16** properabat N 21

**3** comagenam regionem G$^{2}$*mg* comagena N 22$^{1}$*mg* | corbullo succurrit peto B 05$^{2}$*mg* **4** cameli H$^{2}$*mg* camelli N 22$^{1}$*mg* **8** pulcherrima hironia V 58$^{2}$*mg* **9** cor. suos hortatur V 63$^{2}$*mg* corbulo suos ad subueniendum peto cohortatur K$^{2}$*mg* **12** imperatoria P$^{2}$*mg*

**1** intentius] intensius U; C intentus Vin$^{1}$ (*corr. in textu* Vin$^{1}$) | uologes Mal | 13
obsessos] intensos (*del.*) obsessos V 65 | legionum] legio intentius N 22$^{1}$ (*corr. in textu* N 22$^{1}$) **2** quo] quod U (d *puncto del.*) | imbellis] inbellis M; H,

pius incedens quam mos Parthis, si ea temeritate hostem in proelium eli-
13,2 ceret. at illi vix contuberniis extracti, nec aliud quam munimenta pro-
pugnabant, pars iussu ducis, et alii propria ignavia aut Corbulonem op-
perientes, ac si vis ingrueret, provisis exemplis Caudinae Numantinaeque
pacis; neque eandem vim Samnitibus, Italico populo, ac Parthis, Romani
imperii aemulis. validam quoque et laudatam antiquitatem, quotiens for-
13,3 tuna contra daret, saluti consuluisse. qua desperatione exercitus dux sub-

---

B 72; Y 01; Vin; V 64, O 22 in bellis C | adpugnare] M appugnare N 22$^{1}$ oppugnare *Gen*; Y 01$^{2}$*mg* ad prius P ad pugnam Y 01$^{1}$; N 22$^{1}$*mg*; *cett.* | propius] proprius H (r *alt. puncto del.*), Prm (r *alt. puncto del.*); N 22; γ (< A) prius V 63$^{1}$, N 23$^{1}$, Ven$^{1}$ (propius V 63$^{2}$*mg*, N 23$^{1}$*mg*, Ven$^{1}$*mg*), P **3** incedens] incendens E; U$^{1}$ (incedens U$^{2}$*mg*), Y 03; N 22 (int-), C; V 64, γ (int- V 65) | quam] quem P quasi V 65 | mos] M; U$^{2}$*mg*; Ven$^{1}$; *cett. praeter* mox U$^{1}$, Y 03; V 63$^{1}$, N 23$^{1}$ (*corr. s. l.* V 63$^{2}$, N 23$^{1}$), Ven$^{1}$ *s. l.*, P, C; V 64, A, V 65, Or, N 21 | Parthis] parthus α | si] sic C | proelium] premium Y 03; γ (*corr. s. l.* O 48$^{2}$), K | eliceret] elliceret V 65 elicerent U$^{2}$*mg* diceret P **4** at] aut P | contuberniis] contubernis Y 03; A, Or contuberius V 65, N 21$^{1}$ (-nis N 21$^{2}$ *s. l.*), O 48$^{1}$ (-nis O 48$^{2}$ *in textu*), O 22 | extracti] extrahi *Nipperdey* | munimenta] muniment Hol munimen Y 03; A | propugnabat V 64 **5** ducis] duci H$^{1}$ (*corr. s. l.* H$^{2}$) | et] *del. Fuchs* | alii] alia α; U | propia N 23 propriora Vin | aut] M; V 63$^{1}$, N 23$^{1}$, Ven$^{1}$, N 22$^{1}$; *cett. praeter* haud U; V 63$^{2}$ *in textu*, N 23$^{1}$ *in textu*, Ven$^{1}$ *in textu*, N 22$^{1}$ *s. l.*, C; V 64, A *add.* metu *Gen*; N 22 | Corbulonem] corbulo Prm, J, B 72; N 22$^{1}$ *s. l.* | opperientes] operientes Hol, L 24, Z; B 72; U, Y 03; Ven, Vin, L, N 22, C; V 64, γ, K opperiens H$^{1}$ (*corr. s. l.* H$^{2}$), J *add.* metu K **6** ac] acrius P | si] *Gen*; Y 01$^{2}$ *s. l.*; *Stuttg*$^{2}$ *s. l.*, L *om.* M; Y 01$^{1}$; *Stuttg*$^{1}$; *cett.* | vis] *om.* P | vis si *Walther* | *post* exemplis *inseruerunt* cladis *Bezzenberger*, pacis *Andresen* (*cf. infra ad* pacis) | Caudinae Numantinaeque] caudi nenum | antineque M Caudinae pacis Numantinaeque *Fuchs* | Caudinae] caudinis V 63$^{2}$ *s. l.*, N 23$^{1}$ *s. l.*, Ven$^{1}$ *s. l.*, N 22$^{1}$ *s. l.*, C; V 64 | Numantinaeque] numantinisque V 63$^{2}$ *s. l.*, N 23$^{1}$ *s. l.*, Ven$^{1}$ *s. l.*, C; V 64 ac numantine *Gen*; N 22 (*corr. ex* ac nom-); K **7** pacis] *Madvig, Koestermann 1952 om.* M; Y 01$^{1}$; U$^{1}$; *Stuttg*$^{1}$; *cett. praeter* cladis *Gen* (classis H); Y 01$^{2}$ *s. l.*; N 22; K; *Haase* deditionis U$^{2}$*mg*; *Stuttg*$^{2}$*mg*, L; *Koestermann* pactionis *Koestermann in apparatu* | neque] *Gen*; Y 01$^{2}$ *s. l.*; N 22; K *om.* M; Y 01$^{1}$; *cett.* haud cogitantes U$^{2}$*mg* | eandem] tandem J eadem N 22 | vim] *om.* U | Samnitibus] sannitibus G; C santibus Y 01$^{1}$ (*corr. s. l.* Y 01$^{2}$) sampnitibus Y 03; V 63 (p *puncto del.*) | ytalico V 64 | ac Parthis] *Halm* ac penis B 72 aut penis M; *cett.* ut Parthis *Nipperdey* aut ⟨Hispanis quam⟩ Parthis *J. F. Gronovius* | Romani] romā G **8** validam] ualidamque Hol | antiquitatem] *om.* Prm, J, B 72 **9** contra daret] contradiceret Y 01, Y 02 conclaret P circumdaret Ven concederet L contraderet K | consuluisse] consuluisset H (t *puncto del.*) consulisse J consoluisse Y 03; A | qua] M; H$^{2}$ *in ras.*;

actus primas tamen litteras ad Vologaesen non supplices, sed in modum querentis composuit, quod pro Armeniis semper Romanae dicionis aut subiectis regi, quem imperator delegisset, hostilia faceret: pacem ex aequo utilem. ne praesentia tantum spectaret: ipsum adversus duas legiones totis regni viribus advenisse; at Romanis orbem terrarum reliquum, quo bellum iuvarent.

Ad ea Vologaeses nihil pro causa, sed opperiendos sibi fratres Pacorum ac Tiridaten rescripsit; illum locum tempusque consilio destina- 14,1

---

N 22$^1$*mg*; *cett. praeter* quia V 65 contra *Gen* (< B 05); N 22$^1$ | desperatione] desperationem G desperatorem E, Mal, Prm, J, B 72; N 22$^1$ (*corr.* N 22$^1$*mg*) **10** primas] M; *cett.* (-o V 63$^1$ *s. l.*) | tamen] M; H$^1$; *cett. praeter* tantum H$^2$ *mg*; β (< V 63), L | Vologaesen] uologeses M$^1$ (*corr. in textu* M$^1$) uologensem G uologesem Z; E, H, Prm, J, B 72; U, Y 03; P, L, N 22, C; V 64 (-ces-), γ (-gessem V 65), K | suplices Vin | in] *om.* N 21 | modum] medium Vin, *Stuttg*$^1$ (*corr. in textu Stuttg*$^2$) **11** conposuit V 64 | armenis G, B 72; Y 03; β (< Ven), L, C; V 64, γ (< Or) | dicionis] dictionis Mal, Prm, J, B 72; N 22, C dominationis Y 03; γ **12** regi] *Gen*; N 22$^1$ rei M; Y 01$^1$ (*corr. in textu* Y 01$^2$); V 63$^1$ ei Y 02 rei p(u). Z; U, Y 03; V 63$^2$ *s. l.*, N 23, L, C; V 64, γ, K r. p. B, Hol, L 24; Ven, P, Vin, *Stuttg*, N 22$^1$*mg* | quem] que β (quem V 63, *punctis del*). *om.* U, Y 03; L, C; V 64, γ, K | imperator] M; V 63$^1$, N 23$^1$, Ven$^1$, *Stuttg*$^1$; *cett. praeter* imperatorem Y 03; V 63$^2$ *s. l.*, N 23$^1$ *s. l.*, Ven$^1$ *s. l.*, *Stuttg*$^2$ *in textu*, L, C; γ | hostilia] M; V 63$^1$; *cett. praeter* et hostilia U, Y 03; V 63$^2$ *s. l.*, N 23, Ven, P, Vin, *Stuttg*, L, C; V 64, γ, K | aequo] quo P **13** utilem] utile M utili Y 01, Y 02 | ne] nec E; Y 03; L; γ (< N 21), K ue Y 02 | praesentia] in presentia J | tantum] tamen G | spectaret] spectare U, Y 03; C; V 64, γ | ipsum] ipse U$^1$ (*corr.* U$^2$*mg*) **14** regni] regnis M (s *del.*) | at] ad M; A | Romanis] romani Vin, *Stuttg*$^1$ (*corr. s. l. Stuttg*$^2$) romanos U$^2$*mg* **15** bellum] bello Or | iuvarent] iuuaret Prm, J, B 72 iuuarent habere U$^2$*mg*

**3** mos parthorum K$^2$*mg* **10** petus ad uologesem scribit V 63$^2$*mg* **11** summa litterarum peti ad uologesen K$^2$*mg*

**1** ad] at Y 01$^1$ (*corr. in textu* Y 01$^2$); V 65, Or, N 21, O 48$^1$ (*corr. in textu* O 48$^2$) | pro] *om.* C | opperiendos] operiendos Hol, Z; B 72; Y 01; U, Y 03; Ven, P$^1$ (opp- P$^2$*mg*), Vin, L, N 22, C; V 64, γ opprimendos G | sibi] si G$^1$ (*corr. s. l.* G$^2$) | Pacorum] paucorum M (u *pr. del.*); U$^1$ (pacorum U$^2$*mg*), Y 03; C; V 64, A, V 65 paccorum V 58, B 05 pachorum B 72 **2** ac] et B 05, B 72; Y 02; β (< V 63), L, N 22 | Tiridaten] B, Hol; Y 01; Ven tiridatem Z; U, Y 03; N 23, Vin, *Stuttg*, L; γ thiridatem K tyridaten Y 02; V 63 tyriditatem C (-it- *punctis del.*) tyridatem M; *cett.* | rescribsit M | illum] iam 14

tum, quid de Armenia cernerent; adiecisse deos dignum Arsacidarum,
14,2 simul ut de legionibus Romanis statuerent. missi posthac Paeto nuntii et regis colloquium petitum; qui Vasacen praefectum equitatus ire iussit. tum Paetus Lucullos, Pompeios et si qua Caesa⟨res⟩ obtinendae donandaeve Armeniae egerant, Vasaces imaginem retinendi largiendive penes
14,3 nos, vim penes Parthos memorat. et multum in vicem disceptato, Monobazus Adiabenus in diem posterum testis iis quae pepigissent adhibetur.

---

*Fuchs* | illum locum] locum illum U, Y 03; β, C; V 64, γ, K locum illis L (locum illis — **3** fastigioque L *rectum putat Mendell, Tacitus, p. 336*) | destinatum] destinaturum Y 02 (ur *punctis del.*) (‚designatum L' *falso Mendell*) **3** quid] M; V 63$^{1}$, N 23$^{1}$; *cett. praeter* quod U; V 63$^{2}$ *s. l.*, N 23$^{1}$ *s. l.*, P, Vin, *Stuttg* quidem Hol, L 24, Z qui G quo L | cernerent] decernerent U$^{2}$*mg* | adiacisse B 72 | adiecisse deos] *punctis del. Stuttg*$^{2}$ quo se fastigioque *Stuttg*$^{2}$*mg* quod se fastigioque L | dignum] *add.* decore *Ritter* | arsacidanum U **4** ut] *Vertranius, Ursinus* et M; *cett.* | romanis legionibus Vin, *Stuttg* | romanus statuerant N 23 | missi posthac] missippus hac C | posthac] M; L (-hac *punctis del.*); *cett. praeter* post P, Vin, *Stuttg* post hac N 22$^{1}$ (hoc N 22$^{1}$ *s. l.*) | Paeto] a peto α; B 05; U, Y 03; β, L, N 22, C; γ, K; *Haase* et peto V 64 | et] *om.* Mal, Prm, J, B 72; N 22 **5** coloquium G; Y 01$^{1}$ (*corr. s. l.* Y 01$^{2}$) | petitum] petitu M | Vasacen] uasaten α; V 58, B 05 uasatem *Fer*; N 22 nasatem B 72 uasacem U uassacem Y 03; γ (-ten Or), K uassacen V 64 nassacen C | prefectus Ven | equitatus] equitatum B$^{1}$ (*corr. s. l.* B$^{2}$) equitatis B 72 **6** tum] tunc B 72; β, L | Paetus] *om.* L 24 | Lucullos] luculos Y 01$^{1}$ (*corr. s. l.* Y 01$^{2}$); N 23, P; V 65 lucillos C$^{1}$ (*corr. in textu* C$^{2}$) | Pompeios] pompeiosque L 24 | si qua Caesa⟨res⟩] *Pichena* si qua cesa M (a *alt. in ras*; *sequ. spat. 3 litt.*) siquaces B, Hol, L 24; Y 01$^{1}$; Ven$^{1}$, Vin, *Stuttg* sequaces Z; Y 02; V 63$^{1}$, N 23$^{1}$, P si qui duces *Gen* (-em B 72); Y 01$^{2}$ *in textu*; N 22$^{1}$ *s. l.* (-em N 22$^{1}$); K scipiones U, Y 03; V 63$^{2}$ *s. l.*, N 23$^{1}$*mg*, Ven$^{1}$ *s. l.*, L, N 22$^{1}$*mg*, C; V 64, γ | optinende M; H; Y 01; U; C; V 64, A | donandaeve] ue Vin (*om.* donande) donande ne V 65 donande ut V 64 **7** egerant] M; V 63$^{1}$, N 23$^{1}$, Ven$^{1}$, *Stuttg*$^{1}$; *cett. praeter* egerat U, Y 03; V 63$^{2}$ *s. l.*, N 23$^{1}$ *s. l.*, Ven$^{1}$ *s. l.*, C; V 64, γ (-rit O 48) egerent L 24 gerant H arbitros (*add. ante* egerant) *Stuttg*$^{2}$*mg* arbitros fuisse ait L (fuisse ait *in ras.*) | Vasaces] uasages Hol$^{1}$ (*corr. s. l.* Hol$^{2}$) uasates B 05, Prm, J, B 72; N 22$^{1}$ uazaces β, N 22$^{1}$ *s. l.* uassaces Or, N 21, O 48, O 22 uassates K | imaginem] ĩmaginem V 63 in maginem N 23 ymaginem V 64, V 65 imagines Or (*corr. s. l.*) | retinendi] largiendi N 22$^{1}$*mg add.* donandeue armoenie U (*punctis del.*) | largiendive] donandiue *Gen*; N 22 **8** nos] tuos (*punctis del.*) nos Hol suos G; β (uos V 63), N 22$^{1}$ *s. l.* illos L | disseptato M | Monobazus] M; L monobacus α; Y 02; U (-chus), Y 03; C; V 64, γ monobanzus V 58, B 05, G, E (mona-), H (n *alt. puncto del.*), Mal, Prm, J; N 22; K monobaurus B 72 monabacus Y 01 monabazus β **9** posterum] postreplacuitque liberari obsidio legiones et decedere omnem militem finibus Armeniorum castellaque et commeatus Parthis tradi, quibus perpetratis copia Vologaesi fieret mittendi ad Neronem legatos.

Interim flumini Arsaniae (is castra praefluebat) pontem imposuit, 15,1
specie sibi illud iter expedientis, sed Parthi quasi documentum victoriae
iusserant: namque iis usui fuit, nostri per diversum iere. addidit rumor 15,2

---

mum Hol | testis] *om.* B 72 | iis] *Gen*; P hiis Y 01; N 22$^1$ *s. l.*; O 22 his M; N 22$^1$; *cett.* | pepegissent Vin | adhibetur] adthibetur M adhybetur Y 01 adibetur V 63, Ven **10** placuique J | obsidio] M$^1$ (*corr. in textu ex* aubsidio); V 63$^1$, Ven$^1$; *cett. praeter* obsidione L 24, Z; U, Y 03; V 63$^2$ *s. l.*, Ven$^1$ *s. l.*, C; V 64, γ, K | decedere] decederem J decere U$^1$ (*corr.* U$^2$*mg*); V 64 | omem N 22 **11** castelaque N 23 | comeatus Ven, Vin, *Stuttg*; V 65 | Parthis] parthus α | tradi] tardi J | perpetratis] quippe traditis Y 03; L, C; γ, K perpetrathis N 23 **12** fieret uologesi L | fieret] fi (*sequ. spat. ca. 8 litt.*) B, Hol fierent P | mittedi Hol

**1** pacorus tyridates fratres uologesis G$^2$*mg*; P$^2$*mg* **5** uassacem G$^2$*mg* **6** colloquium peti cum uasace prafecto uologesis V 63$^2$*mg* | lucullos pompeianos G$^2$*mg* **9** petus fede cum partis pepigit fedus B 05$^2$*mg* pacta peti cum uolog̅ V 63$^2$*mg* conditiones pacis fedissime pro romanis K$^2$*mg* **12** nero P$^2$*mg*

**1** flumini] fluuio *Gen*; N 22 | Arsaniae] *Acidalius* (*cf. XV 15,3 et Dio 62,21,1*) 15
arsanieti M (-ti *del.*); Z; U; β (-ti *punctis del. Stuttg*$^2$); γ, K arsanietis V 64 arsenieti C arsameti *Gen*; Y 01, Y 02; L$^1$ (*corr. in textu* L$^2$) arsaneti N 22 arsanien B, Hol; Y 03 (n *alt. puncto del.*) arsanieni L 24 | praefluebat] perfluebat L 24; *Gen* (< H); Y 01, Y 02; P, Vin, N 22 profluebat Or, K | ⟨Paetus⟩ pontem *Ritter* | inposuit V 64 **2** specie] M; L 24, Z; Y 01, Y 02 spē B; V 58, B 05, G, E, H, Mal; P, *Stuttg*$^1$, C spe U; *Stuttg*$^2$ (‾ *del.*), L spem *cett.* | illud] illico O 48$^1$ (*corr. in textu* O 48$^2$, illud O 48$^2$*mg*) | iter] M; V 63$^1$, N 23$^1$, Ven$^1$, *Stuttg*$^1$, L$^2$ *s. l.*; *cett. praeter* tunc Y 03; V 63$^2$ *s. l.*, N 23$^1$ *s. l.*, Ven$^1$ *s. l.*, *Stuttg*$^2$*mg*, L$^1$, C; V 64, γ, K iter tunc U | expedientis] V 58$^2$ *s. l.*, *Fer* (< G), B 72; N 22$^1$ experiendi G *in ras.*; Y 01$^2$ (*corr. in textu*); N 22$^1$*mg* experientis M; α; V 58$^1$, B 05; Y 01$^1$, Y 02; β (*punctis del. Stuttg*$^2$) experienti U, Y 03; V 63$^2$ *s. l.*, N 23$^1$ *s. l.*, Ven$^1$ *s. l.*, C; V 64, γ, K expetendi *Stuttg*$^2$*mg*, L | docimentum M | victoriae] *om.* α **3** iusserant] M; U$^1$; *Stuttg*$^1$; *cett. praeter* stare iusserant U$^2$*mg* iunserant Y 03; A$^1$ sumpserant *Stuttg*$^2$ *in textu*, L; A$^2$ *s. l.*, N 21$^2$ *s. l.*, O 48$^2$ *in textu* (s- *in ras.*) rumpserant Or, N 21$^1$, O 48$^1$, O 22 rimpserant V 65 | namque] nam B 72; N 22 | iis] is B 72; Y 03; Ven$^1$, P, N 22, C; V 64, γ, K his Z; H, Mal, Prm, J; V 63, N 23, Ven$^2$ *s. l.*, Vin, *Stuttg*, L | fuit] fuerat *Fer* (*corr.* fuit H$^1$*mg*, Mal$^1$*mg*, Prm$^1$ *s. l.*, J$^1$ *s. l.*) | diuersa G |

sub iugum missas legiones et alia ex rebus infaustis, quorum simulacrum ab Armeniis usurpatum est. namque et munimenta ingressi sunt, antequam agmen Romanum excederet, et circumstetere vias, captiva olim mancipia aut iumenta adgnoscentes abstrahentesque; raptae etiam vestes, retenta arma, pavido milite et concedente, ne qua proelii causa existeret.

15,3 Vologaeses armis et corporibus caesorum aggeratis, quo cladem nostram testaretur, visu fugientium legionum abstinuit: fama moderationis quaerebatur, postquam superbiam expleverat. flumen Arsaniam elephanto insidens, proximus quisque regem vi equorum perrupere, quia

---

iere] iuere U, Y 03; V 64, γ, K uiuere C iter L 24 | adidit V 65 **4** iugum] M$^1$ (*corr. ex* iugus); *cett.* | ex] et B 72 | simulachrum Z; V 58, B 05, G$^2$ *s. l.*, H, Mal, B 72; U; P, C; Or, N 21, O 48, O 22, K **5** ab] ad E$^1$ (*corr. in textu* E$^1$) | armenis B 72 | namque] nam Mal, Prm, J, B 72; N 22 | et] *om.* Y 01, Y 02 **6** agmen Romanum] romanum agmen L 24; Y 01, Y 02 agmen romanorum P | excederet] decederet Y 01, Y 02 abscederet Y 03; L; γ, K | circumstetere] circunstetere Vin; Or cui constetere P | vias] via H$^1$ (*corr. s. l.* H$^2$) **7** aut] ut Or, N 21$^1$ (*corr. s. l.* N 21$^2$), O 48, O 22, K | adgnoscentes] adnoscentes M; Y 01, Y 02 cognoscentes Z agnoscentes *cett.* | abstrahentesque] abstraentesque M; A abtrahentesque Y 03; N 21, O 48$^1$ (*corr. s. l.* O 48$^2$), O 22, K atrahentesque Or abstrahentes B 72 substrahentesque U | raptae] rapteque Prm, J, B 72; N 22 que rapte P rupte U, Y 03; C; V 64, γ, K **8** pavido] pauidoque Hol | et] *bis* J | ne] *om.* G$^1$ (*add. s. l.* G$^2$) **9** uologoses B 05 | armis] *om.* Vin | caesorum] cessorum O 22 (s *alt. puncto del.*) cesarum V 63$^1$ (*corr. s. l.* V 63$^2$) | aggeratis] *Heinsius* aggregatis *codd.* (agr- Hol; V 63; V 65) | cladem] claudem A laudem γ (< A) **10** testarentur Mal, Prm, J, B 72; N 22 | visu] nixu Y 03; C; V 64, γ iussu N 23 | abstinuit] abtinuit N 22$^1$ (*corr. s. l.* N 22$^1$) obtinuit B 72 abstrahit Or abstrauit N 21, O 48, O 22 | fama] famam Y 01 nam fama G$^2$ (nam *add. mg*); U, Y 03; V 63$^2$ (nam *add. s. l.*), Ven, P, Vin, *Stuttg*, L, N 22$^1$ *mg*, C; V 64, γ, K | fama — **11** expleverat] *om.* N 23 **11** expleverat] expleberat M exsoluerat N 21 | flumen] flumine *Gen* (< B 72); N 22 | Arsaniam] arsanian Z arsania V 58$^1$; Y 01, Y 02 arsamete V 58$^2$ *s. l.*, B 05, *Fer*; N 22 asametem B 72 arsanietem K | elephanto] elefanto Z in elephanto *Gen*; Y 01, Y 02; N 22; K (in *del.*) elephantus U$^1$ (*corr.* U$^2$ *mg*), Y 03; V 63, N 23, Ven, C; V 64, γ (elle- V 65) elephantis L **12** insidens] insides V 64 residens B 72$^1$ (*corr. s. l.* B 72$^2$) *add.* ipse *Prammer* (*cf. III 9,2; XVI 20,2*) | proximis N 22 | regem] regi K (i *in ras. ex* -em?) | vi equorum] uie quorum M$^1$ (*corr. in textu* M$^2$); V 63$^1$ (*corr. in textu*) in equorum P, Vin, *Stuttg*$^1$ (*corr. in textu Stuttg*$^2$), N 22$^1$ (*corr. s. l.* N 22$^1$) uia quorum V 64 (-a *in ras.*) uiam quoque U, Y 03; C; γ (-m *eras.* V 65) *om.* L (*add.* L$^2$ *mg*) | perrupere] perrumpere *Fer*, B 72 (-r-); Y 01 (m *del.*); N 22, C prorupere α; U; Vin, *Stuttg*$^1$ (*corr. in textu Stuttg*$^2$) prorumpere P |

rumor incesserat pontem cessurum oneri dolo fabricantium; sed qui ingredi ausi sunt, validum et fidum intellexere.

Ceterum obsessis adeo suppeditavisse rem frumentariam constitit, ut 16,1
horreis ignem inicerent, contraque prodiderit Corbulo Parthos inopes
copiarum et pabulo attrito relicturos oppugnationem, neque se plus tri-
dui itinere afuisse. adicit iure iurando Paeti cautum apud signa, adstan- 16,2
tibus iis quos testificando rex misisset, neminem Romanum Armeniam
ingressurum, donec referrentur litterae Neronis, an paci annueret. quae 16,3

---

quia] qui Prm, J, B 72; N 22$^{1}$ (quia N 22$^{1}$ *s. l.*) qua U; V 64 quam V 63$^{1}$ (*corr. in textu* V 63$^{2}$), N 23, Ven, P quod Vin, *Stuttg* quoniam L **13** incesserat] cesserat *Gen* (*corr. s. l.* H$^{2}$); N 22$^{1}$ *s. l.* | cessurum] incessurum U (in- *punctis del.*) cesurum P, N 22 | honeri B 72; A | ausi sunt ingredi Y 03 **14** auxi Y 01 | validum] ualidos β (*corr.* V 63$^{1}$ *s. l.*, N 23$^{1}$ *s. l.*, Ven$^{1}$ *s. l.*, *Stuttg*$^{2}$ *s. l.*), C | fidum] fidos β (-us N 23$^{1}$ *s. l.*; *corr.* V 63$^{1}$ *s. l.*, *Stuttg*$^{2}$ *s. l.*), C firmum *Gen*; Y 03; N 22

**1** arsametes fluuius V 58$^{2}$*mg*, G$^{2}$*mg* flumen arsametes V 63$^{2}$*mg* **8** dedecus romanorum militum K$^{2}$*mg* **9** uologeses G$^{2}$*mg* **13** rumor incesserat pontem cessaturum (*sic*) oneri dolo fabricantium Hol$^{2}$*mg*

**1** suppeditavisse] suppiditauisse M$^{1}$ (*corr. in textu* M$^{2}$) supeditauisse G suppetauisse V 65 | rem] rerum U | constitit] consistit Y 01 **2** horreis] orreis P, Vin, *Stuttg*$^{1}$ (h *add.* *Stuttg*$^{2}$ *s. l.*) oreis N 22 | inicerent] iniicerent Z; V 58, B 05, G, E, H, Prm, B 72; Y 02; U; P, Vin, *Stuttg*, L; N 21$^{2}$ *s. l.* iniiecerent Mal uincerent γ (< A), K | contraque] contra que M; α; Y 01$^{1}$ (*corr. in textu* Y 01$^{2}$), Y 02; Y 03; C; γ (< O 22; *corr. s. l.* N 21$^{2}$), K | prodiderit] prodiderint M$^{1}$ (nt *punctis del.*, t M$^{2}$ *s. l.*); Y 01 prodederit H$^{1}$ (*corr. in textu* H$^{2}$) prodiderat N 22 **3** papulo N 23 | attrito] atrito N 23 actuto Vin, *Stuttg*$^{1}$ (*corr.* *Stuttg*$^{2}$*mg*) | obpugnationem C; V 64 **4** itinere] itineri V 58, *Fer* (*om.* E), B 72; P, Vin, *Stuttg*, N 22 itenere Ven itinere ittinere V 65 | afuisse] affuisse M$^{1}$ (f *pr. puncto del.*, u M$^{2}$ *s. l.*); Ven, P, N 22 aufuisse (M$^{2}$) B, Hol, L 24 adfuisse V 63, N 23, Vin, *Stuttg* abfuisse *cett.* | adicit] Y 01$^{1}$; *cett. praeter* adici M$^{1}$ (t *add.* M$^{2}$ *s. l.*) adiicit L 24, Z; Y 02; U; P, Vin, *Stuttg*$^{1}$; Or, K adiecit *Gen*; Y 01$^{2}$ *s. l.*; *Stuttg*$^{2}$ *in textu*, L, N 22$^{1}$*mg* abiecit N 22$^{1}$ | Paeti] petiti P *om.* B 72 | cautum] *add.* iure iurando Prm, J; N 22 *om.* B 72 | aput V 65 | adstantibus] Z; *Gen* (< B 72); C; N 21 astantibus M; B 72; *cett.* **5** iis] his L 24, Z; Y 03; V 63, N 23, Ven, *Stuttg*, L, C; V 64, γ, K hiis Y 01 ii J | mixisset Mal | romanam P | Armeniam] armenia Or *om.* Y 01$^{1}$ (*add.* Y 01$^{2}$*mg*), Y 02 **6** referrentur] referentur G, H$^{1}$ (*corr. s. l.* H$^{2}$), J, B 72; Vin, *Stuttg* referretur Hol refererentur Y 01 (-ferr-); V 63, N 23, Ven (-ferr-), P | Neronis] nerocis Mal nero (*sequ. spat. ca. 4 litt.*) Prm, J | paci] pacis Prm, J; N 22$^{1}$ (*corr. s. l.* N 22$^{1}$) pacem B 72; P | annueret] annuerent Mal (n *tert. puncto del.*), Prm (n 16

ut augendae infamiae composita, sic reliqua non in obscuro habentur, una die quadraginta milium spatium emensum esse Paetum, desertis passim sauciis, neque minus deformem illam fugientium trepidationem quam
16,4 si terga in acie vertissent. Corbulo cum suis copiis apud ripam Euphratis obvius non eam speciem insignium et armorum praetulit, ut diversitatem exprobraret: maesti manipuli ac vicem commilitonum miserantes ne lacrimis quidem temperare; vix prae fletu usurpata consalutatio. decesserat certamen virtutis et ambitio gloriae, felicium hominum affectus: sola misericordia valebat, et apud minores magis.

17,1 Ducum inter se brevis sermo secutus est, hoc conquerente inritum laborem: potuisse bellum fuga Parthorum finiri; ille integra utrique

---

*tert. del.*); N 22 abnueret V 65 | quae] quo V 65 **7** augendae] agende B 72; Y 03; γ (*corr. s. l.* N 21$^2$), K | composita] composite P conposita V 64 | sic] a se (*punctis del.*) sic Z | non] *om.* Or | in] *om.* Vin | in obscuro] *om.* H$^1$ (*add.* H$^2$*mg*) **8** die] de J | quadraginta] quadragesinta O 48 (-es- *punctis del.*) quadragesima Y 03; A, V 65, N 21$^1$ (XL$^{ta}$ N 21$^2$*mg*), O 22 quadragesime Or | milium] millium L; V 65 *om.* Y 01$^1$ (*add.* Y 01$^2$ *s. l.*) | desertis] desertim Mal, Prm$^1$ (*corr. s. l.* Prm$^1$); N 22$^1$ (*corr. s. l.* N 22$^1$) disertim J | passim] passis N 23$^1$ (*corr. s. l.* N 23$^2$) *om.* V 63$^1$ (*add. s. l.* V 63$^2$) **9** minus] minis V 65 | trepidationem] trepitionem A$^1$ (*corr. s. l.* A$^2$) **10** aciem B 72 | vertissent] uertisset β (uertasset N 23$^1$, i *s. l.* N 23$^2$) euertissent V 64 | apud] ad U, Y 03; β, L, C; V 64, γ, K | rippam Y 01, Y 02 | Euphratis] M; B 05, E, Mal, B 72; Y 01, Y 02; P eufratis *cett.* **11** eam] etiam V 65 | speciem] spem G | insignium] insignum U$^1$ (*corr.* U$^2$*mg*); N 23; O 48, O 22 insignem Or | et] *om.* Y 01, Y 02; U; C | pertulit N 21 | diversitatem] M; *Stuttg*$^1$; *cett. praeter* aduersitatem *Stuttg*$^2$ *s. l.*, L **12** exprobraret] exprobaret H$^1$ (*corr. s. l.* H$^2$); U; V 63, N 23, Ven | vicem] uice Y 03; γ (s *add.* O 48$^2$ *s. l.*), K *om.* V 63$^1$ (*spat. 3 litt.*), *add. in textu* V 63$^2$ | comilitonum Vin conmilitonum V 64 **13** lachrimis Hol; B 72; L, C lacrymis E; Ven; K lachrymis V 58, B 05, *Fer* (< E); P, Vin, *Stuttg* | temperare] temperauere Y 01, Y 02 temptare Hol tentare Ven | prae] *om.* A$^1$ (*add. s. l.* A$^2$) | fletu] flatu P$^1$ (*corr. s. l.* P$^2$) | usurpatia P (i *del.*) | consalutatio] consolatio *Gen*; Y 01, Y 02; β (< V 63), L, N 22 consultatio C | deccesserat V 65 **15** minores] *Stuttg*$^1$; *cett. praeter* minoris M milites *Stuttg*$^2$ *s. l.*, L

2 contra petum V 63$^2$*mg* **4** o ignauiam singularem K$^2$*mg* **9** deformis peti fuga B 05$^2$*mg* petus G$^2$*mg* peti ignaua trepidatio K$^2$*mg* **12** dolor de peto in castris cor. V 63$^2$*mg*

17 **1** hoc] hec *Gen* (< G); Y 01, Y 02; Vin, *Stuttg*$^1$ (*corr. s. l. Stuttg*$^2$), N 22 hic P | conquerente] *Stuttg*$^2$, L querentium U conquerentium M; *Stuttg*$^1$; *cett.* conquerente iam *Walther* | inritum] M irritum *cett.* **2** laborem — utrique] *om.* O 48$^1$ (*add.* O 48$^2$*mg*) | potuisse] potius se G$^1$ (*corr.* G$^2$*mg*), E, H$^1$ (*corr. in*

cuncta respondit: converterent aquilas et iuncti invaderent Armeniam
abscessu Vologaesis infirmatam. non ea imperatoris habere mandata Cor- 17,2
bulo: periculo legionum commotum e provincia egressum; quando in
incerto habeantur Parthorum conatus, Suriam repetiturum. sic quoque
optimam fortunam orandam, ut pedes confectus spatiis itinerum alacrem
et facilitate camporum praevenientem equitem adsequeretur. exin Paetus
per Cappadociam hibernavit. at Vologaesi ad Corbulonem missi nuntii, 17,3
detraheret castella trans Euphraten amnemque, ut olim, medium faceret;

---

*textu* $H^2$) petiuisse Prm, J, B 72; N 22 | Parthorum] parthoru Hol *add.* bellum $H^1$ (*del.* $H^2$) | integre Or | utrique] utrinque Y 03; *Stuttg*$^2$, L; V 64, γ (O 48$^2$*mg*), K **3** cuncta] *om.* B, Hol | converterent] conuerteret Mal, Prm, J conuertere B 72; N 22$^1$ (*corr. s. l.* N 22$^1$) comitterent Ven | iuncti] uincti L 24; Mal; N 21$^1$ (*corr. in textu* N 21$^1$), O 48$^1$ (*corr. in textu* O 48$^2$), O 22 uicti Y 02 | inuadererent A **4** abscessu] absessu $G^1$ (*corr. s. l.* $G^2$) obscessu O 22 | Vologaesis] uologeses M; B, Hol; $H^1$ (*corr. in textu* $H^2$); Y 01, Y 02; V 63$^1$ (*corr. s. l.* V 63$^2$) | infirmatum V 65 | habere] *om.* β (< V 63; *add. Stuttg*$^2$*mg*) | Corbulo] corbolo P corbulonem Z **5** periculo — egressum] *om.* C | legionum] legionis Ven | commotum] conmotum Y 01 se commotum $U^2$*mg* | e] ex Vin, *Stuttg* et Y 03; Ven; A est Or | quando] cum B 72 | in] *om. Fer* (*add.* $H^2$ *s. l.*), B 72; P, N 22$^1$ (*add.* N 22$^1$*mg*); Or, K **6** incerto] incertum N 22$^1$ (incerto N 22$^1$*mg*) certo V 65, O 22 | Parthorum conatus] conatus parthorum Y 03; C; V 64, γ, K | Suriam] M; *Stuttg*$^1$; *cett. praeter* syriam Hol, Z; *Gen*; Y 01, Y 02; L, N 22; γ (< Or), K siriam Y 03; *Stuttg*$^2$ *s. l.*; Or | repetuturum V 63, N 23, Ven repetiturus C | sic] si G **7** obtimam V 63 | orandam] oranda M | confectus] confectis B 72; P | itinerum] itenerum M; V 63 iterum U **8** facilitate] facilitatem β (-m *del.* V 63, *Stuttg*), N 22$^1$ *s. l.* felicitate γ (< A), K | praevenientem] peruenientem Or, N 21$^1$ (*corr. s. l.* N 21$^2$), O 48, O 22, K | adsequeretur] M; Y 01, Y 02; V 63, *Stuttg* assequeretur *cett. praeter* assequentur P | exin] exinde B 72; U; C; V 65 exim N 23$^1$ (*corr.* N 23$^2$) ex Vin; V 64 dein Y 01, Y 02 | Paetus] inpetus V 64 **9** per] qui V 63$^1$ (*corr. s. l.* V 63$^2$) | Cappadociam] cappadocia M capadociam $H^1$, $Mal^1$ (*corr.* $H^2$ *s. l.*, $Mal^2$ *s. l.*), J, B 72; N 22, C; O 22, K capodociam U | at] ac G; P et J | Vologaesi] G; U, Y 03; V 63$^2$ *s. l.*, N 23$^1$ *s. l.*, *Stuttg*$^2$ *s. l.*, L, N 22$^1$ *s. l.*, C; V 64, γ (O 48$^2$ *in textu*), K; *Candidus* uologeses M (-s *del.* $M^1$); α; $Mal^1$, $J^1$; β; O 48$^1$ uologesis V 58, B 05, E, H, $Mal^2$ *s. l.*, Prm, $J^2$ *s. l.*, B 72; Y 01, Y 02; N 22$^1$ | ad Corbulonem] *Gen*; Y 01, Y 02; N 22 ad corbulone M a corbulone *cett.* | missii Vin (i *tert. puncto del.*) **10** detraheret] detraherent (n *puncto del.*) detraheret Mal *bis* Prm detraherent N 22$^1$ *s. l.* | Euphraten] M eufraten B, Hol, L 24; V 63, N 23, $Ven^2$ *s. l.*, *Stuttg*; N 21, O 48 euphratem V 58, B 05, E, B 72; Y 01, Y 02; P, Vin eufratem $Ven^1$; *cett.* | amnemque] annemque Y 01 amnem que U | amnemque — **12** Euphraille Armeniam quoque diversis praesidiis vacuam fieri expostulabat. et postremo concessit rex; dirutaque quae Euphraten ultra communierat Corbulo, et Armenii sine arbitro relicti sunt.

18,1 At Romae tropaea de Parthis arcusque medio Capitolini montis sistebantur, decreta ab senatu integro adhuc bello neque tum omissa, dum
18,2 aspectui consulitur spreta conscientia. quin et dissimulandis rerum externarum curis Nero frumentum plebis vetustate corruptum in Tiberim iecit, quo securitatem annonae sustentaret. cuius pretio nihil additum est, quamvis ducentas ferme naves portu in ipso violentia tempestatis et

---

ten] *om.* Y 03$^1$ (*add.* Y 03$^2$ *mg*) | olim] omnium Y 01, Y 02; Y 03$^2$ *mg* **11** quoque] quos N 23 | diuersis quoque U **12** dirutaque quae] *Puteolanus* diruta queque M; V 63$^2$ *s. l.*; *cett.* (dirruta B 05: r *pr. puncto del.* diurta P) *praeter* dirupta queque N 22 diruta quoque B, Hol; Y 02 dirupta quoque Y 01 diruta que Y 03$^2$ *mg* diruta quem V 63$^1$ | Euphraten] M; Y 01, Y 02; P eufraten B, Hol, L 24; V 63, Ven, *Stuttg*, C; V 64, N 21, O 48, O 22 euphratem V 58, B 05, B 72; Y 03$^2$ *mg*; Vin; V 65 eufratem *cett.* | ultra euphraten Y 02 | ultra] ultur N 23$^1$ (*corr. s. l.* N 23$^2$) | communierat] V 58, B 05; Y 01, Y 02; Y 03$^2$ *in textu*; L; O 48$^2$ *in textu* comminiuerat M comminuerat α; *Fer*, B 72; U, Y 03$^1$; β (< P), N 22, C (-m); V 64, A, V 65 connumerat P; Or, N 21, O 48$^1$, O 22, K communiverat *Bekker* **13** et] at Or | armeni B 72; Ven | sine] M; V 58$^2$ *s. l.*; Y 01$^1$; Y 03$^1$; *cett. praeter* suo V 58$^1$, B 05; Y 01$^2$ *in textu*; Y 03$^2$ *in textu*; K | arbitro] M; Y 03$^1$; N 22$^1$ *s. l.*; *cett. praeter* arbitrio *Gen*; Y 01, Y 02; Y 03$^2$ *s. l.*; P, N 22$^1$

**8** petus G$^2$*mg* **9** uologeses G$^2$*mg* **11** res armenie composite K$^2$*mg*

18 **1** tropaea] M$^1$; V 63, N 23$^1$, Ven trophea M$^2$ (h *add. s. l.*); N 23$^2$ *s. l.*; *cett.* **2** ab] a α; U, Y 03; β (< V 63), L, N 22, C; V 64, γ, K | tum] tamen *Gen*; Y 01, Y 02; N 22 | omissa] M$^1$ (*corr. in textu ex* amissa); *Gen* (< B 72); Y 01$^2$ *s. l.*; *Stuttg*$^2$ *in textu*, N 22; K (o- *in ras.*) obmissa B 72; L amissa Y 01$^1$, Y 02; U$^1$, Y 03; Or admissa α; U$^2$*mg*; β (< P), C; γ (< Or) ammissa V 64 commissa P **3** aspectui] aspectu B 72 aspe cui L 24 | spreta] spreto M; B, Hol, L 24; Y 01; U$^1$ (spreta U$^2$*mg*), Y 03; β (*corr. in textu Stuttg*$^2$), C; V 64, γ, K | conscientia] consciam Y 03; γ, K$^1$ (*corr. in textu* K$^2$) | dissimulandis] dissimulando Y 03; γ, K$^1$ (*corr. in textu* K$^2$) | externarum] eternarum P **4** Nero] *om.* V 63$^1$ (*add. s. l.* V 63$^2$) | plebis] plebi *Fer* (*corr.* G$^2$ *s. l.*, H$^2$ *s. l.*), B 72; N 22$^1$ (*corr. s. l.* N 22$^1$) | Tiberim] tyberim M; α; G, H, B 72; Y 01; Ven, P; N 21, O 48, O 22, K thyberim V 58, B 05, E, Mal, Prm, J **5** sustentaret] M; *Stuttg*$^1$; *cett. praeter* substentaret Hol; B 72$^2$ *s. l.*; Y 03; P, C; V 64, A, N 21, O 48, O 22 substentasset B 72$^1$ ostentaret *Stuttg*$^2$ *in textu*, L; *Fuchs* (*cf. Goodyear, CQ N.S.15 (1965), 320*) | pretio] pretium Vin **6** du-

centum alias Tiberi subvectas fortuitus ignis absumpsisset. tris dein con- 18,3
sulares, L. Pisonem, Ducenium Geminum, Pompeium Paulinum vectigalibus publicis praeposuit, cum insectatione priorum principum, qui gravitate sumptuum iustos reditus anteissent: se annuum sexcenties sestertium rei publicae largiri.

Percrebuerat ea tempestate pravus mos, cum propinquis comitiis aut 19,1
sorte provinciarum plerique orbi fictis adoptionibus adsciscerent filios,

---

centes O 22 | violentia tempestatis] *om.* L$^1$ (*add.* L$^1$*mg*) **7** Tiberi] U$^2$*mg*; N 22, C thyberi *Gen* (< H; ty- B 05, G; thi- B 72) tiberim Y 02; U$^1$, Y 03; V 63, N 23, Vin, *Stuttg*, L; V 64, A, V 65 tyberim M; H; N 21 (m *puncto del.*); *cett.* | subvectas] subiectas L 24; H$^1$ (*corr. in textu* H$^2$) | fortuitus] fortuitu H$^1$ (*corr. s. l.* H$^2$) | absumpsisset] assumpsisset M; B, Hol, L 24 (asu-); H$^1$ (*corr. in textu* H$^2$), B 72; U, Y 03; β, C; V 64, γ (asu- V 65; *corr. in textu* O 48$^2$), K | dein] diein H (i *pr. puncto del.*) deinde B 72; C deinceps Z (-ceps *punctis del.*) **8** Ducenium] ducennium *Gen*; Y 01; U, Y 03; β, L, C; V 64, γ, K ducem et Y 02 | Geminum] geminium B 05; Y 03; C; V 64, A geminis Y 01$^1$ (*corr. in textu* Y 01$^2$) | pompeum B 72 | vectigalibus] uectigalium P **9** publicis] publius E | publicis praeposuit] preposuit publicis L$^1$ (*corr. s. l.* L$^2$) | insectatione] insectione β (*corr.* V 63$^2$*mg*, N 23$^1$ *s. l.*, Ven$^1$ *s. l.*, *Stuttg*$^2$ *s. l.*) | priorum] piorum H$^1$ (*corr. s. l.* H$^2$) *bis* Y 01 (*pr. del.*) | principum priorum β | gravitate] grauitatem P gratuitate *Stuttg* **10** sumptuum] sumptum γ (sup- A; *corr.* N 21$^2$ *s. l.*, O 48$^2$ *s. l.*), K$^1$ (*corr. in textu* K$^2$) | iustos] iussos B 72 | reditus] M; B, Hol, L 24; V 58$^1$; P, C; A, K redditus V 58$^2$ *s. l.*; *cett.* | anteisset E, Mal, Prm, J, B 72 | annuum] annum Hol; N 22$^1$ (*corr.* N 22$^1$*mg*) animum Or | sestertium] sextertium α; V 58, B 05, Mal (*corr. in textu*), B 72; Y 01, Y 02; U, Y 03; Ven$^1$ (*corr. s. l.* Ven$^2$), P, Vin, L, N 22, C; A, N 21 **11** rei publicae] r. p. M$^1$ (rei M$^2$ (*script. benev.*) *mg*); L 24; V 63$^1$ (-i -ce V 63$^2$ *s. l.*) | elargiri V 65

**1** transit ad res urbanas B 05$^2$*mg* | trophea de parthis rome G$^2$*mg* arcus de parthis medio capitolini montis V 65$^1$*mg* trophea de parthis et arcus rome K$^2$*mg* **4** mala prouisione id accidat N 22$^1$*mg* **5** hoc factum egregie K$^2$*mg* **6** nauium clades Y 03$^2$*mg* | deperdita uis ingens tritici V 63$^2$*mg* **7** prodigium ingens G$^1$*mg*, E$^1$*mg*, H$^1$*mg*, Mal$^1$*mg*, Prm$^1$*mg*, J$^1$*mg*, B 72$^1$*mg*; N 22$^1$*mg*

**1** percrebuerat] percrebruerat Z; V 58, B 05; Y 02; C; V 64 precrebuerat U; 19
Or, O 22, K precrebruerat P (r *tert. puncto del.*) | pravus mos] prauissi|mos M$^1$ (*corr. in textu* M$^1$) prauissimus V 63$^1$ (mos *add.* V 63$^2$ *s. l.*) pergrauissimus mos N 21$^1$ prauissimus mos N 21$^2$ *s. l.*; *cett.* **2** sorte] forte Vin | adsciscerent] asciscerent U; L; V 65, N 21 adscisserent N 22$^1$ adsciscent V 63, Vin, *Stuttg*$^1$ (*corr. in textu Stuttg*$^2$), N 22$^1$ *s. l.* adscissent N 23 asscisscent Ven ascis-

praeturasque et provincias inter patres sortiti statim emitterent manu
19,2 quos adoptaverant. *** magna cum invidia senatum adeunt. ibi ius naturae, labores educandi adversus fraudem et artes et brevitatem adoptionis enumerant. satis pretii esse orbis, quod multa securitate, nullis oneribus gratiam honores, cuncta prompta et obvia haberent. sibi promissa legum diu expectata in ludibrium verti, quando quis sine sollicitudine parens,
19,3 sine luctu orbus longa patrum vota repente adaequaret. factum ex eo senatus consultum, ne simulata adoptio in ulla parte muneris publici iuvaret ac ne usurpandis quidem hereditatibus prodesset.

---

cerem B 72 absciscerent O 48$^{1}$ (*corr. in textu* O 48$^{2}$), O 22, K addiscent P **3** provincias] prouincia Or, O 48$^{1}$ (*corr. s. l.* O 48$^{2}$), O 22 | patres] patre M partes Vin; V 65 | manu] manus H (s *puncto del.*) **4** *lacunam indicavit Nipperdey* ⟨qui⟩ *Puteolanus* ⟨at patres⟩ *Draeger* ⟨itaque⟩ *Koestermann* | senatum] ad senatum P | adeunt. ibi ius] *scripsi* adeuntibus M; α; H$^{2}$*mg*; Y 01, Y 02; β (qui *add. Stuttg*$^{2}$*mg*), N 22$^{1}$*mg* adeunt ubi *Gen* (ibi B 05$^{2}$ *s. l.*, adeunt H$^{1}$ *in textu ex* adeant); N 22$^{1}$ adeunt qui L (*cf. Stuttg*$^{2}$*!*) adeuntium U, Y 03; V 63$^{2}$ *s. l.*, N 23$^{1}$ *s. l.*, C; V 64, γ, K adeunt ius *Rhenanus* adeunt qui ius *Koestermann* | quos adoptaverant, magna cum invidia ⟨calliditatis. igitur qui ipsi liberos genuerant⟩ senatum adeunt, ius *Fuchs* | naturae] mature U, Y 03; γ, K ne Vin, *Stuttg*$^{1}$ (*del.*, nature *Stuttg*$^{2}$*mg*) **5** labores] laboresque G (-que *eras.*) | artes] artem B$^{1}$ (*corr. s. l.* B$^{2}$); Y 01$^{1}$ (*corr. in textu* Y 01$^{2}$) *om.* Hol | et *alt.*] *om.* Hol; K | brevitatem] breuitate K prauitatem U; O 48 | adoptionis enumerant] *Gen*; Y 01$^{2}$ *in textu*; N 22$^{1}$ (senuerat N 22$^{1}$*mg*) adoptioni senumerant M; α; β (senuerant V 63$^{2}$ *s. l.*, N 23$^{1}$ *s. l.*, Ven$^{1}$ *s. l.*; senum erant P) adoptioni senum connumerant Y 01$^{1}$, Y 02 adoptionis senuerant U, Y 03; C (tenuerant); V 64, γ, K adoptionis asseruerant *Stuttg*$^{2}$, L **6** orbis] obis G$^{1}$ (*corr. s. l.* G$^{2}$) | securitate] seueritate β (*corr.* V 63$^{2}$ *s. l.*, N 23$^{1}$ *s. l.*, Ven$^{1}$ *s. l.*, *Stuttg*$^{2}$ *s. l.*) | oneribus] honoribus G honeribus B 72; V 63 **7** honoris N 21 | pronta V 64, A, O 48 | haberent] habent V 64 | diu legum V 65 **8** expectate Vin | ludibrum V 65 | sollicitudine] solicitudine B, Hol, Z; Y 01, Y 02; Ven, P; γ sollitudine H$^{1}$ (-ci- *add.* H$^{2}$ *s. l.*), Mal, Prm, J, B 72 (-l-); N 22 (l *pr. puncto del.*) **10** senatus consultum] c. s. J | simulata] simulacra Hol | adopto N 22 | ulla] nulla G, E, J (n *puncto del.*); Y 01, Y 02; Y 03; Ven, P, N 22; Or, N 21 (n *puncto del.*), O 48 (n *puncto del.*), K | parte] *om.* α | publici] publi Mal, Prm$^{1}$ (*corr. s. l.* Prm$^{2}$) *om.* B 72$^{1}$ (*add. s. l.* B 72$^{1}$) **11** iuvaret] leuaret L | ac] an Mal, Prm, J, B 72; N 22 | usurpandis] usum pandis B 72 | quidem] *om.* Y 01$^{1}$ (*add. s. l.* Y 01$^{2}$), Y 02 | hereditabus G | prodesset] adesset L 24

**1** prauissimus G$^{2}$*mg*, H$^{2}$*mg* prauissimus mos K$^{2}$*mg* **10** nota S. C.$^{tum}$ de adoptione simulata B 05$^{2}$*mg* s. c. de simulata adoptione K$^{2}$*mg*

Exim Claudius Timarchus Cretensis reus agitur, ceteris criminibus, 20,1
ut solent praevalidi provincialium et opibus nimiis ad iniurias minorum
elati: una vox eius usque ad contumeliam senatus penetraverat, quod
dictitasset in sua potestate situm, an pro consulibus, qui Cretam obti-
nuissent, grates agerentur. quam occasionem Paetus Thrasea ad bonum 20,2
publicum vertens, postquam de reo censuerat provincia Creta depellen-
dum, haec addidit: ‚usu probatum est, patres conscripti, leges egregias, 20,3
exempla honesta apud bonos ex delictis aliorum gigni. sic oratorum
licentia Cinciam rogationem, candidatorum ambitus Iulias leges, magis-
tratuum avaritia Calpurnia scita pepererunt; nam culpa quam poena
tempore prior, emendari quam peccare posterius est. ergo adversus no- 20,4

---

**1** exim] M exin *cett.* *praeter* exinde B 72 | Claudius] m. claudius Y 02 clau- 20
dus L$^1$ (*corr. s. l.* L$^2$) | Timarchus] *Fer*; N 22 timarcus L 24, Z; V 58, B 05; Y 01$^2$ *s. l.* tymarcus M; B, Hol tinarchus B 72 trimarchus G$^2$ *s. l.* trimarcus U; β, L$^2$ *s. l.*, C trimacus Y 03; L$^1$; γ (trin- V 65), K (-chus) trunarcus V 64 marcus Y 01$^1$ *om.* Y 02 | Cretensis — criminibus] *om.* H | agitur] agri V 63, N 23, Ven, P agni Vin, *Stuttg*$^1$ (*corr. s. l. Stuttg*$^2$), N 22$^1$ *s. l.* **2** prouincialium preualidi L 24 | et] ex *Stuttg*$^2$ *in textu*, L | nimiis] nimis E; Y 03; A nuntiis nimiis Hol | iniurias] iniuriam Y 03; γ, K | minorum iniurias L **3** elati] elatis *Stuttg*$^2$ *in textu*, L | vox] uoce B, Hol nox V 64 | ad — dictitasset] *om.* U | contumeliam] *Gen*; Y 01, Y 02; N 22$^1$ contumelia M contumelias N 22$^1$ *s. l.*; *cett.* | senatus] senectus J **4** dictitassent V 63 (n *puncto del.*) | pro consulibus] *Doer* (*ut 15,22,1*) pro consularibus U (-ar- *punctis del.*) proconsulibus M; *cett.* | qui] qui tum U | Cretam] cretham C certam N 21$^1$ (*corr. s. l.* N 21$^2$) | optinuissent P; V 64, A **5** quam] *add.* ob rem U, Y 03; V 63$^2$ *s. l.*, N 23$^1$ *s. l.*, L (*punctis del.*), N 22$^1$ *mg*, C; V 64, γ, K | occasione U ocasionem O 22 | petas V 64 | Thrasea] M; B$^2$ *s. l.*; H$^2$ *s. l.*; L$^2$ *s. l.*; *cett.* *praeter* thrassea B 05 trasea B$^1$, Z; H$^1$, B 72; Y 01, Y 02; V 63, N 23, Ven, P, L$^1$; Or | bonum] donum V 63, N 23, Ven, P **6** creata C (a *pr. puncto del.*) **7** haec] hoc Y 01, Y 02; U, Y 03; Vin, *Stuttg*, L, C; V 64, γ, K hic P | addidit] addit Y 01$^1$ (*corr. s. l.* Y 01$^2$) | est] *om.* Vin, *Stuttg*$^1$ (*add. s. l. Stuttg*$^2$) | egregia Y 02 **8** gnigni G | sic] sicut *Fer*, B 72; N 22 | sic oratorum] siccariorum V 64 **9** licentiam J | Cinciam] cintiam V 58, B 05; Y 01, Y 02 cyntiam G cinthiam Y 03; L (h *del.*); γ (-yam N 21) cynthiam E, H$^1$ (th *punctis del.*, c H$^2$ *s. l.*), Mal, Prm, J, B 72; N 22, K | Iulias] uillas P | magistratuum] magistratum B 72$^1$ (*corr. s. l.* B 72$^2$) **10** avaritia] auaritiam H (m *del.*); U, Y 03; β, L, C; γ (*om.* Or), K | Calpurnia] M; B$^1$, L 24 scalphurnia O 22 calphurnia B$^2$ *s. l.*; *cett.* | scita] scyta E sita N 21$^1$ (*corr. s. l.* N 21$^2$), O 48$^1$ (*corr. s. l.* O 48$^2$) | peperunt B 72 | nam] non J | poena quam culpa V 65 | quam] quasi Y 01$^1$ (*corr. in textu* Y 01$^2$) | tempore prior poena L 24 **11** emendari] emendare G, Mal$^1$, Prm$^1$, J$^1$ (*corr.* Mal$^1$ *s. l.*, Prm$^1$ *s. l.*,

vam provincialium superbiam dignum fide constantiaque Romana capiamus consilium, quo tutelae sociorum nihil derogetur, nobis opinio decedat, qualis quisque habeatur, alibi quam in civium iudicio esse.

21,1 Olim quidem non modo praetor aut consul, sed privati etiam mittebantur, qui provincias viserent et quid de cuiusque obsequio videretur referrent, trepidabantque gentes de aestimatione singulorum: at nunc colimus externos et adulamur, et quo modo ad nutum alicuius grates, ita
21,2 promptius accusatio decernitur. decernaturque, et maneat provincialibus potentiam suam tali modo ostentandi: sed laus falsa et precibus expressa

---

J$^{1}$ *s. l.*); Or, N 21, O 48, O 22, K | peccare] peccari P, Vin (-c-), *Stuttg* | novam] nonam U$^{1}$ (*corr.* U$^{2}$*mg*) neuam V 64 **12** provincialium] L 24; *Faërnus* prouinciarium M prouinciarum B, Hol, Z; *Gen* (< B 72); Y 01, Y 02; U, Y 03; V 63, *Stuttg*$^{2}$ *in textu*, L, C; V 64, γ, K prouinciam B 72; β (< V 63), N 22 | superbiam] superbia Mal, Prm$^{1}$ (*corr. s. l.* Prm$^{2}$), J, B 72; N 22$^{1}$ (*corr. s. l.* N 22$^{1}$) | Romana] roma B 72 **13** quo] que C$^{1}$ (*corr. in textu* C$^{2}$); V 64 | tutelae] tutelle N 22 tuelle B 05$^{1}$ (*corr. s. l.* B 05$^{2}$) tute N 23 | derogetur] derrogetur B 05 (r *pr. puncto del.*) derogentur B 72 derogaretur P, Vin, *Stuttg* *add.* et V 65 | opinio] oppinio Y 03; V 65 $opt\overline{io}$ V 64 | decedat] discedat Or decebat K **14** habeatur alibi] *om.* V 63$^{1}$ (*add.* V 63$^{2}$*mg*) | iudicio ciuium U | iudicio] iudicia M; α; Y 01; β (*corr. in textu Stuttg*$^{2}$) | esse] esset U, Y 03; C; V 64, γ, K

**1** claudius trimarcus G$^{2}$*mg* (-chus); V 63$^{2}$*mg*, P$^{2}$*mg* **7** oratio thrasee M$^{2}$ (*script. benev.*)*mg*; H$^{2}$*mg*; Y 03$^{2}$*mg*; V 63$^{1}$*mg* (tr-), Ven$^{1}$*mg* (tr-), P$^{2}$*mg* (tr-), N 22$^{1}$*mg* oratio thrasee peti G$^{2}$*mg* uerba peti thrasee *Stuttg*$^{2}$*mg* uerba thrasee in senatu K$^{2}$*mg* **9** tres uetuste leges cinthia iulia et calphurnia V 65$^{1}$*mg*, O 48$^{1}$*mg* uarie leges K$^{2}$*mg* | candidatorum ambitus G$^{2}$*mg* | cynthius legum lator G$^{2}$*mg* **10** calphurnia scita G$^{2}$*mg*

21 **1** quidam P | modo] *om. Gen* (*add.* G$^{1}$*mg*, H$^{2}$ *s. l.*); Y 01, Y 02 | mittebatur N 23 **2** de cuiusque] decusque N 23 | ossequio B 72 | uideretur] uiderentur H (n *puncto del.*) *om.* U **3** referrent] inferrent U; O 22$^{1}$ (*corr. in textu* O 22$^{2}$), K | trepidabantque] trepidantque V 63$^{1}$ (*corr. s. l.* V 63$^{2}$) | aestimatione] extimatione α; V 58, B 05, *Fer* (< H); Y 01; Y 03; V 63, N 23, Vin, *Stuttg*, L, C; V 64, γ (< Or), K existimatione P; Or; *Ernesti* | at] ac V 64 **4** columus B 72 | quo] quoquo Mal, Prm, J, B 72; N 22 | nutu M | alicuius] alicui U, Y 03; L, C; V 64, γ, K **5** promptius] proptius Hol prontius V 64, A, O 48 | acusatio O 22 accusatis V 65 | discernitur P | decernaturque] decertatur N 22$^{1}$*mg* *om.* B 72; γ (< A), K | provincialibus] *add.* ius *Schmidt* (*sed cf. Löfstedt, Dragma M. Nilsson, 297*) **6** potentiam] potentia L 24; U$^{2}$*mg* | suam] sua L 24; U$^{2}$*mg* *om.* L$^{1}$ (*add. s. l.* L$^{2}$); Y 01$^{1}$ (*add. s. l.* Y 01$^{2}$), Y 02 | ostentandi] ostendandi B 05 obstentandi Y 01; V 65 ostendendi Vin, *Stuttg*$^{1}$ (*corr. s. l. Stuttg*$^{2}$) obtentandi B, Hol, Z optentandi M;

perinde cohibeatur quam malitia, quam crudelitas. plura saepe peccan- 21,3
tur, dum demeremur quam dum offendimus. quaedam immo virtutes
odio sunt, severitas obstinata, invictus adversum gratiam animus. inde 21,4
initia magistratuum nostrorum meliora ferme et finis inclinat, dum in
modum candidatorum suffragia conquirimus: quae si arceantur, aequa-
⟨bi⟩lius atque constantius provinciae regentur. nam ut metu repetunda-
rum infracta avaritia est, ita vetita gratiarum actione ambitio cohibe-
⟨bi⟩tur.'

Magno adsensu celebrata sententia. non tamen senatus consultum per- 22,1
fici potuit abnuentibus consulibus ea de re relatum. mox auctore prin-
cipe sanxere, ne quis ad concilium sociorum referret agendas apud sena-

---

L 24; V 63$^{1}$ (*corr. s. l.* V 63$^{2}$) *om.* U | laus] M; N 22$^{1}$; *cett. praeter* lacus β (loca V 63$^{2}$ *s. l.*, N 23$^{1}$ *s. l.*; locus Ven$^{1}$ *s. l.*; *corr. in textu Stuttg*$^{2}$) loca N 22$^{1}$ *s. l.* ne loca U, Y 03; C; V 64, γ, K ne laus L | expressa] exprexa B 72 oppressa C **7** cohibeatur] G (-at- *in ras.*), B 72 cohibeantur M; *cett.* (n *puncto del.* Y 01; *Stuttg*$^{2}$, L) | quam *pr.*] quoniam Y 01$^{1}$ (*corr. in textu* Y 01$^{2}$) *om.* B 72; U; N 22 | malitia] *om.* U | quam *alt.*] quoniam Y 01$^{1}$ (*corr. in textu* Y 01$^{2}$) | plura] pluraque α ubi plura U$^{2}$*mg* | saepe] specie Z *om.* U | peccantur] precantur *Fer* (< H; *corr. s. l.* G$^{2}$), B 72; N 22$^{1}$ (*corr.* N 22$^{1}$*mg*) **8** demeremur] meremur U; N 23, L$^{1}$ (*corr. s. l.* L$^{2}$) | quam dum] quantum U | dum *alt.*] *om.* V 63$^{1}$ (*spat. 3 litt.*, *add.* V 63$^{2}$) | immo] imo G, E, Mal; U$^{1}$ (actiones immo U$^{2}$*mg*), Y 03; C; V 64, A, N 21, O 48, O 22 uno uno V 65 **9** obstinatia U | invictus] inuictis Mal, Prm, J, B 72; N 22$^{1}$ (*corr. s. l.* N 22$^{1}$) inuitus γ (< A) in uitiis Y 03; A, O 48$^{2}$ *in textu* | aduersus H; β, L | gratiam] gratia Or, N 21, O 48, O 22 gloriam α | animis B 72 **10** initia] indicia U$^{1}$ (iudicia U$^{2}$*mg*); C | magistratum Y 03; A, V 65, O 48, O 22 | ferme] fuere Y 02 *om.* B 72; P **11** aequabilius] Vin, *Stuttg*, L$^{2}$ *s. l.*, C$^{2}$ *s. l.* equalius M$^{2}$ *s. l.*; α; *Gen*; Y 01, Y 02; Y 03; V 63$^{2}$ *s. l.*, N 23$^{1}$ *s. l.*, L$^{1}$, N 22; γ, K equalibus M$^{1}$; U; V 63$^{1}$, N 23$^{1}$, P, C equaliori V 64 equalibet Ven **12** atque] ac P *om.* U | regentur] regerentur β (< V 63), L rogentur G | metu] me V 65 *om.* L 24 **13** est] *bis* Y 01 (*alt. del.*) | vetita] uectita Y 02 uerita Y 03; A, V 65, N 21$^{1}$ (*corr. s. l.* N 21$^{2}$), O 48 uenta O 22, K uetigata N 23 *om.* U | gratiarum] gnarum N 23 | cohibe⟨bi⟩tur] *corr. Lipsius* cohibetur *codd.*

**1** antiqua consuetudo K$^{2}$*mg* **7** peccantur B 05$^{2}$*mg* **8** demereri M$^{2}$*mg*; P$^{2}$*mg* **14** finis orationis G$^{2}$*mg*

**1** adsensu] M; Y 01, Y 02 asensu Y 03 ascensu E; P$^{1}$ assensu P$^{2}$ *s. l.*; *cett.* 22
**2** consulibus] *om. Gen* (*add.* G$^{2}$ *s. l. ante* abnuentibus, *add.* H$^{2}$*mg*); Y 01, Y 02 | ea de re] cadere U$^{1}$ (*corr.* U$^{2}$*mg*) | de re relatum] declaratum P | relatum] relatu Y 01 latum N 23, Ven, Vin, *Stuttg*, L **3** concilium] consilium M$^{1}$ (*corr. in textu* M$^{2}$); B 72; U; P, Vin, *Stuttg*, L; γ (< A), K | aput V 65 |

tum pro praetoribus prove consulibus grates, neu quis ea legatione fungeretur.

22,2 Isdem consulibus gymnasium ictu fulminis conflagravit, effigiesque in eo Neronis ad informe aes liquefacta. et motu terrae celebre Campaniae oppidum Pompei magna ex parte proruit; defunctaque virgo Vestalis Laelia, in cuius locum Cornelia ex familia Cossorum capta est.

23,1 MEMMIO REGULO et VERGINIO RUFO consulibus natam sibi ex Poppaea filiam Nero ultra mortale gaudium accepit appellavitque Augustam, dato et Poppaeae eodem cognomento. locus puerperio colo-

---

senetum Mal **4** pro] prae U$^{1}$ (pro U$^{2}$*mg*) | prove consulibus] pro consulibusue L 24 | gratias L 24 | neu] ne B 72 **6** isdem] iisdem *Gen*; Y 01, Y 02; Y 03; Ven, P, N 22; A, K hisdem α; U; γ (< A) eisdem L idem N 23$^{1}$ (*corr. s. l.* N 23$^{2}$) | consulibus] consul Y 01 *om.* Vin | gymnasium] gynnasium Y 01; C gimnasium U, Y 03; V 65, Or ginnasium V 64 gignasium V 63, N 23, Vin gimgnasium Ven gingnasium *Stuttg* gingnacium P$^{1}$ (gymnasium P$^{2}$*mg*) | ictu] itu G$^{1}$ (*corr. s. l.* G$^{2}$); V 65 icti Mal | fulminis] fluminis O 22 | effigiesque] *Stuttg*$^{2}$ *in textu*, L; *Puteolanus* effigies usque M; *Stuttg*$^{1}$; *cett.* **7** in] *om.* B 72; C | ad] ab Or, N 21, O 48, O 22, K *om.* U | et motu terrae] *om.* B 72 **8** opidum Hol, Z; Vin; O 48, O 22 | pompeii Z; E, H; Y 01, Y 02; U, Y 03; L, C; A, V 65 | defunctaque] defectaque E | Vestalis] festalis E$^{1}$ (*corr. s. l.* E$^{2}$) **9** lellia Ven | cuius] eiusque L 24 | ex familia cossorum cornelia *Fer*, B 72; N 22 | copsorum V 64 | capta] coaptata B, Hol, Z

**6** prodigium G$^{2}$*mg* prodigium magnum B 72$^{2}$*mg* prodigia N 23$^{2}$*mg* | gymnasium ictu fulminis conflagrauit K$^{2}$*mg* | neronis effigies liquefacta M$^{2}$*mg* **8** pompei celebre capanie (*sic*) oppidum motu terre proruit M$^{2}$*mg* terre motu oppidum proruit B 05$^{2}$*mg* terre motus H$^{2}$*mg* oppidum pompei Prm$^{1}$*mg*, J$^{1}$*mg* terre motus in campania P$^{2}$*mg* **9** capta est uirgo uestalis V 58$^{2}$*mg* lelia uirgo uestalis G$^{2}$*mg* moritur lelia uestalis loco eius cornelia capitur B 72$^{2}$*mg* lelia uestalis P$^{2}$*mg*

23 **1** Memmio] mennio B 72 memio U meminio B, Z; Or, N 21, O 48, O 22 | et] Q. B 05 | Verginio] P uirginio M; *cett.* (-neo U) | Rufo] ruffo L 24, Z; H$^{2}$ *s. l.*; Y 01$^{2}$ *s. l.*; P, Vin, *Stuttg*, L *om.* Y 01$^{1}$, Y 02 | consulibus] consule M; Y 01$^{1}$ (*corr. in textu* Y 01$^{2}$), Y 02; V 63$^{1}$ (e *puncto del.*, ł V 63$^{2}$ *in textu*) **2** filiam ex poppea Mal, Prm, J, B 72; N 22 | Poppaea] popee E pompea O 48$^{1}$ (*corr. s. l.* O 48$^{2}$), O 22, K (*corr. in textu* K$^{2}$) | mortale] mortalem J modum G; N 22$^{1}$*mg* | accepit] cepit B, Hol **3** Augustam] augusta Mal, J, B 72 augustus tam Ven | dato] datum Y 01$^{1}$ (*corr. in textu* Y 01$^{2}$) | dato et Poppaeae] data et poppeo V 63$^{1}$ (data et *punctis del.*, poppeam V 63$^{2}$ *s. l.*) poppeam (*om.* dato et) U, Y 03; N 23$^{1}$ *s. l.*, Ven$^{1}$ *s. l.*, *Stuttg*$^{2}$, L, C; V 64, γ,

nia Antium fuit, ubi ipse generatus erat. iam senatus uterum Poppaeae 23,2
commendaverat dis votaque publice susceperat, quae multiplicata exsolutaque. et additae supplicationes templumque fecunditatis, et certamen ad exemplar Actiacae religionis decretum, utque Fortunarum effigies aureae in solio Capitolini Iovis locarentur, ludicrum circense, ut Iuliae genti apud Bovillas, ita Claudiae Domitiaeque apud Antium edere-
tur. quae fluxa fuere, quartum intra mensem defuncta infante. rursusque 23,3
exortae adulationes censentium honorem divae et pulvinar aedemque et
sacerdotem. atque ipse ut laetitiae ita maeroris immodicus egit. adnota- 23,4
tum est, omni senatu Antium sub recentem partum effuso, Thraseam

---

K poppeo β (< V 63) | popee E; Y 01 | puerperio] puerperii L puerperia N 21[1] (*corr. s. l.* N 21[2]) | colonia] colinia M[1] (*corr. s. l.* M[2]); V 63, N 23, Ven **4** fuit] *om. Gen*; Y 01, Y 02; N 22 | iam] iamque P, Vin, *Stuttg* | uterum] M; Y 01[1]; *cett. praeter* iterum Y 03[1] (*corr. s. l.* Y 03[2]); γ (< O 48; *corr. in textu* N 21[1]) interim uterum *Gen* (interim *del.* H[2]); Y 01[2] (interim *add. s. l.*); N 22 uterum interim K | Poppaeae] popee Y 01 poppe V 65 *add.* diis L (punctis *del.*) **5** comendauerat Mal, B 72; V 65, O 48, O 22 | dis] M; V 63[1]; *cett. praeter* diis B, Hol, L 24; *Gen*; Y 01, Y 02; U, Y 03; β (V 63[2] *s. l.*), L, N 22, C; Or, N 21, K | puplice susscеperat N 23 | exsolutaque] M; Y 01 (s *puncto del.*); *cett. praeter* exolutaque B, Hol; *Gen*; Y 02; U, Y 03; β, L, N 22; Or, K **6** et] *om.* G | fecunditatis] M (-s *evanida*) fecunditati *cett.* | et] *om.* L **7** exemplar] exemplum H exempla Mal, Prm, J, B 72 | Actiacae] actierce M; α attice V 58, B 05, E, J, B 72; Y 02; N 22 actice H, Mal, Prm; Y 01 accice G[1] (a *add. s. l.* G[2]) acciaceque β (antiace V 63[2] *mg*, N 23[1] *mg*, Ven[1] *s. l.*) antiate Y 03; K antiace L anciace U; C; V 64 anciate γ | relligionis B 72; Y 03; A | utque] utique Vin ut N 23 neque V 65 **8** solo Hol | Capitolini] capitolinis Prm (s *del.*) capitolino O 22, K | Iobis M | locarentur] collocarentur *Gen*; N 22 | ut] et N 23; V 65, N 21[1] (*corr. s. l.* N 21[2]) **9** genti] gentis O 22, K | Bovillas] bobillas U, Y 03; V 63[1], N 23[1] (*corr.* V 63[2] *s. l.*, N 23[1] *s. l.*), Ven[2], C; V 64, γ (*corr. s. l.* N 21[2]) bunillas Ven[1] uobillas M uobilas α liouillas Y 02 **10** quae fluxa] *Gen*; Y 01, Y 02 qua efluxa M; N 22 qua effluxa α quae effluxa *cett.* | intra] infra Y 02; Vin; V 65 | defuncta] defuncte P defuncto V 63[1] (*corr. s. l.* V 63[2]) | rursusque] rursus H **11** honorum Or | diuo V 65 | et *pr.*] *om.* Vin | pluuinar Vin | aedemque] eodemque Y 01[1] (*corr. in textu* Y 01[2]) **12** maeroris] neronis Or | immodicus] inmodicus M; G, E, J; N 23 inmedicus V 64 | adnotatum] M; H[2] (*corr. in textu*); *cett. praeter* annotatum Z; U, Y 03; Ven, L, C adnotandum *Fer*; N 23 annotandum B 72; N 22[1] (annotant dum N 22[1] *s. l.*) **13** senatu] senatui α | Antium] anteum U[1] (ante eum U[2] *mg*) | sub recentem] subretentium B 72 subretentum N 22[1] (*corr. s. l.* N 22[1]) | partum] partem P, Vin, *Stuttg*; V 65 | effuso] effusum K | Thraseam] traseam B[1] (*corr. s. l.* B[2]), Z; Y 01, Y 02; β, L t(h)rasea U, Y 03; V 63[2] *s. l.*, N 23[1] prohibitum immoto animo praenuntiam imminentis caedis contumeliam excepisse. secutam dehinc vocem Caesaris ferunt, qua reconciliatum se Thraseae apud Senecam iactaverit, ac Senecam Caesari gratulatum. unde gloria egregiis viris et pericula gliscebant.

24,1 Inter quae veris principio legati Parthorum mandata regis Vologaesis litterasque in eandem formam attulere: se priora et totiens iactata super obtinenda Armenia nunc omittere, quoniam dii, quamvis potentium populorum arbitri, possessionem Parthis non sine ignominia Romana tra-

---

*s. l.*, Ven$^1$ *s. l.*, C; V 64, A, V 65, Or, N 21 **14** prohybitum Y 01 | immoto] inmoto M; Y 01; V 64 in moto N 23 immota B 72 immotum L$^1$ (*corr. in textu* L$^2$) | animo] animum L$^1$ (*corr. in textu* L$^2$) | praenuntiam] prouinciam Y 01$^1$ (*corr. in textu* Y 01$^2$); V 65 | imminentis] iminentis G, B 72; P; V 64, A, O 48 immentis O 22 **15** secutam — **16** Thraseae] *om.* N 23 | dehinc] deinde U, Y 03; β, L, C; V 64, γ, K | cesaris uocem U | qua] quam B 72 | qua reconciliatum] quare conciliatu M quare conciliatum Y 01, Y 02; U, Y 03; β (< P), C; V 64, γ, K qua conciliatum L qua consiliatum P **16** se] *om.* U | Thraseae] trasee B$^1$ (*corr. s. l.* B$^2$), Z; B 72; Y 01, Y 02; β, L thrasea U, Y 03; C; V 64, γ, K apud thrasee Prm, J; N 22 (apud *punctis del.*) | iactaverit ac Senecam] *om.* P | ac] at B 05 | seneca V 65 | gratulatum cesari Y 03 **17** gloriam C | eggregiis B 05

**1** memmio regulo uirginio ruffo G$^1$*mg* memmius regulus et uirginius rufus coss E$^1$*mg*, H$^1$*mg* memmius regulus uirginius rufus cos(s) Mal$^1$*mg*, Prm$^1$*mg*, J$^1$*mg* CONS N 22$^1$*mg* **2** neroni oritur filia ex poppea M$^2$*mg* nero ex poppea filiam suscepit B 05$^2$*mg* poppea G$^2$*mg* nascitur neroni filia ex poppea B 72$^2$*mg* filia neroni nata P$^2$*mg* nascitur filia neroni ex poppea V 63$^2$*mg* ex poppea nata filia K$^2$*mg* | mater et filia appellantur auguste B 72$^2$*mg* **3** puerperium de femella dictum V 58$^2$*mg* | antium locus ubi generatus est nero M$^2$*mg* antium P$^2$*mg*, N 22$^1$*mg* **4** adulationes seruilem ultra modum B 05$^2$*mg* uanitas non tam principis quam senatus H$^2$*mg* o stultissimum senatum K$^2$*mg* **6** templum fecunditati G$^1$*mg*, E$^1$*mg*, H$^1$*mg*, Mal$^1$*mg*, Prm$^1$*mg*, J$^1$*mg* fit templum fecunditati B 72$^1$*mg* | fecunditas dea V 58$^2$*mg* **7** atrica religio G$^2$*mg* **8** ludicrum circense G$^2$*mg* **9** uobillas M$^2$*mg* | iulie et domitie et claudie N 23$^3$*mg* | antium M$^2$*mg* **10** neronis filia moritur M$^2$*mg* moritur filia neronis V 63$^2$*mg* **11** adulationes in morte filie neronis K$^2$*mg* **13** antium M$^2$*mg*

24 **1** inter quae] interque M; B, Hol, Z; B 72; Y 01; V 63$^1$, N 23$^1$, Ven interim U, Y 03; V 63$^2$*mg*, N 23$^1$*mg*, C; V 64, γ, K | partorum E; Ven$^1$ (*corr. s. l.* Ven$^2$) **2** eandem] eadem M$^1$ (*corr. s. l.* M$^2$); Mal, B 72 eamdem Hol | forma B 72 **3** optinenda M; H; Y 02; P, C; V 64, A | nunc] nec N 22 | omittere] committere M; α; Y 01, Y 02; U, Y 03; β, L (c *eras.*), N 22$^1$ *s. l.*, C; V 64, γ (obm- *corr. in textu* O 48$^2$), K (c *del.*) | dii] di A$^1$ (i *add.* A$^2$), V 65, O 48, O 22 diis B 72 (s *del.*) | potentium] potentius Mal, Prm, J, B 72; N 22$^1$ (*corr. s. l.* N 22$^1$) potentiam β (< V 63); K potentia U petentium V 63$^1$ (*corr. s. l.* V 63$^2$) **4** partis G; V 65, N 21$^1$ (*corr. s. l.* N 21$^2$), O 48, O 22 | non]

didissent. nuper clausum Tigranen; post Paetum legionesque, cum op- 24,2
primere posset, incolumes dimisisse. satis adprobatam vim; datum et lenitatis experimentum. nec recusaturum Tiridaten accipiendo diademati in urbem venire, nisi sacerdotii religione attineretur. iturum ad signa et effigies principis, ubi legionibus coram regnum auspicaretur.

Talibus Vologaesis litteris, quia Paetus diversa tamquam rebus in- 25,1
tegris scribebat, interrogatus centurio, qui cum legatis advenerat, quo
in statu Armenia esset, omnes inde Romanos excessisse respondit. tum 25,2
intellecto barbarorum inrisu, qui peterent quod eripuerant, consuluit inter primores civitatis Nero, bellum anceps an pax inho⟨ne⟩sta placeret. nec dubitatum de bello. et Corbulo militum atque hostium tot per annos

---

*om.* O 22, K | sine] nisine B (ni- *punctis del.*) sign$^e$ E | Romana] *om.* Or | tradidissent] credidissent C occidissent U$^1$ (ottulissent U$^2$*mg*) **5** Tigranen] M; V 63, Ven, *Stuttg* tygranen B, Hol; Y 01 tigranem (ty-) *cett.* | legionesque] *om.* V 65 | cum] cum op cum E *om.* G **6** incolumes] incollumes N 23 inculumes V 63$^1$ (*corr. s. l.* V 63$^2$) | dimississe P (s *pr. del.*) | satis] satim Vin, *Stuttg* | adprobatam] Y 01 adprouatam M approbatum B 72; U; Vin; V 63 approbatam *cett.* | uim] uirum B 72 uindicantium U$^2$*mg* | datum] datam N 22$^1$ (*corr. s. l.* N 22$^1$) *om.* β (< V 63; *add. Stuttg*$^2$*mg*) **7** lenitatis] leuitatis P; Or, N 21, O 48$^1$ (*corr. in textu* O 48$^2$), O 22, K | recusaturum] recusatum L 24 accusaturum Hol$^1$ (re- Hol$^2$ *s. l.*); U | Tiridaten] M; B, Hol; *Stuttg* tyridaten L 24; Y 01, Y 02 tiridatem (ty-) *cett.* | diademati] dyademati Y 01, Y 02; U; P; V 64 diademate Vin bidemati Hol **8** nisi] ubi B 05 | relligione Y 03; A | attineretur] retineretur U$^2$*mg* | iturum] iterum U | et effigies] effigiesque Y 01, Y 02

**1** legati parthorum mandata uologesis regis exposuere B 05$^2$*mg* oratores parthorum ad neronem B 72$^2$*mg* legati uologesis V 63$^2$*mg* legati parthorum cum litteris uologesi ad neronem K$^2$*mg*

**1** Vologaesis] uologeses α uologisis N 23 **2** stridebat Prm, J | interoga- 25
tus G, B 72; V 64, V 65 | qui cui legatus P | advenerat] uenerat L$^1$ (ad- L$^2$ *s. l.*) **3** in] *om.* N 23 | excessisse] excesisse J; N 22 exessisse V 63, N 23$^1$ (*corr. s. l.* N 23$^2$), Ven abscessisse B 72 **4** intellecto] intellectum O 48$^1$ (*corr. s. l.* O 48$^2$) | barbarorum] barbarum M; α; U$^1$ (*corr.* U$^2$*mg*), Y 03; C; V 64, γ, K | inrisu] M; α; Y 01, Y 02 irrisum U$^1$, Y 03; C; V 64, γ, K irrisu U$^2$*mg*; *cett.* | eripuerant] erupuerant N 22$^1$ (*corr. in textu* N 22$^2$) | consuluit] consulit Prm (*corr. s. l.* Prm$^2$); Y 02 **5** anceps bellum N 22 | an] et P | pax] passim B 72 | inho⟨ne⟩sta] *Victorius* inhosta M in hoste *Gen* (in *om.* B 72); Y 01, Y 02; N 22$^1$ in hostes N 22$^1$ *s. l.*; *cett.* **6** nec] ne B 72 | dubitatur O 22, K | tot per annos militum atque hostium *Gen*; N 22 | hostium]

gnarus gerendae rei praeficitur, ne cuius alterius inscitia rursum pecca-
25,3 retur, quia Paeti piguerat. igitur inriti remittuntur, cum donis tamen,
unde spes fieret non frustra eadem oraturum Tiridaten, si preces ipse
attulisset. Syriaeque executio ⟨C.⟩ Ce⟨s⟩tio, copiae militares Corbuloni
permissae; et quinta decuma legio ducente Mario Celso e Pannonia ad-
iecta est. scribitur tetrarchis ac regibus praefectisque et procuratoribus
et qui praetorum finitimas provincias regebant, iussis Corbulonis obse-
qui, in tantum ferme modum aucta potestate, quem populus Romanus
25,4 Cn. Pompeio bellum piraticum gesturo dederat. regressum Paetum, cum
graviora metueret, facetiis insectari satis habuit Caesar, his ferme ver-

---

*add.* qui Y 03 **7** gerendae] *om.* U | rei] rei p. Z; Mal; U | praeficitur] perficitur N 21$^1$ (*corr. s. l.* N 21$^1$) | ne] M; G (e *in ras.*); *cett. praeter* nec E, Mal, Prm, J, B 72; N 22 | cuius] quouis G | inscitia] insitia Mal$^1$ (*corr. s. l.* Mal$^2$) inscita Or, N 21$^1$, O 48$^1$ (*corr.* N 21$^2$ *s. l.*, O 48$^2$ *s. l.*), O 22, K$^1$ (*corr. in textu* K$^2$) insita V 65 | rursum] rursus L *om.* Y 01$^1$ (*add. s. l.* Y 01$^2$), Y 02 **8** quia] qui V 65 atque C | inriti] M irriti *cett.* | remittuntur] remituntur J *add.* legati *Stuttg*$^2$*mg*, L **9** undes Mal (s *del.*) | oraturum] oratorum B 72; γ (< A; *corr.* N 21$^2$ *s. l.*, O 48$^2$ *in textu*), K | Tiridaten] M; B, Hol; Y 03; V 63, N 23, Ven, *Stuttg* tyridaten L 24; Y 01, Y 02; P tiridatem (ty-) *cett. om.* V 65 **10** attulisset] contulisset V 65 | Syriaeque] sirieque L 24; Y 01; Y 03; V 63, N 23, Vin, *Stuttg*; Or syrie quoque Y 02 syrie B 72 | executio] exequutio B; *Fer* (< Prm); N 22; K excutio M; Hol, L 24, Z; U$^1$ (excite U$^2$*mg*), Y 03; C; V 64, γ (exentio V 65) | ⟨C.⟩ *add. Nipperdey* | Ce⟨s⟩tio] *Pighius* cincio (-tio) *Gen* (-thio G$^2$ *s. l.*); N 22; K cito U$^2$*mg* ticio P cicio Vin; O 22 citio M; U$^1$; *cett. om.* Or | copiae] copieque Vin **11** permissae] permissa C premisse G; N 21 peruenisse U$^1$ (*corr.* U$^2$*mg*); P | quinta decuma] M quindecima Y 03; γ, K XV$^a$ U XV C; V 64 quintadecima *cett.* | legio] legione B 72 | Celso] *om.* V 58$^1$ (*add.* V 58$^2$*mg*) | e] et K | panonia J | eiecta C **12** thetrarchis B 72; P thetrarcis U; A, N 21, O 48, O 22, K tetrarcis V 65 thetarcis Or theatrarcis V 64; C (-thr-) | praefectisque] prefectis que M; Y 01$^1$ (*corr. in textu* Y 01$^2$) prefectis V 63$^1$ (-que *add. in textu* V 63$^2$); K | et] ac Ven **13** pretorium Hol (i *puncto del.*) | regebant] regebantur L (-ur *punctis del.*) regebat J, B 72; N 22; V 64 | iussis] missis P | corbuloni B 72; K | obsequi] obxequi V 63$^1$ (*corr. s. l.* V 63$^2$) **14** tantum] eum α | quem] M; G$^1$, H$^1$; V 63$^1$, P$^1$, N 22$^1$; *cett. praeter* quam Z; G$^2$*mg*, H$^2$*mg*; U, Y 03; V 63$^2$ *s. l.*, N 23, Ven, P$^2$ *s. l.*, Vin, *Stuttg*, L, N 22$^1$*mg*, C; V 64, γ, K que B, Hol; N 22$^1$ *s. l.* **15** Cn.] G. N. B 72; V 63, N 23, Vin, *Stuttg* | piraticum] pyraticum Z; V 58, B 05, G$^1$ (ph- G$^2$ *s. l.*); Y 02 (-rh-); P; A, N 21, O 48, O 22, K pirraticum Mal, B 72; U, Y 03; N 23 pyrraticum Prm, J; Y 01 (-chum); Ven, C; V 64 | gesturo] gesturum U$^1$ (*corr.* U$^2$*mg*) gestum V 65 | dederat] derat G$^1$ (*corr. s. l.* G$^2$) **16** facetiis] facteciis Y 01$^1$ (*corr. in textu* Y 01$^2$) facetus Y 03; A, O 48, O 22 bis: ignoscere se statim, ne tam promptus in pavorem longiore sollicitudine aegresceret.

At Corbulo, quarta et duodecuma legionibus, quae fortissimo quoque 26,1
amisso et ceteris exterritis parum habiles proelio videbantur, in Syriam
translatis, sextam inde ac tertiam legiones, integrum militem et crebris
ac prosperis laboribus exercitum, in Armeniam ducit. addiditque legio- 26,2
nem quintam, quae per Pontum agens expers cladis fuerat, simul quinta-
decumanos recens adductos et vexilla delectorum ex Illyrico et Aegypto,
quodque alarum cohortiumque, et auxilia regum in unum conducta apud

---

**17** ignoscere] ignoscent β (*corr. s. l. Stuttg*$^{2}$) | ne] nec J | promptus] prontus Y 03; V 64, A, O 48, O 22 promptum N 22 | pavorem] pauonem U pauore P | sollicitudine] solicitudine B, Z; Y 01, Y 02; N 23, P, *Stuttg*, C; V 65, Or, O 48, O 22 sollecitudine Hol solitudine N 21$^{1}$ (*corr. s. l.* N 21$^{2}$) **18** aegresceret] egresseret B 72; Vin

**5** nero G$^{2}$*mg* **6** decernitur bellum contra uolog̅ V 63$^{2}$*mg* | corbulo nouo parthorum bello preficitur B 05$^{2}$*mg* corbulo G$^{2}$*mg* corbulo iterum contra armenos decernitur K$^{2}$*mg* **8** infecta re legati redeunt V 63$^{2}$*mg* **11** mario celso G$^{2}$*mg* marius celsus N 22$^{1}$*mg* | pannonia C$^{2}$*mg* **14** aucta corbulonis potestas K$^{2}$*mg* **15** pompeius bello piratico V 63$^{1}$*mg* GN pomp̅ N 22$^{1}$*mg* **18** egresceret G$^{2}$*mg*

**1** at] ac P | quarta] quattuor V 65 | duodecuma] M duodecima (XII$^{a}$) *cett.* 26
**2** ammisso Y 03; V 63 | et] *om.* V 63$^{1}$ (*add. s. l.* V 63$^{2}$); V 64 | ceteri Vin | exterritis] exteritis V 65 exterriti Vin exercitis O 22$^{1}$ (*corr. in textu* O 22$^{2}$) | habiles] abiles U hostiles N 23 | proelio] bello L 24 ad proelio L (ad *punctis del.*) | Syriam] siriam Y 03; V 63, Vin, *Stuttg*$^{1}$ (*corr. in textu Stuttg*$^{2}$); Or syria M; B, Hol; Ven, P siria L 24; N 23 **3** translatis] translatus Y 01$^{1}$ (*corr. in textu* Y 01$^{2}$) translatas Y 02 transiectis α | sextam] undecim C | inde] tamen β (*corr.* V 63$^{2}$ *s. l.*, N 23$^{1}$ *s. l.*) | ac] et Or, N 21, O 48, O 22, K | legionem L | ac prosperis et crebris U, Y 03; C; V 64, γ, K **4** exercitum] exercitus Z exercitam Y 02$^{1}$ (*corr. s. l.* Y 02$^{2}$) **5** ponthum Ven$^{2}$ *s. l.* | simul] similiter U | quintadecumanos] Y 01, Y 02 quinta decuma nos M quintadecima nos Z; E; V 63, N 23, Ven, C; V 64, A, V 65, Or, O 22 quintadecimanos *cett.* (-noos L, o *pr. puncto del.*) **6** uexila V 65 | delectorum] delector Mal, J delictorum U dilectorem O 22 deducto N 22$^{1}$ (delecto N 22$^{1}$*mg*) deducta B 72 | Illyrico] illirico M; L 24, Z; V 58, B 05, B 72; Y 01, Y 02; U, Y 03; β (< P; *corr. in textu Stuttg*$^{2}$), N 22, C; V 64, V 65, Or, O 22 yllirico N 21, O 48 | Aegypto] egipto Y 03; V 63, N 23; V 65, Or, O 48, O 22 **7** quodque] quod β (*corr.* V 63$^{2}$ *s. l.*, N 23$^{1}$ *s. l.*, Ven$^{1}$ *s. l.*, *Stuttg*$^{2}$ *s. l.*) | alarum] M; V 63$^{1}$; *cett. praeter* aliarum α; Y 01, Y 02; V 63$^{2}$ *s. l.*, N 23, Ven, Vin, *Stuttg*$^{1}$ (i *del. Stuttg*$^{2}$), C alarium G; P | cohortiumque] cohortium que M; α; Y 01$^{1}$ (*corr. in textu* Y 01$^{2}$), Y 02; β (*corr. in textu Stuttg*$^{2}$) | in unum conducta] conducta

26,3 Melitenen, qua tramittere Euphraten parabat. tum lustratum rite exercitum ad contionem vocat orditurque magnifica de auspiciis imperatoris rebusque a se gestis, adversa in inscitiam Paeti declinans, multa auctoritate, quae viro militari pro facundia erat.

27,1 Mox iter L. Lucullo quondam penetratum, apertis quae vetustas obsaepserat, pergit. et venientes Tiridatis Vologaesisque de pace legatos haud aspernatus, adiungit iis centuriones cum mandatis non immitibus:
27,2 nec enim adhuc eo ventum, ut certamine extremo opus esset. multa Romanis secunda, quaedam Parthis evenisse, documento adversus superbiam.

---

in unum B 72$^{1}$ (*corr.* B 72$^{2}$) | conducta] conductam U, Y 03; C; V 64, A, V 65 conductum Or, N 21, O 48, O 22 | aput V 65 **8** Melitenen] M; A$^{1}$; *cett. praeter* melitenem *Gen* (-ce- H$^{1}$); U; β, L, N 22$^{1}$; V 65$^{1}$, Or, K mitilenem α; G$^{2}$*mg*, H$^{2}$*mg* (-ty-); N 22$^{1}$*mg*; A$^{2}$ *s. l.*, V 65$^{2}$*mg* (-nen) | qua] que U, Y 03; β (*corr. s. l. Stuttg*$^{2}$); V 64, γ | tramittere] M; α transmittere *cett.* | Euphraten] M; P euphratem V 58, B 05, B 72; Y 01, Y 02; Vin eufraten B, Hol, L 24; V 63, N 23, Ven, *Stuttg*; N 21, O 48, O 22 ad eufratem U (ad *punctis del.*) eufratem *cett.* | tum] tunc B 72 **9** contionem] conditionem U$^{1}$ (*corr.* U$^{2}$ *mg*) | de auspiciis] *om.* Y 03; γ | imperatoris auspiciis K | imperatoris] imperatoriis V 58, B 05 *om.* H **10** a] ad Y 03 (d *puncto del.*) | adversa in] *Victorius*, *Freinsheim* aduersam M; K$^{1}$; *cett. praeter* aduersus U aduersum K$^{2}$ *in ras.* | inscitiam] iustitiam B 72; P inscientiam V 63 (-en- *punctis del.*) | inscitiam Paeti] peti inscitiam Y 02; L | autoritate M$^{1}$ (c *add. s. l.* M$^{2}$) | auctoritate quae] auctoritateque Y 01$^{1}$ (*corr. in textu* Y 01$^{2}$) **11** pro] *om.* V 65$^{1}$ (*add. s. l.* V 65$^{2}$) | fecundia Hol

**8** uel mitilenem insulam que dicitur hodie lesbo G$^{2}$*mg* **9** summa corbulonis prouidentia N 23$^{2}$*mg* | corbulo apud milites uerba facit K$^{2}$*mg*

27 **1** L.] lucio Y 03; γ | luculo Y 01; N 23 | apertis quae] M; α; V 58, B 05, G$^{1}$, H, Mal, Prm; V 63$^{1}$, P, N 22, K apertisque E, J (*corr. in textu*), B 72; γ (< A) apertis queque G$^{2}$ *s. l.* apertisque que V 63$^{2}$ *s. l.*; *cett.* | vetustas] uetas N 21 uestas Or, O 48, O 22 uastitas N 23$^{2}$ *s. l.* | obsaepserat] obsesserat U; V 63$^{2}$ (*corr. ex* obrebserat V 63$^{1}$), N 23, Ven, Vin, *Stuttg*$^{1}$ (*corr. in textu Stuttg*$^{2}$), C$^{1}$ (*corr. s. l.* C$^{2}$); V 64 obcesserat P **2** venientes] uenientis *Gen* (*corr. in textu* G$^{2}$, B 72$^{2}$); N 22; Or, N 21, O 48, O 22, K | Tiridatis] tyridatis L 24; *Gen*; Y 01, Y 02; P, N 22, C; V 64 thiridatis K tridatis O 22$^{1}$ (*corr. s. l.* O 22$^{1}$) | Vologaesisque] uologesis V 63$^{1}$ (-que *add. s. l.* V 63$^{2}$) | legatos] *om.* U **3** haud] had M aud V 63$^{1}$ (*corr. s. l.* V 63$^{2}$) | iis] M; B, Hol, L 24; V 58, B 05; Y 01, Y 02; P his *cett.* | immitibus] inmitibus M; Vin, *Stuttg*$^{1}$ (*corr. in textu Stuttg*$^{2}$) imitibus N 22 in militibus P **4** nec] non *Gen* (*corr. s. l.* B 05$^{2}$); N 22$^{1}$ (*corr. s. l.* N 22$^{1}$) | adhuc] *om.* U | certamine] certamene Mal$^{1}$ (*corr. s. l.* Mal$^{2}$) | opus] satis U | esse Mal, J **5** uenisse B, Hol | documento] Prm$^{1}$;

proinde et Tiridati conducere intactum vastationibus regnum dono accipere, et Vologaesen melius societate Romana quam damnis mutuis genti Parthorum consulturum. scire, quantum intus discordiarum, quamque indomitas et praeferoces nationes regeret: contra imperatori suo immotam ubique pacem et unum id bellum esse. simul consilio terrorem ad- 27,3
icere, et megistanas Armenios, qui primi a nobis defecerant, pellit sedibus, castella eorum excindit, plana edita, validos invalidosque pari metu complet.

Non infensum nec cum hostili odio Corbulonis nomen etiam barbaris 28,1
habebatur, eoque consilium eius fidum credebant. ergo Vologaeses neque atrox in summam, et quibusdam praefecturis indutias petit: Tirida-

*cett. praeter* docimento M; Hol, L 24 documenta Prm$^{2}$ *in textu*; β (*corr.* V 63$^{2}$ *s. l.*, N 23$^{1}$ *s. l.*, Ven$^{1}$ *s. l.*) | adversus] aduersum Y 02$^{1}$ (*corr. s. l.* Y 02$^{2}$) ad usus N 23 **6** proinde] *Gen*; N 22; K perinde M; *cett.* | Tiridati] M; α; *Gen*; Y 01, Y 02; V 63$^{1}$, N 23$^{2}$ *in ras.*, L, N 22 tiridatem V 63$^{2}$ *s. l.*, N 23$^{1}$; *cett.* (-en Vin, *Stuttg*) | intactam B 72 | uastastionibus C (s *alt. puncto del.*) **7** Vologaesen] B 05; K (n *in ras.*) uologessem G uologesem Y 01$^{2}$ *s. l.*; N 23$^{2}$ *s. l.*, *Stuttg*$^{2}$ *s. l.*; *cett. praeter* uologeses M; α; Y 01$^{1}$, Y 02; U; β; V 64 | melius] magis B 72 | mutuis] multis N 23 | genti] gentis B 72 (-is *in ras.*) **8** quantum] quantus B 72$^{1}$ (*corr.* B 72$^{2}$); N 23$^{1}$ (*corr. s. l.* N 23$^{2}$); K | intus] uitiis V 65 | quamque] quamquam U **9** regeret] regerent B 72 degeret V 65 | imperatori] inperatori V 64 imperatoris M (-s *del.*); V 63 (-s *del.*) | immotam] C$^{1}$; *cett. praeter* inmotam G; N 23 immota M immoto Y θ1$^{1}$ (*corr. in textu* Y 01$^{2}$), Y 02 immotum C$^{2}$ *in textu* in V 64 **10** unbique L (n *del.*) | adicere] M; B, Hol; V 63, N 23$^{1}$, Ven, P; V 65, O 48, Ȯ 22, K adiicere *cett. praeter* adiecere Y 02 adiacere Y 01 (a *alt. puncto del.*) addicere Y 03; C; V 64, A adicit N 23$^{2}$ *s. l.* **11** et] *om.* L *add.* simul J (*punctis del.*) | megistanas] megestinas J megistanos Or, N 21, O 48, O 22, K | primi a] premia B 72 | nobis] uobis V 63$^{1}$ (*corr. s. l.* V 63$^{2}$) | pellit] *Gen*; Y 01; N 22 pelluit M (u *del.*) pelli Y 02 pepulit *cett.* | sedibus] a sedibus *Gen*; Y 01, Y 02; N 22 **12** excindit] M; K$^{1}$; *cett. praeter* exscindit Y 03; C; V 64, A, V 65, Or, O 48 (n *puncto del.*), K$^{2}$ *s. l.* exsindit O 22 exscidit Z (s *puncto del.*) excidit B 72 excindi Y 02 | plana] plura O 22 | validos invalidosque] inualidoque B 72 **13** conplet V 64 complent Prm (n *puncto del.*)

**1** l. lucullus G$^{2}$*mg*; V 63$^{2}$*mg* **2** legati a uologese et tiridate ad corbulonem de pace V 63$^{2}$*mg* **4** mandata corbulonis ad uologesen K$^{2}$*mg* **11** megistani e sedibus a corbulone pelluntur K$^{2}$*mg*

**1** nec cum] nedum *Lipsius* | cum] *om.* Y 02; L; O 22, K | etiam] et Y 03; γ 28
**2** consilium] consilio M$^{1}$ (*corr. s. l.* M$^{2}$); B 72 | credebat γ (< A), K | ergo] ego O 22$^{1}$ (*corr. s. l.* O 22$^{2}$), K$^{1}$ (*corr. s. l.* K$^{2}$) **3** sumam V 64 summa C |

28,2 tes locum diemque colloquio poscit. tempus propinquum, locus, in quo nuper obsessae cum Paeto legiones erant, [cum] barbaris delectus est ob memoriam laetioris ibi rei, Corbuloni non vitatus, ut dissimilitudo fortunae gloriam augeret. neque infamia Paeti angebatur, quod eo maxime patuit, quia filio eius tribuno ducere manipulos atque operire reliquias
28,3 malae pugnae imperavit. die pacta Tiberius Alexander, inlustris eques Romanus, minister bello datus, et Vini<ci>anus Annius, gener Corbulonis, nondum senatoria aetate et pro legato quintae legioni impositus, in castra Tiridatis venere, honori eius ac ne metueret insidias tali pignore;

---

Tiridates] tyridates L 24; *Gen*; Y 01 (-thes), Y 02; P, N 22, C; V 64 thiridates K **4** colloquio] coloquio N 23 *om.* U | poscit] poposcit V 65 | locus] locusque B (-que *puncto del.*), Hol locum Or, N 21, O 48, O 22, K **5** obsessae] obesse U$^1$ (*corr.* U$^2$ *mg*); Vin | cum *alt.*] *codd. del. Doederlein in textum receperunt Halm, Koestermann* | barbaris] a barbaris *Gen*; N 22 | delectus] deletus B 72 defectus Or | est] M; Y 01$^1$; *cett. praeter* esset *Gen* (Mal$^2$ *s. l. ex* erat Mal$^1$); Y 01$^2$ *in textu*; N 22; *Halm* **6** memoriam] memoria M | laetioris ibi rei] *Stuttg*$^2$ *in textu*; *Andresen* letioris sibi rei M (s *pr. del.*); Z; *Gen*; U; V 63$^1$, N 22$^1$; V 64 (letieris) letioris rei sibi Y 01 (lectioris: c *puncto del.*), Y 02 letiori sibi rei B, Hol, L 24; N 23$^1$, Ven$^1$ (spei N 23$^1$ *s. l.*, Ven$^1$ *s. l.*), P, Vin, *Stuttg*$^1$ letioris sibi spei Y 03; V 63$^2$ *s. l.*, N 22$^1$ *mg*, C; γ, K letioris spei sibi L$^1$ (*corr. s. l.* L$^2$) *add.* tum *Stuttg*$^2$ *mg*, L; *Koestermann* | Corbuloni non vitatus] N 23$^2$ *s. l.*, *Stuttg*$^2$ *in textu*, L corbulo non uitatus M; α; Y 03; β, C; V 64, γ, K corbulo non uitatis U (quibus corbulo U$^2$ *mg*) non est a corbulone uitatus *Gen*; Y 01$^2$ (*add. s. l.* non est a); N 22 corbulone uitatus Y 01$^1$, Y 02 **7** gloriam augeret] augeret gloriam L$^1$ (*corr. s. l.* L$^2$) | infamiam P | angebatur] M; U$^1$; V 63$^2$ *s. l.*, Ven$^1$ *s. l.*; *cett. praeter* augebatur Z; *Gen*; U$^2$ *s. l.* et *mg*, Y 03; β, L, N 22; γ **8** manipulos] maniplos E *om.* H | operire] opperire Y 01$^1$, Y 02; K opperiri Y 01$^2$ *in textu*; P, N 22 operiri B 72 | reliquias] relliquias B 72; A reliquas V 63$^1$ (*corr. s. l.* V 63$^2$), Vin, *Stuttg*$^1$ (*corr. s. l. Stuttg*$^2$) **9** Tiberius] tyberius M; α; V 58, B 05, Prm, J, B 72; Y 01; C; V 64, A, N 21, O 48, O 22 | inlustris] M illustris *cett.* **10** minister bello datus] *om. Gen* (*add.* B 05$^2$ *mg*, G$^2$ *mg*) | Vini<ci>anus] *Ryckius* uinianus M; β, L, C; V 64, A, Or, N 21, O 48 iunianus α; Y 03 uiuianus *Gen*; U; N 22; V 65, O 22, K uiuanus Y 01, Y 02 | Annius] anius Vin amnius Z; P; V 65 | gener] eger (*del.*) gener H | Corbulonis] corbolonis N 23 *om.* α **11** aetate] etates M (-s *del.*) | et] sed *Gen*; Y 01, Y 02; N 22 | legato] legatus V 63$^2$ *s. l.*, N 23$^1$ *s. l.*, Ven$^1$ *s. l.*, N 22$^1$ *s. l.*, C; V 64 | legioni] legionis *Fer*, B 72; L, N 22$^1$ (*corr. s. l.* N 22$^1$) | inpositus M; V 64 | in] *om.* O 22, K **12** Tiridatis] tyridatis M; L 24; *Gen*; Y 01 (-this), Y 02; P, N 22; C, V 64 thiridatis K tyridatem U$^2$ *mg* | venere] uetere U | honori] *Lipsius* honor M; α; Y 02; β honore V 63$^2$ *s. l.*, N 23$^1$ *s. l.*, *Stuttg*$^2$ *s. l.*; *cett. praeter* onere N 21$^1$ (onore viceni dehinc equites adsumpti. et viso Corbulone rex prior equo desiluit; nec cunctatus Corbulo, sed pedes uterque dexteras miscuere.

Exin Romanus laudat iuvenem omissis praecipitibus tuta et salutaria 29,1
capessentem. ille de nobilitate generis multum praefatus, cetera tempe-
ranter adiungit: iturum quippe Romam laturumque novum Caesari de-
cus, non adversis Parthorum rebus supplicem Arsaciden. tum placuit
Tiridaten ponere apud effigiem Caesaris insigne regium nec nisi manu
Neronis resumere; et colloquium osculo finitum. dein paucis diebus in- 29,2
teriectis magna utrimque specie inde eques compositus per turmas et in-

---

N 21$^{2}$ *s. l.*) et honorem U$^{2}$*mg* | ac ne] an ne P duxerunt ac ne U$^{2}$*mg* **13** viceni] uigeni L 24 uicem Or, N 21$^{1}$, O 48$^{1}$ (*corr. in textu* N 21$^{2}$, O 48$^{2}$) uincendo O 22 | dehinc] hinc O 22 | equite B 72 | adsumpti] M assumpto B 72; N 22$^{1}$ assumpti N 22$^{1}$ *s. l.*; *cett.* | desiluit] desiliuit Y 03; N 23, Vin, *Stuttg*$^{1}$ (i *alt. del. Stuttg*$^{2}$); γ desiliit Z; B 72 **14** cunctatus] cuntatus B 05, G$^{1}$ (*corr. s. l.* G$^{2}$); N 22 contatus V 58, E, H$^{1}$ (*corr. in textu* H$^{2}$), Mal, Prm, J, B 72 *add.* bello N 22 (*punctis del.*) | sed] si V 64 et *Drexler* | pede J | dexteras] dextras L 24; *Gen*; P, N 22; K desteras Y 01$^{1}$ (*corr. s. l.* Y 01$^{2}$) litteras Y 03; γ

**4** tempus locusque colloquio dicitur V 63$^{2}$*mg* **9** tiberius alexander G$^{1}$*mg*; N 22$^{1}$*mg* ti. alexander eq. r. V 63$^{2}$*mg* **10** uiuianus annius G$^{2}$*mg* **12** tiridates ad coloquium uenit cum corbulone B 05$^{2}$*mg* **13** uiceni equites G$^{2}$*mg* **14** corbulo M$^{2}$*mg* | pedes uterque dexteras miscuere Hol$^{2}$*mg*

**1** exinde B 72 | iuvenem] *om.* P | omissis] obmissis U, Y 03; N 21 ommissis 29
C | praecipitibus] precibus Z; N 21$^{1}$ (*corr. s. l.* N 21$^{1}$) | salutaria] solitaria Y 01$^{1}$ (*corr.* Y 01$^{2}$) **2** capessentem] capescentem α; B 72; Y 01$^{1}$ (*corr. in textu* Y 01$^{2}$); U, Y 03; β, L$^{1}$ (*corr. s. l.* L$^{2}$), C; V 64, γ, K | generis multum] M$^{3}$*mg*; α; V 58, B 05; Y 01; U$^{2}$*mg*; N 23$^{2}$ *s. l.*, *Stuttg*$^{2}$ *in textu*, L; N 21$^{2}$ *s. l.*, O 48$^{2}$ *in textu* generis multa *Fer*, B 72; N 22$^{1}$ generi multum U$^{1}$ generis militum M$^{1}$; Y 02; β, N 22$^{1}$*mg*; V 64, γ, K militum generis Y 03 generis militis C | praefatus] prephatus V 63, N 23$^{1}$ (*corr. s. l.* N 23$^{2}$); V 64 **3** iturum] interim P | laturumque] laturusque Mal, Prm$^{1}$ (*corr. s. l.* Prm$^{2}$), J; N 22$^{1}$ (*corr. s. l.* N 22$^{1}$) **4** aduersus Z | arsacidem Z; *Gen*; U, Y 03; P, L, N 22, C; V 64, γ, K **5** Tiridaten] tyridaten L 24; Y 01 (th-), Y 02 tiridatem Z; U, Y 03; L, C; γ, K (th-) tyridatem *Gen*; P, N 22; V 64 | apud] apte P$^{1}$ (*corr. s. l.* P$^{2}$) | regium] regum P, N 22$^{1}$ (*corr. s. l.* N 22$^{1}$); γ (< A; *corr. s. l.* N 21$^{2}$), K | manu] manus H (s *puncto del.*) manum L **6** resumere] resummere L 24; N 22; V 64, A ne sumere Y 01$^{1}$ (*corr.* Y 01$^{2}$) | colloquium] coloquium N 23 colloquio L$^{1}$ (*corr. in textu* L$^{2}$); Or, N 21$^{1}$ (*corr. s. l.* N 21$^{2}$), O 48$^{1}$ (*corr. in textu* O 48$^{2}$), O 22 | obsculo Hol, L 24; Y 03; V 63 (b *puncto del.*); N 21 | dein] deim G deinde H, B 72 | interiectis] interiectus Mal, Prm (*corr. in textu*), J; N 22$^{1}$ (*corr. s. l.* N 22$^{1}$) **7** utrimque] U, Y 03; L utrique H utraque V 65 utrinque M; *cett.* | specie] spē *Gen* (< B 72; ¯ *eras.* G); C spe B 72; U,

signibus patriis, hinc agmina legionum stetere fulgentibus aquilis signisque et simulacris deum in modum templi: medio tribunal sedem curulem
29,3 et sedes effigiem Neronis sustinebat. ad quam progressus Tiridates, caesis ex more victimis, sublatum capiti diadema imagini subiecit, magnis apud cunctos animorum motibus, quos augebat insita adhuc oculis exercituum Romanorum caedes aut obsidio. at nunc versos casus: iturum Tiridaten ostentui gentibus, quanto minus quam captivum?

30,1 Addidit gloriae Corbulo comitatem epulasque; et rogitante rege causas, quotiens novum aliquid adverterat, ut initia vigiliarum per centurionem nuntiari, convivium bucina dimitti et structam ante augurale aram

---

Y 03; β (*corr. s. l. Stuttg*$^2$), N 22; V 64, γ, K | inde] *om.* V 65 | insignibus] signibus A$^1$ (*corr. s. l.* A$^2$) **8** patriis] patris N 23$^1$ (*corr. s. l.* N 23$^2$) | hinc] hic C | legionum] legione Prm, J, B 72; N 22$^1$ (*corr. s. l.* N 22$^1$) **9** et] *om. Gen*; Y 01, Y 02 | simulachris Hol, Z; V 58, B 05, Mal, Prm, B 72 (-is *in ras.*); U; P, N 23$^2$ *s. l.*, C; Or, N 21, O 48, O 22, K | deum] dein U; V 64 | medio] M; *Stuttg*$^1$; *cett. praeter* in medio *Stuttg*$^2$ *s. l.*, L *om.* U; V 63$^1$ (*spat. 4 litt., add.* V 63$^2$) | tribunal] tribunali Vin tribunalis P, *Stuttg* | curullem G$^2$ *s. l.*, E, H; Y 01; Ven, L **10** sedes] sedem O 22$^1$ (*corr. in textu* O 22$^2$) | effigiem] effigies H$^1$ (*corr. in textu* H$^2$) | sustinebat] substinebat Hol; Y 01; Y 03; P; V 64, A, N 21, O 48, O 22 | Tiridates] tyridates L 24; *Gen*; Y 01 (th-), Y 02; P, N 22, C; V 64 thiridates K **11** ex] et E | sublatum] sublati M sublatam C sed sublati α (-to Z) | capiti] capite *Rhenanus* | dyadema B 72; Y 01, Y 02; U; P, C; V 64 | ymagini] B 72; Y 01; C; V 64, V 65, Or, N 21, O 48 | magnus B, Hol **12** augebat] angebat Y 02 augeret Or | insita] inscita N 22 infinita Vin *om.* Y 03; γ, K | adhuc insita Y 02 | exercitium V 65 **13** aut] et Z$^1$ (aut Z$^2$*mg*) | at] ac α; P | nunc] nuc E, Prm nunc spectant U$^2$*mg* | iturum] *Rhenanus* iterum *codd.* (interim P) **14** Tiridaten] tyridaten L 24; Y 01 (th-), Y 02 tiridatem Z; U, Y 03; V 63, N 23, Ven, L; γ, K (th-) tyridatem *Gen* (B 72$^2$ *in textu ex* -es); P, N 22, C; V 64 tiridates B, Hol; B 72$^1$ (ty-) | gentibus] genitibus B gemitibus L 24

**1** colloquium corbulonis et tyridatis N 23$^2$*mg* thiridatis et corbulonis colloquium K$^2$*mg* **4** arsaciden M$^2$*mg*; G$^2$*mg* (-dē) | condicio pacis tiridatis cum corbulone contracta V 63$^2$*mg* **6** colloquium osculo finitum B 05$^2$*mg* **10** pulchrum spectaculum K$^2$*mg* | tyridates ad effigiem neronis in castris romanis diadema deposuit B 05$^2$*mg* tyridates effigiem neronis adorat P$^2$*mg* | quantus honos ymaginibus cesarum habebatur N 23$^2$*mg*

30 **1** addidit] addit V 65 | gloriae] *om.* B 72$^1$ (*add.* B 72$^1$*mg*) | corbulo glorie Y 02 | comitantem Y 03; A | comitatem epulasque] epulas comitatemque *Fer* (< J) epulas comitantemque J; N 22 comitanteque B 72$^1$ (epulas *add. s. l.* B 72$^1$ *ante* com.) | epulasque] epistolasque L 24, Z | et] ac N 22 | rogitante rege] rogitante reges O 22 (-s *eras.*) rogitantem regem *J. F. Gronovius* **2** aliquid] aliquit M aliquod B 72 | ut] et *Fer*, B 72; U; N 22 **3** nuntiari]

subdita face accendi, cuncta in maius attollens admiratione prisci moris
affecit. postero die spatium oravit, quo tantum itineris aditurus fratres 30,2
ante matremque viseret; obsidem interea filiam tradit litterasque supplices ad Neronem.

Et digressus Pacorum apud Medos, Vologaesen Ecbatanis repperit, 31,1
non incuriosum fratris: quippe et propriis nuntiis a Corbulone petierat, ne quam imaginem servitii Tiridates perferret neu ferrum traderet aut complexu provincias obtinentium arceretur foribusve eorum adsisteret, tantusque ei Romae quantus consulibus honor esset. scilicet externae

---

enuntiari *Gen*; N 22 | conuinium V 65 | bucina] buccina Z; *Gen* (bicima H); P, Vin, *Stuttg*, L, N 22, C; V 65, Or, K | dimiti G | structam] structa *Gen* (< G); Y 01, Y 02; N 22 | augurale] auguralem M; α; *Gen* (inauguralem B 72); Y 01, Y 02; β, N 22$^{1}$ augustalem U, Y 03; V 63$^{2}$ *s. l.*, N 23$^{1}$ *s. l.*, Ven$^{1}$ *s. l.*, *Stuttg*$^{2}$ *s. l.*, L, N 22$^{1}$ *s. l.*, C; V 64, γ, K | ara J **4** subdita] suddita Y 03; A subdicta V 65 subita P, N 22 | accendi] saccendi L (s *del.*) | attolens Y 01; A, V 65 | ammiratione M; B, L 24; Y 03; V 64, A, O 48, O 22 amiratione Y 01; V 63, N 23; V 65 | prisci] priscis Prm, J, B 72 | moris] amoris B (a *puncto del.*), Hol moribus B 72 **5** afficit B 72 | postero] postremo *Gen* (< B 72); Y 01; V 63 (m *puncto del.*), N 22$^{1}$ (*corr. s. l.* N 22$^{1}$) postera V 65 | orauit spatium β | quo] pro O 22 | tantum] tamen G; V 65 | additurus E | fratres] fratrem Prm, J, B 72; N 22$^{1}$ (*corr. s. l.* N 22$^{1}$) **6** matremque] matres Y 01$^{1}$ (*corr. s. l.* Y 01$^{2}$) matrem N 23 | viseret] uideret U, Y 03; C; V 64, γ | obsidem] osidem J$^{1}$ (*corr. s. l.* J$^{2}$) | interea] intercam H (-m *del.*) inter V 63$^{1}$ (ea *add. in textu* V 63$^{2}$) | tradit] tradidit G$^{1}$ (*corr. in textu* G$^{2}$), B 72

**4** priscus mos K$^{2}$*mg*

**1** digressos Or | Pacorum] pachorum *Fer*, B 72; N 22; K pacorem M; α; 31
Y 02; U, Y 03$^{1}$ (*corr. s. l.* Y 03$^{2}$); β (*corr. s. l. Stuttg*$^{2}$), C; γ (*corr. s. l.* N 21$^{2}$) | Vologaesen] uologesem Z; *Fer*, B 72; N 22; V 65, Or, K$^{1}$ (*corr. in textu* K$^{2}$) | Ecbatanis] echatanis Hol ecbatauis V 58, B 05 (c *eras.*), G, E, Mal, Prm, J ecbathanis B 72 erbatanis N 22 et batauis Y 01 in batauis Y 02 et batanis P echaranis Vin echatanius C exbattanis V 65 cebatanis Or cebattauis K | repperit] reperit L 24; Y 01; Ven, N 22; V 64, V 65 egit (*del.*) repperit H **2** et] M; α; *Gen*; Y 01, Y 02; V 63$^{1}$ etiam et G$^{2}$ *s. l.*; V 63$^{2}$ *s. l.*; *cett.* **3** ymaginem B 72; Y 01; C; V 64 | Tiridates] tyridates L 24; *Gen*; Y 01 (th-), Y 02; P, N 22; V 64 thiridates K | perferret] preferret Y 03; V 65 | aut] ac B, Hol **4** conplexu V 64 complexum Y 01, Y 02 | optinentium M; Y 02; C; V 64, A | arceretur] M; G (-ur *eras.*); *cett. praeter* arseretur B 72 arcerentur P, N 22 | foribusve] foribus ut E; N 22 foribus ne P | adsisteret] M; Y 01, Y 02; β assisteret *cett.* **5** ei] rei Z (r *del.*) *om. Gen*; Y 01, Y 02; K | quantus] quan-

superbiae sueto non inerat notitia nostri, apud quos vis imperii valet, inania tramittuntur.

32,1 Eodem anno Caesar nationes Alpium maritimarum in ius Latii transtulit. equitum Romanorum locos sedilibus plebis anteposuit apud circum; namque ad eam diem indiscreti inibant, quia lex Roscia nihil nisi de quattuordecim ordinibus sanxit. spectacula gladiatorum idem annus habuit pari magnificentia ac priora; sed feminarum illustrium senatorumque plures per arenam foedati sunt.

33,1 C. LAECANIO M. LICINIO consulibus acriore in dies cupidine adigebatur Nero promiscuas scaenas frequentandi. nam adhuc per domum aut hortos cecinerat Iuvenalibus ludis, quos ut parum celebres et tantae

---

tum Prm, J; N 22 *om.* N 21$^1$ (*add.* N 21$^2$*mg*) | consulibus] censibus N 23 | esset] est esset N 22 | externae] eterne P *om.* N 23 **6** superbiae] *om.* L$^1$ (*add.* L$^1$*mg*) | sueto] *om.* Mal, Prm, J, B 72 | inerat] inherat M; V 63 inberat L (b *puncto del.*) | notitia] super (*del.*) notitia H | vis] ius α; V 58, B 05, G, H; U; N 23, Ven, Vin, *Stuttg*, L; N 21 | vis imperii] imperii ius G | valet] uales Y 03; γ ualde B 72; N 22$^1$ (*corr. s. l.* N 22$^1$) **7** tramittuntur] M; B, Hol, L 24 transmittuntur *cett.* (tras- B 72)

32 **1** marittimarum Hol, L 24 maritimorum C; V 64 | trastulit B 72 **2** sedilibus] sedibus *Fer*, B 72; U, Y 03; N 23, L, N 22, C; V 64, γ, K aedilibus Y 02 **3** indiscreti] M; V 63$^2$*mg*, N 23$^1$*mg*; *cett. praeter* indiscretim V 63$^1$, N 23$^1$ indiscretum Ven | inibant] ibant β (*corr.* V 63$^2$*mg*; inibat N 23$^1$*mg*); C$^1$ (*corr. s. l.* C$^2$) | Roscia] rosia B 72 roxia Y 01 | nisi de] inside Hol **4** quattuordecim] quatuordecim α; *Gen* (< V 58); Y 01, Y 02; U, Y 03; N 23, P, Vin, *Stuttg*, N 22; γ (quattordecim A) ·XIIII· C; V 64 | sanxit] sancxit M sansit Y 01$^1$ (*corr. s. l.* Y 01$^2$) | idem] *om.* Or, N 21, O 48, O 22, K **5** priora] priori *Gen*; N 22, C$^1$ (*corr. in textu* C$^2$) | illustrium] illustriumque U | senatorumque] M; U (-que *puncto del.*); *cett. praeter* senatorum quod N 23 et senatorum V 65 senarumque Or filiorum *add. Gen*; Y 01, Y 02; N 22 **6** plures] *om.* V 63$^1$ (*add.* V 63$^2$*mg*) | per arenam] *om.* P, Vin, *Stuttg* | harenam B$^2$ *s. l.*, Hol; B 05, G; Y 01, Y 02; U; Or

**1** nota de nationibus alpium maritimarum B 05$^2$*mg* | quedam acta neronis K$^2$*mg* **2** nero equitum romanorum locos sedilibus plebis anteposuit P$^2$*mg* **3** lex roscia M$^2$*mg*; G$^2$*mg*, H$^2$*mg*; N 22$^1$*mg*; K$^2$*mg* roscia lex P$^2$*mg* **6** senatores ad harenam acti K$^2$*mg*

33 **1** Laecanio] lexanio M; *Gen*; Y 01; N 22$^1$ (*corr. s. l.* N 22$^1$) lesanio Y 02 | Licinio] litinio B 72 lucinio P | consulibus] *om.* Y 01$^1$ (*add.* Y 01$^2$*mg*) | acriore] acrior H acriores Or, O 48 (-s *eras.*) | adigebatur] redigebantur B 72 *om.* L 24 **2** scaenas] senas P scena N 23 | domum] domos P modum Prm, J, B 72; N 22$^1$ (*corr.* N 22$^1$*mg*) **3** aut] et Y 01$^1$ (*eras.*, aut Y 01$^2$ *in textu*), Y 02 |

voci angustos spernebat. non tamen Romae incipere ausus Neapolim 33,2
quasi Graecam urbem delegit: inde initium fore, ut transgressus in Achaiam insignesque et antiquitus sacras coronas adeptus maiore fama
studia civium eliceret. ergo contractum oppidanorum volgus, et quos 33,3
e proximis coloniis et municipiis eius rei fama civerat, quique Caesarem per honorem aut varios usus sectantur, etiam militum manipuli, theatrum Neapolitanorum complent.

Illic, plerique ut arbitra⟨ba⟩ntur, triste, ut ipse, providum potius et 34,1
secundis numinibus evenit: nam egresso qui affuerat populo vacuum et

---

hortos] ortos α; *Fer* (*corr. s. l.* H$^{2}$), B 72; Y 01, Y 02; U, Y 03; V 63, N 23, Ven, *Stuttg*, C; V 64, A$^{1}$ (*corr. s. l.* A$^{2}$), V 65, Or, O 48, O 22 | cecinerant U | Iuvenalibus] M; α; V 58$^{1}$, B 05$^{2}$ *s. l.*, H$^{2}$ *s. l.*; Y 01, Y 02; β (< Ven) iuuenilibus V 58$^{2}$ *s. l.*, B 05$^{1}$, *Fer*, B 72; U, Y 03; V 63$^{2}$ *s. l.*, N 23$^{1}$ *s. l.*, Ven, *Stuttg*$^{2}$ *s. l.*, L, N 22, C; V 64, γ (iuuenibus Or), K | ludis] litteris (*punctis del.*) ludis P | ut] *om.* O 22, K | et] ac L | tantae] tanti U **4** voci] uocis B 72; C | angustos] M; *Stuttg*$^{2}$ *in textu*; *cett. praeter* augustos Vin, *Stuttg*$^{1}$, C; V 65 | incipere] *add.* scenas *Gen* (< B 72); Y 01, Y 02 **5** delegit] deligit *Stuttg*$^{2}$ *s. l.*, L | inde] unde Y 03; γ (< V 65), K indeque P | ut] aut α | transgressus] transgressis M; B, Hol, Z; *Gen* (< B 72); V 63$^{1}$ (*corr. s. l.* V 63$^{2}$), N 22 *add.* scenis *Gen*; Y 01, Y 02; N 22 | in Achaiam] inachiam P **6** insignesque] insigniesque N 23 insignes Vin | corone B 72 | maiore] maiorem Vin, *Stuttg*$^{1}$ (-m *del. Stuttg*$^{2}$) maiori Z **7** studia — **8** fama] *om.* B 72 **7** eliceret] elliceret V 65 eligeret C diceret O 22 deceret K | ergo] egro V 64 | opidanorum Hol, Z; E, H$^{1}$ (*corr. s. l.* H$^{2}$), Prm; Vin | volgus] M uulgus *cett.* | quos] quot Y 03; γ, K quod P **8** e] ex P | municipiis G | civerat] acciuerat Y 01, Y 02 euenerat P | quique] quisque Mal, Prm, J, B 72; N 22$^{1}$ queque Vin, *Stuttg*$^{1}$ (*corr. s. l. Stuttg*$^{2}$), N 22$^{1}$*mg om.* P **9** honores V 65 | aut] et O 22, K | sectant N 22 | teatrum Y 01 **10** Neapolitanorum] M; *Stuttg*$^{1}$; N 21$^{2}$ *s. l.*; *cett. praeter* neapolitanum *Stuttg*$^{2}$, L; N 21$^{1}$ napolitanorum V 64 manipulorum Y 02 | complent] conplent V 64 compleuit B 72

**1** c. lexanius m. licinius coss. G$^{2}$*mg* CONS. N 22$^{1}$*mg* | de ludis N 23$^{2}$*mg* **2** neronem cepit cupido scenam intrandi B 05$^{2}$*mg* canendi cupidus nero V 63$^{2}$*mg* | scena locus umbratilis G$^{2}$*mg* **3** ubi fiunt demonstrationes G$^{2}$*mg* **4** neapolis M$^{2}$*mg*; Y 03$^{2}$*mg* Νελμολις (*sic*) V 63$^{2}$*mg* neapolis greca urbs G$^{2}$*mg* (-pulis), H$^{2}$*mg*; N 22$^{1}$*mg* neapolis quasi greca urbs P$^{2}$*mg* neapolis urbs greca V 64$^{2}$*mg* neapolim quasi grecam urbem delegit nero K$^{2}$*mg* **10** neapolitani M$^{2}$*mg*

**1** illic] illhic N 21 illinc β (< P; n *del. Stuttg*$^{2}$) illuc P | ut *pr.*] aut U (a *puncto del.*) | arbitra⟨ba⟩ntur] *Rhenanus* arbitrantur *codd.* | ⟨damnum⟩ illic, ut plerique (*sic*) arbitrabantur *Fuchs, MH 32 (1975), 61* | triste] M; N 22$^{1}$; *cett. praeter* tristes β (-s *del.* V 63$^{2}$, *Stuttg*$^{2}$), N 22$^{1}$ *s. l.*; V 64 **2** numinibus] *om.* (*spat. ca. 10 litt.*) Or, N 21, O 48, O 22 | evenit] uenit B 72$^{1}$ (*corr. s. l.* B 72$^{2}$); C | 34

sine ullius noxa theatrum collapsum est. ergo per compositos cantus grates dis atque ipsam recentis casus fortunam celebrans petiturusque maris Hadriae traiectus apud Beneventum interim consedit, ubi gladiato-
34,2 rium munus a Vatinio celebre edebatur. Vatinius inter foedissima eius aulae ostenta fuit, sutrinae tabernae alumnus, corpore detorto, facetiis scurrilibus; primo in contumelias assumptus, dehinc optimi cuiusque criminatione eo usque valuit, ut gratia pecunia vi nocendi etiam malos praemineret.

---

affuerat] M; *cett. praeter* adfuerat G, E, H, Prm adfuerant Mal (n *puncto del.*) aderat B 72$^{1}$ (*corr. s. l.* B 72$^{2}$) | populum P | vacuum] *om.* Y 01$^{1}$ (*add. s. l.* Y 01$^{2}$); P **3** ullius] M$^{1}$ (i M$^{2}$ *supra* u *pr.*); *cett.* | noxia B 72; N 22 | collapsum] colapsum H$^{1}$ (*corr. s. l.* H$^{2}$), Prm, J; N 23 | est] esse B 05 | compositos] conpositos M compsitos Hol **4** dis] M; A$^{1}$; *cett. praeter* diis α (*om.*, *add. post* fortunam L 24); *Gen*; Y 01, Y 02; U, Y 03; Ven, Vin, *Stuttg*, L, N 22, C; A$^{2}$ *s. l.*, Or, N 21, K *om.* P | ipsam] *om.* Ven | fortunam] fortunarum Prm, J; N 22$^{1}$ (*corr. s. l.* N 22$^{1}$) | celebrans] celebram N 23 | petiturusque] petitur usque B 72 petiturus Y 03 **5** Hadriae] adrie B$^{1}$ (*corr. s. l.* B$^{2}$), Z; E, B 72; Y 01; U, Y 03; β (< P), L$^{1}$ (*corr. s. l.* L$^{2}$), N 22, C; V 64, γ | aput V 65 | interim] inse interim B iterum Y 02 | consedit] conscedit E concedit P | gladiatorium] gladiatorum *Gen* (gladio- B 05; *corr. s. l.* H$^{2}$); Y 01, Y 02; U, Y 03; N 23, P, Vin, N 22; γ (< V 65), K **6** celebre] M (b *del.*); L (b *puncto del.*); *cett.* | celebre edebatur] celebratur Ven (r *puncto del.*) | aule eius Y 01, Y 02 **7** aulae] *om.* J | ostenta] obstenta Y 01 ostensa P$^{1}$ (*corr. s. l.* P$^{2}$) | tabernae] *om.* β (< V 63; *add. Stuttg*$^{2}$ *mg*) | alumpnus Y 03; V 63 (p *puncto del.*), C; V 64 | facetiis] facetus Y 03; A **8** scurrilibus] scurilibus B, Hol, L 24; G, H$^{1}$ (*corr. s. l.* H$^{2}$); Y 01; Y 03; C; V 64, γ scurrulibus E; Ven, Vin, *Stuttg* scurulibus V 63, N 23, N 22$^{1}$ *s. l.*; K curulibus N 22$^{1}$ | primum α | in] inter U, Y 03; β, L, C; V 64, γ, K *om.* B 72 | asumptus G | dehinc] deinde *Gen*; Y 02; Y 03; Ven, N 22; γ, K | optimi] optimus Y 01 (*corr. in textu*) | cuiusque optimi γ (< A), K | cuiusque] cuiusquam U$^{1}$ (*corr.* U$^{2}$ *mg*); C; V 64 **9** criminatione] criminationi V 63$^{1}$ (*corr. s. l.* V 63$^{2}$) | vi] in P, Vin, *Stuttg*$^{1}$ (*corr. in textu Stuttg*$^{2}$), N 22$^{1}$ (*corr. s. l.* N 22$^{1}$) ue O 22, K | etiam] et *Fer* (< H), B 72; N 22$^{1}$ (*corr.* N 22$^{1}$ *mg*) | malos] malis H$^{2}$ *in textu*; Y 01, Y 02; U, Y 03; β (< P), N 22$^{1}$ *mg*, L, C; V 64, γ, K in aliis *Gen*; N 22$^{1}$ uias P **10** praemineret] preemineret B; *Gen* (-hem- V 58); N 22; K premineretur C (-ur *eras.*)

**3** teatrum neapoli sine ullius noxa colapsum B 05$^{2}$ *mg* theatrum neapoli collapsum K$^{2}$ *mg* admirandum periculum V 63$^{2}$ *mg* | per compositos cantus Hol$^{2}$ *mg* **5** adire M$^{2}$ *mg* mare adrie G$^{2}$ *mg* | beneuentum M$^{2}$ *mg*; G$^{2}$ *mg*; P$^{2}$ *mg* **6** uatinius M$^{2}$ *mg* uatinius foedissimus V 58$^{1}$ *mg*, B 05$^{1}$ *mg* uatinius deformis G$^{2}$ *mg* uatinius sutrine taberne alumnus E$^{1}$ *mg*, H$^{1}$ *mg*, Mal$^{1}$ *mg*, Prm$^{1}$ *mg*, J$^{1}$ *mg* uatinii turpis condictio U$^{2}$ *mg* uatinius scurra V 63$^{2}$ *mg* uatinius quis et qualis P$^{2}$ *mg* uatinius uilis crescit calumniis V 64$^{2}$ *mg* **7** sutrine M$^{2}$ *mg* sutrina taberna G$^{2}$ *mg* sutrine taberne alumnus Hol$^{2}$ *mg* | faceciis M$^{2}$ *mg*

Eius munus frequentanti Neroni ne inter voluptates quidem a sceleri- 35,1
bus cessabatur. isdem quippe illis diebus Torquatus Silanus mori adigi-
tur, quia super Iuniae familiae claritudinem divum Augustum abavum
ferebat. iussi accusatores obicere prodigum largitionibus, neque aliam 35,2
spem quam in rebus novis esse; quin [innobiles] habere quos ab epistu-
lis et libellis et rationibus appellet, nomina summae curae et meditamen-
ta. tum intimus quisque libertorum vincti abreptique; et cum damnatio 35,3
instaret, brachiorum venas Torquatus interscidit. secutaque Neronis

---

**1** frequentanti] frequentandi Hol$^{1}$ (*corr. s. l.* Hol$^{2}$) | ne] *om.* H$^{1}$ (*add. s. l.* H$^{2}$), 35
Prm, J, B 72 | inter] intra β **2** isdem] iisdem *Gen* (< J); Y 02; U$^{2}$*mg*; Ven, N 22 eisdem L hisdem Z; P iidem J idem U$^{1}$, Y 03; C; V 64, γ, K | quippe] *om.* B 72$^{1}$, *add. post* illis B 72$^{1}$*mg* | illis] *om.* β, L | Silanus] M; L$^{1}$; *cett. praeter* sillanus L 24, Z; Y 02; U; L$^{2}$ *s. l.*, C; V 65, Or, O 22, K syllanus *Gen*; P, Vin, *Stuttg*, N 22 | mori] *om.* N 23 **3** super] *om.* L$^{1}$ (*add. s. l.* L$^{1}$) | Iuniae] M; N 23$^{1}$, Ven$^{1}$; *cett. praeter* iulie B 72; N 23$^{1}$ *s. l.*, Ven$^{1}$ *s. l.* | claritudine *Fer* (< H), B 72; U | Augustum] octauium augustum Y 01, Y 02 | abavum] *Ruperti* (*cf. XIV 53,3*) atauum M; V 58, B 05, *Fer* (< J); Y 03; P, L, N 22; A, N 21, O 48, O 22 actauum B 72 attauum *cett. om.* Y 01, Y 02 **4** ferebant H (n *puncto del.*) | iussi] iussis M; V 63 (-s *del.*) *add.* id *Gen* (< H); Y 01$^{2}$ *s. l.*; N 22 *add.* ad H (*punctis del.*) | obicere] obiicere L 24, Z; *Gen*; Y 02; U; P, Vin, *Stuttg*, L, N 22; K obicem Or, N 21, O 48$^{1}$ (*corr. s. l.* O 48$^{2}$) | prodigum] prodicum M prodigium P, Vin; K (i *alt. puncto del.*) | largitionis B 72 **5** quam] que V 63$^{1}$ (*corr. s. l.* V 63$^{2}$) | rebus novis] nouis rebus *Gen* (< B 05); Y 01, Y 02; N 22 | quin [innobiles] *Koestermann* qui ne innobiles M qui ne in nobiles Y 01, Y 02 qui ne ignobiles *cett.* (ne *om.* H$^{1}$, *add. s. l.* H$^{2}$) quin eum *Lipsius* quin eum libertos *Bipontini* quin inter libertos *Andresen* quin in officiis *Fuchs* | habere] M; V 63$^{1}$, N 23$^{1}$, Ven$^{1}$, N 22$^{1}$; *cett. praeter* haberet U, Y 03; V 63$^{2}$ *s. l.*, N 23$^{1}$ *s. l.*, Ven$^{1}$ *s. l.*, L, N 22$^{1}$ *s. l.*, C; V 64, γ, K | quos] quod B 72; N 22 | epistulis] epistolis α; *Gen*; U, Y 03; *Stuttg*$^{2}$*mg*, L, N 22, C; V 64, γ, K epulis G$^{2}$*mg*; β (*corr. Stuttg*$^{2}$ *mg*) **6** et *alt.*] *om.* U | appellet] M; V 63$^{1}$, N 23$^{1}$, Ven$^{1}$, *Stuttg*$^{1}$ (-ret N 23$^{1}$ *s. l.*, Ven$^{1}$ *s. l.*) appellaret *Fer* (< H), B 72; U, Y 03; V 63$^{2}$ *s. l.*, *Stuttg*$^{2}$ *s. l.*, L, N 22, C; V 64, γ, K appellare H | nomina — meditamenta] *om.* V 63$^{1}$, N 23$^{1}$, Ven$^{1}$ *add.* V 63$^{2}$*mg*, N 23$^{1}$*mg*, Ven$^{1}$*mg* | meditamenta] medicamenta Hol; B 72; U; γ (< A) ditamenta Mal$^{1}$, Prm$^{1}$, J$^{1}$ (*corr.* Mal$^{1}$ *s. l.*, Prm$^{1}$ *s. l.*, J$^{1}$ *s. l.*) **7** intimus] intimis Mal, Prm, J, B 72; N 22$^{1}$ (*corr. s. l.* N 22$^{1}$); N 21, O 48, O 22, K (-s *del.*) | quisque] M; K (s *del.*); *cett.* | uicti N 23 | abreptique] abrectique M; V 63 arreptique U; C | et] ut L | cum damnatio] condemnatio U$^{1}$, Y 03; V 63, N 23, P, L, C; V 64, γ, K$^{1}$ (*corr. in textu* K$^{2}$) condamnatio Ven cum condemnatio U$^{2}$*mg* (quum); Vin, *Stuttg* **8** instaret] instiret Y 01$^{1}$ (*corr. s. l.* Y 01$^{2}$) instabat L | bracchiorum Hol, Z; C; V 64, K | interscidit] intercidit B 72; U; P, Vin,

oratio ex more, quamvis sontem et defensioni merito diffisum victurum tamen fuisse, si clementiam iudicis expectasset.

36,1 Nec multo post omissa in praesens Achaia (causae in incerto fuere) urbem revisit, provincias Orientis, maxime Aegyptum, secretis imaginationibus agitans. dehinc ⟨e⟩dicto testificatus non longam sui absentiam et cuncta in re publica perinde immota ac prospera fore, super ea pro-
36,2 fectione adiit Capitolium. illic veneratus deos, cum Vestae quoque templum inisset, repente cunctos per artus tremens, seu numine exterrente, seu facinorum recordatione numquam timore vacuus, deseruit incep-
36,3 tum, cunctas sibi curas amore patriae l viores dictitans. vidisse maestos

---

*Stuttg*; *Zumpt* (*cf. XVI 14,21*) | secutaque] secuta U **9** sontem] insontem B, Hol | diffisum] diffisim V 65 diffusim B 72$^{1}$ (*corr. in textu* B 72$^{2}$) diffusum U$^{1}$ (*corr.* U$^{2}$*mg*); P, Vin defixum Y 02 **10** si] sed N 23 | expectasset] expectauisset B, Hol expetasset Y 01

**1** nero M$^{2}$*mg* **2** torquatus sylanus V 58$^{2}$*mg*; V 63$^{2}$*mg*, P$^{2}$*mg* (syll-), N 22$^{1}$*mg* (syll-); V 64$^{2}$*mg* (sil-) torquatus syllanus mori adigitur B 05$^{2}$*mg* torquatus syllanus moritur G$^{2}$*mg* syllani mors Y 03$^{2}$*mg* tarquinius sillanus K$^{2}$*mg* **3** claritudo M$^{2}$*mg* **8** torquatus M$^{2}$*mg* torquatus uenas secuit K$^{2}$*mg* **9** oratio neronis G$^{2}$*mg*

36 **1** Nec] ne Vin | obmissa U, Y 03; N 21 | in praesens] *om.* U | Achaia] achaya C; V 64 achia O 22$^{1}$ (*corr. s. l.* O 22$^{2}$) | in] *om. Fer*, B 72; Y 01$^{1}$ (*add. s. l.* Y 01$^{2}$); β (*add. s. l. Stuttg*$^{2}$), N 22; O 48$^{1}$ (*add. s. l.* O 48$^{2}$), O 22, K | incerto] incerte H, Prm$^{1}$ (*corr. in textu* Prm$^{2}$); Vin, *Stuttg*$^{1}$ (*corr. in textu Stuttg*$^{2}$) | fuere] fuero V 63$^{1}$ (*corr. s. l.* V 63$^{2}$) **2** reuissit N 21 (s *alt. puncto del.*) | provincias] prouinciam Mal$^{1}$ (*corr. s. l.* Mal$^{2}$) | Aegyptum] egiptum Y 03; V 63, N 23; V 64, V 65, Or, O 48, O 22 | imaginationibus] ymaginationibus Y 01; V 63, N 23; V 64 imaginibus Prm, J, B 72 (y-); N 22; Or, N 21$^{1}$ (*corr. s. l.* N 21$^{2}$) machinationibus P **3** ⟨e⟩dicto] *Rhenanus* dicto *codd.* **4** et] ut Y 02$^{1}$ (*corr. s. l.* Y 02$^{2}$) | in re publica perinde] *Pichena* in rep|periende M inreperiende β (*del. Stuttg*$^{2}$); V 64 (irr-) intrepide α; Y 02; U, Y 03; V 63$^{2}$*mg*, N 23$^{1}$ *s. l.*, Ven$^{1}$ *s. l.*, C; γ, K$^{1}$ intrepida *Stuttg*$^{2}$*mg*, L in re publica exinde *Gen*; Y 01; N 22; K$^{2}$ (in re publica *corr. in textu*, exinde *add. mg*) | inmota Y 01; V 63 inmotua V 64 | ac] atque B 72 et L | prospera] prospere M; α; U, Y 03; V 63, C; V 64, γ, K | fore] *om.* B 72 | profectione] perfectiora P **5** adiit] adit V 63$^{2}$ *s. l.* | illic] illhic N 21 *om.* Y 01, Y 02 | illic — templum] *om.* Hol | veneratus] ueneraturus *Gen*; Y 01, Y 02; N 22 **6** cunctos] cuncto M$^{1}$ (-s *add. s. l.* M$^{2}$) cunto B 05 cunctas L$^{1}$ (*corr. in textu* L$^{2}$) cunctus V 65 | artus] arctus Prm (c *puncto del.*); U, Y 03; γ (< V 65), K artum Z$^{1}$ (*corr. s. l.* Z$^{2}$) artes L$^{1}$ (*corr. s. l.* L$^{2}$) | numine] minime Y 01$^{1}$ (*corr. in textu* Y 01$^{2}$), Y 02; V 65, Or, N 21$^{1}$ (*corr.* N 21$^{2}$*mg*) | exterrente] exterente M$^{1}$ (*corr. s. l.* M$^{2}$); Prm; N 22 extorrente B 72 **7** numquam] nonquam *Fer* (< J) **8** cunctos E | amore] *om.* V 63$^{1}$ (*spat. 5 litt.*; *add. in textu* V 63$^{2}$) |

civium vultus, audire secretas querimonias, quod tantum itineris aditurus esset, cuius ne modicos quidem egressus tolerarent, sueti adversum fortuita aspectu principis refoveri. ergo ut in privatis necessitudinibus proxima pignora praevalerent, ita populum Romanum vim plurimam habere parendumque retinenti. haec atque talia plebi volentia fuere, 36,4
voluptatum cupidine et, quae praecipua cura est, rei frumentariae angustias, si abesset, metuenti. senatus et primores in incerto erant, procul an coram atrocior haberetur; dehinc, quae natura magnis timoribus, deterius credebant quod evenerat.

---

leviores] leniores N 22 leuia|ores B | vidisse] uidere P | ciuium mestos Y 01, Y 02 **9** civium] eiuium M | audiri B 72 | itineris aditurus esset] *Nipperdey* auditurus esset M; α; β (u *pr. del.* *Stuttg*$^2$) iter aditurus esset *Gen*; U, Y 03; V 63$^2$*mg*, N 23$^1$*mg*, Ven$^1$*mg*, *Stuttg*$^2$ (iter *mg*), L, N 22, C; V 64, γ (add- O 22), K aditurus esset iter Y 01, Y 02 aditurus esset itineris *Heinsius* **10** modicos] modicus H$^1$ (*corr. in textu* H$^2$) medicos C (c *puncto del.*) medios β (< V 63; *corr. in textu Stuttg*$^2$) | tolerarent] tollerarent L 24; J, B 72; N 23, C; V 64, γ, K toleraret P | adversum] aduersus L$^1$ (*corr. s. l.* L$^2$) **11** aspecta V 64 | in] *om.* Ven$^1$ (*add. s. l.* Ven$^2$) | necessitudinibus] M; Hol$^1$; *cett. praeter* necessitudinis B, Hol$^2$ *s. l.* necessitudiis L 24 necessitatibus Prm, J, B 72; L, N 22; γ (< A; necce- V 65), K **12** proxima] priuata V 65 | praevalerent] M; *Stuttg*$^1$; *cett. praeter* preualent U, Y 03; *Stuttg*$^2$ *in textu*, L, C; V 64, γ, K ualerent L 24 | ita] *add.* in re publica *Wurm*, *Koestermann add.* publice *Ritter add.* apud se *Halm add.* in summa fortuna *Koestermann 1952* (*cf. XIII 6,4*) *nihil addendum putant Furneaux; Eriksson, RhM 88 (1939), 26—27* | Romanum] *add.* apud se *Fuchs* | uim romanum β | plurimam] M; H$^1$; *cett. praeter* plurium β (*corr.* V 63$^2$ *s. l.*, N 23$^1$ *s. l.*, Ven$^1$ *s. l.*) publicam G$^1$ (*corr.* G$^1$*mg*), E, H$^1$*mg*, Mal$^1$, Prm$^1$, J$^1$ (*corr.* Mal$^1$*mg*, Prm$^1$*mg*, J$^1$*mg*) **13** parendumque] parendum *Gen*; Vin, N 22 | retinenti] retenti U$^1$ (*corr.* U$^2$*mg*) | talia] t- *del.* N 22 | uolentia] M; B$^1$; V 63$^1$, N 23$^1$, Ven$^1$, *Stuttg*$^1$, N 22$^1$; *cett. praeter* uiolentia Prm (*corr. in textu*), B 72; N 22$^1$*mg* uiolentiora Y 02; U, Y 03 (i *pr. puncto del.*); V 63$^2$ *s. l.*, N 23$^1$ *s. l.*, Ven$^1$ *s. l.*, L$^1$, C; V 64, γ, K uolentiora N 22$^2$*mg s. l.* ualentiora B$^2$ (a *pr. in ras.*, -or- *s. l.*), Hol; *Stuttg*$^2$*mg*, L$^2$ *s. l.* **14** voluptatum] uolutatum Y 01$^1$ (*corr. s. l.* Y 01$^2$) uoluptatem N 23 | precipue K | frumentariae] frumentaria M; B$^1$ (*corr. in textu* B$^2$) | angustias] M; N 22$^1$; *cett. praeter* angutias B 05$^1$ (*corr. s. l.* B 05$^2$) angustas G$^1$ (*corr. s. l.* G$^2$) angustiam β (aūs. angustiam P; *corr. s. l. Stuttg*$^2$), N 22$^1$ *s. l. bis* H (*alt. del.*) **15** absesset] abesse Y 02 abest C | primores] primo res N 21$^1$ (*corr. in textu* N 21$^2$) | in] *om. Fer* (*add. s. l.* H$^2$), B 72; N 22 | incerto] certo P **16** an coram] ancoram α | dehinc quae] dehin que N 22 dehinque *Stuttg*$^1$ denique *Stuttg*$^2$ *in textu*, L dehincque Y 03; C; V 64, γ dehincque que K (-que *eras.*) | quae] quam P | natura] coram U, Y 03; C; V 64, γ, K$^1$ (*eras.*; natura K$^2$ *in textu*) ut solet in L | timoribus] tumoribus N 22 exterroribus P **17** credebat Vin |

37,1 Ipse quo fidem acquireret nihil usquam perinde laetum sibi, publicis locis struere convivia totaque urbe quasi domo uti. et celeberrimae luxu famaque epulae fuere, quas a Tigellino paratas ut exemplum referam,
37,2 ne saepius eadem prodigentia narranda sit. igitur in stagno Agrippae fabricatus est ratem, cui superpositum convivium navium aliarum tractu moveretur. naves auro et ebore distinctae, remigesque exoleti per aetates et scientiam libidinum componebantur. volucres et feras diversis e ter-
37,3 ris et animalia maris Oceano abusque petiverat. crepidinibus stagni lupa-

---

quod] M; U$^1$; K$^1$; *cett. praeter* quam U$^2$*mg* quam quod K$^2$*mg* | evenerat] euenerant M$^1$ (*corr. s. l.* M$^2$); Or (n *alt. puncto del.*)

**1** omittitur in presens peregrinatio achaie V 63$^2$*mg* **6** prodigium in nerone V 63$^2$*mg* **11** uerba neronis de se ipso inania K$^2$*mg*

37 **1** ipse quo] quo ipse Y 01$^1$ (*corr. s. l.* Y 01$^2$), Y 02 | acquireret] aquireret H$^1$ (*corr. s. l.* H$^2$) acquireretur Vin (-ur *del.*), *Stuttg* | usquam] unquam V 63$^1$, N 23$^1$ (*corr.* V 63$^2$ *s. l.*, N 23$^1$ *s. l.*), Ven, Vin, *Stuttg* nunquam P | perinde] pium C | laetum sibi] locum sibi letum Y 01, Y 02 *add.* quam *Gen*; N 22 *add.* ac K$^2$*mg* | puplicis V 63 **2** struere] statuere Prm, J, B 72; N 22$^1$ (*corr.* N 22$^1$*mg*) | celeberime V 65 **3** famaque] famamque Prm, J; N 22 fameque Y 03; A | quas a] M; K$^1$; *cett. praeter* quasi *Gen* (< H; *corr.* B 05$^2$*mg*); Y 01$^1$ (-i *in ras.*; *corr. s. l.* Y 01$^2$), Y 02; N 22 quas H$^1$ (a *add. s. l.* H$^2$) que a K$^2$ *in textu* | Tigellino] M; B, Hol, Z; Y 01, Y 02; V 63 tigillino *cett.* (ty- G, B 72; -l- N 22) | paratas] M; K$^1$; *cett. praeter* parate V 58, B 05$^1$ (*corr.* B 05$^2$ *mg*), *Fer* (< H); K$^2$ *in textu* parata H$^1$ (*corr. s. l.* H$^2$) *om.* B 72 | ut] et Or | exemplum] *Gen*; Y 01, Y 02; N 22 exemplam M exempla *cett.* exemplar *Pichena* | referam] feram *Gen* (*corr. s. l.* H$^2$); Y 01, Y 02; N 22 **4** eadem] ea C *add.* talem B (*punctis del.*) | eadem prodigentia] prodigentia eadem B, Hol *om.* V 63$^1$ (*spat. 12 litt.*; eadem pro diligentia *add. in textu* V 63$^2$) | prodigentia] M; E$^1$; N 22$^1$*mg*; *cett. praeter* pro diligentia E$^2$ *s. l.*; U, Y 03; V 63$^2$ (*cf. supra*), N 23 (-li- *del.*), Ven, Vin, *Stuttg*, L, N 22$^1$, C; V 64, γ, K pro diligenda P | sit] M; V 63$^1$; *cett. praeter* sint U, Y 03; V 63$^2$ *in textu*, N 23 (n *puncto del.*), Ven, P, Vin, *Stuttg*, L, C; V 64, γ, K **5** navium] *om. Gen* (*add.* G$^2$ *mg post* aliarum); Y 01, Y 02; N 21 (*sic*) | aliarum tractu nauium β, L, N 22 | tractum M (-m *del.*) **6** exoleti per aetates] per etatem exoleti G$^1$ (exoleti per etatem G$^2$*mg*) | aetates] etatem G; Y 02; L, N 22$^1$ *s. l.* etatis N 23 **7** et *pr.*] *om.* Hol; U, Y 03; β, L, C; V 64, γ, K | componebantur] M; B (-ur *punctis del.*); *cett. praeter* componebant Hol; U, Y 03; β, L, C; V 64, γ, K | e] et V 64 | e terris] eteris N 21$^1$ (r *add. s. l.* N 21$^2$) **8** et] *om.* B$^1$ (*add. s. l.* B$^2$), L 24, Z | Oceano] occeano Hol, L 24, Z; V 58, B 05, B 72; Y 01; U (c *pr. del.*), Y 03 (c *pr. del.*); N 23, C; V 64, V 65, N 21, O 48, O 22 uel oceano N 22

naria astabant illustribus feminis completa, et contra scorta visebantur nudis corporibus. iam gestus motusque obsceni; et postquam tenebrae incedebant, quantum iuxta nemoris et circumiecta tecta consonare cantu et luminibus clarescere. ipse per licita atque inlicita foedatus nihil flagitii 37,4 reliquerat quo corruptior ageret, nisi paucos post dies uni ex illo contaminatorum grege (nomen Pythagorae fuit) in modum sollemnium coniugiorum denupsisset. inditum imperatori flammeum, missi auspices;

---

ab oceano L (ab *punctis del.*) e caelo *Fer* (*corr. in textu* H$^1$; oceano G$^1$*mg*, E$^3$ *mg*, Mal$^1$*mg*, Prm$^1$*mg*, J$^1$*mg*) | abusque] ab usque L 24; Ven, P, *Stuttg* ab hucque Y 01$^1$ (s *add.* Y 01$^2$ *post* c) usque *Fer* (*corr.* G$^1$*mg*, E$^3$*mg*, H$^1$ *s. l.*, Mal$^1$*mg*, Prm$^1$*mg*, J$^1$*mg*) *add.* e caelo N 22 | petiverat] petierat L, C petiuerant P, Vin, *Stuttg* petebat U **9** astabant] adstabant G, H, Prm; U; C; N 21, K asstabant L; V 64 adstabat E, Mal, J; N 22$^1$ (*corr. s. l.* N 22$^1$) astabat V 58 | illustribus] illustris Y 03$^1$ (*corr. in textu* Y 03$^2$); N 23$^1$ (*corr. s. l.* N 23$^2$); γ (< N 21; *corr. in textu* O 48$^2$) | feminis] femina Or | conpleta Y 01; V 64 | et] e Z; Y 01$^2$ *s. l. om.* B 72; Y 01$^1$ | contrara Y 01 | scorta] scorra U *om.* B 72 | visebantur] M; Ven (s *in ras.*), *Stuttg*$^1$; *cett. praeter* uidebantur B 72; U, Y 03; V 63$^1$ (*corr. s. l.* V 63$^2$), *Stuttg*$^2$ *in textu*, L, C; V 64, γ, K **10** gestus] iestus M$^1$ (*corr. s. l.* M$^2$) *add.* quacumque iuxta nemus Hol | obsceni] osceni V 58; L obseni G **11** quantum] M; B$^1$; *cett. praeter* quacumque B$^2$*mg*; L$^1$ (*corr. in textu* L$^2$) | iuxta] insita B 72$^1$ (*corr. in textu* B 72$^2$) | nemoris] M; B$^1$; *cett. praeter* nemus B$^2$*mg*; U$^2$*mg* meroris (*punctis del.*) nemoris U neronis B 72$^1$ (-nem B 72$^2$ *in textu*) *om.* L$^1$ (*add. s. l.* L$^1$) | et] *om.* B 72$^1$ (*add. s. l.* B 72$^2$) | circumiecta] circuniecta Y 02 circumuecta Y 01; Vin circum| V 63$^1$ (iecta *add.* V 63$^2$) | tecta] tela U *om.* B 72 **12** et] *add.* erant C *add.* non habent erant V 64 | clarescere] claresceret Hol et clarescere K *om.* β (< V 63) | ipse] item U; V 64 | per] pre G | atque] et Or, N 21, O 48, O 22, K | inlicita] M; Or, O 48 illicita *cett.* **13** relinquerat G, B 72 | quo corruptior ageret] *om.* L$^1$ (quo corruptior fieret L$^1$*mg*) | ageret] augeret B 72 | post] *om.* Prm, J, B 72 | uni] *om.* V 63$^1$ (*add. s. l.* V 63$^2$); V 65 **14** grege] gregem Or, N 21 (-m *puncto del.*), O 48 (-m *puncto del.*) *add.* cui M$^2$ *s. l.*; *Gen*; Y 01, Y 02; Ven$^2$ *s. l.*, *Stuttg*$^2$ *s. l.*, L, N 22; O 22$^2$ *s. l.*, K | nomen] *om.* Ven$^1$ (*add. s. l.* Ven$^2$ *post* pythagore) | nomen Pythagorae] pythagore nomen L$^1$ (*corr. s. l.* L$^2$) | Pythagorae] pithagore Vin, *Stuttg*; K pytagore B 72; V 65 pitagore Y 01, Y 02 | in modum] immodum M | sollemnium] sollempnium M; Y 03 (-l-) solemnium α; *Fer*; Y 01; U; P, Vin, *Stuttg*, N 22; V 64, γ solennium B 05 (-ll-); Y 02; V 63, N 23, Ven, L | coniugiorum] coniugorum U$^1$ (*corr.* U$^2$*mg*) coniugiūm̄ Or **15** denupsisset] dempsisset P, N 22 *om.* Prm, J, B 72 | inditum] indictum G (c *eras.*) inclitum Y 03 indicem P indicium L, N 22 | flammeum] flameum *Fer* (< H); B 72; Y 01, Y 02; P, N 22, C flammentum Hol flaminium Or | missi] *Frobenius*, *Lipsius* misit M; *cett. praeter* cursit P missi et dos et genialis torus et faces nuptiales, cuncta denique spectata quae etiam in femina nox operit.

38,1 Sequitur clades, forte an dolo principis incertum (nam utrumque auctores prodidere), sed omnibus, quae huic urbi per violentiam ignium
38,2 acciderunt, gravior atque atrocior. initium in ea parte circi ortum quae Palatino Caelioque montibus contigua est, ubi per tabernas, quibus id

---

*Doederlein* visi *Rhenanus* | auspices] aruspices Z; N 21 **16** dos] M[1]; V 63[1] d'os M[2] deos *Gen* (< G); Y 01, Y 02; N 22[1] duos α; G, H[2] *in textu*; U, Y 03; V 63[2] *s. l.*, N 23, Ven, P, Vin, *Stuttg*, L, N 22[1] *s. l.*, C; V 64, γ, K | genialis] M; V 63[1], N 23[1], Ven[1], *Stuttg*[1]; *cett. praeter* geniale B (-e *in ras.*) genialem Hol; U, Y 03; V 63[2] *s. l.*, N 23[1] *s. l.*, Ven[1] *s. l.*, *Stuttg*[2] *in textu*, L, C; V 64, γ, K | torus] M; V 63[1], N 23[1], Ven[1]; *cett. praeter* thorus B[1], L 24, Z; *Gen*; Y 01, Y 02; Vin, *Stuttg*[1], N 22[1] thoros N 22[1] *s. l.* torum C; V 64, N 21 thorum B[2] *in textu*, Hol; U, Y 03; V 63[2] *s. l.*, N 23[1] *s. l.*, Ven[1] *s. l.*, *Stuttg*[2] *in textu*, L; γ (< N 21), K | denique] etiam Y 01, Y 02 | aspectata Y 01 **17** etiam] *om.* Y 01[1] (*add. s. l.* Y 01[2]), Y 02; V 65 | nox in femina Y 01, Y 02 | nox] noxa U[1], Y 03; β (-a *eras.* Ven; *corr. in textu Stuttg*[2]), C; V 64, A, V 65, N 21, O 48[1] (*corr. in textu* O 48[2]) noxam U[2]*mg* | operit] perit β (*corr. in textu* Ven[2], *Stuttg*[2]) parit U[1], Y 03; V 63[2] *s. l.*, N 23[1] *s. l.*, Ven[1] *s. l.* (*eras.*), C; V 64, A, V 65, N 21, O 48[1] (*corr. in textu* O 48[2]) aparit Or pariunt U[2]*mg* opperit K

**3** tigillini cena Y 03[2]*mg* tigillinus P[2]*mg* **4** prodigentia M[2]*mg*; Hol[2]*mg*; V 58[1]*mg*, G[1]*mg*, E[1]*mg*, H[1]*mg*, Mal[1]*mg*, Prm[1]*mg*, J[1]*mg* | stultissimum et detestandum factum neronis M[2] (*script. benev.*)*mg*; V 63[1]*mg*, N 23[1]*mg* (*om.* neronis) | igitur inceptiuum V 58[2]*mg* | lacus M[2]*mg* stagnum agrippe N 21[2]*mg* **5** celeberrimum conuiuium B 05[2]*mg* **6** luxuria neronis P[2]*mg* luxuria in conuiuiis K[2]*mg* | exoleti M[2]*mg* | detestandum facinus H[2]*mg* **8** abusque A[2]*mg* | crepidinibus] rupibus B[2]*s. l.* | Nulla crepido uacat nusquam pons aut tegetis pars. Iuuenalis (*Iuv. Sat. V 8*) V 58[1]*mg*, B 05[1]*mg* | ω. ω. ω K[2]*mg* **9** completa] plena M[2]*s. l.* **10** gestus] eorum *add. s. l.* M[2] | obsceni] erant *add. s. l.* M[2] **11** quantum] aliquantum M[2]*s. l.* **13** infelicia tempora B 05[2]*mg* **14** nero pythagore impuro nupsit M[2]*mg* nubit amicus V 58[1]*mg*, G[1]*mg*, E[1]*mg*, H[1]*mg*, Mal[1]*mg*, Prm[1]*mg*, J[1]*mg* princeps exoleto cuidam sollenniter denupsit B 05[2]*mg* nuptie pueri Y 03[2]*mg* nero pythagore nupsit P[2]*mg* nero nubit exoleto V 63[1]*mg*, N 23[1]*mg* o scelus execrandum K[2]*mg* **15** flammeum M[2]*mg*; P[2]*mg* (-m) capitis ornamentum B[2]*s. l.* **16** spectata] sunt in nerone *add. s. l.* M[2]

38 **1** incertum] incertam U[1] (*corr. s. l.* U[2]) | auctores] auctoribus Mal, Prm, J; N 22[1] (*corr. s. l.* N 22[1]) **2** omnibus quae] omnibusque U | per] que V 63[1] (*corr. s. l.* V 63[2]) | acciderunt ignium Vin, *Stuttg* **3** acciderunt] occiderunt M[1] (*corr. s. l.* M[1]) acciderat Prm, J, B 72 acciderit N 22[1] (*corr. s. l.* N 22[1]) accederunt Ven[1] (*corr. in textu* Ven[2]) accidere U; C; V 64 | gravior] M; U[1]; *cett. praeter* grauius *Gen*; Y 01, Y 02; N 22 grauiora U[2]*mg* | atrocior] M; U[1]; *cett. praeter* atrocius V 58, B 05, G, E, H, Mal, B 72; Y 01, Y 02; N 22 atrocium Prm[1] (-s Prm[2] *s. l.*), J atrociora U[2]*mg* | initium] initum U[1] (*corr.* U[2]*mg*) | in] *om.* B 72 | circi] ubi (*del.*) circi O 48 **4** Palatino] ex palatino Prm (ex

mercimonium inerat quo flamma alitur, simul coeptus ignis et statim
validus ac vento citus longitudinem circi corripuit. neque enim domus
munimentis saeptae vel templa muris cincta aut quid aliud morae inter-
iacebat. impetu pervagatum incendium plana primum, deinde in edita 38,3
assurgens et rursus inferiora populando anteiit remedia velocitate mali
et obnoxia urbe artis itineribus hucque et illuc flexis atque enormibus
vicis, qualis vetus Roma fuit. ad hoc lamenta paventium feminarum, 38,4
fessa aetate aut rudis pueritiae [aetas], quique sibi quique aliis consule-

---

*del.*), J, B 72; N 22 | quibus] *om.* Y 01, Y 02 **5** mercimoniorum V 65 | inerat] intrat V 64 | flama G; A, V 65 flanma V 64 | simul] quibus U **6** vento citus] uentosus P | citus] situs Vin, *Stuttg*$^1$ (*corr. in textu Stuttg*$^2$) | circii Prm (-i *puncto del.*) | enim] *om.* B 05$^1$ (*add. s. l.* B 05$^2$) **7** munimentis] imminentis P (imi-), N 22$^1$ (*corr.* N 22$^1$ *mg*) | cincta] cinta B 72; V 63, N 23; V 64 cuncta P | quid] quidem H aliquid L | aliud] *om.* L **8** pervagatum] peruagatur M$^1$ (*corr. in textu* M$^1$) peruagum B 72 per uagum N 22$^1$ (*corr. s. l.* N 22$^1$) | plana] plena Mal, Prm, J; N 22$^1$ (*corr. s. l.* N 22$^1$) | in edita] inedita M$^2$ *mg*; Y 01; Y 03; N 22; V 64, O 22 medita U$^1$ (*corr.* U$^2$ *mg*) media B 72 edita L$^1$ (*corr. s. l.* L$^1$) **9** et] ut P *om.* Y 01 | rursum N 22 | inferiora] *om.* V 63$^1$ (*add.* V 63$^2$ *mg*) | populando] M; L$^1$; *cett. praeter* depopulando Vin, *Stuttg*, L$^1$ *s. l.* | anteiit] anteit Y 03; β (ante id P), L, C; V 64, γ, K it U | uolocitate V 65 | mali] malus B$^1$ (*corr. in textu* B$^2$), L 24, Z **10** urbe] urba L 24 | artis] arctis L 24; *Gen*; U, Y 03; Vin, *Stuttg*, L, N 22, C; V 64, γ, K | hucque] α; V 58, B 05, G, E, H; Y 01; U; C hicque M$^1$ (*corr. s. l.* M$^2$); Y 03; β (< Vin), L; V 64, γ (hic V 65), K huc Mal, Prm, J; Y 02; Vin, N 22 illuc B 72 | et] atque Mal, Prm, J, B 72; Vin, N 22 *om.* Y 01$^1$ (*add. s. l.* Y 01$^2$) | illuc] illic Y 03; L; γ (illhic N 21), K **11** vicis] uiciis P uitiis N 22$^1$ (*corr. s. l.* N 22$^1$) | hoc] hec *Fer* (*corr. in textu* H$^2$), B 72; N 22, C | paventium] pauentum U; C; V 64, γ parientium G$^1$ (*corr. in textu* G$^2$), E, H$^1$ (*corr. in textu* H$^2$), Mal$^1$ *s. l.*, Prm$^1$ *s. l.*, J$^1$ *s. l.*, B 72 perientium Mal$^1$, Prm$^1$, J$^1$; N 22$^1$ (pauentium N 22$^1$ *mg*) *del. Fuchs, MH 20 (1963), 221 (cf. ad lin. 12)* **12**
fessa aetate aut rudis pueritiae aetas M aetate *del. Lipsius*
fessa aetate aut rudis pueritiae [aetas] *Jac. Gronovius, al.; H. Heubner, RhM 110 (1967), 225—229 (cf. Goodyear ad ann. I 41,1)*
fessa aetate ⟨parentium⟩ aut rudis pueritiae [aetas] *Fuchs, MH 20 (1963), 221 (cf. ad lin. 11)*
fessae aetatis aut rudis pueritiae [aetas] *E. Vandvik, Genetivus und Ablativus qualitatis*, Avh. Ak. Oslo, II. Hist.-Filos. Kl., 1941, n. 2, 85—86
fessa senum aut rudis pueritiae aetas L; *Koestermann* (*vel* senectus *id.*, *RhM 103 (1960), 105* |
fexa Y 01; Y 03; A, V 65, Or, O 48 | aetate] M; N 22$^1$; *cett. praeter* erant β (*del. Stuttg*$^2$), N 22$^1$ *s. l.* senum *Stuttg*$^2$ *mg*, L | aetas] *codd.* | quique *pr.*] quisque *Fer* (s *puncto del.* H), B 72; N 22 | quique *alt.*] quisque B (s *puncto del.*); *Fer*

bant, dum trahunt invalidos aut opperiuntur, pars mora, pars festinans,
38,5 cuncta impediebant. et saepe, dum in tergum respectant, lateribus aut
fronte circumveniebantur, vel si in proxima evaserant, illis quoque igni
correptis, etiam quae longinqua crediderant in eodem casu reperiebant.
38,6 postremo, quid vitarent quid peterent ambigui, complere vias, sterni per
agros; quidam amissis omnibus fortunis, diurni quoque victus, alii cari-
tate suorum, quos eripere nequiverant, quamvis patente effugio inter-
38,7 iere. nec quisquam defendere audebat, crebris multorum minis restin-
guere prohibentium, et quia alii palam faces iaciebant atque esse sibi
auctorem vociferabantur, sive ut raptus licentius exercerent seu iussu.

---

(< H), B 72; N 22 | aliis] alii L **13** trahunt] traunt $A^{1}$ (*corr. s. l.* $A^{2}$) | opperiuntur] M; B 05, E; V 64 operiuntur *cett.* | mora] M; $B^{1}$, Z morans $B^{2}$ *s. l.*; *cett.* **14** inpediebant V 64 | dum] *om.* Y $01^{1}$ (*add. s. l.* Y $01^{2}$), Y 02 | in tergum] integrum Prm, J, B 72; $U^{1}$ (*corr.* $U^{2}$*mg*), Y 03; β, N 22, C; V 64, γ (< N 21; *corr. in textu* O $22^{2}$) **15** circumueniebant Z cirueniebantur C | euaserat P | illis] illi Prm, J; N 22 | quoque] etiam B 72 | igni] ignis M; B (s *puncto del.*), L 24; Y 01 (s *eras.*); U, Y 03 (s *puncto del.*); V 63, N 23, Ven, P, N $22^{1}$ *s. l.*, C; V 64, γ (< O 22; s *eras.* O 48) **16** correptis] M; L ('arreptis L' *falso Koestermann*); *cett. praeter* corruptis P, Vin, *Stuttg*$^{1}$ (*corr. s. l. Stuttg*$^{2}$) correctis Y 03 | etiam] et Y 03; γ, K | etiam quae] etiamque $P^{1}$ (*corr. in textu*) | crediderant] reddiderant N $22^{1}$ (*corr. s. l.* N $22^{1}$) | casu] *om.* $Prm^{1}$ (*add.* $Prm^{1}$ *mg*) | reperiebant] *J. F. Gronovius* reperiebantur *codd.* (repp- M: p *alt. puncto del.*; V 63: p *alt. puncto del.*) **17** quid *pr.*] qui G quid// H (*2 litt. eras.*) | quid *alt.*] qui G | quid peterent] *om.* B $72^{1}$ *add.* quidue peterent B $72^{1}$*mg* | ambigui] ambigue P, Vin, *Stuttg*$^{1}$ (*corr. s. l. Stuttg*$^{2}$) | complere — **18** diur| *om.* B, Hol | complere] conplere V 64 compleri Y 02; N 22 cople V 63 copule N 23, Ven, Vin, *Stuttg*$^{1}$ (*del.*, complere *Stuttg*$^{2}$*mg*) *om.* P | vias] *om.* L 24, Z **18** quidam] *om.* V $63^{1}$ (*spat. ca. 3 litt.*), *add. in textu* V $63^{2}$ | amissis] ammissis V 63 omissis L 24, Z; V 65 | ominibus Z | diurni quoque victus] diurno quoque uictu *Brotier* | caritate] charitate K caritatem P quoque caritate Vin **19** suorum] *om.* V 65 | quos] quo P | erripere Y 01; V 65 | nequiverant] nequierant *Fer*; N 22 nequirant V 58, B 05; Y 01, Y 02 | patente] parente Vin potestate P | effugie N 23 | interiere] interire $H^{1}$ (*corr. s. l.* $H^{2}$), Prm, J, B 72; U; P, N 22; γ (< A), K **20** nec] neque Prm, J, B 72; N 22 | audebat] audebant B (n *puncto del.*); B 72 | minis] ruinis B 72 | restinguere] restringuere Y 03; A, V 65, O 48 (r *alt. puncto del.*) restringere B, Hol; N $21^{1}$ (*corr. in textu* N $21^{2}$) **21** prohibentium] prohybentium Y 01 prohibitum G | quia] quam β | faces] facies Hol; V 63 (i *puncto del.*) | iaciebant] iacebant $Prm^{1}$ (*corr. in textu* $Prm^{1}$) | iaciebant atque] iaciebantque J | esse sibi] sibi esse U, Y 03; β, L, C; V 64, γ, K **22** auctorem] L (c *del.*); *cett. praeter* auctore $M^{1}$ (*corr. s. l.* $M^{2}$) | vociferabantur] fociferabantur Hol uociferantur

Eo in tempore Nero Anti agens non ante in urbem regressus est quam 39,1
domui eius, qua Palatium et Maecenatis hortos continuaverat, ignis propinquaret. neque tamen sisti potuit, quin et Palatium et domus et cuncta circum haurirentur. sed solacium populo exturbato ac profugo campum 39,2
Martis ac monumenta Agrippae, hortos quin etiam suos patefecit et

---

Y 01$^{1}$ (*corr. s. l.* Y 01$^{2}$), Y 02 uociferabant U, Y 03; β, L, N 22$^{1}$ *s. l.*, C; V 64, γ, K uociferebant G | raptus] ratus Or | seu] se Vin, C; Or | iussu] *Gen* (< G); Y 01, Y 02; N 22; K$^{2}$ *in textu* iussum M; G; K$^{1}$; *cett.* (-s- N 23)

**1** combustio totius urbis facta iussu neronis M$^{2}$*mg* Suetonius de XII cesaribus testatur incendium urbis factum iussu neronis ubi dicit Incendit urbem tam palam etc. (*Suet. Nero 38,1*) M$^{2}$*mg inf.* incendium omnium maximum rome B 05$^{2}$*mg* incendium urbis nero (*sic*) imperante B 72$^{2}$*mg* incendium urbis Y 03$^{2}$*mg*; V 65$^{1}$*mg*, O 48$^{1}$*mg*, K$^{2}$*mg* rome incendium V 63$^{2}$ *mg* incendium rome N 23$^{1}$*mg* que de incendio urbis rome causa fuerit incertum N 23$^{2}$*mg* incendium urbis rome P$^{2}$*mg* urbis incendium L$^{2}$*mg* | clades] urbis *add.* M$^{2}$ *s. l.* | principis] facta fuit an non *add.* M$^{2}$ *s. l.* | incertum] est *add.* M$^{2}$ *s. l.* **3** cyrcus rome comburitur cum domibus circumstantibus M$^{2}$*mg* | ortum] est *add.* M$^{2}$ *s. l.* | quae] pars circi *add.* M$^{2}$ *s. l.* | contigua] iuncta M$^{2}$*s. l.* **5** mercimonium] · s · cera uel sepum M$^{2}$*s. l.* | coeptus] est *add.* M$^{2}$ *s. l.* **6** citus] est *add.* M$^{2}$ *s. l.* | longitudinem] totam *add.* M$^{2}$ *s. l.* **7** quid] aliquid M$^{2}$*s. l.* **9** populando] deuastando M$^{2}$*s. l.* | anteiit] inuasit M$^{2}$*s. l.* | remedia] quando non poterant *add.* M$^{2}$ *s. l.* | mali] ignis M$^{2}$ *s. l.* **10** obnoxia] in *add.* M$^{2}$ *s. l.* | artis itineribus] propter arta itinera M$^{2}$*s. l.* | -que] et M$^{2}$*s. l.* | nota quod roma primum erat uicis enormibus B 72$^{2}$*mg* **11** res ante oculos V 63$^{2}$*mg* | nota calamitatem inauditam K$^{2}$*mg* **12** fessa] antiquorum M$^{2}$*s. l.* | pueritiae] iuuentus M$^{2}$*s. l.* | aetas] narrare non possum M$^{2}$*s. l.* | quique *alt.*] alii qui M$^{2}$*s. l.* **13** invalidos] propter senectutem M$^{2}$*s. l.* **14** et . . .] respicientes ignem de proximo M$^{2}$*s. l.* | in tergum] in unum latus M$^{2}$*s. l.* **15** fronte] a parte antereiori (*sic*) M$^{2}$*s. l.* | circumueniebantur] ab igne *add.* M$^{2}$*s. l.* **16** etiam . . .] respicientes de longinquo incendia M$^{2}$*s. l.* | reperiebant] sicut illi qui respiciebant de proximo M$^{2}$*s. l.* **17** quid *pr.*] quidam uidentes hoc M$^{2}$*s. l.* | ambigui] erant utrum fugerent uel starent M$^{2}$*s. l.* | complere] quidam M$^{2}$*s. l.* -bant M$^{2}$*s. l.* | sterni] quidam M$^{2}$*s. l.* **19** interiere] uoluntate superbe uel quia mirabantur (?) ignem M$^{2}$*s. l.* **20** audebat] eos qui uolebant extinguere ignem M$^{2}$*s. l.* **21** sibi Hol$^{2}$*mg* **22** auctorem] neronem M$^{2}$*s. l.* | iussu[m] quia . . . erat eis M$^{2}$*s. l.*

**1** in *pr.*] *om.* B 72 | Anti] M$^{1}$ antii M$^{2}$ (i *alt. add. in textu*); *cett.* (i *alt.* in *ras.* 39
V 63) | est] *om.* β, L **2** domum C | et] est Vin (s *puncto del.*) | mecennatis Y 03; V 65, Or, O 22 | hortos] ortos M; B$^{2}$ *s. l.*, Hol, L 24, Z; *Fer* (h- H$^{2}$ *s. l.*), B 72; Y 01, Y 02; Y 03; β (< P), C; V 64, γ (h- A$^{2}$ *s. l.*) ortis B$^{1}$ | continuaverat] M; V 58$^{1}$; *cett. praeter* continuerat V 58$^{2}$ *s. l.*, *Fer* (*corr. s. l.* H$^{2}$), B 72 continuatur P **3** sisti tamen G | potui J | Palatium] i *puncto del.* C | domus] B$^{1}$; V 58$^{2}$ *s. l.*; Y 03$^{2}$ *s. l.*; A$^{2}$ *s. l.*; *cett. praeter* domos M; B$^{2}$ *in textu*, L 24, Z; V 58$^{1}$; Y 01, Y 02; Y 03$^{1}$; β; A$^{1}$ | et *tert.*] *om.* Prm, J, B 72 **4** circum] *om.* Prm, J, B 72; N 22 | haurirentur] aurirentur B$^{1}$ (h- B$^{2}$ *s. l.*), L 24; E, H$^{1}$ (h- H$^{2}$ *s. l.*) haurientur Hol hauriret Z haurentur P *add.* quin et palatium et palatium Mal | exturbato] et turbato Y 03; γ, K | ac] et Y 01, Y 02; P$^{1}$ (ac P$^{2}$ *s. l.*) atque Vin **5** hortos] ortos M; α; *Fer* (h- H$^{2}$ *s. l.*), B 72; Y 01,

subitaria aedificia extruxit, quae multitudinem inopem acciperent; subvectaque utensilia ab Ostia et propinquis municipiis, pretiumque fru-
39,3 menti minutum usque ad ternos nummos. quae quamquam popularia in irritum cadebant, quia pervaserat rumor ipso tempore flagrantis urbis inisse eum domesticam scaenam et cecinisse Troianum excidium, praesentia mala vetustis cladibus adsimulantem.

---

Y 02; Y 03; Vin, C; V 64, γ (h- A[2] *s. l.*) | patefecit] patefecet Y 01[1] (*corr. in textu* Y 01[2]) *add.* quem multitudinem P | et] *rasura* Y 01 **6** subitaria] subita β (*corr.* V 63[2] *s. l.*, N 23[1] *s. l.*, *Stuttg*[2] *s. l.*) | hedificia Y 01; Y 03 ediffitia V 65 | extruxit] exstruxit Y 01 extrusit P | quae] quem Prm[1] (*corr. in textu* Prm[2]) | multitudinem] multitudine U[1] (*corr.* U[2] *mg*) | inopem] inopum O 48[1] (*corr. s. l.* O 48[2]) | subvectaque] suuectaque M[1] (*corr. s. l.* M[2]) subuentaque J[1] (*corr. s. l.* J[2]) **7** Ostia] hostia B, Hol, L 24; *Gen*; Y 01; U, Y 03; β, L, N 22, C; V 64, γ (h *puncto del.* N 21), K | municipiis] beneficiis Y 01[1] (*corr. s. l.* Y 01[2]), Y 02 | pretiumque] pretium Mal, Prm, J, B 72 **8** minutum] imminutum P munitum V 65, N 21[1] (*corr.* N 21[2] *mg*) | numos G, B 72; Y 02 | nummos quae] nummosque Or minimosque N 21 | quae] *om.* V 65, O 48[1] (*add.* O 48[2] *mg*) | in irritum popularia L 24 | in] *om.* Y 01; C[1] (*add. s. l.* C[2]); O 22, K **9** pervaserat] persuaserat β (*corr.* V 63[2] *s. l.*, N 23[1] *s. l.*, Ven[1] *s. l.*; s *pr. del. Stuttg*[2]) | rumor] B, Hol, Z; V 58, B 05; Y 01, Y 02; U, Y 03; V 63[2] *s. l.*, N 23[1] *s. l.*, Ven[1] *s. l.*, *Stuttg*[2] *s. l.*; Or rumori M; L 24; β rumor in L (*Ernesti*) rumore *cett.* | flagrantis] fraglantis B 72 flagitantis V 63[1] (*corr. s. l.* V 63[2]) | urbis] urbi Prm; N 22 **10** inisse] iniisse Vin, *Stuttg*, N 22 inesse Or (*corr. in textu*) | eum] eam Y 02 cum P | cecinisse] cenisse H[1] (*corr. s. l.* H[2]) cecinisset V 63 (t *puncto del.*) cecidisse N 22 concinisse B 72 | troyanum V 64 | excidium] *om.* β (*add. Stuttg*[2] *mg*) **11** mala] bella Or | adsimulantem] M; Y 01, Y 02; V 63[1] assimulantem V 63[2] *s. l.*; N 21[1]; *cett. praeter* assimilantem L 24; G, E, H, Mal; U[2] *mg*, Y 03; P, C; γ (N 21[2] *s. l.*); K assimilassentem Z (-sse- *punctis del.*) assimulante J, B 72 assimilante N 22

**1** nero antii M[2] *mg* nero tunc antii erat P[2] *mg* | agens] morans M[2] *mg* nero antii agens uiuens G[2] *mg* | nero noluit redire in urbem quousque non fuerunt combusta palacia et ortos mecenatis et domos circumstantes M[2] *mg* **2** qua] ad quam M[2] *s. l.* | horti mecenatis ubi P[2] *mg* | hortos] ortis M[2] *s. l.* **3** sisti] retineri M[2] *s. l.* | potuit] *add.* ignis M[2] *s. l.* **4** haurirentur] ab igne comburentur M[2] *s. l.* | solacium] *add.* erat M[2] *s. l.* | exturbato] nerone M[2] *s. l.* **5** monumenta agrippe E[1] *mg*, H[1] *mg*, Prm[1] *mg*, J[1] *mg*; N 22[1] *mg* **7** Ostia] ciuitate ostie M[2] *s. l.* | municipiis] ciuitatibus tributariis M[2] *s. l.* **8** que quamquam popularia in irritum cadebant Hol[2] *mg* | popularia] accepta populo M[2] *s. l.* **9** hoc dignum notatione K[2] *mg* | rumor] · s · uerbis quod M[2] *s. l.* | flagrantis] ardens M[2] *s. l.* **10** eum] neronem M[2] *s. l.* | iuuenalis troica non scripsit G[1] *mg*, E[1] *mg*, H[1] *mg*, Mal[1] *mg*, Prm[1] *mg*, J[1] *mg*; N 22[1] *mg* | troica neronis C[2] *mg* **11** cladibus] · s · troianorum M[2] *s. l.* | assimilantem P[2] *mg*

**ad cap. 39** Seneca ad paulum apostolum. Centum triginta due domus et insule quattuor sex diebus arsere. septimus pausam dedit (*Ps.-Sen., ep. ad Paulum XI 20sq. Barlow*) V 58[1] *mg*, B 05[1] *mg*, E[1] *mg*, H[1] *mg*, Mal[1] *mg*, Prm[1] *mg*, J[1] *mg*; N 22[1] *mg* (septimus] septimo N 22 *om.* E)

Sextο demum die apud imas Esquilias finis incendio factus, prorutis 40,1
per immensum aedificiis, ut continuae violentiae campus et velut vacuum caelum occurreret. necdum positus metus aut redierat ⟨p⟩lebi s⟨pes, cum⟩ rursum grassatus ignis, patulis magis urbis locis; eoque strages hominum minor: delubra deum et porticus amoenitati dicatae latius procidere. plusque infamiae id incendium habuit, quia praediis Tigellini Aemilianis 40,2
proruperat videbaturque Nero condendae urbis novae et cognomento

---

**1** Esquilias] V 58, E; L exquilias M; *cett.* | prorutis] *J. F. Gronovius* proruptis M; *cett. praeter* proruptus H$^1$ (-is H$^2$ *in textu*) proruptum Or, N 21, O 48, O 22 **2** inmensum M; Y 01; N 23, Vin | hedificiis Y 01; Y 03; V 65 | ut] cum Ven | uelud M; Y 01 **3** caelum] *om.* α | occurreretur U | 40
necdum positus metus aut redierat plebi spes, cum rursum] *scripsi*
necdum post metus aut rediebat lebis —— rursum M
necdum posito metu satis credebatur cum leuis rursum V 58$^1$
necdum post metus aut residebat leuis rursum V 58$^1$ *mg*
necdum posito metus redibat non leuis et rursum L
necdum demptus metus aut redierat plebi spes; rursum *Madvig, Adv. crit. III 236*
necdum posito metu redibat haud levius grassaturus *Hartmann*
necdum positus metus aut redierat levis spes: rursum *Koestermann*
necdum] hec dum P nedum Or | positus metus] post metus M; α; V 58$^1$ *mg*, *Fer*, B 72; Y 02; Y 03; N 22, C; V 64, γ, K post metu Y 01$^1$ metus post β (post *del. Stuttg*$^2$) posito metu V 58$^1$, B 05; Y 01$^2$ *s. l.* posito metus *Stuttg*$^2$ *mg*, L post metum U$^1$ post positum metum U$^2$ *mg* | aut] M; V 58$^1$ *mg*; Y 01$^1$; *Stuttg*$^1$; *cett. praeter* haud U, Y 03; C; V 64, γ, K satis V 58$^1$, B 05 *del.* Y 01$^2$; *Stuttg*$^2$ *om.* L | redierat] rediebat M; B, Hol, L 24; U$^1$, Y 03; V 63 (e *alt. puncto del.*), C; V 64, γ (< N 21), K redibat Z; Y 01, Y 02; U$^2$ *mg*; β (< V 63$^1$), L; N 21 residebat V 58$^1$ *mg*, *Fer*, B 72; N 22 credebatur V 58$^1$, B 05 | plebi] lebis M$^1$ leuis M$^2$ *s. l.*; V 58$^1$ *mg*; *Stuttg*$^1$; *cett. praeter* non leuis *Stuttg*$^2$ *s. l.*, L cum leuis V 58$^1$, B 05 leuis necdum posito metu satis credebatur cum leuis *Fer*, B 72; N 22 | spes cum] *spat. ca. 5 litt.* M (·ι· *in spat. vac.* M$^2$) ·ι· V 63$^1$ (*puncto del.*) et α; U, Y 03; V 63$^2$ *s. l.*, N 23, Ven, Vin, *Stuttg*, L, C; V 64, γ, K aut P *om. Gen*; Y 01, Y 02; N 22 **4** rursus U | crassatus Y 03 | patulis] patrilis P | magis] magnis J ingens magis B | eoque] eo B 72 **5** amoenitati] amoenitate G$^1$, B 72$^1$ (*corr.* G$^2$ *in textu*, B 72$^2$ *in textu*) | dicatae latius] dicata elatius M; β (< Vin; *corr. in textu Stuttg*$^2$); V 64 dicata latius C dicata est latius U; Vin (et) | procedere P **6** plusque] plus quam Vin; Or (*corr. in textu*) | id] ad β (< V 63) | quia] qui H$^1$ (*corr. s. l.* H$^2$) quam V 63$^1$ (*corr. s. l.* V 63$^2$) | quia — **7** videbaturque] *om.* B 72 | praediis] e prediis Y 01$^2$ *s. l.* | Tigellini] Y 02 tigillini M; *cett. praeter* tigelini Y 01 tigilliui O 48 | Aemilianis] M; *Stuttg*$^1$; *cett. praeter* emylianis *Fer* (< G) emiliani α; G (emy-); U, Y 03; *Stuttg*$^2$, L, C; V 64, γ, K **7** proruperat] preruperat O 22$^1$ (*corr. in*

suo appellandae gloriam quaerere. quippe in regiones quattuordecim Roma dividitur, quarum quattuor integrae manebant, tres solo tenus deiectae, septem reliquis pauca tectorum vestigia supererant, lacera et semusta.

41,1 Domuum et insularum et templorum, quae amissa sunt, numerum inire haud promptum fuerit: sed vetustissima religione, quod Servius Tullius Lunae, et magna ara fanumque, quae praesenti Herculi Arcas Evander sacraverat, aedesque Statoris Iovis vota Romulo Numaeque regia et delubrum Vestae cum penatibus populi Romani exusta; iam opes

---

*textu* O 22$^{1}$) | urbi H | et] ac B, L 24, Z **8** appelande N 23 | quaerere] quereret Y 03; A | quatuordecim α; B 05; Y 01; N 23, P, Vin; γ (< A) XIIII *Fer*; Y 02; U, Y 03; *Stuttg*, N 22, C; V 64 **9** Roma] romas C (-s *del.*) | quarum] quorum M | quarum quattuor] quatuor quarum P$^{1}$ (*corr. s. l.* P$^{2}$) | quatuor α; B 05, *Fer* (< E); Y 01, Y 02; U, Y 03; N 23, Vin, *Stuttg*, N 22; γ (< A) | integre quattuor L | manebant] remanebant Or, N 21, O 48, O 22, K **10** reliquis septem Y 03; L; γ, K | reliquas E | lacera] latera *Fer* (< J; *corr. in textu* Prm$^{2}$), B 72; U$^{1}$ (*corr.* U$^{2}$*mg*), Y 03; C; V 64, γ (< O 22), K et lacera Vin | semusta] M semiusta *cett.*

**1** exquilie M$^{2}$*mg* | finis et terminus incendii K$^{2}$*mg* **2** continue] certe M$^{2}$*s. l.* | uelut] campus ipse M$^{2}$*s. l.* **4** grassatus] ampliatus M$^{2}$*s. l.* **6** infamiae] nominis M$^{2}$*s. l.* | praediis Tigellini] exstantibus (?) extra urbem M$^{2}$*s. l.* **7** nero M$^{2}$*mg* | suum uoluit nero nomen inponere rome et in 14$^{cim}$ regionibus romam diuisit M$^{2}$*mg inf.* nero urbem suo nomine uoluit appellare P$^{2}$*mg* **8** roma in XIIII regiones diuiditur E$^{1}$*mg*, H$^{1}$*mg*, Mal$^{1}$*mg*, Prm$^{1}$*mg*, J$^{1}$*mg*; N 22$^{1}$*mg* in XIIII regiones erat diuisa roma uetus quarum quattuor integre remanserunt ex incendio B 72$^{2}$*mg* roma in regiones XIIII diuiditur V 63$^{1}$*mg*, N 23$^{1}$*mg* XIIII urbis regiones P$^{2}$*mg* XIIII regiones urbis Y 03$^{2}$*mg*; K$^{2}$*mg* quatuordecim regiones roma habuit V 65$^{1}$*mg*, O 48$^{1}$*mg* **9** solo tenus M$^{2}$*mg*; P$^{2}$*mg*

41 **1** domuum] domum M; L 24; Y 01$^{1}$ (*corr. s. l.* Y 01$^{2}$); U$^{1}$ (*corr. s. l.* U$^{2}$); β (< P); V 65 domorum Y 02; Y 03$^{1}$ (*corr. s. l.* Y 03$^{2}$) | et *pr.*] *om.* U | insulorum V 64 | temporum B 72 | ammissa V 64 **2** inire] iniere B 72 mire Vin, *Stuttg*$^{1}$ (*corr. Stuttg*$^{2}$), N 22$^{1}$ (*corr. s. l.* N 22$^{1}$) | promptum haud L 24 | religione] relligione B 72; Y 03; A religio est V 63$^{2}$ *s. l.*, N 23$^{1}$ *s. l.*, Ven$^{1}$ *s. l.* | quod] *om.* Y 02 **3** Tullius] tullus Z; L; K | Lunae] M; *Stuttg*$^{1}$; *cett. praeter* luna γ (< A) lucine *Stuttg*$^{2}$ *s. l.*, L; *Koestermann* (*cf. Einleitung p. LXII*) | fanumque] faunumque P (u *pr. puncto del.*) phanumque N 22$^{1}$ *s. l.* | quae] *add.* statoris iouis Hol (*punctis del.*) | Herculi] erculi M$^{1}$ (h- M$^{2}$ *s. l.*) | Arcas] archas Z; Y 01, Y 02; U; V 63 (h *puncto del.*), Ven, Vin, L (h *del.*); Or areas Y 03$^{1}$ (*corr. s. l.* Y 03$^{2}$) aras C **4** euender Prm | vota] *om.* Prm, J, B 72 | Romulo] a romulo B, L 24, Z | Numaeque] nummeque E; *Stuttg*; γ (numineque O 22, -in- *punctis del.*) | regia] regio V 64 **5** exhusta B 72 | iam] iani

tot victoriis quaesitae et Graecarum artium decora, exin monumenta ingeniorum antiqua et incorrupta, ⟨ut⟩ quamvis in tanta resurgentis urbis pulchritudine multa seniores meminerint quae reparari nequibant. fuere 41,2
qui adnotarent XIIII Kal. Sextiles principium incendii huius ortum, quo et Senones captam urbem inflammaverint. alii eo usque cura progressi sunt, ut totidem annos mensesque et dies inter utraque incendia numerent.

Ceterum Nero usus est patriae ruinis extruxitque domum, in qua haud 42,1
proinde gemmae et aurum miraculo essent, solita pridem et luxu volgata, quam arva et stagna et in modum solitudinum hinc silvae, inde

---

Y 01$^{2}$*mg* **6** Graecarum] grecorum B 05, B 72 greca V 63$^{1}$, N 23$^{1}$, Ven$^{1}$ (*corr.* V 63$^{2}$ *s. l.*, N 23$^{1}$ *s. l.*, Ven$^{1}$ *s. l.*) | artium] *om.* B, Hol | exin] exim K ex in P; O 22 exinde B 72; Y 01, Y 02 et B, Hol | monumenta] monimenta V 58, B 05$^{1}$ (*corr. s. l.* B 05$^{2}$); Y 01, Y 02 munimenta Vin, *Stuttg*; O 48$^{1}$ munimento U, Y 03; V 63, N 23, Ven, C; V 64, A, V 65, Or, N 21 monumento O 48$^{2}$ *in textu* immonumenta B, Hol (imo-) | ingenuorum L 24; Y 01, Y 02 **7** ut] *add.* Halm | urbis] *om.* Mal, Prm, J, B 72 | pulchritudine urbis N 22 **8** pulcritudine L 24; Y 01, Y 02; Y 03; V 63, N 23; V 64, A$^{1}$ (h *add. s. l.* A$^{2}$), V 65, O 22 | multa] *om.* P | senioris L 24 | meminerint] meminerant Y 01 meminerunt *Stuttg*$^{2}$ *in textu*, L; *Ritter* (*dist. l.7:* incorrupta: quamvis) | reparari] preparari N 21 reparati O 22 **9** adnotarent] M; B, Hol, L 24; Y 01, Y 02; β; V 64 annotarent *cett. praeter* annotarunt N 22 annotauerunt B 72 | Sextiles] sextilis Y 01 sextilium *Gen* (H$^{1}$ ?, -les H$^{2}$ *in ras.*); Y 02; N 22$^{1}$ (*corr. s. l.* N 22$^{1}$); K | principium] precipuum C | incendii] *om.* V 65 | huius] *om.* *Gen*; Y 01, Y 02; U | quo et] *Rhenanus* et quo M; α; *Gen*; Y 01$^{1}$ (et *eras.*, *add.* die *post* quo Y 01$^{2}$ *s. l.*), Y 02; N 22 ex quo U, Y 03; V 64, γ, K e quo β eo quo *Stuttg*$^{2}$, L et qua C **10** inflammaverint] inflamauerint V 63, N 23, Ven inflammauerunt U inflammauerant *Gen*; Y 02; Y 03; C; V 64, N 21, O 22, K inflamauerant Y 01; N 22; A, V 65 inflammauerat Or, O 48 **11** ut] et Y 01$^{1}$ (*eras.*, ut Y 01$^{2}$*mg*) | annos] amnos L 24 (*puncto corr.*) | inter] *add.* conditam urbem et *Stuttg*$^{2}$ *mg*, L | numerent] numerarent *Acidalius*

**2** haud] non M$^{2}$*s. l.* | que rome egregia exusta sunt K$^{2}$*mg* **3** iuno M$^{2}$*mg* | magna ara A$^{2}$*mg* | arcas euander J$^{2}$*mg* euander V 63$^{2}$*mg* euander arcas N 22$^{1}$*mg* **4** iouis statoris M$^{2}$*mg* edes iouis statoris G$^{2}$*mg* stator iupiter V 63$^{2}$*mg* | numa V 63$^{2}$*mg* **9** sextiles] menses M$^{2}$*s. l.* | sextiles M$^{2}$*mg* XIIII kal. sextil. K$^{2}$*mg* | tempus incendii rome G$^{2}$*mg* **10** senones urbem inflammarunt K$^{2}$*mg* **11** /// inter incendium factum per senones et per neronem M$^{2}$*mg sup.*

**1** ceterum] ceterorum H (ro *del.*) | Nero] uero P$^{1}$ (*corr.* P$^{2}$*mg*) | extruxitque] 42
extrusitque Y 01; P (-ss-) extruxit V 65 | in] *om.* β | haud] *om.* V 65 **2** proinde] perinde *Gen*; N 22 | essent] esse B 72 | solita] -ta *in ras.* B 72 solitaque C | et *alt.*] ex B$^{1}$ (*corr. s. l.* B$^{2}$); U | volgata] M uulgata *cett.* | volgata quam] uulgataque B 72 **3** arva] arma P, Vin, *Stuttg*$^{1}$ (*corr. s. l.* *Stuttg*$^{2}$) | solitudi-

aperta spatia et prospectus, magistris et machinatoribus Severo et Celere, quibus ingenium et audacia erat etiam quae natura denegavisset per ar-
42,2 tem temptare et viribus principis illudere. namque ab lacu Averno navigabilem fossam usque ad ostia Tiberina depressuros promiserant squalenti litore aut per montes adversos. neque enim aliud umidum gignendis aquis occurrit quam Pomptinae paludes: cetera abrupta aut arentia ac, si perrumpi possent, intolerandus labor nec satis causae. Nero tamen, ut erat incredibilium cupitor, effodere proxima Averno iuga conisus est, manentque vestigia irritae spei.

---

num] solitudinem H$^1$ (*corr. s. l.* H$^2$) | silvae] salue U$^1$ (*corr.* U$^2$*mg*) | inde] hinc Y 01, Y 02; Y 03 illinc L **4** spatia] sparta Y 03; A, V 65, Or, N 21$^1$ (*corr. in textu* N 21$^2$), O 48$^1$ prata O 48$^2$ *in textu*, O 22, K | prospectus] aspectus Mal$^1$ (*corr. in textu* Mal$^2$) prospectis B 72 | macchinatoribus V 64 | Severo] se uero M se nero α | et Celere] *om.* Y 01$^1$ (*add.* Y 01$^2$*mg*) **5** ingenia N 22 | etiam] et etiam C | per artem] partem β (*del.* N 23$^2$; *corr. Stuttg*$^2$) patrem C **6** temptare] B 72 tentare *Gen* (< B 72); N 22 temperare M; α; Y 01$^1$ (*corr. in textu* Y 01$^2$), Y 02; U, Y 03; β (per- N 23$^2$ *s. l.*; pertemptare Ven$^2$*mg*), L, C; V 64, γ (-rem V 65), K | namque] iamque C | ab] a α; U, Y 03; N 22, C; V 64, γ, K **7** fossam] *om.* B 05 (*add. post* Tiberina) | ostia] B, Z; Y 02; K hostia M; *cett. praeter* hostiam U; V 64 | Tiberina] Prm$^1$; *cett. praeter* tyberina M; α; B 05, B 72; Y 01; Ven, P, *Stuttg*; V 64, K thyberina V 58, G (thi-), E, H, Mal, Prm$^2$ *in textu*, J tiberinam U | depressuros] M; G$^1$; N 22$^1$; *cett. praeter* defossuros G$^2$*mg*; N 22$^1$*mg* | promiserant] promisserant Prm promiserunt B 72; N 22 | squalenti] M; G$^1$; N 22$^1$; *cett. praeter* squallenti V 58, B 05; O 22 scalenti α sequenti G$^2$ *in textu*; β (*corr. Stuttg*$^2$*mg*), N 22$^1$*mg* **8** littore *Gen*; Y 01, Y 02; Y 03; Ven, Vin, *Stuttg*, L (t *pr. puncto del.*), N 22, C; γ (< V 65), K | adversos] diuersos (*punctis del.*) aduersos B auersos V 63$^1$ (*corr. s. l.* V 63$^2$) | enim] *om.* B 05$^1$ (*add. s. l.* B 05$^2$) | aliut M | umidum] humidum *codd.* | gingendis B 72 **9** occurrit] accurrit α occurit B 72 | Pomptinae] pontine Hol, L 24; *Fer* (pontiane G), B 72; Y 03; β, N 22$^1$ *s. l.*, C; V 64, γ, K pomtine L ponture N 22$^1$ potentie U | palludes Y 02 | abrupta] abruta Y 02 | arentia] arena β (ha- P; *corr. s. l. Stuttg*$^2$) **10** perrumpi] perumpi G, E, Mal prorumpi P, Vin, *Stuttg*$^1$ (*corr. Stuttg*$^2$) | intollerandus L 24; Mal, Prm, J, B 72; V 63, N 23, Ven, C; V 64, γ (< A; l *pr. puncto del.* O 22) | satis causae] *om.* V 63$^1$ (*spat. ca. 9 litt.*), *add. in textu* V 63$^2$ | Nero tamen] ne id Y 02 **11** ut] *om.* U | incredibilium] incredibi V 63$^1$ (*sequ. spat.*), -lium *add. in textu* V 63$^2$ | cupitor] M; *cett.* (*ras. ante* cupitor Y 01; *spat.* V 63$^1$, *add. in textu* V 63$^2$) *praeter* concupitor Y 02; L; *Koestermann* | conisus] M connisus B, Hol, Z connissus V 58, B 05, E, H (s *alt. puncto del.*), Mal, Prm, J connixus L 24; G; U, Y 03; β (*spat.* V 63$^1$, *add. in textu* V 63$^2$), L, N 22$^1$*mg*, C; γ, K conixus V 64 commissus B 72; N 22$^1$ enixus Y 01 enisus Y 02 **12** est]

Ceterum urbis quae domui supererant non, ut post Gallica incendia, 43,1
nulla distinctione nec passim erecta, sed dimensis vicorum ordinibus et latis viarum spatiis cohibitaque aedificiorum altitudine ac patefactis areis additisque porticibus, quae frontem insularum protegerent. eas porticus 43,2
Nero sua pecunia extructurum purgatasque areas dominis traditurum pollicitus est. addidit praemia pro cuiusque ordine et rei familiaris copiis, finivitque tempus, intra quod effectis domibus aut insulis apiscerentur. ruderi accipiendo Ostienses paludes destinabat, utique naves, quae fru- 43,3

---

*spat.* V 63[1], *add. in textu* V 63[2] | irritae] irrita M; α; V 63[1], N 23[1], Ven[1] (*corr.* V 63[2] *s. l.*, N 23[1] *s. l.*, Ven[1] *s. l.*), P irritate E

**1** nero M[2]*mg*; G[2]*mg* | domus a nerone edificata V 63[2]*mg* domus neronis A[2]*mg* domus aurea K[2]*mg* | domum] *add.* in ea urbe M[2]*s. l.* | haud] non M[2]*s. l.* **4** seuerus et celer ingeniosi uiri G[2]*mg* seuerus et celer E[1]*mg*, Mal[1]*mg*, Prm[1]*mg*, J[1]*mg* seuerus et celer architecti V 63[2]*mg* seuerus celer N 22[1]*mg*; O 48[2]*mg* architecti domus neronis K[2]*mg* **6** lacus auernus M[2]*mg* (*manu Paulini Veneti: Heilig, WS 53 (1935), 103*) lacus auerni M[3]*mg sup.* **7** fossa V 63[2] *mg* **9** pontina palus M[2]*mg* pontine paludes G[2]*mg*; V 63[2]*mg* **11** nero cupitor incredibilium P[2]*mg* cupitor K[2]*mg* **12** manent uestigia irrite Hol[2]*mg*

**1** urbis quae] urbisque Prm, J, B 72; Y 01; N 22 urbisque que G (que *del.*) | 43
domui] M; V 63[1] domuum *Gen* (< B 72); Y 01[2]*mg*; N 22[1] domumque B 72 domus H[1]*mg*; Y 01[1]; V 63[2] *s. l.*, N 22[1] *s. l.*; *cett.* | domus perierant . . . nec passim erectae *Lipsius* | supererant] supererrant B 72 supererat Y 03; γ (*corr. s. l.* O 22[2]) | Gallica] galica Y 01 callica A **2** nec] ne P, C | erecta] erecte U[2]*mg*; L; K erepta V 64, γ (err- V 65; *corr. s. l.* N 21[2]) | dimensis] diuersis Y 01, Y 02 dimissis C dimersis V 64 **3** cohibitaque] cohibita que C cohibita *Gen*; Y 01, Y 02; N 22 | hedificiorum Y 01; Y 03; V 65 (-ti-) | ac] et H; V 65 | areis] arcis Or, N 21[1], O 48[1] (*corr.* N 21[2] *s. l.*, O 48[2] *in textu*) *om.* O 22, K **4** quae] quo P | frontem] fontem α fonte P[1] (fronte P[2] *s. l.*) | protengerent B 72 (n *pr. puncto del.*) | eas porticus Nero] nero eas porticus U, Y 03; β, L, C; V 64, γ, K **5** peccunia V 65 | extructurum] exstructurum O 48, O 22, K extructum U[1] (extructos U[2]*mg*) | purgatasque] purgatusque U[1] (*corr.* U[2]*mg*) | purgatasque — traditurum] *om.* P, Vin, *Stuttg*[1] (*add. Stuttg*[2] *mg*) | areas] aras G[1], Prm[1] (*corr.* G[2] *s. l.*, Prm[2] *s. l.*) arcas U[2]*mg* | dominis] dominusque U[1] (dominisque U[2]*mg*) | traditurum] tradditurum V 65 traditurumque U[1] (*corr.* U[2]*mg*) traditarum N 22 **6** pollicitus est] pollicitur U[2]*mg* | addidit] addit C | pro cuiusque] procinusque P | cuiusque] cuius Vin | ordine] *om.* L 24 **7** intra] infra V 65 in ara V 63[1], N 23[1], Ven[1] (*corr.* V 63[2] *s. l.*, N 23[1] *s. l.*, Ven[1] *s. l.*), P | quod] quo N 23 | aut] aud V 58 | apiscerentur] M adipiscerentur *cett.* (ady- Y 01) **8** Ostienses] hostienses α; *Gen* (-se B 72); Y 01; U, Y 03; P, Vin, *Stuttg*, L, N 22, C; V 64, γ, K | paludes] palludes O 22 (l *pr. puncto del.*) post laudes V 65 | destinabant H (n *alt. puncto del.*), J | utique] utque B 05; Y 01, Y 02 | naves] faces (*punctis del.*) naues N 22 |

mentum Tiberi subvectassent, onustae rudere decurrerent, aedificiaque
ipsa certa sui parte sine trabibus saxo Gabino Albanove solidarentur,
43,4 quod is lapis ignibus impervius est; iam aqua privatorum licentia inter-
cepta quo largior et pluribus locis in publicum flueret, custodes; et sub-
sidia reprimendis ignibus in propatulo quisque haberet; nec commu-
43,5 nione parietum, sed propriis quaeque muris ambirentur. ea ex utilitate
accepta decorem quoque novae urbi attulere. erant tamen qui crederent
veterem illam formam salubritati magis conduxisse, quoniam angustiae
itinerum et altitudo tectorum non perinde solis vapore perrumperentur:
at nunc patulam latitudinem et nulla umbra defensam graviore aestu ar-
descere.

---

quae] quasi B 72$^1$ (*corr. in textu* B 72$^2$) | frumenti B 72 | frumentum Tiberi] tiberi frumentum H$^1$ (*corr. s. l.* H$^2$); Y 01, Y 02 **9** Tiberi] tyberi M; α; Y 01; Ven, *Stuttg*; V 64, K thyberi *Gen* (thi- B 72) | subvectassent] subuecta essent M; β (*corr. in textu Stuttg*$^2$), N 22$^1$*mg* subvecta⟨v⟩issent *Halm* | onustae] honuste H, Mal, Prm, J, B 72; L, C; V 64, A, V 65 *add.* essent P (*punctis del.*) | onustae rudere] rudere honuste B 72 | decurrerent] occurrerent V 65 | hedificiaque Y 03; V 65 **10** certa] *om.* O 48$^1$ (*add.* O 48$^2$ *s. l.*) | galbino V 65 | Albanove] albaneue C$^1$ (*corr. in textu* C$^2$); V 64 albanoque Z$^1$ (*corr. s. l.* Z$^2$) | solidarentur] soli darentur β (soli | darentur V 63) **11** quod — est] *del. Fuchs, MH 32 (1975), 61* | ignibus] ignis H$^1$ (*corr. s. l.* H$^2$); Y 02 | impervius] inperuius V 63; V 64 imparuius U$^1$ (*corr.* U$^2$*mg*) | est] *om.* N 22 | aque P **12** largior] largitior M; B, Hol, L 24; U, Y 03; β (< P; -ti- *del. Stuttg*$^2$); γ (-tor Or; -ti- *punctis del.* O 48), K (-ti- *punctis del.*) largitiora C; V 64 (*corr. in textu*) longior Mal, Prm, J, B 72; N 22 | et] *om.* C | pluribus] M$^2$ *s. l.*; α; *Gen*; Y 01, Y 02; U; *Stuttg*$^2$ *s. l.*, N 22 plu| M$^1$ plus *Stuttg*$^1$; *cett.* | locis] in locis E (in *punctis del.*) | publicum] publicis Y 03; L, C; V 64, γ, K | flueret] fluerent M$^1$ (*corr. s. l.* M$^2$); V 63 (n *del.*) fureret B 72 | custodes] custes Y 02 *add.* essent *Madvig add.* consulerent *Fuchs 1975* | et] *eras., add.* imposuit Y 01$^2$ *s. l.* **13** in] ut N 22 | nec — **14** ambirentur *ante* **11** iam aqua *Nipperdey, Fuchs 1975* | comunione M; L 24; H, Prm, J, B 72; Y 01; Y 03; V 63, N 23; V 65 **14** propris Y 01 | quaeque] quoque V 65 *ras.* Y 01$^1$ (quisque Y 01$^2$ *s. l.*) | ambirentur] ambiretur Y 02; Y 03; C; V 64, γ, K *add.* statuit Y 01$^2$ *s. l.* | ex ea U | accepta utilitate V 65 **15** novae] noui U$^1$ (*corr. in textu* U$^2$) | attulere] attulerunt U, Y 03; β (*om.* Vin), L, C; V 64, γ, K **16** veterem] uere C | salubritati] M$^1$; N 22$^1$ *s. l.*; *cett. praeter* salubritatem M$^2$ *s. l.*; Mal, Prm, J; N 22$^1$ ad salubritatem B 72 | condixisse B 72 | quoniam] qui quoniam Y 03; A quam U$^1$ (quod U$^2$*mg*) | angustiae] anguste L 24$^1$ (*corr. s. l.* L 24$^1$) **17** perinde] parum Y 02 | perinde solis] per solis inde P | vapore] uaporem Y 03; γ (< O 22; -m *del.* O 48) | perrumperentur] perrumperetur B 72 prorumperentur U, Y 03; β, L, C; V 64, γ, K **18** nunc] non Y 03; A, V 65, Or, N 21$^1$ uero N 21$^2$*mg*, O 48 | latitudinem] altitudinem

Et haec quidem humanis consiliis providebantur. mox petita [a] dis piacula aditique Sibyllae libri, ex quibus supplicatum Volcano et Cereri Proserpinaeque, ac propitiata Iuno per matronas, primum in Capitolio, deinde apud proximum mare, unde hausta aqua templum et simulacrum deae perspersum est; et sellisternia ac pervigilia celebravere feminae quibus mariti erant. 44,1

---

V 65 | et] ut N 23 | defensam] M; Prm$^1$; *cett. praeter* defessam Mal, Prm$^1$ *in textu*, J; N 22 | grauiori Z

**1** ut] sicut M$^2$*s. l.* **2** distinctione] *add.* facta domus M$^2$ *s. l.* | ordo edificandi K$^2$*mg* **5** extructurum] *add.* promiserat M$^2$ *s. l.* **7** tempus] *add.* completionis urbis M$^2$ *s. l.* **8** ruderi ruina tectorum G$^2$*mg* | ruderi] cemento M$^2$*s. l.* | paludes] ad (paludes) M$^2$ *s. l.* **9** onuste] *add.* naues M$^2$*s. l.* | rudere] cemento M$^2$*s. l.* **10** trabibus] *add.* fieri iussit M$^2$*s. l.* | gabino albano M$^2$*mg* saxum gabinum et albanum V 63$^2$*mg* saxo gabino albanoue N 23$^1$*mg* **11** saxum quod igne non leditur O 48$^2$*mg* | rectum consilium aduersus incendia K$^2$*mg* | impervius] contrarius M$^2$*s. l.* | intercepta] *add.* erat M$^2$*s. l.* **12** quo] ut M$^2$*s. l.* | custodes] *add.* ordinauit M$^2$*s. l.* **14** parietum] *add.* erant domus M$^2$*s. l.* | quaeque] domus M$^2$*s. l.* **16** erant qui crederent ueterem illam formam salubritati magis conduxisse Hol$^2$ *mg* fuisse salubriorem antea urbem ob formam uiarum ac domorum P$^2$*mg* salubriores angustie uiarum esse V 63$^2$*mg* uetus urbis forma salubrior K$^2$*mg* | genua igitur salubris hoc argumento B 05$^2$*mg* | formam] *add.* urbis M$^2$*s. l.* **18** latitudinem] *add.* uiarum urbis M$^2$*s. l.*

**1** haec] hoc Z hac O 48 *om.* G$^1$ (*add.* G$^2$*mg*); Or, O 22, K | petita] petitata J | a] M; V 63$^2$ *s. l.*; *cett. praeter* et a B 72 *om.* V 63$^1$; γ (< A), K *del. J. F. Gronovius* (*cf. J. Michelfeit, Gymnasium 73 (1966), 516*) | dis] M *om.* γ (< A), K diis M$^2$ *s. l.*; *cett.* **2** aditique] M; G$^1$; *cett. praeter* adytique Mal, Prm, J; P, N 22 additique G$^2$ *s. l.*; V 63, N 23, Ven, *Stuttg*, C; Or, N 21, O 48, K additeque O 22 additque Vin adiitque V 65 | Sibyllae] M; V 63$^2$ *in textu*; *cett. praeter* sybille Z; V 58, B 05, E; Y 01; N 23, Ven, *Stuttg*, L, N 22, C; V 64, A sibille L 24; B 72; U, Y 03; V 63$^1$, Vin; γ (< A) | libri] liberi B (e *puncto del.*), Hol libris C *om.* N 23, Ven, P, Vin, *Stuttg*$^1$ (*add. Stuttg*$^2$ *mg*) | ex] cum C | quibus] quis L | Volcano] M uulcano *cett. praeter* uulgano Or, N 21$^1$, O 48$^1$ (*corr.* N 21$^2$ *s. l.*, O 48$^2$ *in textu*) | Cereri] cesari α ceteri U$^1$ (*corr.* U$^2$*mg*) **3** ac] et H | Iuno] iuro N 23 | capitolium B 72 **4** apud] ad Y 01, Y 02 in β, L | hausta] austa L 24 exhausta β, L | simulachrum Z; V 58, B 05, G$^2$ *s. l.*, H, Mal, J, B 72; U; P, C; Or, N 21, O 48, O 22, K **5** deae] *om.* V 65 | perspersum] prospersum H$^1$ (*corr. s. l.* H$^2$); Y 01, Y 02; Vin, *Stuttg*$^1$ (*corr. in textu Stuttg*$^2$) prosperum *Gen* (< H); V 63$^1$, N 23$^1$, Ven$^1$ (*corr.* V 63$^2$*mg*, N 23$^1$*mg*, Ven$^1$ *s. l.*), P, N 22$^1$ (persparsum N 22$^1$ *s. l.*); V 64 respersum *Bezzenberger* (*ut XVI 10, 11*) | et] ut P | sellisternia] M; G$^2$*mg*; Y 01$^1$; V 63$^1$, N 22$^1$*mg*; *cett. praeter* selisternia B 05; N 22$^1$ stellisternia B 72 lectisternia G$^1$ *in ras.*; Y 01$^2$*mg*; U, Y 03; V 63$^2$ *s. l.*, N 23, Ven, P, Vin, *Stuttg*, L, N 22$^1$*mg*, C; γ, K lecti sunt nia V 64 | ac] et V 65 | pervigilia] per uigilia B 72; Vin; Or uigilia L 24 | quibus] quidem U **6** erant] aberant 44

44,2 Sed non ope humana, non largitionibus principis aut deum placamen-
tis decedebat infamia, quin iussum incendium crederetur. ergo abolendo
rumori Nero subdidit reos et quaesitissimis poenis affecit, quos per fla-
44,3 gitia invisos vulgus Chrestianos appellabat. auctor nominis eius Christus
Tiberio imperitante per procuratorem Pontium Pilatum supplicio affec-
tus erat; repressaque in praesens exitiabilis superstitio rursum erumpebat,
non modo per Iudaeam, originem eius mali, sed per urbem etiam, quo
44,4 cuncta undique atrocia aut pudenda confluunt celebranturque. igitur pri-
mum correpti qui fatebantur, deinde indicio eorum multitudo ingens
haud proinde in crimine incendii quam odio humani generis convicti

---

U$^{2}$*mg om.* N 22 **7 sqq.** *cf. H. Fuchs, Der Bericht über die Christen in den Annalen des Tacitus, WdF 97 (1969), 558—604* (= *VChr 4 (1950), 65—93et MH 20 (1963), 221—228*); *H. Heubner, Hermes 87 (1959), 223—230*; *R. Hanslik, WS 76 (1963), 98—107; A. Wlosok, Rom und die Christen, Der altsprachliche Unterricht, Beiheft 1 zu Reihe XIII, Stuttgart 1970, 7—26 et 75* **7** deum] dein V 63$^{1}$ (*corr. in textu* V 63$^{2}$) **8** decedebat] decedebant Mal (n *puncto del.*) dedecedebat Prm (de- *punctis del.*) decebat N 22 decembat C non decedebat Y 01 (non *del.*) | quin] qui G$^{1}$ (*corr. s. l.* G$^{2}$) | iussum] iusum Prm uisum J; N 22$^{1}$ (*corr.* N 22$^{1}$*mg*) **9** rumori] uero rumori P | et] *om.* P; N 21$^{1}$ (*add. s. l.* N 21$^{2}$) | quaesitissimis] M; H$^{1}$; V 63$^{1}$; *cett. praeter* exquisitissimis B$^{2}$ *s. l.*, L 24, Z; H$^{2}$ *in textu*; Y 01, Y 02; U, Y 03; N 23, Vin, *Stuttg*, L, C; V 64, γ, K exquesitissimis B$^{1}$; V 63$^{2}$ *s. l.*, Ven ex quesitissimis N 22 exquisitissimisque P exquitisitissimis Hol (-ti- *pr. punctis del.*) **10** vulgus] *om.* V 65 | Chrestianos] M$^{1}$ christianos M$^{1}$ (*corr. in textu*); *cett. praeter* cristianos Mal$^{1}$ (ch- Mal$^{2}$ *s. l.*), N 22 crhistianos J | appellabat] apellabat Y 03 appellabant H (n *puncto del.*), Prm, J, B 72; N 22 appellat L *om.* Or | nominis eius] eius nominis *Fer*, B 72; Y 02; Y 03; N 22 | Christus] cristus N 23, N 22$^{1}$ (*corr. s. l.* N 22$^{1}$) *add.* qui *Gen*; Y 01, Y 02; N 22 **11** Tiberio] tyberio M; α; V 58, B 05 (thy-), G; Y 03; P, C; V 64, O 48, K | imperante Y 02; U; L | procuratorem] *add.* Iudee Y 01$^{2}$ *s. l.* | Pilatum] pillatum V 58 (l *alt. puncto del.*), B 05 | affectus] damnatus B 72 **12** erat] *om.* L$^{1}$ (*add. s. l.* L$^{1}$) | erat — superstitio] *om.* B 72 | exitiabilis] exitiabili M$^{1}$ (-s *add. s. l.* M$^{2}$) exitialis γ (< A), K | superstitio exitiabilis V 58 | superstitio] superstio B 05$^{1}$ (*corr. s. l.* B 05$^{2}$) | rursus *Gen*; N 22 | erumpebat] errumpebat Y 01; V 65, O 22 (r *pr. puncto del.*) erumpebant Mal, Prm, J, B 72 **13** originem] origginem B 72 ordinem N 23$^{1}$ (*corr. s. l.* N 23$^{2}$) | eius] *om.* B 72 | per *alt.*] *om.* Mal, Prm, J, B 72 | etiam] *om.* U **14** undique] ubique G | confluunt] influunt H | primo *Gen*; N 22 **15** correpti] correcti H; Y 03 correptis P corrupti Mal, Prm, J; N 22$^{1}$ (*corr. s. l.* N 22$^{1}$) corripuit B 72 | deinde] dein C | indicio] iudicio B, Hol, L 24; Prm, J, B 72; U$^{1}$ (*corr.* U$^{2}$*mg*); P, N 22$^{1}$ (*corr. s. l.* N 22$^{1}$) | multituto G | ingens, haud *Wlosok, op. cit. 20* **16** haud] aut L 24; V 65

sunt. et pereuntibus addita ludibria, ut ferarum tergis contecti laniatu
canum interirent aut crucibus affixi [aut flammandi atque], ubi defecis-
set dies, in usu⟨m⟩ nocturni luminis urerentur. hortos suos ei spectaculo 44,5
Nero obtulerat et circense ludicrum edebat, habitu aurigae permixtus
plebi vel curriculo insistens. unde quamquam adversus sontes et novis-
sima exempla meritos miseratio oriebatur, tamquam non utilitate publica,
sed in saevitiam unius absumerentur.

---

haude Mal (e *puncto del.*) ut V 63$^{1}$ (*corr. s. l.* V 63$^{2}$) | proinde] perinde G, H; Y 02 | in] *om.* U, Y 03; L, C; V 64, γ, K | incendii] i *alt. puncto del.* O 48 | odio] hodio V 63; A | convicti] coniuncti M; B, Hol; C; A, V 65, Or, N 21; *Büchner, Humanitas Romana, Heidelberg 1957, 233 = Aegyptus 33 (1953), 184* conuincti B 72; U$^{1}$ (*corr.* U$^{2}$ *mg*), Y 03; V 63 (n *alt. del.*); V 64, O 48, O 22 (n *alt. del.*) *om.* Vin **17** sunt] *om.* Vin | et] ea *Gen* (< B 72); Y 01, Y 02; N 22$^{1}$ (*corr. s. l.* N 22$^{1}$) et a B 72 | addita] adita B 72 abdita Or | ludibriia G | ut] *add.* aut *Fuchs, MH 32 (1975), 62* | ferrarum N 22 | laniati Vin **18** canum] *om.* B 72 |

aut crucibus affixi [aut flammandi atque], ubi *Andresen* (*cf. Heubner, l. c., 224—6; Hanslik, l. c., 107*)

[aut crucibus affixi aut flammati] atque ubi *Nipperdey*

aut crucibus adfixi atque flammati, ubi *Koestermann*

aut crucibus affixi et flammandi ⟨alimenta ignium induerent⟩ atque, ubi *Fuchs, ed. Helv. 1949*

aut crucibus affixi [ut flammandi] ⟨alimenta ignium induerent⟩ atque, ubi *Fuchs, 1950* (*cf. ad l.7*)

aut crucibus affixi [aut flammandi] atque ⟨damnatorum vestibus adstricti⟩, ubi *Fuchs, 1963*

aut crucibus affixi [aut] flammar⟨um⟩ ali⟨menta induerent⟩ atque, ubi *Fuchs, 1975* (*cf. ad l.17*)

aut *alt.*] *codd.* atque *Hartke* | flammandi] M; *Stuttg*$^{1}$; O 48$^{1}$ (?); *cett. praeter* flamandi L 24; J; Y 01; Y 03; V 63, Ven, Vin; V 65 flamme ui O 48$^{2}$ *in ras.*, O 22, K flamma die P$^{1}$ (flamma nudi P$^{2}$ *mg*) flammati *Stuttg*$^{2}$ *s. l.*, L flamma usti *Halm* (*secundum Sulp. Sever. 2,29*) | atque] autque Mal aut B 72 *del. Koestermann* | defecissent Hol (n *puncto del.*); U (n *puncto del.*) | dies defecissent (*sic*) Y 01, Y 02 **19** usum] Z usu M; *cett.* | luminis nocturni Y 03; γ, K | luminis] *om.* Prm, J, B 72 | urerentur] uterentur B 05; U uererentur B 72 morerentur P | hortos] M; U (h *puncto del.*); *cett. praeter* ortos B$^{1}$ (h- B$^{2}$ *s. l.*), L 24, Z; *Fer* (h- H$^{2}$ *s. l.*), B 72; Y 01, Y 02; Y 03; C; V 64, γ | ei] e N 22 **20** obtulerat nero N 22 | optulerat C; V 64 | cyrcense U | habitu] habitio N 22$^{1}$ (*corr. s. l.* N 22$^{1}$) | haurige Y 01; N 23 | permixtus] permistus M$^{1}$ (*corr. in textu* M$^{2}$) **21** vel] et C | curriculo] L circulo M; *cett.* | quemquam B 72 | aduersos P **22** merito B 72 | oriebatur] edebatur J$^{1}$ (*corr. s. l.* J$^{2}$) | puplica V 63$^{1}$ (*corr. s. l.* V 63$^{2}$) **23** sed] *om.* V 65 | saevitiam] seuitia *Gen*

45,1 Interea conferendis pecuniis pervastata Italia, provinciae eversae sociique populi et quae civitatium liberae vocantur. inque eam praedam etiam dii cessere, spoliatis in urbe templis egestoque auro, quod trium-

(*corr. s. l.* H[2]); Y 02; N 22[1] (*corr. s. l.* N 22[1]) | unius] nimis P | absumerentur] assumerentur α (-mm- L 24); U, Y 03; N 22, C; V 64, γ (< O 22; *corr. in textu* O 48[2]) absumeretur B 72 absumerent P

**1** nota totum K[2]*mg* | petita] *add.* per romanos M[2]*s. l.* **2** aditique] aperti M[2]*s. l.* | ex] a M[2]*s. l.* | supplicatum] est M[2]*s. l.* | Volcano] uulcano deo ignis M[2]*s. l.* | uulcanus ceres proserpina M[2]*mg* uulcano cereri proserpine G[2]*mg* | Cereri] dee frugum M[2]*s. l.* **3** iuno M[2]*mg* supplicatio iunio (*sic*) G[2]*mg* **4** unde] de quo mari M[2]*s. l.* **5** deae] iunonis M[2] *s. l.* | sellisternia M[2]*mg*; V 58[1]*mg*, B 05[1]*mg*, G[1]*mg* (*cf. app. crit.*), E[1]*mg*, H[1]*mg*, Mal[1]*mg*, Prm[1] *mg*, J[1]*mg* lectisternia E[3]*mg*; Y 03[2]*mg* | peruigilia V 58[1]*mg*, B 05[1]*mg*, G[2]*mg* | quibus . . .] qui habebant maritos M[2]*s. l.* **7** christianorum cedes L[2]*mg* | deum] deorum M[2]*s. l.* **8** iussum] *add.* a nerone M[2]*s. l.* | abolendo rumori] pro rumore M[2]*s. l.* **9** nero M[2]*mg* | christiani supplicio affecti tanquam ab his urbs esset incensa M[2] (*script. benev.*)*mg*; V 63[1]*mg*, N 23[1] *mg* nota hic de supplicio christianorum B 72[2]*mg* christiani a nerone trucidantur O 48[1]*mg* nota de christianis K[2]*mg* | reos] christianos M[2]*s. l.* | quaesitissimis] crudelissimis M[2]*s. l.* | quesitissimis M[2]*mg* | quos] reos M[2]*s. l.* **10** CHRISTIANI M[2]*mg*; V 58[1]*mg*; U[2]*mg* christiani B 05[1]*mg*, G[1]*mg*, E[1]*mg*, H[1]*mg*, Mal[1]*mg*, Prm[1]*mg*, J[1]*mg*; V 65[1]*mg*, N 21[2]*mg* | auctor nominis christianorum christus B 72[2]*mg* | cur christianos nero occidit P[2]*mg* | CHRISTUS G[1]*mg*; Y 03[2]*mg* christus P[2]*mg*, V 63[2]*mg* christus dominus noster V 58[1]*mg*, B 05[1]*mg*, E[1]*mg*, H[1]*mg*, Mal[1]*mg*, Prm[1]*mg*, J[1]*mg*; N 22[1]*mg* de christo C[2]*mg* | Christus] *add.* qui M[2]*s. l.* (*cf. app. crit.*) **11** tiberius M[2]*mg*; P[2]*mg* | de christo et pontio pilato V 63[1]*mg*, N 23[1]*mg* | pontius pilatus M[2]*mg* (-ci); Y 01[2]*mg*; Y 03[2]*mg*; P[2]*mg* pontius pilatus procurator tiberii cesaris J[3]*mg* **12** praesens] tunc M[2]*s. l.* | exiciabilis tu potius corneli G[2]*mg* (exicialis); N 23[1]*mg* | superstitio] cultura christianorum M[2]*s. l.* | de religione christianorum et suppliciis et origine P[2]*mg* **13** modo] solum M[2]*s. l.* | eius] christi M[2]*s. l.* | quo] malo P[2]*s. l.* **15** fatebantur] christum M[2]*s. l.* incendium P[2]*s. l.* | multitudo] *add.* correpta M[2]*s. l.* **16** haud] non M[2]*s. l.* | haud proinde Hol[2]*mg* | Eritis odio cunctis hominibus propter nomen meum (*Mt 10,22*; *24,9*; *Mc 13,13*; *Lc 21,17*) V 58[1]*mg*, B 05[1]*mg*, G[1]*mg*, E[1]*mg*, H[1]*mg*, Mal[1]*mg*, Prm[1]*mg*, J[1]*mg*, B 72[1]*mg*; N 23[2]*mg*, N 22[1]*mg* (cunctis] omnibus B 72; N 23[2] hominibus] *om.* Mal, Prm; J, N 22) **17** pereuntibus] *add.* christianis M[2]*s. l.* | ludibria] *add.* sunt M[2]*s. l.* **18** supplicia miserabilia christianorum V 58[1]*mg*, B 05[1]*mg*, G[1]*mg*, E[1]*mg*, H[1]*mg*, Mal[1]*mg*, Prm[1]*mg*, J[1]*mg*, B 72[1]*mg*; N 22[1]*mg* diuersa tormenta christianorum K[2]*mg* | laniatu canum christiani interiere ferarum tergis contecti V 63[1]*mg*, N 23[1]*mg* | flammandi] *add.* sunt M[2]*s. l.* **19** neronis orti M[2]*mg* orti neronis O 48[2]*mg* **20** nero permixtus habitu aurige P[2]*mg* **21** sontes] culpabiles christianos M[2]*s. l.* christianos P[2]*mg* **22** oriebatur] oriretur M[2]*s. l.*

45 **1** conferrendis V 65 | pervastata] per uastata N 22 peruasta U, Y 03; β, L, C; V 64, γ (*corr.* N 21[2] *s. l.*, O 48[2] *s. l.*), K (*corr. s. l.* K[2]) | ytalia C; V 64, V 65 | sociique populi] socii populique L[1] (*corr. s. l.* L[2]) **2** et] *om.* O 22, K | civitatium] M ciuitatum *cett.* | vocantur] uocabantur *Stuttg*[2] *s. l.*, L | inque] in que V 64 neque L 24, Z; Or | inque eam] in eamque Y 01, Y 02 | eam] *om.* B, Hol **3** etiam dii cessere] dii cessere *Fer*, B 72; N 22[1] etiam duces

phis, quod votis omnis populi Romani aetas prospere aut in metu sacra-
verat. enimvero per Asiam atque Achaiam non dona tantum, sed simu- 45,2
lacra numinum abripiebantur, missis in eas provincias Acrato et Secundo
Carrinate. ille libertus cuicumque flagitio promptus, hic Graeca doctrina
ore tenus exercitus animum bonis artibus non induerat. ferebatur Seneca, 45,3
quo invidiam sacrilegii a semet averteret, longinqui ruris secessum ora-
visse et, postquam non concedebatur, ficta valetudine, quasi aeger ner-
vis, cubiculum non egressus. tradidere quidam venenum ei per libertum
ipsius, cui nomen Cleonicus, paratum iussu Neronis vitatumque a Seneca

---

fuere Y 02 (e. d. sere); U, Y 03; V 63$^{2}$ *s. l.* (e. d. sete V 63$^{1}$), N 23, Ven, P, Vin, *Stuttg*, N 22$^{1}$ *mg*, C; V 64, γ, K duces etiam fuere L | in] *om. Fer*, B 72 | urbem Y 01, Y 02 | auro quod] auroque O 22 auro et G | triumphis quod] triumphisque O 22 *om.* A$^{1}$ (*add. s. l.* A$^{2}$) **4** votis] *om.* O 22 | omnis] omnibus H omis N 23 | aetas] *om.* V 65 | prospere] prospe⟨ra⟩ re *Acidalius* | in] *om.* B; G; V 63$^{1}$ (*spat. 3 litt.*; *add. in textu* V 63$^{2}$) | metus N 21 (-s *puncto del.*) **5** asyam M; Ven, C; V 64 | atque] *om.* U | Achaiam] achayam Y 01 acayam C; V 64 acaiam A | simulacra] simulachra Z; V 58, B 05, H; U; P, C; N 21, O 48, K simulachrum G, E (-cr-), Mal, Prm$^{1}$ (-a Prm$^{2}$ *in textu*), J, B 72$^{1}$ (-a B 72$^{2}$ *in textu*); N 22$^{1}$ (-cr-; -a N 22$^{1}$ *s. l.*) *om.* Or **6** abripiebantur] arripiebantur Y 02; U; Ven, N 22; N 21 obripiebantur Vin, *Stuttg*$^{1}$ (*corr. in textu Stuttg*$^{2}$) | Acrato] accato C accinto V 65 acto P, Vin, *Stuttg*$^{1}$ (*corr. Stuttg*$^{2}$ *mg*) | et] ac Y 01; *Stuttg*; *Fuchs* **7** Carrinate] *Nipperdey* (*cf. XIII 10, 2*) caprinate M; *Stuttg*$^{2}$ *mg*; *cett. praeter* crapinate Y 03; γ, K caprinatis U *om.* Vin, *Stuttg*$^{1}$ | ille] illic Mal, Prm, J, B 72; N 22$^{1}$ (*corr. s. l.* N 22$^{1}$) | cuicumque] cuique B 72; β, L, N 22$^{1}$ *mg* cinctumque J; N 22$^{1}$ | flagitio] flagio V 65 | hic] hec P$^{1}$ (*corr. s. l.* P$^{2}$) | doctina Hol **8** ore tenus] orenus Mal$^{1}$ (*corr. s. l.* Mal$^{2}$) *om.* Y 01, Y 02 | exercitus ore tenus V 65 | bonis] bonum U | induerat] imbuerat *Lipsius* | ferebatur] ierebatur M ferebat N 22$^{1}$ (*corr. s. l.* N 22$^{1}$) ferebant *Gen* (< B 72) | Seneca] M$^{1}$; *cett. praeter* senecam M$^{2}$; *Gen*; N 22 **9** quo] M; U$^{2}$ *mg*; N 22$^{1}$; O 48$^{2}$ *in ras.*; *cett. praeter* quod U$^{1}$, Y 03; β, N 22$^{1}$ *s. l.*; γ, K | sacrilegi N 22 | semet] se L | averteret] auerterat Y 03; γ (< N 21; *corr. in textu* O 48$^{2}$), K uerterat N 21$^{1}$ (a- N 21$^{2}$ *s. l.*) euerteret P$^{1}$ (*corr. s. l.* P$^{2}$) | ruris] rursus *Fer* (< H; *corr. in textu* G$^{2}$); N 22$^{1}$ (*corr.* N 22$^{1}$ *mg*) | secessum] secessu Y 01$^{1}$ (*corr. in textu* Y 01$^{2}$), Y 02; Y 03; β, L, C; V 64, γ, K | oravisse] orauisset B 72; N 22 morauisse Y 01 (m- *eras.*), Y 02 moratus esse Y 03; V 63, N 23, Ven, L, C; V 64, γ (m. est Or) moratus esset P, Vin, *Stuttg*$^{1}$ (-t *puncto del. Stuttg*$^{2}$); K **10** concedebatur] concederetur J | valetudine] M; V 58, B 05; L ualitudine *cett.* **11** egressus] egressum M$^{1}$ (*corr. in textu* M$^{1}$) | ei quidam uenenum V 65 **12** ipsius] ipius Mal eius U, Y 03; L, C; V 64, γ | cui] cuius Y 03; A (-us *punctis del.*) | paratum] paratus Y 01$^{1}$ (*corr. s. l.* Y 01$^{2}$) | vitatumque] uitamque N 21$^{1}$ (*corr. s. l.* N 21$^{2}$) | senica C proditione liberti seu propria formidine, dum persimplici victu et agrestibus pomis ac, si sitis admoneret, profluente aqua vitam tolerat.

46,1 Per idem tempus gladiatores apud oppidum Praeneste temptata eruptione praesidio militis, qui custos adesset, coerciti sunt, iam Spartacum et vetera mala rumoribus ferente populo, ut est novarum rerum cupiens

---

**13** seu] sed Prm, J sed seu N 22 | persimplici] M simplici Y 01, Y 02 pro simplici O 48 (pro *punctis del.*); *cett.* per simplicem *Halm* | victu] metu V 65 victum *Halm* | et] *om.* L **14** pomis] *om.* Y 01$^{1}$ (*add.* Y 01$^{2}$*mg*) | si] *om.* V 63$^{1}$, N 23$^{1}$ (*add.* V 63$^{2}$ *s. l.*, N 23$^{1}$ *s. l.*), P | sitis] satis α sitim P$^{2}$ *s. l.* | admoneret] M; P$^{1}$; *cett. praeter* ammoneret L 24; V 63$^{1}$, N 23$^{1}$ amoneret Ven$^{1}$, Vin, *Stuttg* adneret *Fer* (*corr.* E$^{3}$ *s. l.*, H$^{2}$ *s. l.*); N 22$^{1}$ admoueret N 22$^{1}$*mg* admoueretur V 63$^{2}$*mg*, N 23$^{1}$*mg*, Ven$^{1}$ *s. l.*, L (amm-); V 64 (amm-), Or amoueret P$^{2}$ *s. l.* amoueretur Y 03; C; γ (< Or), K admoneretur B 72 | profluete Prm | tolerat] tollerat L 24; B 72; N 23, Ven; V 64 ,γ (< A) tolerabat Y 01, Y 02

3 predati etiam dii E$^{1}$*mg*, H$^{1}$*mg*, Mal$^{1}$*mg* predati dii G$^{1}$*mg*, Prm$^{1}$*mg*, J$^{1}$*mg*; N 22$^{1}$*mg* latissime prede et peculatus V 63$^{2}$*mg* | o factum impie K$^{2}$*mg* | egesto M$^{2}$*mg* 5 enimuero Hol$^{2}$*mg* 6 acratus, caprinas M$^{2}$*mg* acrates, secundus caprinas G$^{2}$*mg* acratus et caprinas V 63$^{2}$*mg* 7 libertus] · s · acratus M$^{2}$*s. l.* [ɔıq ¦ · s · caprinas M$^{2}$*s. l.* 8 ore tenus V 58$^{1}$ *mg*, B 05$^{1}$*mg*; P$^{2}$*mg* | ferebatur seneca quo] dicebatur senecam ut M$^{2}$*s. l.* | seneca V 63$^{2}$*mg* | senece infamatio et necis deuitatio P$^{2}$*mg* acusatio in senecam K$^{2}$*mg* 10 valetudine] egritudine M$^{2}$*s. l.* | eger neruis M$^{2}$*mg* 11 seneca (*add. al. man.*) a nerone per libertum ueneno impertitur M$^{2}$*mg* seneca iam ueneno tentatur B 05$^{2}$*mg* toxicum in seneca V 63$^{2}$*mg* seneca hoc loco a nerone ueneno tentatur N 23$^{2}$*mg* 12 cleonicus M$^{2}$*mg*; G$^{2}$*mg* | seneca Y 03$^{2}$*mg* 13 proditio Y 03$^{2}$*mg* 14 seneca arbutis et profluente uitam degit propter suspictionem ueneni V 58$^{1}$*mg* seneca agrestibus pomis et aqua profluente uitam tolerat propter suspicionem ueneni G$^{1}$*mg*, E$^{1}$*mg* (pr. aqua), H$^{1}$*mg*, Mal$^{1}$*mg* (pr. aqua), Prm$^{1}$*mg* (pr. aqua), J$^{1}$*mg* (pr. aqua) seneca timore ueneni pomis agrestibus et aqua tantum uitam tollerabat B 72$^{2}$*mg*

46 **1** tempus] templus J | opidum Hol, Z; Prm, Vin | Praeneste] penestre L 24; B 72; C peneste Y 01 | eruptione] *add.* ne G$^{2}$ *s. l.*; β (*del. Stuttg*$^{2}$), N 22 **2** adesset] M; *Stuttg*$^{1}$; *cett.* (*Halm*, *al.*) *praeter* aderat U, Y 03; *Stuttg*$^{2}$ *s. l.*, L, C; V 64, γ, K; *Koestermann* adest *Nipperdey* | coerciti] coherciti B$^{2}$ *s. l.*, Hol, L 24, Z; J, B 72; Y 01; U, Y 03; V 63, N 23, Ven, P, L, C; V 64, A, V 65, Or, N 21 | Spartacum] sparthacum U sparta cum L 24 spertacum Or, N 21$^{1}$, O 48$^{1}$ (*corr.* N 21$^{2}$ *s. l.*, O 48$^{2}$ *in textu*), O 22 spercatum P sperata C **3** mala] V 63$^{1}$, N 23$^{1}$; *cett. praeter* malarum M malorum α (mo- Hol); *Gen* (< G; *corr. in textu* H$^{2}$); Y 01, Y 02; V 63$^{2}$ *s. l.*, N 23$^{1}$ *s. l.*, C; K | rumoribus] moribus M; B, Hol; *Gen* (< G; *corr. s. l.* H$^{2}$); Y 01, Y 02; C | ferente] M; N 21$^{1}$; *cett. praeter* ferentem *Gen* (-m *del.* B 05, H); N 22$^{1}$ (*corr. s. l.* N 22$^{1}$) fremente N 21$^{2}$*mg* | ut] *om.* Hol | est] et α | rerum nouarum Y 01, Y 02 | cupiens]

pavidusque. nec multo post clades rei navalis accipitur, non bello (quippe haud alias tam immota pax), sed certum ad diem in Campaniam redire classem Nero iusserat, non exceptis maris casibus. ergo gubernatores, quamvis saeviente pelago, a Formiis movere; et gravi Africo, dum promunturium Miseni superare contendunt, Cumanis litoribus impacti triremium plerasque et minora navigia passim amiserunt. 46,2

Fine anni volgantur prodigia, imminentium malorum nuntia: vis fulgurum non alias crebrior, et sidus cometes, sanguine illustri semper Neroni expiatum; bicipites hominum aliorumve animalium partus ab- 47,1

---

cupidus B 72 **4** nec] nam U **5** haud] M; B 72$^{2}$ *s. l.*; N 21$^{1}$; *cett. praeter* aut B 72$^{1}$; N 22$^{1}$ *s. l.* ut Y 03; β (*corr. Stuttg*$^{2}$ *mg*), C; V 64, γ, K *add.* enim Y 01$^{2}$ *mg* | tam] nam Y 03; C; V 64, A, V 65, Or, N 21$^{2}$ *mg*, O 48, O 22, K natura U | inmota G; Y 01; N 23; V 64 | ad diem] adiem A$^{1}$ (*corr. s. l.* A$^{2}$) | campania Mal, Prm, J; N 22 **6** clasem N 22 | exeptis U | ergo] egro Vin **7** quamvis] *om.* B$^{1}$ (*add.* B$^{2}$ *mg*) | saeviente] seuientes M (-s *del.*); V 63, Ven seruiente U$^{1}$ (*corr.* U$^{2}$ *mg*) | pellago B 72; N 23 | Formiis] formis M$^{1}$ (*corr. s. l.* M$^{2}$); U, Y 03$^{1}$ (*corr. s. l.* Y 03$^{2}$); β (phormiis N 23$^{2}$ *s. l.*; *corr. in textu Stuttg*$^{2}$), C; V 64, V 65, O 22, K phormiis L$^{1}$ (*corr. s. l.* L$^{2}$) forinis A, Or, N 21$^{1}$ (-iis N 21$^{2}$ *s. l.*), O 48 | Africo] affrico L 24; Y 01; V 65 aphrico P; K *om.* U | promunturium] M promontorium *Stuttg*$^{2}$ *in textu*; O 48$^{2}$ *in textu*; *cett. praeter* promuntorium α (-mut- B); G; U, Y 03; N 23, Ven, *Stuttg*$^{1}$, N 22; A, Or, N 21 promantorium O 48$^{1}$, O 22 **8** Miseni] M; N 22$^{1}$; *cett. praeter* misei V 63$^{1}$ (*corr. s. l.* V 63$^{2}$) misseni N 22$^{1}$ *s. l.* | Cumanis] cumanus Mal cumani J cumanibus B 72 | littoribus cumanis P | litoribus] littoribus *Gen* (lict- Prm); Y 03; Ven, P, Vin, *Stuttg*, L, N 22; γ, K *om.* Y 01$^{1}$ (lictoribus *add.* Y 01$^{2}$ *mg*), Y 02 | inpacti M; V 64 | triremium] triremum Y 01$^{1}$ (*corr. s. l.* Y 01$^{2}$) tiremium V 63, N 23 triennium B 72 **9** minora] in mora B 72 | amiserunt] amisere α ammiserunt V 63, N 23

**1** preneste M$^{2}$ *mg* **2** spartacus V 63$^{2}$ *mg* **4** nec multo post Hol$^{2}$ *mg* | clades naualis B 05$^{2}$ *mg* clades classis V 63$^{2}$ *mg* clades naualis per maris tempestatem K$^{2}$ *mg* **5** haud] non M$^{2}$ *s. l.* **6** nero M$^{2}$ *mg* | exceptis] consideratis M$^{2}$ *s. l.* | maris fortune M$^{2}$ *mg* **7** formie M$^{2}$ *mg* formie · arum · loca G$^{2}$ *mg* | Africo] uento M$^{2}$ *s. l.* **8** misenum M$^{2}$ *mg* misseni G$^{2}$ *mg* | cumanis G$^{2}$ *mg* **9** navigia] puta barcas et huiusmodi M$^{2}$ *s. l.*

**1** volgantur] M uulgantur *cett.* | iminentium B 72; Y 01; V 64 inminentium N 23 | fulgorum Y 01 **2** non] *om.* Hol | non alias crebrior] *om.* L$^{1}$ (*add.* L$^{1}$ *mg*) | sidus] sydus B; V 58, B 05, G, E, H, Mal, B 72; Y 01; Ven, P, C; V 64, K sidis V 63$^{1}$ (*corr. s. l.* V 63$^{2}$) | cometis B 72 | illustri] illustre et L | semper] *del. Grotius* **3** aliorumve] aliorumque Y 03 | aliorumve animalium] aliorum animaliumue V 65 | parthus N 23; Or, O 48, O 22 | abiectum 47

iecti in publicum aut in sacrificiis, quibus gravidas hostias immolare mos
47,2 est, reperti. et in agro Placentino viam propter natus vitulus, cui caput in crure esset; secutaque haruspicum interpretatio, parari rerum humanarum aliud caput, sed non fore validum neque occultum, quia in utero repressum aut iter iuxta editum sit.

48,1 Ineunt deinde consulatum SILIVS NERVA et ATTICVS VESTINVS, coepta simul et aucta coniuratione, in quam certatim nomina dederant

---

O 22, K **4** sacrificiis] *om.* V 63$^1$ (*spat. ca. 10 litt.*; *add. in textu* V 63$^2$) sacrificio K | gravidas] grauissimas β, L | immolare] inmolare M; Y 01; N 23 imolare G, E, Mal, Prm; Y 02; Y 03 (y-); V 64, A, Or immolari P, Vin, *Stuttg*; N 22 (-m-); *Halm* immolauere L 24 | mos] fas P$^1$ (*punctis del.*, mos P$^2$ *mg*) phas N 22 | mos est] *om.* B 72 **5** reperti et] M; V 63$^1$, N 23$^1$, *Stuttg*$^1$; *cett. praeter* reperti H$^1$ (et *add. s. l.* H$^2$); P repperi V 63$^2$ *s. l.*, N 23$^1$ *s. l.* repertum et *Stuttg*$^2$ *in textu* repertumque L repertus et K repertique Y 03; γ | in agro] magno H$^1$ (*corr. s. l.* H$^2$) | propter] M; V 63$^1$, L (-ter *in ras.*); *cett. praeter* prope α; G, H; Y 01; U, Y 03; V 63$^2$ *s. l.*, C; V 64, γ, K$^1$ (*corr. in textu* K$^2$) | natus vitulus] natum uitulum B 72; U, Y 03; β, L, N 22$^1$ *s. l.*, C; V 64, γ, K$^1$ (*corr. in textu* K$^2$) *add.* uiam prope L (*punctis del.*) | cui] cum V 58, B 05$^1$ (*corr.* B 05$^2$ *mg*), *Fer* (< H); Y 02; N 22$^1$ (*corr. s. l.* N 22$^1$) | capud M **6** crure] M; *Stuttg*$^1$; *cett. praeter* cruce Hol$^1$ (*corr. s. l.* Hol$^2$) ceruice *Stuttg*$^2$ *mg*, L | secutaque] sequuta H | haruspicum] aruspicum L 24, Z; *Gen* (h- H$^2$ *s. l.*); U; Ven, Vin, *Stuttg*, L; N 21 auruspicum B, Hol; Y 02; Y 03; V 63, N 23, P, N 22, C; A, Or, O 48, K hauruspicum Y 01 aurispicum V 65, O 22 nuruspicum V 64 | interpretatio] interpetratio B 72; Y 01; C; V 65 interpetrato V 64 interpretatione K | parari] par Y 01$^1$ (*corr. s. l.* Y 01$^2$), Y 02 | rerum humanarum] ab rerum humanarum rerum V 65 (ab *del.*) **7** aliud] *om.* Y 01, Y 02 | capud G; Y 01 | neque] atque N 21$^1$ (*corr.* N 21$^2$ *mg*) | ocultum Vin | quia] qui G quam V 63$^1$ (*corr. s. l.* V 63$^2$) **8** repressum] reprexum B 72 depressum P | aut] M; *Stuttg*$^1$; *cett. praeter* at *Stuttg*$^2$ *in textu* ac L; *Koestermann* et *Ernesti* | iter] inter B 72 | iuxta] exta B 72

**1** prodigia B 05$^2$ *mg*, E$^3$ *mg*; V 63$^1$ *mg*, N 23$^1$ *mg*; O 48$^2$ *mg* prodigia admiranda K$^2$ *mg* **2** cometes M$^2$ *mg* sydus cometes B 05$^2$ *mg* cometa Y 03$^2$ *mg*; C$^2$ *mg* KOMΉTHC V 63$^2$ *mg* **3** nero M$^2$ *mg* | prodigia multa G$^2$ *mg* prodigia ingentia B 72$^2$ *mg* **5** propter] iuxta M$^2$ *mg* | uitulus M$^2$ *mg* uitulum natum cui caput in crure esset N 23$^2$ *mg*, N 22$^1$ *mg*

48 **1** ineunt] ieunt Y 03$^1$ (*corr. s. l.* Y 03$^2$); A iniunt Ven | deinde] dein V 65 | Silius] M; V 63$^1$, N 23$^1$, Ven$^1$, *Stuttg*$^1$; *cett. praeter* siluius B 72; U, Y 03; V 63$^2$ *s. l.*, N 23$^1$ *s. l.*, Ven$^1$ *s. l.* ,*Stuttg*$^2$ *s. l.*, L, N 22, C; V 64, γ, K Silianus *Lipsius* | Atticus] athicus Z acticus Y 03; V 64, A, O 48, O 22, K | Vestinus] uestinius Hol (i *alt. puncto del.*) uestina P **2** coepta] capta V 63, N 23, Ven, P; N 21$^1$ (*corr. s. l.* N 21$^2$) | coniuratio P | in quam] in qua *Gen* (< V 58);

senatores eques miles, feminae etiam, cum odio Neronis, tum favore in C. Pisonem. is Calpurnio genere ortus ac multas insignesque familias 48,2
paterna nobilitate complexus, claro apud volgum rumore erat per virtutem aut species virtutibus similes. namque facundiam tuendis civibus 48,3
exercebat, largitionem adversum amicos, et ignotis quoque comi sermone et congressu; aderant etiam fortuita, corpus procerum, decora facies; sed procul gravitas morum aut voluptatum parsimonia: levitati ac magnificentiae et aliquando luxu indulgebat. idque pluribus probabatur, qui in tanta vitiorum dulcedine summum imperium non restrictum nec perseverum volunt.

---

U; N 22 nenumque P | senatores dederant B 05 **3** feminae] fortune V 65 | femine — in] *om.* Hol | cum] tum U, Y 03; P, C; V 64, γ, K | tum] tam N 22$^{1}$ (*corr. s. l.* N 22$^{1}$) | favore] in fauore Y 01 (in *eras.*), Y 02 | in] N. Y 03$^{1}$ (*corr. in textu* Y 03$^{2}$); γ (*corr. in textu* N 21$^{1}$, O 48$^{1}$; *om.* O 22) **4** pissonem O 22 | Calpurnio] calphurnio Hol; *Gen*; Y 01, Y 02; U, Y 03; β (< V 63$^{1}$; calphurnio V 63$^{2}$ *s. l.*), L, N 22; V 64, γ, K calphunio C scolphurnio V 63$^{1}$ | ac] *om.* L **5** paterna] *om.* B 05$^{1}$ (*add.* B 05$^{2}$ *mg*) | complexus] *om.* P | clare C | volgum] M; V 58; V 63, N 23 uulgum *cett.* | rumor Y 01 **6** virtutibus] uirtutis Y 01; Y 03; L; γ (-s *puncto del.* N 21), K uirtuti Y 02 | similes] similis N 21, O 48$^{1}$ (*corr. in textu* O 48$^{2}$) | facundiam] facundia B 72; Y 01; Vin, N 22 **7** largitiones P | adversum] M; B, Hol, Z aduersus L 24; *cett. praeter* apud L | ignotis] ignoti Vin, *Stuttg*$^{1}$ (-s *add. s. l. Stuttg*$^{2}$) ⟨in⟩ ignotis *Becher* | comi] comuni B 72; U cum P comiti V 64 inniti C **8** congressu] congressus H (-s *eras.*) congresso C | facies] faces V 64$^{1}$ (*corr. s. l.* V 64$^{2}$) **9** sed] se P | gravitas] gratuitas B, L 24 | parcimonia L | levitati] V 65; *Ernesti* lenitati M; *cett.* | ac] atque Z et Y 01, Y 02 **10** et] ac Y 01, Y 02; Or | luxu] luxui V 58, B 05, G, E, H, Mal; Y 01, Y 02; U, Y 03; β, L, C; V 64, γ, K | indulgebant G (n *alt. eras.*) | probabatur] probabantur H (n *puncto del.*) probatur Vin, *Stuttg* **11** nec] neque *Fer*, B 72; N 22; K sed (*punctis del.*) nec B **12** perseverum] perse uerum B 72 preseuerum M; B, Hol; V 58, B 05, G, E, H, Mal; Y 02; Y 03; β (*corr. Stuttg*$^{2}$); V 64, γ, K; *Fuchs* pre se uerum L 24, Z; Prm, J; U$^{1}$ (presumptum U$^{2}$ *mg*); N 22 pre senerii C

**1** silius nerua atticus uestinus M$^{2}$ *mg*; G$^{1}$ *mg*, Mal$^{1}$ *mg* (siluius); N 22$^{1}$ *mg* (siluius) silius nerua atticus uestinus consules E$^{1}$ *mg*, H$^{1}$ *mg*, Prm$^{1}$ *mg*, J$^{1}$ *mg* **2** coniuratio in neronem omnium ordinum B 05$^{2}$ *mg* coniuratio in neronem E$^{3}$ *mg*; K$^{2}$ *mg* coniuratio pisoniana in neronem B 72$^{2}$ *mg* pisoniana coniuratio Y 03$^{2}$ *mg* coniuratio pisoniana V 63$^{2}$ *mg* coniuratio pisonis *Stuttg*$^{2}$ *mg*, L$^{2}$ *mg* (c. pisonis) **4** c. piso M$^{2}$ *mg*; E$^{3}$ *mg* piso H$^{2}$ *mg*; V 63$^{2}$ *mg*; V 65$^{1}$ *mg* | nota de pisone Mal$^{1}$ *mg*, Prm$^{1}$ *mg*, J$^{1}$ *mg*; N 22$^{1}$ *mg* c. pisonis laudes K$^{2}$ *mg* **5** c. piso ad principatum destinabatur B 05$^{2}$ *mg* **7** comi M$^{2}$ *mg* | comi sermone et congressu Hol$^{2}$ *mg* **8** congressu] commitiua M$^{2}$ *s. l.* | fortuita] ei · s · c. pisoni M$^{2}$ *s. l.* **10** indulgebat] operam dabat· uacabat M$^{2}$ *s. l.*

49,1 Initium coniurationi non a cupidine ipsius fuit; nec tamen facile memoraverim, quis primus auctor, cuius instinctu concitum sit quod tam
49,2 multi sumpserunt. promptissimos Subrium Flavum tribunum praetoriae cohortis et Sulpicium Asprum centurionem extitisse constantia exitus
49,3 docuit. et Lucanus Annaeus Plautiusque Lateranus vivida odia intulere: Lucanum propriae causae accendebant, quod famam carminum eius premebat Nero prohibueratque ostentare, vanus adsimulatione; Lateranum
49,4 consulem designatum nulla iniuria, sed amor rei publicae sociavit. at Flavius Scaevinus et Afranius Quintianus, uterque senatorii ordinis, contra famam sui principium tanti facinoris capessivere: nam Scaevino

---

49 **1** coniurationi] M; G$^1$, H$^1$; V 63$^1$; *cett. praeter* coniurationis B 05 (-s *puncto del.*), G$^2$ *s. l.*, H$^2$ *s. l.*; U, Y 03; V 63$^2$ *s. l.*, N 23, Ven, P, Vin, *Stuttg*, L, N 22$^1$ (*corr. s. l.* N 22$^1$), C; V 64, γ, K | a cupidine] accipiende N 21$^1$ (*corr.* N 21$^2$ *mg*) | tamen] tam Mal, Prm, J, B 72; N 22$^1$ (*corr. s. l.* N 22$^1$) | memoraverim] commemorauerim U (com- *punctis del.*) **2** quis] quibus Ven | primus] proximus *Gen* (*corr.* B 05$^2$*mg*; *om.* B 72); N 22$^1$ (*corr.* N 22$^1$*mg*) | auctos V 65 | cuius] eius P | instinctu] instinctum E, H (-m *eras.*), Prm, J; N 22$^1$ (*corr. s. l.* N 22$^1$) restinctu Or | concitus P | sit] *om.* L | tam] tamen U **3** promptissimos] *om.* Y 02 | Subrium] rubrium O 48 rubrum O 22 | Flavum] *Bekker* flauium *codd.* **4** Sulpicium] supplicium G$^1$ (*corr. s. l.* G$^2$) supicum N 23, Ven | Asprum] aspium Y 01, Y 02 | extitisse] *om.* H | constantie Vin, *Stuttg* **5** docuit] docet B 72; N 22$^1$ (*corr. s. l.* N 22$^1$) | Annaeus] aneus β (< P) | Plautiusque] plautusque L 24, Z; N 22$^1$ (*corr. s. l.* N 22$^1$) plantiusque B 72; P; V 64 plaucius que U$^1$ (atque U$^2$*mg*) | Lateranus] *Bekker om.* A$^1$ (*add. s. l.* A$^2$) *add.* consul designatus *codd.*; *Ritter* | vivida] inuida J; Y 01, Y 02; C; V 64 inuidia E, Prm (i *tert. puncto del.*); N 23, P, N 22; γ (< A) inuidiam B 72 | intulere] detulere Prm$^1$; O 48$^1$ (*corr.* Prm$^2$ *s. l.*; O 48$^2$ *s. l.*) **6** lacanum B, Hol | propriae] quippe Y 03; γ | accendebant] accedebant E incendebant Vin | premebat] premebant M$^1$ (*corr. s. l.* M$^2$) promebat G$^1$ (*corr. s. l.* G$^2$) **7** prohibueratque] prohibebatque B 72$^1$ (*corr.* B 72$^2$*mg*) prohybueratque Y 01 | uanus] M$^2$ *in textu*; *Stuttg*$^1$; O 48$^1$; *cett. praeter* nanus M$^1$; α uana Or, N 21, O 48$^2$ *in textu*, O 22, K uanitatis *Stuttg*$^2$*mg*, L manus U | adsimulatione] M; Y 02 assimulatione G$^2$ *in textu*; V 63$^2$ *s. l.*, *Stuttg*$^1$; *cett. praeter* assimilatione *Fer* (< E); Y 01 a simulatione P asimulatione V 63$^1$ insimulatione *Stuttg*$^2$, L aemulatione *Lipsius* **8** consulem designatum] *del. Ritter* | disignatum M | nulla iniuria] *om.* β (< V 63; *add. Stuttg*$^2$*mg*) | amor] amore M; α; V 58, B 05, E, Mal, Prm, J; β, N 22$^1$ (*corr. s. l.* N 22$^1$) **9** Scaevinus] sceuius α; U; β (-nius P; *corr. s. l. Stuttg*$^2$) sceunius G (n *puncto del.*), E, H seuinus B 72 sceuinius V 65 | Afranius] affranius Y 01, Y 02; Y 03; Vin, *Stuttg*, L; K africanus U **10** principium] principis α; U, Y 03; β (*del. Stuttg*$^2$), N 22$^1$ *s. l.*, C; V 64, γ, K participes *Stuttg*$^2$*mg*, L | capessivere] capesciuere Y 01; K capessere B 72; Or capescere N 21, O 48, O 22 capi siuere Y 02 fuere L |

dissoluta luxu mens et proinde vita somno languida; Quintianus mollitia corporis infamis et a Nerone probroso carmine diffamatus contumeliam ultum ibat.

Ergo dum scelera principis, et finem adesse imperio, deligendumque qui fessis rebus succurreret, inter se aut inter amicos iaciunt, adgregavere Claudium Senecionem, Cervarium Proculum, Vulcacium Araricum, 50,1

Scaevino] sceunio E seuino B 72 scenio P, Vin, *Stuttg*$^{1}$ (*corr. in textu Stuttg*$^{2}$) seuio N 23 sceuio Ven sceuine γ (-ni V 65) **11** dissoluta] dissoluto U, Y 03; β (*corr. in textu Stuttg*$^{2}$), C; A, V 65, O 48$^{1}$ (*corr. in textu* O 48$^{2}$), O 22 dissolutu V 64 | luxu] luxo V 64$^{1}$ (*corr. in textu* V 64$^{2}$) | mens luxu Y 02 | vita] *om.* α | sonno Y 01, Y 02 | mollitia] M; α; *Koestermann, Komm. p. 269* molli *Gen*; Y 01, Y 02 moli N 22 mollitie *cett.*; *Koestermann* **12** corporis] corpore *Gen*; Y 01, Y 02; N 22 | infamis corporis L 24 | probroso] improbroso O 22, K | contumeliam] contumelias M (-s *del.*); α (in c. Z); *Gen*; Y 01, Y 02; N 22$^{1}$ (-m N 22$^{1}$ *s. l.*) contumelia U, Y 03; V 63, N 23, Ven, C; V 64, A **13** ultum] ulctum L; N 21, K multum M; B, L 24, Z; U, Y 03; V 63, N 23, Ven, C; V 64, A, V 65 militum Hol

**2** primarii in coniuratione V 63$^{2}$*mg* coniuratorum nomina P$^{2}$*mg* auctores coniurationis pisoniane K$^{2}$*mg* **3** subrium flauium tribunum G$^{2}$*mg* **4** sulpicium asprum G$^{2}$*mg* **5** lucanus M$^{2}$*mg*; Y 03$^{2}$*mg*; C$^{2}$*mg* lucanus anneus P$^{2}$*mg* aneus lucanus L$^{3}$*mg* lucanus anneus in coniuratione pisoniana V 58$^{1}$*mg*, E$^{1}$*mg*, H$^{1}$*mg*, Mal$^{1}$*mg*, Prm$^{1}$*mg*, J$^{1}$*mg*; N 22$^{1}$*mg* quare lucanus interfectus sit V 63$^{1}$*mg*, N 23$^{1}$*mg* | lucanus amicus plautius lataranus uiuida odia intullere Hol$^{2}$*mg* | plancius lateranus consul designatus P$^{2}$*mg* **6** lucanus poeta B 05$^{2}$*mg* lucanus cur coniurauit P$^{2}$*mg* lucanus anneus in coniuratione V 65$^{1}$*mg* **9** afranius quintianus P$^{2}$*mg* **10** capessiuere E$^{1}$*mg*, H$^{1}$*mg*, Mal$^{1}$*mg*, Prm$^{1}$*mg*, J$^{1}$*mg*; N 22$^{1}$*mg* **11** quincianus M$^{2}$*mg*

**1** ergo] egro Ven ego Or | et finem] et fin et finem N 22 et finem et finem V 65 | imperio] imperia M; B, Hol, L 24; V 63$^{1}$, N 23$^{1}$, Ven$^{1}$ (*corr.* V 63$^{2}$ 50
*s. l.*, N 23$^{1}$ *s. l.*, Ven$^{1}$ *s. l.*) imperii Z; *Gen*; Y 01, Y 02; N 22$^{1}$ (*corr. s. l.* N 22$^{1}$) | deligendumque qui] diligendumque qui B, Hol, L 24; Y 01; Or deligendum quique M; V 58, B 05 deligendum quisque *Fer* (quisquis J), B 72; β (dele-P, *Stuttg*$^{1}$; -dumque qui *Stuttg*$^{2}$ *in textu*); N 22 **2** fessis] fexis Y 03$^{1}$ (*corr. s. l.* Y 03$^{2}$); A, O 48$^{1}$ (*corr. in textu* O 48$^{2}$) | succurreret] succureret G; V 65 succurret L 24 succurrerent Ven, *Stuttg*$^{1}$ (n *del. Stuttg*$^{2}$), N 22 succurrent Vin succurrerentur P | aut] et U | adgregavere] M aggregauere *cett. praeter* agregauere H$^{1}$ (g *add. s. l.* H$^{2}$), B 72; K aggregauerunt U; C; V 64 aggregantque Y 03$^{1}$ aggreganturque Y 03$^{2}$ *s. l.*; γ **3** Claudium] *Ritter* tullium *codd.* (tulium G; V 65) | Senecionem] senetionem V 58, B 05; V 63, P senectionem *Fer*, B 72; Y 01, Y 02; U, Y 03; N 23, Ven, Vin, *Stuttg*, L, N 22, C (c *puncto del.*); V 64, γ (< N 21), K | Cervarium] ceuarium U cernarium Vin, *Stuttg*$^{1}$ (*corr. s. l. Stuttg*$^{2}$) curuarium Ven crinalium P | Vulcacium] uulgacium M; *cett. praeter* uulgatium B, Hol, Z; B 05, G, E, H; U; Ven, P, Vin, C; V 64, K

50,2 Iulium Augurinum, Munatium Gratum, Antonium Natalem, Marcium Festum, equites Romanos. ex quibus Senecio, e praecipua familiaritate Neronis, speciem amicitiae etiam tum retinens eo pluribus periculis con-
50,3 flictabatur; Natalis particeps ad omne secretum Pisoni erat; ceteris spes ex novis rebus petebatur. adscitae sunt super Subrium et Sulpicium, de quibus rettuli, militares manus Gavius Silvanus et Statius Proxumus tribuni cohortium praetoriarum, Maximus Scaurus et Venetus Paulus centuriones. sed summum robur in Faenio Rufo praefecto videbatur, quem vita famaque laudatum per saevitiam impudicitiamque Tigellinus in

---

uulgantium Mal, Prm, J, B 72; N 22 uulcatium L ulilgalcium γ (< A; -gacium V 65) | Araricum] traricum *Gen* (etraricum H); Y 01, Y 02; N 22 thraricum K **4** iullium Y 01 | Augurinum] aurinum *Gen* (< B 72); Y 01, Y 02; N 22$^{1}$ tugurinum β, L, N 22$^{1}$ *s. l.* iugurinum U, Y 03; A, V 65 uigurinum C; V 64, Or, N 21, O 48, O 22, K antonium B 72 | Munatium] munantium U munatum V 65 mumatium V 64 numatium V 58, B 05, E; K numantium G, Mal, Prm, J, B 72; N 22 mimantium H (n *puncto del.*) | Gratum] oratum V 65 | Marcium] M martium *cett. praeter* mertium β (< *Stuttg*; a *supra* e V 63$^{2}$, N 23$^{1}$) marcum γ (< A) **5** festium U | ex] e B 72 | quibus] *om.* U | Senecio] senetio B, Hol; V 58, B 05, G; U; O 48, O 22 senectio E; Y 01, Y 02; L; K seneno B 72 | e] ex J; U$^{1}$, Y 03; L, C; V 64, A, Or, N 21, O 48 et B 72; Y 01; U$^{2}$*mg*; V 65, O 22 est N 22 **6** speciem] specie Y 01, Y 02 spe tamen B 72$^{1}$ (*corr. s. l.* B 72$^{2}$) | etiam] *om.* L 24; H; Y 01, Y 02 | tum] *om.* L 24 | pluribus] plus *Gen* (*corr.* B 05$^{2}$*mg*, G$^{2}$ *in textu*, H$^{2}$ *s. l.*); N 22$^{1}$ (*corr. s. l.* N 22$^{1}$) *bis* O 22 | periculis] periculi M; B 72; Y 01, Y 02 | conflictabatur] confluebatur *Gen* (*corr.* G$^{2}$ *in textu*, H$^{2}$ *s. l.*); Y 01, Y 02; N 22$^{1}$ (*corr. s. l.* N 22$^{1}$) **7** Natalis — **8** petebatur] *om.* Y 02 | Pisoni] pissoni V 65 pisonii Y 01 *om.* L$^{1}$ (*add. s. l.* L$^{1}$) | erat] esset V 63$^{1}$ (*corr. s. l.* V 63$^{2}$); V 64 | spes] spēs (= species) Y 01 (‾ *del.*) **8** ex] et P | adscitae] ascite Z; N 21 asscite V 58, B 05; Ven adsite B 72 | super] M; O 48 (su- *punctis del.*); *cett. praeter* per P; Or, N 21, O 22, K | subrum V 65 | et] *om.* L$^{1}$ (*add. s. l.* L$^{1}$) | Sulpicium] sulpitium B, Hol, L 24; B 05, Prm, B 72; Y 01; Y 03; N 22, C; γ, K sublicium P *om.* L$^{1}$ (*add. s. l.* L$^{1}$) **9** rettuli] M; Y 03; L; K retuli B 05$^{1}$ (*corr. s. l.* B 05$^{2}$); *cett.* | Gavius] M; α; V 63$^{1}$ gaius Y 01; Y 03; V 63$^{2}$, N 23, Ven, P, Vin, *Stuttg*, C; V 64, γ (G. Or) C. *cett.* | Silvanus] silanus Y 01; Ven$^{1}$ (*corr. s. l.* Ven$^{2}$) syllanus *Gen* (si- B 72); Y 02 (si-); N 22; K | Proxumus] *cf. cap. 71,7* proximus *codd.* | tribuni] tribunis V 63 (-s *puncto del.*); V 64 tribunus B 72; U tribum L 24, Z; γ (< A) **10** cohortium] cohortum U$^{1}$ (*corr. s. l.* U$^{2}$) | Maximus] maxi Mal, Prm (*sequ. spat. 3—4 litt.*), J (*in ras.*) | Scaurus] scarus B 72 schaurus N 22 | Venetus] uentus β (*corr. s. l. Stuttg*$^{2}$) | centuriones] et centuriones P **11** sed] set V 63$^{1}$ (d V 63$^{2}$ *s. l.*); V 65 | robur] bonum U | Faenio] phenio Y 01 senio α | Rufo] rupho Y 01 ruffo Y 02; P, Vin, *Stuttg*, L **12** vita famaque] fama uitaque O 22, K |

animo principis anteibat, fatigabatque criminationibus ac saepe in metum adduxerat quasi adulterum Agrippinae et desiderio eius ultioni intentum. igitur ubi coniuratis praefectum quoque praetorii in partes descendisse 50,4
crebro ipsius sermone facta fides, promptius iam de tempore ac loco caedis agitabant. et cepisse impetum Subrius Flavus ferebatur in scaena canentem Neronem adgrediendi, aut cum ardente domo per noctem huc illuc cursaret incustoditus. hic occasio solitudinis, ibi ipsa frequentia tanti decoris testis pulcherrima animum extimulaverant, nisi impunitatis cupido retinuisset, magnis semper conatibus adversa.

---

impudicitiamque] inpudicitiamque M; V 64 impuditiamque V 63, N 23 (in-) impudentiam (*punctis del.*) impudicitiamquc Hol et impudicitiam B 72 impudentiamque Or | tigillinus *codd.* **13** anteibat] attribat $U^{2}$*mg* | fatigabatque] fatigabat Prm, J flagitabat B 72 | criminationis α | metum] metu M; B, Hol, L 24; Y 01, Y 02; U, Y 03; C; V 64, γ (< N 21), K **14** aduxerat G; Y 01 | adulterum] adulterium $U^{1}$ (*corr.* $U^{2}$*mg*) in adulterum N 21 (in *del.*), O 48 (in *del.*) | aggripine Y 01 agripine C | desyderio V 58, B 05, G, Mal, Prm; Ven, P; K | ulctioni Hol, L 24; L; N 21, K **15** quoque] *om.* L 24 | praetorii] petorii $L^{1}$ (*corr. s. l.* $L^{2}$) | partes] partis *Fer* (*corr. in textu* $G^{2}$); N $22^{1}$ (*corr. s. l.* N $22^{1}$) crebro V 65 | descendisse] descedisse $U^{1}$ (*corr.* $U^{2}$*mg*) desendisse O 22 descendisset B 72 **16** crebro] crebo U in (*punctis del.*) crebro O 22 | sermone] sermonis M; α; Y 01, Y 02; V 63, N 23, Ven sermonibus P, Vin, *Stuttg*$^{1}$ (*corr. in textu Stuttg*$^{2}$) | facta] ficta N 23 | promptus B 72; N 22 | ac] et B 72; Y 01, Y 02; $Ven^{1}$ (*corr. s. l.* $Ven^{2}$), L **17** impetum] imperium B 72 | subius Z; Y 02 | Flavus] flaus M flauius *cett.* | ferrebatur V 65 | in] *om.* Vin, *Stuttg*$^{1}$ (*add. s. l. Stuttg*$^{2}$) | scenam C **18** adgrediendi] M aggrediendi *cett. praeter* agrediendi B 72; V 63; V 65, Or | ardente] ardende Or, N 21, O 48, O 22 | ardente domo] *del. P. H. Damsté, Mnemosyne N.S. 49 (1921), 285* **19** illhuc N 21 | incustoditus] custoditus J | hic] hec Vin, *Stuttg om.* P | solitudinis] sollicitudinis B 72; Or (soli-) in solitudinis A (in *punctis del.*) | ibi] sub B, Hol ubi Or | ipsa] *om.* V 65 **20** pulcherrima] *Urlichs* pulcherrimum M; *cett.* (-ce- L 24; V 63; -r- Y 01; -ceri- N 23; V 65) *praeter* pulcherrimu O 22 | animum] animus Y 03; γ (animos O $48^{2}$ *in textu*) | extimulaverant] exstimulauerant N 21, K extimulauerat $M^{1}$ (*corr. s. l.* $M^{2}$); Prm, J, B 72 extimulauerunt U | inpunitatis M; V 64 **21** retinuisset] retinuisse J, B 72 *add.* et C | conatibus] contantibus V 65 *om.* $G^{1}$ (*add.* $G^{2}$*mg*) | aduersa — *cap. 51,1* cunctantibus] *bis* B *om.* Mal, Prm, J, B 72

3 qui in coniurationem asciti sunt $K^{2}$*mg* | uide quam abolita prisca nomina romana B $05^{2}$ *mg* **12** tigillinus B $05^{1}$*mg*, $G^{1}$*mg*, $E^{1}$*mg*, $H^{1}$*mg*, $Mal^{1}$*mg*, $Prm^{1}$*mg*, $J^{1}$*mg*; N $22^{1}$*mg* | tigillinus contra fenium ruffum V $63^{2}$*mg* tigillinus seuitia et impudicitia magnus $P^{2}$*mg* **16** de cede neronis agitant V $63^{2}$*mg* de loco ac tempore cedis agitatur $K^{2}$*mg* **17** et cepisse $Hol^{2}$ *mg* | subrius ualens $G^{2}$*mg* **18** ardente] lucente $M^{2}$*s. l.* **20** impunitatis cupido magni<s> semper conatibus aduersa O $48^{2}$*mg*

51,1 Interim cunctantibus prolatantibusque spem ac metum Epicharis quaedam, incertum quonam modo sciscitata (neque illi ante ulla rerum honestarum cura fuerat), accendere et arguere coniuratos; ac postremum lentitudinis eorum pertaesa et in Campania agens primores classiariorum
51,2 Misenensium labefacere et conscientia illigare conisa est tali initio. erat ⟨na⟩uarchus in ea classe Volusius Proculus, occidendae matris Neroni inter ministros, non ex magnitudine sceleris provectus, ut rebatur. is mulieri olim cognitus, seu recens orta amicitia, dum merita erga Neronem sua et quam in irritum cecidissent aperit adicitque questus et destinationem vindictae, si facultas oreretur, spem dedit posse impelli et plu-

---

51 **1** interim] interius V 63$^{1}$, N 23$^{1}$, Ven$^{1}$ (*corr.* V 63$^{2}$ *s. l.*, N 23$^{1}$ *s. l.*, Ven$^{1}$ *s. l.*), P | cunctantibus] cuntantibus G$^{1}$ (*corr. s. l.* G$^{2}$); N 22 contantibus V 58, H$^{1}$ (*corr. in textu* H$^{2}$), E cuntanctibus L 24; B 05 | prolatantibusque] prolatantibus Prm, J, B 72 | ac] atque U$^{1}$ (inter atque U$^{2}$*mg*), Y 03; L, C; V 64, γ, K | metum] metu V 65 *om.* A$^{1}$ (*add. s. l.* A$^{2}$) | Epicharis] epicaris Y 02; Y 03; V 63$^{1}$ (*corr. s. l.* V 63$^{2}$), P; γ epycaris U; C; V 64 **2** quonam] quodam Y 03; A, V 65 | sciscitata] scisitata G, H$^{1}$ (*corr. s. l.* H$^{2}$), Mal sciscita U$^{1}$ (ascita U$^{2}$*mg*); Vin, *Stuttg*$^{1}$ (*corr. s. l. Stuttg*$^{2}$) suscitata B, Hol; V 65 | illi] illa U$^{1}$ (*corr.* U$^{2}$*mg*) | ante] antea B 05 autem N 23, P, Vin, *Stuttg*$^{1}$ (*corr. in textu Stuttg*$^{2}$) | ulla] ullarum U *om.* Or **3** honestarum] honestatem H$^{1}$ (*corr. s. l.* H$^{2}$) | cura] curat Prm (-t *del.*) | fuerat] fuerit V 63$^{1}$ (*corr. s. l.* V 63$^{2}$) | arguere] urguere *Pluygers* | postremum] postremo L 24; *Gen*; Y 01, Y 02; Y 03; Vin, N 22; γ, K **4** lenitudinis Vin | eorum] *bis* L 24 | pertaesa] pertensa P pertexa N 22 | campaniam C | primores] primo | res M primo res *Gen* (*corr.* H$^{2}$); Y 01, Y 02 *add.* et U | classiariorum] classariorum Y 03; C; γ classianorum N 22 clarissimorum G *om.* B 72 **5** Misenensium] missenensium J; O 22 missenentium N 23, Ven, P (-s-), *Stuttg* | labefacere] labefecere P$^{1}$ (*corr. s. l.* P$^{2}$) labefactare L | consiencia O 22 | illigare] alligare Y 03; γ, K colligare B, Hol | conisa] M; V 63, N 23 connisa Y 02; P, C; V 64 connixa α; *Gen* (< V 58); U, Y 03; Ven, Vin, *Stuttg*, N 22; γ (< V 65), K conixa V 58; Y 01; L; V 65 | erat] erant M; α; Y 01, Y 02; V 63 (n *puncto del.*) **6** nauarchus] α (-cus B$^{1}$, Z; h *add. s. l.* B$^{2}$); *Gen*; Y 01, Y 02; N 22$^{1}$; K$^{2}$*mg* uarchus M liarchus V 63$^{1}$ chiliarchus U; V 63$^{2}$ *s. l.*, L$^{2}$ *s. l.*, N 22$^{1}$*mg* chiliarcus Y 03; N 23, Ven, P, *Stuttg*, L$^{1}$, C; V 64, γ, K$^{1}$ chilarcus Vin | Neroni] *Heinsius* neronis M; *cett. praeter* maronis Y 01 **7** sceleris] scelerum α | ut rebatur] utebatur L 24 urebatur Z | is] his M **8** congnitus V 63 (n *pr. del.*) | dum] deum Vin **9** in] *om.* B, Hol, L 24; U$^{1}$ (*add.* U$^{2}$*mg*), Y 03; β, L, C; V 64, γ, K | cecidissent] cecidisset J contulisset B 72 | adicitque] adiicitque L 24, Z; *Gen*; Y 02; U; P, Vin, *Stuttg*, L, N 22; Or, K addicitque V 65 | questum C | et] ad N 23 **10** oreretur] M; *Gen* (< B 72) oriretur G$^{2}$ *in textu*; *cett.* | possem J | inpelli M; V 64 | plures] plure H$^{1}$ (*corr. s. l.* H$^{2}$) implures Prm, J$^{1}$

res conciliare: nec leve auxilium in classe, crebras occasiones, quia Nero
multo apud Puteolos et Misenum maris usu laetabatur. ergo Epicharis 51,3
plura; et omnia scelera principis orditur, neque senatui quid⟨quam⟩ ma-
nere. sed provisum, quonam modo poenas eversae rei publicae daret:
accingeretur modo navare operam et militum acerrimos ducere in partes,
ac digna pretia expectaret. nomina tamen coniuratorum reticuit. unde 51,4
Proculi indicium inritum fuit, quamvis ea quae audierat ad Neronem de-
tulisset. accita quippe Epicharis et cum indice composita nullis testibus
innisum facile confutavit. sed ipsa in custodia retenta est, suspectante
Nerone haud falsa esse etiam quae vera non probabantur.

---

in plures J$^{2}$ *in textu* in plure N 22 **11** conciliare] consiliare U$^{1}$; P$^{1}$ (*corr.* U$^{2}$*mg*; P$^{2}$ *s. l.*) | nec] ne P | classe] classes N 22$^{1}$ (*corr. s. l.* N 22$^{1}$) | occassiones N 23 | quia] quam V 63$^{1}$, N 23$^{1}$, Ven$^{1}$ (*corr.* V 63$^{2}$ *s. l.*, N 23$^{1}$ *s. l.*, Ven$^{1}$ *s. l.*), P; V 64 quod Vin, *Stuttg* **12** multo] multa H multum B 72; Y 02 | apud] *om.* Y 03; γ | Puteolos] putuelos G (u *alt. eras.*) | Misenum] missenum J; N 22 misenium γ (< A) | ergo] erga Mal, Prm, J; N 22$^{1}$ (*corr. s. l.* N 22$^{1}$) | Epicharis] epicaris Z; Y 03; V 64, γ epycaris U; C **13** neque] *bis* Mal populo neque *add. Madvig* | senatui] M; *Stuttg*$^{1}$ (natui *del.*); *cett. praeter* senatu Z nouum *Stuttg*$^{2}$*mg* sancti *Thomas* | quidquam] *Madvig* quod M; *Stuttg*$^{1}$; N21$^{1}$; *cett. praeter* quid *Stuttg*$^{2}$*mg*, L; N21$^{2}$ *mg* | manere] M; V58$^{1}$ *s. l.*; U$^{1}$; *cett. praeter* maneret U$^{2}$*mg* inane esset V 58$^{1}$, B 05 manere esset *Fer* (esset *punctis del.* G), B 72; N 22; K (-re *eras.*) **14** poenas eversae] euerse penas P, Vin, *Stuttg* | poenas — **15** modo] *om.* Or | eversae] euersas V 65 uerse Y 01 **15** attingeretur V 65 | navare] M; V 63$^{1}$; K$^{1}$; *cett. praeter* nauaret U, Y 03; V 63$^{2}$, N 23, Ven, Vin, *Stuttg*, L, C; V 64, γ (nouaret V 65), K$^{2}$ nouare Hol; N 22 uariaret P | militum] Y 01, Y 02 multum M; V 63$^{1}$, N 23$^{1}$, Ven$^{1}$; *cett. praeter* multos Y 03; V 63$^{2}$ *s. l.*, N 23$^{1}$ *s. l.*, Ven$^{1}$ *s. l.*, L, C; γ | acerrimos] acerimos G; V 65 acerrimo V 63$^{1}$, N 23$^{1}$ (*corr.* V 63$^{2}$ *s. l.*, N 23$^{1}$ *s. l.*), Ven$^{1}$ *s. l.*, Vin, *Stuttg* acerrimam U; V 64 | ducere] M; V 63$^{1}$; K$^{1}$; *cett. praeter* duceret U, Y 03; V 63$^{2}$, N 23, Ven, P, Vin, *Stuttg*, L, C; V 64, γ, K$^{2}$ | in] *bis* B | partes] partis *Fer* (< G); N 22 **16** pretia] premia L | expectaret] M; *cett. praeter* expectare V 63$^{1}$ (-t *add. s. l.* V 63$^{2}$) exspectaret O 48 (s *eras.*) | tamen] tantum (*punctis del.*) tamen Hol tantum L | reticuit] retacuit Vin exticuit V 58$^{1}$ (*corr. s. l.* V 58$^{2}$) | unde] ude M$^{1}$ (*corr. s. l.* M$^{2}$) **17** Proculi] procul J; Y 01, Y 02; P periculi G; N 22$^{1}$ *s. l.* | indicium] iudicium α (*corr. s. l.* Z$^{2}$) | inritum] M *om.* J irritum *cett.* | fuit] fuerit *Fer* (< H), B 72; N 22 | audierat] audierant H (n *puncto del.*) audiuerat Ven, C | ad] a M$^{1}$ (*corr. s. l.* M$^{2}$) **18** Epicharis] epicaris Y 02; U, Y 03; N 23; γ epycaris C; V 64 epichuris P | indice] iudice V 65, Or, N 21$^{1}$ (*corr. s. l.* N 21$^{2}$) **19** innisum] innixum α; B 05; U; L innissum V 58 inuisum Y 03; C; γ immissum *Fer* (*corr. in textu* H$^{2}$); P, N 22$^{1}$ (n *supra* m *alt.* N 22$^{1}$) | in custodia] incustodita Ven **20** haud] hau

52,1 Coniuratis tamen metu proditionis permotis placitum maturare caedem apud Baias in villa Pisonis, cuius amoenitate captus Caesar crebro ventitabat balneasque et epulas inibat omissis excubiis et fortunae suae mole. sed abnuit Piso, invidiam praetendens, si sacra mensae diique hospitales caede qualiscumque principis cruentarentur: melius apud urbem in illa invisa et spoliis civium extructa domo vel in publico patra-
52,2 turos quod pro re publica suscepissent. haec in commune, ceterum ti-

---

V 63$^1$ (d *add. s. l.* V 63$^2$) aut Ven$^1$ (*corr. in textu* Ven$^2$); V 65 | esse] est Y 03; A, V 65 | etiam] *om.* K | probabantur] probantur G, H$^1$ (*corr. s. l.* H$^2$), Prm, J, B 72; U; P, Vin, N 22; Or

**1** epycharis M$^2$*mg* epicharis uere uirago B 05$^2$*mg* epicharis mulier est G$^2$*mg* epicharis E$^3$*mg*, H$^2$*mg* mulier Mal$^1$*mg*, Prm$^1$*mg* epicaris mulier Y 03$^2$*mg*; K$^2$*mg* (-ch-) femina epicharis N 22$^1$ *mg* ἐπίχαρις ΓUNE V 63$^2$*mg* **4** pertesa V 58$^2$*mg*, G$^2$*mg* | classarii (*sic*) misenensium O 48$^2$*mg* **5** misenenses M$^2$*mg* | coniuratio cepta aduersus neronem M$^2$ (*script. benev.*)*mg*; V 63$^1$*mg*, N 23$^1$*mg* **6** nauarchus V 58$^1$*mg* nauarchus proculus B 05$^1$*mg* nauarchus custos nauis G$^2$*mg* χιλίαρχ°ς uolusius proculus V 63$^2$*mg* chiliarchus in classe O 48$^2$*mg* chiliarcus K$^2$*mg* **11** nero M$^2$*mg* **12** puteolos . . . misenum M$^2$*mg* (*manu Paulini Veneti: Heilig, WS 53 (1935), 99*) | epycharis M$^2$*mg* **15** nauare M$^2$*mg* **17** proculus coniurationem detexit B 05$^2$*mg*; V 63$^2$*mg* (retegit) **18** epycharis M$^2$*mg* epicaris V 63$^1$*mg* **19** epicaris in custodia retenta K$^2$*mg* | retenta] epycharis M$^2$*s. l.*

52 **1** tamen] M; *Stuttg*$^1$; *cett. praeter* tum *Stuttg*$^2$, L | permotis] *om.* Y 03; γ, K | placitum] placuit Y 01, Y 02 | caedem] sedem *Fer* (< H; *corr. s. l.* E$^2$), B 72$^1$ (*corr. in textu* B 72$^2$); N 22 **2** apud] ad P | Baias] uaias M; V 63, N 23, Ven, *Stuttg*$^1$ (*corr. in textu Stuttg*$^2$) | villa] ullla U$^1$ (*corr.* U$^2$*mg*) | captus] *om.* Mal, Prm, J, B 72; N 22 **3** ventitabat] delectabatur (*punctis del.*) uentitabat Mal | balneasque et epulas inibat] *om.* V 58$^1$ (*add.* V 58$^1$*mg*) | balneasque] α; V 58, B 05 (-s *puncto del.*), *Fer* (< J; -s *puncto del.* Prm) ualneasque M balneaque *cett.* | epulas] epulis N 22$^1$ (*corr. s. l.* N 22$^1$) | obmissis U (b *puncto del.*), Y 03; N 21 **4** abnuit] abiuit P | invidiam] in indiam P | praetendens] petendens A$^1$ (*corr. s. l.* A$^2$) | diique] dique A$^1$ (*corr. s. l.* A$^2$), V 65, O 48, O 22 dii quoque Mal, Prm, J, B 72; N 22 di L **5** hospitales] Hol$^1$; *cett. praeter* ospitiales M$^1$ (h- *add. s. l.* M$^2$) hospitiales B, Hol$^2$ *s. l.*; V 63, N 23, Ven hospites Prm$^1$ (*corr. s. l.* Prm$^2$) | cedes Vin (s *puncto del.*) | qualiscumque] qualicunque Y 01, Y 02 qualis cuique J; N 22$^1$ (*corr. s. l.* N 22$^1$) | cruentarentur] cuentarentur L 24 cruentaretur J; N 22; V 64 **6** invisa] in ius Y 01 | ciuium spoliis Y 02 | ciuum V 65 | extructa] exstructa K extructando V 65, Or, N 21 extincta P | domo] do Y 03; A, O 48$^1$ (*corr. s. l.* O 48$^2$) domoque O 22, K *om.* V 65, Or, N 21 | in publico] impublico G | patraturos] paraturos Z$^1$; G$^1$ (*corr.* Z$^2$ *s. l.*; G$^2$ *s. l.*), B 72 patraturosque P **7** quod] quo Y 03; A *om.* P | suscepiscent U | haec] hoc *Fer*, B 72; Y 01, Y 02; N 23; N 22 | commune] comune J, B 72; N 23 communi A, Or, N 21, O 48, K comuni Y 03; V 65, O 22 | timore occulto] occulto timore P nerone occiso L |

more occulto, ne L. Silanus eximia nobilitate disciplinaque C. Cassii,
apud quem educatus erat, ad omnem claritudinem sublatus imperium
invaderet, prompte daturis qui a coniuratione integri essent quique mi-
serarentur Neronem tamquam per scelus interfectum. plerique Vestini 52,3
quoque consulis acre ingenium vitavisse Pisonem crediderunt, ne ad
libertatem oreretur, vel delecto imperatore alio sui muneris rem publi-
cam faceret. etenim expers coniurationis erat, quamvis super eo crimine
Nero vetus adversum insontem odium expleverit.

Tandem statuere circensium ludorum die, qui Cereri celebratur, ex- 53,1

---

timore] *bis* B 72 **8** oculto N 23 | ne] N. V 63 (*puncto del.*) uel B 72 *om.* U, Y 03; β (< V 63), L, C; V 64, A, V 65, O 48$^1$ (*add.* O 48$^2$*mg*) | L.] Lucius V 64 | Silanus] M; B, Hol; V 63$^1$, N 23$^1$, Ven$^1$ sillanus L 24, Z; B 72; Y 01, Y 02; Vin syllanus *Gen* (< B 72); U; P, *Stuttg*, N 22, C; K siluanus Y 03; V 63$^2$ *s. l.*, N 23$^1$ *s. l.*, Ven$^1$ *s. l.*, L; V 64, γ | eximia] ex nimia P | nobilitate disciplinaque] nobilitateque L 24 | disiplinaque V 65 | C.] G. B, Hol; Y 01; Y 03; V 63, N 23, *Stuttg*, C; V 64, γ **9** omem Mal **10** propte P | daturis] M; V 63$^1$, *Stuttg*$^1$; *cett. praeter* daturi Y 01, Y 02 daturus Hol$^1$ (*corr. in textu* Hol$^2$); G; N 23$^1$ (*corr. in textu* N 23$^2$) daturum Prm, J, B 72; N 22 dicturos U, Y 03; V 63$^2$*mg*, N 23$^1$*mg*, *Stuttg*$^2$ *s. l.*, L, C; V 64, A, V 65, Or, O 48$^1$ dicturus N 21, O 48$^2$ *in textu*, O 22 dicturis K *add.* operam *Gen*; Y 01, Y 02; N 22 | qui a] quia M; B, Hol, L 24; Prm$^1$; U$^1$ (qui U$^2$*mg*), Y 03; β, C; V 64, A, V 65, O 48$^1$ (*corr. in textu* O 48$^2$) qui Y 01, Y 02 quia a Prm$^2$ *s. l.*, J, B 72; N 22 | quique] quisque Mal, Prm, J, B 72; N 22 **12** quoque] *om.* Y 03 | consulis] consuli M | acre] sacre M; V 63 (s *puncto del.*) acri B 72 | ingenium] ingentum M | vitavisse] uitasse B, Hol; U iurauisse β (*corr. in textu Stuttg*$^2$) | crediderunt] crediderant N 22 crediderint V 65 | ad] a *Gen*; Y 01, Y 02; N 22 aut C **13** libertatem] libertate M; *Gen*; Y 01, Y 02; N 22 | oreretur] *Pichena* moreretur M; α; V 63$^2$ *s. l.*, N 23$^1$ *s. l.*, Ven$^1$ *s. l.* moraretur U, Y 03; β, L$^1$, C; V 64, γ, K moueretur *Gen*; Y 01, Y 02; *Stuttg*$^2$ *s. l.*, L$^2$ *s. l.*, N 22; *Jac. Gronovius* | vel] ne P | delecto] deleto α; B 72 | alio imperatore P | alio] alium B 72$^1$ (*corr.* B 72$^2$*mg*) | rem publicam] nō rem publicam J res p. U$^1$ (*corr.* U$^2$*mg*) re p. C **14** eo super O 22, K **15** vetus] uectus Mal (c *puncto del.*) *om.* Prm, J, B 72; N 22 | aduersus insontem uetus K | adversum] M; L 24, Z aduersus *cett.*

**2** baias . . . uilla pisonis M$^2$*mg* (*manu Paulini Veneti: Heilig, WS 53 (1935), 101*) apud baias O 48$^2$*mg* **4** piso nimium religiosus V 63$^2$*mg* nimium insana religio Pisonis K$^2$*mg* | sacra mense M$^2$*mg* | dii hospiciales M$^2$*mg* **8** l. sylanus V 63$^2$*mg* **10** coniuratio contra neronem Hol$^2$*mg* **14** erat] · s · piso M$^2$*s. l.*

**1** statuere] statuerunt U, Y 03; β, L, N 22$^1$ *s. l.*, C; V 64, γ, K | cyrcensium U | die] M; G$^1$; N 22$^1$; *cett. praeter* diem G$^2$; β (-m *del. Stuttg*$^2$), N 22$^1$ *s. l.* | 53

equi destinata, quia Caesar rarus egressu domoque aut hortis clausus ad ludicra circi ventitabat promptioresque aditus erant laetitia spectaculi.
53,2 ordinem insidiis composuerant, ut Lateranus, quasi subsidium rei familiari oraret, deprecabundus et genibus principis accidens prosterneret incautum premeretque, animi validus et corpore ingens; tum iacentem et impeditum tribuni et centuriones et ceterorum ut quisque audentiae habuisset, adcurrerent trucidarentque, primas sibi partes expostulante Scaevino, qui pugionem templo Salutis [in Etruria] sive, ut alii tradidere, Fortunae Frentano in oppido detraxerat gestabatque velut magno operi

---

celebratur] celebrabatur Ven celebrantur *Stuttg*$^2$, L **2** quia] quam β (< V 63; *corr. Stuttg*$^2$*mg*) | rarus] ratus N 23, Ven, P; O 22 | egressu] egressus Mal, Prm, J, B 72; N 22 | domoque] domo *Gen*; Y 01, Y 02; N 22; K | aut] ut Hol$^1$ (*corr. s. l.* Hol$^2$) | hortis] M; U (h *puncto del.*); *cett. praeter* ortis α; *Fer* (h- H$^2$ *s. l.*), B 72; Y 01, Y 02; Y 03; V 63, N 23, Vin, *Stuttg*, C; V 64, γ | clausis V 65 **3** ludrica Y 01 | uentibabat B 05 | promptioresque] promptiores que M promptiores U | additus V 65 | erant aditus β, L | erant] erat M$^1$ (*corr. s. l.* M$^2$); J | laetitia — **4** composuerant] *bis* M (*alt. del.*; composuerant *pr.*: composuerat M$^1$, *corr. s. l.* M$^2$) **4** composuerant] composuerunt U, Y 03; C; V 64, γ, K | ut] aut Y 01 | subdsidium J (d *pr. puncto del.*) | familiari] M; Prm$^1$; *cett. praeter* familiaris Prm$^2$ *s. l.*, B 72; N 23, N 22 **5** deprecandus B 72 | accidens] *Rhenanus* accedens M; *cett. praeter* accendens H (n *pr. puncto del.*) | prosperneret B, Hol **6** incatum V 65 | premeritique B 72 | animo Z | ingens] uigens B 05, E, H, Mal, Prm | tum iacentem] *om.* V 63$^1$ (*spat. ca. 10 litt.*; *add. in textu* V 63$^2$) **7** audentiae] L 24; β audientie M; B, Hol$^2$ *s. l.*, Z audiente Hol$^1$ audiuisset Y 01, Y 02 audacie *cett. add.* plus *Gen*; N 22 **8** habuisset] habuissent M; α; H (n *puncto del.*) *om.* Y 01, Y 02 | adcurrerent] M; Hol; Y 01 accurrerent *cett. praeter* accurerent G, Mal accurreret V 63, N 23, Ven, *Stuttg* accīreret P$^1$ (accurreret puto P$^2$*mg*) accuraret Vin accurrererent V 64 occurrerent B 72; U; V 65 (-r-) occurreret N 22 | trucidarentque] trucidarent B 72 | sibi] igitur Y 03; L; γ, K | partes] partis *Fer* | expostulante] *Gen*; N 22$^1$ expostulanti M; N 22$^1$ *s. l.*; *cett.* **9** Scaevino] sceuinio E seuino B 72 *add.* tradidere Y 03; L, C; V 64, γ, K *add.* tradere U | Salutis] *om.* U | in Etruria] *codd.* (ethruria H$^1$ hetruria H$^2$; P eturia O 22) *del. Ernesti* | ut alii] utilia M$^1$ (a *del.*, i M$^1$ *s. l.*); U$^1$ (*corr.* U$^2$*mg*); V 63$^1$; V 64 in italia Y 03; V 63$^2$ *in textu*, N 23, Ven; γ (< A) in itilia C; A | tradidere] *om.* Y 03; L$^1$ (*add.* L$^1$*mg*), C; γ **10** Frentano] M; Y 03$^1$; *Stuttg*$^1$; *cett. praeter* ferentano α; *Gen*; Y 01, Y 02; Y 03$^2$ *in textu*; *Stuttg*$^2$*mg*, L, N 22; Or, N 21, O 48, O 22 ferretano V 65 frenetano P ferento K Ferentino *Cluverius, edd. recentiores* (*sed. cf. T. P. Wiseman, CR 17 (1967), 264—265*) | in] *om.* Prm, J, B 72; N 22 | opido Hol, Z; U; Vin; V 65 | gestabatque] gestabat B 72 | velut] uelud Y 01 uel in N 23 | magno operi] *Chif-*

sacrum. interim Piso apud aedem Cereris opperiretur, unde eum prae- 53,3
fectus Faenius et ceteri accitum ferrent in castra, comitante Antonia,
Claudii Caesaris filia, ad eliciendum volgi favorem. quod C. Plinius me- 53,4
morat; nobis quoquo modo traditum non occultare in animo fuit, quam-
vis absurdum videretur aut inane⟨m⟩ ad spem Antoniam nomen et peri-
culum commodavisse, aut Pisonem notum amore uxoris alii matrimonio
se obstrinxisse, nisi si cupido dominandi cunctis affectibus flagrantior est.

---

*flet* magno operis M; Y 03[1] (magnum Y 03[2] *s. l.*); P magni operis *Gen*; Y 01, Y 02; N 22; O 48[2] *s. l.*, O 22, K magnoperis O 48[1]; *cett.* **11** sacrum] *om.* U | Cereris] M; G[1] *mg*, H[1] *s. l.*, Mal[1] *mg*, Prm[1] *mg*, J[1] *mg*; *cett. praeter* cesaris *Fer* cerceris Y 01 cere B 72 | opperiretur] operiretur M; α; Mal, Prm, J, B 72; U, Y 03; V 63, Ven, P, Vin, L, C; V 64, γ | eum] cum Y 03 *om.* V 63[1] (*add. s. l.* V 63[2]) **12** Faenius] fenus L 24 | ferent N 22; V 64 **13** Claudii] claudia Mal, Prm, J, B 72; N 22 c. laudii O 22 | volgi] M; V 58, B 05 uulgi *cett.* (*om.* V 63[1], *spat. 6 litt.*, *add.* V 63[2]) | C.] G[1]; *cett. praeter* S. V 63[1] (*puncto del.*) etiam G[2] *in textu*; U, Y 03; V 63[2] *s. l.*, N 23, Ven, P, Vin, *Stuttg*, L, C; V 64, γ, K | Plinius] plannius N 22[1] (plinius N 22[1] *mg*) **14** quoquo] quoque Z; J, B 72; N 23, C | non] in Or, N 21, O 48, O 22 **15** absurdum] adsurdum N 23 surdum C | videretur] uidetur α; L | videretur aut inanem] et inane uideretur U | aut] M; V 58[2] *s. l.*, B 05[1]; *cett. praeter* ut V 58[1], B 05[2] *mg* | inanem] Y 03; *Pichena* inane M; *Stuttg*[1]; *cett. praeter* inani *Stuttg*[2] *s. l.*, L in anne N 22 | ad] M[1] *mg*; *Pichena* aut M[1]; *Stuttg*[1] (*del. Stuttg*[2]); *cett. praeter* ut B 72 *om.* L | spem] M; *Stuttg*[1]; *cett. praeter* spē N 23, C spei *Stuttg*[2] *s. l.*, L specie V 65 ipsi *Gen*; Y 02; N 22; K ipse Y 01 | Antoniam] antonia P, C antonie B 72; Y 02 antonio Y 01 antoniani Or, O 48, O 22 | nomen et periculum] et periculum nomen Ven[1] (*corr. s. l.* Ven[2]) **16** commodavisse] M; *Stuttg*[1], L[2] *s. l.*; *cett. praeter* comodauisse B 72; Y 01 commendauisse U, Y 03 (-m-); β (*Stuttg*[2]), L[1], C; V 64, γ (-m- V 65), K | alii] tali α | matrimonia B, Hol **17** obstrinxisse] obstrinsisse Y 03[1] (*corr. s. l.* Y 03[2]) obstrinsixe A obstruxisse Prm; Y 01, Y 02 (obt-) astrinxisse B 72; P abstruxisse N 22[1] (*corr. s. l.* N 22[1]) | nisi] ubi Y 03; γ | si] M; L (*del.*); *cett. om.* Z; B 72; P, Vin, *Stuttg* | cupide V 65 | flagrantior] flagratior Hol flagantior A, O 48, O 22

**1** circenses ludi M[2] *mg* | cereri M[2] *mg* **4** coniuratio contra neronem G[2] *mg* | modus coniurationis ad cedem neronis V 63[2] *mg* ordinatio insidiarum K[2] *mg* **5** deprecabundus C[2] *mg* | hoc exemplo usus est is qui galeam ducem meli occidit · io · andreas lampugnancus O 48[2] *mg* (*Galeazzo - Maria Sforza anno 1476 Mediolani a tribus iuvenibus, inter quos erat Lampugnani quidam, occisus est.*) **9** salutis templum M[2] *mg* **10** ferentinum oppidum M[2] *mg* | magnoperis M[2] *mg* **11** sacer pugio seuini K[2] *mg* **12** antonia claudii cesaris filia M[2] *mg* antonia Y 03[2] *mg* antonia claudii · f · V 63[2] *mg* **13** c. plinius M[2] *mg*; V 58[1] *mg*, E[1] *mg*, H[1] *mg*, Mal[1] *mg*, Prm[1] *mg*, J[1] *mg*; N 22[1] *mg* plinius G[1] *mg* (*add.* G[2]: in libro VII; *cf. n. h. VII 80* (*Antoniam = matrem Claudii!*) *numquam expuisse*); Y 03[2] *mg*; V 63[1] *mg*, P[2] *mg*; C[2] *mg* hic allegat plinii historiam V 64[2] *mg* plinium testatur K[2] *mg*

54,1 Sed mirum quam inter diversi generis ordinis, aetatis sexus, dites
pauperes taciturnitate omnia cohibita sint, donec proditio coepit e domo
Scaevini. qui pridie insidiarum multo sermone cum Antonio Natale,
dein regressus domum testamentum obsignavit, promptum vagina pu-
gionem, de quo supra rettuli, vetustate obtusum increpans asperari saxo
et in mucronem ardescere iussit eamque curam liberto Milicho mandavit.
54,2 simul affluentius solito convivium initum, servorum carissimi libertate
et alii pecunia donati; atque ipse maestus et magnae cogitationis mani-
54,3 festus erat, quamvis laetitiam vagis sermonibus simularet. postremo vol-
neribus ligamenta quibusque sistitur sanguis parare eundem Milichum
monet, sive gnarum coniurationis et illuc usque fidum, seu nescium et
tunc primum arreptis suspicionibus, ut plerique tradidere [de conse-

54 **1** quam] quod *Fer*, B 72; N 22 quoniam Y 01, Y 02 | ordinis] ordines B$^1$ (*corr. s. l.* B$^2$) *om.* L 24 | dites] diuites *Gen*; N 22 **2** omnia cohibita] cohibita omnia Y 01 (choi-), Y 02 | sint] sunt α; B 72; U, Y 03; P, L; γ, K | perditio V 64 | e] et Y 03; A est L 24 **3** Scaevini] seuini E$^2$ *in textu*, B 72 secuni E$^1$ sceuni H$^1$ (*corr. s. l.* H$^2$) sceium P | qui] quod B 72 | multo sermone] M; V 63$^1$, N 23$^1$, Ven$^1$, *Stuttg*$^1$, N 22$^1$; *cett. praeter* multum sermonem Y 03; V 63$^2$ *s. l.*, N 23$^1$ *s. l.*, Ven$^1$ *s. l.*, *Stuttg*$^2$ *s. l.*, L, N 22$^1$ *s. l.*, C; γ, K | Natale] c natale Vin (c *puncto del.*) *add.* habens *Stuttg*$^2$ *mg*, L (-ens *in ras.*) **4** dein] deinde B 72 | regressus] ingressus Vin, *Stuttg* | obsignavit] osignauit J$^1$ (*corr. s. l.* J$^2$) | proptum Mal | vagina] e uagina L 24 uagia A$^1$ (*corr. s. l.* A$^2$) **5** rettuli] M; B 05$^2$ *s. l.*; P, L; K retuli B 05$^1$; *cett. praeter* dixi L 24 | uetustatem V 63 (-m *del.*) | optusum P obtussum N 23 | asperari] *Gen*; Y 01, Y 02; U$^2$ *mg*; V 63$^2$ *s. l.*, N 23$^1$ *s. l.*, Ven$^1$ *s. l.*, Vin, *Stuttg*, L, N 22; K$^2$ aspernari M; U$^1$; V 63$^1$, N 23$^1$, Ven$^1$; K$^1$ (n *puncto del.*); *cett.* **6** in] im M *om.* *Gen*; Y 01, Y 02; U, Y 03; N 22$^1$ (*add.* N 22$^1$ *mg*), L, C; V 64, γ, K | mucronem] mucionem N 22$^1$ (*corr.* N 22$^1$ *mg*) | Milicho] milico Y 03; β, L, C; V 64, γ, K malicho Mal, Prm, J, B 72 malico N 22 **7** conuium Y 01 | initum] initium Y 03 (i *tert. puncto del.*); P; V 64, A | carissimi] *spat. vac.* Vin, *Stuttg*$^1$ (*add. in textu Stuttg*$^2$) **8** peccunia V 65 | ipse] *om.* U | et] *om.* B 05 | cogitationis] cognitionis G$^1$ (*corr. in textu* G$^2$) | erat manifestus β **9** laetitiam] licentiam P | vagis] magnis *Fer* (*corr.* G$^1$ *mg*, H$^1$ *mg*, Mal$^1$ *mg*, Prm$^1$ *mg*, J$^1$ *mg*) uariis L | volneribus] M uulneribus *cett.* **10** quibusque] quibus U, Y 03; L, C; V 64, γ, K | scistitur Mal (c *puncto del.*), Prm, J | parare] *Stuttg*$^2$ *mg*, L; K$^2$ *in textu*; *Puteolanus* partiebatque M; α partiebat que V 58, B 05, *Fer* (< H); N 22$^1$ partiebat Y 01, Y 02 partiebatur B 72; U, Y 03; Ven, P, Vin, *Stuttg*$^1$ (*del. Stuttg*$^2$), C; V 64, γ, K$^1$ paciebatur N 23 partiebaturque V 63 partiebatur que H; N 22$^2$ parari iubet ⟨id⟩que *Andresen* | eumdem Hol | Milichum] α; B 05, *Fer* (< J); U milicum *cett. praeter* melicum M; Y 01, Y 02 (-chum) malichum J, B 72; N 22 (-cum) **11** monet] mouere B 05$^2$ *mg* | grarum V 65 | usque] hucusque Y 02 **12** arreptis] areptis L 24 abreptis Y 01,

quentibus]. nam cum secum servilis animus praemia perfidiae reputavit 54,4
simulque immensa pecunia et potentia obversabantur, cessit fas et salus patroni et acceptae libertatis memoria. etenim uxoris quoque consilium adsumpserat, muliebre ac deterius: quippe ultro metum intentabat, multosque astitisse libertos ac servos, qui eadem viderint: nihil profuturum unius silentium, at praemia penes unum fore, qui indicio praevenisset.

Igitur coepta luce Milichus in hortos Servilianos pergit; et cum fori- 55,1
bus arceretur, magna et atrocia adferre dictitans deductusque ab ianitoribus ad libertum Neronis Epaphroditum, mox ab eo ad Neronem, ur-

---

Y 02 *om.* U | suspicionibus] suspictionibus V 58, B 05 suscipionibus M; L 24; V 63 (su- *punctis del.*) scipionibus Y 01, Y 02; U$^{1}$ (sceuini sermonibus gnarum U$^{2}$*mg*), Y 03; β (< V 63; *corr. in textu Stuttg*$^{2}$), C; V 64, γ | de consequentibus] *codd. del. Heinsius add.* consentitur *Joh. Müller* **13** perfidiae] perfidia V 65 (-a *in ras.*) **14** simulque] simul β | inmensa M; G; Y 01; N 23; V 64 | pecunia et potentia] potentia et pecunie V 65 | obversabantur] obseruabantur P, Vin aduersabantur U$^{1}$ (*corr.* U$^{2}$*mg*), Y 03; C; V 64, γ, K | cessit] cessat P, Vin, *Stuttg*$^{1}$ (*corr. s. l. Stuttg*$^{2}$), N 22$^{1}$ *s. l.* | phas N 22 | salus] scelus Or **15** patroni] patronis Y 03; C; V 64, A, V 65, Or, N 21 | etenim] ut enim M; α; β (tum *supra* ut V 63$^{2}$), N 22$^{1}$ *s. l.*; V 64 tunc enim U$^{1}$ (ut U$^{1}$*mg*), Y 03; C; γ, K | uxoris] uxor Y 01, Y 02 | quoque uxoris V 65 **16** adsumpserat] M; Y 01 assumpserat *cett.* | ac] et B 72 | detirius M | intentabat] intemptabat B, Hol; B 72; Y 01; P intendebat V 65, Or, O 48 incendebat N 21, O 22, K | multosque] multoque B 05$^{1}$ (*corr. s. l.* B 05$^{2}$) multos Mal, Prm, J, B 72; N 22 **17** astitisse] adstitisse *Fer*; N 21 | ac] et B 05 | servos] seruo M; B, Hol ferro L 24 | eadem] endem N 22 (n *del.*) **18** scilentium G | at] ac α; Prm, J, B 72; P, N 22; V 64 | indicio] iudicio B 72 initio V 65 | praevenisset] precienisset E preuenissent N 23

**1** mirum quam diu tecta coniuratio sit B 05$^{2}$*mg* mirum profecto K$^{2}$*mg* | coniuratio detegitur L$^{2}$*mg* **2** incipit prodicio coniurationis (?) in domo sceuini G$^{2}$*mg* | quo pacto detecta coniuratio K$^{2}$*mg* **3** antonius natalis V 63$^{2}$*mg* **8** o incautum hominem K$^{2}$*mg* **12** malicus proditor coniurationis N 22$^{1}$*mg* **13** seruilis animus] seruilianus credo P$^{2}$*mg*

**1** Milichus] milicus Y 03; β (< V 63), L, C; V 64, γ (-cos O 48$^{1}$, *corr. s. l.* 55
O 48$^{2}$), K malichus J, B 72; N 22 (-cus) | ortos α; *Fer* (h- H$^{2}$ *s. l.*), B 72; Y 01, Y 02; U, Y 03; N 23, Ven, *Stuttg*, C; V 64, γ (< N 21) | Servilianos] seruianos V 58$^{1}$ (*corr. s. l.* V 58$^{2}$); Y 01, Y 02 seruilia nos O 22 **2** et] *om.* N 21$^{1}$ (*add. s. l.* N 21$^{2}$) | adferre] M afferre *cett. praeter* ferre B, Hol | deductuctusque L 24 | ab] a α; U, Y 03; N 22, C; V 64, γ, K **3** Epaphroditum — Neronem] *om.* Prm, J, B 72 | Epaphroditum] V 58, B 05; N 22 epafroditum G, E, H, Mal et aphroditum M; α; V 63 (et *punctis del.*) aphroditum

gens periculum, graves coniuratos et cetera, quae audiverat coniectaverat, docet; telum quoque in necem eius paratum ostendit accirique reum
55,2 iussit. is raptus per milites et defensionem orsus, ferrum, cuius argueretur, olim religione patria cultum et in cubiculo habitum ac fraude liberti subreptum respondit. tabulas testamenti saepius a se et incustodita dierum observatione signatas. pecunias et libertates servis et ante dono datas, sed ideo tunc largius, quia tenui iam re familiari et instantibus cre-
55,3 ditoribus testamento diffideret. enimvero liberales semper epulas struxisse: vitam amoenam et duris iudicibus parum probatam. fomenta volneribus nulla iussu suo sed, quia cetera palam vana obiecisset, adiungere
55,4 crimen, ⟨cu⟩ius se pariter indicem et testem faceret. adicit dictis con-

---

Y 01, Y 02; U, Y 03; β (< V 63), L, C; γ (afr- V 65), K$^1$ (*corr. in textu* K$^2$) aphreditum V 64 | urgens] ingens Y 03; γ, K **4** graves] graue β (*corr. in textu Stuttg*$^2$) grauesque B 05 | coniuratos] coniurationes *Gen*; Y 01, Y 02; N 22 coniuraturos P | cetera quae] ceteraque J | audiverat] α (-at *eras.* Hol); *Fer*, B 72; Vin, N 22; N 21 audiera Ven audierat M$^1$ (u *add. s. l.* M$^2$); *cett.* | coniectaverat] M; B, Hol, Z; β coniectaueratque *cett.* **5** necem] cedem Prm, B 72; N 22 | eius necem Y 01, Y 02; P, C | ostendit] docet (*punctis del.*) ostendit Ven | accirique] arcirique B 72 accurrique N 21$^1$ (*corr. s. l.* N 21$^2$) acciri quoque H **6** cuius] cui P **7** relligione B 72; A | cubiculum B 05 | habitum] aditum Y 01$^1$ (*corr. in textu* Y 01$^2$) | ac] et N 23, L | fraude] frade G$^1$ (*corr. s. l.* G$^2$) | liberti fraude L | subreptum liberti V 65 **8** subreptum] M; V 63$^1$; *cett. praeter* surreptum B, Hol, L 24; Y 02; U; V 63$^2$ *s. l.*, N 23, Ven, Vin, *Stuttg*, L; Or, N 21 subrectum B 72; Y 01 | testamenti saepius a se] sepius a se testamenti β (a se] ac si N 23) | incustodita] incustodiata L 24 in custodia U; O 48$^1$ (*corr. s. l.* O 48$^2$) **9** peccunias V 65 | et *pr.*] *bis* H | dono] domo G | dono datas] denodatus Y 03; V 64, A, V 65 **10** quia] qua B, Hol | familiari] militari U **11** enimvero] eum uero V 65 *add.* uitam amenam L 24 (*punctis del.*) | semper] super *Fer* (< H), B 72; N 22 | epulas] *om.* N 23 | struxisse] strucxisse V 63 *add.* diffideret enimuero (*cf. supra*) M (*linea subter ducta notavit* M$^2$); α *add.* diffideret enim Y 01, Y 02; U, Y 03; β (diffideret *del. Stuttg*$^2$), C (difi-); V 64, γ, K *add.* et *Gen add.* et (*puncto del.*) diffideret enim N 22 *add.* egisse enim *Stuttg*$^2$ *mg*, L; *Koestermann nihil addendum putavit Furneaux* **12** amoenam] hamenam M humanam (*punctis del.*) amenam P amneam N 21$^1$ (*corr.* N 21$^2$ *mg*) *om.* Hol | volneribus] M uulneribus *cett.* **13** nulla] *om.* J **14** cuius se] *Acidalius* I.sisse M$^1$ *in ras.* (Ius M$^1$ *mg*) iussisse L 24, Z; Y 02; U$^1$ (ut pariter se U$^2$ *mg*), Y 03; V 63, N 23, Ven (iusi-), P, C; V 64, γ, K uixisse Y 01 uisum se *Gen* (si H$^1$, se H$^2$ *mg*); N 22 dixisse Vin, *Stuttg*$^1$ (*del. Stuttg*$^2$) ut sese *Stuttg*$^2$ *mg*, L *om.* B, Hol | indicem] iudicem H; P, N 22$^1$ *mg*; O 22, K indicere Prm, J, B 72; N 22$^1$ | faceret] facere *Gen* (*corr. in textu* H$^2$); Y 01, Y 02; N 22$^1$ *s. l.* | adicit] adiicit L 24, stantiam; incusat ultro intestabilem et consceleratum, tanta vocis ac vultus securitate, ut labaret indicium, nisi Milichum uxor admonuisset Antonium Natalem multa cum Scaevino ac secreta collocutum et esse utrosque C. Pisonis intimos.

Ergo accitur Natalis, et diversi interrogantur, quisnam is sermo, qua 56,1
de re fuisset. tum exorta suspicio, quia non congruentia responderant,
inditaque vincla. et tormentorum aspectum ac minas non tulere: prior 56,2
tamen Natalis, totius conspirationis magis gnarus, simul arguendi peritior, de Pisone primum fatetur, deinde adicit Annaeum Senecam, sive internuntius inter eum Pisonemque fuit, sive ut Neronis gratiam para-

---

Z; *Gen*; Y 02; Vin, *Stuttg*, L, N 22; Or, N 21, K adiicitur P **15** incusat] accusat U, Y 03; β, L, C; V 64, γ, K | conseleratum G, H[1] (*corr. s. l.* H[2]) | vultus] uultu B 72 **16** labaret] laboret Mal, Prm, J, B 72; N 22[1] (*corr. s. l.* N 22[1]) | indicium] iudicium P, Vin *om.* Or, N 21, O 48, O 22 | Milichum] milicum Y 03; Ven, L; K milichium V 58, G, H malichum Prm, J; N 22 malicum C; V 64 malichium Mal, B 72 in alicum A in aliquum V 65 in (*sequ. spat. ca. 8 litt.*), N 21, O 48, O 22 *om.* Or (*spat. 12 litt.*) | admonuisset] M; L, N 22; V 64, A ammonuisset *cett.* | anthonium Y 01 **17** Scaevino] sceunio B, Hol, Z seuino G, B 72 | ac] et H | secreta] secreto P seneca N 21[2] *mg* | et] ut Or **18** C.] G. Y 01; U; V 63, N 23, Vin, *Stuttg*, C; V 64

**1** tandem proditur coniuratio seruili perfidia B 05[2] *mg* detegitur coniuratio in neronem E[1] *mg* detegitur coniuratio in neronem per milichum H[1] *mg*, Mal[1] *mg*, Prm[1] *mg*, J[1] *mg* (malichum) detegitur coniuratio contra neronem per malichum libertum seuini B 72[1] *mg* detegitur coniuratio neroni per malicum N 22[1] *mg* milicus seruus sceuini patefecit coniurationem factam in neronem V 63[1] *mg* | horti seruiliani P[2] *mg* **3** nero M[2] *mg* | aphroditus neronis libertus P[2] *mg* ἀφρόδιτος libertus V 63[2] *mg* **4** coniuratio detegitur K[2] *mg* **6** is] *add.* reus *Stuttg*[2] *s. l.* | capitur seuinus K[2] *mg* | excusationes sceuini contra obiecta K[2] *mg* **14** adicit dictis constantiam Hol[2] *mg* **16** seuini securitas K[2] *mg* | labat indicium G[2] *mg*

**1** accitur] accitus Y 01, Y 02 *add.* intimos J (*del.*) | interrogantur] interogantur B 72 interrogabantur Y 03; γ (-r- V 65), K | is] his Y 03 | qua] que M; V 63[1] (*corr. s. l.* V 63[2]) **2** tum] tunc B 72 cum N 23, Ven, P, Vin tamen V 64 | suspictio V 58, B 05, G[2] *s. l.*; Y 03 | quia] quam β (*corr. Stuttg*[2] *mg*) tum quia V 65 | responderant] responderat M[1] (n *add. s. l.*) responderunt B 72; V 65 **3** inditaque] indictaque B 72; N 22 inditiaque O 48 (i *tert. puncto del.*) inditia V 65 multaque Vin | vincla] uincula H; P, Vin, *Stuttg*, N 22 uinclas V 64, A, V 65, O 48 (s *puncto del.*) | et] sed L | ac] et B, Hol **4** magis] magnis L 24; V 65 | gnarus] ignarus Y 01 **5** deinde] dein P | adicit] adiicit L 24, Z; *Gen* (< H); Y 02; U; P, *Stuttg*, N 22; Or, K adiecit H addidit L *om.* Vin | Annaeum] amicum Or, N 21[1] (*corr. in textu* N 21[2]), O 48, O 22, K | senectam B, Hol | sive *pr.*] *add.* quia U, Y 03; L, C; V 64, γ, K **6** internuntius] internuntium M[1] (*corr. in textu* M[1]); α | inter] in N 22 | fuit] 56

ret, qui infensus Senecae omnes ad eum opprimendum artes conquire-
56,3 bat. tum cognito Natalis indicio Scaevinus quoque pari imbecillitate, an
cuncta iam patefacta credens nec ullum silentii emolumentum, edidit ce-
56,4 teros. ex quibus Lucanus Quintianusque et Senecio diu abnuere: post
promissa impunitate corrupti, quo tarditatem excusarent, Lucanus Aci-
liam matrem suam, Quintianus Glitium Gallum, Senecio Annium Pol-
lionem, amicorum praecipuos, nominavere.

---

fuerit U, Y 03; *Stuttg*, L, C; V 64, γ, K **7** oprimendum M | artes] artis *Fer* (*corr. in textu* G[2]) **8** tunc Vin | Scaevinus] sceunius α seuinus H, B 72 | imbecillitate] inueccillitate M[1] (u *puncto del.*, b M[1] *s. l.*) imbecilitate Y 01; N 23 imbeccillitate C; K inbecillitate V 64 inbecillitati B 72 imbecilitati N 22 | an] M; U[1] (*punctis del.*); V 63[1] (*punctis del.*); *cett. praeter* et β (V 63[2] *s. l.*), L, N 22[1] *s. l.* ante *Gen*; Y 01, Y 02; N 22; K **9** cuncta] *add.* quoque Y 03; γ | nec] ne B 72 | ullum] *add.* iam V 65 | emolimentum L | edit K **10** Lucanus Quintianusque] quintilianus lucanusque Or | Quintianusque] P; N 21, O 22; *Lipsius* quintilienusque M; L 24 quintilianus B 72 quintilianusque *cett.* (-li- *del.* H; *Stuttg*[2], L; O 48) | Quintianusque — **11** Lucanus] *om.* B, Hol | Senecio] senetio V 58, B 05; Y 01, Y 02; U; O 22 senectio E; K **11** inpunitate M | correpti L 24, Z | excusarent] excusaret U, Y 03; γ excusarem N 22 | et lucanus N 22 | Aciliam] *Puteolanus* atillam M; V 63[1]; *cett. praeter* atiliam B 05, J attiliam B 72; N 22 attillam E; Vin, *Stuttg* attilam Y 02; V 65 atilam N 23, L atyllam K acillam Y 03; V 63[2] *s. l.* acciliam P **12** Quintianus] P; N 21, O 22, K[1] quintilienus L 24 quintillianus Hol; V 65 quintilianus M; K[2] *s. l.*; *cett.* (-li- *del.* H; *Stuttg*[2], L; O 48) | Glitium] glicium M[1] (*corr. in textu*); Z; V 58, B 05, G, E, Mal, Prm; Y 02; U; P, L, N 22; K glecium Y 01 | Senecio] senectio E; K seneno Prm | Annium] anium Y 01; N 23 anneum P, Vin, *Stuttg*; K amium V 65 antonium L | pullionem N 23, L **13** amicorum praecipuos] precipuos amicorum L; *Koestermann* | praecipuos] precipue M; B, Hol, L 24; Y 01, Y 02; V 63, N 23, Ven, P precipus N 22 (u *punctis del.*)

**2** suspicio] *add.* est M[2]*s. l.* | responderant] · s · natalis et alii interrogati M[2]*s. l.* **3** inditaque] immissa M[2]*s. l.* | vincla] *add.* sunt M[2]*s. l.* | tulere] sustinuere M[2]*s. l.* **4** arguendi] accusandi M[2]*s. l.* **5** piso M[2]*mg* | seneca M[2]*mg*; Y 03[2]*mg*; V 65[1]*mg* seneca coniurasse accusatur V 58[1]*mg* seneca accusatur coniurasse G[1]*mg*, E[1]*mg*, H[1]*mg*, Prm[1]*mg*, J[1]*mg*; N 22[1] *mg* accusatur seneca coniurationis V 63[2]*mg* seneca an fuerit de coniuratis P[2]*mg* **6** pararet] acquireret M[2]*s. l.* **7** infensus] molestus uel infestus M[2]*s. l.* | seneca O 48[2]*mg* **9** deteguntur coniurationes (*sic*) K[2]*mg* **10** lucanus, quintilianus V 58[1]*mg*, G[1]*mg*, E[1]*mg*, H[1] *mg*, Mal[1]*mg*, Prm[1]*mg*, J[1]*mg*; Y 03[2]*mg*; N 22[1]*mg*; O 48[2]*mg* (-li- *punctis del.*) lucanus accusatur et quintilianus V 63[2]*mg* lucanus quintianus senecio P[2]*mg* **11** quo] ut M[2]*s. l.* | lucanus M[2]*mg* | acilia (*vel sim.*) mater lucani M[2]*mg*; V 58[1]*mg*, G[1]*mg*, E[1]*mg*, H[1]*mg*, Mal[1]*mg*, Prm[1]*mg*, J[1]*mg*; V 63[2]*mg*, N 22[1]*mg* accilia lucani mater P[2]*mg* aciliam immo at illam Y 03[2] *mg* **ad cap. 56** manifestata coniuratio apud neronem coniurati hinc occisi M[2] (*script. benev.*) *mg inf.*

Atque interim Nero recordatus Volusii Proculi indicio Epicharin at- 57,1
tineri ratusque muliebre corpus impar dolori tormentis dilacerari iubet.
at illam non verbera, non ignes, non ira eo acrius torquentium, ne a fe-
mina spernerentur, pervicere quin obiecta denegaret. sic primus quaes-
tionis dies contemptus. postero cum ad eosdem cruciatus retraheretur 57,2
gestamine sellae (nam dissolutis membris insistere nequibat), vinclo fas-
ciae, quam pectori detraxerat, in modum laquei ad arcum sellae restricto
indidit cervicem et corporis pondere conisa tenuem iam spiritum expres-
sit, clariore exemplo libertina mulier in tanta necessitate alienos ac prope

---

**1** Proculi] procul Y 01, Y 02 | indicio] iudicio J; N 22$^1$ (*corr. s. l.* N 22$^1$) in iudicio P | Epicharin] L; *Bekker* epicharim *Gen* (-m *eras.* G); N 23$^2$ *s. l.*, Vin, *Stuttg*, N 22$^1$; K epicarim Y 03; γ epycarim C; V 64 epichari Y 01, Y 02; V 63$^2$ *s. l.*, N 23$^1$, Ven, P, N 22$^1$ *s. l.* epycharum U$^1$ (-rim U$^2$ *mg*) apicharis M (-s *eras.*) apichari V 63$^1$ apicari α | attineri] attinere O 48$^1$ (*corr. in textu* O 48$^2$) obtineri Y 01; U (op-) teneri Vin, *Stuttg* **2** inpar V 64 | impar dolori] dolori impar Y 03; L; γ, K | tormentis] tormenti M$^1$ (-s *add. s. l.* M$^2$) | dilacerari] lacerari Y 03; L; γ, K | iubet] iuuet M$^1$ (b *s. l.* M$^2$) **3** at illam] atillam M; L 24; Y 01; Y 03$^1$; V 63$^1$ (*corr.* Y 03$^2$ *mg*; V 63$^2$ *in textu*), Ven attilam Y 02 atilam N 23$^1$ (*corr.* N 23$^2$ *mg*) attillam Vin, *Stuttg*$^1$ (*corr. in textu Stuttg*$^2$) acciliam P | non ira eo] nomina reo Ven | ira] ita U | torquentum Ven tormentum U$^2$ *mg* **4** sperneretur Prm, J, B 72; N 22 | pervicere] peruincere V 65, Or, O 48 (n *del.*), O 22 peruices Hol per uicem P | quin] ne V 65 **5** contemptus] contentus Mal, Prm, J; Y 03; N 22; A, Or | postero] postremo P | postero cum] postquam Or | eosdem] eos Y 03; γ, K | cruciatus] cruciatur N 23$^1$ (*corr. in textu* N 23$^2$) | retraherentur Y 02 (n *puncto del.*); V 63 (n *puncto del.*) **6** nam — nequibat] *om.* P, Vin, *Stuttg*$^1$ (*add. Stuttg*$^2$ *mg*) | nam — **7** sellae] *om.* C | nam] non E | dissolutis] disolutis V 65 dissolutus O 48$^1$ (*corr. in textu* O 48$^1$) | menbris V 64, A, O 48 | nequibant Y 02 (n *puncto del.*) | vinclo] uinculo E; U; P, *Stuttg*, N 22; K *spat. ca. 8 litt.* N 21, O 48, O 22 *spat. ca. 20 litt.* Or | fasciae] fasce M; B, Hol, Z$^1$ (*corr. s. l.* Z$^2$); V 63$^1$ (*corr. s. l.* V 63$^2$) fascee Y 01, Y 02 **7** pectori] pretori G | sellae] cum (*punctis del.*) selle P **8** indidit] indicit B, Hol iniicit L 24 | cervicem] ceruici Mal, Prm, J, B 72; N 22$^1$ (*corr. s. l.* N 22$^1$) sernitem P | corporis] corpori Mal, Prm, J, B 72; N 22$^1$ (*corr. s. l.* N 22$^1$) | conisa] M; V 63, N 23$^1$ connisa α; H; Y 02; C; V 64 connissa V 58 conixa Y 01; L connixa B 05; U, Y 03; N 23$^2$ *s. l.*, Ven, P, Vin, *Stuttg*; γ, K commissa *Fer* (< H), B 72; N 22 | spirtum V 65 | exprexit M; B 72; Y 01 **9** clariore] M; V 63$^1$, Ven$^1$; *cett. praeter* clarior Y 03; V 63$^2$ *s. l.*, Ven$^1$ *s. l.*, L, C; γ (clario V 65), K clariorem N 22$^1$ (*corr. s. l.* N 22$^2$) clamore N 23$^1$ (-or N 23$^1$ *s. l.*) | neccessitate 57 ignotos protegendo, cum ingenui et viri et equites Romani senatoresque intacti tormentis carissima suorum quisque pignorum proderent.

58,1 Non enim omittebant Lucanus quoque et Senecio et Quintianus pas-
sim conscios edere, magis magisque pavido Nerone, quamquam multi-
58,2 plicatis excubiis semet saepsisset. quin et urbem per manipulos occupa-
tis moenibus, insesso etiam mari et amne, velut in custodiam dedit.
volitabantque per fora, per domos, rura quoque et proxima municipio-
rum pedites equitesque, permixti Germanis, quibus fidebat princeps
58,3 quasi externis. continua hinc et vincta agmina trahi ac foribus hortorum

---

V 65 **10** cum] et cum L 24 | ingenui] ingenii H$^{1}$; N 23$^{1}$ (*corr.* H$^{2}$ *in textu*; N 23$^{2}$ *s. l.*), Ven | et *alt.*] *om.* L | senatoresque] *om.* L$^{1}$ (*add.* L$^{1}$ *mg*) **11** intacti] intactis M; α; β (*corr.* V 63$^{2}$ *s. l.*, N 23$^{1}$ *s. l.*, *Stuttg*$^{2}$ *in textu*) in tantis *Gen* (*corr.* H$^{2}$ *mg*); Y 01, Y 02; N 22 | tormentis] tormenti Ven$^{2}$ *s. l.* | carissima] carissimam M (-m *del.*); V 63, N 23$^{1}$ (*corr. s. l.* N 23$^{2}$), Ven carissimorum N 22$^{1}$ (*corr. s. l.* N 22$^{1}$) | suorum] suos P | suorum quisque] quoque suorum Y 01, Y 02 quaeque suorum *Lipsius* | pignorum] pignora Y 01, Y 02 (*post* proderent); L

**1** forte factum mulieris M$^{2}$ (*script. benev.*)*mg* | epicharis fortis mulier V 58$^{1}$*mg*, B 05$^{1}$*mg* (*add.* et tormentis inuicta), G$^{1}$*mg*, E$^{1}$*mg*, H$^{1}$*mg*, Mal$^{1}$*mg*, Prm$^{1}$*mg*, J$^{1}$*mg*; N 22$^{1}$*mg* **3** n. singularem epycharis femine in cruciatibus constantiam N 23$^{2}$*mg* ingens mulieris patientia V 63$^{2}$*mg* o constantem feminam K$^{2}$*mg* **8** suspendio perit animosa Επίχαρις V 63$^{2}$*mg* | ω. ω. ω K$^{2}$*mg* **9** nota mirum uite exitum epicharis B 05$^{2}$*mg* | accilia lucani mater interimitur (*sic*) P$^{2}$*mg* | clariore . . .] epinoëma et excogitatio ab oratore ultra rem *Stuttg*$^{2}$*mg* **10** magnanima atilla H$^{2}$*mg*; N 22$^{1}$*mg* (atilia)

58 **1** obmittebant U, Y 03; N 21 | senectio E; Y 01; K | Quintianus] P; N 21, K$^{1}$ quintilanus O 22 (l *puncto del.*) quintilianus M; K$^{2}$ *s. l.*; *cett.* (-li- *del.* H; *Stuttg*$^{2}$, L; O 48) | pascim O 22 **2** conscios] consocios V 63 (o *alt. puncto del.*) | edere] cedere C | magis] *om.* Y 01; γ (< A), K **3** saepsisset] Z; *Gen* (< B 72); Y 02; P$^{2}$ *s. l.*, Vin, *Stuttg*, L$^{2}$ *s. l.*, N 22; K sepisset M; B 72; P$^{1}$, L$^{1}$; *cett. om.* U | urbem] in (*punctis del.*) urbem L | ocupatis N 23 **4** insesso] infesso Z; J; Y 03; γ incesso P obsesso U$^{2}$*mg* | mari] mare Y 01$^{1}$ (*corr. in textu* Y 01$^{2}$) | anne B 72; Y 01; C | velut] velud M; V 63 *om.* V 65 **5** volitabantque] uolitabanque M$^{1}$ (*corr. s. l.* M$^{2}$) uolitabatque Prm, J, B 72; N 22, C | per *alt.*] et K | rura quoque] ruraque L | et] *del. Stuttg*$^{2}$ *om.* Y 03; L, C; V 64, γ, K | proxima] proximorum Y 03; L; γ, K proximi U$^{1}$ (*corr.* U$^{2}$*mg*); β (-orum *Stuttg*$^{2}$ *s. l.*); V 64 nouorum C **6** equitesque] equites P | permisti N 22 | Germanis] romanis *Fer* (< H; *corr.* E$^{3}$*mg*), B 72; N 22$^{1}$ (*corr.* N 22$^{1}$*mg*) **7** hinc] huc P | et] et in B 72 | vincta] iuncta V 58, B 05, H, B 72; U; β, L, N 22; K | hortorum] M; V 58, B 05, H$^{2}$ *s. l.*; Y 01; U; P, L,

adiacere. atque ubi dicendam ad causam introissent, ⟨non stud⟩ia tantum erga coniuratos, sed fortuitus sermo et subiti occursus, si convivium, si spectaculum simul inissent, pro crimine accipi, cum super Neronis ac Tigellini saevas percunctationes Faenius quoque Rufus violenter urgueret, nondum ab indicibus nominatus et, quo fidem inscitiae pararet, atrox adversus socios. idem Subrio Flavo assistenti adnuentique, 58,4
an inter ipsam cognitionem destringeret gladium caedemque patraret, renuit infregitque impetum iam manum ad capulum referentis.

---

N 22; N 21, K orthorum N 23 ortorum H$^{1}$; *cett.* **8** adiacere] M; V 63$^{1}$; *cett. praeter* adicere N 23$^{1}$, Ven$^{1}$ adiecere Y 03; V 63$^{2}$ *in textu*, N 23$^{1}$ *in textu*, Ven$^{1}$ *in textu*, P; V 64, A | ubi] ibi B 72; Or, N 21, O 48, O 22 | ad dicendam Y 01, Y 02; L | introisse P | non studia tantum] *Fuchs* latatum M; B, Hol; *Gen* (< B 72); U$^{1}$ (dilatum U$^{2}$*mg*); N 22 lata tum Y 03; C; V 64, γ, K latratum L 24 letatum Z; G$^{2}$ *in textu*, B 72; Y 01, Y 02; β lati tum *Stuttg*$^{2}$*mg*, L non laeta tantum *Brakman* non amicitia tantum *Sörbom* (*cf. ad cap. 5,11*) *182* laetatum *Nipperdey*, *al.* **9** erga] ergo B 72 apud N 22$^{1}$ (*corr.* N 22$^{1}$*mg*) | sed] M; V 63$^{1}$, N 23$^{1}$, *Stuttg*$^{1}$; *cett. praeter* si Y 01, Y 02; U, Y 03; V 63$^{2}$ *s. l.*, N 23$^{1}$ *s. l.*, *Stuttg*$^{2}$ *s. l.*, L, C; V 64, γ, K et *Nipperdey*, *al.* | subiti] subici U$^{1}$ (*corr.* U$^{2}$*mg*) | occursus] concursus V 65 occasus O 22 **10** simul] *om.* L | accepi P **11** ac] et α; U | Tigellini] tegillini Y 01, Y 02 tigillini M; *cett.* | saevas] scenas J | percunctationes] M; G$^{2}$ *s. l.*; *cett. praeter* percuntationes G$^{1}$; Ven percontationes *Gen* (< G); P (-conct-), N 22; Or procunctationes U cunctationes L | Faenius] femus N 21, O 48$^{1}$ (*corr. in textu* O 48$^{2}$), O 22 | ruffus Y 01, Y 02; P, Vin, *Stuttg*; V 65 **12** urgueret] M; B urgeret Hol, L 24, Z; *Gen*; Y 01, Y 02; N 23$^{2}$ *s. l.*, Vin, *Stuttg*, L, N 22 urgetur V 63, N 23$^{1}$, Ven urgeretur U, Y 03; P, C; V 64, γ, K | nondum] non L 24 | indicibus] iudicibus P, Vin, *Stuttg*$^{1}$ (*corr. in textu Stuttg*$^{2}$) | nominatus] nominatis B$^{1}$ (*corr. s. l.* B$^{2}$); Vin | et] *Acidalius* sed *codd.* | insitie V 64, Or **13** atrox — **14** patraret] *om.* C | idem] *om.* P | Flavo] M; *Stuttg*$^{1}$; *cett. praeter* flauio Y 03; *Stuttg*$^{2}$, L | assistenti] adsistenti G, E, H asistenti M; Y 01; N 22; V 65 adscistenti Mal, Prm, J aste assistenti P | adnuentique] M annuentique V 58$^{1}$; *Stuttg*$^{1}$; *cett. praeter* abnuentique U innuentique V 58$^{2}$ *s. l.*, B 05, E, H; *Stuttg*$^{2}$, L inuentique Mal, Prm, J, B 72; N 22$^{1}$ (anu- N 22$^{1}$*mg*) **14** cognitionem] *om.* B 72$^{1}$ (*add.* B 72$^{2}$*mg*) | destringeret] M; *cett. praeter* distringeret *Gen* (*corr. s. l.* V 58$^{2}$); β, L, N 22; Or restringeret α stringeret Y 01 | gladium] gladiumque pararet B (-que pararet *punctis del.*) | patraret] pararet U$^{2}$*mg* **15** renuit] rennuit M retinuit *Gen* (reniduit B 05$^{2}$*mg*); Y 01, Y 02; N 22 tenuit U; L; N 21 tenuitque Y 03; γ (< N 21), K | infregitque] infregit Y 01, Y 02 fregitque L | inpetum V 64

**1** lucanus M$^{2}$*mg*; V 65$^{1}$*mg* | senecio, quintilianus M$^{2}$*mg* **2** o ignauia uirorum K$^{2}$*mg* | nero M$^{2}$*mg* **6** nero germanis fidebat quasi externis L$^{3}$*mg* **10** nero P$^{2}$*mg* **11** tigillinus P$^{2}$*mg* | fenius rufus P$^{2}$*mg* **14** o utinam fecisses K$^{2}$*mg*

59,1 Fuere qui prodita coniuratione, dum auditur Milichus, dum dubitat
Scaevinus, hortarentur Pisonem pergere in castra aut rostra escendere
studiaque militum et populi temptare. si conatibus eius conscii aggre-
garentur, secuturos etiam integros; magnamque motae rei famam, quae
59,2 plurimum in novis consiliis valeret. nihil adversum haec Neroni pro-
visum. etiam fortes viros subitis terreri, nedum ille scaenicus, Tigellino
scilicet cum paelicibus suis comitante, arma contra cieret. multa expe-
59,3 riendo confieri, quae segnibus ardua videantur. frustra silentium et fidem
in tot consciorum animis et corporibus sperare: cruciatui aut praemio
cuncta pervia esse. venturos qui ipsum quoque vincirent, postremo in-
digna nece afficerent. quanto laudabilius periturum, dum amplectitur
rem publicam, dum auxilia libertati invocat! miles potius deesset et ple-

---

59 **1** prodita] perdita V 63, N 23, Ven | Milichus] milicus Y 03; L, C; V 64, γ, K malicus N 22 malichius B 72 melichus N 23[1] (*corr. in textu* N 23[2]) **2** seuinus B 72; Vin | in] *om.* C | escendere] M; V 63[1] conscendere V 63[2] *s. l.*; *cett.* (concendere P) **3** conscii eius Y 01, Y 02 | coscii V 63 | agregarentur B 72; Y 01 **4** motae] morte Prm, J; N 22[1] (*corr. s. l.* N 22[1]) in orte B 72 | famam quae] famamque Y 01; O 22 famam quam K **5** pluribus K | valeret] ualent U[1] (ualet U[2] *mg*) | haec] hoc *Gen* (*post* Neroni J); Y 01, Y 02; P, Vin, *Stuttg* hic B, Hol | Neroni] nerone B 72 **6** etiam] et β (*corr. in textu Stuttg*[2]) | fortes] fortis Or, N 21, O 48, O 22 | viros] uiris Or, N 21, O 48[1] (*corr. in textu* O 48[2]) | subitis] subitos Prm[1] (*corr. s. l.* Prm[2]) | tereri J | nedum] nec dum Mal, Prm, J, B 72; β (< P), N 22 | scaenicus] senicus G, B 72; P scenie V 63[1], N 23[1], Ven[1] (*corr.* V 63[2] *s. l.*, N 23[1] *s. l.*, Ven[1] *s. l.*) | Tigellino] tigillino M; *cett. praeter* tegillino Y 02 tigilino N 23 tigilli ne C trigillino Or **7** silicet V 63; V 65 | paelicibus] pellicibus L 24, Z; *Gen*; Y 02 (*post* suis); Y 03; P, Vin, *Stuttg*, L, N 22, C; V 64, γ, K | suis] *om.* B 72 | comitante] comittante E commitante V 63 minitante Y 03; γ, K | contra] c̄ira M | contra cieret] contraiceret B[2] *s. l.*, Hol traiceret B[1] | cieret] ciere V 63[1] (*corr. s. l.* V 63[2]) | multa] multaque U | experiendo] experientia U, Y 03; β (*corr. in textu Stuttg*[2]), N 22[1] *s. l.*, C; V 64, γ **8** confieri] M; B, L 24, Z confiteri Hol fieri *cett.* | segnibus] senibus N 21[1] (*corr. s. l.* N 21[1]) | videantur] uieantur G[1] (*corr. s. l.* G[2]) uidebantur P, Vin, *Stuttg*[2], N 22[1] *s. l.* uiderentur *Koestermann, Komm. p. 294* | scilentium G | et fidem] *om.* V 63[1], *spat. ca. 7 litt., add. in textu* V 63[2] **9** consciorum] consociorum *Fer* (< H), B 72; N 23 coniuratorum Z | corporibus] corporis Mal, Prm, J[2] *in textu*, B 72[1] (*corr. in textu* B 72[2]); N 22 copiis J[1] | sperare] sperari *Gen*; Y 02; N 22 sperat Y 01 | cruciatui] cruciatu α; *Gen*; Y 01, Y 02; N 22 | premia J **10** preuia V 65 | venturos] inuenturos Y 01 (in *del.*) | vincirent] uincerent M; α; B 72; Y 03; V 63[1] (*corr. s. l.* V 63[2]), N 23, P, C[1] (*corr. s. l.* C[2]); A **12** rem publicam] p. U[1] (*corr.* U[2] *mg*) | inuocant Prm, J | miles] dum miles G[2] (dum

bes desereret, dum ipse maioribus, dum posteris, si vita praeriperetur,
mortem adprobaret. immotus his et paululum in publico versatus, post 59,4
domi secretus, animum adversum suprema firmabat, donec manus militum adveniret, quos Nero tirones aut stipendiis recentes delegerat: nam
vetus miles timebatur tamquam favore imbutus. obiit abruptis brachio- 59,5
rum venis. testamentum foedis adversus Neronem adulationibus amori uxoris dedit, quam degenerem et sola corporis forma commendatam amici matrimonio abstulerat. nomen mulieri Satria Galla, priori marito Domitius Silus: hic patientia, illa impudicitia Pisonis infamiam propagavere.

---

*add. s. l.*); U, Y 03; β (< V 63[1]; dum *add. s. l.* V 63[2]), L, C; V 64, γ, K | desset] deesse N 23, Ven, P | plebes] plebs L 24, Z; G, E, H; U, Y 03; Vin, *Stuttg*, L; γ (ples V 65), K **13** desereret] desereretur β (*corr.* V 63[2] *mg*, N 23[1] *mg*, Ven[1] *s. l.*, *Stuttg*[2] *in textu*), N 22[1] *s. l.* | si] *eras.* G **14** adprobaret] M approbaret *cett.* (-p- V 65) | immotus] inmotus G; Y 01; V 63[1] (m V 63[2] *s. l.*); V 64 | his] hiis G iis V 58, B 05, E is P bis N 21 | paululum] paulum B 72 | puplico V 63 | post] et post Vin **15** domi] domus Or | secretus] secretum V 63[1], N 23[1], Ven[1] (*corr.* V 63[2] *s. l.*, N 23[1] *s. l.*, Ven[1] *s. l.*), P; V 64 secretis Or | adversum] aduersus B 72; Y 03; N 23[1] (*corr. in textu* N 23[2]), L; γ, K | suprema] supprema Y 01; V 63, N 23, Ven; V 64 somnia P | firmabat] firmat *Gen*; Y 01, Y 02; N 22 formabat V 65 **16** adveniret] aduenire Mal, Prm aduenere J | quos] quis M; B[1] (*corr. s. l.* B[2]), L 24, Z; *Gen* (< B 72); Y 01, Y 02; N 22[1] quibus B 72; N 22[1] *s. l.* quod β (*corr.* V 63[2] *s. l.*, N 23[1] *s. l.*, Ven[1] *s. l.*) | Nero] uero Z[2] *s. l.* | tirones] tyrones B, Hol; Mal, Prm, J; Y 02; N 22; γ, K *om.* C | aut] *om.* C | recentes] recente Y 03[1] (*corr. s. l.* Y 03[2]); A **17** miles] militem B 72 | timebatur] timebat Prm, J, B 72; N 22 | tamquam] *Rhenanus* quamquam M; *cett. praeter* quamque B 72 | favore] M; H[1]; U[1]; V 63[1], N 23[1]; *cett. praeter* pauore H[2] *mg*; U[2] *s. l.*, Y 03; V 63[2] *s. l.*, N 23[1] *s. l.*, L; V 64, γ (< Or; *corr.* A[2] *s. l.*, N 21[2] *s. l.*, O 48[2] *s. l.*) | inbutus B 72; V 64 | obiit] abiit P, Vin, *Stuttg*[1] (*corr. in textu Stuttg*[2]) | abruptis] arbruptis B 72 abrutis V 63[2] *in textu*, N 23, Ven obrutis V 63[1] | bracchiorum Z; B 72; Y 01; V 64, K **18** venis] uenenis E, H[1] (*corr. in textu* H[2]), Mal | testamentum] testamentis U testimonium P | aduersum B 05 | nerorem N 23 | adulationem K | amori] amore N 22[1] *s. l.* **19** uxoris] uxor Y 01 | dedit] editis U[2] *mg* | degenerem et] degenere met M[1] (*corr.* M[2]); α (*corr.* B[2], Hol[2]) | solam N 23 (-m *del.*) | forma] fama B 72; Y 01, Y 02; γ (< A), K | commendatam] comendatam M[1] (m *add. s. l.* M[2]); Prm, J; V 65 comendata B 72 **20** mulieri Satria] *Andresen* mulieris atria *codd.* (-s *puncto del.* Prm) | Galla] gallia Hol (i *puncto del.*); V 63 (i *puncto del.*) | priori marito] prior maritus *Stuttg*[2] *in textu*, L[2] *in textu* **21** Domitius] demitius V 64 dominus Z | Silus] silius *Gen* (siliuus B 72); Y 01, Y 02; N 22 sillus Vin,

60,1 Proximam necem Plautii Laterani consulis designati Nero adiungit, adeo propere, ut non complecti liberos, non illud breve mortis arbitrium permitteret. raptus in locum servilibus poenis sepositum manu Statii tribuni trucidatur, plenus constantis silentii nec tribuno obiciens eandem conscientiam.

60,2 Sequitur caedes Annaei Senecae, laetissima principi, non quia con-
iurationis manifestum comperecat, sed ut ferro grassaretur, quando ve-
60,3 nenum non processerat. solus quippe Natalis et hactenus prompsit, mis-
sum se ad aegrotum Senecam, uti viseret conquerereturque, cur Piso-

---

*Stuttg*, L filius O 48$^2$ *s. l.*, O 22, K filus O 48$^1$ filiis L 24, Z; V 65, Or, N 21 solus V 63$^1$ (*corr. s. l.* V 63$^2$) | patientia] patientiam V 63$^1$, N 23$^1$ (*corr.* V 63$^2$ *s. l.*, N 23$^1$ *s. l.*), Ven, P *om.* Y 02 | inpudicitia M; V 64 impudicitiam P | infamiam pisonis Y 01, Y 02 | infamia Y 03; A | propagauere infamiam β

**1** pisonis exitus L$^2$*mg* **2** optimum consilium et capessendum in tali casu H$^2$*mg*; N 22$^1$ *mg* optimum consilium K$^2$*mg* **6** etiam uiri fortes subitis terrentur K$^2$*mg* | tigillinus P$^2$ *mg* **17** piso obiit B 05$^2$*mg* mors pisonis G$^2$*mg*; Y 01$^2$*mg*; N 22$^1$*mg* de morte pisonis K$^2$ *mg* **20** atria galla G$^2$*mg*; V 63$^2$*mg*, P$^2$*mg*, N 22$^1$*mg*

60 **1** Plautii] plancii B 05, J, B 72 platii Or **2** propere] M; α; *Gen*; Y 01, Y 02; U$^2$*mg*; V 63$^1$, Vin, *Stuttg*, N 22 prepopere Y 03 prepropere U$^1$; V 63$^2$ *s. l.*; *cett.* | complecti] conplecti V 64 amplecti α | liberis C | illud] illico V 65 | arbitrium] exitium Or **3** permitteret] permutaret α (-re Hol) | raptus] raptum V 63$^1$, N 23$^1$, Ven$^1$ (*corr.* V 63$^2$ *s. l.*, N 23$^1$ *s. l.*, Ven$^1$ *s. l.*), P; V 64 | sepositum] sepositus G impositum L 24 | manu] manus M; α (-s *puncto del.* Z); V 63$^1$, N 23$^1$, Ven$^1$ (*corr.* V 63$^2$ *s. l.*, N 23$^1$ *s. l.*, Ven$^1$ *s. l.*), P **4** Statii] Z tatii M; B, Hol, L 24; *Gen* (< B 72); Y 01, Y 02; U, Y 03; V 63$^1$, N 22, C; γ (tactu V 65), K tutii B 72; V 63$^2$ *s. l.*, N 23, Ven, P$^2$ *s. l.*, Vin, *Stuttg*; V 64 tueri P$^1$ titii L | plenus] plenis β (planis N 23$^1$; *corr.* V 63$^2$ *s. l.*, N 23$^1$ *s. l.*, Ven$^1$ *s. l.*) | constantis] constantiis M; B, Hol, L 24; U$^1$ (*corr.* U$^2$*mg*), Y 03 (i *pr. puncto del.*); β (*corr. s. l.* N 23$^2$), C; V 64, γ (i *pr. puncto del.* N 21, O 48) constanti J | obiciens] obiiciens L 24, Z; *Gen*; Y 02; U; P, Vin, *Stuttg*, L, N 22; Or, N 21, K **5** eamdem Hol | coscientiam Y 03 **6** Annaei] amici U; O 48$^1$ (*corr. in textu* O 48$^2$) | principis C **7** manifestum] *om.* Prm, J, B 72 | comperecat] conpererat V 64 comperaret N 22$^1$ (*corr. s. l.* N 22$^1$) compar erat B 72 | crassaretur U, Y 03; C; V 64, γ, K | quando] quoniam Y 01, Y 02; Y 03; γ, K | venenum] *add.* grassaretur Ven (*punctis del.*) **8** percesserat B 72 | et] *om.* Y 03; L$^1$ (*add. s. l.* L$^2$), C; γ, K | hacthenus O 22 | prompsit — **9** conquerereturque] *om.* Or, N 21, O 48, O 22, K$^1$ (*add.* K$^2$*mg*) | prompsit] promsit B 05$^1$ (*corr. s. l.* B 05$^2$) pronsit A, V 65 promisit U$^1$; β (*corr.* V 63$^2$*mg*, N 23$^1$*mg*, *Stuttg*$^2$ *in textu*), C; V 64 premisit U$^2$*mg* **9** se ad egrotum senecam missum β | ut H | conquerereturque] conqueretur-

nem aditu arceret: melius fore, si amicitiam familiari congressu exer-
cuissent. et respondisse Senecam sermones mutuos et crebra colloquia
neutri conducere; ceterum salutem suam incolumitate Pisonis inniti.
haec ferre Gavius Silvanus tribunus praetoriae cohortis, et an dicta 60,4
Natalis suaque responsa nosceret percunctari Senecam iubetur. is forte
an prudens ad eum diem ex Campania remeaverat quartumque apud la-
pidem suburbano rure substiterat. illo propinqua vespera tribunus venit
et villam globis militum saepsit; tum ipsi cum Pompeia Paulina uxore
et amicis duobus epulanti mandata imperatoris edidit.

---

que G; Vin conquireretque B 72 conquereretur V 65 consequereturque N 22 | cur Pisonem] pisonem cur V 63$^1$ (*corr. s. l.* V 63$^2$) **10** aditu] aditum M (-m *del.*) auditu Mal, Prm, J; Vin, *Stuttg*$^1$ (*corr. in textu Stuttg*$^2$), N 22 | fore] foret L 24; N 22$^1$ (*corr. s. l.* N 22$^1$); V 65 | amicitiam] amicitia M; B, Hol, L 24; β (< Ven), L | congressum N 23, Ven, P, *Stuttg*, L | exercuisset B 72; Y 01, Y 02; Ven, P, Vin, *Stuttg*, L **11** coloquia N 23 **12** incolumitatem V 63 (-m *puncto del.*), P | posonis M | inniti] initi Mal, Prm, J; N 22; O 22 innitti Y 01 iniici P adniti L 24 **13** haec] nec P; O 22 | ferre] fere α; Y 03; P; A, V 65 ferme Or | Gavius] *Bekker* grauius M; *Stuttg*$^1$; *cett. praeter* granius *Stuttg*$^2$, L | Silvanus] silanus B, Hol; Y 03; L$^1$ (*corr. s. l.* L$^2$); γ sillanus L 24, Z; U; Or sylanus C *om.* Ven | tribunus] *om.* Y 01, Y 02 | an] at B 72$^1$ (*corr. in textu* B 72$^2$) **14** suaque] sua queque G | nosceret] noscerent P *om.* V 63$^1$ (*spat. 9 litt., add. in textu* V 63$^2$) ⟨ag⟩nosceret *Acidalius* | percunctari] percontari *Gen*; Y 02; Y 03; L, N 22, C; γ (-nct- N 21) | Senecam] M; V 63$^1$, N 23$^1$, Ven$^1$; *cett. praeter* seneca U; V 63$^2$ *s. l.*, N 23$^1$ *s. l.*, Ven$^1$ *s. l.*, C; V 64 | Senecam iubetur] iubetur senecam Or, N 21, K iubetur seneca Y 03; A, V 65, O 48, O 22 **15** an prudens] M; P$^1$; O 48$^1$; *cett. praeter* imprudens P$^2$ *s. l.* (inp-); Or, N 21, O 48$^2$ *in textu*, O 22, K a prudens U$^1$ applicans U$^2$*mg* | eam O 22 | reameauerat V 64 (a *pr. puncto del.*) | quartumque] quartum B 72 **16** rure] iure P | substiterat] sustiterat L 24; V 63, N 23, Ven, *Stuttg*$^1$ (*corr. s. l. Stuttg*$^2$) suststerat Vin (i Vin$^2$ *s. l.*) substiterit O 48$^1$ (*corr. s. l.* O 48$^2$) constiterat V 58$^1$ (*corr. s. l.* V 58$^1$) | tribinus N 22 **17** globus B 05 | saepsit] scripsit V 64 | tunc C | Pompeia] pompea Y 03; C; V 64, γ (< Or), K | uxore] et uxore P **18** amicis duobus] amicis duobus amicis V 65 | epulati P

**1** plaucius lateranus G$^2$*mg*; O 48$^2$*mg* laterani mors Y 03$^2$*mg* plaucii laterani nex P$^2$*mg* **4** plautius lateranus trucidatur K$^2$*mg* **6** mors senece Hol$^2$*mg*; C$^2$*mg* senece mors V 58$^2$ *mg*; P$^2$*mg*; O 48$^1$*mg* paratur iam cedes senece B 05$^2$*mg* sequitur cedes annei senece G$^2$*mg* senece indigna mors Y 03$^2$*mg* cedes annei senece V 63$^1$*mg*, N 23$^1$*mg* cedes senece L$^2$*mg* de morte senece K$^2$*mg* | nota totum K$^2$*mg* **10** familiari congressu Hol$^2$*mg* **16** propinqua uespera B 05$^2$*mg* **17** pompeia paulina uxor senece M$^2$ *mg*; O 48$^1$ *mg* (pompea) paulina pompeia uxor senece G$^2$*mg* pompea paulina Y 03$^2$*mg* paulina uxor senece V 63$^2$*mg*

61,1 Seneca missum ad se Natalem conquestumque nomine Pisonis, quod
a visendo eo prohiberetur, seque rationem valetudinis et amorem quie-
tis excusavisse respondit. cur salutem privati hominis incolumitati suae
anteferret, causam non habuisse; nec sibi promptum in adulationes in-
genium. idque nulli magis gnarum quam Neroni, qui saepius libertatem
61,2 Senecae quam servitium expertus esset. ubi haec a tribuno relata sunt
Poppaea et Tigellino coram, quod erat saevienti principi intimum con-
siliorum, interrogat an Seneca voluntariam mortem pararet. tum tribu-
nus nulla pavoris signa, nihil triste in verbis eius aut vultu deprensum
61,3 confirmavit. ergo regredi et indicere mortem iubetur. tradit Fabius Rus-
ticus non eo quo venerat itinere reditum, sed flexisse ad Faenium prae-
fectum et expositis Caesaris iussis an obtemperaret interrogavisse, mo-
61,4 nitumque ab eo ut exequeretur, fatali omnium ignavia. nam et Silvanus

---

61 **1** Seneca] senecam U$^1$; P (-m *del.*); O 22, K ad principemque reuersus senecam U$^2$*mg* | ad] a V 63$^1$ (*corr. s. l.* V 63$^2$) | se Natalem] senatalem A$^1$ (*corr. in textu* A$^2$) | quod a] quodam V 63$^1$ (*corr. s. l.* V 63$^2$) **2** a] *om. Gen* (*add. s. l.* G$^2$); Y 01, Y 02 *add.* se U | uidendo Or | eo] eum B 72$^1$ (*corr. in textu* B 72$^2$) | prohyberetur Y 01 probiberetur B 72 | rationem] ratione *Gen*; Y 02; N 22 rationes Y 01 (-s *puncto del.*) | valetudinis] M; Y 02; L ualutudinis B 05 ualitudis G ualitudinis *cett.* | amorem] amore *Gen*; Y 01, Y 02; N 22 *add.* ualitudinis Y 03 (*punctis del.*); A, V 65, O 48 (*punctis del.*) **3** cur] cum V 63, N 23, Ven, P, N 22$^1$ (*corr. s. l.* N 22$^1$) | hominis] *om.* U | inculumitate B 72 **4** habuisset B 72 **5** Neroni] neronis U$^1$ (*corr.* U$^2$*mg*) | saepius] sepe B 72 **6** senence A (n *alt. puncto del.*) | expertus] corporis V 65 | expertus esset] esset expertus L$^1$ (*corr. s. l.* L$^2$) *om.* V 63$^1$ (*add.* V 63$^2$*mg*) | esset] est L 24 | hec ubi G **7** Poppaea] popea Y 01 peopea Mal$^1$ (*corr. in textu* Mal$^2$) | Tigellino] tigillino M; *cett. praeter* tigilino B, Hol tegillino Y 02 tygillino C | coram] *add.* an seneca N 23 (*del.*) | quod] qui M$^2$ *s. l.* | intimum] initium B 72 | consiliorum] consiliumorum P$^1$ (*corr. in textu* P$^1$) *om.* B 72 **8** interrogat] interogat B 72; V 64, V 65 *om.* L$^1$ (*add.* L$^1$*mg*) | Seneca] senecam G (-m *eras.*); O 48 (-m *eras.*) | pararet] paueret N 23$^2$ *s. l.* | tum] cum Or, N 21, O 22, K **9** aut] ac Vin | uultum Z | deprensum] M; B, Hol deprehensum *cett.* **10** et] ac B 72 | indicere] *add.* sibi U$^2$*mg* | tradidit N 22 **11** itinere] in itinere Vin *om.* P | reditum] redditum *Fer* (d *pr. puncto del.* H) rediturum B 72$^1$ (*corr. in textu* B 72$^2$); β (*corr. in textu Stuttg*$^2$) *add.* a tribuno *Stuttg*$^2$ *mg*, L; *Koestermann* (*nihil addendum putavit Furneaux*) redisse tribunum *Halm* | flexisse] flexis se C (*corr. in textu*) | Faenium] senium α; V 65 | prephectum V 63, N 23 **12** iussis] *om.* Mal, Prm, J, B 72 | an obtemperaret iussis V 65 | optemperaret Y 02 | interrogavisse] interogauisse B 72; N 23, C; V 65 interrogatus (*punctis del.*) interrogauisse Hol **13** ut] *om.* V 65, N 21, O 48, O 22, K | exequereretur A | fatali] M; V 63$^1$, N 23$^1$, Ven$^1$; *cett. praeter* fatalis U, Y 03;

inter coniuratos erat augebatque scelera, in quorum ultionem consenserat. voci tamen et aspectui pepercit intromisitque ad Senecam unum ex centurionibus, qui necessitatem ultimam denuntiaret.

Ille interritus poscit testamenti tabulas; ac denegante centurione con- 62,1
versus ad amicos, quando meritis eorum referre gratiam prohiberetur, quod unum iam et tamen pulcherrimum habeat, imaginem vitae suae relinquere testatur, cuius si memores essent, bonarum artium famam tam constantis amicitiae laturos. simul lacrimas eorum modo sermone, 62,2
modo intentior in modum coercentis ad firmitudinem revocat, rogitans

---

V 63$^{2}$ *s. l.*, N 23$^{1}$ *s. l.*, Ven$^{1}$ *s. l.*, L, C; V 64, γ, K | onnium M | Silvanus] silanus Y 03; γ (-ll- Or) syllanus U; P, C; V 64 (-l-), K **14** angebatque P | consenserat] consensenserat Vin consensit *Gen* (*corr.* B 05$^{2}$*mg*); N 22$^{1}$ (*corr. s. l.* N 22$^{1}$) **15** voci] non α (*corr. in textu* Hol$^{2}$) | et] *om.* L$^{1}$ (*add. s. l.* L$^{2}$) | aspectu B 72; U | pepercit] pepercerat Vin | ad] *om.* B$^{1}$ (*add.* B$^{2}$*mg*) | unun A | ex] e L 24 **16** centurionibus] contubernalibus P | neccessitatem V 65

**1** natalis · p · n · G$^{2}$*mg* **4** nec sibi promptum in adulationes ingenium Hol$^{2}$*mg* **7** poppea M$^{2}$*mg* popea G$^{2}$*mg* | tigillinus G$^{2}$*mg* | poppea et tigillinus intimi consiliarii neronis P$^{2}$*mg* intimum neronis consiliorum K$^{2}$*mg* **8** attende senece constantiam in morte P$^{2}$*mg* **10** mors senece indicitur B 05$^{2}$*mg* | fabius rusticus G$^{1}$*mg*, Prm$^{1}$*mg*, J$^{1}$*mg*; V 63$^{2}$*mg*, P$^{2}$*mg*, N 22$^{1}$*mg*; K$^{2}$*mg* **11** fenius prefectus G$^{2}$*mg* **12** iubetur seneca mori V 63$^{1}$*mg*, N 23$^{1}$ *mg* **13** omnium coniuratorum fatalis ignauia K$^{2}$*mg* | siluanus M$^{2}$*mg*; G$^{2}$*mg* syllanus P$^{2}$ *mg* **15** uoci et aspectui pepercit Hol$^{2}$*mg* | seneca M$^{2}$*mg* **16** necessitas ultima G$^{2}$*mg* ultima necessitas P$^{2}$*mg*

**1** interitus A, V 65 | ac] at V 65 **2** quando] quasi Y 03; L$^{1}$ (? *eras.*; quando L$^{2}$ *in ras.*); γ, K | meritum V 65 | eorum] *om.* Vin | referre] M; N 22$^{1}$; *cett. praeter* referri N 22$^{1}$ *s. l.* inferre Hol | gratiam] gratias B 72$^{1}$ (*corr. in textu* B 72$^{2}$) | prohiberetur] prohyberetur Y 01 prohibetur β (< Ven) **3** iam] *om.* P | et] *om.* L; V 64 | tamen et Y 01, Y 02 | tamen] *om.* U; N 22$^{1}$ (*add. s. l.* N 22$^{1}$), C | pulcerrimum L 24; V 63 pulcerimum Y 03; N 23; V 65 | habeat] haberet B$^{1}$ (*corr. s. l.* B$^{2}$) habebat *Gen*; Y 02; β (< V 63), L, N 22 hebat Y 01 | ymaginem Y 01; N 23; V 64, V 65 **4** cuius] quouis B 72 | si memores] sine mores V 64$^{1}$ (*corr. in textu* V 64$^{2}$) | si m. e. b. artium, famam *Ernesti* **5** tam] iam Y 01 ⟨fruc⟩tum *Halm*, *Furneaux* ⟨fructum⟩ tam *Koestermann in apparatu* | constantis] constantiis Y 03; γ (< O 22; *corr.* N 21$^{2}$ *s. l.*, O 48$^{2}$ *in textu*) | amicitiae] *add.* pretium *Nipperdey nihil addendum putat Sörbom* (*cf. cap. 5,11*), *pp. 183—185* | lacrimas] lachrimas Hol; B 72; U; Ven, Vin, *Stuttg*, L, C; N 21 lachrymas V 58, B 05, G, H, Mal, Prm$^{2}$ *in textu*, J; P lacrymas E; K | eorum modo] eodem B 72 **6** modo] *om.* B 72 | intentior] intetior M interior V 63$^{1}$, N 23$^{1}$ (*corr.* V 63$^{2}$ *s. l.*, N 23$^{1}$ *s. l.*), Ven, P, Vin incertior B 72 | coercentis] cohercentis Hol, L 24, Z; B 05 (h *puncto del.*), H, Mal, J, B 72; Y 01; Y 03; V 63, N 23, Ven, L, N 22 (h *del.*), C; V 64, A, 62 ubi praecepta sapientiae, ubi tot per annos meditata ratio adversum imminentia? cui enim ignaram fuisse saevitiam Neronis? neque aliud superesse post matrem fratremque interfectos quam ut educatoris praeceptorisque necem adiceret.

63,1 Ubi haec atque talia velut in commune disseruit, complectitur uxorem, et paululum adversus praesentem fortitudinem mollitus rogat oratque temperaret dolori, ne aeternum susciperet, sed in contemplatione vitae per virtutem actae desiderium mariti solaciis honestis toleraret.

---

V 65, O 48 coherentis U; Or, N 21, O 22 | ad] *om. Fer*, B 72; N 22 | rogitans] recogitans N 22 **7** praecepta sapientiae ubi] *om.* B 72 | per tot Z | aduersus *Fer*, B 72; Vin, N 22 | imminentia] imminentiam M (-m *del.*) iminentia G, E, Mal, Prm, B 72; N 22, C; V 64 **8** cui] cur U | ignaram] ignara Y 01 ignauiam U | fuisse] *add.* sibi ad U[2] *mg* | seuitia Y 01, Y 02; O 22 | aliut M **9** post] *Gen*; *Stuttg*[2] *mg*, L, N 22[1] quam M; U, Y 03; β (*del. Stuttg*[2]), N 22[1] *s. l.*, C; V 64, γ, K quam post α postquam Y 01, Y 02 | matrem] -m *puncto del.* U | fratremque] m *puncto del.* U fratresque Y 03; γ, K | interfectis U | quam] M; U[2] *s. l.*; V 63[1], N 23[1]; *cett. praeter* quin U[1], Y 03; V 63[2] *s. l.*, N 23[1] *s. l.*, C; γ, K quem Y 01 *om.* α | ut] *om.* U, Y 03; β, L, C; V 64, γ, K | educatoris] educatores Z[1] (*corr. s. l.* Z[2]) **10** adiceret] adiiceret L 24, Z; *Gen*; Y 01, Y 02; U; P, Vin, *Stuttg*, L, N 22 adiecerit Or, N 21, O 48[1], O 22, K adieceret V 65, O 48[2] *in textu*

**1** senece constantia Y 03[2] *mg* securitas senece in morte V 63[2] *mg* ultima senece C[2] *mg* | poscit testamenti tabulas seneca P[2] *mg* **2** egregia senece uerba ante mortem B 05[2] *mg* uerba senece antequam moritur ad amicos K[2] *mg* **10** ultima senece uerba G[2] *mg*

63 **1** hoc O 22 | velut] ultro G, E, H, Mal ultra Prm, J, B 72; N 22 *om.* α; Y 01, Y 02; Y 03; P; γ, K | commune] comune Mal, Prm, J, B 72[1]; Y 01; Y 03; V 63, N 23, L; V 65 concione B 72[2] *in textu* | disseruit] diseruit Ven deseruit A[1] (*corr. in textu* A[2]) | conplectitur V 64 **2** et paululum] paululumque G et paulum γ, K | adversus] ad U | praesentem] *om.* L 24 | fortitudinem] M; α; V 63[2] *mg* formidinem V 63[1]; *cett.* fortunam *Haase* | mollitus] molitus *Fer*, B 72; Vin, *Stuttg*, L, N 22; V 65[1] (*corr. s. l.* V 65[2]), Or | formidinem molitus *Koestermann 1960* fortitudinem mollitus *id. 1965 et Komm. p. 303* | adversus praesentem (= *Paulinam*) fortitudine mollitus *Fuchs, MH 20 (1963), 228, n. 91* | rogat oratque] orat rogatque Y 01, Y 02 **3** temperaret] temperat Hol[1] (*corr. s. l.* Hol[2]) temperet Prm, J, B 72; N 22 temperare Y 03; P; γ, K | dolori ne] dolori M[1] (-em M[1] *in textu*) dolorem α dolorem ne *Gen* (-ri V 58[2] *s. l.*); N 22 dolor V 63[1] (*corr. s. l.* V 63[2]) dolor ne V 64 dolori neu *Heinsius* | dolorem aeternum suscipere *J. F. Gronovius* | aeternum] externum H[1] (*corr.* H[2] *mg*) | contemplatione] contemplationem B 05; Y 02 (-m *puncto del.*); U, Y 03; *Stuttg*, L, N 22 (-m *puncto del.*), C; V 64, γ, K **4** virtutem]

illa contra sibi quoque destinatam mortem adseverat manumque percus-
soris exposcit. tum Seneca gloriae eius non adversus, simul amore, ne 63,2
sibi unice dilectam ad iniurias relinqueret, ‚vitae' inquit ‚delenimenta
monstraveram tibi, tu mortis decus mavis: non invidebo exemplo. sit
huius tam fortis exitus constantia penes utrosque par, claritudinis plus
in tuo fine.' post quae eodem ictu brachia ferro exsolvunt. Seneca, 63,3
quoniam senile corpus et parco victu tenuatum lenta effugia sanguini
praebebat, crurum quoque et poplitum venas abrumpit; saevisque cru-
ciatibus defessus, ne dolore suo animum uxoris infringeret atque ipse
visendo eius tormenta ad impatientiam delaberetur, suadet in aliud cubi-

---

uirtutis P; V 65 | desiderium] dedesiderium M desyderium V 58, B 05, H, Mal, Prm, J; Ven, P; K | sollatiis K | toleraret] tolleraret Hol, L 24; B 72; N 23; γ (< A), K temperaret (*punctis del.*) toleraret Y 03 **5** sibi quoque destinatam] destinatam sibi quoque B 05 destinatam sibi Y 01, Y 02 | adseverat] M; *Gen*; V 63, Vin, *Stuttg* asseuerat *cett. praeter* assueuerat Y 01 | manumque] manum L 24 | percussoris] percussorisque L 24 percussores N 22$^1$ (*corr. in textu* N 22$^1$) percusoris O 22$^1$ (*corr. s. l.* O 22$^2$) **6** exposcit] exposci Y 03; C; V 64, A, V 65, O 48$^1$ (*corr. in textu* O 48$^2$) | tum] tamen B 72 | Seneca] senece P$^1$ (*corr. s. l.* P$^2$) | adversus] auersus Z$^1$ (*corr. s. l.* Z$^2$); Y 02 | amore] *codd.* timore *Andresen* **7** dilectam] delectam B, Hol, L 24; U$^1$ (*corr.* U$^2$ *mg*); O 22 | ad] sed ad α | vitae] uide V 65 ubi te Hol | inquit] inquid Y 03 in Mal, Prm, J | delenimenta] delinimenta Z; G, H; Y 03; N 23, Ven, P, *Stuttg*, L, N 22, C; V 64, γ, K deliniamenta U; Vin delienimenta V 63 (e *sec. puncto del.*) delectamenta B 72 **8** monstraveram] mostraueram Y 03; A demonstraueram U | mavis] M; B$^1$; *cett. praeter* maius B$^2$ *mg*; B 72; V 63$^1$ (*corr. s. l.* V 63$^2$), Vin, *Stuttg*$^1$ (*corr. in textu Stuttg*$^2$); V 64, N 21 **9** exitus] *om.* V 63$^1$ (*add.* V 63$^2$ *mg*) | par] per V 65, O 48$^1$ (*corr. in textu* O 48$^2$) **10** post quae] postque α; G, E, H, Mal; Y 01; U, Y 03; V 63, N 23, Ven, *Stuttg*$^2$ *in textu*, L, C; γ (< Or), K postquam Prm, J, B 72; P, Vin, *Stuttg*$^1$, N 22; Or | bracchia Hol, Z; B 72; C; V 64, K | ferro] *om.* Y 02 | exsolvunt] exoluunt B, Hol; *Gen*; Y 02; U; β (< V 63), L, N 22; K esoluunt Y 01 exsolunt O 48$^1$ (*corr. s. l.* O 48$^2$) dissoluunt C; V 64 **11** et] cum β; V 64 ut N 22$^1$ *s. l.* | parco] parciuo M$^1$ paruo M$^2$ *s. l.*; *cett.* | victu] V 58$^1$ *s. l.*, B 05, G, E, H; Y 02 ictu M; V 58$^1$; *cett.* | tenuatum] M; *Stuttg*$^1$; *cett. praeter* tentatum *Stuttg*$^2$, L | effugia] effugias M$^1$ (-s *del.* M$^2$); V 63 (-s *del.*) **12** prebebant V 65 | crurium Y 02 | poplitum] ploplitum Y 01 poplicum U | abrumpit] abrupit B 72; L arrumpit U; V 63, N 23; V 64 | saevisque] M; V 63$^1$; *cett. praeter* eiusque V 63$^2$ *s. l.*, C; V 64 **13** defossus V 65 | uxoris] ux̄ sue Y 01 | infrigeret V 63 | ipse] ipso *Fer* (< H); N 22$^1$ (*corr. s. l.* N 22$^1$) **14** visendo] ne uisendo *Stuttg*, N 22 ne in uisendo Vin | eius] *bis* N 23 | inpatientiam M; V 64 | delaberetur] delabaretur Hol dilaberetur Z; Y 01; U, culum abscedere. et novissimo quoque momento suppeditante eloquentia advocatis scriptoribus pleraque tradidit, quae in vulgus edita eius verbis invertere supersedeo.

64,1 At Nero nullo in Paulinam proprio odio, ac ne glisceret invidia crudelitatis, ⟨iubet⟩ inhiberi mortem. hortantibus militibus servi libertique
64,2 obligant brachia, premunt sanguinem, incertum an ignarae. nam, ut est vulgus ad deteriora promptum, non defuere qui crederent, donec implacabilem Neronem timuerit, famam sociatae cum marito mortis petivisse, deinde oblata mitiore spe blandimentis vitae evictam; cui addidit

---

Y 03; β, L$^{2}$ *s. l.*, C; V 64, γ, K laberetur L$^{1}$ reuerteretur (*punctis del.*) delaberetur N 22 | in aliud] *om.* Prm, J, B 72 **15** abscedere] abscidere U$^{1}$ (*corr.* U$^{2}$*mg*) ascendere Ven$^{1}$ (*corr. in textu* Ven$^{2}$) | novissimo] nonissimo *Stuttg* nouissimum B, Hol *om.* P | quoque] *om.* P | supeditante V 65 | elloquentia V 65 **16** advocatis] adnotatis N 22$^{1}$ (*corr. s. l.* N 22$^{1}$) | eius verbis] uerbis eius L meis verbis *Hartmann* **17** invertere] euertere β, N 22$^{1}$ *s. l.* | supersedeo] supersideo M; B, Hol, L 24; V 58$^{2}$ *s. l.*, E, Mal, Prm, J, B 72; Y 01; V 63, N 23, Ven, P, N 22

**1** seneca M$^{2}$*mg* **3** exhortatur seneca uxorem ut uiuat V 63$^{2}$*mg* **4** desiderium mariti solatiis honestis tolleraret Hol$^{2}$*mg* desiderium mariti G$^{2}$*mg* **5** PAULINA Y 03$^{2}$*mg* | uxor senece mori statuit V 63$^{2}$*mg* uxoris senece similis in morte constantia P$^{2}$*mg* **7** uerba senece ad uxorem suam G$^{2}$*mg*; V 63$^{2}$*mg* (*om.* suam) **9** utrosque de duobus t// P$^{2}$*mg* **10** aperiuntur uene senece et uxori V 63$^{2}$*mg* seneca et uxor brachia ferro exoluunt K$^{2}$*mg* **11** lenta effugia Hol$^{2}$*mg* **12** crurum poplitum M$^{2}$*mg* **16** dictauit seneca in exitu ultimo uite B 05$^{2}$*mg* moriens seneca quedam edidit V 63$^{2}$*mg* | scriptoribus P$^{2}$*mg*

64 **1** at] ac P an V 65 | Nero] uero E$^{1}$ (*corr. s. l.* E$^{2}$), Mal, Prm, J, B 72; N 22$^{1}$ (*corr.* N 22$^{1}$*mg*) | nullo] nulla B$^{1}$, Hol$^{1}$ (*corr.* B$^{2}$ *s. l.*, Hol$^{2}$ *in textu*) nullam J$^{1}$ (*corr. s. l.* J$^{2}$) | in] *om.* H$^{1}$ (*add. s. l.* H$^{2}$) | paulina α | ac] *om.* B 72 | glisceret] gliceret B$^{1}$ (*corr. s. l.* B$^{2}$) | invidia] inuidiam Y 03; A, V 65, O 48 (-m *del.*), O 22, K (-m *puncto del.*) **2** iubet] *add. Heinsius* | inhiberi] iniberi Prm, J, B 72 inhyberi Y 01 prohiberi Y 02 inhibere *Freinsheim* inhibet *Pichena* | mortem] *add.* imperat *Gen*; N 22 **3** oblingant Hol | bracchia Z; C; K | incertum] iunctum P | ignarae] gnare U ignaro V 65 **4** deterriora E, H | promptum] promptus M$^{1}$ (*corr. s. l.* M$^{1}$) | crederent] crediderint P | implacabilem] in placabilem M; Mal, J; N 23; V 64 **5** famam] *Gen*; Y 01, Y 02; *Stuttg*$^{2}$ *in textu*, L, N 22 fama M; *Stuttg*$^{1}$; *cett.* | sociatae] V 58$^{1}$, B 05; Y 01, Y 02; *Stuttg*$^{2}$ *in textu*, L societate V 58$^{2}$ *s. l.*, *Fer*, B 72; N 22 societatem M; *Stuttg*$^{1}$; *cett.* | petiuisset B 72 **6** deinde] donec V 65 | ablata V 65 | mitiore] M; V 63$^{1}$, N 23$^{1}$, Ven$^{1}$, N 22$^{1}$; *cett. praeter* mitiori Vin, *Stuttg* meliori U, Y 03; V 63$^{2}$ *s. l.*, N 23$^{1}$ *s. l.*, Ven$^{1}$ *s. l.*, L, C; V 64, γ, K meliore N 22$^{1}$

paucos postea annos, laudabili in maritum memoria et ore ac membris in eum pallorem albentibus, ut ostentui esset multum vitalis spiritus egestum.

Seneca interim, durante tractu et lentitudine mortis, Statium Annaeum, 64,3
diu sibi amicitiae fide et arte medicinae probatum, orat provisum pridem venenum, quo d⟨am⟩nati publico Atheniensium iudicio extinguerentur, promeret, adlatumque hausit: frustra, frigidus iam artus et cluso corpore adversum vim veneni. postremo stagnum calidae aquae introiit, 64,4
respergens proximos servorum addita voce libare se liquorem illum Iovi liberatori. exim balneo inlatus et vapore eius exanimatus sine ullo funeris

---

*mg* | spe] pro spe P | euictum V 65, Or, O 48, O 22 | adidit O 22 **7** postea paucos Y 01, Y 02 | postea] post U post eo P | laudabili] laudibus V 65 | menbris O 48 **8** palorem N 22 | albentibus] *om.* P | ostentui] ostensui P$^{1}$ (*corr. s. l.* P$^{2}$) | esset] sed P | multum] uultum B 72 | spiritus] spretus V 65 **9** egestam C **10** lentitudine] lenitudine β (*corr.* V 63$^{2}$ *s. l.*, N 23$^{1}$ *s. l.*, *Stuttg*$^{2}$ *s. l.*); V 64 | Annaeum] annium Mal, Prm, J, B 72; N 22 **11** diu] quod diu P | sibi diu G | fide] *om.* Vin | arte] ante Vin$^{1}$ (*corr. s. l.* Vin$^{2}$) | medicine arte Y 01, Y 02 | pridem venenum] sibi uenenum pridem B 72 **12** quo damnati] Z$^{3}$*mg*; V 58$^{2}$*mg*, B 05$^{1}$, *Fer* (< J), B 72; N 22$^{1}$ (*add.* ante N 22$^{1}$ *s. l.*); K quo probati (*del.*) damnati J quo dante V 58$^{1}$, B 05$^{2}$*mg* quod anti M; α (*del.* Z) quod ante Y 01, Y 02; β quo ante L ante quod U$^{1}$ (quo U$^{2}$*mg*); C; V 64 et ante quod Y 03; γ | publico] *bis* N 22 puplico V 63 | atheniensum Vin | extinguerentur] M; Z (n *alt. puncto del.*); V 58$^{2}$ *s. l.*, B 05$^{1}$; U$^{2}$*mg*; *cett. praeter* extinguereтur B, Hol; V 58$^{1}$, B 05$^{2}$ *s. l.*; Y 01, Y 02; U$^{1}$, Y 03; β, C; V 64, γ, K **13** promeret] *om.* B 05$^{1}$ (*add.* B 05$^{2}$*mg*) | adlatumque] M; V 63, *Stuttg* allatumque O 48$^{2}$ *in textu*; *cett. praeter* ablatumque Y 03$^{1}$ (ob- Y 03$^{2}$ *s. l.*); γ (< O 22), K | hausit] M; H$^{2}$ *s. l.*; Y 03$^{2}$ *s. l.*; *cett. praeter* ausit H$^{1}$ hauxit U, Y 03$^{1}$; C; V 64, γ, K an sit P | hausit: frustra *Fuchs*, *MH 20 (1963)*, *228* hausit frustra, *edd.* | frustra] *om.* V 65 | frigidus] M; V 63$^{1}$, N 23$^{1}$, *Stuttg*$^{1}$, N 22$^{1}$; *cett. praeter* frigidis U, Y 03; V 63$^{2}$ *s. l.*, N 23$^{1}$ *s. l.*, *Stuttg*$^{2}$ *in textu*, L, N 22$^{1}$ *s. l.*, C; V 64, γ, K | iam] tam V 65 | artus] M; H$^{1}$; V 63$^{1}$, N 23$^{1}$, *Stuttg*$^{1}$; *cett. praeter* arctus N 22$^{1}$ artubus H$^{2}$ *s. l.*; U; V 63$^{2}$ *s. l.*, N 23$^{1}$ *s. l.*, *Stuttg*$^{2}$ *s. l.*, L, C; V 64, V 65, O 22, K arctubus Y 03; N 22$^{1}$ *s. l.*; A, Or, N 21, O 48 | cluso] M; B$^{1}$, L 24, Z; Y 01, Y 02 clauso B$^{2}$ *s. l.*; *cett.* **14** aduersus Mal, Prm, J, B 72; N 22 | postremum Prm, J, B 72; N 22 | calidae aquae] aque calide Y 01, Y 02; U, Y 03; β, L, C; V 64, γ, K | introiit] introit U introhiit Y 03; A intoiit N 23 **15** respergens] respergensque U, Y 03; β, L$^{2}$ *s. l.*, C; V 64, γ, K respargensque L$^{1}$ | addita] audita U, Y 03; β, N 22$^{1}$ *s. l.*, C; V 64, γ, K | liquorem] liquorum U$^{1}$ (*corr.* U$^{2}$*mg*) | illum] *om.* B 72 **16** exim] M exin *cett. praeter* ex in N 23, L; V 64 exinde B 72; Y 01, Y 02 | balnei B 72 | inlatus] M; B, Hol; V 63, N 23, *Stuttg* illisollemni crematur. ita codicillis praescripserat, cum etiam tum praedives et praepotens supremis suis consuleret.

65,1 Fama fuit Subrium Flavum cum centurionibus occulto consilio, neque tamen ignorante Seneca, destinavisse, ut post occisum opera Pisonis Neronem Piso quoque interficeretur tradereturque imperium Senecae, quasi insonti et claritudine virtutum ad summum fastigium delecto. quin et verba Flavi vulgabantur, non referre dedecori, si citharoedus demo-

---

tus H$^{1}$ illatus H$^{2}$ *s. l.*; *cett.* | exanimatus] exanimis Prm, J, B 72; N 22$^{1}$ (*corr. s. l.* N 22$^{1}$) | sine] sed ne α (*corr.* Z$^{3}$ *mg*) **17** sollemni] M; V 58; P, Vin, C; K solemni *cett. praeter* solenni B 05 (-ll-); Y 02; N 23, Ven, L solempni Y 03; V 63 | ita] U$^{1}$ *in ras.* quod is U$^{2}$ *mg* | praescripserat] perscripserat L; Or proscripserat Y 02$^{1}$ (*corr. in textu* Y 02$^{2}$) | etiam tum] *om.* V 63$^{1}$ (*spat. 6 litt.*), *add. in textu* V 63$^{2}$ | tum] *om.* B 72 | praedives] precliuis Y 01 procliuis Y 02 **18** suppremis M; L 24; B 72; Y 01, Y 02; N 22; V 64

**1** paulina M$^{2}$*mg*; P$^{2}$*mg* paulina senece uxor V 65$^{1}$*mg* | nero paulinam a morte absterret V 63$^{2}$ *mg* **4** uulgus ad deteriora promptum M$^{2}$*mg* | uulgus E$^{1}$*mg*, H$^{1}$*mg*, Mal$^{1}$*mg*, Prm$^{1}$*mg*; N 22$^{1}$*mg* | nota de paulina uxore senece K$^{2}$*mg* **10** dura senece mors V 63$^{2}$*mg* | lentitudo E$^{2}$*mg* | statius M$^{2}$*mg* statius anneus G$^{2}$*mg*; P$^{2}$*mg*; V 65$^{1}$*mg* statius aneus medicus V 63$^{2}$ *mg* **12** uenenum presentarium · i · repentinum G$^{2}$*mg* **13** haurit seneca uenenum V 63$^{2}$ *mg* seneca quo citius moreretur uenenum hausit P$^{2}$*mg* seneca uenenum hauxit sed frustra K$^{2}$ *mg* **16** mors senece M$^{2}$*mg* moritur seneca prediues et prepotens V 58$^{1}$*mg* seneca moritur B 05$^{1}$*mg* moritur seneca G$^{1}$*mg*, E$^{1}$*mg*, H$^{1}$*mg*, Mal$^{1}$*mg*, Prm$^{1}$*mg*, J$^{1}$*mg*, B 72$^{1}$*mg*; N 22$^{1}$*mg*, C$^{2}$*mg* moritur seneca et corpus eius crematur V 63$^{1}$*mg*, N 23$^{1}$*mg* | sine solemni funeris crematur seneca K$^{2}$*mg* **17** seneca prediues prepotensque P$^{2}$*mg* | supremis suis consuleret Hol$^{2}$*mg*

**ad cap. 64** seneca magister neronis iussu eius cum paulina uxore uenarum solutione moritur M$^{2}$ (*script. benev.*) *mg inf.*

65 **1** fama] *om.* N 22 | Flavum] *Bekker* flauium *codd.* **2** ignorantes V 63 (-s *del.*) | opera] M; V 58$^{2}$ *s. l.*, B 05$^{1}$; *cett. praeter* ope V 58$^{1}$, B 05$^{2}$*mg* opere Y 01 | Piso] seneca B 72$^{2}$*mg* **3** interficitur C | t737raddereturque V 65 **4** insonti et] *Acidalius* insonti *Gen*; Y 01, Y 02; N 22; V 65 insontibus M; α; β, N 22$^{1}$ *s. l.* (*Nipperdey, al.*) insonti sub U, Y 03; V 63$^{2}$*mg*, N 23$^{1}$ *s. l.*, *Stuttg*$^{2}$, L, C; γ (< V 65), K insontibus et non sub V 64 | insonti ob claritudine⟨m⟩ *Koestermann in apparatu* (*cf. XII 9,2 (7)*: quis ob] qui sub M qui ob L) | sumum J | delecto] electo Y 03; V 63$^{1}$ (*corr. s. l.* V 63$^{2}$), L; γ, K **5** Flavi] V 65 flauii M; *cett.* | vulgabantur] uulgabalntur Z (l *alt. puncto del.*) uulgabatur J | referre] M; V 63$^{1}$, N 23$^{1}$, Ven$^{1}$; *cett. praeter* deferre α; U, Y 03; V 63$^{2}$ *s. l.*, N 23$^{1}$ *s. l.*, Ven$^{1}$ *s. l.*, L$^{1}$, C; V 64, γ, K differre L$^{2}$ *in textu* | dedecori] M; *Stuttg*$^{1}$; *cett. praeter* decori B 72 dedecoris *Stuttg*$^{2}$ *in textu*; *Heinsius* | citharoedus] M; G, H; Y 03; V 63, N 23, Vin, *Stuttg*, L, N 22; A, Or citaredus V 65 cytaredus B 05; U cytharedus *cett.* | demoveretur] M; V 58$^{2}$ *s. l.*, B 05$^{2}$

veretur et tragoedus succederet; quia ut Nero cithara, ita Piso tragico ornatu canebat.

Ceterum militaris quoque conspiratio non ultra fefellit, accensis [quo- 66,1
que] indicibus ad prodendum Faenium Rufum, quem eundem conscium
et inquisitorem non tolerabant. ergo instanti minitantique renidens
Scaevinus neminem ait plura scire quam ipsum, hortaturque ultro redde-
ret tam bono principi vicem. non vox adversum ea Faenio, non silen- 66,2
tium, sed verba sua praepediens et pavoris manifestus, ceterisque ac
maxime Cervario Proculo equite R⟨omano⟩ ad convincendum eum coni-

---

*s. l.*; N 21$^1$; *cett. praeter* dimoueretur Z; V 58$^1$, B 05$^1$, B 72; Vin; N 21$^2$ *in textu* **6** tragoedus] tragediis Or, N 21$^1$ (*corr. s. l.* N 21$^2$), K | cithara] M; H; Y 01; Y 03; V 63, N 23, Vin, *Stuttg*, L, N 22; A, V 65, Or cytara B 05, G$^1$ cythara G$^2$ *s. l.*; *cett. praeter* cytham Y 01 | ita] *om.* Vin | Piso] seneca Y 02$^2$ *s. l.* | tragico] tragyco Y 01 traico N 23 **7** canebat] cauebat Y 01

**1** subrius flauius G$^2$*mg* **2** conscius coniurationis seneca V 63$^2$*mg* fama de seneca K$^2$*mg* **3** imperium senece O 48$^2$*mg* **5** uerba flauii diuulgata K$^2$*mg* | iocosum de nerone dictum V 63$^2$*mg* **6** nero cithara canebat piso tragico ornatu M$^2$*mg* tragoedus seneca (*sic*) G$^2$*mg* nero, piso P$^2$*mg* piso tragedus nero citharedus V 65$^1$*mg*

**1** accensis] accensus V 58$^1$ (*corr. s. l.* V 58$^2$), J | quoque] *codd.* (*repet. e lin. 1*), *del. Lipsius* 66 **2** iudicibus P | perdendum U, Y 03; C; V 64, γ, K | Faenium] phenium Y 01 scenium V 65 | Rufum] ruffum H$^2$ (f *add. s. l.*); Y 02; Vin, *Stuttg* | Rufum quem] rufumque U, Y 03; C; V 64, γ (N 21$^2$ *ex* rursumque N 21$^1$), K | eundem Hol **3** tollerabant L 24; B 72; N 23, Ven, C; V 64, Or, O 22 | ergo] ego N 23$^1$ (*corr. s. l.* N 23$^2$) | istanti O 22 | renidens] renitens B, Hol, L 24 (*cf. infra*), Z; Y 01, Y 02; U, Y 03; L$^1$ (*corr. in textu* L$^2$), C; V 64, γ (remittens Or), K reuidens J$^1$ (*corr. in textu* J$^2$); N 22$^1$ renideus V 63, N 23, Ven renidius Vin, *Stuttg*$^1$ (*corr. in textu Stuttg*$^2$), N 22$^1$ *s. l.* reuidius P subridens *Stuttg*$^2$*mg* | renidens Scaevinus] fenius renitens L 24 **4** Scaevinus] M$^1$; *cett. praeter* seuinus B 72 sceuinius β (< P; i *alt. del. Stuttg*$^2$), N 22 feninus M$^2$ *in textu* fenius B, Hol, L 24 (*cf. supra*), Z; Y 01, Y 02; U | quam ipsum] *om.* B 72 | ultro] *om.* K | redderet] reddere U, Y 03; β, L, N 22$^1$ *s. l.*, C; V 64, γ, K **5** vox] mox B 72; N 22$^1$ (*corr. s. l.* N 22$^1$) | aduersus C | Faenio] fenius M; α; Y 01, Y 02; β (*corr.* V 63$^2$ *s. l.*, N 23$^1$ *s. l.*) *del. Ritter* | non] nori N 21$^1$ (*corr. s. l.* N 21$^2$), O 48, O 22 *om.* Or (*spat. 5 litt.*) **6** sua] sui Y 03; V 63$^2$*mg*, N 23$^1$*mg*, C; V 64, γ, K suaue β (-ue *punctis del. Stuttg*$^2$) | praepediens] M; N 22$^1$; *cett. praeter* prependens U prediens V 63$^1$, N 23$^1$ (*corr.* V 63$^2$*mg*, N 23$^1$*mg*), Ven predicens Vin propediens G; N 22$^1$ *s. l.* prodiens P | ac] et L **7** Cervario] M; G$^1$; *cett. praeter* cum uario G$^2$ *in textu*; Y 03; V 63, N 23, Ven, P, C; V 64, γ, K | equite Romano] Y 03 (romano *punctis del.*); *Orelli* equiter M; α; V 63, N 23 equite *cett. praeter* equinte sis, iussu imperatoris a Cassio milite, qui ob insigne corporis robur adstabat, corripitur vinciturque.

67,1 Mox eorundem indicio Subrius Flavus tribunus pervertitur, primo dissimilitudinem morum ad defensionem trahens, neque se armatum cum
67,2 inermibus et effeminatis tantum facinus consociaturum; dein, postquam urgebatur, confessionis gloriam amplexus. interrogatusque a Nerone, quibus causis ad oblivionem sacramenti processisset, ‚oderam te' inquit. ‚nec quisquam tibi fidelior militum fuit, dum amari meruisti: odisse coepi, postquam parricida matris et uxoris, auriga et histrio et incendia-
67,3 rius extitisti'. ipsa rettuli verba, quia non, ut Senecae, volgata erant, nec minus nosci decebat militaris viri sensus incomptos et validos. nihil in

---

J (n *puncto del.*) equiti Y 01, Y 02 equitate B 72 | conuinciendum Y 01, Y 02 | conisis] M; B, Hol, L 24; N 23$^{1}$ *s. l.* connisis Z; Y 03; V 63$^{2}$ *s. l.*, Ven$^{1}$ *s. l.*, C; V 64, A, N 21, O 48, O 22 connissis *Fer* (< J; s *pr. puncto del.* H); K connissus J connixis B 05; *Stuttg*$^{2}$ *in textu*, L; V 65, Or connixus U connixius Ven$^{1}$, P conisius N 23$^{1}$ connisius V 63$^{1}$ commissis V 58$^{1}$ (*corr. in textu* V 58$^{2}$), B 72; Y 01; Vin, *Stuttg*$^{1}$, N 22 missis Y 02 **8** iussu] iussum M (-m *del.*) iussui Prm (i *alt. del.*) | corporis] corpus B 72 | adstabat] astabat U; Ven$^{1}$ (*corr. s. l.* Ven$^{2}$), P, N 22 asstabat L **9** corripitur] corripiturque O 22, K | vinciturque] conuinciturque B, Hol

**2** fenius rufus M$^{2}$*mg*

67 **1** mox] quia mox Vin | eorumdem Hol; N 23; A | indicio] iudicio P; Or, O 48, O 22 | sobrius Hol | Flavus] M; α; V 63 flauius *cett.* | pervertitur] preuertitur U, Y 03; β, L, C; V 64, γ, K | primus B 72 **2** dissimilitudine U | ad] se ad U$^{2}$*mg* | defensionens B 72 | neque] nec L **3** inermibus] inermis L 24; Mal, Prm, J; N 22$^{1}$ (*corr. s. l.* N 22$^{1}$) *om.* B 72 | et] *om. Gen*; Y 01, Y 02 | effeminatis] effeminatus H$^{1}$; N 22$^{1}$ (*corr.* H$^{2}$ *in textu*; N 22$^{1}$ *s. l.*) | dein] deinde Hol$^{2}$*mg*; Prm, J, B 72; N 22 **4** interrogatusque] interogatusque B 72; V 65 interrogatisque H$^{1}$ (*corr. s. l.* H$^{2}$) **5** quibus de causis L | procesisset N 23; V 64 | oderam] amaveram *Wellesley* | inquid Y 03 **6** tibi] *om.* Y 02 | fidelior tibi U, Y 03; L, C; V 64, γ, K | fidelior militum fuit tibi β | militum] multum V 65 **7** parricida] paricida Z; Prm, J, B 72; Y 01; U; N 23 parricidia E (i *tert. puncto del.*); V 65, O 22 parrida Mal$^{1}$ (*corr. s. l.* Mal$^{2}$) parridia K | auriga] hauriga Y 01 et auriga U, Y 03; C; V 64, γ, K | et *alt.*] *om.* Y 01, Y 02 | histrio] hystrio B 72; Y 03; C; N 21, O 48, O 22, K ystrio Y 01 | incendiarius] incendarius Hol$^{1}$ (*corr. s. l.* Hol$^{2}$) incendiariarius Prm **8** extitisti] fuisti Y 01, Y 02 | ipsa] ipse *Fer* (< H), B 72; N 22 | rettuli] M; B 05$^{2}$ *s. l.*; Y 03; P, L; A, K retuli B 05$^{1}$; *cett.* | quia] que β (*corr. s. l.* V 63$^{2}$), N 22$^{1}$ *s. l.* *om.* V 65 | volgata] M; V 58, B 05 uulgata *cett.* | erant] essent α **9** decebat] debebat U; C; V 65 dicebat Vin | incomptos]

illa coniuratione gravius auribus Neronis accidisse constitit, qui ut faciendis sceleribus promptus, ita audiendi quae faceret insolens erat.
poena Flavi Veianio Nigro tribuno mandatur. is proximo in agro scro- 67,4
bem effodi iussit, quam Flavus ut humilem et angustam increpans, circumstantibus militibus, ‚ne hoc quidem' inquit ‚ex disciplina'. admonitusque fortiter protendere cervicem, ‚utinam' ait ‚tu tam fortiter ferias!' et ille multum tremens, cum vix duobus ictibus caput amputavisset, saevitiam apud Neronem iactavit, sesquiplaga interfectum a se dicendo.

---

incompositos (*punctis del.*) incomptos Hol et incomptos *Gen*; Y 01, Y 02; N 22 incomptus K | et] *om.* Y 01 | validos] inualidos G, J, B 72; C *om.* Y 01 **10** accidisse] astitisse V 65 | qui] quam β (*corr.* V 63[2] *mg*, N 23[1] *s. l.*, *Stuttg*[2] *in textu*), N 22[1] *s. l.* **11** audiendi quae] audiendique J audiendi etiam V 64 audiendi V 65 | faceret] facereret H (-re- *pr. punctis del.*) faret V 64[1] (*corr. s. l.* V 64[1]) | erant A **12** poena] pro pena P | Flavi] M; B, Hol, Z flauiuii Y 01 flauii *cett.* | Veianio] ueiano B 05[1] (*corr. s. l.* B 05[2]), *Fer* (< J); Y 01, Y 02; β (< V 63), L, N 22 ueranio Or, N 21, O 48, O 22, K uoranio V 65 uerano Y 03; A ueglano J ueiena B 72 | tribuno] *om.* L[1] (*add.* L[1] *mg*) | proximus J | scobem V 63, N 23, Ven **13** quam] *Pichena* quamuis M (-s *del. putat Koestermann*); *cett.* (quam O 22[1], -uis *add. s. l.* O 22[1]) quam vis⟨am⟩ *Freinsheim* | Flavus] M; B, Hol, Z; V 63[1] flauius V 63[2] *s. l.*; *cett.* | ut] et P *om.* L 24 | humilem increpans et angustam L | angustum Y 01 | circumstantibus] circunstantibus H, Prm, J; Y 02; Vin, C certumstantibus Y 01[1] (*corr. in textu* Y 01[2]) **14** militibus] *om.* K | ne] nec B 72; N 23 | hec K | inquid Y 03 | ex disciplina inquit Y 01, Y 02 | admonitusque] M; Hol[1]; U (-que *punctis del.*); *cett. praeter* ammonitusque V 63, N 23, Vin, *Stuttg*, L admonitus Hol[2] *mg*; *Gen*; Y 01, Y 02 *add.* procedere B, Hol **15** pretendere L 24 | cervicem] cernem P[1] (*corr.* P[2] *mg*) | tu tam] tutam B 05[1] (*corr. in textu* B 05[2]) | tam] tan J | tu tam fortiter] fortiter tu tam Y 03; β (*corr. s. l. Stuttg*[2]), C; V 64, γ, K (tutam Y 03; Ven, P, C; V 64, A, V 65, O 48[1], *corr.* O 48[2]) | fortister G **16** et] at V 63[2] *s. l.*, N 23[1] *s. l.*, Ven[1] *s. l.* | capud Y 03 | amputavisset] amputasset Y 03; γ, K **17** aput *Stuttg*; V 65 | sesquiplaga] sex qui plaga α; *Fer*; Y 03; β (*corr. in textu Stuttg*[2]; sexquipede V 63[2] *mg*, N 23[1] *mg*, Ven[1] *mg*), N 22; γ, K sex qui plagis B 72 sexquipede plaga C[1] (s *supra* x C[2]); V 64 sex qui pedem plaga U[1] (sexquipedem U[2] *mg*) | interfectum a se] a se interfectum L; *Koestermann* | dicendo] dicente Y 01

**1** flauius Y 03[2] *mg* **5** liberum flauii tribuni in neronem dictum M[2] *mg* nota preclara tribuni uerba in neronem presentem B 05[2] *mg* recte dictum G[1] *mg*, H[1] *mg*, Mal[1] *mg*, Prm[1] *mg*, J[1] *mg*, B 72[1] *mg*; N 22[1] *mg* magnifica flauii responsio V 63[2] *mg* libera militis uerba N 23[2] *mg* flauii ad neronem responsio acerrima P[2] *mg* subrii flauii animus ingens K[2] *mg* **7** uide artes neronis V 63[2] *mg* | incendiarius P[2] *mg* **8** inepta auctoris excusatio Y 03[2] *mg* | seneca V 65[1] *mg* **10** nero M[2] *mg* **11** contrarium de nerone testatur suetonius ubi dicit Mirum

68,1 Proximum constantiae exemplum Sulpicius Asper centurio praebuit, percunctanti Neroni, cur in caedem suam conspiravisset, breviter respondens non aliter tot flagitiis eius subveniri potuisse. tum iussam poenam subiit. nec ceteri centuriones in perpetiendis suppliciis degeneravere: at non Faenio Rufo par animus, sed lamentationes suas etiam in testamentum contulit.

68,2 Opperiebatur Nero, ut Vestinus quoque consul in crimen traheretur, violentum et infensum ratus, sed ex coniuratis consilia cum Vestino non miscuerant quidam vetustis in eum simultatibus, plures, quia praecipi-

---

etc. (*Suet. Nero 39,1*) in capitulo quod incipit Nec minore seuitia (= *cap. 36*) M³*mg inf.* | uide quam egro animo scelesti sua flagitia narrari audiunt O 48²*mg* **12** flauus M²*mg* | supplicium paratur flauio per ueianum nigrum G²*mg* **14** intrepidi et clarissimi uiri dictum M³*mg* | constantia flauii in morte K²*mg* **15** forte tribuni responsum mortem opperientis B 05²*mg* fortiter G²*mg* fortis flauius et constans V 63²*mg* fortiter ferias N 221*mg* **17** sesquiplaga M²*mg* sex qui plaga ·i· una cum dimidia N 23²*mg* sesquiplaga sesqui ictus media plaga medius ictus N 22³*mg* | sesquiplaga] tota M²*s. l.*

68 **1** proximum] M; Y 01 (p- *eras.*); *cett. praeter* proximus V 65 | Sulpicius] sulpitius B, Hol; V 58, Prm, J; U, Y 03; N 22, C; V 64, γ, K suplicius P **2** percunctanti] percuntanti B; Ven percontanti *Gen*; Y 02; U, Y 03; L, N 22, C; V 64, A, Or, N 21, O 48 perconctanti P | Neroni] neronem P¹ (*corr. s. l.* P²) | cur] cum V 63¹, N 23¹, Ven¹ (*corr.* V 63² *s. l.*, N 23¹ *s. l.*, Ven¹ *s. l.*) cui N 22¹ (*corr. s. l.* N 22¹) *om.* Y 01 | in] ad B 72 | conspiravisset] conspirasset U; P, Vin, *Stuttg*, L **3** tot] *om.* Y 01, Y 02 | subveniri] subuenire Prm¹ (*corr. in textu* Prm²), J, B 72; U; P, Vin, *Stuttg*, N 22 | potuisse] posse Y 01, Y 02 *add.* ait B 72 **4** in perpetiendis] imperpetiendis V 64 impertiendis V 63¹ (-pe- *add. s. l.* V 63²) imperpetrandis N 21¹ (perpetiendis N 21²*mg*) | supliciis V 65 | degeneravere] denegauere V 63¹ (*corr.* V 63² *s. l.*) **5** at] ac P | Rufo] ruffo H² *s. l.*; Y 01, Y 02; P, Vin, *Stuttg*, L; V 65 | sed] sub B 72; N 22¹ (*corr.* N 22¹*mg*) | suas] *om.* U | etia C **6** contulit] condidit *Fer* (*corr.* H¹*mg*, Mal¹*mg*, Prm¹*mg*, J¹*mg*) condidit (*punctis del.*) contulit Y 03 comperit Vin **7** opperiebatur] operiebatur α; Prm, B 72; U, Y 03; V 63¹ (*corr. s. l.* V 63²), N 23, Ven, Vin, L, C; V 64, γ *om.* J | Nero] uero Y 02 | crimen] crimina *Ritter* | traheretur] atraheretur M (a *pr. eras.*) **8** violentum et] uiolentiam et Mal, Prm, J; N 22 uiolentiamque B 72 | et infensum] infensumque β, L | sed] sex J | ex] M; V 63¹, Ven¹, N 22¹; *cett. praeter* et Y 01, Y 02; U, Y 03; V 63²*mg*, Ven¹ *s. l.*, Vin, *Stuttg*, L, N 22¹ *s. l.*, C; V 64, γ, K *om.* P | coniuratis] M; U¹; V 63¹, N 23¹, Ven¹, N 22¹; *cett. praeter* coniurati Y 01, Y 02; U²*mg*, Y 03; V 63² *s. l.*, N 23¹*mg*, Ven¹ *s. l.*, P, Vin, *Stuttg*, L, N 22¹ *s. l.*, C; V 64, γ, K | consilia] consila Mal uestigia Vin | non] nemo H²*mg* **9** miscuerant] miscuerat H immiscuerant U | vetustis] uetustus Mal cum uetustis U *om.* Or | in] et U | eum] eo eum O 48 (eo *punctis del.*),

tem et insociabilem credebant. ceterum Neroni odium adversus Vesti- 68,3
num ex intima sodalitate coeperat, dum hic ignaviam principis penitus
cognitam despicit, ille marocium amici metuit, saepe asperis facetiis in-
lusus, quae ubi multum ex vero traxere, acrem sui memoriam relin-
quunt. accesserat repens causa, quod Vestinus Statiliam Messalinam
matrimonio sibi iunxerat, haud nescius inter adulteros eius et Caesarem esse.

Igitur non crimine, non accusatore existente, quia speciem iudicis in- 69,1
duere non poterat, ad vim dominationis conversus Gerellanum tribunum

---

O 22, K (eo *del.*) *om.* U | simultatibus] simultantibus N 23 (n *puncto del.*) simultatititibus Vin simulationibus Mal$^{1}$ (*corr.* Mal$^{2}$) | plures] phores V 64 | quia] quam β (*corr. Stuttg*$^{2}$ *mg*), N 22$^{1}$ *s. l.* quoniam L **10** insociabilem] insocialem H insatiabilem Y 02 | credebantur Y 01 (-ur *punctis del.*) | Neroni] neronis *Gen*; N 22$^{1}$ (*corr. s. l.* N 22$^{1}$) | hodium N 23 (h *del.*) | festinium P$^{1}$ (f *del.*, u P$^{2}$ *s. l.*) **11** intima] *Gen*; Y 01, Y 02; N 22$^{1}$ inima M nimia N 22$^{1}$ *mg*; *cett.* | sodalitate] sodiali ate M sodialitate V 63 (i *pr. puncto del.*) | hic] *om.* V 63$^{1}$ (*add. s. l.* V 63$^{2}$) **12** cognitam] cognitum K$^{1}$ (*corr. in textu* K$^{2}$) *om.* V 65 | forociam A | metuit] uetuit J meruit V 63$^{1}$ (*corr. s. l.* V 63$^{2}$) *add.* eam G$^{2}$*mg*; β (*del. Stuttg*$^{2}$), N 22 *add.* eum P$^{2}$ *s. l. add.* et iam *Stuttg*$^{2}$ *s. l. add.* etiam L | asperius E | inlusus quae] M; V 63, N 23 illusus que *cett. praeter* illususque Y 01 **13** ubi] ibi Or | ex] *add.* eo J (*del.*) | acrem sui] accensui Hol$^{1}$ (*corr. s. l.* Hol$^{2}$) **14** accesserat] ac cessaret N 23 | accesserat — **15** esse] *om.* L$^{1}$ (*add.* L$^{1}$*mg*; *sed cf. infra*) | repens] recens *Lipsius* | Vestinus] uestinius Ven, P uestilius U$^{1}$ (*corr.* U$^{2}$*mg*); C; V 64, A, V 65 stestinus Y 02 | statilliam B 72 | messallinam *Gen* (< B 72) **15** matrimonio] matromonio M$^{1}$ (*corr. in textu* M$^{1}$) in matrimonio U *om.* P, Vin, *Stuttg*, L$^{1}$*mg* | sibi] *om.* Or, N 21, O 48, O 22, K | iunsserat Y 03 | haud] aut M$^{1}$ (h- M$^{2}$ *s. l.*); L 24; V 63$^{1}$ (*corr. s. l.* V 63$^{2}$); A$^{1}$ (h- A$^{2}$ *s. l.*) aud B$^{1}$ (d *in ras.*, h- B$^{2}$ *s. l.*) | nescius] nescios H$^{1}$ (*corr. in textu* H$^{2}$) | inter] et inter Vin, *Stuttg*, L$^{1}$*mg* | adultores N 23

**1** aliud exemplum constantie sulpitii aspri K$^{2}$*mg* | sulpicius M$^{2}$*mg*; Y 03$^{2}$*mg* **3** uirile dictum et uerum M$^{3}$*mg* nota responsum Mal$^{2}$*mg* facete et constanter dictum B 72$^{2}$*mg* animosa responsio sulpicii centurionis V 63$^{2}$*mg* libera contra neronem responsa N 23$^{2}$*mg* responsio suplicii asperi ad neronem P$^{2}$*mg* audi responsum N 22$^{1}$*mg* | aliter] amplius M$^{2}$*s. l.* **4** magnitudo animi centurionum in suppliciis B 05$^{2}$*mg* **5** fenius rufus M$^{2}$*mg* **7** uestinus M$^{2}$*mg*; G$^{2}$*mg* uestinus consul P$^{2}$*mg* **10** unde neronis odium in uestinum consulem K$^{2}$*mg* **11** sodiali M$^{2}$*mg* **12** amici] neronis M$^{2}$*s. l.* | de facetiarum asperitate M$^{2}$*mg* elegans sententia B 05$^{2}$*mg* aspere facetie Y 03$^{2}$*mg* qualitercunque dicta malis ueritas tandem odium parit O 48$^{2}$*mg* **14** statilia messalina M$^{2}$*mg*; G$^{2}$*mg*; V 63$^{2}$*mg*, P$^{2}$*mg*, N 22$^{1}$*mg*

**1** existente] *om.* V 63$^{1}$ (*add.* V 63$^{2}$*mg*) | quia] quam V 63 *om.* β (< V 63), L | 69
speciem] ispeciem M (i- *del.*) spē V 63, N 23, Ven, *Stuttg* spem P, Vin, L | iudicis] *Gen* (Mal$^{2}$ *ex* iudcis Mal$^{1}$); N 22 indicis Vin indicii Y 01, Y 02 indiciis M; *cett.* | inducere G, E, B 72 **2** vim] inde V 64 | dominationis]

cum cohorte militum immittit iubetque praevenire conatus consulis, oc-
cupare velut arcem eius, opprimere delectam iuventutem, quia Vestinus
69,2 imminentes foro aedes decoraque servitia et pari aetate habebat. cuncta
eo die munia consulis impleverat conviviumque celebrabat, nihil me-
tuens an dissimulando metu, cum ingressi milites vocari eum a tribuno
dixere. ille nihil demoratus exsurgit, et omnia simul properantur: clau-
ditur cubiculo, praesto est medicus, abscinduntur venae, vigens adhuc
balneo infertur, calida aqua mersatur, nulla edita voce, qua semet mise-
69,3 raretur. circumdati interim custodia qui simul discubuerant, nec nisi pro-
vecta nocte omissi sunt, postquam pavorem eorum, ex mensa exitium

---

domnationis B 05$^{1}$ (*corr. s. l.* B 05$^{2}$) | cumuersus G conuerssus Y 03 | Gerellanum] gerelanum *Gen* (-rium B 72); U; N 23, N 22 getellanum Vin **3** cum] aut J | cohortibus U | millitum V 65 | inmittit M; G; V 64 | immittit iubetque] immittitque L 24 | occupare] V 58$^{1}$, B 05; *Puteolanus* occuparet M; V 58$^{2}$ *s. l.*; *cett.* **4** artem O 22, K | arcem eius] arcentius *Fer* (*corr. in textu* H$^{2}$), B 72; N 22$^{1}$ (*corr.* N 22$^{1}$ *mg*) | opprimere] oprimere V 63$^{1}$ (*corr. s. l.* V 63$^{2}$), N 23 opprimeret Y 03; L; γ, K | quia] quam β quoniam L **5** imminentes] iminentes B 72; K inminentes Y 01 immentes V 64 imminente E$^{1}$ (*corr. s. l.* E$^{2}$) | foro] in foro Y 01, Y 02 | aedes] cedes G | decoraque] decora que M | seuitia P | et] *om.* Y 01, Y 02 | cuncta — **6** nihil] *om.* P **6** consulis] M; V 63$^{1}$, N 23$^{1}$, Ven$^{1}$, N 22$^{1}$; *cett. praeter* consul α; U, Y 03; V 63$^{2}$ *s. l.*, N 23$^{1}$ *s. l.*, Ven$^{1}$ *s. l.*, N 22$^{1}$ *s. l.*, C; V 64, γ, K | conuiumque J | celebrabat] celebrat M; B 72; Y 01; U$^{1}$ (*corr.* U$^{2}$ *mg*); Or celebrarat V 58, B 05; Y 02 **7** an] M; V 58$^{1}$, H$^{2}$ *mg*; U$^{1}$; *cett. praeter* aut V 58$^{2}$ *s. l.*, B 05, H$^{2}$ *s. l.*; U$^{2}$ *mg* ut *Fer*, B 72; N 22$^{1}$ (*corr. s. l.* N 22$^{1}$) | dissimulando] M; V 58$^{1}$; *cett. praeter* dissimulato V 58$^{2}$ *s. l.*, B 05, *Fer*, B 72; N 22$^{1}$ (*corr. s. l.* N 22$^{1}$) dissimilitudo P | ingressi] ingressu Y 01$^{1}$ (*corr. in textu* Y 01$^{2}$) | tribumo E **8** exsurgit] M; Z; C esurgit Y 01 exurgit *cett. praeter* et omnia (*punctis del.*) exurgit U | properantur] M; Prm$^{1}$; *cett. praeter* properanter α; G, Prm$^{2}$ *s. l.*, J, B 72; N 23, Ven, P, N 22, C; V 64 properantes U$^{1}$ properans U$^{2}$ *mg* **9** cubiculo clauditur Y 01, Y 02 | praesto] *om.* B 72 | est] *om.* V 63$^{1}$ (*add. s. l.* V 63$^{2}$) | vigens] M; N 23$^{1}$; *cett. praeter* ingens Z; N 23$^{2}$ *in textu*, P, C; V 64 uigentes U$^{1}$ (*corr.* U$^{2}$ *mg*) *om.* N 21$^{1}$ (*add.* N 21$^{2}$ *mg*) | adhuc] ad uc Y 01 **10** balneo] ualneo M; V 63$^{1}$ (*corr. s. l.* V 63$^{2}$) *bis* Z | infertur balneo Y 01, Y 02 | callida J, B 72 | mersatur] uersa (*punctis del.*) mersatur M uersatur B 72 | adita V 65 | voce] *om.* L$^{1}$ (*add. s. l.* L$^{1}$) | qua] qua|qua U (qua *pr. punctis del.*) | misereretur Y 01, Y 02 **11** circundati B; B 05, G, H, Prm, J, B 72; Y 02; V 63, P, Vin; V 64, A, N 21, O 22, K | interius C | qui] quia B 72 (-a *del.*) | discubuerant] discubuerat M$^{1}$ (*corr. s. l.* M$^{2}$) discumberant U$^{1}$ (*corr. s. l.* U$^{2}$) | nec] ac N 22 | nisi] nichil N 23$^{1}$ (*corr. s. l.* N 23$^{2}$), Ven, P sic Y 01 **12** nocte] note V 65 uoce α *add.* qua semet Hol (*punctis del.*) | omissi] M; H$^{1}$; V 63$^{1}$;

opperientium, et imaginatus et inridens Nero satis supplicii luisse ait pro epulis consularibus.

Exim Annaei Lucani caedem imperat. is profluente sanguine ubi fri- 70,1
gescere pedes manusque et paulatim ab extremis cedere spiritum fervido adhuc et compote mentis pectore intellegit, recordatus carmen a se compositum, quo volneratum militem per eius modi mortis imaginem obisse tradiderat, versus ipsos rettulit, eaque illi suprema vox fuit. Senecio 70,2

---

*cett. praeter* emissi E, H$^1$ (*corr. in textu* H$^2$); U, Y 03; V 63$^2$ *in textu*, N 23, Ven, P, Vin, *Stuttg*, L, C; V 64, γ, K omissa Y 01 | postquam] postque U$^2$ *mg* | pauorum N 22 | ex mensa] *Fr. Medices* et mense M; *cett. praeter* et immense Y 01 (-nm-), Y 02 | exitium] M; *Stuttg*$^1$; *cett. praeter* exitum Hol; U, Y 03; *Stuttg*$^2$ *in textu*, L, C; V 64, γ, (N 21$^2$*mg*; editum N 21$^1$), K exutium V 63$^1$ (*corr. s. l.* V 63$^2$) **13** opperientium] operientium Z; *Fer* (< E; *corr.* G$^2$ *s. l.*, H$^2$ *s. l.*), B 72; U, Y 03; Ven, L$^1$ (*corr. in textu* L$^2$); γ, K | et *pr.*] *om. Fer*, B 72 | ymaginatus Y 01 maginatus B 72 | et inridens Nero] nero et irridens *Fer*; N 22 nero irridens ait B 72 | inridens] M; V 58, B 05; V 63, N 23 iridens *Stuttg* irridens *cett.* | supplicii luisse] supplicuisse Z | luisse] isse B$^1$ (*corr. s. l.* B$^2$), L 24 iuisse E lussisse B 72 | ait] *om.* B 72 | pro] per Y 01

2 gerellanus M$^2$*mg* **3** de morte uestini consulis K$^2$*mg* **4** arcentius (*sic ad* arcem eius) G$^2$*mg* **7** milites] *add.* ad uestinum M$^2$*s. l.* **9** nota quam citissima et properrima cedes seuini consulis N 23$^2$*mg* | presto P$^2$*mg* **10** uestinus moritur uenarum incisione M$^2$*mg* mors uestini consulis B 05$^2$*mg* mors uestini V 63$^2$*mg* | uestinus Y 03$^2$*mg*; V 65$^1$*mg* | ω. ω. ω K$^2$*mg* **13** imaginatus V 58$^2$*mg*

**1** exim Annaei] *Ritter* (exin M. Annaei *Rhenanus*) ex immane (e *del.*) na et M exin manena et B, Hol, Z exin mane L 24 exin mannio et V 58$^1$; Y 01 (-n-), Y 02 exin mannie et V 58$^2$ *s. l.*, B 05, E, H, Mal exin menenii et G (menenii *in ras.*); N 22$^1$*mg* exin mamme et Prm, J; N 22$^1$ exinde mannie et B 72 exin manenio et U; Vin, *Stuttg*, L exin mamenio et Y 03; γ, K exin manenia et V 63$^1$ exin in anenio et V 63$^2$ *in textu*, Ven, P$^1$ (annei P$^2$ *s. l.*), C; V 64 exin in aenio et N 23 | is] iis N 22 | profluente] profligente B 72 **2** cedere] occedere B 05 (oc- *punctis del.*), E ocedere G (o *puncto del.*), H (o *eras.*), Mal, Prm, J edere B 72 | spirtum V 65 | feruide B 72 **3** et] *om.* V 63$^1$ (*add. s. l.* V 63$^2$) | conpote V 64 | pectore] pectere V 63, P$^1$ (*corr. s. l.* P$^2$) petere N 23 *om.* B 72 | intellegit] M intelligit *cett. add.* et V 65 | carmen a se] α; *Gen* (< B 72); Y 01, Y 02 carmena (-a *del.*) a se M a se carmen B 72; U, Y 03; N 22, C; V 64, γ, K ab se carmen Vin, *Stuttg*, L ad se carmen V 63, N 23, Ven, P (d *puncto del.*) **4** volneratum] M uulneratum *cett.* | eius modi] eiusdem U, Y 03; C; V 64, γ, K | mortis] mortem U$^1$ (*corr.* U$^2$*mg*) *om.* P | ymaginem B 72; Y 01; N 23; V 64, V 65 | obisse] obiisse B 05, B 72; U; Vin (i *pr. puncto del.*), N 22; K **5** versus] uerus N 22$^1$ (*corr. s. l.* N 22$^1$) | ipsos] illos V 65 | rettulit] M; B 05$^2$ *s. l.*; P; K retulit B 05$^1$; *cett.* | eaque] ea que 70 posthac et Quintianus et Scaevinus non ex priore vitae mollitia, mox reliqui coniuratorum periere, nullo facto dictove memorando.

71,1 Sed compleri interim urbs funeribus, Capitolium victimis; alius filio, fratre alius aut propinquo aut amico interfectis, agere grates deis, ornare lauru domum, genua ipsius advolvi et dextram osculis fatigare. atque ille gaudium id credens Antonii Natalis et Cervarii Proculi festinata indicia impunitate remuneratur. Milichus praemiis ditatus conservatoris
71,2 sibi nomen Graeco eius rei vocabulo adsumpsit. e tribunis Gavius Sil-

---

Y 01, Y 02 atque Mal, Prm, J, B 72; N 22$^1$ (*corr. s. l.* N 22$^1$) | illa P | suprema] supprema L 24; B 72; Y 01, Y 02; N 22, C; V 64, V 65 summa β, L | vox] uxor P | Senecio] senetio V 58, B 05; V 65, Or, O 22 senectio E, B 72; Y 01, Y 02; K penecio C; V 64 (-tio) **6** posthac] per (*del.*) posthac N 22 | et *pr.*] *om.* J | Quintianus] P; N 21, K quintilianus M; *cett.* (-li- *punctis del.* H; Vin; O 48) *praeter* quintilanus O 22 | Scaevinus] seuinius G$^1$ sceuinius G$^2$ *s. l.*, E seuinus B 72; Y 01 scenius V 65$^1$ (*corr. in textu* V 65$^2$) seruinus Or | priori Z | mollitia] molitia N 22$^1$ (*corr. s. l.* N 22$^1$) mollitie B 72$^1$ (*corr. in textu* B 72$^2$); C militia Y 01, Y 02 **7** periere] perire U$^1$ (*corr.* U$^2$ *mg*); P, N 22; V 65, Or, N 21$^1$ (*corr. s. l.* N 21$^2$), O 48, O 22, K

**1** lucani cedes M$^2$ *mg*; Prm$^1$ *mg*, J$^1$ *mg*; P$^2$ *mg*, N 22$^1$ *mg* lucanus moritur V 58$^2$ *mg* lucani mors E$^3$ *mg* cedes lucani V 63$^2$ *mg*, N 23$^1$ *mg* mors lucani K$^2$ *mg* | mennenius et lucanus G$^2$ *mg* lucanus Y 03$^2$ *mg*; V 65$^1$ *mg* | frigescere P$^2$ *mg* **6** senecius quintilianus seuinus G$^1$ *mg* senecio quintilianus sceuinus Prm$^1$ *mg*, J$^1$ *mg*; P$^2$ *mg* (quintianus), N 22$^1$ *mg* | quintilianus Y 03$^2$ *mg* | quintiliani mors V 63$^2$ *mg*

71 **1** conpleri V 64 | interi L 24 | urbs interim Y 01, Y 02 | funeribus] funebribus V 63$^1$, N 23$^1$ (*corr.* V 63$^2$ *s. l.*, N 23$^1$ *s. l.*), Ven, *Stuttg* **2** deis] diis H, Mal$^1$, Prm$^1$, J$^1$ (*corr.* Mal$^1$ *s. l.*, Prm$^1$ *s. l.*, J$^1$ *s. l.*), B 72; P$^1$ (*corr. s. l.* P$^2$) **3** lauru] lauro Z; U, Y 03; β, L, N 22$^1$ *s. l.*, C; V 64, γ, K laurum G | domum lauru B 72 | genua] genibus Z | ipsius] eius α | dextram ]dexteram B, Hol, Z; G; U; P, L ad dextram Mal, Prm, J, B 72 (-ter-) | osculis] oculis oculis M$^1$ (oculis *alt. corr. s. l.* M$^2$) oculis osculis U aulis osculis B, Hol$^1$ (*corr.* Hol$^2$ *mg*), L 24 (obs-), Z obsculis Y 03 oculis G, H$^1$ (*corr. s. l.* H$^2$); Y 02$^1$ (*corr. s. l.* Y 02$^2$); Or, N 21, O 48, O 22$^1$ (*corr. s. l.* O 22$^2$) oculi B 72 | atque] at B 72; Y 03 **4** ille] illum P$^1$ (illud P$^2$ *s. l.*) *om.* V 63$^1$ (*add. s. l.* V 63$^2$) | id] *om.* β, L | Cervarii] certiarii P | festina C | indicia] iudicia V 63$^2$ *s. l.*, N 23$^1$ *s. l.*, P **5** inpunitate M; V 64 | remuneratur] remunerantur L 24; H (n *alt. puncto del.*), Mal, Prm, J, B 72; U, Y 03; N 22, C; V 64, γ, K | Milichus] milicus Z; Y 03; Ven, L, C; V 64, γ, K milichius G, Mal malichus B 72 malicus N 22 militiis Hol | praemiis] primus Y 01, Y 02 | dictatus G (c *puncto del.*), J; V 65 | conservatoris] conseruatori Z; N 22$^1$ (*corr. s. l.* N 22$^1$) **6** rei] *om.* H$^1$; V 63$^1$ (*add.* H$^2$ *mg*; V 63$^2$ *s. l.*) | adsumpsit] M; Y 01; C; V 64 assumpsit *cett.* (-s- V 65) | e] et B 72; Y 01, Y 02; V 63$^1$ *s. l.*, N 23$^1$ *s. l.*, Ven$^1$ *s. l.*, C | tri-

vanus, quamvis absolutus, sua manu cecidit: Statius Proxumus veniam,
quam ab imperatore acceperat, vanitate exitus corrupit. exuti dehinc tri-
bunatu Pompeius **, Cornelius Martialis, Flavius Nepos, Statius Domi-
tius, quasi principem non quidem odissent, sed tamen ex⟨is⟩timarentur.
Novio Prisco per amicitiam Senecae et Glitio Gallo atque Annio Pol- 71,3
lioni infamatis magis quam convictis data exilia. Priscum Artoria Flac-
cilla coniux comitata est, Gallum Egnatia Maximilla, magnis primum et
integris opibus, post ademptis; quae utraque gloriam eius auxere. pel- 71,4
litur et Rufrius Crispinus occasione coniurationis. sed Neroni invisus,
quod Poppaeam quondam matrimonio tenuerat. Verginium ⟨Flavum et
Musonium⟩ Rufum claritudo nominis expulit: nam Verginius studia iu-

---

bunus B 72; Y 01, Y 02; C | Gavius] M; G (v *puncto del.*), H$^{1}$; *cett. praeter* C. Y 02; U; Ven, P, Vin, *Stuttg*, L gaius H$^{2}$, B 72; Y 01; Y 03; V 63, N 23, N 22$^{1}$ *s. l.*, C; V 64, γ, (G. Or grauis O 22) grauius Z; Prm, J; N 22$^{1}$; K | Silvanus] sillanus U, Y 03; L; V 65, Or, K (sy-) silanus N 23, N 22$^{1}$ *s. l.*; V 64, A, N 21, O 48, O 22 salanus V 63, Ven sallanus Vin, *Stuttg* **7** manu] nu U$^{1}$ (manu U$^{2}$*mg*) | Proxumus] M; B, Hol, Z; G; P proximus *cett.* **8** quam] obtinuit qua U$^{2}$*mg* | ab] *om.* B 72; Y 01 | aceperat uanite V 65 | vanitate — corrupit] *om.* U | corrumpit N 22 | exuti] excuti V 63 (c *puncto del.*) exitu B 72 **9** Pompeius] pomp. K$^{1}$ (*corr. s. l.* K$^{2}$) | *lacunam indicavit Ritter* | Martialis] martilis Y 03$^{1}$ (*corr. s. l.* Y 03$^{2}$); γ **10** existimarentur] H$^{2}$ *s. l.*; P; *Rhenanus* extimarentur M; H$^{1}$; *cett. praeter* estimarentur B 72; Y 02; U; Ven, L **11** Novio] nonio P, L, N 22$^{1}$ (*corr. s. l.* N 22$^{1}$); K neuio G; V 64 | Glitio] glicio V 58, Mal; Y 02; U; N 23, L, N 22; V 64, K glacio Y 01 | Annio] anio Vin, *Stuttg* anneo L | Pollioni] pellioni E pollione L **12** conuinctis Ven | data] decreta *Bezzenberger* (*cf. XVI 9,1*) | Artoria] arcoria Vin antoria Y 01, Y 02 antonia *Gen*; N 22$^{1}$ (*corr. s. l.* N 22$^{1}$) | Flaccilla] flacilla *Fer* (< G); U; β, L, N 22, C; V 64, A facilla Y 01, Y 02; Y 03; γ, K **13** coniunx] coniux M; Hol; Mal, J; Y 03 | comitata] commitata Mal, J comitat V 63$^{1}$ (*corr. s. l.* V 63$^{2}$) commutata Or, N 21$^{1}$ (*corr. in textu* N 21$^{2}$), O 48, O 22, K | Egnatia] etgnatia M (t *pr. del.*) et gnatia B, Hol, L 24; U, Y 03; β, N 22, C; V 64, γ, K **14** opibus] *add.* est at P | ademptis] ademptisque Y 01 adeptis J; Y 02; A adentis V 64 addentis U$^{1}$ (*corr.* U$^{2}$ *mg*) | quae] qua P *om.* Y 01 | eius] *codd.* (u *del. Stuttg*$^{2}$, L$^{2}$) **15** Rufrius] ruffrius Vin, *Stuttg*, L rufius Prm, J, B 72 rufus U; N 22 rufinus P | Crispinus] *add.* non B 72; U$^{2}$*mg* | occasione coniurationis] coniurationis occasione U, Y 03; β, L, C; V 64, γ (occasione V 65$^{2}$ *s. l.*; accusatione V 65$^{1}$, *punctis del.*), K | Neroni] M; V 58$^{1}$; *cett. praeter* neronis V 58$^{2}$ *s. l.*, Prm (-s *del.*), B 72 (-s *puncto del.*); N 22 nerone A$^{1}$ (*corr. s. l.* A$^{2}$) **16** popeam G, H; Y 01; C | Verginium] M; B 05; Y 02; V 63$^{1}$, N 23$^{1}$, Ven uirginium V 63$^{2}$ *s. l.*, N 23$^{1}$ *s. l.*; *cett.* (uirginum A$^{1}$, i *add. s. l.* A$^{2}$) | Flavum et Musonium *add. Walther* (et Musonium *add. Lipsius*) **17** Rufum] M; H$^{1}$; *cett. praeter* ruffum E, H$^{2}$

venum eloquentia, Musonius praeceptis sapientiae fovebat. Cluvidieno Quieto, Iulio Agrippae, Blitio Catulino, Petronio Prisco, Iulio Altino,
71,5 velut in agmen et numerum, Aegaei maris insulae permittuntur. at Caedicia uxor Scaevini et Caesennius Maximus Italia prohibentur, reos fuisse se tantum poena experti. Acilia mater Annaei Lucani sine absolutione, sine supplicio dissimulata.

---

*s. l.*; Y 01, Y 02; Vin, *Stuttg*, L; V 65 | Verginius] M; V 58, B 05; Y 02; Ven uergenius Y 01 uirginius *cett. add.* rufus L 24 | iuvenum] iuenum B 05$^1$ (*corr. s. l.* B 05$^2$) **18** elloquentia V 65 | Musonius] musonis U musionius P (i *pr. puncto del.*) | precepta B 72 | sapientiae] eloquentie (*punctis del.*) sapientie Y 01 asapientie N 23 | Cluvidieno] cluidieno L 24 cluuideno Y 02 cluuideneo Y 01 clunidieno N 22 clundieno P, Vin **19** Quieto] equite U | Agrippae — Iulio *alt.*] *om.* V 64 | agripe Y 01 | Blitio] blicio Z; U; N 23, P, L britio Y 01, Y 02 blutio Y 03; γ, K | Catulino] catullio V 58 catullino E, H, Mal; Vin tatulino P clatulino C catilino U | Petronio] patronio β (< P), L | Prisco] priso U, Y 03$^1$ (*corr. s. l.* Y 03$^2$); γ piso C *om.* Ven | Altino] alemo Y 02 **20** velut] uelud M; V 63$^1$ (*corr. s. l.* V 63$^2$) | in agmen et] agmem et in L 24 | Aegaei] *om.* N 22 | permittuntur] premittuntur G$^1$ (*corr.* G$^2$ *mg*); Or | Caedicia] *Stuttg*$^2$ *in textu*, L; *Orelli* cadicia M; *Stuttg*$^1$; *cett.* **21** Scaevini] sceuinii G, E, Mal; Y 03; A seuini B 72 scenini V 64 | Caesennius] cesenius *Gen* (< B 05); Y 01, Y 02; N 22 censennius B 05 cessenius P cisennius U, Y 03; C; V 64, γ (ciseninius V 65), K Caesonius *Lipsius* (*cf. XIV 29,1*) | ytalia V 64 italie N 23 | prohibentur] proibentur N 23 pelluntur B 72 **22** se] sed G | tantum] statim (*punctis del.*) tantum B tamen G | poena] *om.* U | experti] expeti Hol$^1$ (*corr. s. l.* Hol$^2$) exparti P | Acilia] atilia L 24; *Gen* (att- B 72); Y 03, N 22 accilia Z; P; V 65 acillia V 63, Ven (acc-), *Stuttg*, L acilla Vin atilla N 21 | Annaei] anei Vin | absolutione] absolutiones M **23** sine] *Stuttg*$^2$ *in textu*, L$^2$ *in textu* in M; *Stuttg*$^1$, L$^1$; *cett.* | suplicio Y 01 sulpicio P

**1** cedes et exilia plurimorum K$^2$*mg* **3** heu quantum potest seuitia N 23$^2$*mg* **4** antonii natalis ceruarii proculi M$^2$*mg* ceruarii proculi G$^2$*mg* **5** milichus M$^2$*mg*; G$^2$*mg* | delator coniurationis ditatur B 05$^2$*mg* | milichus cognominatus σωτήρ V 63$^2$*mg* conseruator greco uocabulo P$^2$*mg* σωτήρ saluator *Stuttg*$^2$*mg* σωτήρ L$^2$*mg* **6** gauius siluanus M$^2$*mg* gaius siluanus G$^2$*mg* c. siluanus P$^2$*mg* **7** stacius M$^2$*mg* stacius proximus G$^2$*mg* **9** pompeius cornelius martialis M$^2$*mg*; P$^2$*mg* | flauius nepos P$^2$*mg* | flauius, stacius domicius M$^2$*mg* | statius domitius P$^2$*mg* **11** nouius priscus M$^2$*mg* | glicius gallus M$^2$*mg* | annius pollio M$^2$*mg* **12** flaccilla M$^2$*mg* **13** uxorum caritas K$^2$*mg* | gallus, gnatia maximilla M$^2$*mg* **15** rufrius crispinus M$^2$*mg* crispinus Y 03$^2$*mg* **16** poppea M$^2$*mg* | uerginius rufus M$^2$*mg* uirginius ruffus Y 03$^2$*mg*; K$^2$*mg* (-f-) uirginii rufi exilium P$^2$*mg* **17** uirginius V 63$^2$*mg*, N 22$^1$*mg* **18** musonius M$^2$*mg*; Y 03$^2$*mg*; V 63$^2$*mg*, N 22$^1$*mg*, C$^2$*mg* | cluuidieno quieto, iulius agrippa M$^2$*mg* **19** petronius crispus, iulius altinus M$^2$*mg* **21** cadicia, sceuinus, censennius maximus M$^2$*mg* caditia N 22$^1$*mg* **22** acilia mater annei lucani M$^2$*mg*; V 58$^2$*mg* (atilia); V 63$^2$*mg* (*om.* annei) accilia lucani mater P$^2$*mg* atilia N 22$^1$*mg*

Quibus perpetratis Nero et contione militum habita bina nummum 72,1
milia viritim manipularibus divisit addiditque sine pretio frumentum,
quo ante ex modo annonae utebantur. tum quasi gesta bello expositurus,
vocat senatum et triumphale decus Petronio Turpiliano consulari, Coc-
ceio Nervae praetori designato, Tigellino praefecto praetorii tribuit, Ti-
gellinum et Nervam ita extollens, ut super triumphales in foro imagines
apud Palatium quoque effigies eorum sisteret. consularia insignia Nym-
phidio ⟨Sabino data. de Nymphidio,⟩ quia nunc primum oblatus est, 72,2
pauca repetam; nam et ipse pars Romanarum cladium erit. igitur matre
libertina ortus, quae corpus decorum inter servos libertosque principum

---

**1** quibus] quis G | perpetratus Vin | contione] contencione N 23 conctione C (c *alt. puncto del.*) | militum] *om.* Y 03; γ, K | numum H, B 72; Y 02; U; N 22 **2** milia] millia L; V 65 *om.* N 23 | viritim] uiritiim B 72 uirium Hol | addiditque] additque Vin, *Stuttg*, L | frumento J **3** quo] qua V 65 | ante] sine (*punctis del.*) ante A | utebatur Hol | tunc V 63 | gesta bello] bello gesta β, L; *Koestermann* **4** et] *om.* P | Turpiliano] L; *Vertranius* turpiano M; *cett.* | Cocceio] M; V 58, B 05; Y 01, Y 02 coceio *Fer*, B 72; K coceo N 22 caceio α; U; β, L caccio Y 03; C; V 64, γ **5** Nervae] *add.* ue Y 03; C; V 64, γ (*punctis del.* N 21) | dessignato G | tigillino *codd.* (-l- N 23) | praefecto] prefecturam Y 01, Y 02 | tribuit] *om.* B 72; V 63$^{1}$ (*spat. 7 litt.*, *add. in textu* V 63$^{2}$), N 22 | tigillinum *codd.* (-l- N 23) **6** et] *om.* V 63$^{1}$ (*add. s. l.* V 63$^{2}$) | Nervam] neniam N 23 ueniam Ven | supra V 65 | imagines] ymagines B 72; Y 01; N 23; V 64, V 65 *om.* Ven **7** effigies eorum quoque Y 01, Y 02 | sisteret] M; N 22$^{1}$; *cett. praeter* statuit uel sisteret β (statuit uel *del.* *Stuttg*$^{2}$) statuit N 22$^{1}$*mg* statuit dedit etiam U, Y 03; V 63$^{2}$*mg*, N 23$^{1}$*mg*, C; V 64, γ, K (statueret) | Nymphidio] nimphidio L 24, Z; Y 03; V 63, Ven, Vin, *Stuttg*, L, C; V 64, γ (-ydio N 21) ninphidio N 23 niphidio Y 02; P nyhydio Y 01 **8** ⟨Sabino data. de Nymphidio⟩] *om.* M; α; V 63$^{1}$ de quo *Gen*; N 22$^{1}$; K quem V 58$^{2}$ *s. l.*; Y 01, Y 02; Y 03; β (V 63$^{2}$ *s. l.*), L, N 22$^{1}$ *mg*, C; V 64, γ que U ⟨Sabino. De Nymphidio⟩ *Ritter* ⟨data. de quo⟩ *Koestermann* ⟨qui⟩ *Weissenborn*, *Halm* *lac.* *Furneaux* (*cui tamen verbum supplendum videtur*) | quia nunc] *Gen*; Y 01, Y 02; V 63, Vin, *Stuttg*, L, N 22$^{1}$ quannc M qua nunc α quam nunc N 23, Ven quod nunc P, N 22$^{1}$*mg* quoniam nunc U, Y 03; C; V 64, γ (*sed* nunc *post* primum V 65), K | est] *om.* B 72 **9** ipse] *Gen*; L, N 22$^{1}$; K$^{2}$ *in ras.* ipsa M; N 22$^{1}$ *s. l.*; K$^{1}$; *cett.* | Romanarum] romanorum Y 01; U$^{1}$ (*corr. s. l.* U$^{2}$), Y 03; β, N 22, C; V 64, γ, K$^{1}$ (*corr. in textu* K$^{2}$) | cladium] M; N 22$^{1}$; *cett. praeter* cladius Prm$^{1}$ (*corr. s. l.* Prm$^{2}$); V 63$^{1}$ claudius U$^{1}$ (*corr.* U$^{2}$*mg*), Y 03; V 63$^{2}$ *s. l.*, N 23, Ven, P, Vin, *Stuttg*, C; V 64, γ, K$^{1}$ (*corr. in textu* K$^{2}$) claudium Y 01; U$^{2}$ *s. l.* cladis N 22$^{1}$ *s. l.* | erit] erat Y 03; γ, K$^{1}$ (*corr. in textu* K$^{2}$) *om.* U **10** ortus quae] ortusque Y 01 | decorum] *om.* Mal, Prm, J, B 72 | servos] *om.* P | liberosque Y 01, Y 02 | principum] 72 vulgaverat, ex C. Caesare se genitum ferebat, quoniam forte quadam habitu procerus et torvo vultu erat, sive C. Caesar, scortorum quoque cupiens, etiam matri eius illusit.***

73,1 Sed Nero vocato senatu, oratione inter patres habita, edictum apud populum et collata in libros indicia confessionesque damnatorum adiunxit. etenim crebro vulgi rumore lacerabatur, tamquam viros claros et
73,2 insontes ob invidiam aut metum extinxisset. ceterum coeptam adultamque et revictam coniurationem neque tunc dubitavere quibus verum noscendi cura erat, et fatentur qui post interitum Neronis in urbem re-
73,3 gressi sunt. at in senatu cunctis, ut cuique plurimum maeroris, in adulationem demissis, Iunium Gallionem, Senecae fratris morte pavidum et

---

principium Y 01 *om.* V 65 **11** C.] *om.* P | genitum se Y 01, Y 02 | ferrebat O 22 | forte] sorte Y 01, Y 02 | quadam] quodam α; G, B 72; U, Y 03; β (*corr. s. l.* $P^2$), L, N 22, C; V 64, γ, K **12** sive] sine P | Caesar] cesare Mal, Prm, J, B 72; N 22 | scortorum] stoicorum J | quoque] *om.* $L^1$ (*add.* $L^1$ *mg*) **13** etiam] *om.* Y 03; γ, K | illusit] illuxit $H^1$ (*corr. in textu* $H^2$); Y 01 (inl-); Y 03; A | *lacunam indicavit Wurm*

**1** post ciuium cladem premia militi data B $05^2$ *mg* munera manipularibus data $K^2$ *mg* **2** uiritim $G^2$ *mg* | uiritim] per singulos uiros $M^2$ *s. l.* **4** petronius turpianus $M^2$ *mg* | cocceius neruus (*sic*) $M^2$ *mg* **6** tigillinus, nerua $M^2$ *mg* tigillini honores $P^2$ *mg* tigillinus et nerua summe auctoritatis $K^2$ *mg* **8** nymphidio $M^2$ *mg* nymphidius B $05^2$ *mg*, $E^3$ *mg*, B $72^2$ *mg*; Y $03^2$ *mg* (ni-) **10** genus nymphidii V $63^2$ *mg* de quodam nymphidio $K^2$ *mg* **11** nero (*sic*) $M^2$ *mg* | ferebat] dicebat $M^2$ *s. l.* **12** c. cesar toruo uultu Y $03^2$ *mg* c. cesar procerus et toruo uultu O $48^2$ *mg*

73 **1** vocato senatu] *del. Ernesti* | orationes G; N 23 (-s *del.*) | edictum] edictus J *add.* inter patres P | apud] *om.* U **2** populum] populo $U^2$ *mg* | liberos α | indicia] iudicia P, N $22^1$ (*corr. s. l.* N $22^1$) | damnatarum G | adiuncxit M; N 23 **3** etenim] et nero N $22^1$ (*corr. s. l.* N $22^1$) | lacerabantur O 22, K | claros] L; *Freinsheim* (*cf. XIV 58,2*) *om.* M; *cett.* | et] *om.* U, Y 03; C; V 64, γ, K **4** aut metum] metumque Y 03; γ, K | extinxisset] extincxisset M; N 23 extinsisset Y 01; Y 03; V 64, A extimasset Vin | coeptam] post ceptam $U^2$ *mg* captam N 23 | adultamque] adulctamque N 21 adulatamque N 22 | adultamque et revictam] et adulatam reuictamque B 72 adultamque $L^1$ (que et reuictam $L^1$ *mg*) *add.* in Prm (*punctis del.*) **5** neque] nec Y 01; N 22 | dubitare B 72 | verum] ueri $M^1$ (*corr. in textu* $M^1$) *om.* V 65 **6** fatentur] faterentur $U^2$ *mg* | interitum] interritum Mal, Prm intentum V 65 | in — **7** maeroris] *om.* U (hic deficit $U^2$ *mg*) | urbe V 65 | regressi] ingressi V 65 **7** at] ac P | merroris V 65 | in] *om.* Y 01 **8** demissis] *Puteolanus* dimissis *codd.* | Iunium] uinium N 23 in unium C | galionem Y 01; N 23 | fratris]

pro sua incolumitate supplicem, increpuit Salienus Clemens, hostem et parricidam vocans, donec consensu patrum deterritus est, ne publicis malis abuti ad occasionem privati odii videretur, neu composita aut obliterata mansuetudine principis novam ad saevitiam retraheret.

Tum [decreta] dona et grates deis decernuntur, propriusque honos 74,1
Soli, cui est vetus aedes apud circum, in quo facinus parabatur, qui occulta coniurationis numine retexisset; utque circensium Cerealium ludicrum pluribus equorum cursibus celebraretur mensisque Aprilis Neronis cognomentum acciperet; templum Saluti extrueretur eo loci ** ex quo Scaevinus ferrum prompserat. ipse eum pugionem apud Capitolium 74,2

---

fratri Prm$^{1}$ (*corr. s. l.* Prm$^{2}$), J **9** incollumitate Prm, J | suplicem Prm$^{1}$ (*corr. s. l.* Prm$^{2}$) | increpauit C | Salienus] salenus Mal$^{1}$ (*corr. s. l.* Mal$^{2}$) sallienus Vin, *Stuttg*, L *add.* hospes V 65 (*del.*) | Clemens] clemes C; V 64, A, V 65 demens *Fer* (< J), B 72; P, N 22 **10** paricidam Z; B 72; Y 01; U; N 23; K | vocans] uocatis Y 01 | deteritus V 65 | ne] et ne *Fer*, B 72; N 22 nec P | puplicis N 23 **11** abuti] abulti V 63 (l *puncto del.*) | privati] *om.* V 65 | videretur] uiderentur H (*n puncto del.*) | neu] ne V 63$^{1}$ (*corr. s. l.* V 63$^{2}$) | composita aut obliterata mansuetudine] *Lipsius* (et) compositam aut obliteratam mansuetudinem *codd.* (aut] et B, Hol; *Gen*; N 22 *om.* Y 01, Y 02 | oblitteratam L 24; *Gen*; Y 01, Y 02; β, N 22, Or) **12** retraheret] retrahere H$^{1}$ (*corr. s. l.* H$^{2}$) traheretur B 72

8 iunius gallio frater senece M$^{2}$*mg* iunius gallio senece frater V 58$^{2}$*mg*; V 63$^{2}$*mg* iunius gallio G$^{2}$*mg*; N 22$^{1}$*mg* gallio Y 03$^{2}$*mg* gallio senece frater P$^{2}$*mg* 9 o qualia tempora K$^{2}$*mg* | salienus clemens M$^{2}$*mg* salienus G$^{2}$*mg*

**1** decreta] *codd. del. J. F. Gronovius* (decernuntur *del. Lipsius*) ⟨in⟩discreta *Bezzenberger* (*cf. I 35,1*) | deis] diis B 72; U, Y 03; β, C; A$^{2}$ *s. l.*, V 65, Or, N 21, O 22, K dis L; V 64, A$^{1}$, O 48 | decernuntur] decernentur M discernuntur U$^{1}$, Y 03$^{1}$ (*corr.* U$^{2}$*mg*, Y 03$^{2}$ *s. l.*); C; V 64, A, V 65, O 48$^{1}$ (*corr. in textu* O 48$^{2}$) | propriusque] priusque V 63$^{1}$ (*corr. in textu* V 63$^{2}$) propiusque Y 01; γ (*corr. s. l.* O 22$^{2}$) **2** vetus] uectus N 23 *om.* L$^{1}$ (*add. s. l.* L$^{1}$) | aedes] cedes U$^{1}$ (*corr.* U$^{2}$*mg*) | parabatur] sperabatur B, Hol | qui] quod L **3** numine] minime B 72; U, Y 03; β, C; V 64, γ (*corr.* N 21$^{2}$*mg*), K *add.* suo L suo numine *Ritter* | retexisset] retrexisset U (r *alt. puncto del.*) reticisset B 72 recessisset N 22$^{1}$ (*corr.* N 22$^{1}$*mg*) | Cerealium] cerialium M; α; Y 01, Y 02; V 63$^{1}$ (*corr. s. l.* V 63$^{2}$) cerilialium J (-li- *pr. punctis del.*) **4** plurimis P | mensisque] mensis quoque U, Y 03; β, L, C; V 64, γ, K **5** acciperet] reciperet V 65 | salutis Y 01 (-s *puncto del.*) | extrueretur] strueretur B 72 extruetur A | eo loci] ei loci B 72; N 22 eius loco *Meerwaldt* | *lacunam notavit Nipperdey* | ex] *om.* L 24 **6** Scaevinus] sceuinius *Fer*; U; β (i *alt. del. Stuttg*$^{2}$), N 22 seuinus B 72 | prompserat] promserat V 58; Y 01; Y 03; V 64 74

sacravit inscripsitque Iovi Vindici: in praesens haud animadversum post arma Iulii Vindicis ad auspicium et praesagium futurae ultionis trahebatur.
74,3 reperio in commentariis senatus Cerialem Anicium consulem designatum pro sententia dixisse, ut templum divo Neroni quam maturrime publica pecunia poneretur. quod quidem ille decernebat tamquam mortale fastigium egresso et venerationem hominum merito, ⟨sed ipse prohibuit, ne interpretatione⟩ quorundam ad omen malum sui exitus verteretur: nam deum honor principi non ante habetur quam agere inter homines desierit.

---

promiserat G, E (i *puncto del.*), Mal, Prm (i *puncto del.*), B 72 | eum] cum B 72; C enim P *om.* N 22 | pugionem] pigionem L 24 pugione B 72 **7** inscripsitque] inscripsit α | Vindici] uinci α | ⟨id⟩ in *Acidalius* ⟨quod⟩ in *Fuchs* | in praesens] impresens G | haud] aut β (< P; *corr. s. l. Stuttg*$^2$), N 22$^1$ *s. l.* | animadversum] animauersum V 63$^1$ (*corr. s. l.* V 63$^2$) aduersum Vin | post] *add.* cognitum quod U$^2$*mg* **8** Iulii] iullii Y 01 iuli V 63$^1$ (*corr. in textu* V 63$^2$) *om.* P | ad] aut U, Y 03; β (*corr. in textu Stuttg*$^2$), C; V 64, γ | auspicium] aspicium Y 01 auspicum P, Vin, *Stuttg*$^1$ (*corr. s. l. Stuttg*$^2$) | et] *om.* U, Y 03; β, L, C; V 64, γ, K | praesagium] *punctis del. Stuttg*$^2$ presagum L | trahebantur Y 02 **9** reperio] repperio M; Y 01; V 63, N 23, Ven, P reperto L 24 | comentariis Z; Mal, Prm, B 72; Ven, Vin, C; V 65 conmentariis J | Cerialem] cerealem V 63$^2$ *s. l.*, N 23$^1$ *s. l.*, Ven$^1$ *s. l.*, P, L; K cerrialem V 65 | Anicium] annitium V 65 antium Hol consulem (*punctis del.*) amicum U | designatur A **10** ut] *om. Fer*, B 72; N 22 | templum] templo Or, N 21$^1$ (*corr.* N 21$^2$ *s. l. et mg*), O 48, O 22, K | divo] diui U diuino C | Neroni] neronis U (-s *puncto del.*) | quam] *om.* B 72 | maturrime] maturime J; Y 02; N 23, N 22; V 65 materrime *Stuttg*$^1$ (*corr. s. l.* Stuttg$^2$) acerrime Vin (a *in ras.*) **11** puplica V 63 | peccunia V 65 | poneretur] uoueretur Y 01, Y 02 | quidem ille] ille quidem *Fuchs* | mortale] immortale Mal, Prm, J, B 72$^2$*mg*; N 22 singulare B 72$^1$ **12** egresso] egressoque B 72; N 22 | venerationem] *Rhenanus*, *Furneaux* ueneratio item M; α; Y 01, Y 02 ueneratio ad deum item V 63, N 23, Ven, P, N 22 (uenerationem N 22$^1$, -tio N 22$^1$ *s. l.*) uenerationem item *Gen*; V 63$^2$*mg*, N 23$^1$*mg*, Ven$^1$*mg*, Vin, *Stuttg*, L; V 64, K ueneratione item U, Y 03; C; γ (u. idem V 65) venerationem iam *Ritter* venerationem iuste *Koestermann* | ⟨sed ipse prohibuit, ne interpretatione⟩ *add. Halm*, *Furneaux*, *Koestermann* ⟨sed Nero prohibuit, ne existerent⟩ *Fuchs* (*nihil add. Nipperdey*) **13** quorundam] M; V 63$^1$, N 23$^1$, Ven$^1$, N 22$^1$; *cett. praeter* quorumdam Hol, Z quod Y 03; V 63$^2$*mg*, N 23$^1$*mg*, Ven$^1$*mg*, Vin, *Stuttg*, L, N 22$^1$ *s. l.*; γ, K quondam quod U$^1$ (quodam quod U$^2$*mg*) quorundam quod C; V 64 aquorundam P (a *pr. del.*) quorum invidia *Fuchs* quorum odio idem *Nipperdey* | ad omen malum sui exitus] *Halm*, *Furneaux*, *Koestermann 1952* ad omnia dolum sui exitus M (omĩa); α; Y 01 Y 02; U$^1$; V 64 ad omina dolo sui exitus V 58[1], B 05[1]; N 22[1] ad omnia dolo sui exitus V 58[2] *s. l.*, B 05[2] *mg*, *Fer*, B 72 ad omina solum sui exitus U[2] *mg*; V 63[2] *mg*, N 22[1] *mg*; K ad omnia solum sui exitus Y 03; N 23[1] *mg*, Ven[1] *mg*, Vin, *Stuttg*[1] (omnia *del.*, omen *Stuttg*[2] *mg*), C; $\gamma$ ad omnia dolum V 63[1], N 23[1], Ven[1], P ad omen futurum sui exitus L ad omen maturi exitus *Nipperdey*, *Koestermann 1960* (maturi sui exitus *id. in apparatu*) ad omen ac votum sui exitus *Fuchs* | verteretur] uertebatur L **14** ante habetur quam] autem hec tanquam P | quam] quam ut B 72

**1** adulationes post scelera B 05[2] *mg* **2** solis edes apud circum M[2] *mg* solis edes ubi P[2] *mg* soli proprius honos decernitur K[2] *mg* **3** circense ludicrum erat ex equorum cursibus P[2] *mg* **4** mensis aprilis ut uocaretur nomine neronis M[2] (*script. benev.*) *mg inf.* aprilis cognominandus neronius V 63[2] *mg* aprilis mensis haberet neronis cognomentum P[2] *mg* **5** salutis templum P[3] *mg* **7** ioui uindici M[2] *mg* **9** commentarii senatus P[2] *mg* | ceralis ancius G[2] *mg* cerialis annicii adulatoria sententia K[2] *mg* **10** templum diuo neroni B 05[2] *mg* **14** quando deum honor principi haberetur V 58[2] *mg* quando honos diuinitatis dabatur P[2] *mg* diuus post mortem Y 03[2] *mg* errant qui ·di· principes in uita appellant Y 03[2] *mg*

# ANNALIUM LIBER XVI

1,1 Inlusit dehinc Neroni fortuna per vanitatem ipsius et promissa Caeselli Bassi, qui origine Poenus, mente turbida, nocturnae quietis imaginem ad spem haud dubiae re⟨i⟩ traxit, vectusque Romam, principis aditum emercatus, expromit repertum in agro suo specum altitudine immensa, quo magna vis auri contineretur, non in formam pecuniae, sed

---

*inscriptiones:* Corneli Taciti explicit liber XV incipit liber XVI M Cornelii Taciti liber XV explicit (finit L 24) incipit XVI B, Hol, L 24 finis quintidecimi V 58 Cornelii Taciti actorum diurnalium historie auguste liber XV explicit incipit XVI B 05 Cornelii Taciti actorum diurnalium auguste historie liber XV explicit incipit XVI feliciter G, E (*om.* feliciter) Cornelii Taciti actorum diurnalium auguste historie liber XV finit incipit XVI feliciter H, Mal, Prm, J finit quintodecimus C. T. A. D. AU. historie XVI$^s$ feliciter incipit B 72 explicit liber XV incipit XVI U explicit liber XV$^{us}$ Cornelii Taciti incipit XVI$^{us}$ eiusdem V 63 Cornelii Taciti historiarum liber sextus decimus incipit Ven Cornelii taciti historiarum liber XV (*sic*) incipit *Stuttg*$^2$ (*mg sup.:* XVI) C. Taciti liber XVI$^{us}$ incipit feliciter C Cornelii Taciti liber XV explicit incipit XVI eiusdem V 64 Τελωσ. C. Cornelii Taciti Romanorum historias scribentis liber VI incipit N 21 Cornelii Taciti de rebus gestis imperatorum liber XVI O 22, K *om.* Z; Y 01, Y 02; Y 03; N 23, P, Vin, *Stuttg*$^1$, L, N 22; A, V 65, Or, O 48

1 **1** inlusit] M; Y 01; V 63, N 23, *Stuttg*, C; V 64 illusit *cett. praeter* illuxit Y 03; γ, K | Neroni] neronis M (-s *del.*); L 24, Z; V 63 (-s *puncto del.*) | Neroni fortuna] fortuna neroni U, Y 03; L, C; V 64, γ, K | vanitatem] ualitatem N 21$^1$ (*corr. s. l.* N 21$^2$) | et] ex G; U, Y 03; β, L, N 22$^1$ *s. l.*, C; V 64, γ, K | promissa] M; V 63$^1$, N 22$^1$; *cett. praeter* promisso G; U, Y 03; V 63$^2$ *s. l.*, N 23, Ven, P, Vin, *Stuttg*, L, N 22$^1$ *s. l.*, C; V 64, γ (*corr. s. l. ex* pomisso Or), K | Caeselli] cesellii α cesselli Y 03; V 64, γ (-l- N 21) cecelli B 05 caselli E, Mal, Prm casselli J, B 72; N 22 **2** passi Y 01 | origine] orrigine B 72 originem A, V 65, Or, N 21 (-m *puncto del.*), O 48 (m *eras.*) | Poenus] plenus M (l *puncto del.*); V 63 (l *puncto del.*) | turbida] turuida M$^1$ (*corr. s. l.* M$^2$) toruida G$^2$*mg*; Y 03; V 63, N 23, Ven, P, N 22$^1$*mg*, C; V 64, γ, K | nocturnae] noturne H$^1$ (*corr. s. l.* H$^2$) | ymaginem Y 01; N 23, C; V 64 **3** haud] *om.* Mal, Prm, J, B 72; N 22$^1$ (*add.* N 22$^1$*mg*) | dubiae] dubie M (e *in ras.*); G$^1$ (?), H$^1$; N 22$^1$; *cett. praeter* dubiam G$^2$ (-am *in ras.*), H$^2$ *in textu*; Y 01, Y 02; β (<V 63), L, N 22$^1$*mg* | rei traxit] *Doederlein* retraxit M; *cett. praeter* detraxit Y 03; γ, K | vectusque] uetusque B$^1$ (*corr. s. l.* B$^2$), L 24, Z; E; U$^1$ (uectus U$^2$*mg*); P uectumque Prm$^1$ (*corr. s. l.* Prm$^2$), J; N 22 uentumque B 72 | Romam] romani Z; P *add.* et L | additum P **4** emercatus] emercatur E$^1$ (*corr. in textu* E$^2$) | agro] agros M (-s *del.*) | suo] suos M (-s *del.*) | altitudinem V 65 | inmensa M; H; Y 01; N 23 **5** auri] *om.* P | forma L | peccunie N 23; V 65

rudi et antiquo pondere. lateres quippe praegraves iacere, astantibus 1,2
parte alia columnis; quae per tantum aevi occulta augendis praesentibus bonis. ceterum, ut coniectura demonstra⟨ba⟩t, Dido Phoenissam Tyro profugam condita Carthagine illas opes abdidisse, ne novus populus nimia pecunia lasciviret aut reges Numidarum, et alias infensi, cupidine auri ad bellum accenderentur.

Igitur Nero, non auctoris, non ipsius negotii fide satis spectata nec 2,1
missis [visoribus] per quos nosceret an vera adferrentur, auget ultro ru-

---

**6** pondere] *om.* U$^1$ (*add.* more U$^2$*mg*) | praegraves] pergraues G; Y 01, Y 02; C; Or graues β, L | astantibus] asstantibus M adstantibus Z; *Fer*; Or **7** alia parte B 72 | per tantum aevi occulta augendis] M; *Stuttg*$^1$ (*ad* aevi *cf. infra*; *del. Stuttg*$^2$); *cett. praeter* nihil portant uerum occultandis *Stuttg*$^2$*mg*, L (portent) | aevi] enim P, Vin, *Stuttg*$^1$ cui Y 01 *spat. ca. 8 litt.* Or, N 21, O 48 *om.* O 22, K | occulta] occultata *Nipperdey* (*cf. XIV 44, 1*) **8** bonis] *om.* Z$^1$ (*add.* Z$^2$*mg*); U$^1$ *add.* essent U$^2$*mg add.* latuerint Z$^2$*mg*; *Gen*; N 22 *add.* et P | ut] ut in C | coniectura] coniectum N 23; V 65 | demonstrabat] *Halm* demonstrat M; *cett. praeter* demostrat J demat P | Dido] M; V 63$^1$ didonem V 63$^2$ *in textu*; *cett.* | Phoenissam] fenissam M; B, Hol; Y 01; U; V 63, N 23, C; V 64 | Tyro] tiro Y 02; V 63$^1$ (*corr. in textu* V 63$^2$) **9** profugam] perfugam Y 01 | Carthagine] cartagine M; B, Hol; G, B 72; Y 01; V 63, N 23; V 64, V 65, N 21, O 22 chartagine E; Or karthagine Mal, Prm, J; Ven | abdidisse] addidisse N 21$^1$ (*corr. s. l.* N 21$^2$) | nimia] *om.* α (*add.* Z$^3$*mg*) **10** peccunia V 65 | lasciviret] lasciuisset α (*corr.* Z$^3$*mg*) | et alias] *spat.* (*ca. 6 litt. eras.*) G *om.* P, Vin, *Stuttg*, L, N 22 | alias] M; B 72$^1$; *cett. praeter* alii B 72$^2$ *in textu* **11** accenderentur ad bellum B 72 | belum G | accenderentur] accenderetur Prm, J; C; V 64 accederetur A, V 65, Or accenderent V 63$^1$, N 23$^1$, Ven$^1$ (*corr.* V 63$^2$ *s. l.*, N 23$^1$ *s. l.*, Ven$^1$ *s. l.*)

**1** uanitas principis ad fidem thesauri B 05$^2$*mg* | cesellus bassus M$^2$*mg*; B 72$^2$*mg* (cassellus); V 63$^2$*mg* (cesellius), P$^2$*mg* (ceselius) bassus E$^3$*mg* **2** somnium bassi. nota totum K$^2$*mg* **4** emercatus M$^2$*mg*; Y 03$^2$*mg* | de ementita didonis gaza P$^2$*mg* | thesaurus monstratur neroni. idem refert tranquillus (*Suet. Nero 31,4*) N 22$^1$*mg* **8** dido fenissa M$^2$*mg* dido phenissa B 05$^2$*mg*; N 22$^1$*mg* dido G$^1$*mg*, H$^1$*mg*, Mal$^1$*mg*, Prm$^1$*mg*, J$^1$*mg*; Y 03$^2$*mg* didonem in acto (*= accusativo*) P$^2$*mg* **9** iocosa fabule confictio V 63$^2$*mg* | o rem ridiculam K$^2$*mg*

**1** non auctoris nero Y 01, Y 02 | non auctoris] *om.* P | ipius N 22 | fide] 2
fides V 63, N 23, Ven, P | nec] nex U$^1$ (nec U$^2$*mg*) **2** missis] uisis C | visoribus] iussoribus P *del. Ernesti* ins⟨pect⟩oribus *Fuchs* | per] rex U$^1$ (per U$^2$*mg*) | vera] *add.* essent que Y 02 | adferrentur] V 63$^1$, N 23$^1$ adferrerentur M afferrentur V 58$^1$; Ven$^1$; *cett. praeter* offerrentur V 63$^2$ *s. l.*, N 23$^1$ *s. l.*, Ven$^1$ *s. l.* aufferrentur V 65 (u *puncto del.*) assererentur V 58$^2$*mg*, *Fer* (<J);

morem mittitque qui velut par⟨a⟩tam praedam adveherent. dantur triremes et delectum remigium iuvandae festinationi. nec aliud per illos dies
2,2 populus credulitate, prudentes diversa fama tulere. ac forte quinquennale ludicrum secundo lustro celebrabatur, ac vatibus oratoribusque praecipua materia in laudem principis adsumpta est. non enim solitas tantum fruges nec confusum ⟨in⟩ metallis aurum gigni, sed nova ubertate provenire terram et obvias opes deferre deos, quaeque alia summa facundia nec minore adulatione servilia fingebant, securi de facilitate credentis.

---

Y 01, Y 02; Vin, *Stuttg*, L, N 22 assereretur J asserentur B 72 | auget — **3** adveherent] *om.* Y 02 **3** mittitque] mittique N 21$^{1}$ (*corr. s. l.* N 21$^{2}$), O 48 | qui] *om.* G$^{1}$ (*add. s. l.* G$^{2}$) | velut] *om.* V 63$^{1}$ (*spat. 6 litt.*), *add. in textu* V 63$^{2}$ | paratam] *Acidalius* partam M; *cett. praeter* partem Y 01 partas J | praedam] *om.* G | adveherent] adueheret J ueherent Y 01 aueherent *Ernesti* | tiremes V 63, N 23 **4** remigium] *Boxhorn* nauigium M; *cett. praeter* nauium Y 01 | iuvandae] iuuante V 65 miranda P | festinationi] festinationis G; N 22$^{1}$ (*corr. s. l.* N 22$^{1}$) festinatione P | aliud] aliu V 63$^{1}$ (*corr. s. l.* V 63$^{2}$) **5** populus] plus V 58$^{1}$, B 05$^{1}$ (*corr.* V 58$^{2}$ *s. l.*, B 05$^{2}$*mg*) | credulitate] credulitates Mal, Prm, J, B 72; N 22$^{1}$ (*corr. s. l.* N 22$^{1}$) crudelitate G; V 63, N 23, Ven, P, C | prudentes] *Boxhorn* prodentis M; *cett. praeter* prodentium Z$^{1}$ (*corr. s. l.* Z$^{2}$) *add.* deinceps alia U$^{2}$*mg* | fama] fame L | tulere] tulerat Z$^{3}$*mg*; *Gen* (retulerat B 72); Y 01, Y 02; Vin, *Stuttg*, L, N 22 | ac] M; Z$^{1}$; *cett. praeter* at Z$^{2}$ *s. l.*; Y 03; γ, K *om. Gen* (*add.* G$^{2}$*mg*); Y 01, Y 02 | quinquenale G; Y 01; N 22; A, V 65 quinque uole U **6** lucrum Y 01 | secudo A | celebrabatur] Z$^{3}$ *s. l.*; V 58, B 05, E, H, Mal$^{2}$ *s. l.*, Prm, J, B 72; Y 01, Y 02; N 22; *Puteolanus* celebrebatur G celebratur M; Z$^{1}$; Mal$^{1}$; *cett.* | ac vatibus] *Lipsius* (*cf. XIV 21, 3*) auaratoribus M ab aratoribus Z$^{1}$ (ab *del.*); *Stuttg*$^{1}$; *cett. praeter* ab auctoribus *Stuttg*$^{2}$, L a vatibus *Koestermann (qui hanc lectionem Lipsii esse contendit)* ab P; *Baiter*, *Furneaux del. Bekker*, *Fuchs*, *al.* **7** adsumpta] M; V 63 assumpta *cett.* (-s- N 23) | tantum solitas Y 01, Y 02 **8** nec] non *Fer* (*om.* J$^{1}$, *add. s. l.* J$^{2}$), B 72; N 22 | confisum Or | metallis confusum Y 01, Y 02 | metallis] metalis B 05 ⟨in⟩ metallis *Draeger* metallis ⟨aliis⟩ *Nipperdey* | nova] M; *Stuttg*$^{1}$; *cett. praeter* naua J nouam *Stuttg*$^{2}$, L | ubertate] M; *Stuttg*$^{1}$; *cett. praeter* ubertatem *Stuttg*$^{2}$, L **9** provenire — opes] *om.* B 72 | provenire — summa] *om.* N 21$^{1}$ (prouenire . . . summe *add.* N 21$^{2}$*mg*) | preuenire C | terra L | terram — deferre] *om.* Prm, J | obvias] aes obuias N 22 | deferre] prouenire H$^{1}$, Mal$^{1}$ (deferre H$^{1}$*mg*, Mal$^{1}$*mg*, Prm$^{1}$*mg*, J$^{1}$*mg*; *cf. Einleitung p. LIII*) defendere U | quaeque] quam V 63$^{1}$, N 23$^{1}$ (*corr.* V 63$^{2}$ *s. l.*, N 23$^{1}$ *s. l.*), P queue Ven quoque V 65 | alia] alii β, L; V 64 | summa facundia] summe fecunda Hol; U, Y 03; C; γ **10** minore] minores M; U$^{1}$ (minori U$^{2}$*mg*), Y 03; β (-s *del.* Vin$^{2}$, *Stuttg*$^{2}$),

Gliscebat interim luxuria spe inani, consumebanturque veteres opes 3,1
quasi oblatis quas multos per annos prodigeret. quin et inde iam largiebatur; et divitiarum expectatio inter causas paupertatis publicae erat.
nam Bassus, effosso agro suo latisque circum arvis, dum hunc vel illum 3,2
locum promissi specus adseverat, sequunturque non modo milites, sed populus agrestium efficiendo operi adsumptus, tandem posita vaecordia, non falsa antea somnia sua seque tunc primum elusum admirans, pudorem et metum morte voluntaria effugit. quidam vinctum ac mox dimissum tradidere ademptis bonis in locum regiae gazae.

---

N 22$^1$ *s. l.*, C; γ, K minoris V 64 | adulatione] M; N 21$^1$; *cett. praeter* adulationes P; N 21$^2$ *s. l. add.* fecunda V 65 (*del.*) | servilia] seruitia U$^2$*mg del. Hartmann* | fingebant] fingebat M$^1$ (*corr. s. l.* M$^2$) | facillitate Or

**1** nero G$^2$*mg* **2** uisoribus G$^2$*mg* **5** quinque uole nomen loci U$^2$*mg* **6** lustrum secundum G$^2$*mg* **7** adulationes ludicre in principem K$^2$*mg*

**1** consumebanturque] cosumebanturque L 24 consumebantur U, Y 03; C; 3
V 64, γ, K **2** oblatis] oblatos L$^1$ (*corr. in textu* L$^1$) oblitis P oblatas V 65 *om.* G | prodigeret] prodigerent *Stuttg*$^2$, L | quin] qui P | inde] in ede Vin | largiebatur] largebatur U$^1$ (*corr.* U$^1$ *s. l. et* U$^2$*mg*) largiebantur L **3** publicae] *bis* B 72 **4** effosso] efosso L 24; G; V 63, N 23, Ven; V 65 effoso Y 01; Or efossus O 48$^1$ (us *del.*, -o O 48$^2$ *s. l.*) *om.* N 21$^1$ (*add.* N 21$^2$*mg*) | suo] *om.* Mal, Prm, J, B 72; N 22 | latisque] satisque Y 02 | arvis] agris G$^1$ (*corr.* G$^2$*mg*) | hunc] *om.* P | hunc vel illum locum] M; V 58$^1$; *cett. praeter* hoc uel illo loco V 58$^2$ *s. l.*, B 05, G, E, H, B 72 hec uel illo loco Mal, Prm, J; N 22$^1$ (*corr. s. l.* N 22$^1$) **5** promissi] promi *Gen*; Y 01, Y 02; N 22 | promissi specus] *om.* β (<V 63), L | adseverat] M; *Gen*; Y 01; V 63, N 23, *Stuttg* asseuerat *cett.* | sequunturque] secunturque Z; Y 03; V 63, N 23, Ven, C; V 64, γ (*corr. in textu* O 22$^2$) sequuntur B 72 | modo] *om.* P **6** populus] populum A$^1$ (*corr. in textu* A$^2$) | efficiendo] effodiendo U afficiendo Or | adsumptus] M; Y 01; V 63, N 23; A assumptus *cett.* | tandem] tande A tamen V 65 | vaecordia] secordia Y 01, Y 02 **7** non] nunc V 64 | falso H | antea] M; B, Hol, Z ante *cett.* | somnia] omnia K | seque tunc] seque tum N 22 secutum B 72 | primo P, Vin, *Stuttg*, L | admirans] ammirans M admiram J **8** vinctum] uictum Mal, Prm, J incertum Vin, *Stuttg*$^1$ (*del.*, *corr. Stuttg*$^2$*mg*) | ac] et B 72; N 23 | mox] morte O 22, K **9** adeptis A | in locum] inocum A$^1$ (*corr. s. l.* A$^1$) | regiae] rege O 48$^1$ (*corr. s. l.* O 48$^2$)

**1** gliscebat B 05$^2$*mg* **2** prodigo uerbum B 05$^2$*mg* prodigeo (*sic*) G$^2$*mg* **4** bassus M$^2$*mg* **5** modo] tantum modo M$^2$*s. l.* **7** condigne delusus K$^2$*mg* **8** exitus uanitatis B 05$^2$*mg* occidit se bassus V 63$^2$*mg*

4,1 Interea senatus, propinquo iam lustrali certamine, ut dedecus averte-
ret, offert imperatori victoriam cantus adicitque facundiae coronam, qua
4,2 ludicra deformitas velaretur. sed Nero nihil ambitu nec potestate sena-
tus opus esse dictitans, se aequum adversum aemulos et religione iudi-
4,3 cum meritam laudem adsecuturum, primo carmen in scaena recitat; mox,
flagitante vulgo ut omnia studia sua publicaret (haec enim verba dixere),
ingreditur theatrum, cunctis citharae legibus obtemperans: ne fessus re-
sideret, ne sudorem nisi ea quam indutui gerebat veste detergeret, ut
4,4 nulla oris aut narium excrementa viserentur. postremo flexus genu et
coetum illum manu veneratus sententias iudicum opperiebatur ficto pa-
vore. et plebs quidem urbis, histrionum quoque gestus iuvare solita,

---

4 **1** lustrali] lustrari G lustrati P | averteret] aduerteret Y 03 (d *puncto del.*); P **2** offert] offrt M | cantus] cautus Y 01 cantos U$^{1}$ (*corr.* U$^{2}$*mg*) | adicitque] adiicitque L 24, Z; *Gen*; Y 02; U; P, Vin, *Stuttg*, L, N 22; Or, N 21, K | qua] quam B 72; N 22 **3** ludicra] ludrica G, H$^{1}$ (*corr.* H$^{2}$) | uellaretur V 65 | Nero] *om.* L$^{1}$ (*add.* L$^{1}$*mg*) | nihil] *om.* V 63$^{1}$ (*spat. 5 litt.*), *add. in textu* V 63$^{2}$ **4** opus esse] nichil esse opus V 65 | dictitans] dictionis B 72 | adversum] aduersus Mal$^{1}$, J$^{1}$ (*corr.* Mal$^{1}$ *s. l.*, J$^{1}$ *s. l.*), B 72; U; L; O 48$^{1}$ (*corr. s. l.* O 48$^{2}$), O 22, K *add.* equos P | relligione B 72; Y 03; A | iudicum] iudicium Y 01 indicum N 22$^{1}$ *s. l.* **5** adsecuturum] M; Y 01; V 63$^{1}$ assecuturum *Stuttg*$^{2}$ *s. l.*; *cett. praeter* adsecutum V 63$^{2}$ *s. l.*, N 23 assecutum Y 03; Ven, P, Vin, *Stuttg*$^{1}$, C; V 64, γ, K | primo] primum α prima N 23 | carmen] certamen Prm, J, B 72; N 22$^{1}$ (*corr.* N 22$^{1}$*mg*) | scaena] cena P **6** flagitante vulgo] uulgo flagitante U, Y 03; β, L, C; V 64, γ, K | studia sua] sua studia Y 03; γ, K | publicaret V 63 | haec] nec P | disere P **7** citharae] M; L 24; H; V 63, N 23, N 22; O 48 cytare B 05; Y 01 cythare *cett.* | optemperans P | fessus] fexus Y 03$^{1}$ (*corr. s. l.* Y 03$^{2}$); A, V 65, O 48 fixus Or | resideret] obsideret N 22 **8** sudorem nisi ea quam] sudore V 63$^{1}$ (*cum spat. ca. 10 litt.*), *corr. in textu* V 63$^{2}$ | nisi] in C | indutui] inditui N 23 indritui C indutiue Y 01, Y 02 indutus Prm; O 22, K auditui U$^{1}$ (ambitu U$^{2}$*mg*) | gerebatur P | veste] *om.* Y 03 | detergeret] detegeret *Fer* (<H); N 22; γ (<O 22) *om.* Y 03 **9** excreamenta α | viserentur] *Stuttg*$^{2}$ *in textu*, L uiserent M; *Stuttg*$^{1}$; *cett. praeter* uiderent B 72; V 65 | genus Z (-s *del.*) **10** veneratus] ueneratu Y 03$^{1}$ (*corr. s. l.* Y 03$^{2}$); A ueneratum V 65, Or, N 21$^{1}$ (*corr. s. l.* N 21$^{2}$) | iudicum] iudicium O 48 (i *tert. del.*) *om.* L | opperiebatur] operiebatur α; V 58, G$^{1}$ (*corr. s. l.* G$^{2}$), J, B 72; U, Y 03; V 63, N 23, Ven, Vin, C; V 64, γ | pavore] pauoue Y 01 **11** et] ut B 72 | plebs] pleps V 63$^{1}$ (*corr. s. l.* V 63$^{2}$) | urbis] uerbis V 58$^{2}$ *s. l.*, B 05, *Fer* (<G), B 72; N 23, N 22$^{1}$ (*corr. s. l.* N 22$^{1}$) | hystrionum B 72; Y 01; Y 03; C; V 64, γ (<Or), K | histrionum quoque] histrionumque V 63, N 23, Ven, P histrionum que Vin, *Stuttg*, L$^{1}$ (q. h. L$^{2}$

personabat certis modis plausuque composito. crederes laetari, ac fortasse laetabantur per incuriam publici flagitii.

Sed qui remotis e municipiis severamque adhuc et antiqui moris retinentes Italiam, quique per lon<gin>quas provincias lascivia inexperti officio legationum aut privata utilitate advenerant, neque aspectum illum tolerare neque labori inhonesto sufficere, cum manibus nesciis fatiscerent, turbarent gnaros ac saepe a militibus verberarentur, qui per cu- 5,1

---

*s. l.*) | gestis B 72 **12** ceteris Vin | composito] coposito L$^{1}$ apposito L$^{2}$ *in textu* | crederes] M; V 63$^{1}$, N 23$^{1}$, Ven$^{1}$; *cett. praeter* credens U; V 63$^{2}$ *s. l.*, N 23$^{1}$ *s. l.*, Ven$^{1}$ *s. l.*, C; V 64, γ, K | fortasse] forte L 24; Y 03; L; V 65 **13** laetabantur] letabuntur U$^{1}$ (letabundum U$^{2}$ *mg*); V 65 | incuriam] *Acidalius* iniuriam *codd.* inscitiam *Koestermann in apparatu* | flagitii publici U

**1** lustrale certamen K$^{2}$ *mg* **2** cytharedus nero E$^{3}$ *mg* nero cantor V 63$^{2}$ *mg* **5** carmen M$^{2}$ *mg* carmen in scena recitauit K$^{2}$ *mg* | recitat] nero M$^{2}$ *mg* **8** deformitas principis spectante populo B 05$^{2}$ *mg* **9** excrementa narium G$^{2}$ *mg* **10** sui gestus spectaculum prebuit nero in scena K$^{2}$ *mg* | manu ueneratus M$^{2}$ *mg*

**1** e] est G, B 72 | municipiis] municipis G$^{1}$ (*corr. s. l.* G$^{2}$) | 5
severamque adhuc et antiqui moris retinentes Italiam] M; *Orelli*
severaque adhuc et antiqui moris retinente Italia *Freinsheim*, *Furneaux*, *al.*
severaque et adhuc antiqui moris retinente Italia L; *Koestermann* | severamque] M; *Stuttg*$^{1}$; *cett. praeter* seueraque *Stuttg*$^{2}$, L | adhuc et] M; *Stuttg*$^{1}$; *cett. praeter* ad hec et G, E et adhuc *Stuttg*$^{2}$, L | et antiqui moris adhuc L 24 | moris] mores Y 01$^{1}$ (*corr. in textu* Y 01$^{2}$) | retinentes] M; *Stuttg*$^{1}$; *cett. praeter* retinentis Or, N 21, O 48$^{1}$ (*corr. in textu* O 48$^{2}$) retinente *Stuttg*$^{2}$, L **2** Italiam] M; *Stuttg*$^{1}$; *cett. praeter* italia *Stuttg*$^{2}$, L | quique] qui V 63$^{1}$ (*corr. s. l.* V 63$^{2}$), P quippe N 22; N 21 | longinquas] α; *Muretus* lonquas M$^{1}$ (*corr. ex* longas M$^{1}$) longas *cett. praeter* lungas Y 02 | lascivia] *Stuttg*$^{2}$; *G. Otto, Divinat. Livian. p. 41*; *Furneaux*, *al.* lasciuiam M; *Stuttg*$^{1}$; *cett. praeter* lasciuie L; *Puteolanus*; *Koestermann* | inexperti] *Stuttg*$^{2}$, L; *edd.* experti M; *cett. praeter* expeti O 22, K **3** legationum] largitionum Prm, J, B 72; N 22 | advenerant] uenerant L 24 | neque] nec G | illum] *om.* U **4** tollerare Hol, L 24; H, B 72; N 23, Ven; γ (<A) | labori] *Rhenanus* labore *codd. add.* illo N 21, O 48, O 22, K | cum] eam N 22$^{1}$ (*corr. s. l.* N 22$^{1}$) | manibus] manubus V 65 in manibus N 22 | nesciis] M; B (-s *alt. eras.*); *cett. praeter* nescii Hol ne sotii U necus Y 03; A, Or, N 21, O 48 necum O 22$^{1}$ ne cum O 22$^{2}$, K uetus V 65 | fatiscerent] satisfacerent O 22, K **5** turbarent] turbarentur P turbarentque L | gnaros] ignaros Vin; V 65 (i *eras.*) | ac — verberarentur] *om.* P | saepe] spe G si N 22$^{1}$ *s. l.* | verberarentur] uulnerarentur Y 02 | qui] *om.* J$^{1}$ (*add. s. l.* J$^{2}$) | per] pro V 63$^{1}$, N 23$^{1}$, Ven$^{1}$ (*corr.* V 63$^{2}$ *s. l.*, N 23$^{1}$ *s. l.*,

neos stabant, ne quod temporis momentum impari clamore aut silentio
5,2 segni praeteriret. constitit plerosque equitum, dum per angustias aditus
et ingruentem multitudinem enituntur, obtritos, et alios, dum diem noc-
temque sedilibus continuant, morbo exitiabili correptos. quippe gravior
inerat metus, si spectaculo defuissent, multis palam et pluribus occultis,
ut nomina ac voltus, alacritatem tristitiamque coeuntium scrutarentur.
5,3 unde tenuioribus statim inrogata supplicia, adversum illustres dissimu-
latum ad praesens et mox redditum odium. ferebantque Vespasianum,
tamquam somno coniveret, a Phoebo liberto increpitum aegreque me-
liorum precibus obtectum, mox imminentem perniciem maiore fato
effugisse.

---

Ven$^1$ *s. l.*) **6** ne] nec Prm (c *del.*) neque P | quod] quid N 23 tot P | impari] inpari M; V 64 in pari B, Hol, Z uel pari P | silentia L 24 **7** praeteriret] preterirent U$^2$*mg* | constitit] consistit M; V 63$^1$ (*corr. in textu* V 63$^2$) | plerosque] pleros P | equitum] militum β, L, N 22$^1$*mg* | angustias] angustos U$^2$*mg* | aditus] additus P; Or editus Y 01 **8** et] ad N 23 | enituntur] M; G$^2$ *in ras.*; *cett. praeter* enittuntur Y 01 nituntur J enitu V 63$^1$ (*spat. 2 litt.*, *corr. in textu* V 63$^2$) | diem] dies P$^1$ (*corr. in textu* P$^2$) **9** sedilibus] sedibus B, Hol; B 05$^1$ (*corr.* B 05$^2$*mg*), B 72; β, L, N 22; N 21$^1$ (*corr. s. l.* N 21$^2$) sellibus Or | continuantur V 65 | exitiabili morbo L | exitiabili] exitiali B 05; C existimabili Y 01 | gravior] grauiter V 63$^1$ (*corr. s. l.* V 63$^2$) **10** inerat] erat Vin, *Stuttg*, L *add.* armis Prm (*del.*) | spectacula V 65 | defuissent] fecissent V 65 *om.* Hol | multi B 72 **11** ac] et Y 02 | voltus] M uultus *cett.* | coeuntium] coheuntium H; Y 03; V 63, Ven; V 64, A, V 65 choeuntium N 23 coeunti U$^1$ (*corr.* U$^2$*mg*) | scrutarentur] scruptarentur Y 03; C; V 64, A, O 48, O 22 (p *del.* Y 03; C; O 48, O 22) inscrutarentur U **12** inrogata] M$^1$; N 23$^1$ irrogata M$^2$ *s. l.*; N 23$^2$ *s. l.*; *cett. praeter* interrogata V 63 (-ter- *punctis del.*) | suplicia G$^1$ (*corr. s. l.* G$^2$) | aduersus U | dissimulatum] dissimulata Y 03$^1$; A$^1$ (*corr.* Y 03$^2$ *s. l.*; A$^2$ *s. l.*) **13** redditum] reidditum V 63 reditum Or | odium] omnium Or$^1$ (*corr. s. l.* Or$^1$) | ferebantque] ferrebantque V 65, O 22 (r *pr. del.*) ferebant U ferebanturque Hol (-ur- *punctis del.*) | uespesianum G, E, Mal, Prm; *Stuttg* **14** somno] sono E$^1$ (*corr. s. l.* E$^2$) | coniveret] M; V 63$^1$; *cett. praeter* conniueret B, Hol, L 24; *Gen*; U$^2$*mg*; V 63$^2$, N 23, P, L conniuiret C coiueret Y 03$^1$ (*corr. s. l.* Y 03$^2$); γ (collueret V 65; *corr. s. l.* O 22$^2$) conuiueret U$^1$; Ven, N 22$^1$ (*corr. s. l.* N 22$^1$) | a Phoebo] *om.* V 63$^1$ (*spat. ca. 5 litt.*), *add.* V 63$^2$ *in textu* | aegreque] egregieque γ (<A), K | meliorum] meliorem J$^1$ (*corr. s. l.* J$^2$) **15** obtectum] obtenctum Mal obtentum Prm, J, B 72; N 22$^1$ (*corr. s. l.* N 22$^1$) | imminentem] iminentem B 72; O 48 imminentium O 22, K | perniciem] permitiem M | maiori Z | fato] facto Vin, *Stuttg*, L (c *puncto del.* Vin, *Stuttg*, L)

**4** fatiscerent B 05$^2$*mg* fatiscunt aperiunt G$^2$*mg* **8** obtritos M$^2$*mg* | misera profecto tempora B 05$^2$*mg* o rem indignam K$^2$*mg* **12** tenuioribus M$^2$*mg* | tenuior co͞ms *(= comparativus?)*

Post finem ludicri Poppaea mortem obiit, fortuita mariti iracundia, 6,1
a quo gravida ictu calcis afflicta est. neque enim venenum crediderim, quamvis quidam scriptores tradant, odio magis quam ex fide: quippe liberorum cupiens et amori uxoris obnoxius erat. corpus non igni ab- 6,2
olitum, ut Romanus mos, sed regum externorum consuetudine differtum odoribus conditur tumuloque Iuliorum infertur. ductae tamen publicae exequiae, laudavitque ipse apud rostra formam eius et quod divinae infantis parens fuisset aliaque fortunae munera pro virtutibus.

Mortem Poppaeae ut palam tristem, ita recordantibus laetam ob im- 7,1
pudicitiam eius saevitiamque nova insuper invidia Nero complevit pro-

---

M$^2$ (*script. benev.*) *mg* tenuior comes V 63$^1$ *mg*, N 23$^1$ *mg*, Ven$^1$ *mg* **13** uespesianum conniuentem G$^2$ *mg* uespasianus neronem contemnit E$^3$ *mg* uespasianus Y 03$^2$ *mg*; V 63$^2$ *mg* uespasiani periculum P$^2$ *mg* **14** connifueo B 05$^2$ *mg* | phebus M$^2$ *mg*

**1** popea Y 01 | fortuita] fortuna U | mariti] marti Y 03$^1$ (*corr. s. l.* Y 03$^2$); 6
A *add.* et U$^2$ *mg* **2** a] *om.* Vin | gravida] *om.* U | calcis ictu P, Vin, *Stuttg*, L | calicis E (i *pr. puncto del.*) | crediderim] crediderem N 22 (*corr. in textu*) **3** tradant] trandant B tradat Y 02 | ex] *om.* α **4** libertorum N 22; V 65 | amori] amoris Prm (-s *puncto del.*), J, B 72; N 22$^1$ (*corr. s. l.* N 22$^1$) | uxoris] uxori G uxor Y 01 | obnoxus Prm | obolitum N 23 **5** romanis E; L | mos] mox Mal$^1$ (*corr. in textu* Mal$^2$); Y 01 | regum] regnum U$^1$ (*corr.* U$^2$ *mg*) | differtum] M; H$^2$ *mg*; P$^1$; *cett. praeter* diff//tum H$^1$ diffectum P$^2$ *s. l.* disertum N 23 discertum Y 03$^1$; V 64, A discerptum Y 03$^2$ *in textu*; C; γ (<A), K decerptum U diffisum N 22$^1$ (*corr.* N 22$^1$ *mg*) **6** odoribus] *add.* discerptum Or | infertur] refertur Or | publicae] puplice V 63 *om.* U **7** laudavitque] laudauit U | formam] famam β (*corr.* V 63$^2$ *s. l.*, N 23$^1$ *s. l.*, Ven$^1$ *s. l.*), N 22$^1$ *s. l.*, L | divinae] diuie Y 03 (i *alt. puncto del.*); V 64, γ (diue Or; liuie N 21$^2$ *s. l.*) diuitie K **8** fuissent Y 01 | aliaque] alieque M$^1$ *in textu* (*ex* aliaque) | fortunae] fortuna N 23$^1$ (*corr. s. l.* N 23$^2$) | pro] prae V 63$^2$ *s. l.*, N 23$^1$ *s. l.* (*del.*), Ven$^1$ *s. l.* | virtutibus] *add.* eius V 65

**1** poppea uxor neronis grauida ictu calcis moritur et tumulo iuliorum sepelitur integra nec crematur more romanorum M$^2$ *mg* poppea mortem obiit Hol$^2$ *mg* poppea ictu calcis a nerone occiditur V 58$^1$ *mg*, B 05$^1$ *mg*, G$^1$ *mg*, E$^1$ *mg*, H$^1$ *mg*, Mal$^1$ *mg*, Prm$^1$ *mg*, J$^1$ *mg* (a n. grauida o.) poppee mors Y 03$^2$ *mg*; O 48$^2$ *mg* nero poppeam uxorem grauidam calce interfecit V 63$^1$ *mg*, N 23$^1$ *mg*, N 22$^1$ *mg* poppea obiit P$^2$ *mg* popea moritur C$^2$ *mg* poppea ictu calcis a nerone afflicta est K$^2$ *mg* **5** abolitum] crematum M$^2$ *s. l.* | nouus mos condiendi corpora V 63$^2$ *mg* | de sepultura poppee K$^2$ *mg* | differtum M$^2$ *mg* **6** corpus popee odoribus differtum conditur B 05$^2$ *mg* | tumulatur corpus popee G$^2$ *mg* | de more tumulationis V 65$^1$ *mg*, O 48$^1$ *mg* **7** laudatio poppee in funere K$^2$ *mg*

**1** popee Y 01 | recordantibus laetam ob impudicitiam] laetam recordantibus 7
impudicitiam *Ernesti* | letum N 22 | ob] *om.* Or | inpudicitiam M; Y 01;

hibendo C. Cassium officio exequiarum, quod primum indicium mali. neque in longum dilatum est, sed Silanus additur, nullo crimine, nisi quod Cassius opibus vetustis et gravitate morum, Silanus claritudine ge-
7,2 neris et modesta iuventa praecellebant. igitur missa ad senatum oratione removendos a re publica utrosque disseruit, obiectavitque Cassio, quod inter imagines maiorum etiam C. Cassi effigiem coluisset, ita inscriptam ‚duci partium': quippe semina belli civilis et defectionem a domo Caesarum quaesitam; ac ⟨ne⟩ memoria tantum infensi nominis ad discordias uteretur, adsumpsisse L. Silanum, iuvenem genere nobilem, animo praeruptum, quem novis rebus ostentaret.

---

N 23  **2** Nero] neronem U$^2$*mg*  **3** Cassium] M$^1$ (*corr. ex* fassium M$^1$); B 05 (s *pr. puncto del.*); *cett. praeter* casium *Fer* (<J; *corr. s. l.* H$^2$)  **4** dilatum] dillatum N 22 dilatus *Acidalius* | Silanus] sillanus L 24, Z; Y 02; U; Ven, L; V 65, Or, K syllanus *Gen*; Y 01; P, Vin, *Stuttg*, N 22, C *add.* claritudine generis et modesta Vin$^1$ (*uncis secl.* Vin$^2$)  **5** Cassius] M; B 05 (s *pr. puncto del.*); *cett. praeter* casius *Fer* (<J; *corr. s. l.* H$^2$); N 22 | et] *om.* Mal, Prm, J, B 72; N 22 | Silanus] *ut lin. 4* (<sylanus Y 01)  **6** et] *bis* E | modesta] M; Vin$^1$; *cett. praeter* modestia Prm (i *puncto del.*), J; Vin$^2$ *s. l.*, N 22 | praecellebant] precellebat Vin, *Stuttg*, L  **7** publica] publicas M (-s *del.*) | obiectavitque] obiectatumque U, Y 03; β, L, C; V 64, γ, K | Cassio] M; B 05 (s *pr. puncto del.*); *cett. praeter* casio V 58, *Fer* (<J; *corr. s. l.* H$^2$); N 22 | quod] *om.* B 72  **8** imagines] magines M$^1$ (i- *add. in textu* M$^2$) ymagines B 72; Y 01; N 23; V 64, V 65 | etiam] *om.* Y 01, Y 02 | C.] C. L. P | Cassi] M cassii *cett. praeter* casii V 58, B 05, *Fer* (<J; s *add. s. l.* H$^2$); N 23, N 22 | coluisset] coluisse J colluisset V 65 collocauisset P etiam (*punctis del.*) coluisset Mal | inscriptum B 72  **9** duci] M; V 63$^1$, N 23$^1$, N 22$^1$; *cett. praeter* dux Y 01, Y 02; Y 03; V 63$^2$ *s. l.*, N 23$^1$ *s. l.*, N 22$^1$ *s. l.*, C; γ | partium duci L | ciuillis N 23  **10** quesitum P | ac] hac Y 02 | ne] *Faërnus* ut *Gen*; N 22 *om.* M; *cett.* | memoriam Vin, *Stuttg*, L | nominis] a (*puncto del.*) nominis U | discordiam V 65  **11** uteretur] uideretur Vin, *Stuttg*, L | adsumpsisse] M; Y 01; V 63, N 23; V 64 assumpsisse *cett.* (G$^2$ *corr. s. l. ex* assumpse G$^1$) | L.] lucium G | Silanum] sillanum L 24, Z; Y 01, Y 02; Ven, L; V 65, Or, K syllanum *Gen*; P, Vin, *Stuttg*, N 22, C sillam U | iuvenem — *cap. 8, 1* Silanum] *om.* J | nobilem genere β, L | praeruptum] M; G$^1$, H$^1$; *cett. praeter* promptum G$^2$ *in ras.*, H$^2$*mg*; Y 02; P, Vin, *Stuttg*, L  **12** quem] que U$^1$ (*corr.* U$^2$*mg*), Y 03; C; V 64, γ (*corr. in textu* N 21$^2$), K | ostentare Y 03; A

**2** noua insuper inuidia nero compleuit Hol$^2$*mg*  **3** c. fassius M$^2$*mg*  **4** silanus M$^2$*mg* syllanus G$^2$*mg* sillanus V 63$^2$*mg* syllanus torquatus N 22$^1$*mg*  **5** cassius M$^2$*mg*; N 22$^1$*mg* casius G$^2$*mg* | silanus M$^2$*mg*  **7** exitium cassii et syllani B 05$^2$*mg* | que obiecta sunt c. cassio et l. syllano K$^2$*mg*  **11** l. sillanus M$^2$*mg* lucium syllanum G$^2$*mg*

Ipsum dehinc Silanum increpuit isdem quibus patruum eius Torqua- 8,1
tum, tamquam disponeret iam imperii curas praeficeretque rationibus et
libellis et epistulis libertos, inania simul et falsa: nam Silanus intentior
metu et exitio patrui ad praecavendum exterritus erat. inducti posthac 8,2
vocabulo indicum, qui in Lepidam, Cassii uxorem, Silani amitam, in-
cestum cum fratris filio et diros sacrorum ritus confingerent. traheban- 8,3
tur ut conscii Volcacius Tullinus ac Marcellus Cornelius senatores et
Calpurnius Fabatus eques Romanus; qui appellato principe instantem
damnationem frustrati, mox Neronem circa summa scelera distentum
quasi minores evasere.

---

**1** Silanum] *ut cap. 7, 11* (<sillanum B 72; U) | isdem] M; Prm[1]; *Stuttg*[1]; *cett.* 8 *praeter* iisdem B; *Gen* (i *alt.* Prm[2] *s. l.*); Y 01, Y 02; Y 03; Ven, N 22; A[2] *in textu*, O 22, K hisdem Z; U; Vin, C; V 64, γ (<O 22) eisdem *Stuttg*[2], L | quibus] qui P | patruum] patrum B 72 paruum V 63[1] (*corr. s. l.* V 63[2]); V 64 patratum Vin, *Stuttg*[1] (*corr. s. l. Stuttg*[2]) | Torquatum] *add.* criminibus *Fuchs* **2** iam] *om.* B, Hol | imperi Hol | praeficeretque] perficeretque Hol; B 72; Y 03; γ (<O 22) preficeret C | rationibus] nationibus H **3** libellis] bellis Or, N 21, O 48, O 22[1] (*corr. s. l.* O 22[2]) | epistulis] M; V 64, K eplis B 72; V 63, N 23, Ven, P; V 64 epistolis *cett.* | inania] et inania Y 01 | nam] non Y 01 | Silanus] sillanus L 24, Z; Y 02; U; Ven, L; K sylanus B, Hol syllanus *Gen*; P, Vin, *Stuttg*, N 22 | intentior] intetior M interior α | intentior metu] metu intentior Vin, *Stuttg*, L; *Koestermann* **4** et] *del. Becher* | exitio] etio M; B, L 24; Y 03; γ (<O 22; *corr. s. l.* O 48[2]) ecio U[1] (inditio U[2] *mg*) erio V 63, N 23, Ven ereo P otio Z; C; Or | patrui] *bis* N 21, O 48[1] (*alt. del.* O 48[2]) | praecavendum] precauendus N 23[2] *in textu* | exteritus E; V 65 | erat] *om.* P | inducti] *Ferrettus* inducit *codd.* | posthac] post hoc N 23[1] (*corr. s. l.* N 23[2]) **5** indicum] iudicum α; U, Y 03; P; γ, K | Cassii] casii *Gen* (*corr. s. l.* H[2]); N 23, N 22[1] *mg* casu N 22[1] | Silani] sillani L 24, Z; B 05; Y 02; U; Ven, L; V 65, Or, K sylani B, Hol syllani *Gen* (<B 05); P, Vin, *Stuttg*, N 22, C | amitam] amicam B 72; P; V 65 *add.* et C | incestum] incestam P[1] (*corr. s. l.* P[2]) cestum Y 03; A, V 65, Or **6** filios Or | sacrarum B 72 | confingerent] M; V 58[1]; *cett. praeter* confingeret V 58[2] *s. l.*, B 05, *Fer* (<J); N 22 confringerent B; U[1] (*corr.* U[2] *mg*); P infringeret B 72 | trahebantur] tractabantur N 21[1] (*corr. s. l.* N 21[2]) **7** ut] et V 65 | conscius B 72 | Volcacius] M; Z; K uolcatius *cett. praeter* uulcacius N 23, P uulcatius Ven, Vin, L uulocatius G | Tullinus] rullinus *Gen* (-l- G); N 22[1] (*corr. s. l.* N 22[1]) tullianus P tillanus Or ⟨Ter⟩tullinus *Lipsius* (*cf. Hist. IV 9, 2*) | ac] et U, Y 03; β, L, C; V 64, γ, K | Cornelius] M; H[1]; *cett. praeter* cornellus Mal[1], Prm[1], J[1] cornellius G, H[1] *s. l.*, Mal[1] *s. l.*, Prm[1] *s. l.*, J[1] *s. l.* | et] ac B 72 **8** Calpurnius] M; L 24, Z calphurnius *cett.* | Fabatus] phabatus Y 03; γ, K sabatus V 63, N 23, Ven, P sabbatus Vin | qui] uim V 64 | apellato Y 03 | principe] *om.* G; P **9** damnationem] dominationem *Fer* (*corr. in textu* H[2]), B 72; Y 01, Y 02; N 22 |

9,1 Tunc consulto senatus Cassio et Silano exilia decernuntur: de Lepida Caesar statueret. deportatusque in insulam Sardiniam Cassius, et senectus eius expectabatur. Silanus, tamquam Naxum deveheretur, Ostia⟨m⟩
9,2 amotus, post municipio Apuliae, cui nomen Barium est, clauditur. illic indignissimum casum sapienter tolerans a centurione ad caedem misso corripitur; suadentique venas abrumpere animum quidem morti destinatum ait, sed non remittere percussori gloriam ministerii. at centurio

---

frustrati] frustrasti N 23 (s *alt. del.*) frustati N 22 | circa] circha V 65 cura N 23$^{1}$ (*corr. s. l.* N 23$^{2}$) | scelera summa N 22 | distentum] distentem U$^{1}$ (*corr.* U$^{2}$ *mg*) **10** quasi] quem C | minores] in mores B, Hol

**1** torquatum M$^{2}$ *mg* **3** silanus M$^{2}$ *mg* **5** lepida cassii uxor sillani amita M$^{2}$ *mg* **7** uolcacius tullinus M$^{2}$ *mg* uulcatius rulinus G$^{2}$ *mg* | marcellus cornelius, calpurnius fabatus M$^{2}$ *mg*; G$^{2}$ *mg* (calph-) **9** mox neronem circa summa scelera distentum Hol$^{2}$ *mg* | scelera distentum G$^{2}$ *mg*

9 **1** tunc] tum N 23, Ven, P, Vin, L | consulto senatus] s. c. U, Y 03; C; V 64, γ, K | senatus] senatu· M senatu α; Y 01, Y 02; V 63$^{1}$ (*corr. s. l.* V 63$^{2}$) scenatus N 22 (c *del.*) | Cassio — **2** senectus] *om.* J | Cassio] casio *Gen* (<B 72; *corr. s. l.* H$^{2}$) C. Cassio α | Silano] sillano L 24, Z; Y 01, Y 02; U; L; V 65 sylano B, Hol syllano *Gen*; Ven, P, Vin, *Stuttg*, N 22, C; K | exilia] ex illa P **2** statueret] statuerat O 22, K ei statueret U; β (ei *del. Stuttg*$^{2}$), C; V 64 | deportatusque] deportatus L | in] *om.* Y 01; V 63, N 23 | Sardiniam] *om.* L$^{1}$ (*add.* L$^{2}$ *mg*) | Cassius] casius *Gen* (<B 72; *corr. s. l.* H$^{2}$) | senectus] B$^{2}$ *in textu*, Hol; *Fr. Medicei* senatus M; B$^{1}$; *Stuttg*$^{1}$ (*del. Stuttg*$^{2}$); *cett. praeter* penates *Stuttg*$^{2}$ *mg*, L **3** eius] M; *cett.* (e *del.* Vin; K) *praeter* ei U *om.* Hol | expectabatur] aspectabatur U$^{1}$ (*corr. s. l.* U$^{1}$; exasperabatur U$^{2}$ *mg*) | Silanus] sillanus L 24, Z; B 72; Y 01, Y 02; U; Ven, L; Or sylanus B, Hol syllanus *Gen* (<B 72); P, Vin, *Stuttg*, N 22; K | Naxum] nasum Prm, J; N 23 nexum B 72 uasum P | deveheretur] ueheretur U$^{1}$ (*corr. s. l.* U$^{2}$); Or, N 21, O 48, O 22, K aduecheretur N 22$^{1}$ (*corr. s. l.* N 22$^{1}$) | Ostiam] *Lipsius* ostia M; Z; V 58, B 05; Y 02 hostia *cett.* (h *puncto del.* Y 01) **4** amotus] M; *Stuttg*$^{1}$; *cett. praeter* ammotus V 63, N 23 admotus Ven, *Stuttg*$^{2}$ *s. l.*, L; Or | post] postea *Fer*, B 72; Vin, *Stuttg*, L, N 22 | municipio] municipia U$^{1}$ (*corr. s. l.* U$^{2}$) | Apuliae] appulie H$^{2}$ *s. l.*; V 65 | cui nomen] *om.* V 63, N 23, Ven, P | Barium] barum U, Y 03; V 63, N 23, Ven, P, C; γ (<O 22) barrum V 64, O 22, K | est barium Y 01, Y 02; L | est] *om.* B 72 | illhic N 21 **5** cassum V 64 | sapienter] fortiter Y 02 | tollerans L 24; B 72; V 65, Or, O 48, O 22 **6** suadendique Y 01 | venas] uena Prm$^{1}$ (-m Prm$^{2}$ *s. l.*), J, B 72; N 22$^{1}$ (*corr. s. l.* N 22$^{1}$) | abrumpere] abrupere Y 03; A, V 65, Or, O 48 arrumpere N 21 | quidem morti] qui de morti V 64 **7** ait] ac P | sed] se B 72; Y 03; C; V 64, γ, K | remittere] M$^{1}$ (*corr. ex* per emittere) permittere *cett.* ⟨se⟩ remittere *Ritter* | percusori Ven; V 65 | gloriam percussori C; V 64 | ministerii]

quamvis inermem, praevalidum tamen et irae quam timori propiorem cernens premi a militibus iubet. nec omisit Silanus obniti et intendere ictus, quantum manibus nudis valebat, donec a centurione volneribus adversis tamquam in pugna caderet.

Haud minus prompte L. Vetus socrusque eius Sextia et Pollitta filia 10,1
necem subiere, invisi principi, tamquam vivendo exprobrarent interfectum esse Rubellium Plautum, generum Luci Veteris. sed initium dete- 10,2

---

minesterii G ministrari J | at] ac B 72 **8** perualidum Z | quam] magis quam Y 01, Y 02 | propiorem] propriorem L 24; H(r *alt. puncto del.*), Mal, Prm, B 72; U; Vin (r *alt. puncto del.*), N 22 proporem V 63$^{1}$ (*corr. s. l.* V 63$^{1}$) proorem Ven$^{1}$ (*corr. s. l.* Ven$^{1}$) **9** iubet] *om.* Vin | omisit] obmisit B (b *puncto del.*), Hol; U, Y 03; V 65, N 21, O 48 (b *puncto del.*) omissit Y 01 misit V 63$^{1}$ (*corr. s. l.* V 63$^{2}$) | Silanus] sillanus L 24, Z; Prm; Y 01, Y 02; U; Ven, L; Or sylanus B, Hol syllanus *Gen* (<Prm); P, Vin, *Stuttg*, N 22, C; K | obmitti Y 01 | intentere N 23 **10** nudis manibus Vin, *Stuttg*, L | nudis] ualidis Y 01 | centurionibus Y 02 | volneribus] M uulneribus *cett.* **11** in pugna] in pugnam L 24 impugna O 22

**1** c. cassio et syllano exilia decernuntur K$^{2}$*mg* **2** cassius sardinam (*sic*) insulam deportatur M$^{2}$*mg* **3** naxum deuehitur silanus M$^{2}$*mg* | syllanus Hol$^{2}$*mg* | naxum] insula *Stuttg*$^{2}$ *s. l.* **4** apulia M$^{2}$*mg* | barium M$^{2}$*mg*; Hol$^{2}$*mg*; G$^{2}$*mg*, E$^{3}$*mg* barum Y 03$^{2}$*mg* barium apulie municipium J$^{2}$*mg*; P$^{2}$*mg* (barum) barium municipium apulie N 22$^{1}$*mg* barum apulie O 48$^{2}$ *mg* **6** corripitur] silanus M$^{2}$*s. l.* | syllanus interimitur P$^{2}$*mg* **9** syllanus Y 03$^{2}$*mg* **10** decora sane mors syllani K$^{2}$*mg* | uirtus syllani in morte ipsa B 05$^{2}$*mg* mors syllani V 63$^{2}$ *mg* syllanus moritur animose N 22$^{1}$*mg*

**1** haud] *add.* his Vin, *Stuttg add.* is N 22 | prompte] promptus Y 01, Y 02 10
*add.* his L | Vetus] uectus *Gen*; Y 01, Y 02; N 22 | socrusque] socrus B 72 sociusque Vin$^{1}$, *Stuttg*$^{1}$ (*corr.* Vin$^{2}$ *in textu*, *Stuttg*$^{2}$ *in textu*) | Pollitta] *Nipperdey* polutia M; *cett. praeter* pollutia V 58, B 05, H, Mal, Prm, J, B 72; Vin pollucia G, E; U; P, *Stuttg*, L, N 22 polucia N 23 **2** subiere] subire Y 01, Y 02; P$^{1}$ (*corr. s. l.* P$^{2}$), N 22; V 65, Or, N 21$^{1}$ (*corr. s. l.* N 21$^{2}$), O 48, O 22$^{1}$ (*corr. s. l.* O 22$^{2}$) subuenire U$^{1}$ (*corr.* U$^{2}$*mg*) | invisi] inuisit M (-t *del. putat Koestermann*); B (-t *eras.*), L 24, Z; V 63$^{1}$; K (-t *eras.*) inlusit C; V 64 illusit U$^{1}$ (immisit U$^{2}$*mg*); V 63$^{2}$ *s. l.*, N 23, Ven, P, Vin, *Stuttg*$^{1}$ (*del.*, *corr. Stuttg*$^{2}$*mg*); Or illuxit Y 03; γ (<Or) | vivendo] B$^{2}$ *in textu*, Hol; V 58$^{1}$, B 05; *Stuttg*$^{2}$ *in textu*, L; *Puteolanus* uincendo M; B$^{1}$; V 58$^{2}$ *s. l.*; *Stuttg*$^{1}$; *cett. praeter* uinciendo B 72 uincendio V 64 uicendo O 22 | exprobrarent] exprobarent H$^{1}$ (*corr. s. l.* H$^{2}$), Mal, Prm, J; Vin, N 22 exprobraret U, Y 03; C; V 64, γ, K **3** esse] et J a se U$^{2}$*mg* | Rubellium] rubellum Y 03; Vin, *Stuttg*$^{1}$ (*corr. s. l. Stuttg*$^{2}$); A iubelium Or iubellium N 21, O 48, O 22 imbellum V 65 | Plautum] plautium Z platum H$^{1}$ (*corr. s. l.* H$^{2}$), Prm, J plaucum N 21, O 48, O 22 plancum K | generum] genere P | Luci] M; V 63$^{1}$; *cett. praeter* lucii L 24;

gendae saevitiae praebuit interversis patroni rebus ad accusandum transgrediens Fortunatus libertus, adscito Claudio Demiano, quem ob flagitia vinctum a Vetere Asiae pro consule exsolvit Nero in praemium accusationis. quod ubi cognitum reo, seque et libertum pari sorte componi, Formianos in agros digreditur. illic eum milites occulta custodia
10,3 circumdant. aderat filia, super ingruens periculum longo dolore atrox, ex quo percussores Plauti mariti sui viderat; cruentamque cervicem eius amplexa servabat sanguinem et vestes respersas, vidua impexa luctu con-
10,4 tinuo nec ullis alimentis nisi quae mortem arcerent. tum hortante patre Neapolim pergit; et quia aditu Neronis prohibebatur, egressus obsidens,

---

V 58; Y 03; V 63$^{2}$ *in textu*, N 23, Ven, P, C; V 64, γ (<Or), K lutii B, Hol; Y 01 L. Z; *Gen* (<V 58); Y 02; U; Vin, *Stuttg*, N 22; Or | initium] inici|ium Mal inici uim Prm, J | detegendae] detergende N 21 detegendode P detinende U **4** patroni rebus] patronibus V 64$^{1}$ (*corr. s. l.* V 64$^{2}$) | trasgrediens Hol **5** adscito] M; U$^{1}$; V 63$^{1}$; *cett. praeter* asscito V 58, B 05; Ven$^{1}$ ascito B 72 ad scito J; N 23$^{1}$, N 22$^{1}$ adscitus Y 03; V 63$^{2}$ *s. l.*, N 23$^{1}$ *s. l.*, Ven$^{1}$ *s. l.*, Vin, *Stuttg*, N 22$^{1}$ *s. l.*, C; V 64, A ascitus U$^{2}$*mg* abscitus γ (<A), K *om.* L$^{1}$ (ascitus *add.* L$^{1}$*mg*) *add.* a U, Y 03; V 63$^{2}$ *s. l.*, N 23$^{1}$ *s. l.*, Ven$^{1}$ *s. l.*, N 22$^{1}$ *s. l.*, C; V 64, γ (in V 65), K | Claudio] cludio N 23 alaudio V 63$^{2}$ *s. l.* | Demiano] damiano J demianus C; V 64 **6** uictum E, Mal, Prm, J | a Vetere] auertere M; B 72; V 63, N 23, Ven, P aduertere U, Y 03; C; V 64, γ (*corr.* N 21$^{2}$*mg*), K (d *et* r *pr. del.*) | asye M; Y 01; Ven, C | pro consule] procunsule G proconsulem U$^{2}$*mg* | exsolvit] M; L 24, Z; Y 01 exoluit *cett.* | Nero] uero Z *om.* V 63$^{1}$ (*add. s. l.* V 63$^{2}$) | in praemium] imperium Or | praemium] pretium U; C; V 64 **7** reo] nero E$^{1}$ (*corr. s. l.* E$^{2}$) reos J **8** Formianos] femianos Or, O 22, K | digreditur] diggreditur Or diuertitur Z | illic] illhic N 21 istic P | oculta N 23 **9** circumdanti Y 03; A | aderat] aerat V 63$^{1}$ (*corr. s. l.* V 63$^{2}$) | super ingruens] supereminens B 72 | ingruens] ingru V 63$^{1}$ (*corr.* V 63$^{2}$) | longo dolore periculum β | atros J **10** ex] et J; Ven | Plauti] planci B 72 | sui mariti Y 01, Y 02 | cruentemque B, Hol **11** amplexa] coamplexa B (co- *punctis del.*) | servabat — impexa] *om.* J | sanguinem] M; B 72 (-m *puncto del.*); N 22$^{1}$; *cett. praeter* sanguine L, N 22$^{1}$ *s. l.* | et] a P *om.* Prm, B 72; L, N 22 | ueste P | respersas] resparsas U$^{1}$ (*corr.* U$^{2}$*mg*) respersa P aspersas B 72 *om.* E | vidua] indua U$^{1}$ (*corr.* U$^{2}$*mg*) | impexa] Hol; *Petavius* implexa M; B (l *puncto del.*); *cett. praeter* amplexa Y 03; V 65 | luctu] luxu P **12** alimentis] salimentis N 23 *add.* usa *Stuttg*$^{2}$ *s. l.*, L | hortante] hortande V 63 ortante V 64, A, V 65 **13** quia] quasi Y 02 quam V 63$^{1}$ (*corr. s. l.* V 63$^{2}$) | aditu] additu V 63 (d *pr. puncto del.*) habitu *Fer*; N 22$^{1}$ (*corr.* E$^{1}$ *s. l.*, H$^{1}$*mg*, Mal$^{1}$*mg*, Prm$^{1}$*mg*, J$^{1}$*mg*; N 22$^{1}$*mg*) | prohibebatur] prohybebatur Y 01 proibebatur N 23 *add.* ne G$^{2}$*mg*; U, Y 03; V 63$^{2}$ *s. l.*, N 23, Ven, P, Vin, *Stuttg*$^{1}$ (*del. Stuttg*$^{2}$), N 22, C; V 64, γ, K (*del.*) |

audiret insontem neve consulatus sui quondam collegam dederet liberto, modo muliebri eiulatu, aliquando sexum egressa voce infensa clamitabat, donec princeps immobilem se precibus et invidiae iuxta ostendit.

Ergo nuntiat patri abicere spem et uti necessitate. simul affertur pa- 11,1
rari cognitionem senatus et trucem sententiam. nec defuere qui monerent magna ex parte heredem Caesarem nuncupare atque ita nepotibus de reliquo consulere. quod aspernatus, ne vitam proxime libertatem actam novissimo servitio foedaret, largitur in servos quantum aderat pecuniae; et si qua asportari possent, sibi quemque deducere, tris modo
lectulos ad suprema retineri iubet. tunc eodem in cubiculo, eodem ferro 11,2

---

egressus] *add.* neronis N 22 (*punctis del.*) | obsidens] obsequens U$^2$*mg* **14** audiret] M; *Stuttg*$^1$ (*del. Stuttg*$^2$); *cett. praeter* audire Mal *om.* Prm, J, B 72 ne occideret *Stuttg*$^2$*mg*, L | neve] *add.* quem U$^2$*mg* | quondam] condam V 58, J; N 21 *om.* V 65 | colegam G$^1$ (*corr. s. l.* G$^2$); N 23 | dederet] dederat Hol; B 72; Y 01, Y 02; U; N 23 dederit P | liberto — **15** eiulatu] liberto accusante modo eximeret mulieri que eiulatu U$^2$*mg* **15** muliebri] L (e *in ras.*); *cett. praeter* mulieri M; B$^1$ (*corr. s. l.* B$^2$), L 24; U, Y 03; V 63, N 23, Ven, P, C; V 64, γ (*corr.* N 21$^2$ *s. l.*, O 22$^2$ *s. l.*) | eiulatu] heiulatu M | aliquando] alium Y 01, Y 02 | sexum] sexu Vin, *Stuttg*, N 22$^1$ (*corr. s. l.* N 22$^1$) secum L 24, Z sensum B, Hol$^1$ (egressa sexum Hol$^2$*mg*); U, Y 03; C; V 64, γ (<O 22) sensim O 22, K | voce infensa] infensa uoce L$^1$ (*corr. s. l.* L$^2$) | infensa] infessa J **16** inmobilem M; Y 01; V 64 | et] *om.* Y 01 | invidiae] inuidia P *add.* se N 23 | iuxta] iusta O 22, K uix N 22

**1** l. uetus socrus silani, sextia polucia filie silani (*sic*) M$^2$*mg* **3** rubellius plautus gener luci ueteris M$^2$*mg* **5** claudius demianus M$^2$*mg* **7** ·lex· M$^2$*mg* **9** filia] claudii damiani M$^2$*s. l.* **10** plautus M$^2$*mg* **11** uxoris pietas K$^2$*mg* **13** neapolim M$^2$*mg* **15** pietas filie erga parentem B 05$^2$*mg* | egressa sexum Hol$^2$*mg*

**1** ergo] egro Ven, P, Vin, *Stuttg* | abiicere L 24, Z; *Gen*; Y 02; U; P, Vin, L, 11
N 22; Or, N 21, K | uti] ut P | neccessitate V 65 | simul] *om.* Y 01 | affertur] offertur α | parari] patri (*del.*) parari Z **2** cognitionem] *om.* V 63$^1$ (*add.* V 63$^2$*mg*) **3** nuncupare] M; B$^1$; *cett. praeter* noncupare E nuncupari B$^2$ *s. l.*, Hol; U **4** consulere] consuleret B$^2$ (-t *add. s. l.*), Hol | uita V 65 | libertatem] M (-m *del.*); *Stuttg*$^2$, L libertate *Stuttg*$^1$; *cett. praeter* libertati Vin liberte Y 02 **5** novissimo] proximo K | servitio] *add.* actam Vin, *Stuttg*$^1$ (*del. Stuttg*$^2$) | quantum] quam Prm, J; N 22$^1$ (*corr. s. l.* N 22$^1$) quas B 72 | aderant B 72 | peccunie V 65 pe|pecunie Or **6** qua] que P | asportari] exportari Vin, *Stuttg*, L; V 65 | quemque] de (*punctis del.*) quenque U queque β, L | tris] tri Y 01 | modo] modos (-s *puncto del.*) Hol **7** suprema] supprema Y 01, Y 02; Y 03; N 22; V 64, A, V 65 summa P | tunc] tum Prm, J; N 22 *add.* ad suprema J (*punctis del.*) | eodem] edem O 22$^1$ (*corr. s. l.* O 22$^2$) |

abscindunt venas, properique et singulis vestibus ad verecundiam velati balneis inferuntur, pater filiam, avia neptem, illa utrosque intuens, et certatim precantes labenti animae celerem exitum, ut relinquerent suos superstites et morituros. servavitque ordinem fortuna, ac senior prius,
11,3 tum cui proxima aetas extinguuntur. accusati post sepulturam, decretumque ut more maiorum punirentur. et Nero intercessit, mortem sine arbitro permittens: ea caedibus peractis ludibria adiciebantur.

12,1 Publius Gallus eques Romanus, quod Faenio Rufo intimus et Veteri non alienus fuerat, aqua atque igni prohibitus est. liberto et accusatori

---

ferro] forte V 65 **8** abscindunt] ascindunt Y 03; γ (<V 65) abscidunt O 22$^{2}$ *s. l.*, K adscindunt N 23 | properique] M; B$^{1}$; N 22$^{1}$; *cett. praeter* poperique B 72$^{1}$ (*corr. s. l.* B 72$^{2}$) propereque B$^{2}$ *in textu*, Hol; G; U, Y 03; β, L, N 22$^{1}$ *s. l.*, C; V 64, γ, K | et] M; G$^{1}$; *cett. praeter* in G$^{2}$ *in ras.*; β, L et in N 22 **9** balneis] balineis M (i *pr. eras.*) | inferruntur V 65 | pater] a patre N 23$^{2}$ *s. l.* | filiam] iliam M; V 63$^{1}$ (*corr. in textu* V 63$^{2}$) | avia] auiam G auita U (t *puncto del.*) | neptem] nepotem G (o *eras.*); U$^{1}$ (*corr.* U$^{2}$ *mg*), Y 03; V 63$^{2}$ *s. l.*, N 23, Ven, P, C; V 64, γ (o *del.* O 22), K nepote V 63$^{1}$ nectem Y 01 **10** labenti] habenti V 65 | relinquerent] relinqueret M; α; Y 01, Y 02; U, Y 03; V 63, N 23, Ven, C; V 64, γ, K | suos] *bis* B 05 (*alt. del.*) **11** ac] at B 72 a U$^{2}$ *mg* | senior] seniore M; B$^{1}$, L 24, Z; U; V 63 (e *puncto del.*); V 64 seniores B$^{2}$ *s. l.*, Hol seniorem Y 01, Y 02 seuior N 23, Ven, P sceuior N 22$^{1}$ (*corr.* N 22$^{1}$ *s. l. et mg*) **12** tum] tunc U; β, L tam Hol$^{1}$ (*corr. s. l.* Hol$^{2}$) | cui] eui V 63$^{1}$, N 23$^{1}$, Ven$^{1}$ (*corr.* V 63$^{2}$ *s. l.*, N 23$^{1}$ *s. l.*, Ven$^{1}$ *s. l.*) enim P | proxima] *Acidalius* prima M; *cett. praeter* paterna B 72 | seniores . . . prima *Oberlin*, *al.* | extinguuntur] B (u *pr. puncto del.*); V 58 extinguntur L 24; B 05, E, H, Mal; U, Y 03; C; V 64, A extiguntur M; Hol extinguitur Z; G, Prm, J, B 72; Y 01, Y 02; Vin, *Stuttg*, L, N 22; γ (< A), K extinguunt N 23 (u *pr. puncto del.*) extingunt V 63, Ven, P | accusati] acusati B 72 accusanti B (n *puncto del.*), Hol accusatique B 05 (-que *punctis del.*) accusari U **13** more] morte γ (< A; t *puncto del.* N 21), K (t *puncto del.*) | maiore Y 01 | punirentur] puniretur U$^{1}$ (*corr.* U$^{2}$ *mg*) | et] at *Halm* | Nero] ne V 63$^{1}$ (*corr. s. l.* V 63$^{2}$) | sine] M; B$^{1}$; *cett. praeter* eorum B$^{2}$ *in ras.*, Hol | arbitro] arbitrio G, H, B 72; Y 01; U, Y 03; β, L, N 22, C; V 64, γ, K **14** ea] eis U, Y 03; C; V 64, γ, K | adiciebantur] adiiciebantur Z; V 58, B 05, G, Mal; Y 02; U; P, Vin, *Stuttg*, L, N 22; Or, K adiicebantur E, H$^{1}$ (-cie- H$^{2}$ *s. l.*), Prm, J adiecebantur Y 03$^{1}$ (-ci- Y 03$^{2}$ *s. l.*); A adducebantur B 72

**2** nec defuerunt Hol$^{2}$ *mg* **5** o factum pie K$^{2}$ *mg* **8** uene abscinduntur M$^{2}$ *mg* **9** miserabilis aspectus B 05$^{2}$ *mg* res miserabilis K$^{2}$ *mg* | ilia M$^{2}$ *mg* | utrosque de duobus P$^{2}$ *mg*

12 **1** Publius] puplius V 63$^{1}$ (*corr. s. l.* V 63$^{2}$) P. Z; *Gen* (< B 05); Y 02; N 22, C Rubrius *Nipperdey* (*cf. Hist. II 51. 99, 2*) | eques] equus Y 01 | fenio rufo

praemium operae locus in theatro inter viatores tribunicios datur. et 12,2
menses, qui Aprilem eundemque Neroneum sequeba<n>tur, Maius Claudii, Iunius Germanici vocabulis mutantur, testificante Cornelio Orfito, qui id censuerat, ideo Iunium mensem transmissum, quia duo iam Torquati ob scelera interfecti infaustum nomen Iunium fecissent.

Tot facinoribus foedum annum etiam dii tempestatibus et morbis in- 13,1
signivere. vastata Campania turbine ventorum, qui villas arbusta fruges passim disiecit pertulitque violentiam ad vicina urbi, in qua omne mortalium genus vis pestilentiae depopulabatur, nulla caeli intemperie, quae

---

quod Vcn | ruffo Y 01, Y 02; P, Vin, *Stuttg*, L; V 65 **2** alienus] alienis V 65, Or, N 21$^1$ (*corr. s. l.* N 21$^2$), O 48 | atque] et B, Hol | est] *om.* B 72; U | liberti P | accusatore P **3** operae] pro opere B 72 | lucus C | teatro A$^1$ (*corr. s. l.* A$^2$) | uictores B 72 | tribunicios] tribunitos U$^1$ (*corr.* U$^2$ *mg*), Y 03$^1$ (*corr. s. l.* Y 03$^2$); V 64, γ (*corr. s. l.* O 22$^2$) tribunos B 72$^1$ (*corr.* B 72$^2$) tribunitiosque K **4** menses] *Chifflet* mensis *codd.* | eumdemque Hol | Neroneum] neronem *Gen* (*corr.* B 05$^2$ *s. l.*, H$^2$ *s. l.*); Y 02; U; V 65$^1$ (*corr. s. l.* V 65$^2$) | sequebantur] *Chifflet* sequebatur *codd.* | Claudii] claudius Or **5** Iunius] Iulius *Lipsius* | Germanici] germania Y 03$^1$ (*corr. s. l.* Y 03$^2$); A, V 65, Or, O 48 | uocbulis A$^1$ (*corr. s. l.* A$^2$) | cornellio Y 01 cornelia Or | Orfito] orphito B 05, Mal, Prm, J, B 72; U, Y 03; β (< P), N 22, C; γ (-yto N 21), K orfico L offito α (-f- L 24) **6** qui] quid B 72 (-d *eras.*) | consuerat P | ideo] adeo Or idem K **7** Iunium] *Stuttg*$^2$ *mg*, L; *Lipsius* iunii α; U; Vin$^3$ *mg* iunii tum *Gen* (cum B 72); N 22 iunctum M; β (*del. Stuttg*$^2$), C; K iuntum V 64, A, Or uintum O 48, O 22 uinctum Y 01, Y 02; Y 03; V 65, N 21

**1** publius gallus M$^2$ *mg* p. gallus V 63$^2$ *mg*, N 22$^1$ *mg* **3** uictores tribunicii M$^2$ *mg* **4** aprilis nero · magius claudius · iunius germanicus M$^2$ (*script. benev.*) *mg inf.* aprilis neroneus, maius claudius, iunius germanicus M$^2$ *mg* | mensis neroneus Y 03$^2$ *mg* aprilis mensis neroneus P$^2$ *mg* **5** mutata duorum mensium nomina B 05$^2$ *mg* mutantur nomina mensibus K$^2$ *mg* | cornelius orfitus M$^2$ *mg*; G$^2$ *mg* cornelius orphitus V 63$^2$ *mg*, P$^3$ *mg*

**1** facinoribus] facinoris M$^1$ (*corr. in textu* M$^1$) | annum ] in annum M; B, Hol 13
animum B 72 | dii etiam Y 01, Y 02 | dii] di L; A, V 65, O 48, O 22$^1$ (*corr. s. l.* O 22$^2$) de Or | morbis] moribus O 22$^1$ mortibus O 22$^2$, K | insignivere] insigni uere P insignuere *Stuttg*$^1$ (*corr. s. l. Stuttg*$^2$) **2** villas] uilas N 23 uilla J; N 22$^1$ (*corr. s. l.* N 22$^1$) nullas V 64$^1$ (*corr. in textu* V 64$^2$) **3** disiecit] diecit K$^1$ (s *add. s. l.* K$^2$) | pertulitque] perculitque G, Mal, Prm, J, B 72; N 22 | uiolentiam] ciuitatem Or | vicina] uiiina M$^1$ (*corr. in textu* M$^1$) uicinia U; N 23 moenia *Gen*; N 22 moenia uicina Y 01, Y 02 | urbi] urbis *Gen*; U, Y 03; N 22, C; V 64, γ, K **4** vis] *om.* U | depopulabatur] populabatur *Gen* (< V 58; *corr. s. l.* B 05$^2$) hortabatur (*punctis del.*) populabatur N 22 | nulla] nulli Y 02 | intemperie] temperie Mal, Prm, J, B 72; N 22; Or,

13,2 occurreret oculis. sed domus corporibus exanimis, itinera funeribus complebantur; non sexus, non aetas periculo vacua; servitia perinde et ingenua plebes raptim extingui, inter coniugum et liberorum lamenta, qui dum assident, dum deflent, saepe eodem rogo cremabantur. equitum senatorumque interitus, quamvis promiscui, minus flebiles erant, tamquam communi mortalitate saevitiam principis praevenirent.

13,3 Eodem anno dilectus per Galliam Narbonensem Africamque et Asiam habiti sunt supplendis Illyrici legionibus, ex quibus aetate aut valetudine fessi sacramento solvebantur. cladem Lugdunensem quadragies sestertio solatus est princeps, ut amissa urbi reponerent; quam pecuniam Lugdunenses ante obtulerant urbis casibus.

---

N 21, O 48, O 22, K | intemperie quae] intemperieque Y 01 **5** occurreret] occureret V 65 occurret M; B, Hol; G, E occurrent L 24 occurrit Z | occulis V 65 | corboribus N 23 | conplebantur V 64 **6** vacua] uacuo Hol$^1$ (*corr. in textu* Hol$^2$) uacuam V 65 | seruitiam V 65 | et] *om. Gen* (*add. s. l.* H$^2$); Y 01, Y 02; N 22 | ingenua] ingenia U$^1$ (*corr.* U$^2$ *mg*); P; Or **7** plebes] plebs L 24; Vin; N 21, O 22, K | raptim] *om.* P | coniugem N 23; V 65 | et *alt.*] ac N 22 | liberorum] libertorum α; *Fer* (bertorum Mal$^1$, li- *add.* Mal$^2$ *mg*), B 72; P, Vin, *Stuttg*, L (t *puncto del.*), N 22; γ (< A), K **8** assident] assiderent α *add.* rogo L (*punctis del.*) | deflent] deflerent Z | saepe] *om.* Or, N 21, O 48, O 22, K | cremabantur] cremebantur B, Hol cremantur V 63, N 23, Ven, P **9** interitus] interritus H (r *pr. puncto del.*), Mal, Prm (r *pr. puncto del.*), J; Ven, N 22; O 22 (r *pr. puncto del.*) intentus Or | minus] etiam minus L 24 *om.* A$^1$ (*add. s. l.* A$^2$) **10** communi] comuni L 24; B 72; Y 03; V 65 conuicti P | praevenirent] peruenirent G premerent B 72$^1$ (*corr.* B 72$^2$) **11** dilectus] M; Y 01; U$^1$; V 63$^1$, N 23 delectus U$^2$ *mg*; V 63$^2$ *s. l.*; *cett.* | Africamque] affricamque L 24; G; Y 03 aphricamque P africam U | et Asiam] assiam et Vin asiamque U, Y 03; V 63, P, *Stuttg*, L; γ, K asyamque Ven, C; V 64 asiam N 23 **12** asyam M; Y 01 | habiti] habitu H, Prm$^1$ (*corr. in textu* Prm$^2$) | suplendis O 22$^1$ (*corr. s. l.* O 22$^2$) | Illyrici] B, Hol; *Fer* (< G) illirici s| M (s *del.*; regionibus *scribi coeptum et litteram* r *in* l *mutatam esse putat Koestermann*) illirici L 24, Z; V 58, B 05, B 72; Y 01, Y 02; N 22$^1$ *s. l.* illyricis G; P, L; K illiricis U, Y 03; β (< P), N 22$^1$, C; V 64, γ | legionibus] regionibus U | ex quibus] *om.* C **13** valetudine] M; L ualitudine *cett.* | sacramento] sacramenta U, Y 03; V 63, N 23, Ven, P, N 22$^1$ *s. l.*, C; V 64, γ, K | solvebantur] soluebant U, Y 03; V 63$^2$ *in textu*, N 23, Ven, P, C; V 64, γ, K saluebantur *Stuttg om.* V 63$^1$ (*spat. ca. 10 litt.*) | Lugdunensem] lugudunensem Ven ludunensem C; V 64, γ (*corr.* N 21$^2$ *s. l.*, O 22$^2$ *s. l.*) in lugdunensem Vin (in *punctis del.*) *post* Lugdunensem *lacunam notavit Nipperdey* | quadragies] quadrigies U; V 63$^1$ (*corr. s. l.* V 63$^2$) quadriges N 23$^1$ (a *supra* i N 23$^1$) quadragesies Y 03 **14** sestertio] sextertio M; α; V 58,

C. SVETONIO LUC<C>IO TELESINO consulibus Antistius Sosianus, factitatis in Neronem carminibus probrosis exilio, ut dixi, multatus, postquam id honoris indicibus tamque promptum ad caedes principem accepit, inquies animo et occasionum haud segnis Pammenem, eiusdem loci exulem et Chaldaeorum arte famosum eoque multorum amicitiis in- 14,1

---

B 05, H$^{1}$ (*corr. in textu* H$^{2}$), B 72; Y 01; U, Y 03; N 22, C; V 64, γ, K sextertium β (-um *del.*, -o *Stuttg*$^{2}$ *s. l.*) | ut] at Y 01$^{1}$ (*corr. in textu* Y 01$^{2}$) | amissa] ammissa V 63, N 23, Ven emissa Y 01 **15** Lugdunenses] ludunenses V 65, O 22$^{1}$ (*corr. s. l.* O 22$^{2}$) lugdunneses Or lugdunensem N 22$^{1}$ (*corr. in textu* N 22$^{1}$) | obtulerant] optulerant B 72; P contulerant U, Y 03; C; V 64, γ, K | urbis] B, Hol, L 24 turbis M; Z$^{1}$ turbidis Z$^{3}$*mg*; *Gen*; Y 02; U, Y 03; V 63$^{2}$ *s. l.*, N 23$^{1}$ *s. l.*, Ven$^{1}$ *s. l.*, *Stuttg*$^{2}$ *s. l.*, L, N 22, C; V 64, γ, K turpibus V 63$^{1}$, N 23$^{1}$, Ven$^{1}$, P turpidis Vin, *Stuttg*$^{1}$ turdibis Y 01 | casibus] classibus Prm, J, B 72; N 22$^{1}$ (*corr. s. l.* N 22$^{1}$)

**1** tot facinoribus Hol$^{2}$*mg* | annus calamitosus B 05$^{2}$*mg* infaustus annus K$^{2}$*mg* **2** campania uastata P$^{2}$*mg* | uis uentorum H$^{2}$*mg*; Y 03$^{2}$*mg*; N 22$^{1}$*mg* turbinis uis V 63$^{2}$*mg* **4** pestilentia maxima G$^{2}$*mg* magna epidemia E$^{3}$*mg* pestis H$^{2}$*mg*; Y 03$^{2}$*mg* λοιμὸς V 63$^{2}$*mg* pestis rome ingens P$^{2}$*mg* maxima uis pestilentie K$^{2}$*mg* **7** plebes Y 03$^{2}$*mg* **8** nota pestem horribilem M$^{3}$*mg* seua pestilentia B 05$^{2}$*mg* ω.ω.ω K$^{2}$*mg* **10** mortalitate V 58$^{2}$*mg* mortalitas B 05$^{2}$*mg* **11** delectus militum habiti K$^{2}$*mg* | gallia narbonensis M$^{2}$*mg* **12** illyricum M$^{2}$*mg* **13** lugdunum M$^{2}$*mg* incendium lugdu · H$^{2}$*mg* lugdunensis clades P$^{2}$*mg* seneca in epistolis refert incendium lugdunense N 22$^{1}$*mg* (*ep. 91*) clades lugdunensis K$^{2}$*mg*

**1** C.] S B 72 | Luccio] *Ruperti* L. *codd.* | Telesino] thelesino P, C tilesino 14
Vin, *Stuttg* teselino Y 01, Y 02 (-ll-) tesino K | consulibus] cos M consul Y 01, Y 02 | Sosianus] soxianus Y 01, Y 02 socianus P **2** exilio ut dixi] ut dixi exilio B 72; U, Y 03; C; V 64, γ, K | multatus] mulctatus L 24, Z; Prm, J, B 72; U, Y 03; P, Vin, L, N 22$^{1}$, C; V 64, γ, K mulctatis *Stuttg*$^{1}$ (*corr. s. l. Stuttg*$^{2}$), N 22$^{1}$ *s. l.* **3** postquam] priusquam E | id honoris] idoneis U$^{2}$*mg* | honoris] honori J honoribus Y 01, Y 02$^{1}$ (*corr. s. l.* Y 02$^{2}$) | indicibus] iudicibus Or, N 21, O 48, O 22 | tamque] B, Hol; V 58, B 05, *Fer* (< J); *Stuttg*$^{2}$ *in textu*, L atque J tanquam M; Mal$^{2}$ *in textu*; *Stuttg*$^{1}$; *cett.* | principem ad cedes Y 02 | caedes] cedem U **4** accepit] M; K (-it *in ras.*); *cett. praeter* accepte Y 03; γ | inquies] M; K$^{1}$; *cett. praeter* inquietus *Gen* (*corr.* V 58$^{2}$ *s. l.*, B 05$^{2}$*mg*); N 22$^{1}$ (*corr. s. l.* N 22$^{1}$); K$^{2}$ *in textu* iniquus Y 02 | animo] a uino V 65 | occasionum] occasionem Z occisionum *Fer* (*corr. in textu* H$^{2}$), B 72; N 22 | Pammenem] M; α; Prm; U parmenem V 58, B 05, *Fer* (< Prm); Y 01, Y 02; N 22 pammanem Y 03; V 63, N 23, Ven, P, C; V 64, γ, K parmanem Vin, *Stuttg*, L permanere B 72 | eiusdem] eius V 63$^{1}$ (*corr. s. l.* V 63$^{2}$) **5** Chaldaeorum] caldeorum Z; E; Y 01, Y 02; U, Y 03; N 23, P, N 22, C; V 64, γ, K | eoque] eque C neque Or, N 21, O 48, O 22, K | amicitiis] similitudine O 48$^{1}$ (*corr. s. l.* O 48$^{2}$) | innexum] *Lipsius*, *Freins-*

nexum, similitudine fortunae sibi conciliat, ventitare ad eum nuntios et consultationes non frustra ratus; simul annuam pecuniam a P. Anteio ministrari cognoscit. neque nescium habebat Anteium caritate Agrippinae invisum Neroni opesque eius praecipuas ad eliciendam cupidinem
14,2 eamque causam multis exitio esse. igitur interceptis Antei litteris, furatus etiam libellos quibus dies genitalis eius et eventura secretis Pammenis occultabantur, simul repertis quae de ortu vitaque Ostorii Scapulae composita erant, scribit ad principem magna se et quae incolumitati eius conducerent adlaturum, si brevem exilii veniam impetravisset: quippe

---

*heim* (*cf. III 10, 2*) innixum M; *cett.* (*quod retinendum putat M. L. Paladini, Latomus 20 (1961), 841—843*) *praeter* inixum G inuixum O 48 annixum Y 01$^1$ (in- Y 01$^2$ *in textu*) immixtum Mal, Prm, J (inm-), B 72 immistum N 22$^1$ (-nixum N 22$^1$ *s. l.*) **6** similitudinem V 64 | ventitare] uentare U | eum] eundem P **7** consultationes] M; *Stuttg*$^1$; *cett. praeter* consolationes *Gen* (-ne B 72; *corr.* H$^2$*mg*); Y 01, Y 02; P, N 22 consultatores *Stuttg*$^2$, L | simul] simulatque *Gen*; N 22 | annuam] an|annuam M nimiam *Gen* (*corr. in textu* G$^2$); N 22$^1$ (*corr.* N 22$^1$*mg*) an nimiam Y 01, Y 02 | peccuniam V 65 | a P. Anteio] Z$^3$*mg*; *Gen*; U a panteio M$^1$; Y 01, Y 02; V 63$^1$, C; V 64 a pantheio Y 03$^1$ (p *del.*, b *s. l.* Y 03$^2$); A a pantheo V 65, Or, N 21$^1$, O 48 a pantelo M$^2$ *s. l.*; α ab anteio V 63$^2$ *in textu*, N 23, Ven, P, Vin, *Stuttg*, L (*cf. infra*) ab anteo N 21$^2$*mg*, K$^1$ ab antheo O 22, K$^2$ *s. l.* | a P. Anteio ministrari] ministrari ab anteio L **8** neque] atque J | noscium P | Anteium] antheium Y 03 anteum Or, N 21, O 48, O 22$^1$ antheum O 22$^2$ *s. l.*, K panteium Y 01, Y 02 | caritate] caritatem M (-m *del.*) | agripine Y 01 **9** opesque] opes U | eius] *om.* β, L | eliciendam] eliciendum Y 01; V 65 (ell-) **10** multis] militis N 23 | exitio] exitii *Andresen* | esse] esset L 24, Z (*corr.* Z$^3$*mg*) | interceptes Y 01 | Antei] antegi M (g *del.*) antegei V 63 (e *alt. puncto del.*) anteii Z; B 72; P anthei Y 03; C; K ante U ante et Y 01, Y 02 | antei litteris interceptis L 24 | literis C **11** libellus Or | eius] erat (*punctis del.*) eius U | eventura] euentum V 65 | Pammenis] panmenis Y 01 parmenis V 58, B 05$^2$ *s. l.*, *Fer* (< Prm); Y 02; Vin, *Stuttg*$^1$, N 22 permenis B 05$^1$, B 72 parmanis *Stuttg*$^2$ *s. l.*, L pammenonis Y 03; γ pammemonis K **12** occultabantur] occultabatur M$^1$ (*corr. s. l.* M$^2$) | simul] simulque U | repertis] *om.* N 21$^1$ (*add.* N 21$^2$*mg*) | uiteque J | Ostorii] oschorii B 72 osterii U hosterii N 22$^1$ (o *supra* e N 22$^1$) ostrii P **13** conposita A composite V 65 | scribit] scribita M (a *del.*) | magna se] se magna U, Y 03; β, L, C; V 64, γ, K | incolumitati] incolumitatis M (-s *del.*); U$^1$ (*corr.* U$^2$*mg*), Y 03; V 63, N 23, Ven, N 22$^1$ *s. l.*, C; V 64, γ (< O 22; -s *puncto del.* N 21) **14** conducerent] conduceret U, Y 03; V 63, N 23, Ven, C; A, V 65, Or, O 48 conducere V 64 | adlaturum] M; Y 01; V 63, N 23 allaturum *cett. praeter* laturum U, Y 03; C; V 64, γ, K | si] se U$^1$ (si U$^2$*mg*) | exillii N 23 | impetravisset] inpetrauisset M impe-

Anteium et Ostorium imminere rebus et sua Caesarisque fata scrutari. exim missae liburnicae, advehiturque propere Sosianus. ac vulgato eius 14,3 indicio inter damnatos magis quam inter reos Anteius Ostoriusque habebantur, adeo ut testamentum Antei nemo obsignaret, nisi Tigellinus auctor extitisset, monito prius Anteio ne supremas tabulas moraretur. atque ille, hausto veneno, tarditatem eius perosus intercisis venis mortem adproperavit.

---

trasset U **15** Anteium] antheium Y 03; C anteum Or, N 21, O 48, O 22 antheum K anterium B 72 panteium Y 01, Y 02 anteius Mal, Prm, J; N 22 et anteium L 24 | Ostorium] ostrium G$^{1}$ (*corr. s. l.* G$^{2}$); P oschorium B 72 osto Y 02 | inminere G iminere B 72; Y 03; N 22, C; V 64, A, O 48, O 22, K | Caesarisque] cesaris que M$^{1}$ (*corr. s. l.* M$^{2}$) | fata] facta G, H, Mal (c *puncto del.*), B 72; Vin, *Stuttg*$^{1}$ (c *del. Stuttg*$^{2}$); V 65 | scrutari] scruptari Y 03; C; V 64, A seruari U **16** exim] M$^{1}$ exin M$^{2}$ *in textu*; *cett. praeter* exinde B 72 | liburnicae] lyburnice V 58, B 05 luburnice B 72 | advehiturque] aduehitur G$^{2}$ *s. l.*, J, B 72 adueitur G$^{1}$ | propere] prospere B, Hol | Sosianus] soxianus Y 01, Y 02 susianus P sosibianus L (-bi- *punctis del.*) | vulgato] uugato Y 01 uulgo Or **17** indicio] iudicio Mal, Prm, J; P, N 22$^{1}$ *s. l.* | dannatos Y 01; O 48 | magis quam] magisque K | quam] *om.* β (*add. s. l. Stuttg*$^{2}$) | reos] eos P, Vin, *Stuttg*$^{1}$ (*corr. s. l. Stuttg*$^{2}$) | Anteius] M; N 21 (i *puncto del.*); *cett. praeter* antheius Y 03; C antheus K panteius Y 01, Y 02 miteius P$^{1}$ (*corr. s. l.* P$^{2}$) | Ostoriusque] oschoriusque B 72 ostriusque P osteriusque N 21, O 48, O 22 | habebantur] habebatur Mal, Prm, J, B 72 **18** testamentum] testem P | Antei] anteii α; B 72; U; P, Vin; V 64 anthei Y 03; C; K antegi V 63 (g *puncto del.*) panthei Y 01 pantei Y 02 *om.* L | Tigellinus] tigillinus M; *cett. praeter* tigillius α tegillinus V 65 (-l-), N 21$^{1}$ (e *puncto del.*, i N 21$^{2}$ *s. l.*), O 48 **19** monito] *Acidalius* monitus *codd.* | Anteio] M antegio V 63$^{1}$ anteius V 63$^{2}$ *s. l.*; *cett. praeter* antheius Y 03 antheus K pantheius Y 01 panteius Y 02 | supremas tabulas] suppremа stabulas M$^{1}$ (-mas ta- *corr. in textu* M$^{2}$) | suppremas L 24; B 72; Y 01, Y 02; *Stuttg*, N 22 **20** atque] at Y 03 | ille] illo N 22$^{1}$ (*corr. s. l.* N 22$^{1}$) *om.* β, L | hausto] austo Y 03; V 63, N 23; A$^{1}$ (*corr. s. l.* A$^{2}$) | intercisis] interscissis *Bezzenberger* (*cf. XV 35, 3*) **21** adproperavit] M; *cett. praeter* approperauit L 24, Z; *Gen*; Y 02; Ven, P, Vin, *Stuttg*, L, N 22; V 65 (apr-), Or, N 21, K approparauit U

**1** c. suetonio l. telesino M$^{2}$*mg* c. suetonius l. thelesinus G$^{2}$*mg*; P$^{2}$*mg* (*add.* cons̄.) CONS· N 22$^{1}$*mg* | antistius sosianus M$^{2}$*mg*; G$^{2}$*mg* antistius Y 03$^{2}$*mg* **4** pammenem M$^{2}$*mg* pammanes μαγος V 63$^{2}$*mg* **7** pantelus M$^{2}$*mg* anteius G$^{2}$*mg* **10** intercipiuntur littere et libelli anteli per neronem M$^{2}$*mg* factum antistii sosiani K$^{2}$*mg* **12** ostorius scapula M$^{2}$*mg*; G$^{2}$*mg* **16** liburnice naues G$^{2}$*mg* liburnice P$^{2}$*mg* | sosianus M$^{2}$*mg* **17** anteius M$^{2}$*mg* | ostorius M$^{2}$*mg* **18** tigillinus P$^{2}$*mg* **20** anteius ueneno hausto et intercisis uenis moritur M$^{2}$*mg* exitium antei et ostorii B 05$^{2}$*mg* anteius se ipsum necat G$^{2}$*mg*; N 22$^{1}$*mg* anteus Y 03$^{2}$*mg* antheii mors K$^{2}$*mg* | ille] anteius M$^{2}$*s. l.*

15,1 Ostorius longinquis in agris apud finem Ligurum id temporis erat: eo missus centurio, qui caedem eius maturaret. causa festinandi ex eo oriebatur, quod Ostorius multa militari fama et civicam coronam apud Britanniam meritus, ingenti corpore armorumque scientia metum Neroni fecerat, ne invaderet pavidum semper et reperta nuper coniuratione ma-
15,2 gis exterritum. igitur centurio, ubi effugia villae clausit, iussa imperatoris Ostorio aperit. is fortitudinem saepe adversum hostes spectatam in se vertit; et quia venae quamquam interruptae parum sanguinis effundebant, hactenus manu servi usus, ut immotum pugionem extolleret, adpressit dextram eius iuguloque occurrit.

---

15 **1** Ostorius] ostrius G$^1$ (*corr. s. l.* G$^2$) oschorius B 72 | longinquis] longinquius P longius V 63$^1$, N 23$^1$, Ven$^1$ (*corr.* V 63$^2$ *s. l.*, N 23$^1$ *s. l.*, Ven$^1$ *s. l.*); V 64 | lygurum V 58, B 05, G, E, Mal; A, N 21, O 48 **2** missus] messus Y 01 | eius] *om.* H | festinandi] festimandi G maturandi Y 03; γ, K | ex eo oriebatur] exoriebatur β, L **3** oriebantur H (n *puncto del.*) | quod] que N 22$^1$ (*corr. s. l.* N 22$^1$) *om.* J | oschorius B 72 | militari] familiari C | famam E (-m *alt. puncto del.*) | cinicam N 22 **4** Britanniam] brittanniam M britaniam V 58, B 05, *Fer* (< H); N 22; V 65, N 21, O 48, O 22 | meritus] meritis Prm, J; N 22$^1$ *s. l.* | ingenti] ingen Vin | corpore] (M$^1$ *post corr.*: *cf. infra*); V 58$^2$ *s. l.*, B 05$^1$, *Fer*, B 72; *Puteolanus*; *Furneaux*, *al.* corporis V 58$^1$, B 05$^2$ *s. l.*; Y 01, Y 02 corporis | corporis M$^1$ (corporis *pr. corr.* M$^1$ *s. l. et* M$^2$*mg*) corporis robore α; U, Y 03; β (corpori . . . *Stuttg*$^1$, -s *add. s. l. Stuttg*$^2$), L, C; V 64, γ, K; *Beroaldus*, *al.*; *Koestermann* (*cf. XV 66, 2*) corpore robore N 22 vi corporis *Wurm* (*cf. XII 44, 3*) | mecum O 48 **5** semper] super E, Mal, Prm, J, B 72; N 22$^1$ (*corr. s. l.* N 22$^1$) | coniuratione nuper γ (< A), K | coniuratione] coniurationem M (-m *del.*) cogitatione *Fer* (*corr. in textu* H$^2$), B 72; N 22$^1$ (*corr. s. l.* N 22$^1$) | magis exterritum] exterritum magis L$^1$ (*corr. s. l.* L$^2$) **6** exterritum] exteritum V 65 territum C | iussa] iussu B$^1$ (*corr. s. l.* B$^2$) | imperatoris] α; U, Y 03; C; V 64, γ, K in .p̄. M in .p. β (in publicum Ven; in *punctis del. Stuttg*$^2$) ·p· L inde V 58$^1$, B 05$^1$ (*add.* post V 58$^2$ *s. l.*, B 05$^2$*mg*) inde post *Fer*, B 72; N 22 in post Y 01, Y 02 **7** Ostorio] ostrio G$^1$ (*corr. s. l.* G$^2$) oschorio B 72 osterio V 63, N 23 ostorius Hol | aduersum hostes sepe Y 01, Y 02 | adversum] aduersus Mal, Prm, J, B 72; N 22 aduerse V 63$^1$, N 23$^1$, Ven$^1$ (*corr.* V 63$^2$ *s. l.*, N 23$^1$ *s. l.*, Ven$^1$ *s. l.*), P | hostes] in hostes β (in *del. Stuttg*$^2$) | spectatam] spectata Y 01 inspectam Y 03; γ, K | in] *om.* U$^1$ (pro U$^2$*mg*) **8** interupte N 23 **9** hactenus] *om.* Or, N 21, O 48, O 22, K | manu] manus V 65, Or, N 21, O 48 | serui manu Y 02 | ut] et Or | immotum] inmotum M; G; Y 01; V 64 in motum N 23, Vin, *Stuttg*, C; O 48, O 22, K | extolleret] tolleret *Koestermann in apparatu* | adpressit] appressit Z$^1$; U$^1$; Ven, P, Vin, *Stuttg*, L, N 22 apprexit B 72 adprexit V 65 adprensit Y 01 apprehendit Y 02 oppressit Z$^2$ *s. l.*; U$^2$*mg* **10** dextram] dexteram Z; Mal, Prm; Y 01, Y 02; U; Vin, L,

Etiam si bella externa et obitas pro re publica mortes tanta casuum 16,1
similitudine memorarem, meque ipsum satias cepisset aliorumque taedium expectarem, quamvis honestos civium exitus, tristes tamen et continuos aspernantium: at nunc patientia servilis tantumque sanguinis
domi perditum fatigant animum et maestitia restringunt. neque aliam 16,2
defensionem ab iis quibus ista noscentur exegerim, quam ne oderim tam segniter pereuntes. ira illa numinum in res Romanas fuit, quam non, ut in cladibus exercituum aut captivitate urbium, semel edito transire licet. detur hoc illustrium virorum posteritati, ut, quo modo exequiis a pro-

---

N 22 detram V 65 | eius] huius C | iuguloque] iugulloque N 23 uulgoque *Fer* (*corr.* G$^2$ *in textu*, E$^3$ *mg*, H$^2$ *in textu*); O 22, K | accurrit Prm, J, B 72; N 22

**1** ostorius Y 03$^2$*mg* | id temporis M$^3$*mg* **2** eo] ad quas partes M$^2$*s. l.* **3** ostorii conditio K$^2$*mg* | ciuica corona M$^2$*mg* **6** effugia M$^2$*mg* **7** is fortitudinem Hol$^2$*mg* fortitudo ostorii in morte K$^2$*mg* **8** ostorius uenis intercisis et iugulo moritur M$^2$*mg* **9** uirtus ostorii intrepida B 05$^2$*mg* **10** ostorius moritur N 22$^1$*mg*

**1** etiam] et iam A, V 65, Or, N 21 | externa] exter externa O 22 | et] *om.* U | obitas] orbitas Z (r *puncto del.*); U$^1$ (-tates U$^2$*mg*); Vin (r *puncto del.*) oblitas P | tanta] tantam α; U, Y 03; γ, K tantum C tamen B 72 **2** similitudine] similitudinem α; U, Y 03; V 63$^2$ *s. l.*, N 23$^1$ *s. l.*, Ven$^1$ *s. l.*, C; V 64, γ, K | meque] me α; L neque U; N 22; Or | satias] M; V 63$^1$ satietas V 63$^2$ *s. l.*; *cett.* | aliorumque] aliorum U, Y 03; β, L, C; V 64, γ, K **3** expectarem] exspectarem O 48$^2$ *s. l.* expectare Prm, J; N 22$^1$ expectaret B 72; P, Vin, *Stuttg*$^1$ (*corr. in textu Stuttg*$^2$), N 22$^1$ *s. l.* | quamvis] *add.* externos B (*punctis del.*) | tamen] tam P | continuos] G (-s *eras.*); *cett. praeter* continuo M; α; Y 01, Y 02; U$^1$ (*corr.* U$^2$*mg*), Y 03; β (*corr. s. l. Stuttg*$^2$), C; V 64, γ, K **4** aspernantium] spernantium B, Hol sperantium L 24 | at] ac P et Or *om.* G | patientia] patientiam V 64 patria *Fer* (*corr. in textu* H$^2$), B 72; N 22 **5** mestitiam Or | restringunt] restinguunt Or; *Madvig* **6** iis] V 58, B 05, G, E, H, B 72; Y 02; P, Vin hiis Y 01 his M; *cett.* | quibus] qui H$^1$ (*corr. s. l.* H$^2$) | noscentur] noscerentur *Fer* (-re- *punctis del.* H), B 72; N 22 | oderim] M; B$^1$; *cett. praeter* oderit B$^2$ *s. l.*, Hol oderint L 24; L; Or, N 21, O 22, K oderunt Z | tam] ne P *om.* V 63$^1$ (*add. s. l.* V 63$^2$) **7** pereuntes] parentes C odiuntes U | illa ira α; N 22 | numinum] numium V 64 nimium *Fer* (*corr.* G$^2$*mg*, H$^2$ *in textu*), B 72; N 22$^1$ (*corr.* N 22$^1$*mg*) | in res] iures V 64 | Romanas] humanas U; N 23 | quam] quem P qui Or | ut] *om.* α; J, B 72 **8** exercituum] exercitum B 72$^1$ (*corr. s. l.* B 72$^2$) exercitium N 21$^1$ (*corr.* N 21$^2$*mg*) | captivitate] captiuitatem M (-m *del.*); U$^1$ (*corr.* U$^2$*mg*), Y 03; C (-m *eras.*); V 64, γ (< O 48), K in captituitate Vin, *Stuttg*, L | edito] editam *Gen*; U$^2$*mg*; N 22$^1$ (*corr. s. l.* N 22$^1$) edicto Y 01, Y 02 | licet] iubet J$^1$ (*corr. s. l.* J$^2$) **9** detur hoc] dentur hec P | illustrium] illustrorum Y 03; γ (*corr.* O 48$^2$ *in* 16 miscua sepultura separantur, ita in traditione supremorum accipiant habeantque propriam memoriam.

17,1 Paucos quippe intra dies eodem agmine Annaeus Mela, Cerialis Anicius, Rufrius Crispinus ac T. Petronius cecidere, Mela et Crispinus equi-
17,2 tes Romani dignitate senatoria. nam hic quondam praefectus praetorii et consularibus insignibus donatus ac nuper crimine coniurationis in
17,3 Sardiniam exactus, accepto iussae mortis nuntio semet interfecit. Mela, quibus Gallio et Seneca parentibus natus, petitione honorum abstinuerat per ambitionem praeposteram, ut eques Romanus consularibus po-

---

*textu*, O 22$^{2}$ *s. l.*) | uirororum N 22 | a] ac U, Y 03; β, C; A, Or, N 21, O 48 aut O 22, K *om.* V 65 | promiscua] promiscuas Prm, J promiscuis N 22 promiscuo L proxima Y 01, Y 02 **10** sepultura] sepulcra U, Y 03; V 63$^{2}$ *s. l.*, N 23$^{1}$ *s. l.*, Ven$^{1}$ *s. l.*, C; V 64, A, V 65, O 22 sepulchra Vin, *Stuttg*$^{1}$ (h *del. Stuttg*$^{2}$); Or, N 21, O 48, K sepulchro L sepulturis N 22 *om. Gen* (< B 72; *add.* B 05$^{2}$*mg*, G$^{2}$*mg*, H$^{2}$*mg*) | separantur] seperantur Prm, J, B 72; Y 01; *Stuttg* sperantur Vin | ita — **11** habeantque] *om.* V 63$^{1}$ (*add.* V 63$^{2}$*mg*) | in traditione] intra dicione J | supremorum] suppremorum Y 01, Y 02; N 22; V 65 somniorum P **11** propriam] propriamque V 63, N 23, Ven

**1** auctoris uerba P$^{2}$*mg* uerba ostorii K$^{2}$*mg* **7** ira numinum in res romanas nimia ciuium patientia O 48$^{2}$*mg*

17 **1** quippe] *om.* α | eodem] eorum E$^{1}$ (*corr. s. l.* E$^{2}$) | anneius E | Mela] M; K$^{1}$; *cett. praeter* mella *Fer*, B 72; N 22; Or, K$^{2}$ *s. l.* | Cerialis] cerealis B 72$^{1}$ (*corr. in textu* B 72$^{2}$); U; P | Anicius] anitius V 58, B 05, E, H, Mal, B 72; P, N 22; V 65 amicus (*punctis del.*) anicius Z antius Or **2** Rufrius] *Halm* rufus M; *cett. praeter* ruffus Y 01, Y 02; P, Vin, *Stuttg*$^{1}$ (-ri- *Stuttg*$^{2}$ *s. l.*), L (i *add. s. l.*) | ac — Crispinus] *om.* Vin | ac] et Or | T.] *Nipperdey* (*cf. Plin. n. h. 37, 20*) C. L *om.* M; *cett.* | Petronius] patronius P$^{1}$ (*corr. s. l.* P$^{2}$) | Mela] mella *Fer*, B 72; N 22; Or, K | crispinius L **3** hic] hoc B 72$^{1}$ (*corr. in textu* B 72$^{2}$); U$^{1}$ (*corr.* U$^{2}$*mg*) | quondam] condam *Stuttg*$^{1}$ (*corr. s. l. Stuttg*$^{2}$) **4** consularibus] consulatoribus Y 03 (-to- *punctis del.*); A | insignibus] insigniis Y 01, Y 02 insignis Y 03$^{1}$ (*corr. s. l.* Y 03$^{2}$); γ *om.* L$^{1}$ (*add.* L$^{1}$*mg*) | nuper crimine] nuperrime Y 01, Y 02 **5** sardaniam N 23 sardinia Vin | exactus] aexactus J (a *pr. puncto del.*) exaptus N 21$^{1}$ (*corr. s. l.* N 21$^{2}$) | accepto] accesso P$^{1}$ (*corr. s. l.* P$^{2}$) | iussae] *om.* C | Mela] *ut lin. 2* **6** quibus] M; E$^{1}$; V 63$^{1}$; *cett. praeter* quidem E$^{3}$*mg*; U, Y 03; V 63$^{2}$ *s. l.*, N 23, Ven, P, Vin, *Stuttg*, L, C; V 64, γ, K qui de Y 01, Y 02 | Gallio] galio N 23 gallia Vin (l *pr. puncto del.*), *Stuttg*, L, N 22 | et] ex P$^{2}$ *s. l.* | seneca et gallio B 72 | natus] *om.* P | petitione] petitionem M (-m *del.*) petione Y 01 | honorum] bonorum U | abstinuerat] astinuerat O 22 *add.* ut L$^{2}$ *s. l.* **7** praeposteram] prosperam Prm, J, B 72; N 22 per posteram P | ut — potentia] *om.* β (*add.*

tentia aequaretur; simul adquirendae pecuniae brevius iter credebat per
procurationes administrandis principis negotiis. idem Annaeum Luca- 17,4
num genuerat, grande adiumentum claritudinis. quo interfecto dum rem
familiarem eius acriter requirit, accusatorem concivit Fabium Romanum,
ex intimis Lucani amicis. mixta inter patrem filiumque coniurationis
scientia fingitur, adsimilatis Lucani litteris: quas inspectas Nero ferri ad
eum iussit, opibus eius inhians. at Mela, quae tum promptissima mortis 17,5
via, exsolvit venas, scriptis codicillis, quibus grandem pecuniam in Tigel-
linum generumque eius Cossutianum Capitonem erogabat, quo cetera
manerent. additur codicillis tamquam de iniquitate exitii querens ita 17,6
scripsisse: se quidem mori nullis supplicii causis, Rufrium autem Cris-

---

V 63$^{2}$*mg*), L | eques] equites B 72 | romani B 72 | potentia] *add.* senatoribus *Stuttg*$^{2}$*mg*, L$^{1}$ (*signum* ·/· L$^{2}$ *s. l.*) **8** equarentur Mal (n *puncto del.*) | adquirendae] M acquirende *cett. praeter* aquirende U$^{2}$*mg*; Vin acquirendis U$^{1}$ requirende B 72 | pecuniae] peccunie V 65 *om.* B 72 | brevius] breuis Mal, Prm, J; N 22 breue B 72 | credebat] *om.* J **9** procurationes] procuratores B, Hol; B 05, Mal, Prm, J, B 72; U; V 63$^{2}$ *s. l.*, N 23$^{1}$ *s. l.*, Ven$^{1}$ *s. l.*, N 22 | amministrandis V 63, N 23 **10** rem] *om.* B 72 **11** concivit] concinit α; U$^{1}$ (*corr.* U$^{2}$*mg*) con (*cum spat. ca. 6 litt.*) Or, N 21, O 48, O 22 | Fabium] *add.* maximum Prm (*punctis del.*) **12** ex intimis] extinctis P | mixta] mista U *om.* B 72; N 22 | filiumque] et filium P **13** fingitur] V 58$^{1}$; *Puteolanus* finguntur M; V 58$^{2}$ *s. l.*; *cett. praeter* funguntur Z; U$^{1}$ (-itur U$^{2}$*mg*) *add.* littere E$^{3}$*mg*, H$^{2}$*mg*; U, Y 03; V 63$^{2}$ *s. l.*, N 23, Ven, P, Vin, *Stuttg*, L, N 22, C; γ, K *add.* littera V 64 | adsimilatis] M assimilatis α; V 58, *Fer*; U; Ven, P, N 22 adsimulatis Y 01 assimulatis B 05, B 72; Y 02; V 63, N 23, *Stuttg*, L, C; γ (< N 21), K asimulatis Y 03 assimulantis V 64 (n *puncto del.*) assimulate Vin; N 21 | Lucani litteris] litteris lucani Y 02$^{1}$ (*corr. s. l.* Y 02$^{2}$) | quas] quasi M; α; V 63$^{1}$ (*corr. s. l.* V 63$^{2}$) | ad eum ferri nero Vin, *Stuttg*, L **14** inhyans E, Mal, Prm, J, B 72; Y 01; V 64 | at] ac P | mella *Fer*, B 72; N 22; K | quae] quam U, Y 03; C; V 64, γ, K | tum] tunc B 05, B 72 *om.* U, Y 03; C; V 64, γ, K **15** exsolvit] M (s *add. s. l.* M$^{1}$); L 24, Z; Y 01; Y 03; V 63, C; V 64, γ (< Or) exoluit *cett.* | venas] uenit N 23 | peccuniam N 23; V 65 | tigillinum *codd.* (-l- B) **16** generumque] filiumque B$^{1}$ (generum B$^{2}$*mg*) germanum V 63$^{2}$*mg* (*punctis del.*) | Cossutianum] consutianum *Gen*; Y 01, Y 02 consusianum Vin, *Stuttg* et cossutianum U, Y 03; C; V 64, γ, K (et *del.*) | errogabat V 58; Y 01, Y 02; N 23; V 65, O 22 **17** additur] aditur Or, N 21, O 48, O 22 addit L | codicillis] codicillus C *add.* quibus grandem pecuniam in tigillinum generumque (= *l. 15*) Vin$^{1}$ (*uncis secl.* Vin$^{2}$) | exitii] exitu V 65, O 48$^{1}$ exitus Or, N 21, O 48$^{2}$ *s. l.*, O 22 *om.* V 63$^{1}$ (*add. s. l.* V 63$^{2}$) **18** scripsisse] *Gen*; N 22; *Nipperdey*; *Koestermann* scripsisset M; H$^{2}$ *s. l.*; *cett.*; *Draeger*, *al.* | se] si Y 01; V 65 | nullis] nulli V 64 in pinum et Anicium Cerialem vita frui infensos principi. quae composita credebantur de Crispino, quia interfectus erat, de Ceriale, ut interficeretur. neque enim multo post vim sibi attulit, minore quam ceteri miseratione, quia proditam C. Caesari coniurationem ab eo meminerant.

18,1 De [C.] Petronio pauca supra repetenda sunt. nam illi dies per somnum, nox officiis et oblectamentis vitae transigebatur; utque alios in-

---

illis Y 01, Y 02; P, C | supplicii] suppliciis Mal (-s *alt. eras.*); Or supplici Prm$^{1}$ supplicis Prm$^{2}$ *s. l.*, J | Rufrium] ruffrium Vin, *Stuttg*, L rufium Y 03 rufrum V 65 ruffum Y 01, Y 02 rufum Ven; Or, K rufenum B 72 | autem] aut G; V 63$^{1}$ (*corr. s. l.* V 63$^{2}$) ante N 23$^{1}$ (*corr. s. l.* N 23$^{2}$) **19** Anicium] anitium V 58, B 05, Prm; Y 02; L, N 22; V 65, N 21 ancium Ven annitium Vin, *Stuttg*$^{2}$ *s. l.* annitum *Stuttg*$^{1}$ auicium O 48, O 22 amicum B 72; Or | cerealem P | principi] *om.* B 72 | quae composita] *om.* L$^{1}$ (*add.* L$^{1}$ *mg*) | composita V 64 **20** quia] quam V 63$^{1}$, N 23$^{1}$, Ven$^{1}$ (*corr.* V 63$^{2}$ *s. l.*, N 23$^{1}$ *s. l.*, Ven$^{1}$ *s. l.*) quoniam P, Vin, *Stuttg*, L | Ceriale] M; O 22$^{1}$; *cett. praeter* cereale P; O 22$^{2}$ *in textu add.* quia Z (*del.*) **21** enim] *om.* U, Y 03; C; V 64, γ, K | minore] minorem M; B (-m *alt. puncto del.*), L 24, Z; U; V 63 (-m *alt. puncto del.*) minori Or | miseratione] miserationem V 63 (-m *alt. puncto del.*) **22** proditam] proditum B 72 *add.* ab eo U (*punctis del.*) | Caesari] cesaris B (-s *alt. puncto del.*), L 24, Z; U, Y 03; N 22, C; V 64, γ, K

**1** nobiles romanos interficit nero M$^{2}$ (*script. benev.*) *mg inf.* hic continenter (*sic*) cedes uirorum illustrium B 05$^{2}$ *mg* mors aliquorum equitum romanorum K$^{2}$ *mg* | anneus mela M$^{2}$ *mg*; G$^{2}$ *mg* (mella); P$^{2}$ *mg* mela Y 03$^{2}$ *mg* **2** cerialis ani//, rufus crispin//, petronius M$^{2}$ *mg* cerialis, anitius rufus, crispinus, petronius G$^{2}$ *mg* cerealis, crispinus, petronius Y 03$^{2}$ *mg* cerealis, anitius rufus P$^{2}$ *mg* | mela, crispinus M$^{2}$ *mg* | mela pater lucani V 63$^{1}$ *mg*, N 23$^{1}$ *mg*, N 22$^{1}$ *mg* (mella) **3** crispinus perit P$^{2}$ *mg* | hic] crispinus M$^{2}$ *s. l.* **5** sardinia M$^{2}$ *mg* | exactum M$^{3}$ *mg* **6** mela, seneca M$^{2}$ *mg* **9** mela pater lucani M$^{2}$ *mg inf.*; Y 03$^{2}$ *mg* mela lucani pater M$^{2}$ *mg* mella frater senece et lucani pater V 58$^{1}$ *mg* (mela), E$^{1}$ *mg*, H$^{1}$ *mg*, Mal$^{1}$ *mg*, Prm$^{1}$ *mg*, J$^{1}$ *mg* mella pater senece et lucani B 72$^{2}$ *mg* mela senece filius idemque lucani pater P$^{2}$ *mg* anneus mella lucani pater K$^{2}$ *mg* **10** lucani laus P$^{2}$ *mg* | anneus lucanus grande adiumentum claritudinis V 63$^{3}$ *mg* **11** nocent opes lucano N 22$^{1}$ *mg* | fabius romanus M$^{2}$ *mg* fabium ro· G$^{2}$ *mg* **13** assimilatis P$^{2}$ *mg* **14** mela lucani pater incisione uenarum moritur M$^{2}$ *mg* mela moritur V 63$^{2}$ *mg* mors annei melle K$^{2}$ *mg* **15** tigillinus P$^{2}$ *mg* **18** rufrius crispinus M$^{2}$ *mg*; P$^{2}$ *mg* **19** anicius cerialis M$^{2}$ *mg*

18 **1** C.] *codd. del. Nipperdey* (*cf. cap. 17, 1*) | patronio N 23 | supra pauca Y 01, Y 02 | supra] super *Fer* (< H), B 72; N 22 *om.* Y 03; γ, K | illa V 65 | dies] *add.* quidem P, Vin, *Stuttg*, L *add.* qui V 63, N 23, Ven | per — **2** et] *om.* H$^{1}$ (*add.* quidem per somnium nox officiis et H$^{2}$ *mg*) | somnum] somnium M; α; B 72; Y 01 (-nn-); U; β; V 65 **2** nox] nos J uox P$^{1}$ (*corr. s. l.* P$^{2}$) | oblectamentis] delectamentis E, Mal$^{1}$ (*corr. s. l.* Mal$^{2}$) deletamentis Prm$^{1}$, J$^{1}$

dustria, ita hunc ignavia ad famam protulerat, habebaturque non ganeo
et profligator, ut plerique sua haurientium, sed erudito luxu. ac dicta
factaque eius quanto solutiora et quandam sui neglegentiam praeferen-
tia, tanto gratius in speciem simplicitatis accipiebantur. proconsul tamen 18,2
Bithyniae et mox consul vigentem se ac parem negotiis ostendit. dein
revolutus ad vitia, seu vitiorum imitatione, inter paucos familiarium
Neroni adsumptus est, elegantiae arbiter, dum nihil amoenum et molle
affluentia putat nisi quod ei Petronius adprobavisset. unde invidia Tigel- 18,3
lini quasi adversus aemulum et scientia voluptatum potiorem. ergo cru-
delitatem principis, cui ceterae libidines cedebant, adgreditur, amicitiam

---

(ob- Prm[1] *s. l.*, J[1] *s. l.*) | vitae] *om.* P | transigebantur β, L, N 22 **3** ignavia] infamia U | protulerat] pertulerat E; L 24 protulerant Or **4** profligator] profligatione V 64 | plerique] plerisque A (s *puncto del.*) | haurientium] harientium U[1] (*corr.* U[2] *mg*) aurientium Ven[1] (*corr. s. l.* Ven[2]) | ac dicta] ad dicta Mal, Prm[2] *in textu* addicta Prm[1], J addita B 72 dicta Y 01, Y 02 **5** factaque] fataque O 22[1] (*corr. s. l.* O 22[2]) | quanto] quantoque H (-que *del.*) quando V 65 *om.* N 22 | quandam] quamdam Hol quadam *Fer* (< H); N 22 quondam Y 03[1] (*corr. s. l.* Y 03[2]); A, V 65, O 48[1] (*corr. in textu* O 48[2]) *om.* B 72 | neglegentiam] M negligentiam *cett. praeter* negliegentiam N 23 negligentia *Fer* (< H), B 72; N 22 | praeferentia] proferentia B 72 proferrentia V 65 *om.* N 22 **6** gratium Prm, J | speciem] M[1] (-m *del.* M[2]); *cett. praeter* spem J, B 72 spē N 22 | accipiebatur V 65, Or, N 21, O 22 | proconsul — *cap. 26, 2 (4)* ausuri sint] *om.* C; V 64 (deficit hic C[1] *in textu*; V 64[1] *mg*) | proconsul] M (procos̄); *cett.* (*Koestermann 1960*) *praeter* procunsul G pro consule V 65; *Koestermann 1965* proconsulem Y 01, Y 02 profecto N 23 **7** Bithyniae] L[2] *in textu*; K bithinie M; *cett. praeter* bitinie V 58, B 05; Y 01; Y 03; A, V 65 bitimie Or, N 21, O 48, O 22 bythinie G, E, Mal (-ne); U; L[1] bithinnye P | consul] consulem M; Y 01, Y 02; Y 03; β, L; γ | vigentem] ingentem L 24; B 72; P, Vin, *Stuttg*, L, N 22; Or, O 22, K | se] *om.* H[1] (*add. s. l.* H[2]) | ac] ad Or, N 21, O 48 | dein] deinde B 72; Y 03; β (< P), L; γ, K **8** imitatione] M; B, L 24 (imm-), Z; Y 01, Y 02; U imitationem *cett.* (imm- V 65) *praeter* imationem N 22 | familiarium] familiarum U[1] (*corr.* U[2] *mg*) | familiarium Neroni] neronis familiarium L **9** Neroni] neronis L 24; Y 01, Y 02; L (*cf. supra*) *om.* N 23 | adsumptus] M; Y 01 assumptus *cett.* | est] *om.* N 23, P | amoenum] anneum Vin **10** putat] puta Mal, Prm[1] (*corr. s. l.* Prm[2]) putant H | adprobavisset] M; B, Hol; Y 01 approbauisset *cett. praeter* approbasset U | tigillini *codd.* (N 23[2] *s. l. ex* tigilini N 23[1]) **11** quasi adversus] aduersus quasi Or, N 21, O 48, O 22, K aduersus quasi aduersus Y 03; A, V 65 | ergo] erga N 21[2] *s. l.* **12** ceterae] cauere U | cedebantur B 72 | adgreditur] Y 01; A, O 48, O 22 adcreditur M; B, Hol, L 24 aggreditur Z; *Gen* (agr- B 72); Y 02; U, Y 03; N 22[1];

Scaevini Petronio obiectans, corrupto ad indicium servo ademptaque defensione et maiore parte familiae in vincla rapta.

19,1 Forte illis diebus Campaniam petiverat Caesar, et Cumas usque progressus Petronius illic attinebatur; nec tulit ultra timoris aut spei moras.
19,2 neque tamen praeceps vitam expulit, sed incisas venas, ut libitum, obligatas aperire rursum et alloqui amicos, non per seria aut quibus gloriam constantiae peteret. audiebatque referentes nihil de immortalitate animae et sapientium placitis, sed levia carmina et faciles versus. servorum alios largitione, quosdam verberibus affecit. iniit epulas, somno indulsit, ut

---

V 65 (agr-), Or, N 21, K accreditur V 63, N 23, Ven accendit P, Vin, *Stuttg*, L, N 22$^{1}$ *mg* | sceuinii amicitiam G **13** Scaevini] seuini V 58, B 72 sceuinii G, E sceium Vin, *Stuttg*$^{1}$ (*corr. Stuttg*$^{2}$ *mg*) | Petronio obiectans] obiectans petronio Y 02$^{1}$ (*corr. s. l.* Y 02$^{2}$) | ad] *om.* P | indicium] iudicium α; Y 01, Y 02; U; P; N 21, O 22, K | adempmtaque Mal (m *alt. puncto del.*) **14** defensione] defensionem M (-m *del.*) | maiori Z; V 65 | vincla] uincula G; Y 01, Y 02; P, Vin, *Stuttg*, L, N 22 uncla Or | vincla rapta] rapta uincula P

**1** c. petronius M$^{2}$ *mg*; E$^{3}$ *mg*; Y 03$^{2}$ *mg* (*om.* c); V 63$^{2}$ *mg*, P$^{2}$ *mg* | de cede petronii fabula longior B 05$^{2}$ *mg* de c. petronii uita K$^{2}$ *mg* **2** noctualis homo petronius H$^{2}$ *mg*; N 22$^{1}$ *mg* (*add.* H$^{2}$ *mg*: sicut tempore nostro paulus papa ii$^{us}$) **9** quare dictus est arbiter petronius P$^{2}$ *mg* quare petronius arbiter O 48$^{2}$ *mg* gratus apud neronem petronius ob uoluptatum scientiam K$^{2}$ *mg* **10** petronius M$^{2}$ *mg* | ergo crudelitatem Hol$^{2}$ *mg* **12** summa neronis libido crudelitas V 58$^{1}$ *mg* crudelis nero E$^{1}$ *mg*, H$^{1}$ *mg*, Mal$^{1}$ *mg*, Prm$^{1}$ *mg*, J$^{1}$ *mg*

19 *desunt C; V 64* **1** petiuerat campaniam Y 01, Y 02 | petiverat] *om.* L$^{1}$ (*add.* L$^{1}$ *mg*) | Cumas usque] cumasusque Prm (*corr. in textu*), J **2** illhic N 21 | tulit] tum O 22, K | ultra] *add.* uim U$^{2}$ *mg* | timoris] inmoris Hol$^{1}$ (*corr. s. l.* Hol$^{2}$) | aut] ac N 21 | moras] M$^{1}$; *cett. praeter* mortis M$^{2}$ *s. l.*; L 24, Z; U **3** ut] M; G$^{1}$; N 22$^{1}$; *cett. praeter* ad G$^{2}$ *in ras.*; Y 03; β, L, N 22$^{1}$ *s. l.*; γ, K | obligatas] obligatos L 24, Z; U$^{1}$ (obligatus U$^{2}$ *mg*) obligatis J **4** aperiret B$^{2}$ *s. l.*, Hol | rursum] iterum rursum Mal, Prm, J, B 72 (rursus); N 22 | amicos] animos (*del.*) amicos Hol *add.* permittebatur U$^{2}$ *mg* | gloriam constantiae] constantiam glorie *Gen*; N 22 constantie gloriam H$^{2}$ *in textu* **5** peteret] quereret Y 02 | audiebantque Mal | referrentes O 22 | inmortalitate Y 01; N 23 **6** et *pr.*] ut J | sapientium] M; N 21 (i *alt. puncto del.*); *cett. praeter* sapientum P | versus] uersos M$^{1}$ (*corr. in textu* M$^{1}$) | servorum] seruos Y 03; γ, K **7** largitione] largione Y 03$^{1}$ (*corr. s. l.* Y 03$^{2}$); A | iniit] iniitque B 72 iniis Y 03; A unus V 65 *om.* (*spat. ca. 8 litt.*) Or, N 21, O 48, O 22 | epulas] *Menagius* (*cf. XV 52, 1*) et uias M; *cett. praeter* uias B 72 et ⟨ep⟩ulas *Halm* | indulsit] indulxit Z; Y 02; Y 03; A indusit U$^{1}$ (ac indulsit

quamquam coacta mors fortuitae similis esset. ne codicillis quidem, quod 19,3
plerique pereuntium, Neronem aut Tigellinum aut quem alium poten-
tium adulatus est, sed flagitia principis sub nominibus exoletorum femi-
narumque et novitate⟨m⟩ cuiusque stupri perscripsit atque obsignata
misit Neroni. fregitque anulum, ne mox usui esset ad facienda pericula.

Ambigenti Neroni, quonam modo noctium suarum ingenia notesce- 20,1
rent, offertur Silia, matrimonio senatoris haud ignota et ipsi ad omnem
libidinem adscita ac Petronio perquam familiaris. agitur in exilium, tam-
quam non siluisset quae viderat pertuleratque, proprio odio. at Minu- 20,2
cium Thermum praetura functum Tigellini simultatibus dedit, quia liber-

U$^{2}$*mg*) inclusit N 23 **8** quamquam] *Stuttg*$^{2}$, L; *Rhenanus* quam M; *Stuttg*$^{1}$; *cett.* | coacta] coata G$^{1}$ (*corr. s. l.* G$^{2}$) cohacta V 63 | mors] *om.* P | similis] similes N 22$^{1}$ (*corr. s. l.* N 22$^{1}$) | ne] nec Z; Vin | codicillis] codicillos Vin, *Stuttg*$^{1}$ (*corr. s. l. Stuttg*$^{2}$) **9** tigillinum *codd.* (G$^{2}$ *s. l. ex* tigilinum G$^{1}$) | quem] quoniam V 63, N 23 quemquam L | potentium] i *puncto del.* N 21 **10** exsoletorum M; L 24 | feninarumque U **11** et] *om.* J, B 72; N 22 | novitatem] *Neue* nouitate *codd.* | stupri] M; O 48$^{1}$; *cett. praeter* strupi L 24; N 23 strupri Y 03; V 63; A, V 65, O 48$^{2}$ *s. l.*, O 22 | obsignata] obsignita H$^{1}$ (*corr. s. l.* H$^{2}$) absignata Mal; Or **12** misit] mittit G | Neroni] *add.* quonam modo (= *cap. 20, 1*) B; A (*punctis del.* B; A) | anulum] annulum V 58, B 05; Ven, L animum U | ne] nec Z *om.* Ven | mox] mos V 65$^{1}$ (*corr. in textu* V 65$^{2}$)

**1** campania M$^{2}$*mg* | cume M$^{2}$*mg* **2** petronius M$^{2}$*mg* **3** petronii mors Y 03$^{2}$*mg* quo modo moritur petronius K$^{2}$*mg* **9** tigillinus potens P$^{2}$*mg* **10** adulor te V 58$^{1}$*mg*, G$^{1}$ *mg*, E$^{1}$*mg*, H$^{1}$*mg*, Mal$^{1}$*mg*, Prm$^{1}$*mg*, J$^{1}$*mg* adulor cum accusatiuo P$^{2}$*mg* | exsoletarum (*sic*) M$^{2}$*mg* **11** scripta petronii quomodo intelligantur P$^{2}$*mg* | factum iustissime K$^{2}$*mg* **12** facienda P$^{2}$*mg*

*desunt C; V 64* **1** notescerent] innotescerent B 72 notesceret N 23 20
**2** offertur] offetur M$^{1}$ (*corr. s. l.* M$^{2}$) offiti B *in ras.*, Hol | Silia] filia α; G, B 72; U, Y 03; β, N 22; γ, K | haud] aud M$^{1}$ (h- *add.* M$^{2}$) aut Y 03; V 63, N 23, Ven; γ (< O 22; *corr. in textu* O 48$^{2}$) | omnem] omne V 58$^{1}$ (*corr. in textu* V 58$^{2}$) *om.* B 72 **3** adscita] ascita Z; B 72; P asscita Ven adscripta N 21$^{1}$ (*corr.* N 21$^{2}$*mg*) | ac] a C. Y 03$^{2}$ **4** siluisset] soluisset Prm, J, B 72; N 22 siluisse V 65 | pertuleratque] perculeratque L 24, Z pertulerat B 72 | at] ad Y 02 ac L 24, Z; U; P | Minucium] *Ryckius* municium M; *cett. praeter* munitium B, Hol; U, Y 03; Vin, *Stuttg*, L; γ (< A) numitium *Gen* (-ci- V 58, Mal); Y 01, Y 02; K (-ci-) mamitium N 22 **5** Thermum] termum L 24; V 58, B 05; Y 03; γ, K terinum *Fer*; N 22 therinum Y 01, Y 02; P (-nium), Vin, *Stuttg*, L ternium B, Hol, Z; U | prectura V 65 | functum] *om.* (*spat. ca. 10 litt.*) V 63, N 23, Ven| tigillini *codd.* | dedit] Hol; *Rhenanus*

tus Thermi quaedam de Tigellino criminose detulerat; quae cruciatibus tormentorum ipse, patronus eius nece immerita luere.

21,1 Trucidatis tot insignibus viris ad postremum Nero virtutem ipsam excindere concupivit interfecto Thrasea Paeto et Barea Sorano, olim utrisque infensus, et accedentibus causis in Thraseam, quod senatu egressus est, cum de Agrippina referretur, ut memoravi, quodque Iuvenalium ludicro parum spectabilem operam praebuerat; eaque offensio altius penetrabat, quia idem Thrasea Patavi, unde ortus erat, ludis cetastis

---

deditum M; B (-um *eras.*), L 24, Z; V 58[1]; Y 01, Y 02; U, Y 03; β, L; γ, K dedidit V 58[2] *s. l.*, *Fer* (-um *add. in textu* G[2]); N 22[1] (-tum N 22[1] *s. l.*) decidit B 72 | quia] quod P, Vin, *Stuttg*, L quam N 23, Ven **6** Thermi] termi V 58, B 05, E, Mal, Prm, J; Y 03; N 22; γ, K terini G, H therini Y 01, Y 02; P, Vin, *Stuttg*, L ternii B, Hol thernii U | quaedam] quidam B 72 quasdam V 65 | tigillino *codd.* (tigullino N 23) | criminosa G | detullerat N 23 **7** ipse] ipsei M; Z[1]; V 58[1]; U[1] (*corr.* Z[3] *mg*; V 58[2] *mg*; U[2] *mg*) ipseius Y 01 ipsenis Y 02 | patronus] atronus M; L 24, Z[1]; U[1] (*corr.* Z[3] *mg*; U[2] *mg*) atrocius V 58[1] (patronus V 58[1] *mg*) patro̍nus atrocius *Gen* (< V 58) | eius] *add.* atrocius N 22 | nece] morte L 24 uoce P *om.* B[1] (*add. s. l. post* immerita B[2]); U | immerita nece Hol | immerita] inmerita M; G; Y 01; N 23 merita B[1] (i- *add. s. l.* B[2]) indigna L 24 | luere] *Acidalius* lueret *codd.*

**2** silia M[2] *mg* **4** numicius thermus M[2] *mg* mors numicii termi K[2] *mg*

21 *desunt C; V 64* **1** trucidatis] trucidatus B[1] (*corr. in textu* B[2]) | virtutem] *om.* P | ipsam] suam U *om.* V 65 **2** Thrasea] trasea B, Z; G[1] (*corr. s. l.* G[2]), B 72; Y 01, Y 02; P, Vin thrassea B 05 trhasea V 65, Or | Thrasea Paeto et Barea Sorano] barea sorano et thrasea peto *Gen*; N 22 | Barea] harea M karea L 24; U carea Z batea Vin | Sorano] somno V 65 **3** infensis U | et] ex B 72; N 22[1] (*corr. s. l.* N 22[1]) | accendentibus Ven, Vin accidentibus B 72 | Thraseam] traseam Z; B 72; Y 02; V 63, N 23, P; O 22 thrasseam B 05 trhaseam V 65 | senatus B 72 **4** eggressus N 22 | est] esset N 23 | cum] quin U | aggrippina Y 01 | referretur] V 58, B 05, E, Mal refereretur H (e *tert. puncto del.*) referetur G, Prm, J, B 72; N 22 feretur M[1] (r *add. s. l.* M[2]) ferretur *cett.* | quodque] M; *Stuttg*[1]; *cett. praeter* quod *Stuttg*[2], L *add.* ut B 72 | Iuvenalium] iuuenilium Prm, J, B 72; N 22 iuuenali Y 03; V 63, N 23, Ven; γ iuuenili P, Vin, *Stuttg*[1] (*del. Stuttg*[2]) quinquennali *Stuttg*[2] *mg*, L *add.* illi N 22 **5** parum] patrum V 65 pareri P | spectabilem] L expectabilem α; *Gen*; U; N 22; Or, N 21, O 22, K et expectabilem M; Y 03; V 63, N 23, Ven; A, V 65, O 48 (ex- *punctis del.*) et inexpectabilem P inexpectabilem Vin, *Stuttg* expetibilem Y 01, Y 02 | operam] *bis* J | praebuerat] prebuisset L | eaque — **6** penetrabat] *om.* Y 02 | ofensio M **6** quia idem] quidem Or |

a Troiano Antenore institutis habitu tragico cecinerat. die quoque, quo 21,2
praetor Antistius ob probra in Neronem composita ad mortem damna-
batur, mitiora censuit obtinuitque; et cum deum honores Poppaeae de-
cernuntur, sponte absens, funeri non interfuerat. quae obliterari non 21,3
sinebat Capito Cossutianus, praeter animum ad flagitia praecipitem in-
iquus Thraseae, quod auctoritate eius concidisset, iuvantis Cilicum lega-
tos, dum Capitonem repetundarum interrogant.

---

Thrasea] trasea $B^1$ (*corr. s. l.* $B^2$), Z; B 72; Y 02; V 63, N 23, P; Or, O 22 trassea Y 01 trhasea V 65 | Patavi] patauii *Gen*; P, L, N 22 putaui $U^1$ (*corr.* $U^2$*mg*) | ludis] ludus B 72; Y 01 ludi V 63, N 23 | cetastis] M; V $58^1$; *cett. praeter* cestatis V $58^2$ *s. l.*, B $05^2$ *in textu*, G, H; Y 01, Y 02; Ven, N $22^1$ *s. l.* testatis B $05^1$, E, Mal, Prm, J, B 72; N $22^1$ scetastis V 63, N 23 cerastis V 65 cesticis K caestatis *Doederlein* cetariis *Nipperdey* **7** Troiano] traiano M; $U^1$ (*corr.* $U^2$*mg*); V 63, N 23 | anthenore Y 03; Ven, *Stuttg*, L; V 65 | habitu] habito V 63, $P^1$ (*corr. s. l.* $P^2$); A, V 65, O $48^1$ (*corr. in textu* O $48^2$) haud Or | tragico] traico N 23 *add.* ornatus Y 01, Y 02 | cecinerat] exemerat V 65 | die quoque] dieque *Stangl* **8** ob probra] obprobria α (i *eras.* B); $U^1$ (*corr.* $U^2$*mg*) opprobra N $22^1$ *s. l.* ad probra B 72 opprobrii P | damnabantur *Fer* (< G; n *alt. puncto del.* H, Prm), B 72 **9** optinuitque Y 02; P; A | deum] diuini *Gen*; N $22^1$ deinde Y 03; β, L, N $22^1$*mg*; γ, K | poppe G popee Y 01 | decernerentur G; L **10** funeri] *om.* Y 02 | interfuerat] Prm, J, B 72; N 22 interfuerit M; Z; V 58, B 05, G, E, H, Mal; Y 01, Y 02 interfuit B, Hol, L 24; $U^2$*mg*, Y 03; β, L; γ, K interficit $U^1$ | oblitterari L 24; *Gen*; Y 01, Y 02; Ven, Vin, *Stuttg*, N 22; Or **11** Cossutianus] consutianus V 58, B 05, G, E, $H^1$ (*corr. in textu* $H^2$) cosutianus Mal, Prm, J, B 72; N 22 | flagitia] flagitium Y 03; β, N $22^1$ *s. l.*; γ (flagititium O 22), K | iniquus] M; N $22^1$*mg*; O $22^1$; *cett. praeter* inimicus *Gen*; Y 01, Y 02; N $22^1$; O $22^2$ *s. l.*, K **12** Thraseae] trasee Z; B 72; Y 02; V 63, N 23, P; O 22 trassee Y 01 trhasee V 65 | auctoritate] auctore U | eius] eo $U^2$*mg* | iuvantis] iuuante $G^1$ (-tes $G^2$ *in textu*); $U^2$*mg* **13** interrogant] interogant B 72; V 65 interogarent O 48, O 22, K interrogaret Or, N 21

**1** nero uirtutem ipsam excindere concupiuit $Hol^2$*mg* **2** thrasee peti exitus *Stuttg*$^2$*mg* thrasee exitus $L^2$*mg* | trasea petus, harea soranus $M^2$*mg* barea soranus thrasea petus uiri insignes V $58^2$*mg* barea soranus, trhasea petto (*sic*) $G^2$*mg* barea soranus, petus thrasea $E^3$*mg* thrasea, barea Y $03^2$*mg* trasea petus, bareas $P^2$*mg* **3** cause odii in traseam petum $K^2$*mg* **6** trasea petus pataui oriundus $M^2$*mg* patauius trhasea $G^2$*mg* trasea patauinus $P^2$*mg* | pataium $H^2$*mg* patauium urbs V $63^1$*mg*, N $23^1$*mg*, N $22^1$*mg* | ludi cetasti Y $03^2$*mg* ludi cerastes a troiano anthenore instituti V $65^1$*mg* ludi cetasti a troiano antenore instituti O $48^1$*mg* cestici ludi ab antenore instituti $K^2$*mg* **7** troianus antenor $G^1$*mg*, $H^1$*mg*; V $63^1$*mg*, N $23^1$*mg* antenor troianus N $22^1$*mg* **8** antistius pretor $M^2$*mg* **9** poppea $M^2$*mg* **10** oblitteror $G^1$*mg* **11** capito cossucianus $M^2$*mg* **12** concidisset] damnatus fuisset $B^2$*s. l.*

22,1 Quin et illa obiectabat, principio anni vitare Thraseam sollemne ius iurandum; nuncupationibus votorum non adesse, quamvis quindecimvirali sacerdotio praeditum; numquam pro salute principis aut caelesti voce immolavisse; adsiduum olim et indefessum, qui volgaribus quoque patrum consultis semet fautorem aut adversarium ostenderet, triennio non introisse curiam; nuperrimeque, cum ad coercendos Silanum et Veterem certatim concurreretur, privatis potius clientium negotiis va-
22,2 cavisse. secessionem iam id et partes et, si idem multi audeant, bellum esse. ‚ut quondam C. Caesarem' inquit ‚et M. Catonem, ita nunc te,

---

22 *desunt C; V 64* **1** obiectabat] oblectabat β | vitare] uitaret M (-t *alt. del.*); α; Y 01, Y 02; U, Y 03; β; γ (< O 22) uitari B 72 | Thraseam] M; B (-m *puncto del.*); *cett. praeter* traseam Z; B 72; Y 02; O 22 thrasea Y 03; Ven; A, N 21, O 48 trasea V 63, N 23, P, Vin; Or trhasea V 65 | sollemne] sollemnem M (-m *alt. del.*) solemne α; *Fer*, B 72; Y 01; U, Y 03; N 23, P, Vin, *Stuttg*, L, N 22; A, N 21, O 22 solenne Y 02; Ven; Or sollenne B 05 *om.* V 65 | ius iurandum] iuiurandum L 24 **2** nuncupationibus] occupationibus Or | votorum] uentorum Prm, J, B 72; N 22[1] (*corr.* N 22[1] *mg*) | adesse] adesset M (-t *del.*); α; Y 01; U, Y 03; β, N 22; γ (< O 22) adderet Y 02 **3** praeditum] *bis* B 05 (*pr. punctis del.*) peditum U[1] (*corr.* U[2] *mg*) prebitum N 21 | nonquam E **4** voce] uoci P, *Stuttg* | immolavisse] inmolauisse J imolauisse E; Y 03; V 63, N 23, Ven, N 22; Or imolasse V 65 | adsiduum] M assiduum *cett.* | et indefessum] indefessumque L 24 | indefessum] indefensum G[1], H[1] (*corr. in textu* G[2], H[2]), Prm, J, B 72; P, Vin[1] (*corr. in textu* Vin[2]), N 22 | volgaribus] M; V 58, B 05 uulgaribus *cett.* (L[2] *in textu ex* uulguribus L[1]) | quoque] *om.* U; L **5** consultis] consultum M[1] (*corr. in textu* M[1]) consulatis O 22 (a *del.*) | fautorem] fauorem H[1] (*corr. s. l.* H[2]) fautorum Or | aut] et *Fer* (*corr. s. l.* H[2]), B 72; N 22 | ostentaret P **6** introisse] *Gen*; N 22[1] introisset M (-t *alt. del.*); N 22[1] *s. l.*; *cett.* (-hisset A) | nuperrimeque] nuperimeque M[2] *s. l.*; H[1] (r *add. s. l.* H[2]), Mal; V 63, Ven, N 22; V 65, O 22 nupperrimeque Vin nuperrime Y 01, Y 02; U | coercendos] cohercendos B[2] *s. l.*, Hol, L 24, Z; G[2] *s. l.*, J, B 72; Y 01; Y 03; V 63, N 23, Ven, L, N 22; A, V 65, Or, N 21[2] *s. l.*, O 48, O 22 (h *del.*) coherendos N 21[1] | Silanum] sillanum L 24, Z; B 72; Y 01, Y 02; U; Ven, Vin, L; Or syllanum *Gen* (< B 72); P, *Stuttg*, N 22; K **7** Veterem] uetem V 63, N 23, Ven, P | certatim] *bis* Mal cunctatim Y 03; γ (cunt- Y 03; A, V 65) | concurreretur] concurrerentur H (n *alt. puncto del.*) concurretur Vin | clientium] M; N 21 (i *alt. puncto del.*); *cett. praeter* clientum Vin, *Stuttg*, L dientium P[1] (*corr. s. l.* P[2]) | vacavisse] uocauisse M[1] (*corr. s. l.* M[2]); Prm, J, B 72; N 22[1] (*corr. s. l.* N 22[1]) **8** secessionem] seccessionem Y 01; V 65 suecessionem H (u *puncto del.*) | multi idem Y 01, Y 02 | audeant] adeant N 23[1] (*corr. s. l.* N 23[2]) habeant Y 01 **9** ut] *om.* Y 03; A | M.] marcum

Nero, et Thraseam avida discordiarum civitas loquitur. et habet secta-
tores vel potius satellites, qui nondum contumaciam sententiarum, sed
habitum voltumque eius sectantur, rigidi et tristes, quo tibi lasciviam
exprobrent. huic uni incolumitas tua sine ⟨cura⟩, artes sine honore. pros- 22,3
pera principis respuit: etiamne luctibus et doloribus non satiatur? eius-
dem animi est Poppaeam divam non credere, cuius in acta divi Augusti
et divi Iuli non iurare. spernit religiones, abrogat leges. diurna populi
Romani per provincias per exercitus curatius leguntur, ut noscatur, quid
Thrasea non fecerit. aut transeamus ad illa instituta, si potiora sunt, aut 22,4

---

Y 03; V 63; γ | te Nero] tenero O 48, O 22 (*corr. in textu* O 48, O 22) tenebo M; B$^{1}$ (*corr. in textu* B$^{2}$), L 24, Z; U, Y 03; β (*corr. in textu Stuttg*$^{2}$), N 22$^{1}$ *mg*; A, V 65 **10** et *pr.*] *om.* M; α; U, Y 03; β; A, V 65, O 48$^{1}$ (*add. s. l.* O 48$^{2}$) | Thraseam] traseam B$^{1}$ (*corr. s. l.* B$^{2}$), Z; B 72; Y 01, Y 02; V 63, P, L$^{1}$ (*corr. s. l.* L$^{2}$); Or, O 22 trhaseam V 65 thrasea G transeam N 23, Vin, *Stuttg* | loquitur] *om.* P | et *alt.*] ideo et P **11** vel potius satellites] *om.* L$^{1}$ (*add.* L$^{1}$ *mg*) | satelites G$^{1}$ (*corr. s. l.* G$^{2}$); N 22; V 65 | qui] quin U | nondum] M; L$^{1}$; *cett. praeter* nendum B (e *in ras.*), Hol nedum L$^{2}$ *in textu*; O 22 (*in ras.*), K | contumaciam] contumacia Prm, J, B 72; N 22$^{1}$ (*corr. s. l.* N 22$^{1}$) | sententiarum contumaciam B, Hol; U | sententiarum] sententiam γ (< A) **12** habitum] habitu Mal, Prm, J, B 72; N 22$^{1}$ (*corr. s. l.* N 22$^{1}$) | voltumque] M uultumque *cett. praeter* uultuque Mal, Prm, J, B 72; N 22$^{1}$ (-um N 22$^{1}$ *s. l.*) multumque U$^{1}$ (uultumque U$^{2}$ *mg*) | sectatur B 72; N 22 | quo tibi] *Stuttg*$^{2}$ *mg*, L; *Rhenanus* quod ibi M; O 48$^{1}$; *Stuttg*$^{1}$ (*del. Stuttg*$^{2}$); *cett. praeter* quod tibi Y 01, Y 02; O 48$^{2}$ *s. l.* qui tibi *Gen*; N 22$^{1}$ (ibi N 22$^{1}$ *s. l.*) quod si N 23 **13** huic] hinc B 72; P | uni] una L 24, Z; B 72; U, Y 03; β, L, N 22$^{1}$ *s. l.*; γ, K *add.* iam B 72 | tua] *om.* L 24 | cura] *add. Lipsius* (*cf. XI 8, 1*) votis *Meerwaldt* (*cf. IV 17, 1*) | artes] M$^{1}$ (-s *del.*) arte M$^{2}$ *s. l.*; *cett. om.* Vin | sine] *om.* Vin | prospera] prosperas *Gen*; Y 01, Y 02; Vin, *Stuttg*, L, N 22 **14** respuit] *Fisher* respernit M; α; U, Y 03; V 63, N 23, Ven, P; γ (re- *punctis del.* O 48), K res spernit *cett.* spernit *Andresen* | etiamne] M; U$^{1}$; *Stuttg*$^{1}$; *cett. praeter* etiam num *Stuttg*$^{2}$, L etiam in Or etiam U$^{2}$ *mg* | non] *om.* O 22, K | satiantur H | eiusdem] eius N 22 **15** animi] anni V 65, Or, N 21$^{1}$, O 48$^{1}$ (*corr.* N 21$^{2}$ *mg*, O 48$^{2}$ *s. l.*), O 22 | popeam Y 01 | non] *om.* K | cuius] eius Y 03; γ **16** Iuli] M; Y 01; V 63, N 23 iulii *cett.* | religiones] V 58$^{2}$ *s. l.*, B 05, G, H reliones E legiones M; V 58$^{1}$; *cett.* | abrogat] arrogat O 48$^{1}$ (*corr. in textu* O 48$^{2}$) abrrogat V 65 | diurna] diuina Z; B 05, E, Mal, Prm, J, B 72; N 22$^{1}$ (*corr.* N 22$^{1}$ *mg*); Or, O 22, K | populi Romani] p.r.p. P **17** per exercitus per prouincias L 24 | curatius] accuratius Z; *Gen*; N 22; K curatium Y 03; β (*corr. s. l. Stuttg*$^{2}$); γ (< O 22) curantium Y 01, Y 02; O 22 cur a tuis Hol | ut] et N 22$^{1}$ (ut N 22$^{1}$ *s. l.*) | noscantur B (n *alt. puncto del.*); B 72 | quid] qui B$^{1}$ (*corr. s. l.* B$^{2}$) quidam B 72 **18** Thrasea] trasea B, Z; B 72; Y 02; V 63, N 23, P; Or, N 21, O 22 trhasea V 65 | aut] at *Fer*

nova cupientibus auferatur dux et auctor. ista secta Tuberones et Favonios, veteri quoque rei publicae ingrata nomina, genuit. ut imperium
22,5 evertant, libertatem praeferunt: si perverterint, libertatem ipsam adgredientur. frustra Cassium amovisti, si gliscere et vigere Brutorum aemulos passurus es. denique nihil ipse de Thrasea scripseris: disceptatorem
22,6 senatum nobis relinque.' extollit ira promptum Cossutiani animum Nero adicitque Marcellum Eprium acri eloquentia.

23,1 At Baream Soranum iam sibi ⟨Os⟩torius Sabinus eques Romanus poposcerat reum ex proconsulatu Asiae, in quo offensiones principis auxit

(*corr. s. l.* H$^2$), B 72; N 22 haud Y 02 | ad] in L *om.* Y 01, Y 02; Y 03; β; γ, K$^1$ (*add.* O 48$^2$ *s. l.*, K$^2$*mg*) | illa] ista Y 03; γ, K | instituta] institutas M (-s *del.*) | aut] ut (a *del.*) B 72 **19** nova] non Hol | autor Y 03 | secta] sectatur M$^1$ (-r *del.* M$^1$; sectatu M$^2$ *s. l.*) secreta B 72 | Tuberones] berones M tu berones L 24 | Favonios] P; K (u *in ras.*) fabonios M; *cett.* **20** veteri] *om.* H | ut] et U **21** evertant] euerterant M; Y 01, Y 02; U$^1$ (*corr. s. l.* U$^2$) uertant B 72 | praeferunt] preferrunt N 23 perferunt Z$^1$ (*corr. s. l.* Z$^2$) preferant *Fer*, B 72; N 22 | praeferunt — libertatem] *om.* P, Vin, *Stuttg*, L | perverterint] M$^1$; *cett. praeter* peruerterit B 72; N 22 preuerterint J; Y 01, Y 02; O 22, K impetrauerint M$^2$ *(script. benev.) mg* | libertatem] *om. Gen*; N 22 | ipsam adgredientur] aggredientur ipsam L$^1$ (*corr. s. l.* L$^2$) | adgredientur] M aggredientur *cett. praeter* agredientur B 72; V 63, N 23 aggrediuntur L 24 egredientur Y 01 **22** Cassium] casium V 58, B 05, G, E casuum Mal, Prm, J; N 22$^1$ (*corr.* N 22$^1$*mg*) | amovisti] admouisti M; Mal, Prm, J admonisti N 22$^1$ admonuisti B$^1$ (*corr.* B$^2$*mg*), Hol, Z; U$^2$ *s. l.* (admu- U$^1$); β, N 22$^1$ *s. l.*; γ (< A) ammonuisti L 24; B 72; Y 03; A | gliscere et vigere] *om.* V 65 | et] ut E | vigere] ingere N 22$^1$ (*corr. s. l.* N 22$^1$) ingerere P **23** nihil ipse de Thrasea scripseris] de trhasea nichil scripsseris V 65 | ipse] *om.* Y 03; β, L; γ, K | de] *om.* Or | de Thrasea] thrasea de Ven$^1$ (*corr. s. l.* Ven$^2$) | Thrasea] trasea B$^1$ (*corr. s. l.* B$^2$); B 72; Y 01, Y 02; V 63, N 23, P; Or, N 21, O 48, O 22 | disceptatorem] decertatorem P **24** relinque] relinquere L 24; N 22; Or | Cossutiani] cosutiani G; P, N 22 consutiani *Gen* (< G; *corr. in textu* H$^2$) **25** adicitque] adiicitque L 24, Z; *Gen*; Y 02; U; P, Vin, *Stuttg*, L, N 22; Or, K | marsellum B 72 | epirium U

**1** obiecta aduersus thraseam B 05$^2$*mg* que cossucianus capito thrasee obiectabat K$^2$*mg* **3** uirale sacerdotium M$^2$*mg* **9** capitonis oratio in traseam P$^2$*mg* | c. cesarem M$^2$*mg* | m. catonem M$^2$*mg* **15** sapientissimus animus K$^2$*mg* **25** marcellus eprius eloquens G$^2$*mg*

23 *desunt C; V 64* **1** at] ac U$^2$*mg*; P; K et H; Or | Soranum] foranum N 23, Ven; A, V 65 foramini Or, N 21 | iam] M; B (i *in ras.*); *cett. praeter* nam U | sibi Ostorius] *Lipsius* (*cf. cap. 33, 2*) sibi torius M; *Stuttg*$^2$ *in textu*; *cett. praeter* subitorius *Gen*; Y 03; β, N 22; γ, K | Sabinus] sauinus M; L fabinus N 23 *om.* Y 01, Y 02 **2** reum] rerum N 23 | ex] et B 72; N 23, N 22$^1$ (ex N 22$^1$

iustitia atque industria, et quia portui Ephesiorum aperiendo curam insumpserat vimque civitatis Pergamenae, prohibentis Acratum Caesaris libertum statuas et picturas evehere, inultam omiserat. sed crimini dabatur amicitia Plauti et ambitio conciliandae provinciae ad spes novas. tempus damnationi delectum, quo Tiridates accipiendo Armeniae regno 23,2 adventabat, ut ad externa rumoribus intestinum scelus obscuraretur, an ut magnitudinem imperatoriam caede insignium virorum quasi regio facinore ostentaret.

Igitur omni civitate ad excipiendum principem spectandumque regem 24,1 effusa, Thrasea occursu prohibitus non demisit animum, sed codicillos

---

*s. l.*) | proconsalatu B$^{1}$ (*corr. s. l.* B$^{2}$) | asye M; Y 01; Ven | quo] *Nipperdey* qua *codd.* | offensiones] offensionem Prm, J, B 72; N 22$^{1}$ (*corr. s. l.* N 22$^{1}$) | auxit] ausit H$^{1}$ (*corr. in textu* H$^{2}$) auxerat B 72 **3** portui] portum P$^{1}$ (*corr. in textu* P$^{2}$) | curiam U (i *puncto del.*) | insumpserant H (n *alt. puncto del.*) **4** vimque] uūque Y 03; V 63, N 23, Ven; A numque O 48 nunquam Vin, *Stuttg*$^{1}$ (*corr. in textu Stuttg*$^{2}$); V 65, Or, N 21, O 22, K tantumque P | vimque civitatis] ciuitatis uimque E$^{1}$ (*corr.* E$^{2}$) | Pergamenae] pergamee Hol; E, B 72$^{1}$ (*corr. s. l.* B 72$^{2}$) | prohybentis Y 01 | Acratum] ac ratum L 24, Z; U$^{1}$ (*corr.* U$^{2}$*mg*), Y 03; β (< Vin; *corr. in textu Stuttg*$^{2}$); γ, K ac rarum Vin | Caesaris] principis B 72 **5** et] ac Y 02 | pictura Y 01 | evehere] *Victorius* se uehere M; U$^{1}$; *cett. praeter* se euehere B (e- *puncto del.*) uehere U$^{2}$*mg* auehere *Gen* se auehere N 22 | inultam] inulctam L in ultima Y 03; γ | omiserat] obmiserat U (b *puncto del.*), Y 03; N 21 amiserat P$^{1}$ (*corr. s. l.* P$^{2}$) **6** provinciae] *om.* A$^{1}$ (*add. s. l.* A$^{2}$) **7** damnationi] damnationis M (-s *eras.*); Y 01 dominationi U | delectum] deletum Vin, *Stuttg*$^{1}$ (*corr. s. l. Stuttg*$^{2}$) | Tiridates] thiridates L 24 tyridates *Gen* (< B 72); Y 02; P, N 22; K thyridates Y 02 | accipiendo] Y 01; U$^{2}$*mg*; P, Vin, *Stuttg*, L, N 22$^{1}$ *s. l.*; O 48$^{2}$ *in textu* accipiende M; U$^{1}$; N 22$^{1}$; O 48$^{1}$; *cett.* **8** aduentabant O 22 | ut] *add.* versis *Acidalius* | externa] extrema U | intestinum] instestinum J (s *pr. del.*) i'stium N 22$^{1}$ (-num N 22$^{1}$ *s. l.*) | obscuraretur] obscurarentur V 65 obseruaretur U$^{2}$*mg* | an] aut P at N 22 | an ut] aut G$^{1}$ (*corr. in textu* G$^{2}$); U$^{2}$*mg* **9** ut] *om.* B 72 | magnitudinem] magnitunem A$^{1}$ (*corr. s. l.* A$^{2}$) | insignium] illustrium *Gen*; N 22 | quasi] *om.* B 72 | regio] egregio *Fer* (eg- *eras.* H; regio Mal$^{1}$*mg*, Prm$^{1}$*mg*, J$^{1}$*mg*) **10** ostentaret] obstentaretur G (b *eras.*)

**1** bareas soranus B 05$^{2}$*mg* | criminatio in quosdam K$^{2}$*mg* **4** ciuitas pergamene N 22$^{1}$*mg* | Pergamenae] troie M$^{2}$*s. l.* **8** ut ad externa Hol$^{2}$*mg*

*desunt C; V 64* **1** principem] regem (*del.*) principem V 65 | spectandu- 24 que B 72 **2** effusa] effuxa Y 01 effusas P (-s *del.*) | trasea Z; B 72; Y 02; V 63, N 23, P; Or, N 21, O 48, O 22 | non] dudum P | demisit] *Rhenanus*

ad Neronem composuit, requirens obiecta et expurgaturum adseverans,
24,2 si notitiam criminum et copiam diluendi habuisset. eos codicillos Nero
properanter accepit, spe exterritum Thraseam scripsisse, per quae clari-
tudinem principis extolleret suamque famam dehonestaret. quod ubi non
evenit vultumque et spiritus et libertatem insontis ultro extimuit, vocari
patres iubet.

25,1 Tum Thrasea inter proximos consultavit, temptaretne defensionem an
sperneret. diversa consilia adferebantur. quibus intrari curiam placebat,
securos esse de constantia eius disserunt; nihil dicturum, nisi quo glo-
25,2 riam augeret. segnes et pavidos supremis suis secretum circumdare:

---

dimisit M; *cett. praeter* amisit B 72 diuisit P | codicilos N 23 **3** ad — **4** codicillos] *om.* Prm, J, B 72 | Neronem] neroni O 48$^{1}$ (*corr. in textu* O 48$^{2}$) | composuit] composita Vin | expurgaturum] expurgatorum E$^{1}$ (*corr. s. l.* E$^{2}$) expugnaturum U expurgnaturum N 21 (n *puncto del.*) | adseverans] M asseuerans *cett.* **4** et] ut Vin, *Stuttg* | diluendi] dilluendi Y 02; N 23 dilendi L$^{1}$ (*corr. s. l.* L$^{2}$) | eos codicillos Nero] nero eos codicillos nero Y 01 nero eos codicillos Y 02 **5** properante B 72 | accepit] acceptum B$^{1}$ (*corr. in textu* B$^{2}$) | spe] M; α sepe *cett.* | exterritum] exteritum V 65 *add.* clamitans B$^{2}$ *s. l.*, Hol | traseam L 24, Z; B 72; Y 02; V 63, N 23, P; Or, N 21, O 22 | scripsisse] sensisse *Gen*; Y 01, Y 02; N 22$^{1}$ (*corr.* N 22$^{1}$ *mg*) *add.* dictitans U$^{2}$ *mg add.* iactans *Stuttg*$^{2}$ *mg*, L$^{1}$ (*signum* ·/. L$^{2}$ *s. l.*) | claritudinem] claritudo U claritatem Y 03; β, L; γ, K **6** extolleret] exoleret U$^{2}$ *mg* | dehonestaret] honestaret B 05$^{1}$ (*corr. s. l.* B 05$^{2}$) adhonestaret K | quod ubi non evenit] B$^{2}$ *in textu*, Hol; *Rhenanus* quo dubie non uenit M; B$^{1}$; *Stuttg*$^{1}$, L$^{1}$; *cett. praeter* quod dubie non uenit Z; *Stuttg*$^{2}$ *s. l.*, L$^{2}$ *s. l.* que dubie non uenit U **7** vultumque] multumque Y 01 | et *pr.*] *om.* Mal, Prm, J, B 72 | spiritus] spiritum B$^{2}$ *in ras.*, Hol; Y 03; β, L, N 22$^{1}$ *s. l.*; γ, K species L 24, Z; U$^{1}$ (speciem U$^{2}$ *mg*) | libertatem] libertates B 72$^{1}$ (*corr. in textu* B 72$^{2}$) | insomptis B 72 **8** iubet] iussit V 58$^{1}$ (*corr. s. l.* V 58$^{2}$)

**2** codicilli thrasee ad neronem K$^{2}$ *mg* **4** notitia P$^{2}$ *mg* **5** properanter V 58$^{2}$ *mg*

25 *desunt C; V 64* **1** Thrasea] trasea Z; H$^{1}$ (*corr. s. l.* H$^{2}$), B 72; Y 01, Y 02; V 63, N 23, P; Or, N 21, O 48, O 22 | an sperneret] asperneret M an asperneret Y 01, Y 02 **2** adferebantur] M afferebantur *cett. praeter* auferebantur P afferebatur N 22 afferrebantur V 65 | curiam] *om.* Z **3** esse] sesei M$^{2}$ *(script. benev.) mg* | disserunt] *Haase* dixerunt *codd.* | nil B, Hol; U | quo] quod Y 02 | gloriam] gloria M; α; U$^{1}$ (*corr.* U$^{2}$ *mg*) **4** signes Y 01 | suppremis M; B 72; Y 01, Y 02 | secretum] *om.* Y 02 | circumdare] circundare B, L 24; *Fer* (< G); V 63, N 23, P, Vin, N 22; γ (< A), K ocium dare V 58$^{1}$, B 05$^{1}$ (*corr.* V 58$^{2}$ *s. l.*, B 05$^{2}$ *mg*) otium circumdare Y 01, Y 02 (-nd-)

aspiceret populus virum morti obvium, audiret senatus voces quasi ex aliquo numine supra humanas: posse ipso miraculo etiam Neronem permoveri; sin crudelitati insisteret, distingui certe apud posteros memoriam honesti exitus ab ignavia per silentium pereuntium.

Contra qui opperiendum domi censebant, de ipso Thrasea eadem, sed 26,1
ludibria et contumelias imminere: subtraheret aures conviciis et probris.
non solum Cossutianum aut Eprium ad scelus promptos: superesse qui 26,2
forsitan manus ictusque per immanitatem ausuri ⟨sint⟩; etiam bonos
metu sequi. detraheret potius senatui, quem perornavisset, infamiam

---

**5** populum Y 01 | auderet E | quaxi V 65 **6** aliquo] quodam *Gen*; N 22 | numine] numinum Y 03; γ, K | humanas] humanos M; α; U, Y 03; β (*corr. in textu Stuttg*$^{2}$), N 22$^{1}$ *s. l.*; γ, K | ipso posse P | Neronem] ipsum neronem G, E, H; N 22 ipsum Mal, Prm, J, B 72 | permoveri] promoueri Mal, Prm, J, B 72; Y 03; β, N 22, γ (*corr. in textu* N 21$^{2}$), K **7** sin] si in M si L 24, Z; Y 02; U, Y 03; β; γ, K sui N 22 | crudelitati] incredulitati L 24, Z; U, Y 03; β, N 22$^{1}$ *s. l.*; γ, K | insisteret] persisteret Y 01, Y 02 **8** ab] ad V 65 | per] qui Mal, Prm, J, B 72; N 22 | pereuntium] premitium P

**1** consultatio thrasee inter amicos K$^{2}$*mg* | temptaretne] si M$^{2}$*s. l.* **2** adferebantur] sibi M$^{2}$*s. l.* | quibus] aliquibus M$^{2}$*s. l.* **3** gloriam] principis M$^{2}$*s. l.*

*desunt C; V 64* (*usque ad lin. 4 ausuri ⟨sint⟩*) **1** contra] *add.* erant U$^{2}$*mg* | 26
opperiendum] operiendum Z; V 58, J, B 72; U, Y 03; Ven; V 65, Or, N 21, O 22, K$^{1}$ (*corr. s. l.* K$^{2}$) opperiundum N 23, P *add.* eum Y 01 | censebant] censebat M; L 24, Z; Y 03; β (< *Stuttg*); γ, K *add.* nihil L (*cf. ad l. 1* eadem) cesenbant N 22 | trasea Z; J, B 72; Y 01, Y 02; V 63, N 23, P; Or, O 22 | eadem] eandem Prm, J; N 22 *om.* Y 03; β, L; γ, K | sed] se B 72 **2** imminere] iminere B 72 inminere Y 01 | subtraheret] *Stuttg*$^{2}$, L; K$^{2}$; *Puteolanus* subtrahere M; *Stuttg*$^{1}$; K$^{1}$; *cett.* | conviciis] cum uitiis Y 01 comitiis *Stuttg* | et] *om.* B 05$^{1}$ (*add. s. l.* B 05$^{2}$) **3** Cossutianum] consutianum *Gen* (n *pr. puncto del.* B 05; *corr. in textu* H$^{2}$) cosutianum P, N 22 | aut] ad Or, N 21$^{1}$, O 48$^{1}$ (*corr. s. l.* O 48$^{2}$) ac N 21$^{2}$ *s. l.* | Eprium] epirum N 22 epyrum Or, N 21$^{1}$ (*corr. s. l.* N 21$^{2}$), O 48, O 22, K eprius U$^{1}$ (epirium U$^{2}$*mg*) | qui] que O 22 **4** forsitan] forsitam G; N 22; V 65 *om.* L$^{1}$ (*post* superesse *add.* fortasse L$^{1}$*mg*) | per] in P | immanitatem] imanitatem *Fer* (< H) inmanitatem Y 01 uanitatem P | ausuri ⟨sint⟩] *Acidalius*; *Furneaux*, *al.* augusti M; U$^{1}$; *Stuttg*$^{1}$; *cett. praeter* augusti adderent U$^{2}$*mg* augusti intentarent L$^{1}$ (*punctis del.*) ingererent *Stuttg*$^{2}$*mg*, L$^{1}$*mg* ingesturi sint *Halm*, *Koestermann*, *al.* ingesturi *Heinsius* ausuri *Boxhorn* | ictusque ⟨parent⟩. Immanitatem Augusti etiam *Lipsius* | metu bonos Y 01, Y 02 **5** metu] metus Mal, Prm, J, B 72; N 22 | detraheret] detrahere M; α; Y 01, Y 02; U$^{1}$ (*corr.* U$^{2}$*mg*), Y 03; β (-t *add.*

tanti flagitii, et relinqueret incertum, quid viso Thrasea reo decreturi
26,3 patres fuerint. ut Neronem flagitiorum pudor caperet, inrita spe agitari;
multoque magis timendum, ne in coniugem, in filiam, in cetera pignora
eius saeviret. proinde intemeratus, impollutus, quorum vestigiis et stu-
26,4 diis vitam duxerit, eorum gloria peteret finem. aderat consilio Rusticus
Arulenus, flagrans iuvenis, et cupidine laudis offerebat se intercessurum
26,5 senatus consulto: nam plebi tribunus erat. cohibuit spiritus eius Thrasea:
ne vana et reo non profutura, intercessori exitiosa inciperet. sibi actam
aetatem, et tot per annos continuum vitae ordinem non deserendum: illi
initium magistratuum et integra quae supersint. multum ante secum ex-
penderet, quod tali in tempore capessendae rei publicae iter ingrederetur.
ceterum ipse, an venire in senatum deceret, meditationi suae reliquit.

---

*Stuttg*$^2$), C; V 64, γ detraherent N 22 (n *puncto del.*) | potius] *om.* P | quem] *add.* totiens L (*punctis del.*) | perornavisset] perorauisset H$^1$ (*corr. s. l.* H$^2$); Or perornasset Y 01 ⟨sem⟩per ornavisset *Lipsius* | infamiam] *Gen* (-m *del.* G$^2$, H$^2$); *Stuttg*, L, N 22$^1$ infamia M; N 22$^1$ *s. l.*; *cett. praeter* in fama P **6** flagitii] supplicii V 65 | quid] id Y 02 | viso] *om.* P | Thrasea] trasea B 72; Y 02; V 63, N 23, P; Or, N 21, O 22 traseo Z$^1$ (*corr. in textu* Z$^1$) **7** fuerint] M; V 63$^1$; *cett. praeter* fuerunt β (< V 63) forent V 63$^2$*mg*, N 23$^1$ *s. l.*, Ven$^1$ *s. l.*, C | nerorem N 23 | flagitorum V 64 | inrita] M irrita *cett.* | spe] sepe Z; G; P **8** in *pr.*] *om.* U$^1$ (*add.* U$^2$*mg*) | coniugiem N 23 | filiam] *Nipperdey* familiam *codd.* | in cetera] intera M$^1$ (*corr. s. l.* M$^1$) et cetera U **9** saeviret] inseuiret Y 03; A, V 65, K inseniret Or, O 48, O 22 insaniret N 21 *om.* α | impollutus] inpollutus M; V 64 impolutus V 58$^1$ (*corr. s. l.* V 58$^2$), B 05, G$^1$ (*corr. s. l.* G$^2$), Prm, J; N 22; V 65 | et studiis] *om. Fer*, B 72 **10** duxerit] dux erit V 65 dixerit Or | gloria peteret finem] gloria⟨m⟩ peteret fine *Madvig* | pateret Y 01; P | concilio U **11** Arulenus] arulemus Y 03; γ, K auruleius G (i *in ras.*) | flagrans] *om.* P | offerebat] offerrebat Prm; V 64, V 65 offerebatur B 72 **12** consulto] consilio (*punctis del.*) consulto Hol | nam] iam N 23 | plebi] M; N 21$^1$; *cett. praeter* plebis L 24; Y 01, Y 02; U; Vin, *Stuttg*, L; N 21$^2$ *s. l.*, K pl. *Gen* (populi B 72) | tribunus] tr. V 58, B 05; Y 02 tribus *Stuttg*$^1$ (*corr. s. l. Stuttg*$^2$) | cohybuit Y 01 | spiritus] spirtus V 65 spem Y 01, Y 02 | Thrasea] trasea Z; B 05$^1$ (*corr. s. l.* B 05$^2$), B 72; Y 02; N 23, P; Or, N 21 **13** intercessori] intercessioni B 05 **14** per annos continuum] continuum per annos Ven$^1$ (*corr. s. l.* Ven$^2$) | vitae] *om.* V 65 | deserendum] deferendum U$^1$ (*corr.* U$^2$*mg*) **15** magistratuum] magis tractuum Mal, Prm, J (-tum), B 72 | quae] queque α; U | secum ante C | expenderent U; P **16** in] *om. Gen*; Y 01, Y 02; N 22 | capessendae] capescende α; B 72; Y 01; Y 03; β, L, C; V 64, γ (< Or), K capiende U | rei] iri A | iter] inter Y 01 *om.* U **17** in senatum uenire β, L | senatu Y 01, Y 02 |

At postera luce duae praetoriae cohortes armatae templum Genetri- 27,1
cis Veneris insedere. aditum senatus globus togatorum obsederat non
occultis gladiis, dispersique per fora ac basilicas cunei militares. inter
quorum aspectus et minas ingressi curiam senatores. et oratio principis
per quaestorem eius audita est: nemine nominatim compellato patres 27,2
arguebat, quod publica munia desererent eorumque exemplo equites
Romani ad segnitiam verterentur. etenim quid mirum e longinquis pro-
vinciis ha⟨u⟩d veniri, cum plerique adepti consulatum et sacerdotia hor-
torum potius amoenitati inservirent. quod velut telum corripuere accu-
satores.

---

doceret Y 01, Y 02 | suae] tue N 23 | reliquit] relinquet O 48$^{1}$ (*corr. in textu* O 48$^{2}$)

**3** cossutianum, eprium G$^{2}$*mg* **10** optimum consilium et tempori accommodatum K$^{2}$*mg* | tota hec consultatio thrasee B 05$^{2}$*mg* | rusticus arulenus M$^{2}$*mg*; V 63$^{2}$*mg*, P$^{2}$*mg*; K$^{2}$*mg* arulenus rusticus E$^{3}$*mg* aurunculeius G$^{2}$*mg* **12** cohibuit spiritus eius thrasea Hol$^{2}$*mg*

**1** postea Z | luce] die (*punctis del.*; *cf. infra*: M$^{2}$ *s. l.*) luce Hol | praetoriae] *om.* G$^{1}$ (*add.* G$^{2}$*mg*) | praetoriae cohortes] cohortes pretorie N 22$^{1}$ (*corr. s. l.* N 22$^{1}$) | templum] templus Y 02$^{1}$ (*corr. s. l.* Y 02$^{2}$) | Genetricis] M; B 05 genitricis *cett.* **2** Veneris] *bis* O 22 | insedere] *Gen*; *Stuttg*$^{2}$ *s. l.*, L, N 22 insidere M; *Stuttg*$^{1}$; *cett.* | aditum] adytum P aditus Mal, Prm, J, B 72 additus N 22$^{1}$ (d *pr. puncto del.*) additum Or | globus togatorum] globus senatorum Y 01 senatorum globus Y 02 | togatorum] togator P | obsederat] obsiderat Hol insederat Y 02 **3** ocultis J | dispersique] disperque U$^{1}$ (*corr. s. l.* U$^{1}$) sparsique B 72 | fora] fores L 24 | ac] et Vin, *Stuttg*, L | basilicas] balasicas *Stuttg* | militares cunei L 24 **4** curiam] etiam U **5** nemine] -e *in ras.* G | conpellato V 64 **6** publica] puplica V 63$^{1}$ (*corr. s. l.* V 63$^{2}$) | desererent] deferrent B 72; N 22$^{1}$ (*corr.* N 22$^{1}$*mg*) | eorumque] eodemque Y 01, Y 02 **7** segnitiam] M; B, Hol; V 58, B 05; Y 01, Y 02 segnitiem *cett.* | verterentur] uterentur M | quid] quod L | e] est *Fer*, B 72; β (< V 63), L, N 22 | e longinquis] elonginquis M **8** haud veniri] *Lipsius* had ueniri M adueniri Z$^{1}$; *cett. praeter* aduenire B, Hol non adueniri Z$^{3}$*mg om.* B 72 | plerique] pleri P | adepti] adeptum P | sacerdotio U; Or | hortorum] ortorum α; *Fer* (*corr. s. l.* H$^{2}$), B 72; Y 02; Y 03; V 63, N 23, Ven, C; γ (< O 22) oratorum Vin, *Stuttg*$^{1}$, L$^{1}$ (*corr. Stuttg*$^{2}$ *s. l.*, L$^{2}$ *in textu*) **9** inservirent] inseruissent α; U | velut] M; H$^{2}$ *in ras.*; *cett. praeter* ultra *Fer* (< G), B 72; N 22$^{1}$ (*corr.* N 22$^{1}$*mg*) sicut Y 03; γ, K | telum] templum P | corripuere] corrupuere Y 01 arripuere *Gen*; N 22 (ari-) 27

**1** luce] die M$^{2}$*s. l.* | ueneris templum M$^{2}$*mg* uenus genitrix G$^{2}$*mg*; V 63$^{2}$*mg* **2** togati M$^{2}$*mg* **3** basilicas templa G$^{2}$*mg* **5** oratio questoris G$^{2}$*mg* | senatores arguuntur a nerone K$^{2}$*mg* **7** quid mirum P$^{2}$*mg*

28,1 Et initium faciente Cossutiano, maiore vi Marcellus summam rem publicam agi clamitabat; contumacia inferiorum lenitatem imperitantis deminui. nimium mites ad eam diem patres, qui Thraseam desciscentem, qui generum eius Helvidium Priscum in isdem furoribus, simul Paconium Agrippinum, paterni in principes odii heredem, et Curtium Mon-
28,2 tanum detestanda carmina factitantem eludere impune sinerent. requirere se in senatu consularem, in votis sacerdotem, in iure iurando civem, nisi contra instituta et caerimonias maiorum proditorem palam et hostem Thrasea induisset. denique ageret senatorem et principis obtrectatores protegere solitus veniret, censeret, quid corrigi aut mutari vellet: facilius perlaturos singula increpantem quam nunc silentium perferrent

---

28 **1** Cossutiano] consutiano *Gen* (n *pr. puncto del.* B 05; *corr. in textu* H$^{2}$) cosutiano N 22 | maiore] maior M; L 24, Z; U, Y 03; β (*corr. in textu Stuttg*$^{2}$), C; γ (*corr. in textu* O 48$^{2}$) | vi] eui M; L 24, Z; U, Y 03; β (eius Vin; *corr. in textu Stuttg*$^{2}$), C; V 64, A, V 65 cui Or, N 21, O 48 (c *puncto del.*), O 22, K et B 72 | Marcellus] *add.* clamitabat Vin, *Stuttg* clamitabat marcellus L | rem publicam] M; O 48$^{1}$; *cett. praeter* rei p. *Gen* (rei publice E); Y 02; U; β (< V 63), L, N 22; O 48$^{2}$ *s. l.* r. p. Hol, Z; Y 01; V 63 **2** clamitabat] *om.* Vin, *Stuttg*, L (*cf. supra*) | contumaciam B, L 24, Z; U | lenitatem] crescere leni- U$^{2}$*mg* | imperitantis] imperantis B per imperantis P **3** deminui] diminui α; *Gen* (di- V 58$^{2}$ *ex* de- V 58$^{1}$; *corr. in textu* G$^{2}$); U, Y 03; N 22, C; V 64, γ, K demui Y 01 | mites] mittes Or | mitem *Fer* (< H; *corr.* G$^{2}$ *in textu*, E$^{2}$ *s. l.*), B 72; N 22$^{1}$ (*corr. s. l.* N 22$^{1}$) | eam] eum B, Hol; U; L | diem] rem P | Thraseam] traseam Z; Prm, J, B 72; Y 02; N 23, P; Or, N 21, O 22 thraceam U | desciscentem] deciscentem L 24 desistentem B 72; N 22$^{1}$ (*corr.* N 22$^{1}$ *mg*) **4** Helvidium] eluidium B$^{1}$ (*corr. s. l.* B$^{2}$), L 24, Z; Y 03; Ven; A heluindium B 72 | isdem] hisdem M; α; U$^{1}$; P, Vin, *Stuttg*, L; γ (< A) iisdem *Gen*; Y 01, Y 02; U$^{2}$ *s. l.*, Y 03; Ven, N 22, C; A, K hiisdem V 63, N 23; V 64 | Paconium] M$^{2}$*mg* (*cf. cap. 33, 2*) ragonium M$^{1}$; *cett. praeter* ragonum U, Y 03; Vin, *Stuttg*, L, C; V 64, γ, K et agonium P **5** aggrippinum Y 01 agripinum C | paterni] patrem P primum C | principes] principem U, Y 03; γ, K | et] *om.* α; U **6** factitantem] factitatem G fatitantem Mal, Prm, J | eludere] illudere P | inpune M | sineret P, Vin, *Stuttg* **7** consularem] consalarem N 21$^{1}$ (*corr. s. l.* N 21$^{2}$) | votis] uocatis N 21 (-ca- *punctis del.*) | in *alt.*] et P | iuranda Mal | civem] ciues Prm, J, B 72; N 22$^{1}$ (*corr. s. l.* N 22$^{1}$) **8** nisi] *om.* V 63$^{1}$ (*spat. 4 litt.*), *add. in textu* V 63$^{2}$) | cuntra N 22 **9** Thrasea] trasea B$^{1}$ (*corr. s. l.* B$^{2}$), Z; B 72; Y 02; P; Or, O 22 trhasea N 23 | induissent C | ageret] *Stuttg*$^{2}$, L; *Madvig*, *Koestermann* agere M; *Stuttg*$^{1}$; *cett.*; *Furneaux*, *al.* | senatorem] senatores Z$^{1}$ (*corr. in textu* Z$^{2}$) | obtrectatores] detractatores O 22, K **10** uenire B 72 | quid] que N 22$^{1}$ *s. l.* | corigi V 65 | aut] *add.* quid L 24 **11** perlaturos] per laturos N 22 prelaturos G

omnia damnantis. pacem illi per orbem terrae an victorias sine damno exercituum displicere? ne hominem bonis publicis maestum, et qui fora theatra templa pro solitudine haberet, qui minitaretur exilium suum, ambitionis pravae compotem facerent. non illi consulta haec, non magistratus aut Romanam urbem videri. abrumperet vitam ab ea civitate, cuius caritatem olim, nunc et aspectum exuisset. 28,3

Cum per haec atque talia Marcellus, ut erat torvus ac minax, voce voltu oculis ardesceret, non illa nota et crebritate periculorum sueta iam senatus maestitia, sed novus et altior pavor manus et tela militum cer- 29,1

---

prolaturos Y 03; β (*corr.* V 63$^{2}$ *s. l.*, N 23$^{1}$ *s. l.*, Ven$^{1}$ *s. l.*, *Stuttg*$^{2}$ *s. l.*), C; V 64, γ, K | increpantem] increpatium M$^{1}$ increpantium M$^{2}$ *s. l.*; B$^{1}$ (*corr. in textu* B$^{2}$), L 24, Z; Y 01, Y 02; U$^{1}$ (*corr.* U$^{2}$*mg*), Y 03; β (*corr. s. l. Stuttg*$^{2}$), C; V 64, γ, K increpanti<s voc>em *Madvig* | perferrent] perferret E; Mal, Prm, J, B 72; N 22 proferrent β (*corr. in textu Stuttg*$^{2}$) ferrent *Fuchs* **12** damnantis] damnatis Mal, Prm, J, B 72; U, Y 03; V 63, N 23, Ven, P, C; V 64, γ (< O 48), K dannatis Y 01 | pacem] pacis Vin, *Stuttg*$^{1}$ pax ne *Stuttg*$^{2}$ *s. l.*, L | an] ac B 72 aut U$^{2}$*mg* | victorias] uictorie L | damno] danno Y 01 *add.* illi per orbem B 72 (*del.*) **13** exercituum] exercitum U exercitium Y 03; A | displicere] placere (*punctis del.*) displicere L 24 displicerent J; L | ne] neque Y 03; γ, K *del. Stuttg*$^{2}$ *om.* L | publicis bonis Y 01, Y 02 | publicis] puplicis V 63$^{1}$ (*corr. s. l.* V 63$^{2}$) | maestum] metum J infestum Y 03; V 63$^{2}$*mg*, N 23$^{1}$ *s. l.*, Ven$^{1}$ *s. l.*, N 22$^{1}$*mg*, C; V 64, γ, K **14** pro] per V 64 | solitudine] M; V 58$^{1}$, H$^{1}$, Mal$^{1}$, Prm$^{1}$, J$^{1}$; *cett. praeter* solutione V 58$^{1}$ *s. l.*, H$^{1}$*mg*, Mal$^{1}$*mg*, Prm$^{1}$*mg*, J$^{1}$*mg*, B 72; N 22$^{1}$ (*corr. s. l.* N 22$^{1}$) sollicitudine β (< P; soli- N 23, Ven; *corr.* V 63$^{2}$ *s. l.*, N 23$^{1}$ *s. l.*) | minitaretur] minitarentur H (n *alt. puncto del.*) minaretur U$^{1}$ imitaretur U$^{2}$*mg*; V 65 (immi-), N 21$^{1}$ (*corr.* N 21$^{2}$*mg*) **15** pravae] parue B 72 *om.* U | conpotem V 64 | facerent] n *eras.* G | illi] illa Y 01$^{1}$ (*corr. s. l.* Y 01$^{2}$) **16** romam U | abrumperet] arrumperet N 21 abrumperent Or **17** exuisse L 24

**1** cossutianus V 63$^{2}$*mg* | marcelli in traseam oratio P$^{2}$*mg* loquitur marcellus in fauorem principis K$^{2}$*mg* **2** inferiores Hol$^{2}$*mg* **4** eluidius Y 03$^{2}$*mg* heluidius trasee gener P$^{2}$*mg* heluidius priscus K$^{2}$*mg* **5** montanus Y 03$^{2}$*mg* curtius montanus P$^{2}$*mg*

**1** cum] quin (*punctis del.*) quum G | per] *om.* Y 02 | Marcellus] *om. Fer* (*add.* G$^{2}$*mg*, H$^{2}$ *s. l.*), B 72 | ut erat] *Pichena* uteret M; V 63$^{1}$ uinceret V 58$^{1}$, B 05$^{2}$*mg*; V 63$^{2}$ *s. l.*; *cett. praeter* inueheretur uel uerteret V 58$^{1}$ *s. l.* inueheretur B 05$^{1}$ uerteret Y 01, Y 02 | ac] et *Gen*; N 22 | minax] minarum B 72 **2** uoltu] M uultu *cett.* | occulis V 65 | nota] uota Hol$^{1}$ (*corr. s. l.* Hol$^{2}$); U; N 22 | et] *om.* B 72 | crebritate] *Rhenanus* celebritate *codd.* (celeritate U$^{2}$*mg*) *add.* et V 65 | iam] non U$^{2}$*mg om.* Y 03; γ, K **3** maestitia] modestia U | et altior] ulterior *Gen* (altior G$^{2}$*mg*); Y 01, Y 02; N 22$^{1}$ (altior N 22$^{1}$*mg*) 29

29,2 nentibus. simul ipsius Thraseae venerabilis species obversabatur; et erant qui Helvidium quoque miserarentur, innoxiae adfinitatis poenas daturum. quid Agrippino obiectum nisi tristem patris fortunam, quando et ille perinde innocens Tiberii saevitia concidisset. enimvero Montanum probae iuventae neque famosi carminis, quia protulerit ingenium, extorrem agi.

30,1 Atque interim Ostorius Sabinus, Sorani accusator, ingreditur orditurque de amicitia Rubelli Plauti, quodque proconsulatum Asiae Soranus pro claritate sibi potius adcommodatum quam ex utilitate communi
30,2 egisset, alendo seditiones civitatium. vetera haec: sed recens et quo dis-

---

**4** ipsius simul Y 01, Y 02 | trasee Z; B 72; Y 02; V 63, N 23, P; Or, O 22 | venerabilis] auenerabilis M ueneralis B 05$^1$ (*corr. s. l.* B 05$^2$) a (*puncto del.*) uenerabilis V 63 | obversabatur] obuersabantur B 72 obseruabatur P, Vin, *Stuttg*$^1$ (*corr. s. l. Stuttg*$^2$) **5** eluidium C | quoque] *om.* P | adfinitatis] M; V 58 affinitatis *cett.* | poenas] poenam *Gen*; Y 01, Y 02; N 22$^1$ (*corr. s. l.* N 22$^1$) **6** agrippine U | patris tristem Or **7** perinde et ille Y 03; γ, K | perinde] *om.* V 63$^1$ (*add.* V 63$^2$*mg*) | Tiberii] tyberii α; V 58; P, C; V 64, K thyberii B 05 | concidesset Mal | enimvero] enim nero V 65 exinde uero B 72 **8** iuventae] inuente H$^1$, Mal$^1$ (*corr. in textu* H$^2$, Mal$^2$) uiuente C; N 21$^1$ (*corr. in textu* N 21$^1$), O 48 uiuentem V 58$^1$ (*corr. s. l.* V 58$^2$) | neque] non *Fer*, B 72; N 22 | quia] sed quia L | protulerit] protulerat B 72; N 22 procurat U$^1$ (procurabat U$^2$*mg*) | extorrem] extorem B 72; N 22 extorens J exulem *Stuttg*$^2$ *s. l.* **9** agi] magi M; β (*corr.* V 63$^2$ *s. l.*, N 23$^1$ *s. l.*, Ven$^1$ *s. l.*, *Stuttg*$^2$ *in textu*); V 64 magis α; Y 01, Y 02; U, Y 03; C; γ

**6** agrippinus Y 03$^2$*mg*

30 **1** interium P | Ostorius] torius M; *cett. praeter* toryus N 21 torrius P forius B 72 | Sabinus] *Gen* (H$^2$ *in textu ex* sabinis H$^1$); Y 01, Y 02; N 22, K sauinus M; H$^2$ *s. l.*; *cett.* | accusator] accantor Ven | ingreditur — **2** Asiae] *om.* Ven$^1$ (*add.* Ven$^1$*mg*) | horditurque U (h *puncto del.*) **2** de] *om.* B$^1$ (*add. s. l.* B$^2$) | amicitia] amica B 72 | Rubelli] rubellii L 24; *Gen*; U, Y 03; N 22, C; V 64, γ (< V 65), K rubelii Y 02; V 65 | Plauti] plautii V 64 plati J plautique V 63$^2$*mg*, N 23$^1$*mg*, Ven$^1$*mg s. l.*, P, Vin, *Stuttg* plautiique C | quodque] quod U, Y 03; V 64, γ *om.* P, C | proconsulatum] *Stuttg*$^2$*mg*, L$^1$ *s. l.*; V 65; *Lipsius* proconsul M; *Stuttg*$^1$, L$^1$ (*Sörbom, Var. serm. Tac., 185*); *cett. praeter* consul P, C$^1$ (pro- *add. s. l.* C$^1$) | Asiae] asye G; Ven$^1$*mg*, C; V 64 alie P *del. Stuttg*$^2$ *om.* L **3** claritate] claritudine α | adcommodatum] M; N 23; V 64 adcomodatum V 63 accommodatum *cett.* (-m- E, Mal, Prm, J; Y 01; U, Y 03; Vin, L, C; A, V 65, N 21) | utilitate] utilitatis Or, N 21$^1$ (*corr. s. l.* N 21$^2$), O 48, O 22 | comuni Prm, J, B 72; U, Y 03; L; V 64, V 65, O 22 **4** alendo] alendos M; V 63 (-s *puncto del.*) | seditiones] editiones M; B$^1$, L 24, Z; U, Y 03;

crimini patris filiam conectebat, quod pecuniam magis dilargita esset. acciderat sane pietate Serviliae (id enim nomen puellae fuit), quae caritate erga parentem, simul imprudentia aetatis, non tamen aliud consultaverat quam de incolumitate domus, et an placabilis Nero, an cognitio senatus nihil atrox adferret. igitur accita est in senatum, steteruntque di- 30,3
versi ante tribunal consulum grandis aevo parens, contra filia intra vicesimum aetatis annum, nuper marito Annio Pollione in exilium pulso viduata desolataque, ac ne patrem quidem intuens, cuius onerasse pericula videbatur.

Tum interrogante accusatore, an cultus dotales, an detractum cervici 31,1
monile venum dedisset, quo pecuniam faciendis magicis sacris contra-

V 63$^{1}$ (*corr. in textu* V 63$^{2}$); V 64, γ (*corr. in textu* N 21$^{2}$), K editiores B$^{2}$ *s. l.*, Hol aditiones C | civitatium] M ciuitatum *cett.* | et quo] *Jac. Gronovius* et quot M; B (*punctis del.*) et quod L 24, Z *om. cett.* | discrimini] discrimen Y 01, Y 02 **5** filiam] in filiam Y 01, Y 02 | conectebat] M connectebat G (e *alt. in ras.*); N 21$^{2}$ *s. l.*; *cett. praeter* connectabat B, Hol; E, Prm, J, B 72; Y 02; U; Or, N 21$^{1}$, O 48, O 22 conuectabat V 65 | pecunia O 22, K | magis] *om.* E | acciderit V 58 **6** pietati Y 01, Y 02 | Serviliae] seruile B 72; U$^{1}$; N 21$^{1}$ (*corr.* U$^{2}$ *s. l.*; N 21$^{2}$ *s. l.*) | quae] quo Y 02 **7** imprudentia] inprudentia M; Y 01; N 23; A in prudentia V 65 impudentia B$^{1}$ (*corr. s. l.* B$^{2}$), L 24, Z; N 21$^{1}$ (*corr. s. l.* N 21$^{2}$) | aliud] aliut M *om.* B, Hol | consultaverat] consultarent (rent *punctis del.*) uerat U **8** quam] quoniam Y 01, Y 02 | an *alt.*] ac Vin | cognito G **9** nihil] non nihil U$^{2}$ *mg* | adferret] M; V 63, N 23 afferret *cett. praeter* efferet Hol | est] *om.* P | steteruntque] sternuntque P, Vin, *Stuttg*$^{1}$ (*corr. in textu Stuttg*$^{2}$) **10** consulum] consultum Y 01; V 65 consilium N 23 | parens] *om.* Y 01 | intra] inter L 24 | vicesimum] uicessimum Prm; N 23 uigesimum L 24, Z; U, Y 03; Vin, N 22 (-ss-); γ, K ·XX· C; V 64 **11** Annio] tum (*punctis del.*) annio B anio V 58 anneo L | pullione B, Hol | exilium] exilio M$^{1}$ (*corr. s. l.* M$^{1}$); U, Y 03; β (*corr. s. l. Stuttg*$^{2}$), C; V 64, γ, K **12** desolataque] desolata Mal, Prm, J, B 72 disolataque Or *add.* est β (< V 63), N 22 | ne] *om. Gen* (*add. s. l.* H$^{2}$); Y 01, Y 02 | quidem] *om.* Y 01, Y 02 | onerasse] honerasse B 72; V 63, N 23, C onerosa Y 03; γ, K **13** videbatur] uidebantur α (n *puncto del.* B); Mal (n *puncto del.*); γ (< A), K

**1** torius sabinus G$^{2}$ *mg* torius sabinus sorani accusator K$^{2}$ *mg* **2** rubellius P$^{2}$ *mg* **5** magis datiui casus B 05$^{2}$ *mg* **6** seruilia G$^{2}$ *mg*, J$^{2}$ *mg*; Y 03$^{2}$ *mg*; V 63$^{2}$ *mg* **10** nota de filia sorani K$^{2}$ *mg*

**1** interogante B 72; N 23 | ac cultus dotales (*punctis del.*) an cultus dotales 31
N 21 | cervici] de (*del.*) ceruici N 23 ceruili V 64 *om.* N 21$^{1}$ (*add.* N 21$^{2}$ *mg*) **2** monile] uenile B 72 *add.* et Y 03 (*del.*) | venum dedisset] uenundedisset B, Hol; E, B 72; Y 02; A, K uenumdesset Mal$^{1}$ (*corr. s. l.* Mal$^{2}$) uenundisset U |

heret, primum strata humi longoque fletu et silentio, post altaria et aram complexa ‚nullos' inquit ‚impios deos, nullas devotiones, nec aliud infelicibus precibus invocavi quam ut hunc optimum patrem tu,
31,2 Caesar, vos, patres, servaretis incolumem. sic gemmas et vestes et dignitatis insignia dedi, quo modo si sanguinem et vitam poposcissent. viderint isti, antehac mihi ignoti, quo nomine sint, quas artes exerceant: nulla mihi principis mentio nisi inter numina fuit. nescit tamen miserrimus pater et, si crimen est, sola deliqui.'

32,1 Loquentis adhuc verba excipit Soranus proclamatque non illam in provinciam secum profectam, non Plauto per aetatem nosci potuisse, non criminibus mariti conexam: nimiae tantum pietatis ream separarent, atque ipse quamcumque sortem subiret. simul in amplexus occurrentis

---

peccuniam V 65 **3** altaria] altare *Fer*, B 72; N 22$^1$ (*corr. s. l.* N 22$^1$) **4** conplexa V 64 | inquit] inquid V 63$^1$ (*corr. s. l.* V 63$^2$) | impios] pios V 63$^1$ (*corr. in textu* V 63$^2$) | nec] ne Mal, Prm, J **5** aliud] aliut M$^1$ (aliud M$^2$ *s. l.*) aliu V 63$^1$ (-d V 63$^2$ *s. l.*) aliquid *Fer* (< H; *corr.* Mal$^1$ *s. l.*, Prm$^1$ *s. l.*, J$^1$ *s. l.*) aliud quid N 22 | ut] *om.* L 24; H, Prm, J, B 72; P, N 22 | hinc Vin | patrem] parentem J **6** vos] et uos *Gen*; Y 01, Y 02; N 22 nos P | incolumen V 64 | gemmas] geminas N 23, Ven | et] ut U | dignitatis] M$^1$; *cett. praeter* dignitates M$^2$ *s. l.*; C **7** dedi] dedit M (-t *del.*) | si] *om.* U | et vitam] *bis* V 58 | poposciscent O 22 | viderint] uiderunt B 72 uderint Ven uiderant C **8** isti] istic B (-c *puncto del.*) | mihi] modo *Fer* (*corr. in textu* H$^2$), B 72; N 22$^1$ (*corr.* N 22$^1$ *mg*) *om.* P | sint] sunt *Gen* (*corr.* G$^2$ *in textu*, H$^2$ *in textu*); Y 01, Y 02; N 22 | artes] artis *Fer*; N 22$^1$ (*corr. s. l.* N 22$^1$) **9** principis mentio] mentio principis U (mensio U$^1$, *corr.* U$^2$ *mg*), Y 03; β, L, C; V 64, γ, K | mentio nisi] mentioni si M$^1$ (*corr. in textu* M$^2$) | numina] minima N 23 | nescit] nec P | miserimus Mal, Prm, J; Ven, V 65

**2** monile detractum ceruice B 05$^2$ *mg* | faciendis P$^2$ *mg* **3** differentia inter aram et altare B 05$^2$ *mg* **4** nobile dictum seruilie filie sorani H$^2$ *mg*; V 63$^1$ *mg*, N 23$^1$ *mg*, N 22$^1$ *mg* seruilie oratio P$^2$ *mg* o quam dulcia uerba puelle K$^2$ *mg*

32 **1** loquentes Or | adhuc] ad hec N 23 | excipit] excepit V 58$^1$ (*corr. in textu* V 58$^2$), *Fer*, B 72; N 22 exipit Ven$^1$ (*corr. s. l.* Ven$^2$) | proclamatque] proclamat atque Vin | in provinciam] improuinciam V 64 **2** Plauto] B 05$^1$; N 22$^1$; *cett. praeter* plautio M; α; B 05$^2$ *s. l.*; Y 01, Y 02; U (-cio), Y 03; β (-cio N 23, P; i *puncto del. Stuttg*$^2$), N 22$^1$ *s. l.*; V 64, γ (-cio O 22), K plantio B 72; C | nosce O 22 | potuisset Y 01 **3** conexam] M connexam *cett. praeter* connessam Y 03; A | nimiae] minime P in me N 23 imo V 65 *om.* N 21$^1$ (*add.* N 21$^2$ *mg*) | tantum] tamen G; N 22$^1$ *s. l.* | separarent] seperarent *Fer* (<J; e *pr. puncto del.* H), B 72; Y 01, Y 02; C seperent J sperarent Vin, N 22$^1$ (*corr.* N 22$^1$ *mg*) **4** atque] a se K (*in ras.*) | ipse] M; K$^1$; *cett. praeter*

filiae ruebat, nisi interiecti lictores utrisque obstitissent. mox datus testi- 32,2
bus locus; et quantum misceriordiae saevitia accusationis permoverat,
tantum irae P. Egnatius testis concivit. cliens hic Sorani, et tunc emptus 32,3
ad opprimendum amicum, auctoritatem Stoicae sectae praeferebat, habitu et ore ad exprimendam imaginem honesti exercitus, ceterum animo perfidiosus, subdolus, avaritiam ac libidinem occultans; quae postquam pecunia reclusa sunt, dedit exemplum praecavendi, quo modo fraudibus involutos aut flagitiis commaculatos, sic specie bonarum artium falsos et amicitiae fallaces.

---

a se B (a *in ras.*), Hol *om.* *Gen* (*add. s. l.* H$^2$); Y 01, Y 02 *del.* K$^2$ | quamcumque] quantumque B 72; Or quantumcumque N 22 | subiret] subire Mal, Prm, J, B 72; N 22$^1$ (*corr. s. l.* N 22$^1$) | amplexibus U | occurentis B 72; V 65 **5** rubebat U (b *pr. puncto del.*) | interiecti] interiectis M (-s *del.*) | lictores] littores B 72; Y 01; C litores L 24; U labores Hol | utrisque] utrasque V 65$^1$ (*corr. in textu* V 65$^2$) | obstitissent utrisque G | obstitissent] obstitisset Prm, B 72 obtitisset J$^1$ (obs- J$^2$ *s. l.*) adstitissent H | testibus] hostibus α (*corr. s. l.* B$^2$) **6** locus] *bis* V 65 | misericordiae] nunc *Gen* (*om.* B 05$^1$, *add.* B 05$^2$*mg*); Y 01, Y 02; N 22, C (mīē = misericordie M!) | seuitie P | permoverat] promouerat U; β commouerat O 22 **7** irae P.] in re p. Z; B 72; U$^1$ (*corr.* U$^2$*mg*), Y 03; P, C; V 64, γ, K$^1$ (ire K$^2$ *in ras.*) in r. p. L 24; V 63$^1$ (ire V 63$^2$*mg*), N 23$^1$ (*corr. s. l.* N 23$^1$), Ven in re pu. Vin, *Stuttg*$^1$ (*del. Stuttg*$^2$) inuidie *Stuttg*$^2$ *s. l.*, L iniuriarum B$^2$ *in ras.*, Hol | Egnatius] engnatius B 72 ignatius U$^2$*mg* | concivit] consciuit α; γ (< A), K concinit P | cliens] dicens P$^1$ (*corr. s. l.* P$^2$) | soranus Or **8** auctoritatem] *om.* Mal, Prm, J, B 72 | stoyce B, Hol; Y 01; V 64, N 21, O 48, O 22, K | sectae] septe U$^1$; C$^1$ (*corr.* U$^2$ *s. l.*, C$^2$ *s. l.*); V 64 | praeferebat] preferrebat O 22 proferebat Y 01 | habitum B 72 **9** ore] hore V 65 bre Or oratione B 72 | exprimendam] exprimendum N 22$^1$ (*corr. s. l.* N 22$^1$); Or | ymaginem B 72; N 23; V 64, N 21 | honesti] honeste B 72$^1$ (*corr. in textu* B 72$^2$) | exercitus] L; *Lipsius* et exerciti M; *Stuttg*$^1$ (-i *del.*, -us *Stuttg*$^2$ *s. l.*); *cett.* **10** perfidiosus] *add.* et U, Y 03; V 63$^2$ *s. l.*, N 23, Ven, P, Vin, *Stuttg*, L, C; V 64, γ, K | suddolus J | ac] et α; B 72; Vin, *Stuttg*, L; γ (< A), K | occultans] occultant V 65, Or, N 21, O 48$^1$ occultabat O 48$^2$ *in textu*, O 22, K **11** pecunia] pecuniam M (-m *del.*) peccunia V 65 | reclusa] recula V 65 **12** aut] ac G | conmaculatos N 23; V 64 comaculatos B 05 | sic specie] M$^1$ (?), M$^2$ *s. l.*; N 22$^1$; *cett. praeter* sic e specie β, L, N 22$^1$ *s. l.*, C; V 65, Or, O 48, O 22, K sic especie U; N 21 sic et specie Y 03; A sic e spem V 64 et sic specie Y 01 | fulsos V 64

**1** excusatio sorani pro filia K$^2$*mg* **5** lacrimabilis aspectus B 05$^2$*mg* | utrisque de duobus tantum P$^2$*mg* **7** egnatius Y 03$^2$*mg*; V 64$^2$*mg* p. egnatius V 63$^2$*mg* egnatius prauus N 22$^1$ *mg* egnatius testis in soranum K$^2$*mg* | cliens Hol$^2$*mg* **10** perfidiosus animo subdolus G$^2$ *mg* | o pessimum genus hominum K$^2$*mg*

33,1 Idem tamen dies et honestum exemplum tulit Cassii Asclepiodoti, qui magnitudine opum praecipuus inter Bithynos, quo obsequio florentem Soranum celebraverat, labantem non deseruit, exutusque omnibus fortunis et in exilium actus, aequitate deum erga bona malaque documenta.
33,2 Thraseae Soranoque et Serviliae datur mortis arbitrium; Helvidius et Paconius Italia depelluntur; Montanus patri concessus est, praedicto ne in re publica haberetur. accusatoribus Eprio et Cossutiano quinquagies sestertium singulis, Ostorio duodecies et quaestoria insignia tribuuntur.

34,1 Tum ad Thraseam in hortis agentem quaestor consulis missus vespe-

---

33 **1** tamen] *om.* U | honestos Or, N 21, O 48, O 22 | Cassii] casii V 58, B 05, E, H, Mal casu Prm, J, B 72; N 22$^1$ classii U, Y 03; β (< N 23; l *del. Stuttg*$^2$), N 22$^1$ *mg* (l *puncto del.*), C; V 64, γ (< V 65), K clasii N 23; V 65 | Asclepiodoti] asclepiodoci V 58, B 05; Y 01, Y 02 asclepiodici *Fer*, B 72; N 22$^1$ (a *supra* i *alt.* N 22$^1$) asclopiodoti Vin, *Stuttg*$^1$ (*corr. s. l. Stuttg*$^2$) | qui] quod N 22 **2** precipue U | Bithynos] bythinos M; B; *Fer* (< H); N 22 bithinos L 24, Z; H, B 72; V 63 bitinos V 58, B 05 bythinios Hol bithinios Y 01, Y 02; U, Y 03; N 23, Ven, Vin, *Stuttg*, L, C; V 64, γ (-ti- A$^1$, h *add. s. l.* A$^2$; -thy- N 21) bithinnios P (-yos); K | quo] qui Y 01 **3** labantem] V 63$^1$; *cett. praeter* labentem M$^1$ (*corr. in textu* ?), M$^2$ *s. l.*; *Gen*; Y 01, Y 02; V 63$^2$ *s. l.*, N 23$^1$ (*corr. s. l.* N 23$^2$), N 22 labeantem Vin, *Stuttg*$^1$ (e *pr. del. Stuttg*$^2$) | exutusque] et utrisque P **4** aequitate] equitatem M (-m *del.*); Y 01, Y 02 et equitate V 64 | deum] domini α (*corr.* B$^2$ *mg*) **5** Thraseae] trasee B$^1$ (h *add. s. l.* B$^2$), Z; B 72; Y 02; P; Or, O 22 thraseeque C | Soranoque] sorano Y 03; γ, K | seruile V 63; C | datur] datum Y 03; γ, K | heulidius Y 01 | et Paconius] α; *Gen* (pach- G, E, Mal); Y 01, Y 02; P, N 22; *Furneaux*, *al.* epaconius M; β (< P; -ch- *Stuttg*), C; V 64 epaconus Y 03$^1$ (et p- Y 03$^2$ *s. l.*); γ, K epocanus U et ragonius L ac Paconius *Andresen*, *Koestermann* **6** ytalia Y 01; V 64, V 65 | depelluntur] deppelluntur V 65 depellitur U$^2$ *mg* | patris N 22 (-s *del.*) | praedicto] preditto Y 01 *add.* more J (*punctis del.*) | ne in re publica] in re p. ne H$^1$ (*corr. s. l.* H$^2$) **7** re] rem L 24 | Eprio ] torio U; V 63$^2$ *mg*, N 23$^1$ *s. l.*, C (th-); V 64 | Cossutiano] consutiano B 05 (n *pr. puncto del.*), *Fer* (*corr. in textu* H$^2$), B 72 cosutiano N 22 **8** sestertium] M; E, H, Mal; Y 01, Y 02; *Stuttg*, L sextertium *cett.* | singulos Or | Ostorio] ostrio G; P hostorio O 22 | tribuuntur] *add.* ostori U (*punctis del.*)

**1** cassii asclepiodoti G$^2$ *mg* classius V 63$^2$ *mg* **3** exemplum uere amicitie K$^2$ *mg* **5** thrasea soranus seruilie G$^2$ *mg* trasea soranusque et seruilia pereunt P$^2$ *mg* | heluidius pachonius G$^2$ *mg* heluidius italia pellitur P$^2$ *mg* **7** premia accusatorum K$^2$ *mg*

34 **1** ad] a M; V 63$^1$ (*puncto del.*) et U, Y 03; V 63$^2$ *s. l.*, N 23, Ven, C; V 64, γ, K id Y 01 *om.* P | Thraseam] traseam B, Z; Prm, B 72; Y 02; N 23, P; Or, N 21, O 22 thrasem H$^1$ (*corr. s. l.* H$^2$) | in hortis] mortis P, Vin, *Stuttg*$^1$ con-

rascente iam die. illustrium virorum feminarumque coetus frequentes
egerat, maxime intentus Demetrio Cynicae institutionis doctori, cum
quo, ut coniectare erat intentione vultus et auditis, si qua clarius pro-
loquebantur, de natura animae et dissociatione spiritus corporisque in-
quirebat, donec advenit Domitius Caecilianus ex intimis amicis et ei
quid senatus censuisset exposuit. igitur flentes queritantesque, qui ad- 34,2
erant, facessere propere Thrasea neu pericula sua miscere cum sorte dam-
nati hortatur, Arriamque temptantem mariti suprema et exemplum Ar-
riae matris sequi monet retinere vitam filiaeque communi subsidium
unicum non adimere.

---

silia mortis *Stuttg*$^{2}$ *mg*, L | hortis] ortis α; *Fer* (*corr. s. l.* H$^{2}$), B 72; Y 02; U, Y 03; V 63, N 23, Ven; V 64, γ, K | quaestor] questo γ (< N 21), K$^{1}$ (*corr. s. l.* K$^{2}$) | consulis] consul B 05, *Fer* (< G; *corr. in textu* H$^{2}$), B 72; N 22 | uesperascentem V 65 **2** die] *add.* quem *Stuttg*$^{2}$ *mg*, L | illustriorum J | feminarumque] ac feminarum Y 02 | coetu L | coetum frequentem *Ritter* | frequentes] *Gen* (frequentantes B 05; frequens H$^{1}$, *corr. s. l.* H$^{2}$); N 22; N 21$^{2}$ *s. l.* frequentem M$^{1}$ (*ex* frequenter M$^{1}$); B$^{1}$; N 21$^{1}$; *cett. praeter* frequentantem B$^{2}$ *s. l.*, Hol | frequentes egerat] egerat frequentem L 24 **3** egerat] eget B$^{2}$ *s. l.* et Hol | intentus] *Gen*; L, N 22 intentum M; *cett.* | Demetrio] M; N 23$^{1}$, Ven$^{1}$; *cett. praeter* de mitrio V 63$^{1}$ (*corr. s. l.* V 63$^{2}$) demitrio N 23$^{1}$ *s. l.*, Ven$^{1}$ *s. l.*, P diametrio Y 01 | Cynicae] cinice L 24, Z; Y 03; β (ciuice P), L; γ, K | institutionis] institutioni Hol institutionibus Y 03; A **4** ut] et B 72; N 22 *om.* M$^{1}$ (*add. s. l.* M$^{1}$) | coniectaret Y 01 | intentionem Vin (-m *puncto del.*) | auditis] auditus Hol$^{1}$ (*corr. in textu* Hol$^{2}$), Z; *Fer*, B 72; N 22; K audita V 63$^{1}$, N 23$^{1}$, Ven$^{1}$ (*corr.* V 63$^{2}$ *s. l.*, N 23$^{1}$ *s. l.*, Ven$^{1}$ *s. l.*), P, N 22$^{1}$ *s. l.*; V 64 **5** natura] nature M; Mal$^{1}$ (*corr. in textu* Mal$^{1}$) | dissociatione] disociatione V 65 dissocietate K dissolutione B 72 | spirtus V 65 | in|inquirebat Y 01 **7** quid] si quid U | queritantesque] queritantes V 65 querentesque β, L, N 22$^{1}$ (*corr.* N 22$^{1}$ *mg*) **8** facessere] facescere M; B, Hol, L 24; U, Y 03; β, C; V 64, γ, K fatescere Y 01, Y 02 | Thrasea] trasea B$^{1}$ (*corr. s. l.* B$^{2}$), Z; B 72; Y 02; P; Or, N 21, O 22 thraseam N 23 | neu] nec *Nipperdey* | sua] *om.* Vin | miscere] M; *Stuttg*$^{1}$; *cett. praeter* miscerent *Stuttg*$^{2}$ *in textu*, L | dannati Y 01 **9** hortatur] V 63$^{1}$, N 23$^{1}$, Ven$^{1}$; *cett. praeter* hortantur M; B (n *puncto del.*), L 24, Z; Y 01, Y 02; U$^{1}$ (*corr.* U$^{2}$ *mg*), Y 03; γ, K (n *del.*) hortaretur V 63$^{2}$ *s. l.*, N 23$^{1}$ *s. l.*, Ven$^{1}$ *s. l.*, C | Arriamque] M$^{1}$ *in ras.* (*ex* al . . .); *cett. praeter* arrhiamque *Gen* (ha- G, -hy- E); N 22 atriamque Vin arriaque Y 01, Y 02 | temptantem] temptante Z; Y 01, Y 02; V 63$^{1}$ (*corr. in textu* V 63$^{2}$) | mariti] marita V 64$^{1}$ (*corr. in textu* V 64$^{2}$) | suprema] supprema L 24; Y 01, Y 02; C; V 64 supremia A (i *puncto del.*) supremas γ (< A; -pp- V 65), K (-s *del.*) supremum B 72 | Arriae] arrhie V 58, B 05, G; N 22$^{1}$ *s. l.* archie *Fer*, B 72; N 22$^{1}$ arie N 23 atrie Vin **10** sequi]

35,1 Tum progressus in porticum illic a quaestore reperitur, laetitiae propior, quia Helvidium generum suum Italia tantum arceri cognoverat. accepto dehinc senatus consulto Helvidium et Demetrium in cubiculum inducit; porrectisque utriusque brachii venis, postquam cruorem effudit, humum super spargens, propius vocato quaestore ‚libamus' inquit ‚Iovi liberatori. specta, iuvenis; et omen quidem dii prohibeant, ceterum in ea tempora natus es, quibus firmare animum expediat constan-
35,2 tibus exemplis.' post lentitudine exitus graves cruciatus afferente, obversis in Demetrium***

---

se qui N 23 | monet] *om.* B 05$^{1}$ (*add.* B 05$^{2}$*mg*) | uita V 65 | comuni Prm, J, B 72; Y 01; Y 03; N 23, L; V 65 **11** unicum subsidium L 24

**1** uesperascente die P$^{2}$*mg* **3** thrasea maxime Hol$^{2}$*mg* | cynice institutionis G$^{2}$*mg* demetrius cynicus V 63$^{2}$*mg* cinice institutionis doctor P$^{2}$*mg* **6** domicitius (*sic*) cecilianus G$^{2}$ *mg* **7** nuntius mortis thrasee K$^{2}$*mg* **9** harrhia G$^{2}$*mg* arria trasee uxor P$^{2}$*mg*; K$^{2}$*mg* (thrasee)

35 **1** in] im G | illhic N 21 | repperitur M; Y 01 | propior] proprior L 24; Mal, Prm, J; U, Y 03; V 63 (r *alt. puncto del.*), N 22, C; V 64, γ (< O 22) prior E, H$^{1}$ (*corr. s. l.* H$^{2}$); Y 02 priorque Y 01 proor G$^{1}$ (*corr. s. l.* G$^{2}$) **2** quia] qui G *om.* Y 01 | generum — **3** Helvidium] *om.* Z | generum ] *om.* Or, N 21, O 48, O 22, K | Italia] ytalia Y 01; C; V 64 italiam M; B, Hol; U; V 63 (-m *puncto del.*) | cognoverat] agnouerat N 22 **3** dehinc senatus] *om.* Y 01 | demitrium P | in] *om.* H$^{1}$ (*add. s. l.* H$^{2}$) **4** porrectisque] porrectis U productisque β (productis P; *corr.* V 63$^{2}$*mg*, N 23$^{1}$ *s. l.*), L; V 64 prosectis *Freinsheim* | utrisque Ven | brachii] brachiis M (-s *del.*) bracchii Z; C | postquam] *om.* U | effudit] effundit G, E fudit Vin, *Stuttg*, L **5** spargens] *Stuttg*$^{1}$; *cett. praeter* spergens M; B, Hol; Y 01, Y 02; V 63, N 23, Ven aspargens *Stuttg*$^{2}$ *s. l.* aspergens G; U; L | propius] proprius H, B 72; V 64 propriis Mal propis Prm$^{1}$ (*corr. in textu* Prm$^{2}$) | libamus] M; V 58$^{1}$; *cett. praeter* libemus V 58$^{2}$ *s. l.*, B 05$^{1}$ (*corr. s. l.* B 05$^{2}$), *Fer*, B 72; N 22 libanius V 63, N 23, P libanus C$^{1}$ (*corr. s. l.* C$^{2}$); Or | inquit] inquid V 63$^{1}$ (*corr. s. l.* V 63$^{2}$) **6** Iovi] iobi M | specta] spreta G, E, B 72; N 22$^{1}$ (*corr.* N 22$^{1}$*mg*) spre (*sequ. spat.*) Mal, Prm, J | ogmen L 24 | quidem] quod E, Mal, Prm, J, B 72; N 22 *om.* Y 03; γ, K | dii] di L; V 65, Or, O 48 | prohybeant Y 01 **7** in ea] mea L 24 | es] est B 72; N 22$^{1}$ (*corr. s. l.* N 22$^{1}$); Or, O 48 (-t *puncto del.*) ex Y 01; Y 03; A | quibus] in quibus V 65 | constantibus exemplis] *om.* G **8** post] pre Y 01, Y 02 | lentitudine] lentitudinem G, J, B 72; Y 03; Vin, *Stuttg*, N 22; γ, K lenitudine L 24 lentitu deinde P | graues] grauis B 72; N 22 graus *Stuttg*$^{1}$ (*corr. s. l. Stuttg*$^{2}$) | cruciatu J | afferente] M; V 63$^{1}$, Ven$^{1}$,

N 22¹; *cett. praeter* afferrente N 23¹ afferens U, Y 03; V 63² *s. l.*, N 23¹ *s. l.*, Ven¹ *s. l.*, N 22¹ *s. l.*, C; V 64, γ, K | obversis] obuersus B 72; *Acidalius* conuersis β, L, N 22¹ *s. l.* conuersus U, Y 03; C; V 64, γ, K

4 mors thrasee per uenarum incisiones N 22¹*mg* 5 uerba thrasee in morte K²*mg* 6 ἐλευθ∫ίω (*sc.* -ερίῳ) Διί V 58²*mg* iupiter liberator G²*mg*

*addiderunt in margine*: hic minus est M deficit Z; U hic est defectus textus V 58 perbene deficit textus ut tandem cedium finis sit B 05 hic multum deest B 05 hic deficit *Fer*, B 72 (*add.* etiam inter cetera neronis mors G²) hic multum deficit Y 01; C; V 64 deficit multum Y 02 hic deficit non parum V 63, N 23, N 22 hic non parum deficit Ven deest P hic plurimum deficit A, V 65, N 21, O 48 HIC MVLTVM DEEST K *mg inf.*

Cornelii Taciti liber XVI explicit V 64

## ANHANG

### Die Lesarten der Handschriften E und Or zu Ann. XI—XII und Hist. II

Die folgenden Nachträge zu Wiener Studien, Beiheft 3 (Hist. II) und Beiheft 4 (Ann. XI—XII), enthalten die Lesarten der zwei seit dem Erscheinen dieser Bände neu hinzugekommenen Handschriften. (Vgl. die Einleitung zum vorliegenden Band, S. XIII u. XIX.) Orthographische Varianten sind entsprechend den Prinzipien von Beiheft 3 und 4 in geringerem Umfang berücksichtigt als im Apparat zu Ann. XV—XVI, regelmäßig wiederkehrende Schreibungen (z. B. Mitridates E, Or, Vespesianus E; ortus für hortus E, Or etc.) werden nur bei ihrem ersten Auftreten verzeichnet. Der Text wird nur an den Stellen zitiert, wo es die Klarheit unbedingt erfordert, nie jedoch, wenn eine Lesart schon in anderen Handschriften vorgekommen ist. Die Kapitel- und Zeilenzählung entspricht Beiheft 3 und 4.

### ANNALIUM LIBER XI

Fragmentum Cornelii Taciti actorum diurnalium liber XI auguste historie E; *inscr. om.* Or

1 **2** adulter Or | ortis E (h- *saepe om.* E *et* Or) **3** emptos Or | Suillium] i *alt. puncto del.* E suillum Or **4** solibius Or **5** moueret Or | caueri $E^2$ *s. l.*; Or **6** cesaris E; Or **7** contionem (*om.* in) Or **8** dedita $E^2$ *in textu*; Or | parare] perire Or **10** habere Or **13** vinclisque] nindisque Or

2 **1** messallina E (-ll- *semper*) **2** Suillio] i *alt. puncto del.* E suillus Or | in omni flagitio E; Or **3** ac] ad $E^1$ (*corr. s. l.* $E^2$) **4** molliciem Or | obiectare Or | in dicto Or **7** lacrymas E | exiuit Or **11** percuntaretur E

3 **1** consul tanti Or **3** percursiis Or | in repu. Or **5** sequuta E (-qu- *saepe*; *sim.* loquutus *etc.*) **9** tyberii calliditate Or **11** exoluit E; Or

4 **1** suillus Or **3** ex eo] *om.* E | nesteris Or ualerii E | prebuisset E **6** caritatem Or **7** uertente Or **9, 10** sextertium Or **12** amissis Or | absentiam Or

5 **1** deinde E | sceuus E (sceuus, sceuitia *etc.* E *semper*) | suillus Or **2** nece Or | intra se E **3** neque E **4** insignis eques romanus samius Or **5** numorum Or suillo Or **6** succubuerit $E^2$ *s. l.* **7** sillio Or | potentie exitio Or **8** titiam E cinthiam Or **9** antiquitas $Or^1$ (*corr. s. l.* $Or^2$)

6 **1** his Or **2** suillo Or | refferens Or | qui — **3** pulcherrimam *om.* Or **3** in E | praemia] prohoemia $E^1$ (*corr.* $E^2$ *mg*) | pulcherrima E **4** sordis $E^1$ (*corr. s. l.* $E^2$) **6** negotia tueantur E negociantur Or **9** galbe et assinii messalle E gaii asinii messale Or | aruntii E; Or **10** prouectorum $E^1$ (*corr. s. l.* $E^2$) **11** censentibus $E^1$ (*corr. s. l.* $E^2$) **12** tenerenter $E^1$ (*corr. s. l.* $E^2$) **13** circunsistum Or

**1** tacens E tacere Or | ullum E **3** prepare $Or^1$ (-ra- *add. s. l.* $Or^2$) **4** qui 7
Or **5** exercendos Or **6** nil E | a] ex Or | eius E | preuiderit E
**7** messallam E **8** prohemiis E | referctos Or | at E | aruntios E; Or
**9** indiuise $E^1$ (*corr. s. l.* $E^2$) **10** sunt Or | qui et a re E; Or **12** qua
E; Or | sub litis Or **14** posuit *om.* Or | que E

**1** mitridates E; Or (-tr- *semper*) | et ad presentiam cesaris E; Or **2** uectum 8
E | mouente Or **3** pharas opibus magnis Or | hyberis E **4** summique
Or | minore Or **5** inter gotarzes E (-cis); Or | plerque Or | seua qui E;
Or **6** archabano Or | ac] et Or | preparauerat E; Or | in certos $Or^1$
(*corr. s. l.* $Or^2$) **7** et] *om.* E | bardanem E; Or **8** gotarcem E (-c-
*semper*) gotharzem Or (-th- *saepe*) **9** perturbat E proturbant Or | contatur
E (cont- *semper*) conctatur Or (conct- *saepe*) | soli E **13** dacharum $E^2$ *s. l.*
de harum Or **14** bardanes E uerdanes Or

**3** hybero E | persultante] propulsante Or **4** de monacte Or **5** pro- 9
fecto $E^1$ (*corr. s. l.* $E^2$) | minoris] *om.* Or | cotis E; Or **6** deinde E
**7** quam atrociorem quam Or | novo] *om.* Or **8** iaciunt E; Or **10** de-
inde E | deum] dein Or **12** bardanes E **13** existeret E; Or | hir-
caniam Or | bardane E uardane Or **14** seleucio Or

**1** inuasit E **2** habebat Or | lubio Or | immicante Or **3** reuocante E 10
**4** hinc $E^2$ *in textu*; Or **5** contrahitur Or | transgressum E **6** bardanes
E **7** syndem E | dabas Or **9** monumentis E munimentis Or | testa-
bantur E **10** nec] *add.* enim E | parata E paratur Or **11** gloriam Or |
intollerantior subiectis Or | quem $E^2$ *s. l.* **12** interfecerunt Or | inter Or
**13** inter se uni Or **14** nec ubardanis Or | bardanis E **15** in regno E;
Or **16** Meherdaten] inchardatem Or | phrahatis E **17** deinde E |
positisque regum Or **19** mitridatem Or

**1** iisdem E hisdem Or **2** expectati Or **5** hisque E; Or | affuit Or | 11
tum E **6** antiquitas Or **7** exequebantur E; Or **9** inherent Or |
britanicus E **10** L.] *add.* nero $E^2$ *s. l.* | in] *om.* Or **11** fauore Or |
acriori Or | domitius Or **12** affuisse Or | eius] *om.* $E^1$ (*add. s. l.* $E^2$)
**13** assimilata E assimulata Or | haud quamquam E; Or **14** arguem $E^1$
(*corr. s. l.* $E^2$)

**2** soboles E; Or | uiriles Or **3** semper] super $E^1$ (*corr.* $E^2$ *mg*) **5** desti- 12
nebatur Or **6** iuliam syllanam E uiniam sillanam Or **7** adulterio E |
potiretur E; Or **9** operiri E; Or **11** translata] *om.* Or **12** alterum
Or

**2** P. E; Or **3** in que femine Or **4** ne] et Or | morte E; Or **5** pecu- 13
niam Or **6** sub imbruinis E; Or **7** comperit $E^2$ *s. l.*; Or | quoque
grecam E; Or | non] in $E^2$ *s. l.* *om.* Or (*spat. 4 litt.*)

14 **1** egiptii Or **2** et E; Or | monumenta E; Or **5** repererint E; Or **7** vel Linum] uelincum Or **8** sexdecim E **9** symonidem E **10** et etrusci E | a corintho demorato Or | arcades E; Or (-ch-) **11** forme Or **13** usui E usu Or | oblitterate E; Or **14** publico Or (*sequ. spat. 10 litt.*) **15** fixis Or

15 **1** retulit E; Or | **1** et **10** aruspicum E auruspicum Or **2** dissidiam Or | aduersus Or **3** accitis E; Or **6** artis E | secordia Or **7** inualescant E ualescunt Or **8** benignitate Or **9** oblitterarentur E; Or

16 **1** rome E; Or | ammissis E **3** italus E; Or | flauio E | armenii E **4** catumero E[1] (*corr. s. l.* E[2]) | cattorum E caltorum Or **6** augustus Or | abditis Or **7** capescere Or **8** eo magis quod E **10** inuisam E; Or | in uiolentiam Or **13** floruerat Or **15** iisdem E hisdem Or | principis E principum Or | explorata Or **16** flauii E; Or | supra E | extollatur Or | armenium E | perscribi Or **17** loco E | uenisse E; Or | posset E | testimesti Or **18** alimonia E | ac Or | itali E **20** parentes E

17 **1** italum E **2** memorabant Or **4** armenia E | catumero E actu mero Or | patrem illi rubor esse E **5** nonquam E **6** his Or **7** abstrepebat Or **8** auide Or | uicto Or **9** longobardorum E; Or **10** cheruschas Or

18 **1** milia Or **3** nationis Or | caninefas E; Or | auxiliaris E | et ex diu meritus E ex drumentis Or **4** ore Or **5** dires E[1] (*corr. in textu* E[2]) **6** cum] *om.* Or **7** aluo Or | naues Or | extuarias Or **8** lintribusque E; Or | deprehensis E **10** letantis E | ueteres ad amorem Or **11** diuturna E (t *puncto del.*) **13** accintus E (*bis*) **14** acta E; Or **15** ut E **16** cuius E

19 **2** strisiorum Or | per E **3** at E **4** senatus E; Or **5** ex uer Or (*sequ. spat. 10 litt.*) | inde muniuit E immunitur Or **6** conchos Or **8** caucorum Or **10** in sinistra Or | conaret Or | in r. p. Or **11** casuras Or | cum prospere E improspere Or | pati Or **12** ignatio Or | pergrauem Or

20 **1** hae E; Or **2** effunderentur Or **3** contentio Or **4** quosdam E; Or | ne E **6** produxit Or | que E | uetarentur E; Or **9** machiaco E mathiaco Or | unde] *om.* Or **10** et fodere E; Or **11** aperta Or

21 **1** qurtii Or | ruffi E | gentium E[1] (*corr. s. l.* E[2]) | prodiderunt E **2** promiserim Or | et] neque E **3** adrumento Or **6** homine Or **7** diggressusque Or | urbem et E; Or | simul ac E[1] (*corr. s. l.* E[2]) **10** esse natus E; Or

22 **1** nouius E **2** insignis eques Or | accintus E | repetitur Or **3** dilaniebatur Or | de se nouius E desenoni Or (*sequ. spat. ca. 35 litt.*) **5** iisdem E hisdem Or | dolobella E **6** celebrante E **7** ciuibus Or **9** quin in Or **10** tum] *om.* E | constituti E **11** curita E[1] (*corr. s. l.* E[2]) | a E

**12** diligendi $E^1$ (*corr. in textu* $E^2$); Or **13** postumius E potus Or | et] *om.* E **14** annos E | tarquinos Or | ut] et Or **17** legem Or | sylle E suille Or | suplemento E **18** recuperassent Or **20** dolobelle E; Or | uoluit ut Or

**1** uipsana E; Or | quom E **2** gallieque Or **3** ius] uel Or **4** multis 23
Or **10** irruperint E; Or | que Or **11** elatior E **14** alexiam Or | moreretur E memoretur Or **15** sub] *om.* E; Or | ara E aera Or | per se satis E; Or **16** ne E | magistratuumue E

**1** etiam E **4** rem publicam E; Or **5** capessam E capescam Or 24
**7** lucania Or **8** et Or **9** uirium Or | gentesque E **12** nunc Or **14** more Or **17** noster Or **19** mandati E mandare Or | fallimur E | recens E **20** uolsci E; Or **21** nonquam E | aduersum Or | struxere uel capti Or **22** ut E | tu scis Or | sannitium E sannitum Or | attamen E; Or **25** nostris] *om.* E | immixti nostris Or

**1** Aedui] duo Or **2** gallicorum Or **3** usurpauit Or **4** iisdem E 25
hisdem Or | numero Or | acciuit E adsciuit Or **5** ex Or **7** exustis Or **8** senia E seuia Or | in re publica E; Or **9** cesaris Or **11** mouendo Or | secum] socrum E | quisquis Or **12** exeundi E; Or | ei Or **14** condentium Or | permixti E; Or | molirent Or | uipsanus E; Or **15** retulit E; Or | promiscuum E; Or **18** assentantem E; Or | $\overline{\text{LVIIII}}$ LXXXIII E LXIIII·LXXXIIII·LXII Or

**1** adulterorum E; Or **2** sine Or **4** urgebat E; Or | senecta Or | 26
operirentur E operiretur Or **5** ab] ad Or **6** patriam E patriani Or **7** britanico E | mensuram Or **9** hae E; Or **10** filius Or | summam E **11** extimaret E; Or **12** prodigos E; Or **13** ultro Or | expectato E; Or **14** hostiam E; Or (h- E; Or *semper*) | solemnia E; Or (-nn-)

**1** rei Or | tanto nulli Or **4** designarent E | **5** auruspicum Or | subisse E; 27
Or **6** actam] totam Or **8** tradam E tardam Or

**2** aperto Or **3** industria E instruo Or | exultauero Or occulit adulteros E 28
**4** abfuisse E affuisse Or **5** forma E; Or | iuuenta E iumentis Or | atque Or | accingi] attingi $E^1$ (*corr. s. l.* $E^2$) **11** neque Or

**1** calistus E; Or | ac Or **4** deinde E | ultra Or **5** calistus E; Or 29
**6** cautius Or | persistit E **7** et solum id E ut solum id Or | persciam presciam E **9** pellices E; Or | uis corporis Or **10** potentia eas tentando E; Or | perculit Or

**1** calphurnia Or | pellici E; Or **3** idem operiens E; Or | an comperisset 30
E; Or **4** abnuente Or **5** eicis uectium plancium E cicis uecticis plaucio Or **6** fortuna Or | apparatus E **7** et E; Or **8** dissidium E | tuum inquit Or

31 **1** potissimum E; Or **2** turanium E | getham E **3** percontatur E perconctatur Or | quibus E quid Or | titium certatim E certus Or | circumstrepuit Or **5** obfusum Or **8** simulabat E | prela] *om.* Or (*spat. 8 litt.*) **9** nebridibus E | accinte E | assultabant E; Or **10** thirsum Or | iuxta Or **11** coturnos E, Or | prothaci coro Or | uetium Or uectitium E **12** connissum E; Or (-s-) | interrogantibusque Or **14** species] spatia Or$^{1}$ (*corr.* Or$^{2}$ *mg*)

32 **2** offerrent E | fucillianos E fucilianos Or **3** dissimulato E | digreditur E aggrediuntur Or **4** affuerunt Or **6** auspicia Or **7** iussique E iussitque Or **8** lubidiam Or **12** eripiuntur E; Or | cuiusque Or

33 **1** gethe E **2** fidebat E; Or **3** assumptis Or assumptus E | metus erat Or | incolumitas Or **4** uis E | aliquo Or **5** in urbe Or | refertur uehitur Or uehitur E **6** uitelio Or | P. Largo E; Or | inuitaretur E

34 **1** posthec E **2** incursaret E **3** uitelium Or **4** quippe E **6** cecinna E; Or | etiam erat E; Or **8** obstreperet E; Or **9** iudices Or | quibus E | auerteretur Or **10** libri E$^{1}$ (*corr. s. l.* E$^{2}$) **11** eos] *om.* Or | iubidiam Or | nequit E | quam E quod Or **12** coniunx E; Or **13** se princeps Or **14** capesceret Or

35 **1** hoc E ha Or | claudii E; Or | Vitellius] uiuus Or **2** obaudiebant Or **4** tunc Or | habitum E; Or **9** tentauit E; Or **10** precatur Or | uiros equites Or **11** romanos E; Or | cupidos E; Or | fecit E; Or | et] at Or | a] *om.* E; Or **12** et messalline dant E ac messaline dat Or | uectium E uetium Or **13** et confessum Or | uibicum E | saufellum E; Or (-l-) **14** decius E deorius Or | calfurnianus E calphurnianus Or | uirgilius Or **15** uincus Or | uirgilianus E; Or

36 **1** minister Or | aspicere E **2** reminiscerent E **4** potiretur E; Or **6** consuleret Or **7** arauli Or | mentani Or **9** perturbatus E; Or **10** suilo Or | censonino Or (n *pr. puncto del.*)

37 **1** lucillianis E lucilianis Or | in] *om.* Or **2** tanta E | superbia E; Or **3** agebat E egebat Or | nisi Or | perniciem E **5** delinitus E; Or **7** et redire Or **8** uox Or | uxori E | prorupit E | denuntiatque — **9** exequi] *om.* Or **9** aderant E **10** et] *om.* E | euodus datur e libertis Or | enodus E **11** progressus Or **12** flenti Or | suppremis E; Or **13** operiretur Or **14** libidinem Or **15** deducebantur E **16** tum E | astititque Or **17** at] ac E; Or | et] ac E

38 **2** ac E | pectore Or **3** transfigitur E | nuntiatumque est Or **5** poscitque Or | nec Or | sequutus quod E **6** illius Or **8** ac] et E **10** fastidii Or fastigii E | secundum E; Or | calistum E; Or **11** ex quibus E | orirentur E oriretur Or | tristitiis multis E; Or

## ANNALIUM LIBER XII

Cornelii Taciti actorum diurnalium auguste historie liber XI explicit incipit duodecimus E; *inscr. om.* Or

**1** caede] sede Or$^1$ (*corr. s. l.* Or$^2$) **2** celibi E; Or | uice Or | intonanti E; 1
Or **3** coniugibus imperatoriis Or **4** quoque Or | dignam E; Or
**5** loliam E **6** lolii E **7** calistus E; Or | et E | petinia E **8** modo
huc E **10** adiicere E; Or

**1** familiam E; Or **2** petinia E | coniunx E; Or **3** haud quamquam E | 2
usuram in britannicum E | et octauiam E; Or **4** calistus E; Or | dissidio
E; Or | rursus E **5** loliam E | inducit Or **8** nepotes E **9** claudie
que E; Or | coniungeret E; Or | et] *om.* E; Or **10** experta E; Or

**1** auita Or | illecebris E; Or | que ad E$^2$*mg*; Or **4** aenobarbo E enobardo 3
Or **5** et] *om.* Or **6** syllano E sillano Or **7** alias E; Or | insignia
Or | magnificentiam Or

**3** syllanum E | cui E; Or **4** galuina Or **5** fratrisque E | incestum] 4
moestum Or **7** syllanus E **8** animo E | uitellium Or **9** mouet Or
**10** syllanus E sillanus Or | euitare Or **11** reliquiis Or | Eprium] epirum
E *om.* Or (*spat. 10 litt.*)

**1** uerania E; Or **2** iam *alt.*] *om.* E **3** solemnia E; Or (-nn-) | deducta 5
E **4** filia E; Or **5** eruperet E **6** artibud E$^1$ (*corr. s. l.* E$^2$) | per-
petratum Or | percontatusque E; Or (-nct-) **8** operiri Or | pallatium E
**9** rei publice E; Or **11** capescat Or **12** commune] contione E$^1$ (*corr.*
E$^2$*mg*) | honestior Or **14** et uoluptatibus E | assuefactus E; Or **15** a
Or | temperauisset E

**1** permisit Or **3** delegi Or **4** inquirendum E; Or | quis in agrippina 6
Or **7** audisse Or **8** arripi E; Or | coniuges arripi Or | a] *om.* Or
**9** uno Or **10** connubia E | solemnia E; Or (-nn-) **11** nec ulla lege E |
adito Or **12** precrebuisse Or **13** his Or

**1** contraretur E | uim E ni Or **2** promiscua E; Or | populum Or **3** ex- 7
pectato E; Or **6** neque E **7** talledius E; Or **10** messalline Or

**1** syllanus E sillanus Or | sibi mortem E | spem] *om.* Or **3** tullii Or 8
**5** procuratores Or **9** uteretur E; Or

**1** memmium E meminium Or **2** inducit Or **3** hortaretur E; Or (or-) | 9
claudium Or **5** censent Or **6** secundum E; Or | domitio Or **7** et
arte Or | qui sub Or **8** uitrico et filio timebantur Or

10 **1** retuli Or dixi E **3** sed] sed et E *om.* Or **4** ad filium Or | accedere E; Or **5** gotharcis E gazarzis Or | iusta E | intollerandam Or tolerandam E **6** citos Or | adiici E; Or **9** uirum Or **10** obsides liberos E; Or | domesticum E

11 **1** disertauere E **3** memorie Or **5** concitaret Or **6** atque Or | ignorantiora E | tolerantiora E tolleratiora Or | capesceret Or **7** modestia Or | attamen Or **9** et Or **10** datam post hec C. Casio E | syrie E; Or **11** eufratis E; Or *add.* iubet E

12 **1** casius E | ceteros] *om.* Or | preeminebat E | iam Or **2** industrios Or | ac E **3** tenebat Or | attamen E; Or | reuocare — **4** prouisu] *om.* Or **4** exercere E | inde E **5** et maioribus E | casia E | ratus] *om.* Or **6** accitis Or **7** zeuma E **8** acharus E; Or **9** at E | perfidiam] perdiam $E^1$ (*corr. s. l.* $E^2$) **10** imitari Or | itaque E; Or | urgeret E urgent Or | sumptum E | achari E; Or **11** ignaram Or | ratus Or **12** edassem E edissam Or | ostendere Or **13** cominus E; Or **14** petunt Or | importunum E importuna Or | occupabat Or

13 **1** exin E; Or | campis E **2** careras Or | Adiabenos] ad labenos $E^1$ (*corr. in textu* $E^2$) ad iabenos Or **3** iliates E uiliates Or **4** gotharcem E gotharzen Or (-th- E, Or *saepe*; -c- E *semper*; *cf. ad XI 8, 8*) | occultam E | fidam E **5** niuos Or | assirie Or | illustre Or **6** et Or **7** sambulos E; Or | uotas Or **8** diis E | susciepiebat Or (e *pr. puncto del.*) | precipue Or | relligione Or | herculi E | statuto E; Or **10** ut E | honustas E **11** an|nhelitu Or | rursus E | quas E; Or **12** pererrauerint E; Or | demonstrant E

14 **2** quoniam Or **3** nectare Or **4** ezates E eziates Or | adiabenus E; Or | et rex Or | abbazus E **6** romam E; Or **8** neque Or **10** obusis Or **12** secutus] *om.* E **16** medis E; Or **17** at E

15 **1** mitridates E; Or (-tr- *semper*; *cf. ad XI 8, 1*) | bosforanus E; Or **2** abiisse E | relictos E (s *puncto del.*) **3** cotim Or | inuenta $E^1$ (*corr. s. l.* $E^2$) | pauca E | aquilio Or **4** utrique Or | profugas E | extremo E **5** dandaricarum E dandaridorum Or **6** et] *om.* Or | bosphorum E; Or | inuasurum Or **7** diffisus E diffisis Or | cotis E; Or | syracusorum E; Or (si-) **9** adorsorum E; Or | precellebat E; Or **11** ut] *om.* E | eunonos Or | obsidia — **12** capesserent] *om.* Or

16 **1** tum E | adorsi E; Or **2** bosphorani E; Or **3** soza E sozan Or | dandaride E **5** exin E; Or | seracos E soracos Or **6** uspem Or **7** non] *om.* Or | gratibus Or | et] atque Or *om.* E | iunctis ac modica E **9** in Or | mox Or

17 **1** postremo E; Or | exorantes Or | seruitu Or **2** que trucidarent Or **4** iura Or **5** uspen siue E uspen sine Or | nil tantum Or **6** impedita

Or **7** prorumperentur E; Or **10** romanus Or | inuictum Or | abfuisse E affuisse Or **11** qua Or **12** que E; Or | littora E; Or **13** profecto E; Or | consularium E; Or

**1** misericordiam] miseriam E[1] (*corr. s. l.* E[2]) **2** cotis Or **3** eius auctoritas Or **4** non] *om.* E; Or **6** comperato E | genibus Or **8** assum Or **9** achmenis Or 18

**1** degener E degenere Or **2** alleuat E; Or | quod] *om.* Or | adorsorum E aduersorum Or **3** dexteram E **4** populus romanus E | magnarumque Or **6** ex communione Or **7** zorsin Or **8** quoniam Or **9** exciperet Or 19

**1** ac Or | initis Or **2** accipere E | an] *om.* Or | repeti Or **3** adiacebat Or **4** impetuosoque Or **5** egens tum E egentum Or | periculum E **6** pelleretur Or **7** arriperet — cui] *om.* Or | quin E **9** ad exequendum uim Or **10** quantalibet E quoniam Or | pertinatia Or| hoc tentata E; Or **11** benificentia E 20

**1** post hec E; Or | uinium Or | colonem E; Or **6** coloni E; Or 21

**1** iisdem E hisdem Or | lolie E **3** obiiceret E; Or | caldeos Or | carii Or **4** exin E; Or **5** lucii Or **6** messallam E messallinum Or | meniuo Or **7** nuptiis] *om.* Or **8** materiam E; Or | celeriter Or | publicatus E **9** sextertium Or | ex opibus immensis] *om.* Or **10** calphurnia E; Or **11** uis E ex Or **12** ultima citra Or **13** damnatur ex lege Or **14** bithinis E bitinis Or 22

**1** patris Or | datur Or | ut] et Or **2** quoque Or **3** itureis et iudeis Or **4** suemo E soemo Or | syrie E; Or **5** ommissum E | deinde] *om.* Or **6** urbis] *om.* E | quod his Or | qui] *om.* Or **9** sylla E silla Or 23

**1** contendendi Or | et] *om.* Or **2** quo Or | noscere] *om.* Or **3** simulachrum Or | quod E **4** sulcus] sulcis E[1] (*corr. s. l.* E[2]) **6** consiti E consuti Or | ad curias Or **7** laurum E larem Or **8** ubi Or **9** actum Or | tunc E; Or | cognitu] *om.* Or **10** perscriptum est E 24

**1** antistitio E | suillo Or | optio E; Or **3** illigatus E; Or **4** robur Or **5** uiguisset Or **7** iuuenem Or | capessiturum Or | biennio E; Or **8** apud] ante ad E | ratione E **9** annotabant Or **10** ante hanc Or | adoptionem] orationem E[1] (*corr.* E[2] *mg*) | accio clauso E actio claudio Or 25

**1** questore E; Or **2** que E **6** uertebatur Or | intelligens E; Or | ei] *om.* E | fuisse ei Or **7** commendatis E commendatos Or 26

**1** quo] *om.* Or **3** ex uocabulo ipsius indicium Or | ex E **4** rheno E; Or | agrippe Or **5** hisdem E; Or | superiori Or | catthorum E cauthorum 27

Or **6** deinde E; Or | L. E; Or | uangiones Or **7** elario E; Or **8** ne dilapsi et Or | in prouisum E **9** militis E | leuium Or **11** uarriana Or | quadragesimum E; Or

28 **1** proprioribus Or | iuerant Or **2** honusti E **3** taurum E; Or | operiebatur E; Or **4** cathi E chati Or | causam E **6** et obsides in urbem Or

29 **1** sueuius E; Or **2** clarus] *om.* Or **3** diuturnitatem E | mutatus Or **4** iubillius E iubelius Or | hermundorum E hermundarorum Or **5** uando E uannio Or | sydo E **6** refugium Or **7** permittens Or | scripsit Or | p. atellio E; Or | hystro E | pannonie E pannonia Or **8** e] *om.* Or **9** tempore E **10** ligii alieque E ligualieque Or **11** phama E **13** ex armatis Or | iazigibus E laritibus Or

30 **1** iaziges E lazigies Or | et] *om.* Or **2** ligius E; Or | hermusdurusque Or **3** digressus E; Or **4** capessit E capesciit Or **5** accepit Or | dauio E danubio Or | operientem Or **7** uangido E | sydo E sidio Or | pertinere Or | apud E | fides Or **8** seruituti Or **9** maiori Or

31 **1** ostrium E | propretorem Or **3** exercitui Or **4** cohortis E **5** restiterunt E; Or | disiectus Or **7** cunctisque Or cinctosque E | castris antonam E; Or | sabinam E; Or **8** primigeni Or | ne Or **9** concussa E | ad] *om.* E; Or | isque E **11** agere E | additu Or | ea] et Or **16** qua] contra $E^1$ (*corr. s. l.* $E^2$)

32 **2** inde cangos E; Or **3** temptarent] *om.* Or **5** expectat Or | brigantas Or **6** molirentur Or **8** sylurarum E; Or (si-) **10** camilodunum Or

33 **1** caractaci E caratici Or | uirbus E **2** quam Or | extulerunt Or **3** premineret E premuneret Or | tum] *om.* Or | astu tum locorum E astu locorum Or | priorum Or **4** in Or | multum $E^1$ (*corr. s. l.* $E^2$) | prelium E | ordolucas E ordelucas Or **6** additus Or **7** tunc E; Or **8** uallis Or | saxis E | perstruit Or | perfluebat Or prefulciebat E | cateruaque maiorum E; Or

34 **1** hortari] hortati $E^1$ (*corr. s. l.* $E^2$) **2** bellis Or | caractacus E **3** volitans] uolutans $E^1$ (*corr. s. l.* $E^2$) | aut] at $E^1$ (*corr. s. l.* $E^2$) **4** aut] *ut l. 3* **5** cesaris Or **7** abstrepere Or | religioni E; Or **8** non uulneribus non telis Or | cesuros E

35 **1** obstupefacit Or **2** aditum Or | iminentia E | iugo Or **3** proelium] premium $E^1$ (*corr. s. l.* $E^1$) | uirtuti E **4** ac] *om.* Or **6** inuadit Or **7** certabantur E **9** cominus Or **11** assultantes E; Or | hii conserto E **13** legioniariorum E | uerterentur Or | spatis E; Or **15** caractaci E | fratresque Or

**1** ipsa E | fide Or | caramande Or **2** uictus Or **3** in insulas Or 36
**4** avebantque] ruebantque $E^1$ (*corr. s. l.* $E^2$) **5** uidere Or **6** ignobili
Or | caractaci E **7** addit Or **9** clientibus E | fallere Or | torquesque
E; Or | quaeque] *om.* Or | externis bellis E **10** quesierat E quesiuerant Or |
traducta sunt Or | coniunx E; Or **11** caractacus E **13** astitit Or

**1** fortuna et nobilitas Or **3** essem E | ortus E | imperitans E imperantem 37
Or **4** pacis Or **7** traderer E traderet Or **11** subgestu Or **12** iis-
dem E hisdem Or | gratibusque] gratiis $E^2$*mg*

**1** caractaci E **2** quam cum E | siphacem E; Or **3** aliqui Or **5** siue 38
quod E; Or | caractaco E **6** siue quod Or **7** cohortis E | extruendis
E extruendisque Or **8** relictos Or | uicis Or | et E; Or **9** obsidione E;
Or **10** atque Or **11** manipulus E; Or | pabulatum Or | nos ipsos E;
Or | missas Or **12** profugant E

**1** cohortis E | exposuit E; Or | sistebant E **3** tenuia damna Or **5** uir- 39
tus] *add.* erat Or (*punctis del.*) | prouisa E | ob praedam] *om.* E **6** siluarum
Or **7** vulgata] *om.* Or | sicambri E sigambri Or | occisi Or | ut E; Or
**8** extinguendum E; Or **9** cohortis E | populantis E **11** trahebat Or
**13** aut Or | assumpsisset Or

**2** propere] prope $E^1$ (*corr. s. l.* $E^2$) **3** cuius Or | mallius Or **4** et] *om.* 40
Or **5** durauisset Or **6** latoque Or **7** accursu E ad cursum Or |
caractacum E **8** e iugantum E euigantum Or **9** cartimandam E cara-
mandam Or **10** dissidio E **11** etiam] *om.* Or **12** cartimanda E
cartimannus Or **13** ignominia stimulante Or **15** promissum Or |
misso auxiliario Or **16** lectior E (c *puncto del.*) | namque Or | uenti E
**17** nassica E **19** ostorio didioque E didioque Or **20** proinde Or
**21** nunc] *om.* E

**1** Tiberio E; Or | quintum] ·Q· Or | quarto Or **2** capescende Or **3** li- 41
bens] liberis $E^1$ (*corr. s. l.* $E^1$) | ·XX· E; Or **5** appelletur Or **6** plebei
$E^1$ (s *add. s. l.* $E^2$) plebis Or | ut Or **8** pretextu Or | transuecti E; Or
**9** puerili E | habiti Or **10** persumeret E | simulque Or | sorte Or **11** et
britannici Or | miserebantur E; Or | remotis Or **13** illi Or **15** con-
suerint Or **16** priuatas $E^1$ (*corr.* $E^2$*mg*) | infensa E **17** tamquam E |
criminibus] *add.* claudius E **18** ac E; Or

**1** non Or | in Or **2** exolueretur E exoluerentur Or | rufius E; Or 42
**3** cunctos Or **4** cohortis E **5** asseuerante E; Or **6** burrhum af-
franium E **7** profiteretur Or **8** mos E; Or | sacris] *add.* druidibus E
**11** pugnator Or **16** igne E | interdiceretur E; Or **17** uoluatur E

**2** prorupte E; Or | ac] ad Or **3** obtritus E; Or | orte Or **4** accipie- 43
bantur Or **5** turbidis] plurimis Or **6** partem fori Or | ni Or | urgebant

E; Or | infestos E **8** modestiam Or | urbis E **9** subueniendum Or | italie E | regionibus E; Or | longinquis in prouinciis Or **10** portabant E **11** egiptum Or

44 **1** exortum est E | parthisque E **2** ac Romanis] *om.* Or **3** imperitabant E (n *puncto del.*) | pellice E; Or **4** uetera E **6** pharasmani E phasmanis Or **7** artis E **8** hiberne Or | iactabant E **10** prompte E; Or | urgentibus Or **11** et] *om.* Or **12** mitridate Or **13** incauto Or | opprime Or | rhadamistus E radamastus Or **15** cultum Or | armenie E **16** orante E; Or

45 **1** spes Or | qua E; Or **2** potuerit E; Or | prompte E; Or | exequenda E; Or **3** pharasmenes E phasasmanes Or[1] (*corr. in textu* Or[1]) **6** tradit Or **7** gornas E **9** oppugnantium Or | ac Or **10** rhadamistus E radamastus Or **11** negligeretur E; Or **13** domum Or | uenderentur E uterentur Or **14** Rad.] *cf. l. 10* **15** ni E | absteruisset E **16** T. umidium E tum nudum Or **17** forent E

46 **1** exolutus E; Or **2** sentiendum Or **3** pharasimanem Or **4** in] *om.* Or | Rad.] *cf. 45, 10* **5** liberos Or **6** cognita . . . perfidia E; Or | presidii E **7** commeatuum Or | dubitaret E dubitare Or **8** malle E; Or | ac Or **9** pellicem E; Or | nique Or **10** pharasmenem E parasimanem Or | obsidione E **11** decebant Or | exposcit E | meliora Or **12** Rad.] *cf. 45, 10* | oppugnationem E; Or **13** corruptionem Or pollutione E **14** presidio E | abituros E cominus Or | minutarentur Or **15** necessitate] *om.* Or | acceperit Or

47 **1** rhadamistus E **2** adiicit E; Or **3** vim] non Or | sed E | quod uisum E **4** sacrificium] imperatum E; Or **5** in] *om.* Or | societate E | coeant] *om.* Or **6** uincere E | perstringere E; Or | ubi mox Or | in artus extremos se effuderit E in artus extremos suffuderit Or **8** archanum Or **9** uincula E **10** iniiciuntur cathene E; Or | atque Or | compedes E; Or **11** mox quia Or **12** habito Or | atque Or | intendebant Or | e contra Or **13** commotionem E | miserebantur Or **14** coniunx E coniuns Or | ac Or **15** abducuntur E | cum Or quom E | pharasmenis E | exequirentur E[1] (e *supra* i E[2]) **17** interficeretur E; Or | rhadamistus E | ius iurandi Or

48 **2** ulcisceretur E; Or **3** omnes E **6** potiretur E; Or | rhadamistus E | parthis Or **7** causa glorie Or **8** itum] *om.* Or (*spat. 6 litt.*) | annuisse E amisisse Or **9** preciperet E; Or

49 **1** ignaui E; Or **2** despiciendus iuxta Or iuxta conspiciendus E **3** priuatas E | conuersationes E cursationes Or | curaret E; Or | obiectaret Or **4** prouincilium Or[1] (*corr. s. l.* Or[2]) **6** rhadamistum E **7** deuictus Or | insignium E **8** ceteris E **10** prope E | montem taurum propere Or **11** cur Or

**3** tindatem $E^1$ (*corr. s. l.* $E^2$) tridatem Or **5** et] *om.* Or | tygranocerta E 50
**6** hyems E hiems Or | seu parum E; Or | percellunt E; Or **8** rhadamistus
E | quamquam et aduersus Or | interfectores E **9** bellaturos E; Or
**10** patriam E

**1** rhadamasto E **2** coniunx E; Or | utrunque E **3** famam Or | tol- 51
lerauit Or **4** ubi ea Or **5** alleuare E; Or **6** terrore Or | potiretur
E; Or **7** distringit acynacem E **8** ad ripam E; Or | mandaraxis Or |
flumine Or | traditam E tradit Or | ne Or **9** aufereretur E | praeceps]
preces $E^1$ (*corr. s. l.* $E^2$) **10** zonobiam $E^1$ (*corr. s. l.* $E^2$) | illuuie E; Or
**12** uulgus Or **13** ataxata Or **14** tyridatem E tridatam Or | communi-
terque E

**1** sylla E sullo Or | siluio E | sotone Or | fuluius E **2** principes Or | 52
caldeos E; Or **3** adnectabatur Or | iunia E uiuia Or | religata Or **7** ex-
tinctum esse Or | quisquis Or **8** senatus] *om.* Or **11** adiicerent E; Or

**1** interque referetur E | de] *om.* E | coniungeretur Or **2** prolapsa] pro- 53
laxa $E^1$ (*corr. s. l.* $E^2$) | seruitutem E | sui E si Or **3** consensissent et qui
nati essent pro libertis haberentur E **4** ediderant E | sextertium Or
**5** baren Or **6** ortu Or **8** asseuerauit E; Or | inter Or **9** sub-
sisteret Or | aere E; Or **10** milies E; Or

**1** agebat] haberet Or | tum Or **2** primum Or **3** patientia Or **4** es- 54
set sed E **7** Cumano] *om.* Or **8** sammarice Or | contentu E contentui
Or **9** cohercitis Or | mittere Or **10** ad predas et E **11** hisque Or
**12** arsissent que Or **13** in Or **15** afferebant E; Or **16** rebellionis
causis Or | iusta tuendi Or **18** deterrentur E; Or | damnatosque Or
**19** reliquerant Or | cumanos Or

**1** agrestum Or | nationes] *om.* Or | ditarum E **2** spe Or | trosobore E 55
aroxobore Or **3** decursum Or | littora E; Or **4** atque Or | et] *add.*
in Or **5** anemiuerensis E | siria Or **6** peditesque Or **8** orantius
Or | aduersus Or | fraudem inducere Or **9** trosobore E aroxoboro Or

**1** Fucinum] ficcinum $E^1$ (*corr. s. l.* $E^2$) | lyrim E; Or **3** cis E; Or | thy- 56
berim E | stagno tiberim Or **5** unum de ·XX· E inde ·XX· Or | hominum
milia Or **6** attamen Or **7** nauigii et gubernantium E | soliti E; Or
**9** balisteque Or **10** ac montium E **13** clamide Or | presidere E; Or
**14** pugnatumque E | inter fontes E inter insontes Or **15** occisioni excepti
sunt Or

**1** perspecto Or | et] *om.* Or **2** una Or | uel media E; Or **3** rursus E 57
**5** e fluuio E; Or | appositum] *om.* E **7** ulterioribus subliciis E **8** operis]
corporis $E^1$ (*corr. s. l.* $E^2$) | cupinis Or | preclarum Or **9** recitet Or | nimias
Or

58 **1** auterio E antorio Or | sexdecim E ·XVI· Or **2** c. cesaris E **3** et] *om.* Or | nitesceret E; Or | Iliensium] aliensium E[1] (*corr. s. l.* E[2]) **5** uera E; Or | executus E (-qu-); Or **7** sextertii Or **9** delinquerant Or | a parmensibus E a papiensibus Or | conuulsis Or

59 **2** statinium E | illustrem E; Or **3** preuertit Or | tarquinio E; Or | legato Or | is] *om.* Or | africani Or **6** indignasque sortes Or indigna sorte E **7** tarquinius E; Or

60 **2** iudicatorum E iudicaturum Or **3** senatusque E **4** egipto E; Or **5** presiderant Or | perinde E **9** sempronii rogatione E **10** ut Or **11** sylla E; Or **13** mathios E; Or **15** c. claudius libertos suos Or **16** adequauit Or

61 **1** retulit E; Or | deinde imminuta de cochis Or **2** argios Or | uel cum E etiam cum Or | parente E; Or **3** illatam E; Or **5** quique Or | uiguisset E **6** ipse] *om.* E **7** omnino Or | cohi Or | tanti E; Or **8** haberetur E; Or **9** patuisset tradisset E potuisset tradidisset Or

62 **1** bizantii Or bizantium E | magnitudine Or **2** repeti uertor si Or **3** iecerant Or | aduersum Or | ut] *om.* Or **5** anthiochum Or | arystonicum E | pyratico Or **6** memorabant quaeque] E memorabantque que Or | sylle E; Or **7** cesarem Or | merita] *om.* Or

63 **1** arctissimo E; Or | bizantium E; Or **2** extrema E; Or **4** grecorum E; Or | calcedonii Or **6** bizantium E; Or | fecundoque E | quamuis Or | in metapontum E; Or (-tha-) **7** littoris E; Or **10** thracio E tartio Or | bosforanoque E; Or (-neoque) | retulit E; Or

64 **1** m. asillino E m. asilino Or | m. accilio E; Or | mutatione Or **2** signa enim ac E **3** apum E **4** acciptrum E **8** dein non Or **9** celebrare Or | Lepida] leuibus et E *om.* Or | mulieribus Or **10** agrippina Or **11** prior E; Or | CN. maritu Or | claritudine Or **13** uinolenta E; Or **16** deuincebat Or **17** tollerare imperitatem nequibant Or

65 **1** coniugium E; Or **2** cohercitis Or **3** ob hoc E | indita E **6** potiretur E; Or | uisui E **7** conuinctam Or **8** meritum E; Or **9** ac E; Or **10** prioris — impudicitiam] *om.* Or **11** palam te Or **12** regno] *om.* E **13** maturissimum Or

66 **1** curarum] *add.* claudius E | ualitudine E; Or **2** mollitie Or | tunc Or **5** silentium et rabidum Or | suppremis Or **7** deferret E **10** ex Or | halocus Or | gustum Or

67 **1** pernoctauere Or | ut — **2** delectabili] *om.* Or **2** prodiderunt E | cibo et leto Or **3** socordiam necis ad claudium bili ac uinolentia Or **4** solutam aluum E soluta alius Or **5** inuida Or **6** nixus Or missus E[1] (m *puncto del.*, n E[2] *s. l.*) **7** pennam Or | illitam E illatam Or

**1** uerebatur Or **2** ex annius Or **3** dumque res forent Or dum res E 68
**4** pridem E **6** domari Or **7** additus Or **8** ualitudinem E; Or **9** prospera Or | caldeorum E; Or | attentarent E

**1** ·III· E **2** deductis Or | buro E | digreditur Or | a cohorte E **5** ad- 69
uersum Or **6** sicuti Or **7** consalutatur] consultatur E$^1$ (a *supra* u *pr.* E$^2$) *om.* Or (*spat. 12 litt.*) **10** solemne E; Or (-nn-) | proinde Or | celebratur] *om.* Or **11** proaua et liuie Or

Cornelii Taciti actorum diurnalium auguste historie liber XII explicit incipit XIII E; *inscr. om.* Or

## HISTORIARUM LIBER II

*inscr. om.* E$^1$ (incipit lib. XVIII. E$^2$*mg*); Or

**2** uarie ortum E; Or **3** aut E | t. uespesianus E (uespe- *semper*) | a Or 1
**5** iuuenta E inuentam Or | ferebant E (n *puncto del.*) | uulgus E; Or **9** decori E decoris Or | Vespasiani res] *om.* E **10** omnium Or **11** fortuna E; Or | corinthii E | urbs Or | certos] *om.* E | interritu E **12** affirmarent E; Or | animus Or **15** si non E si in Or **16** et E; Or | incerta E | uictoria E uictoris Or | patre] filie Or **17** infensarum E

**1** et metum Or | fuerunt Or **2** beronices E; Or **3** beronice E; Or | 2
ex eo] *om.* E **4** expedimentum Or | adolescentiam E; Or | agit E **5** modestior E | prouectus Or **6** rodum Or | spatiis audentioribus syriam E | ardentioribus spactus Or **9** situm E; Or

**1** ueriaum E uenerianum Or **2** prebent Or | cinara E; Or **3** appulsam 3
E; Or | scientia arteque Or **4** aruspicum E auruspicum Or | e cilicenta miram E et cinare certamina Or **6** ullo Or | regum Or | intulerat Or **7** scientia] *om.* Or | cinarades E; Or **8** quis Or | nouisset E; Or | deligunt Or | heduorum Or **9** obfundere E **10** umbribus Or **11** simulachrum Or | tenue Or **12** ambitu Or | exurgens E; Or | et E; Or

**2** uetusti Or | adfingit E; Or **6** dicta Or | uidit E **7** profectus Or 4
**9** cum iudeis Or | oppugnatione E; Or | ierosolimorum Or **10** montis — **11** uirium] *om.* Or **11** tollerandas Or **13** quatuor Or | mutianus E; Or (-ti- *saepe*) **14** repulerat E **15** favor (*mendo typographico pro* labor)] labor E; Or **16** ardor] Or (*sic*) labor E

**2** dieque E | fortuito cibo E$^1$ (*corr. s. l.* E$^2$) | fortuitu Or **5** aptiori Or 5
**8** hi Or | sirie Or | prepositis Or **9** exitii Or **10** consulere Or | fides E (s *puncto del.*) fide Or **13** uulgus E; Or

**2** precibus E precipitibus Or | assolet E; Or | quam Or **3** quietis Or 6
**5** crasso E **6** additisque semper sepius in siria Or **9** othonis Or

**10** uulgatum E; Or **11** premio Or **12** circumspiceret Or **13** siria Or | incontinua E | egiptus Or | duas Or **14** cappadociam Or | quicquid E; Or **15** pecunie E; Or **16** seclusum E

7 **1** expectari E; Or **2** bellum cum in E; Or | nonquam E | fides E | coalesceret E calescere Or **3** referret Or | othonem an uitellium E **4** et E **5** luxurie Or **7** ceci Or

8 **2** pluribus] *om.* E **3** ceterum E | contextum E **4** tum E | tradiderunt Or | italie Or **5** similitudine moris proprior Or **7** et Or | tempestatis Or | scythinum E in cinthum Or **8** absciuit Or **9** et Or | abnuentes] abnuente $E^1$ (*corr. s. l.* $E^2$) **10** sysennam E | dextra Or **11** signa E | siriaci Or | ferrentem Or **12** sysennam E **13** multis E; Or **14** erectis E; Or **15** foros E | discursit Or

9 **1** gallaciam E | pamphiliam E; Or | calphurnio E; Or | aspernatis E aspernoti Or **2** donec Or | missenensi E misensi Or **3** eum Or | scythinum E sythinum Or | triarcos Or **5** syriam Or **6** triarche Or | nuntiantes E | alloquendos E; Or **7** aspernati E asperitati Or **8** quisque Or **9** corpus E; Or

10 **1** inde E **3** iubius crispinus potentia pecunia Or **4** annuum Or (*in ras.*) | dilationes Or **5** cognationem Or | uocabat senatus $Or^1$ (*corr. s. l.* $Or^2$) | uocauerat E **6** principatum censuerat Or **8** retinebatur E | ad hec E | terroris E terrore Or | vi] *om.* Or | crispinus Or **9** suis E | preuertere Or | traxerat Or | magistratus E **10** postularet E **12** infirmum et E **13** dilata Or **14** assensu E; Or **17** despiciebat Or

11 **2** pannoniarum Or | quatuor Or **3** e Or **4** constricta E | ac] et Or | precipue Or | XIIII$^a$ E quartadecima Or **6** ut] *om.* Or | erepta Or **7** et Or **8** eo agmen Or **9** et qui tum Or **11** civilia] *add.* bella Or | usurpata Or **12** spurrina Or **13** premia Or | ceciderant] *om.* Or (*spat. 10 litt.*) **14** cecinna Or | inter Or | sperauerant Or **15** spiculatorum E **16** ille E **17** est] *om.* E **18** pedester E pedestre Or

12 **1** et maiore E **2** tentatis E **3** aggrediendeque Or aggrediendisque E | narbonensis Or **5** per] *bis* E | uictus E **6** et Or **7** prelium Or | neque Or **8** littora E; Or **9** quo Or **10** accusantes Or | domini] *om.* Or | coniuges suas Or **14** ictu Or | non castra] *om.* Or **15** nos ciuitatibus E | neque] atque Or

13 **1** albuntimilium E albinitimum Or **4** hausit Or | lygus E **5** credidisset E **6** interrogassent E | occulerat E | utrum Or **7** ullus E (*puncto corr.*) | tortoribus E | constantia E

14 **1** adacta Or **2** fabio ualenti trepidi nuntii E | fauio Or **3** turingorum E; Or | quatuor Or **4** mire uirorum alancum Or **5** terestre E

**6** acceleraret E; Or (-ll-) **7** aduersum Or **8** quingentis E; Or **9** acie E; Or **10** collis Or | exurgeret E; Or **11** annexa E **14** quietem Or | treuerorum Or **15** latere] *add.* etiam E | saxi surgeret Or **16** etiam] *om.* E **17** additis E **18** delecteque Or **19** in Or | tenuisset Or | abtentui Or obiectum obtentui E

**1** auxilium Or **2** secessum E **3** nauis E; Or | sidentes Or cedente E 15
**4** collem Or | turingarum E turingorum Or **5** nec Or **7** circunuenere Or | ut Or **8** equites Or **9** albingantium Or

**2** aflixit prope Or | afflixit E **3** summa E; Or **4** iurauere Or **5** in- 16
ani] *om.* Or (*spat. 15 litt.*) **6** cladium Or | pyrrhicum E phirricum Or **7** tetrarcum Or | lyburnicarum E | quintum Or **9** uitelii Or **10** delectum E; Or | pacharius E picarius Or **11** accepit Or **12** uirosque Or **13** classes Or | quas Or **14** in Or **15** digressus E **16** balneis E balnicus Or | sibi (*punctis del.*) ipsi E **17** ut Or **19** puniuit E punit Or

**1** in italia E italia Or | bellum quem Or **2** syllana E **3** faciles] flagile 17
Or **5** urbium est E **6** permisse E | cecinna E; Or (-nn- *saepe*) **9** flumines E (s *puncto del.*) | irritabat E; Or | bathanos transrhenariosque Or **11** exterruerunt Or

**1** ceterum Or | spurrine E **4** obiicere E; Or | miles] ille Or **5** intenta 18
Or **6** tribunis Or | laudare Or | qui pro othone E qui othonem Or **7** et accium Or | spurrina E spurnina Or **8** esset Or **9** nitesceret Or

**1** apparebat $E^2$ *s. l.* **2** labos E | contudit E contundis Or | mestissimus E 19
**6** laudare Or | prouidentiam E; Or **7** ualidum Or | spurrina E spurnina Or **8** ratione E; Or | attendens E **11** obsequia Or

**1** an Or **3** uersicolor singulo Or | brachas E | tegmen barbarum E | 20
tegumen Or **4** soloni nam Or **6** mortalibus] mortalis $E^1$ (*corr. s. l.* $E^2$) | egris E **7** magis] *om.* Or **8** equis Or **9** colloquium E; Or **10** irritis E; Or **11** oppugnationem E; Or **12** incerta Or

**2** subire E; Or **3** pulcherrimum et Or | amphiteatri E; Or **4** oppugna- 21
toribus E oppugnationibus Or **5** sin Or | reportans gerunt Or per portas egerunt E **6** uulgus E; Or | illata E; Or **7** et Or | inuidie emulatione E; Or **9** habitu Or **10** potuisset E **11** assumpta E; Or **12** crates Or | suffodiendis E; Or | oppugnatoribus E; Or **13** perfungendis Or *add.* operibus E **16** et] *om.* Or **17** et *pr.*] ac E | ac] et Or **18** Vitellium] *om.* Or **19** increpantes E

**1** oppugnatoribus E | utrisque Or **2** spersa Or **3** fluxo Or | cominus 22
Or **4** aggredi E; Or | super Or | pila] *om.* Or **5** cauti Or **6** humeros E; Or **7** textus Or **8** pretorianus Or | id] *om.* E | morales E **9** obru-

ta Or | exangues E; Or **10** ac E | lacere Or | augere Or | manibus Or | uulnerarentur E uulnerarent Or **11** redire Or | et pudore Or **12** oppugnationis E oppugnationes Or | irrisus E; Or | iisdem E hisdem Or | assideret E insideret Or **13** cremonem Or | turrullius E **14** quam pluribus Or | breganticus E; Or **15** batauius E (u *alt. puncto del.*) bitanis Or

23 **1** spurrina E spuruina Or **2** animum Or **3** paucitati Or **4** tollerarent Or **6** progressa Or | bebriaci E; Or **7** cremonam ueronamque E **8** iisdem E hisdem Or | a m. macro E **12** resisterent Or | reprehensi Or | ne] et E | presidiis E **13** omnia quecumque E; Or **14** extimantibus E existimantibus Or **15** animum Or **16** incesserant E; Or **21** tutianum Or

24 **1** consilii dictu Or | augebant Or | cecinna Or **2** ne quicquam E nequaquam Or | scenesces E **3** crebria Or **5** recuperare E; Or | auidus Or **6** castrorum E; Or **7** mutatur Or | auxiliarios E | occultis Or **8** imponit Or | iussit E; Or | refugere Or **9** festinatione Or | coerceret E coercerentur Or **11** quatuor Or **12** viae tres] ueteres Or **14** uexillaribus E uexillariis Or **15** et pretorio auxiliis Or **16** in subsidium E

25 **2** exurgentes E; Or | cedunt et Or | sensum E **5** datum pediti Or **8** scito Or **10** adhaerebat] dehere Or | promptissimas E **11** militum E | interficere Or | uulneratur E; Or | epifanes E epihanes Or

26 **1** uorsi E | fuga Or **4** unquam Or | arriperet Or | et] *om.* Or **6** frater Or **7** othonem E **8** ubi Or | occursantesque E **9** ut] et E **10** utriusque Or **11** percrebruit E percrebuit Or | timuisset E (-t *puncto del.*) **12** e] *om.* E | fexos Or | aggrederetur E; Or | periculosis Or **13** fore Or **14** uulgus Or | aduersorum ore Or

27 **1** perinde E | quam — **2** composuit] *om.* Or **3** sed] *om.* Or | sabii Or **4** uenerant que posito Or **7** opportuerat Or **8** bathanorum Or | quatuordecima Or **9** britaniam Or **10** retulimus E; Or | aiebant Or | cuius Or **14** ad] haud Or | eam iam Or **15** suspectabant E (n *puncto del.*)

28 **1** allato E; Or | ire uirorum Or | turingosque E **3** dispargendi E **4** britannorum Or | uulgatumque E; Or **5** orbitari Or **6** tot] *add.* uirorum Or **8** uictoria E | substentaculum E; Or

29 **2** ceptabant Or **3** precium Or **6** alphenius E alfenius Or **7** addidit E; Or **9** corpore Or | circumspecta re Or **10** et lacrymis E **12** uulgus E; Or **16** cuilibet Or

30 **1** castris Or | allatum E; Or **2** propere Or **3** nec E | expectare E; Or **8** ac prope E **9** erat] *om.* E **12** et maculosum E | timidum Or |

uanum ac tumidum E **13** irridebant E; Or | conditio E (i *alt. puncto del.*) | fauere E fauore Or **14** epistolis E; Or **15** conviciorum] uitiorum $E^1$ (*corr. s. l.* $E^2$) | uitelium Or

**5** ipsi hostis E ab hostibus Or **6** uidebatur Or | et E 31

**1** tum E | quia E | illa tempestate nemo E **5** et] *om.* E | irrupturis E 32
irrupturus Or **6** ducat E | destineri Or **9** exercitu Or | uastatam E
**10** unquam Or **11** tractum Or **12** aut tolleraturos Or **14** fidam Or |
dalmatiam E; Or **16** nonquam E | nomina] *om.* $E^1$ (*add.* $E^2$ *mg*) | et E |
si] *om.* Or **18** ualidiora Or **20** cesuram E | defensionene (*sic*) explora-
tam Or **21** ·XIIII· Or | magnam ipsam famam Or **22** moesiacis
copiis E moesaicis copiis Or | affore E; Or

**1** sententia Or **2** afflicto E; Or retulerant E; Or | tutianus Or **5** af- 33
fore E; Or **7** se poni Or **9** periclis E **10** ut] et Or | dubius Or |
summam Or **11** conseruaret Or **12** afflixit E; Or | nam E | spicula-
torum E **14** suspectu ducis Or | et ut otho Or

**2** sua] *om.* Or **3** atque Or **4** operiebantur Or opperiebant E | in- 34
coato E **5** oppositam E; Or | ac miles ne ipsorum E **6** terreret E; Or
**7** inter se E | connexe E; Or | insuper E **10** adducta E deducta Or

**1** qua Or **3** lyburnicis E | aggreditur E; Or **4** perinde E **5** uul- 35
nera E; Or | dirigebant E; Or **6** immixti E **7** turbabantur Or **8** at
E | cominus E; Or

**1** superfuerant E | direptum Or **2** uulneratum E; Or **3** structis E 36
(*puncto corr.*) | incursu E **4** plus E | spurrina E **5** auxilio Or | aduenit
Or | flauum Or **7** et ad E; Or | ob] ad Or

**5** atque Or | precipue paulinum E; Or **6** consiliarium E; Or **7** con- 37
senserim Or **10** uulgi E; Or **12** dissonus Or **13** calescere Or |
egestatisque Or **14** moribus E | suis] *om.* Or

**1** insitam Or **2** aboleuit Or **3** subtracto E | urbibusue Or **4** re- 38
gemque Or **5** tribum Or **7** l. sylla E l. silla Or **8** quos] *om.* Or
**9** nonquam E **10** philippus Or | othoni Or | ac E **11** eodem Or
**12** cedem E; Or **14** morum] rerum Or | ad ordinem rerum ueniam Or

**1** tutianum Or **2** ius E eius Or **5** quod Or | tum E **6** exequi E; 39
Or | a bebriaco E ab edriaco Or **7** amnibus] *om.* Or (*spat. 10 litt.*)
**8** eque Or **9** milites Or **10** plerasque Or | transpadatum Or | neque
Or | perinde E **11** quod E; Or | factum Or

**2** agile Or | ·XV· E ·XVI· Or **3** obiicere E; Or **4** omissuro] amis- 40
suro E *om.* Or (*spat. 15 litt.*) | cominus Or | ut uix Or | quatuor E; Or **5** in]
*om.* Or **6** aggrederetur E; Or | tutianus Or **8** segnitie Or

41 **2** colloquium E; Or | expostulantes Or **3** exortatores Or **5** ad Or | ceptarent Or **6** ualentes Or **9** cominus Or **10** que astrictis E et astrictis Or **11** uitellianorum Or | acie E arte Or **14** quieta Or **15** signa — alii *alt.*] *om.* Or | accurrentium E; Or **16** uolantium et quique Or clamitantiumque et ut cuique E | postremamque Or **17** uel E | reuehebantur E; Or

42 **1** langorem E | uertitur Or **2** disciuisse E **4** subrexerit Or | omisse Or **6** faceret Or | tunc Or **9** et Or | pugna Or | cominus E; Or **10** eminusque Or | caterues Or$^{1}$ (*corr. s. l.* Or$^{2}$) | collato E; Or **11** niti] *om.* E | cladibus Or **12** conspicui ceterum Or

43 **2** una et uicesima E; Or **4** une et uicesimanorum E una uicesimanorum Or | principibus E **7** trina E **8** legio] *om.* Or | accursu E; Or | quatuordecimam Or **9** suis Or **10** uarenus E; Or | alphenus E | batanis Or **11** manibus E | opposite E; Or

44 **1** bebriachum E **3** preliis E | vertuntur] non cedunt E$^{1}$ (*corr.* E$^{2}$*mg*) **4** lucinius Or | petiuere Or **5** aquilum Or **6** fugantium Or **8** eius] *om.* Or | uulgi E; Or **9** tucinum Or | mox Or **10** precibus consilio E **11** flexerant Or **12** ipsis Or **13** lauamentum Or **14** se] *om.* Or **16** fuerint Or **17** moesias Or | bebriaci E; Or **18** fieret E **20** in] *om.* E

45 **1** bebriaco E; Or **2** oppugnationem E; Or **3** sex Or **4** uictoriam Or **5** erant Or **6** legatione apud E; Or **8** tunc Or **9** lacrymas E | bellorum Or **10** iisdem E hisdem Or | uulnera E; Or **12** requisiti Or **13** orphidii E; Or **14** uulgus E; Or | ipsum Or

46 **1** operiebatur Or **2** prefugi Or **3** expectauit E; Or | habere E; Or **5** erat] *om.* Or | exercitare E **6** furoreque ament Or **7** prehensare E pensare Or | promptissimus plotius firmus Or **8** prefectus erat Or | orabant Or **9** tolerare E tollerari Or **10** strenuo Or **12** uultum E; Or **13** promissi Or **14** legione aquile iam Or **15** potius se E; Or | renouare Or

47 **1** aduersus Or | inquit hunc Or **2** ultro Or | obiicere E; Or | mee uite Or **3** tanto] *om.* E **5** diuisurum Or **8** extimet Or | frueretur E; Or **9** nec Or | es Or | aliis Or | tenuerunt E **12** estote Or

48 **1** ire Or **3** monebat Or **4** lachrymas E **5** epistolasque E; Or | se erga Or | in] *om.* E | insignis Or **6** nec ui Or | coccellanum Or **9** in hanc sibi quidem gratiam Or **10** nec Or | enim] *om.* Or **14** capessent E

49 **1** postque Or postquam E | paululum Or **2** uoluntatem E **4** uirginium E; Or **5** abeuntibus Or | alloquiis Or colloquiis E **6** uesperante Or **7** allatis E; Or | pugionibus duobus E **8** atque Or **9** affirmatur E;

Or **11** uulnus E; Or **12** tulerunt Or **13** lacrymis E | uulnus Or uulnusque E **16** promiscue E | bebriaci E; Or **17** sepulcrum E | extructum E; Or **18** finem uite Or | tricesimo E trigesimo Or

**1** ferentino E; Or **6** uulgatis E; Or **7** de Or | bebriaci E; Or | 50
inusitata E; Or **8** nicole E **9** alituum E **10** ipsum Or | tunc ablata Or

**1** non acta Or | ac] et Or **2** uirginium E; Or | ut *pr.*] *om.* Or **4** uirgi- 51
nius E; Or | aduersam E; Or | diggressus Or | irrumpentes E in irrumpentes Or **5** earumque Or | egerent Or **7** his Or

**3** allatum E; Or **4** arbitrabatur Or | uultum E; Or **5** postremum E 52
**10** consultos E **11** intempesti Or

**1** in uirginium Or **2** ut] et Or | ianua euasit Or | inuisu Or **4** irri- 53
tauerat E; Or | adscitum Or **5** redire Or **6** consultaturi E | tempore E **8** percontarentur E perconctaretur Or | diggressus Or **10** posteritas Or

**2** comenus Or (m *puncto del.*) | pertulit E **3** affirmans E; Or | uinctis E 54
**5** negligebantur E; Or **6** comenus Or | rapide in E rapidum Or | iussu Vitellii] *om.* Or **8** afferebantur E; Or | intendebant E **10** consuluerat Or **11** epistole E; Or | quoque E

**1** cereales E; Or | uti Or **2** cessisse uita othonem E censuisset otho Or 55
**3** in sacramento E; Or | attulerunt E attulere Or **4** plausuri Or | lauro Or | foliis E **5** iuxta] uix $E^{1}$ (*corr.* $E^{2}$ *mg*) **6** curtii E cultu Or **9** epistole E; Or

**1** afflictabatur E; Or **3** prophano Or **9** attritis E; Or | tantum E; 56
Or **10** tollerabantur Or

**1** reliquias E **2** uires] *om.* E | uterum E | hybernis E **3** delectibus Or 57
militibus E | legionum] *om.* E **4** cura belli E cura belli pre Or | hordeoneo E ordeonio Or | ipsa Or **6** bebriacum E; Or **7** bellum othonis Or **9** in honestatem Or | deinde Or | nobilitate E **10** ornauitque E onerauitque Or

**1** iisdem E hisdem Or | abscessisse E accersisse Or | mauritaniam E; Or 58
**2** luceius E lucenius Or | mauritanie E; Or **3** cariensi Or **6** othone E; Or **7** iminebat E | cliuio Or | metus] *om.* Or **8** quartam et decimam Or | littori E; Or **9** uitelio E

**1** et fidissimus Or **3** a tingitana urbe prouincia Or | mauritaniam E; Or | 59
petiti Or | appulsis (*sic*) E ad pulsum Or | littori E littoris Or **4** trucidatur E trucidatis Or **5** inquirente E ac quirente Or | breue Or | ui quamuis Or **6** transibant E; Or **7** apparatu E **8** lugdunensis E; Or (-unn-) **9** illustris Or | principis E **10** comitaretur liberaliter] *om.* E | eo] et Or |

uitellii E **11** iuuenilibus E humilibus Or | ualeret Or | lugduni E; Or (-unni) **12** partiumque Or **13** curruli E | mos Or **14** perlatum E | suo sinum Or **15** minus E **16** honus E

60 **1** interfectis centurionibus Or **2** illiricos Or **3** milites] *om.* E **5** offensionibus E **6** perditionem Or | an E **7** fatigatione Or **8** assignantes E; Or | uitellinis Or **9** salinus tutianus Or **11** cum honore Or **13** inoxium et ineptum E ineptum et innoxium Or | thracalum E tracalum Or **14** galleria E

61 **1** pudendu E | maricus E marictus Or **2** est plebeiorum Or | se Or **3** assertor E; Or | non Or **4** millibus Or | euduorum Or **7** marictus Or | uulgus E; Or

62 **1** in] *om.* E; Or | interfectores Or **2** in acie Or **3** luxuriam E | epistolarum Or **4** inexpiabilis E | talia Or | irritamenta E; Or | gulle E **5** itineribus] inineribus E *om.* Or | exhaustu E exhaustis Or **6** ipsae] *om.* E **7** assuetudine E; Or **8** dissereret Or **10** arena E **11** collonie Or (l *pr. puncto del.*) **12** adolescentium E; Or | illicere E allicere Or

63 **1** irrepentibus E; Or **2** dolobellam E | in colonia aquinate Or **3** retulimus E; Or | dolobella E **4** plautius E; Or | uarrus E | dolobelle E **6** ostentare Or **8** seriam Or (i *puncto del.*) secundam E **9** supertentare Or **10** tremuit E | ne] e E *om.* Or | affectaret Or affectare E **11** suapte Or **12** alleuasse E; Or

64 **1** dolobella E **2** epistolas E; Or | flamine Or **3** uite E (t *puncto del.*) | diuertere E | inter animum Or **4** iugilauit Or **6** me Or | galleria E **7** minax E minus Or **8** antiquis Or | epistolas E; Or **10** illecebris E; Or | euecta Or

65 **1** lugduno E; Or (-nno) | m. cluuius E[1] (cliuius E[2] *in textu*); Or | assequitur E; Or **2** uultu E; Or **3** hilarius E; Or | libertus cesaris E **6** perscripsisset E | exhortationibus E; Or **7** prope ipsum Or | cliuii E **8** uel ultro Or | cliuius E | comitatu E; Or **10** larruntii quem E l. ab (*sequ. spat. 12 litt.*) Or | Ti.] *om.* E; Or | cliuium E **11** trebelio Or **12** britanniam E; Or | bectius E betius Or

66 **1** uictellium E (c *puncto del.*) | haud quamquam E **2** mixte Or **3** bebriacensi E; Or **4** affuisse E abfuisse Or **5** britannia Or **6** battauorum E britannorum Or **7** intactis Or | augusta Or **8** battauus E batanis Or | ut] in Or **9** si E | aggregati E agregati Or | a] *om.* E **10** transiuere ut Or **11** quartacimanorum Or **12** batanis Or | ut] et Or **13** girat alpibus Or **14** nam Or | proficiscebantur Or **15** arbusta Or **16** oblitteratum E; Or *add.* est Or **17** quartadecimam Or | digressi E; Or **18** consensum Or

**1** uitellius Or | seperati E **3** tunc Or **5** ac] et E; Or **6** hybernis 67
E | tertiam decimam E; Or | amphiteatra E | iussit E; Or **8** nonquam E

**1** distinxerant Or **2** ludicrorum E | numerus E ni motus Or | bello E; Or | 68
auxit E **3** uirginio E; Or **4** impetratorum Or **5** perinde E | haud Or | agit] agere Or *om.* E **6** disciplina Or **7** promptiori Or | legiones Or **8** ex Or **9** ceciderat Or | his Or **10** in studia *om.* Or | deductis E deducti Or | pernicie Or **12** quoque Or **14** solicitudinem Or **14, 16** uirginii E; Or **15** perculsor Or **17** omnes E; Or | suspictiones E suspectiones Or **18** uiri consularis E **19** uirginium E; Or **20** ac E

**1** postera (*sic*) E postremo Or | operiri E; Or **2** audita transgressus] *om.* 69
Or | an Or | ultra Or | collaudauit E; Or | frequentibus Or **3** arrogantie E; Or **4** batanorum Or | cohortes battauorum E | audirent Or **7** munia E² *mg* | assumptus E; Or | affecte E; Or **8** tamen E tam Or **9** promiscue E; Or | emissiones ferebantur Or **11** at Or | ridebant E

**2** bebriacensibus E **3** quadragesimum Or xl E **5** atque E **6** hu- 70
mana Or | laurus Or | rosisque E rosasque Or | construerant E **7** extructis E extructisque Or **8** aderat E | monstrabant Or **9** irrupisse Or erupisse E | agmen] *om.* Or **10** cohortos E¹ cohortes E² *s. l.*; Or | ita Or **11** falso E | uulgus E; Or **12** inclitum Or **13** mirarique E **14** fors E | miseria E **16** sacra Or | diis E

**1** exinde Or **3** immixtus Or **5** cunctantem Or **6** sanguine Or | 71
in Or **8** M. E martii Or | othonianorum Or **10** pedaneus Or **11** nerone Or | ut E | uirginii E; Or | extimulator E; Or

**1** a tribus Or **2** se] Or | tamerinum Or **3** et in Or | clientele illic Or | 72
clientelle E **5** assumpto E; Or | uulgus E; Or **6** aggregabantur E; Or | tum Or

**2** siria Or **3** uictoribus Or **4** ora Or **5** ut] *om.* E **6** preruperant 73
Or

**2** pereuntem E | infausta Or **4** egipti Or **5** ternam E | de E; Or | 74
siria Or **6** illirici regiones Or **7** omnes E | arrogantia E; Or **9** irridebant E; Or | sed inerat amole E sed inhiant a mole Or **11** xl E; Or **12** uelit Or

**2** ciuilli E **3** fluxa Or | uires Or **4** cohortis E **5** alterque E; Or | 75
facinori E; Or **5, 6** sicut E | uolaginum Or **7** facibus Or

**1** annaque Or **2** et] *om.* Or **3** conscilia E | extimare E; Or | incoatur E 76
**4** an] aut E; Or **5** ipsi . . . considerandum E | adiiciatne E; Or | periculo consilium E **6** affuerit E; Or | acquiratur E **7** tam E; Or **8** ne Or **9** tam a E² *s. l.*; Or | fueris Or **10** neu Or **11** tyberii Or | nec E | cai E

**12** fondatam E | exurgimus E; Or **13** torpore Or | prebendamque Or **16** concupisse E; Or **18** apud] *om.* Or **21** othone Or | sui E; Or | pre opera Or **23** nouo E | quotidie E; Or **24** at ferone Or | propinis Or | commessationibus E; Or (-m-) **25** micatione Or | deterritur E | e] et E; Or | siria Or **27** domitorum Or **28** omnes E; Or

77 **1** arrogabo E; Or | ne postulantem Or | cecinem Or **2** numerum (*sic*) Or **4** capti Or | armis E **5** eius Or **8** periculum E **9** patiamur Or | tuos E; Or **10** prelium E | trahe Or | hodie] odio Or **11** ira et odium Or **12** contumatiam E; Or | uictricium partium et tumescentia E **13** uulnera E; Or **14** corpore Or **15** insitia Or | sed et meliorum $E^{1}$ (e *supra* u $E^{2}$) **16** disciuerunt E

78 **2** syderum E **3** se lentum Or **4** modo Or | omnia Or **6** die] *add.* refugio E (*punctis del.*) | propterea Or | latior E; Or **7** consensum Or | aruspicum E auruspicum Or **9** omnis Or | uidebantur E | ut — **10** credebat] *om.* Or | est *alt.*] sed Or | siriamque Or **11** carmellus E | simulachrum Or **12** aram . . . reuerentiam E; Or **14** quicquid E; Or **15** siue Or | extruere E; Or **17** quicquam E; Or | uulgi E; Or **19** cesariam Or **20** syrie E | hec E; Or

79 **1** imperium Or **2** iulii Or **4** in nomen iulii Or | ne] *om.* Or **5** expectaretur E; Or **6** militum impetu Or **7** cognitione E; Or

80 **1** locusque Or | difficilimum E **3** adsistunt E; Or (ass-) **4** salutori Or | salutauerint E salutauerunt Or | accurrere E; Or **6** arrogans E; Or **7** multitudinis E; Or | offusam E **8** militare Or | lautus E | affluentia E; Or | nam E **9** aperiens Or | adiecit Or **10** anthiocensium Or | illi Or | consalutare Or **11** concurentes E | alloquitur E; Or **13** nil E **14** asseuerabat E; Or | et Or **15** siriam Or | siriacis Or **16** hyberno E hiberno Or | mutaretur E **19** noti Or | penatuum Or

81 **1** kal. E | iul. E iulii Or | siria Or **2** sehemus E; Or | cum uiribus E | anthiocus Or **4** exercitus Or | celerique uagatione Or **5** beronice E **7** quicquid Or | alluitur E abluitur Or | asie Or **8** introrsus] *om.* Or (*spat. 15 litt.*) **10** beriti E; Or **12** lecta] *om.* Or

82 **1** delectus E; Or **2** ac morum Or | antioceses E anthioceses Or | aurum — **3** ministros] *om.* Or | quoque Or **5** sepiusque E | cohercere Or **8** donatiua E donatiuo Or **9** contatione E | nec E **10** franus Or **11** armenumque Or **13** egipti Or **14** aduersum Or **15** at Or | facis Or **16** epistole E; Or **17** recuperande E recuperando Or

83 **3** uires esse sibi Or **4** XIII$^{a}$ Or **5** bizantium E; Or **6** dyrrhachium E ditrachium Or | equite] *add.* peteret E **8** quasi E quin Or | uitellianis Or **10** brundusium E; Or | lucanie chalabryeque E | littora E in littora Or

**4** opimi Or | dilationes Or **5** intolleranda E; Or **6** et iam Or | ipsi Or 84
**7** ad] *om.* E | per inobstinate Or | obstinato E **8** dicit Or **9** quod E; Or
**11** carissimus E

**1** accelerata E; Or | coepta] *om.* Or | illirici Or | transgressa Or **2** ·III· 85
et legio Or | ceteris] *om.* E | intesie Or | tribuit Or **3** VIII erat ac VII Or |
imbuta Or **4** aquileiam iam E aquileiani Or **6** egerent Or **8** episto-
las E; Or | alliciebant E; Or **11** tectium E tertium Or | simultatem Or
**13** ignaris Or **14** a uespasiano Or

**1** XIII . . . VII E | galbina Or **2** bebriacensis E **3** accessore Or 86
**4** senatorum E; Or **6** bello Or **7** uitelliani Or **10** idem Or |
incesin Or | dalmaticum E; Or **12** T. E Titus Or | Fabianus E | syllanus
E; Or (si-) **13** erat Or **15** idemque E **16** adeptus est Or
**17** praetulit] *om.* E **18** ceteris E | et ancipitia E; Or | mallebat E
**19** quicquid Or | aggrediuntur E aggreditur Or **20** epistole quod E
epistoleque Or **22** illiricis Or **23** disciscentibus E

**1** cum Or **2** omnis E **4** numerus] *om.* Or (*spat. 7 litt.*) **7** regetur 87
Or | multitudine Or | ebun Or **8** quidcm Or **9** aggregabantur E; Or

**1** tiemi Or **2** captam Or **3** fore consensum Or **4** sibi Or **5** plebs 88
Or **6** uenacula Or | utebatur Or | abscissis E **7** fultim Or | accinti E
**8** contumelie E; Or **9** uulgata E; Or **12** ipsis Or **13** insitiam Or
**14** ubi] *om.* E | procidisset Or

**1** miluio E milui Or | accintusque E **4** quatuor Or **6** dehinc Or | 89
cohortes] legiones Or **7** aquilam E; Or **9** centariam Or | falere et
torques Or

**3** attollens E; Or **4** uulgus E; Or **5** sine falso ueroque distinctione 90
solita adulatione se doctum Or **6** astrepebat Or | abnuebatque Or
**7** expresserunt Or | assumeret E; Or

**1** functi Or **3** aug̅. E; Or | edidisset Or **4** aliensique Or | expars Or 91
**5** amicorum libertorumque Or | amicorumque E | secordia Or **6** in fune
Or **7** affectauit E; Or **8** ac si Or **9** ac Or **10** consul E
**14** in rem pub. E **15** irrisere E; Or **16** placabat Or | non E **17** tra-
seam Or

**1** P. E; Or | ad prefecturam E; Or **2** dum E; Or | centurio esset E 92
**4** obibat E | odii Or **5** male mala Or | civitas] *om.* E **7** in illum Or
**13** approbauit E; Or **15** additis Or | sinus] *om.* Or (*spat. 12 litt.*) **16** in-
gressi Or

**2** uagans Or **4** imminuebat E imminebant Or | quidam Or **5** num 93
Or | uulgus E; Or **6** adiacentia E | thyberi E | gadanorumque Or

**7** auiditate E | impatientiam labescit Or **8** sexdecim E **9** in ea delectu E **11** conualuerunt Or **13** assectabantur E affectabatur Or | occiditur Or

94 **1** indusit Or **3** ascribebatur Or **5** accusantes Or | aliasque E | subtacta Or **6** conuulsum E conuulsumque Or | millibus et octo exercitus Or **8** flauius E | galbarum Or **9** huiusmodi Or **10** donatiuum E donatiuos Or | largiebantur Or **11** conferri Or **12** extruere E astruere Or **13** abundantie Or **14** pecunia Or | illudere E; Or

95 **1** notabilem Or | Caecina — **2** diem] *om.* Or | et E **3** extructis E; Or **4** neronis Or | iecisset Or iecissent E **5** faces E | augustalem Or | subdite E subdere Or **7** policilicos Or **9** caiane aque E galane aque Or **10** intus Or **11** consultas Or | nouies milies E nonies milies Or | sextertium Or **13** uitelliumque E; Or | iunios E; Or | icellos E **14** succensere Or **15** homines] *om.* Or

96 **2** epistolis E; Or | his E | aggregaretur E; Or **4** nullius E; Or **7** falsos] *om.* Or (*spat. 6 litt.*) | asseuerabant E (n *puncto del.*) asseuerabat Or | suppressi Or **9** ad Or

97 **1** tam Or | britaniaque E a britanniaque Or | hispanis E; Or **3** hordoneus Or | battauis E batanis Or | uectius E; Or **4** nonquam E | britania E **5** hispanis Or | properabantur Or | tamen Or | legato Or **7** detractabant Or **9** in pigre E impigere Or **10** proconsultum E

98 **2** epistolis E; Or **4** rhetiam E **6** statu E; Or **7** secordia Or | deinde Or **8** incesse Or | retinebat Or | etesie flabant harum flatu E et blesi flabra aquilonis ac flatus Or

99 **1** irruptione E; Or **2** expediri E; Or **3** tunc Or | assurgentem E; Or **6** eques Or **7** labores Or **8** metus Or **9** meditatio E; Or **10** consulis Or | concassem Or

100 **1** e] *om.* E; Or **2** uexillarii ·XIIII· et ·XVIII· E uexilla ·XIIII· et ·XIII· Or **3** legiones Or | deinde E; Or | duode XX$^{a}$ E ·XII$^{a}$· et ·XX$^{a}$· Or **4** una et XX$^{a}$ E; Or **5** uexilliariis E | histrium Or hystris E | legionis Or **7** operiretur Or | sicut E **8** immutatum E | ingruente Or **9** accelerare E accelerate Or | cremona Or **10** diuertit E | pretextu E | alloquendi E; Or **11** patuit (*mendo typographico* patauit *scriptum est*)] patauii E *om.* Or | lucillius blesus E l. besus Or **12** reuennati Or | missenensi E **14** esset Or | unquam Or | poterat Or **15** traxeratque in Or | et] *om.* Or **16** priuatas E

101 **1** potentie E | monumenta E; Or **2** corrupti E **4** emulationem Or | inuidiamque Or **5** anteiretur Or | preuertisse Or **6** assecutus E; Or *in fine add.* Τελοσ. Si repperero . . . (*ut* Mal) . . . annotaueris E